真相

マイク・タイソン自伝

UNDISPUTED TRUTH

Mike Tyson

マイク・タイソン著

ジョー小泉監訳

棚橋志行訳

ダイヤモンド社

父親の“カーリー”ことジミー・カーク
パトリック・ジュニア
courtesy of Mike and Kiki Tyson

母のローナ・メイ
courtesy of Mike and Kiki Tyson

9歳の俺
©Steve Loft/Boxing Hall of Fame Las Vegas

カス・ダマト

©Ken Regan/Camera 5

13歳の俺

©Steve Loft/Boxing Hall of Fame Las Vegas

カスと俺

カスとカミールとの夕食

©Ken Regan/Camera 5

ペプシのCM撮影で、トラックに囲まれながら走る

©Ken Regan/Camera 5

1985年11月7日、カスの葬儀。（左から）ジミー・ジェイコブズ、ケヴィン・ルーニー、トム・パティ、俺、ジェイ・ブライト、ホセ・トーレス、カスの親戚、フロイド・パターソン

スティーヴ・ロットのアパートメントで開かれた俺の19歳の誕生パーティ。（左から）スティーヴ・ロット、スーザン・オブライエン、ジミー・ジェイコブズ、ビル・ケイトン、俺の初めてのガールフレンドのアンジー、俺、ローレイン・ジェイコブズ、ドリス・ケイトン

©Steve Loft/Boxing Hall of Fame Las Vegas

キャッツキルの俺の鳩たち

©Lori Grinker/Contact Press Image

1986年、マディソン・スクエア・ガーデンで行われたミッチ・グリーン戦。
ジャッジ全員一致の判定勝ちを収め、戦績は21勝0敗に

©Richard Harbus/Bettmann/Corbis

マーヴィス・フレージャー戦

©Ken Regan/Camera 5

トレヴァー・バービックにKO勝ちし、
史上最年少の世界ヘビー級チャンピオンに

©AFP/Getti Images

ふたつ目の世界ヘビー級タイトル戦でジェイムズ・"ボーンクラッシャー"・スミスに勝ってベルトを巻き、ドン・キングと勝利を祝う

©Charlie Blagdon/Bettmann/Corbis

1987年、ヘビー級タイトルマッチで第七ラウンド、
タイレル・ビッグスのあごに情け容赦ないパンチを見舞い、タイトル防衛

©Bettmann/Corbis

1988 年、マイケル・スピンクスとの世界ヘビー級タイトル戦。
1 ラウンドでＫＯ勝ちし、3 本のベルトを防衛

©Bettmann/Corbis

スピンクス戦のあと、3 本のベルトを巻く

©Bettmann/Corbis

ブラウンズヴィルに戻って群衆に取り囲まれる

ビル・ケイトンとの契約問題をめぐる裁判中、俺の弁護士スティーヴン・ヘイズと話し合う。テーブルの端に座っているのは、ジミー・ジェイコブズの未亡人ローレイン。後列は左から、ドナルド・トランプ、ロビン・ギヴンズ、ルース・ギヴンズ

1988年1月のラリー・ホームズ戦で左フックを放つ

第4ラウンド、ダウンするホームズ

1988年、東京に滞在中、大相撲の力士たちと

©Steve Loft/Boxing Hall of Fame Las Vegas

ビル・ケイトン、俺、ジミー・ジェイコブズ

©Steve Loft/Boxing Hall of Fame Las Vegas

イヴェンダー・ホリフィールドと

©Steve Loft/Boxing Hall of Fame Las Vegas

アル・シャープトンと俺
courtesy of Mike and Kiki Tyson

ペットのホワイトタイガー、
ケニアと散歩
©The Ring magazine/ Getti Images

1988年、ロビン・ギヴンズと結婚
©Misha Erwitt/New York Daily News Archive via Getti Images

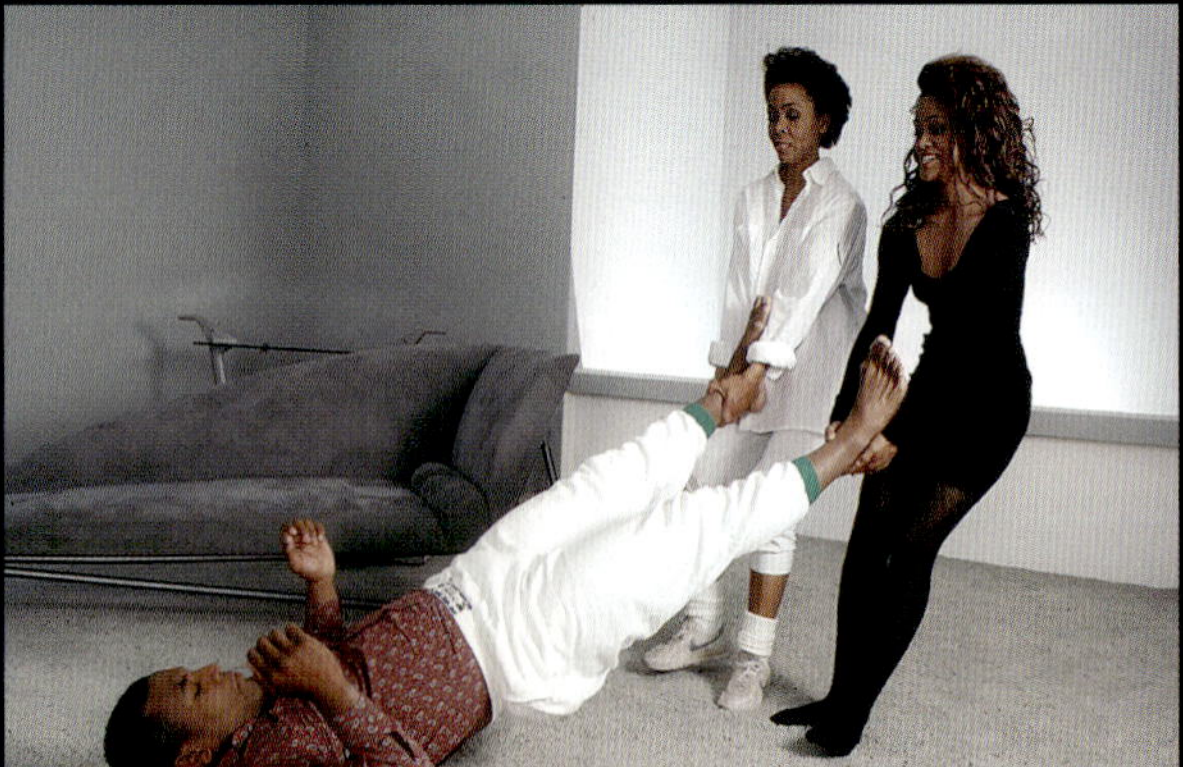

俺に股裂きをかけようとする元妻のロビンとその母親ルース
©Anthony Barboza/ Getti Images

真相

マイク・タイソン自伝

UNDISPUTED TRUTH

Mike Tyson

社会のはみだし者たちみんなに、本書を捧げる。

悪の道から抜け出せなくなった人たち、世間から無視された人たち、薬で骨抜きにされた人たち、打ちのめされた人たち、濡れ衣を着せられた人たち。

そして、愛してもらえなかった人たちに。

真相　マイク・タイソン自伝——目次

CONTENTS

MIKE TYSON

プロローグ

婦女暴行罪《レイプ》で有罪判決を受けてから量刑判決までの六週間、ずっと国内各地を旅して、いろんな女友達と情事にふけっていた。俺なりの別れのあいさつだ。それ以外の誘いをかけてくる女はみんな追い払った。どこへ行っても「ねえ、レイプされたなんて言わないから付き合ってよ」と言う女がいるんだ。今にして思えば、「あんたがやってないのはわかっているわ」と暗に言ってくれていたんだな。だが、当時の俺にはそうは取れなかった。励まそうとしてくれているのに、心が痛すぎて理解できなかった。あのころは無知で狂暴な、すさんだ男だった。

それも当然だろう。身に覚えのない罪で禁固六十年を言い渡されようとしている二十五歳の若造だったんだから。大陪審の前や、裁判中、判決のとき、出獄後にもずっと言ってきたこと、墓に埋められるまで訴え続ける気でいる真実を、改めて言わせてくれ。俺は絶対にディズィリー・ワシントンをレイプしていない。彼女はそれを知っているし、神様も知っている。

俺のプロモーターのドン・キングは、裏で動いているから問題ないと言った。ヴィンス・フラーという、報酬百万ドルの一流弁護士も雇ってくれた。ただ、フラーの本職は税務弁護士だったが。公正な裁きを受けられないだろうことは初めからわかっていた。裁かれる場所はニューヨークやロサンジェルスじゃない。俺たちはインディアナ州のインディアナポリスにいた。クー・クラックス・クラン（ＫＫＫ）の根城のひとつとされる、昔ながらの保守的な土地柄だ。裁判官のパトリシア・ギフォードは性犯罪が専門だった元検察官で、〝絞首刑好きの裁判官〟として知られていた。陪審団に黒人は一人だけ。

俺はボクシング史上最年少の世界ヘビー級チャンピオンだった。天下無敵で、アレクサンダー大王の再来だ。動きは激しく、防御《ディフェンス》は鉄壁、性格は残忍きわまりない。呆れた話だが、自分に自信がないくせにプライドだけはどでかいやつは、〝自分は偉大〟なのだという妄想に陥ることがある。それなのに裁判のあと、この凡人の中の神は、法廷に戻って量刑判決を受けるはめになった。

無罪を勝ち取る魔法

俺は当時、魔法にまですがろうとした。親友のカルヴィンが、刑務所に入らずにすむまじないをかけるヴードゥー教の女祈祷師を知っているという。

「壷の中に小便をして、そこに五百ドルを浸し、その壷をベッドの下に三日間置き、彼女のところに持っていけば、祈祷してくれるそうだ」と、カルヴィンは言った。

「その千里眼の女は小便のかかった百ドル札を壷から取り出し、洗って、買い物に行くに決まってるだろう?」と、俺はカルヴィンに言った。カネはあったが、そこまで気前よくはない。

そのあとも友人たちが別の宗派のヴードゥー教のまじない師を連れてきた。こいつは俺に、怪しいオイルで体を洗って、お祈りをし、特別な水を飲めと言った。その手には乗らない。せっかくヘネシーを飲んでいるのに、水で薄めちゃもったいないだろう。

結局、キューバの民間信仰サンテリアの司祭に頼むことにした。ある晩、鳩を一羽と卵をひとつ持ち、卵を地面に落とすと同時に鳩を自由にして、「釈放!」と叫んだ。数日後、俺はグレイのピンストライプのスーツを着て裁判所に向かった。

有罪の評決が下ったあと、弁護団が俺のために判決前報告のメモをまとめてくれていた。ヴァージニア州のオーガスタ研究所の臨床指導者で、成人の性犯罪者に関する国内屈指の権威だったジェローム・ミラー博士は、「発達不足の結果、問題をかかえている、感受性が強く思慮深い青年」との診断を下し、定期的な心理療法を受ければ更生の可能性は高いと認めてくれた。

もちろん量刑判決関連の書類をまとめる保護監察官たちはこれを無視し、逆に検察側の見解は進んで盛り込んだ。「この犯罪と犯罪者に関する評価を見るかぎり、被告には将来同じような罪を犯す可能性がある」と。

弁護団は俺の性格について、知人たちから聴取した四十八の証言をはじめ、数々の書類を用意した。俺がどんなに完璧な紳士だったかという感動的な報告を全員が書いてくれ、俺が若いころ付き合ったキャッツキル山地の女は、裁判官に手紙まで書いてくれた。「私はタイソン氏と性交渉するまで三年待ちましたし、彼は一度も無理強いしようとしたことはありません。女性を愛し尊重してくれるからこそ、私は彼が大好きなのです」

もちろん、ドン・キングはいかにもドン・キングらしく、あれこれ裏で画策した。〈古代エジプト・アラブ高位職者神秘聖堂〉のウィリアム・F・クロケット師に頼んで、俺のために手紙を書いてもらった。「どうか彼を監禁するのはご容赦ください。私の知るかぎり、彼はもはや冒涜や俗悪に手を染めず、毎日聖書を読み、祈り、トレーニングに励んでいます」と師は記していたが、もちろん真っ赤な嘘だ。俺と会ったことすらなかったんだから。

そのあとドンは自分でも、裁判官に感動的な手紙を書いた。あれを読んだら皆は、俺ががんの治療法を発見したとか、中東和平の計画を立てているとか思っただろう。

ドンは俺が〈メイク・ア・ウィッシュ財団〉に協力して病気の子どもたちを慰問していると訴えた。また、毎年感謝祭には貧しい人々に四万羽の七面鳥を寄付していると報告した。サイモン・ヴィーゼンタールに会って、俺が大いに感銘を受け、ナチの戦争犯罪者追跡に協力するため大金を寄付したときのことも詳しく述べた。〈ＫＫＫ〉が黒人と同じくらいユダヤ人を毛嫌いしているってことを、ドンは忘れていたんだな。

この手紙は八枚にわたり、ドンは饒舌に俺をワックスで磨き上げた。「あの年ごろの若者にしては珍しく、仲間への思いやりがあり、責任と献身の強い思いを兼ね備えています。彼は神の子です。私がこの二十年間に出会ったボクサーの中で、もっとも紳士的で、感受性が強く、面倒見がよく、愛情にあふれた、思いやりのある一人です」と。

まったく、弁護士の代わりにドンが最終弁論をやったらよかったんだ。しかし、ドンの広報を担当していたジョン・ソルバーグがギフォード裁判官宛ての手紙でずばり要点を衝いている。「マイク・タイソンは極悪人ではありません」と。

たしかに俺は極悪人じゃなかったかもしれないが、傲慢なやつだった。裁判中、法廷であんな態度を見せていたら手心を加えてもらえるわけがない。

彼らがあの報告書に書いたこと――カネを出したり、七面鳥を恵んだり、人の世話をしたり、弱者や病弱な人の面倒をみたりしたこと――は、たしかに全部やったが、それは謙虚な人間になりたかったからやったのであって、謙虚な人間だったからじゃない。謙虚になりたくてたまらなかったが、俺の体は謙虚という名の骨質ではできていなかった。

判決は下った

こうして、一九九二年三月二十六日、あらゆる証拠で武装した俺たちは、量刑手続きのためパトリシア・ギフォード裁判官の法廷に出頭した。証拠は許可され、ヴィンス・フラー弁護士はインディアナ州のリヴァーサイド・レジデンシャル・センターという更生施設で常任理事を務めるロイド・

ブリッジズ師を証言台に呼んで、審判に着手した。俺の弁護団は、俺に執行猶予を適用し、療法を受けながら社会奉仕活動を行える更生施設で保護監察期間を過ごさせるべきだと論じていた。

だが次席検事は、ブリッジズの更生施設から最近四人の逃亡者が出た事実を突きつけて、彼の主張を退けた。こうなると、あとは、〝絞首刑を科すのが好きな厳しい裁判官〟が、どれくらいの刑期を与えるかだ。

俺の弁護士のフラーが裁判官席に近づいた。いまこそ百万ドルのマジックを仕掛けるときだ。「タイソンは過剰な重荷を背負ってきました。マスコミの中傷を受けてきた。マスコミは連日のように、彼の過ちを書きたてています。これは私の知っているタイソンではありません。私の知る彼は感受性が強く、思慮深く、思いやりのある男です。リングの中では恐ろしい男かもしれませんが、いったんリングを下りたら普通の人間に戻るのです」ドン・キングの誇張にはほど遠いが、これはこれで悪くはない。

次にフラーは、極貧にあえいでいた俺の幼少期と伝説的なボクシングのトレーナー、カス・ダマトとの養子縁組に話題を移した。

「しかし、ここにも悲劇がありました」彼は抑揚をつけて言った。「ダマトはボクシングにしか関心がなかった。ボクシングの上達を追求するあまり、カス・ダマトにとって、人としてのタイソンは二の次でした」これは俺の人生の師匠であるカスの墓にツバを吐きかけたようなものだ。裁判中ずっと、俺のことをセックスのことしか頭にない野獣のような人間呼ばわりしていたことも含めて、フラーの弁護は支離滅裂だった。

いよいよ、俺が陳述するときがきた。俺は立ち上がって証言台に立った。何ひとつ準備しておらず、メモすら持っていなかった。あのまぬけなヴードゥー教の野郎がくれた紙切れは手元にあったけどな。ひとつだけわかっていたことがあった——あの晩、俺のホテルの部屋で起きたことについては謝罪しないということだ。マスコミや法廷、俺がディズィリーと出会った〈ミス・ブラック・アメリカ〉コンテストの出場者たちには謝っても、あの部屋での行為については絶対に罪を認めない。

「俺の振る舞いはちょっとがさつだった。それは認める。しかし、レイプなんて絶対していない」

そこで、検察官のグレッグ・ギャリソンを振り返った。

「俺の私生活は拘束を受けた。俺は傷ついた。悪夢のようだった。裁判官、あんたに慈悲を乞うためにここに来たわけじゃない。最悪の事態も覚悟している。俺は世界中で非難され、社会的に屈辱を与えられた。支援してくれた人々には本当に感謝している。どんな刑罰が与えられても、それに対処する覚悟はできている」

俺が被告席に戻って腰を下ろすと、裁判官は、子どもたちの手本となるべき立場にいる点についていくつか質問した。「有名であることにどう対処すべきか教わったことは一度もない。子どもたちにも、タイソンのようになるのが正しいなんて言ったことはない。子どもたちに手本を示すのは親であるべきだ」と、俺は答えた。

そして検察側の番になった。裁判中、俺の主張に反駁《はんばく》してきた守旧派で偏屈者のギャリソンではなく、その上役でマリオン郡検察官のジェフリー・モディセットが出てきた。彼はディズィリー・ワシントンからの手紙を読み上げた。

「一九九一年七月十九日早朝の数時間で、私は体と心の両方にショックを受けました。十八年間の私は消えてなくなり、今は冷えきった空虚な感覚にとらわれています。私の将来がどうなるかはコメントできません。ただ、レイプされて以来、人を信じたり以前のように笑ったりするのが難しくなっていることは確かです。被告人から受けた苦痛に怒りを覚えるたび、彼は心の病気だったのだと思い込もうとしています。あのときの苦痛がまざまざと甦って号泣する日もありますが、被告人を憐れむこともあります。彼が更生することをずっと願ってきましたし、今も願っています」

モディセットは手紙を置いて、「有罪判決を受けた日から、タイソンは今もって罪を認めていません。いま世界は、正義の裁きがなされるかどうかを見守っています。この病気の男を治療してください。レイプ犯のマイク・タイソンは隔離しなければなりません」と進言した。

次は、ジム・ヴォイルズが俺のために発言した。現地弁護士としてフラーに雇われていた男だ。思いやりがあり、賢くて、面白いやつで、俺とウマの合うただ一人の弁護士だった。そのうえ、ギフォード裁判官の友人であり、インディアナポリスの陪審員の心に訴えることのできる、南部風の素朴な男でもあった。「こいつでいこう」と、裁判が始まるとき俺はドンに言った。ヴォイルズならやってくれるかもしれない、と。だが結局、ドンとフラーは田舎者のヴォイルズをばかにして何もさせなかった。

ヴォイルズはようやく法廷で意見を述べる機会を得たが、時すでに遅く、彼の訴えに耳を傾ける者はいなかった。ギフォード裁判官の考えはもう固まっていた。

女性裁判官は冒頭、俺の社会奉仕活動や子どもたちへの対応に敬意を表した。しかしそのあと、デート・レイプ［合意なしに、知人や交際相手に性行為を強要すること］については声を荒らげた。「知り合いや交際中の相手なら、己の欲するまま関係を進めても問題はないというのが世間の暗黙の了解かもしれません。しかし法律の世界における強姦の定義は非常に明確です。被告と被害者に近しい関係があるかどうかには、いっさい言及していません。デート・レイプの〝交際中《デート》〟は、強姦という確固たる事実を軽減するものではありません」

この説教のあいだ、俺は上の空だった。俺とディズィリー・ワシントンは交際していたわけじゃない。あれはたんなる、ブーティ・コール［セックスだけが目的の誘い］だったんだ。そこで俺は、はっとギフォードの話に注意を戻した。

「彼の態度を見るかぎり、再度強姦に及ぶ危険性があるように感じます」と裁判官は言い、俺を見つめた。「あなたには前科がありません。あなたはいろんな才能に恵まれてきました。しかし、道を踏み外してしまった」と言って、ひとつ間を置いた。

「訴因一に、十年の判決を言い渡します」

「くそばばあ」俺は息を殺してつぶやいた。感覚が萎えてきた。訴因一はレイプに対するものだ。〝ちきしょう、あのヴードゥー教の特別な水を飲んでおくべきだったか〟

「訴因二に、十年の判決を言い渡します」法廷にいたドン・キングと俺の友人たちが息をのんだ。

指を使ったことに十年？

「訴因三に、十年の判決を言い渡します」これは舌を使ったことに対するものだ。二十分間。おそらく世界新記録、強姦中の行為としては最長のクンニリングスだろう。

「それと同時に」と、彼女は続けた。「最高三万ドルの罰金を科《か》します。これら十年の刑期のうち四年を猶予し、四年間の保護監察を適用します。その間、ジェローム・ミラー博士の精神分析プログラムに参加し、若者の非行に関係のある百時間の社会奉仕活動を行うこと」［刑期は合算されず、訴因中最長の十年が適用されて、禁錮六年の実刑（執行猶予四年）］

刑務所へ向かう車両

俺たちが保釈金による釈放を主張するとギャリソンは立ち上がって、「被告は再犯の可能性がある、暴力的なレイプ犯です。隔離しそこなえば、罪のないほかの人たちを危険にさらします」と主張した。

ギフォード裁判官は同意した。保釈は認めない。つまり、刑務所へ直行だ。裁判官は小槌で机を叩いた。これにて終了。

郡保安官が俺を拘束するために近づいてきた。俺は立ち上がって、時計を外し、ベルトを外して、財布といっしょにフラーに渡した。傍聴席の最前列にいた女友達のうち、二人がこらえきれずに「大好きよ、マイク」と泣きじゃくった。今は亡きカス・ダマトのパートナーだったカミールが立ち上がって被告席にやってきたので、彼女と別れの抱擁をした。そしてジム・ヴォイルズと俺は郡保安官の手で、後ろのドアから法廷の外へ連れ出された。

階下の記入所に連れていかれてボディチェックを受け、指紋を取られて、手続きをすませた。外では記者の大群が待ち受け、俺を刑務所へ連行する車を取り囲んでいた。

「出ていくときは、コートで手錠を覆っていけ」と、ヴォイルズは助言した。本気か？　麻痺していた感覚が少しずつ甦ってきて、怒りがこみあげてきた。手錠をさらすのは恥ずべきことなのか？　名誉の証じゃないか。手錠を隠せば恥ずかしい思いをせずにすむとジムは思っているようだが、それ自体が恥ずべきことだ。鋼鉄の手錠をつけた姿をさらすべきだ。野次馬たちにも、応援してくれている人たちにも、鋼鉄をつけた俺を見せてやる。

裁判所を出て車に向かい、誇らしげに手錠を高々と掲げた。「信じられるか、こんな目に遭うなんて？」とばかりに薄笑いを浮かべた。その写真は世界中の新聞の一面を飾った。警察車両の後部座席に乗り込むと、ジムがその横に押し込まれた。

「よお、カウボーイ、やっと二人きりになれたな」と、俺は冗談を言った。

どのレベルの刑務所に送るかを決めるため、診断所へ連れていかれた。服を脱いで裸にされ、四つん這いになって、体腔検査を受けた。そして、パジャマみたいなふざけた服とスリッパを与えられた。

結局、第二級と第三級の犯罪者が収容されている、プレインフィールドの〈インディアナ青少年センター〉へ送られることになった。最終目的地に到着するころには、怒りに身を焦がしていた。

いつか、いまいましいやつらに目にもの見せてやる。俺なりのやりかたで。

だが、皮肉にも、俺を刑務所に送った小柄な白人の女性裁判官の判断が俺の人生を救ってくれたんだ。そう気づいたのは、長い時間が経ってからのことだった。

不良少年の覚醒

CHAPTER 1

受け継がれた遺伝子

俺たちは〈ピューマ・ボーイズ〉と呼ばれているやつらともめていた。一九七六年のことだ。俺はブルックリンのブラウンズヴィルに住んでいた。当時、俺は〈ザ・キャッツ〉と呼ばれるラトランド・ロードの連中とつるんでいた。クラウン・ハイツの近くにいるカリブ海出身の一団だ。俺たちは押し込み強盗団で、仲間が〈ピューマ〉のやつらと言い争いになったから、加勢しようと公園に駆けつけたんだ。ふだんは銃を使ったりしなかったが、仲間のためだ、ひと山盗んできた。拳銃数丁に357マグナム一丁、第一次世界大戦時に使われていた銃剣つきの長いM1ライフルが一丁。人家に侵入すると思わぬ掘り出し物があるものだ。

というわけで、俺たちは銃をかかえたまま路上を歩いていたというのに、誰も注意を払わず、俺たちを止めるおまわりも近くにいなかった。

「おい、あっちへ行ったぞ！」ロンというハイチ系の仲間が言った。〈ピューマ〉の野郎だ。駆けだすと、モーゼが紅海を分けたときみたいに、公園の群衆がふたつに割れた。いい判断だった。なぜって、仲間の一人が発砲を開始したからだ。「バーン！」銃声を聞いて、みんなあわてて逃げ出した。歩き続けるうち、〈ピューマ・ボーイズ〉の何人かが通りに停まっている車と車のあいだに隠れていることに気がついた。M1ライフルを手にすばやく振り返ると、拳銃を持ったでかい男が俺に狙いを定めていた。

「いったい何をしているんだ、こんなところで？」と、そいつは言った。俺の兄貴のロドニーだった。「さっさと家に戻れ！」

そのまま公園を出て、家に帰った。まだ十歳の頃の話だ。

俺は家族の中のできそこないだった。それでも、小さいころはとてもおとなしい子どもだった。生まれたのは一九六六年六月三十日、ニューヨークのブルックリンにあるフォートグリーン地区のカンバーランド病院。いちばん古い記憶は病院にいるところだ。ずっと肺に病があった。いちど、注意を引こうとして、親指をドレイノ［パイプ詰まり専用の洗剤］につけて口に入れたこともあった。家族は急いで俺を病院に運んだ。病院で教母《ゴッドマザー》がおもちゃの銃をくれたのを覚えている。

家族の出自はよくわからない。おふくろのローナ・メイはニューヨークに暮らしていたが、生まれはヴァージニア州の南部だ。兄貴は一度、おふくろが育ったあたりを訪ねたことがあって、そこには移動住宅《トレーラーハウス》が集まる移動住宅駐車場《トレーラーパーク》しかなかったと言っていた。つまり、俺はトレーラーパーク出身の黒ん坊《ニッガ》［六五三ページの語彙注釈参照］ってことだ。

祖母のバーサとその妹は、白人がめったなことで黒人を雇おうとしなかった一九三〇年代、白人の奥さんに雇われていた。彼女らはとても感謝して、二人とも自分の娘をその奥さんにちなんでローナと名づけて、バーサは仕事で稼いだカネで子どもたちを大学にやった。

俺の中のノックアウト遺伝子は、祖母から受け継いだものかもしれない。祖母のバーサが働いていた家で旦那はいつも奥さんを叩いていて、バーサはそれを黙って見ていられなかった。「奥さんに手を上げるのはおよし」と、ついに見かねた彼女は旦那に言った。旦那は冗談だと思って気にとめなかったが、たちまちバーサのパンチに吹き飛ばされた。次の日、彼はバーサを見て、「やあ、お元気ですか、ミス・プライス」と言った。以来、別人のように優しくなったという。

おふくろのクローナは誰からも好かれていた。俺が生まれたころにはマンハッタンの女性拘留施設で寮母として働いていたが、教職の勉強もしていた。親父と出会ったときは、すでに大学で三年を終えていたが、親父が病気になって、看病のためしかたなく中退したという。学歴の高い人間にはありがちなことだが、男を見る目はなかった。

父方の家族のことはよく知らない。それどころか、親父のこともよく知らなかった。俺の出生証明書には、親父はパーセル・タイソンとある。だが、兄貴も姉貴も俺も、そいつには一度も会ったことがなかったんだ。

俺たちはみんな、実父は〝カーリー〟ことジミー・カークパトリック・ジュニアと教えられていた。だが、うちにカーリーの写真はほとんどなかった。そのうち、カーリーはポン引き、つまり売春婦たちのヒモで女たちからカネをむしり取っていたのだと、人から聞かされるようになった。その後カーリーは、突然、教会の助祭を名乗り始めたらしい。だから、誰かが聖職者と名乗るのを聞くたび俺は、「聖職者っていうのは、要するにヒモだろ」と言う。よくよく考えてみれば、聖職者って輩《やから》にはヒモとしてのカリスマ的な資質がある。教会の誰でも思いのままにできる。だから、「ああ、司教ね、要するにヒモか」っていうのが俺の口癖なんだ。

カーリーは定期的に俺たちのアパートに車で乗りつけた。おふくろとはひと言も口を利かなかったが、彼がクラクションを鳴らすと、俺たちは迎えに出た。子どもたちは彼のキャデラックにすし詰めになり、コニー・アイランドやブライトン・ビーチには行かず、何分かドライブしただけでアパートに戻った。カーリーは小遣いをくれて、姉貴にキスし、俺と兄貴と握手して、それでおしまいだった。次に会うのは一年後かもしれない。

危険な街

最初に住んだのはブルックリンのベッドフォード‐スタイベサント地区、通称ベッド‐スタイだった。当時はちゃんとした労働者階級が住む地域だった。みんなが顔なじみで、ごくふつうの日常生活だったが、静かな暮らしではなかった。毎週金曜日と土曜日は、家の中がラスヴェガスみたいになる。おふくろがよくカード・パーティを開いて、女友達を大勢招いていたからだが、女友達の多くは売春に手を染めていた。

おふくろはボーイフレンドのエディに酒をひと箱買いに行かせ、水で薄めて一杯いくらで売っていた。カードで四回勝負するたび、勝った者がポットにカネを入れなくてはならず、親が儲かる仕組みになっている。おふくろは乱痴気パーティも開いていた。兄貴の記憶によれば、売春婦だけじゃなく、ギャングや刑事も来ていたそうだ。そこにはあらゆる階層が集っていた。

おふくろはちょっとカネを儲けると、湯水のように使った。腕のいい仕切り屋で、女も男も大勢呼んで、飲んで、飲んで、飲みまくった。おふくろはマリファナを吸わなかったが、彼女の友達はみんな吸っていたから、彼女たちのために麻薬も調達した。

おふくろの友達はだいたい売春婦で、レベルの高いのなんていない。男たちと会う前は、自分の子どもを俺たちの家に預けていくんだ。子どもを迎えに来るとき、服に血がついていることがときどきあって、おふくろはそれを落とすのを手伝ってやっていた。

兄貴のロドニーは五歳年上だったから、あまり共通点がなかった。変わり者のすかしたやつだった。俺たちはスラム街の黒人なのに、兄貴は化学者みたいなんだ。試験管をいっぱい並べて、いつも実験していた。俺は、「そういうのは白人のやることだろ」って感じだった。

あるとき兄貴は大学の近くにある〈プラット研究所〉の化学実験室に行って、実験用の薬品を手に入れてきた。二、三日後、兄貴の外出中にこっそり部屋に入って、試験管に水を足していったら、窓が丸ごと吹っ飛び、部屋が燃え出した。その後はドアに鍵を取り付けられたよ。

兄貴とはよく喧嘩したが、よくある兄弟喧嘩にすぎなかった。ただし、俺が剃刀で切った日は例外だ。兄貴は俺をぶちのめしたあと眠り込んでいた。姉貴のデニスと医療もののドラマを観ていると、手術の場面が出てきた。「俺たちにもできそうだぜ、ロドニーを患者にしよう。俺が医者で、姉ちゃんは看護婦だ」と、姉貴に言い、ロドニーの袖をまくって、左腕の処置を開始した。俺が「メス」と言い、姉貴が剃刀を手渡す。少し切ると、血が流れ出した。「アルコール」と言うと、それが渡され、傷口にぶっかけた。兄貴は悲鳴をあげて目を覚まし、大声をあげて、俺たちを追いかけまわした。俺はおふくろの後ろに隠れたよ。今でも兄貴の腕にはこのときの傷が残っている。

仲が悪かったわけじゃない。あるとき、いっしょにアトランティック・アヴェニューを歩いていると、ロドニーが「ドーナツ工場に行こう」と誘ってきた。前にそこからドーナツを盗んだことがあったから、味をしめたんだな。近づくと、門は開いていた。ロドニーは中に入って何箱か手に入れたが、なぜか門が閉まって閉じ込められてしまい、警備員がやってきた。それでロドニーは俺にドーナツを渡し、俺はそれを持って家へ駆け戻った。姉貴と玄関口の階段に座ってドーナツを頬張り、顔が粉砂糖で白くなったっけな。おふくろは俺たちの横で、近所の人と話していた。「うちの息子はブルックリン工科学校の入試でトップの成績だったんだよ」と自慢している。

そこへロドニーを乗せたパトカーがやってきた。兄貴はおふくろが自分の自慢をしているのを聞いて、警官たちに「このまま行ってくれ」と頼んだ。そして、まっすぐ〈スポッフォード〉の少年拘置所に連行された。姉貴と俺は喜んでドーナツを全部平らげたよ。

子どものころ、おおかたの時間は姉のデニスと過ごしていた。俺より二歳年上で、近所の誰からも好かれていた。友達になると、とことん仲良くなる。しかし、敵にまわすとやっかいなタイプだ。俺たちは泥まんじゅうを作ったり、プロレスやカラテ映画を観たり、おふくろと買い物に行ったりして過ごしていた。まずまずの暮らしだったが、俺がまだ七歳のとき、俺たちの世界はひっくり返った。

不景気になって、おふくろは仕事を失い、俺たちはベッド‐スタイの居心地のいいアパートを追い出された。家具は全部外へ運び出され、歩道のわきに置かれた。おふくろが仮住まいの場所を探しに出ているあいだ、俺たち子ども三人は、家具を盗まれないよう、その上に座りこんで守らなくちゃいけなかった。

近所の子どもたちがやってきて、「マイク、なんで家具が外に出ているんだ？」と尋ねる。「引っ越すんだよ」とだけ告げた。

俺たちは同じブルックリンのブラウンズヴィルに落ち着いた。まったく趣の異なる場所だった。ベッド‐スタイに比べ、住人は騒々しく、攻撃的で、暴力のにおいがした。おふくろは見るからにびびっていたし、兄貴も姉貴も俺も同じだった。パトカーのサイレンがつねに響き、救急車が駆け回っていた。銃が発砲され、人が刺され、窓が壊される。ある日、なんと、うちのアパートのまん前で強盗が銃で撃ち合いを始めた。まるでエドワード・G・ロビンソンの古い映画の一シーンのようだ。俺たちはそれを見ながら、「こういうことって本当にあるんだ」と言い合った。

近所の住民は誰もかれもが欲望の塊で、遠慮会釈がなかった。「チンポしゃぶってくれ」とか「あたしのおまんこ《プッシー》食べてよ」なんて声が通りから聞こえる。ある日、一人の男が俺を通りの陰に引っぱり込んで、淫らなことをしようとした。この街で安全を感じたことは一度もなかった。しばらくすると、アパートの中さえ安全でなくなった。

ブラウンズヴィルに来た時点でおふくろのパーティはおしまいになった。何人か友達はできたが、ベッド‐スタイのころのように気のおけない関係にはなれない。だから深酒をするようになった。新しい仕事は決まらない。

生き残るために人は手段を選ばない

そんな状態だから、ブラウンズヴィルでも立ち退かされることになった。引っ越すたびに状況は悪くなっていく。貧乏から深刻な貧困へ、さらに極貧の生活へと。最後は危険判定を受けている建物で暮らすはめになった。暖房もなく、水も出ない。電気もろくに通っていなかった。冬は四人がひとつのベッドで身を寄せ合って寒さをしのいだ。それでも、追い出されるまでそこにいるつもりだった。おふくろは屋根のある暮らしを保つため、できることはなんでもした。好きでもない誰かと寝ることもあった。それしか手段がなかったんだ。

心底いやな思い出だが、これがおふくろから学んだことだ——生き残るために人は手段を選ばない。

幼いころの記憶に、こんなのがある。福祉活動家たちが無料の食べ物を配っていると聞いて、もらいに行った。「うちには兄弟と姉妹が九人いるんだ」と言うと、多めに渡してくれた。戦争に行って報奨金をもらったような気分だったな。得意の絶頂で食料を家に持ち帰った。夢みたいだ。冷蔵庫を開けると、サンドイッチとオレンジとミルクがあるなんて。しかも、二十食分。みんなを招いた。「食い物いらないか、兄弟《ブラザー》? 腹減ってないか?」俺たちは苦労して稼いだカネで買ってきたかのように振る舞っていた。

小さいころはおふくろに甘えてばかりいた。姉貴と兄貴には自分の部屋があったが、俺は十五歳になるまでおふくろといっしょに寝ていた。いちど、俺がベッドにいるあいだに、おふくろが男と寝たことがあった。俺が眠っていると思ったんだろう。ショックだったが、それが現実だ。おふくろのボーイフレンドのエディ・ギリソンが来ると、俺はカウチに追い出された。この二人の関係はまったく異常だった。あれを見ていたせいだな、俺自身の男女関係がおかしなことになったのは。二人は酒を飲んで、喧嘩をして、性交《ファック》して、仲たがいし、そのあとまた酒を飲んで、喧嘩をして、またファックした。やりきれない愛だったが、心底好き合っていたのは確かだよ。

エディはサウスカロライナ州出身の小柄な男で、ランドロマット社［コインランドリー・チェーン］の工場で働いていた。教育はろくに受けていなくて、兄貴や姉貴が小学四年生になると、宿題も手伝えなくなった。エディは亭主関白だったが、おふくろも相当かかあ殿下だったから、大騒ぎになるのは日常茶飯事。全員が喧嘩に参加することもあった。ある日、おふくろとエディは口汚く罵り合っていて、ついに手が出始めた。俺はおふくろを守ろうと割って入り、エディを止めようとしたら、ガツン、腹を殴られて倒れちまった。〝えっ、マジかよ、信じられない〟って感じだ。小さな子ども相手に！

そんな経験をしているから、俺は自分の子どもたちには一度も手を上げたことがない。だが、当時は、子どもを叩くなんてあたりまえの風景だった。今なら殺人行為で、刑務所行きだな。

エディとおふくろは何かにつけて喧嘩になった。別の男や女、カネのこと、主導権争い。エディは聖人じゃなかった。おふくろが女友達を連れてきて、みんなで酒を飲んで、おふくろが酔いつぶれると、その女友達たちとよろしくやっていた。そしてまた喧嘩になる。かなり危険な喧嘩で、たがいに凶器を手にして罵り合った。

俺が七歳のとき、二人が喧嘩になって、エディがおふくろを殴り、金歯が飛んだ。おふくろは大きなやかんに湯を沸かし始めた。兄貴と姉貴にはキルトの下にもぐるよう言ったが、俺はテレビのプロレスに夢中で、声が聞こえなかった。おふくろは何食わぬ顔でやってきて、気がついたらブーンと音がして、沸騰したお湯の入ったやかんがエディの頭にぶつかっていた。俺にも少し湯が飛び散った。一トンあるみたいに感じたよ。

「あじじーっ！」とエディは絶叫し、ドアから廊下へ駆け出した。俺もすぐ後ろに続く。エディが振り返って俺をつかんだ。「おお、ベイビー、ベイビー、あのくそ女《ビッチ》、お前にもかけたのか？」と言った。「ちきしょう、やられた。うう、あのくそ女！」俺たちはエディを部屋に連れ戻してシャツを脱がせたが、首と背中と顔の横が火ぶくれに覆われていた。爬虫類みたいだ。そこで、小さな窓型エアコンの前の床に寝かせて、姉貴が横に座った。ライターを取り出して、針の先を殺菌し、火ぶくれをひとつひとつ潰していくんだ。姉貴も俺も泣いていた。俺は二十五セント硬貨を一枚やってエディを元気づけた。

それでも、たいていの場合はおふくろが被害者で、エディはいつもおふくろを叩いていた。女性解放運動家《ウーマンリブ》なら彼女の反撃をすばらしいと思ったかもしれないが、俺は、〝仮にもボーイフレンド相手によくあんなことができるな〟と思っていた。

あの一件で、自分のおふくろがマザー・テレサじゃないことを知った。彼女はほかにもいくつかひどい仕打ちをしたが、それでもエディはそばにいた。それどころか、火傷させられたあと、エディは彼女に酒を買ってきてやっていた。お察しのとおり、あれに対するささやかなお礼だったんだ。俺が性的にまともじゃなくなった理由がわかるだろ。

そんな環境で育った。恋人たちは頭をぶつけ合って犬のように交尾した。愛し合っているが、傷つけ合いもする。俺は家の中で家族の死におびえていた。

家の中も怖かったが、外の世界はもっと恐ろしい。そのころ通っていた公立校は悪夢のようだった。俺はずんぐりしていて、女みたいに内気で、話すときは舌がもつれた。いつも姉貴といっしょにいたから、子どもたちから「ちっちゃいホモ」と呼ばれていた。

学校はアパートから角を曲がったすぐそこにあったが、おふくろは前の晩に酒を飲んで酔いつぶれて、学校まで送ってくれないこともあった。悪ガキたちはそんなときを狙って、俺を殴ったり蹴ったりした。「ここから出ていけ、黒ん坊《ニッガ》、お前、ほんとに汚い野郎だな」と罵声を浴びせる。ときには銃を取り出して、なけなしの小銭を奪っていくこともあった。

一年生のとき、眼鏡をかけたのが人生の分かれ目になった。おふくろから眼科検診を受けさせられたところ、近視と判明し、眼鏡をかけさせられたんだ。あれは最悪の出来事だった。ある日の昼休み、学校からの帰り道だ。カフェテリアで買ったミートボールを冷めないようアルミ箔に包んで持っていた。そいつは俺に近づいてきて、「よお、カネあるか?」と言った。首を振る俺。そいつは俺のポケットを両方まさぐり、全身をくまなく調べ始め、大事なミートボールを取り上げようとした。俺は「やめて! いやだ!」と抵抗した。食い物を奪われてなるものか。体を丸めてミートボールを守ろうとした。するとあいつは俺の頭を叩きだし、眼鏡を取り上げてトラックのガソリンタンクに沈めやがった。

俺は必死に走って逃げ帰った。今考えれば、ぶちのめしてやればよかったんだろうが、そんな度胸はなかった。「やめてくれ、叩かないでよ」と言うのが精一杯だった。あのころの体験のせいで、今でも自分の中に臆病者がいる。ああいう感情は決して拭い去れないものなんだ。

その日を境に、俺は学校に行かなくなった。俺の正規の教育はあそこで終わりを告げた。まだ七歳だったが、二度と教室には戻らなかった。

それからは、学校は飯を食いに通うだけの場所になった。朝飯を食ったら二時間くらい近所をぶらぶらし、昼飯を食いに学校に戻り、食いおわるとまた出ていく。

一九七四年の春の日、路上で三人組が近寄ってきて俺のポケットを探り始めた。「カネあるか?」持っていないと答えると、「もしあったら、カネは全部もらっていくぜ」と言う。俺のポケットを引っ張り出したが、何も入っていない。すると彼らは、「しょうがないな。お前、いっしょに飛ばしに行かないか?」と言った。

「飛ばすって、何を?」

何ブロックか一緒に歩いたあと、俺は廃墟になった建物に入るよう言われた。

「怖いよ!」俺は尻込みした。相手は三人、こっちは弱虫のちび。言うとおりにするしかない。とりあえず中に入ると、「屋根に上れ、ちび」と言う。みんなで屋根に上ると、小さな箱が見え、そこに鳩が何羽か入っていた。こいつらは鳩の小屋を作っていたんだ。

こうして俺は彼らの手下になった。飛び立った鳩たちが別の屋根に降り立つと、屋根に上がらされ、それを追い立てさせられた。一日じゅう鳩を追いかけていたが、けっこう面白いぞ、と思うようになり、鳩と過ごすのが愉快になった。ガキどもは不良だったが、俺のことを使い走りとして気に入ってくれた。屋根の上にいるとなぜだかほっとするんだ。そこが俺の世界だった。

鳩が二百羽ばかり、空に円を描いて飛んだあと、屋根に戻ってくるのを見るのは本当に爽快なんだ。ブルックリンでは鳩レースがさかんに行われていた。マフィアの親玉からスラム街の子どもまで、みんながやっていた。うまく説明できないが、無性に血が騒ぐんだ。俺は鳩の扱いかたを学び、鳩の性格を学んだ。なんだか鳩の名人になったみたいな気がして、上達するのが誇らしかった。みんなでいっせいに鳩を飛ばして、帰り着くまでの時間を競わせる。いったん血が騒ぐと、もうやめられない。あの日から、どこに住んでもかならず小屋を作って鳩を飼った。

犯罪人生の始まり

ある日、俺たちが屋根の上で鳩の世話をしていると、年上のやつがやってきた。名前はバーキムといい、例の三人組の一人の兄貴の友達だった。その兄貴がいないとわかると、近所のレクリエーション・センターで行われるジャムで会おうと伝えてくれと言う。ジャムというのは十代の子どもたちのダンス大会みたいなものだ。ただし夜は、場所の名前もレクレーション・センターから〈射手座《サジタリウス》〉に変わる。遊び人やペテン師たちがこぞってやってくる。近所のこそ泥や、スリや、ひったくり、クレジットカード詐欺師、犯罪者の巣窟だ。

その夜、俺もセンターに行った。七歳だし、めかし込むことなんて知らない。鳩を飼っているほかのやつらはみんなキメていた。ところが俺は、鳩の糞がかかった臭い服のまま、鳩小屋からまっすぐセンターへ向かった。

俺が入っていくと、三人組は「なんだ、この臭い？　見ろよ、こいつの格好」と言った。会場じゅうが笑いだし、俺をからかい始めた。みんなの笑い者になるなんて。それでも俺は泣きながら笑顔を作った。空気に溶け込もうとして。バーキムが俺の服装を見て、哀れに思ったらしい。近づいてきて、「おい、ちび。今夜は帰りな。明日の朝八時、屋根に来い」と言う。

次の朝、時間どおりにそこへ行くとバーキムがいて、「もう浮浪者みたいななりで出かけるんじゃないぞ。さあ、今から稼ぎにいくからな」と言う。

バーキムについていって、何軒かの家に侵入を開始した。バーキムには小さすぎて通り抜けられない窓に入るよう命じられ、中に入ってドアを開けた。あいつは引き出しを探り、金庫をこじ開けて、手当たりしだいに荒らした。ステレオや、8トラックの録音テープ、宝飾類、銃、現金。盗みを終えると、あいつは繁華街のデランシー通りに俺を連れていって、かっこいい服とスニーカーと羊皮《シープスキン》のコートを買ってくれた。その夜のジャムに行くと、このあいだ俺を笑い者にしたやつらが大勢来ていたが、誰も俺と気づきさえしない。別人になったみたいに優越感を感じた。信じられない気分だったよ。

俺を犯罪人生に導いたのはバーキムだった。それまでは何ひとつ盗んだことがなかった。嘘じゃない。パン一斤だって、キャンディひと粒だって手を出したことはなかったんだ。そんな度胸はなかったからな。しかし、バーキムは言う。最新のファッションや一流品を身に着けていれば、ステータスを得られると。

バーキムにユーティカ・アヴェニューのローラースケート・リンクへ連れていかれ、そこで〈ラトランド・ロード・クルー〉と呼ばれるやつらと出会った。まだ十二歳くらいだったはずだが、みんな大人っぽい格好をしていた。トレンチコート、ワニ皮の靴、ウサギの毛皮、つば広のステットソン帽。身に着けるブランドは〈セルジオヴァレンテ〉、〈ジョーダッシュ〉、〈ピエール・カルダン〉。俺は感心した。どうやってそんな物を手に入れるのか、バーキムが教えてくれた。世間は彼らを悪党と呼んでいたが、俺たちは金持ち野郎《ニッガ》と呼んでいた。いかれた話さ。

バーキムはラトランド・ロード・クルーの連中に俺のことを「息子」と紹介し始めた。俺より一、二歳上なだけだったが、あれは俺を見下さないよう忠告するロードクルー用語だった。つまり「こいつは俺の手下だ。ちょっかいを出すな」ってことだ。バーキムに一目置く連中は俺に手出しできなくなった。

バーキムは誰を警戒すべきか、誰が信用できないかを教えてくれた。『オリヴァー・ツイスト』

［チャールズ・ディケンズの長編小説］を思わせる暮らしだった。あの話ではフェイギンという大人の男に主人公がいろんなことを教わる。バーキムは服をたくさん買ってくれたが、決して大金はくれなかった。何千ドルか盗んでも、二百ドルしかくれない。それでも、八歳に二百ドルは大金だ。

受け入れてくれる場所

そのころから別次元の犯罪行為に手を染め始めた。バーキムはもっと年上の〈ザ・キャッツ〉という集団と知り合いで、俺は下部組織の〈ラトランド・ロード・クルー〉と行動を共にし始めた。民家へのちょっとした強盗に手を貸した。学校へ行って朝食をすませると、バスや電車に乗って、みんなが授業を受けているときに盗みをした。そんな仲間でも次第に連帯感めいた感情が芽生えてきた。盗みの上がりに貢献しているかぎり、みんなが平等だった。

俺は愛情と受け入れてくれる場所を求めていた小さなガキだった。やっとそれが見つかったんだ。あれが俺の受けた唯一の教育で、あいつらが俺の先生だった。俺はちょっとした稼ぎ手になって、みんなから一目置かれるようになった。現金が必要な友達に都合してやることもあった。みんなに酒と食い物をおごることもあった。鳩を買ってくるようにもなった。いい鳩を飼っていると尊敬されるんだ。盗みをやって出かけて服を買うことにも精を出していた。シアリングコートと〈プーマ〉の製品でめかし込んで颯爽と現れたときの、みんなの反応は見ものだったな。

〈ラトランド〉の一人からは鍵のこじ開けかたを教わった。鍵穴にぴったりの鍵を手に入れて、ただ回し続けていれば、穴がゆるんでドアを開けることができるんだ。「すげえ！」と、俺は叫んだ。ドアを開けるたびに、銀の食器、宝石、銃、札束が現れる。うれしさのあまり、俺たちは泣き笑いした。

ある日、仲間のカーティスと民家へ盗みに入った。住んでいるのはカーティスと同じカリブ海系。

真っ暗な家の中にいると、「誰だ？　お前か、ハニー？」と声がした。カーティスがふざけて俺を脅かそうとしているんだと思った。だから、「俺は銃とカネを探す。そっちは金庫を探せ。わかったか？」と答えた。「なんだと？」やっとカーティスじゃないことに気がついた。声の主は長椅子で寝ていたこの家の住人だった。

俺は急いでドアから駆け出そうとした。「カーティス、やばい。出よう。中に誰かいる」だがカーティスは完璧主義者だった。ただ逃げ出すんじゃなく、玄関のドアを施錠しようとした。俺はさっさとずらかった。家の主はドアに駆け寄り、カーティスの顔を殴って昏倒させた。俺はてっきりやつは死んだものと思っていた。再会したのは一年後だ。あいつは生きていたが、顔はズタズタだった。それほど強烈にやられたんだ。まったく、とんだ災難だった。

路上ではいつも外見に気を使っていた。黒人のガキがくたびれた汚い格好をしていたら、攻撃されるのがおちだ。だから身なりを整えて、不良っぽいそぶりは見せなかった。学校のリュックを背負って、伊達眼鏡をかけて、きちんとしたズボンに白いシャツでカトリックの生徒の格好をした。

一年くらい経つと、一人で盗みを始めるようになった。かなり儲かったが、路上をうろつきながらスリやひったくりをやるほうが、家に盗みに入るよりスリルがあった。女たちの宝飾類をひったくると、警官が追いかけてきたり、ヒーローきどりのやつがしゃしゃり出て取り返そうとしたりするんだ。リスクが高く儲けは少なかったが、俺たちはその緊張感が大好きだった。

いちばん原始的な手口は、金の鎖《チェーン》のひったくりだ。俺はよく地下鉄でやっていた。窓側に行く。車両の窓をいくつか開けておく。車両が停車して、新たに人が乗ってきて、窓側に座る。そこで俺は外へ降り、電車がゆっくり動きだすと同時に、ぱっと手を伸ばしてそいつのチェーンを引きちぎる。相手は叫び声をあげて俺を凝視するが、もう電車から降りられない。俺は留め金を修理して、そのチェーンを二、三日着けて、見せびらかし、年上のやつらに取り上げられる前に売り飛ばした。

俺も目覚めの時期を迎えていたが、当時は女の子と付き合うことができなかった。女の子は好きだったが、その気持ちをどう伝えりゃいいかわからなかったんだ。いちど、女の子たちが縄跳びをしているのを見ていて、気に入った子がいたんで、いっしょに跳びたくなった。そこでからかい始めたら、そいつらは年上で、俺をぶちのめしにきた。からかっただけなのに、向こうは真に受けて、俺は不意をつかれた。本気でやり返そうと思ったときには、誰かがやってきて喧嘩を止めに入っていた。向こうのほうが一枚上手だったな。

俺が犯罪行為をはたらいても、おふくろや姉貴はとがめなかった。いい身なりをしているのは悪いことじゃないし、俺は食い物——ピザやバーガーキングやマクドナルド——を持って帰ってきたからだ。

それどころか、おふくろはカネをせびってくるんだ。あれは彼女の習性だった。おふくろを助けるため、家賃用に大金を姉貴に渡したこともある。おふくろは百ドル渡しても絶対返してこなかった。「私に産んでもらった借りがあるだろう。カネは返さないよ」というのがおふくろの言い分だった。

力に目覚めたとき

大きくなるにつれ、注目を浴びたいという願望を持つようになった。「俺はここらで一番のワルだ」とか「俺の鳩は最高だぜ」とか。だが、そうなるには内気すぎたし、不器用すぎた。それでもある日を境に、観衆の称賛を浴びるのがどんな気持ちか理解できるようになった。

その日はクラウン・ハイツ界隈に行って、年上のやつと盗みに入った。なんと現金が二千二百ドル！ 六百ドルの分け前をもらった。それで、ペットショップに行って百ドル分の鳩を買った。店員がかごに入れてくれ、店長が地下鉄に乗せるのを手伝ってくれるくらい大量の鳩だ。鳩を隠している廃墟までは、近所の知り合いが手伝ってくれた。ところが、そいつが近所のガキどもに鳩の話を言いふらした。

そしたら、ゲーリー・フラワーズというやつが仲間と盗みにやってきたんだ。おふくろが見かけて教えてくれたから、俺は通りに飛び出して、急いで隠れ家に向かった。俺が来たのを見て、やつらは鳩をつかむ手を止めたが、ゲーリーはまだコートの下に一羽隠していた。そのころにはまわりを群衆が取り囲んでいた。

「鳩を返せ」俺は恐怖心を押し殺して叫んだ。

ゲーリーはコートの下から鳩を取り出した。

「鳥が欲しいのか？　こんなものが？　なら返してやるよ！」次の瞬間、あいつは鳩の首をねじ切って俺に投げつけた。頭とシャツに血がべったりついた。哀れな鳩の胴体が、道路にぐったり横たわっている。俺の大切な鳩が……。

「やっちまえ、マイク」俺の仲間の一人がけしかけた。「やっちまえ！」

俺はそれまでずっと臆病で、喧嘩なんかしたことがなかった。しかしそのときは、湧き上がってくる怒りを抑えることができなかった。以前、ワイズというボクサーが近所にいて、マリファナを吸って高揚するとシャドーボクシングを始めたから、そのスタイルをよく眺めていた。

覚悟を決めた。ワイズみたいにやるんだ！　何発かしゃにむにパンチを繰り出し、そのうちの一発が当たるとゲーリーはぶっ倒れ、起き上がってこなかった。ワイズがシャドーボクシングのときスキップしていたのを思い出し、俺はゲーリーを倒したあと、高揚のあまりスキップし始めた。とにかく、それがカッコいいことに思えたんだ。

栄光の瞬間をあの街区《ブロック》の人間がみんな見ていた。みんなが俺を称えて拍手する。胸から心臓が飛び出しそうな、信じられないくらいいい気持ちだった。

「おい、あの小僧《ニッガ》、スキップしてやがる」と、一人が笑った。モハメド・アリのステップ、いわゆるアリ・シャッフルを真似たつもりだったが、てんで様になっていなかったろうな。それでも、戦いは快感だったし、拍手やハイタッチの渦に巻かれるのも最高だった。俺の内気さの奥には、ずっと、ブレイク寸前のエンターテイナーが潜んでいたんだろう。

以来、俺はこれまでとは違う次元の尊敬を集めるようになった。みんながおふくろに、「マイクと遊んでもいい？」じゃなく「マイク・タイソンと遊んでもいい？」と訊いてくるようになった。俺と戦わせるために仲間を連れてきて、その結果にカネを賭けるやつらもいた。

おかげで別の収入源もできた。相手は別の地域からもやってくる。かなりの勝率だった。負けても、相手は「すげえな！ お前本当に十一歳か？」と目を丸くした。そのうち、ブルックリンじゅうで名を知られるようになった。しかしストリートファイトにリングのようなルールはない。何人かに囲まれ、バットのめった打ちで復讐されることもあった。

止まらない悪行

力を得た俺は、以前いじめっ子たちから受けた屈辱を忘れていなかった。街を歩いていると、むかし俺をいじめていたやつを見かけることがあった。俺に何をしたか思い出させてやらなきゃいけない。そいつを外に引きずり出して容赦なく殴り続けた。

そんなとき、あいつを見かけた。俺の眼鏡をガソリンタンクの中に投げ込んだやつだ。あのとき封印した怒りが蘇ってきた。いきなり相手につかみかかり、路上で狂ったように殴りつけた。相手はひたすら怯えて、許しを請うばかり。俺のことなんか忘れていたんだろうな。

犯罪行為も少しずつ激化していった。街のルールを理解せずに、みんないいカモだと思っていた。手を出してはならない特別な人種がいるなんて知らなかった。

俺は安アパートに住んでいたが、同じ建物に住んでいるみんなから盗んだ。誰も俺が泥棒だとは気づいていない。何人かはおふくろの友達だった。彼女たちは生活保護手当の小切手を換金して酒を買い、おふくろのところへ来て酒を飲んで遊んでいった。俺は自分の部屋から非常階段を上ってほかの部屋に忍び込み、手当たり次第に物を盗んだ。あるとき、部屋に帰って盗難に気づいたそこの奥さんが、走って、おふくろのところへ戻ってきて、「ローナ、ローナ、みんな持っていかれちゃった。ベビーフードまで！」

彼女たちが帰ると、おふくろが俺の部屋に入ってきた。

「お見通しだよ。お前なんだろ？」

「俺じゃないよ、母ちゃん。ほら見てくれ」と、俺は言った。盗んだものは屋根の上に隠していたんだ。

「俺はずっとこの部屋にいたよ」

「いや、お前は正真正銘の盗っ人だ。私は生まれてから人様の物に手をつけたことは一度だってないのに。いったい誰に似たんだろうね」

なんてこった。自分の母親からこんなことを言われるなんて、信じられるか？　家族は俺に絶望していたんだ。俺は犯罪者の人生へまっしぐらと、みんなが思っていた。姉貴はしょっちゅう俺に、「飛べない鳥はどんな鳥？　答えは囚人《ジェイルバード》！　囚人よ！」と言っていた。

悪い噂が立ち、近所の人々は俺を毛嫌いし始めた。

それでも、悪行は止まらなかった。チェーンをつかんで持ち主を階段から引きずり落としても平気だった。かまうもんか。俺にはこのチェーンが必要なんだ。情けをかける必要がどこにある？俺は誰からも情けをかけてもらったことなんてない。

いつか殺されるかもしれない。別にかまわなかった。どのみち十六歳まで生きられるとは思っていなかった。不良どもからは勇敢な男として尊敬されるようになった。もちろん、こんなのは本当の勇気じゃない。ただ頭のネジが外れていただけだ。それは自分でもわかっていた。

俺の知っているやつらはみんな悪事に手を染めていた。仕事を持っているやつらでも、陰では不正な手口で稼いでいた。麻薬を売ったり、盗みをはたらいたり。善人ぶっていたら誰からも声がからない。堅物のレッテルを貼られてしまうんだ。悪事をはたらいていれば安泰だった。誰かがちょっかいを出し、喧嘩をふっかけてくる。そうやって、使えるやつかどうか確かめるんだ。だがそんな悪党もみんな俺の名前には恐れをなしていた。

状況はさらにエスカレートし始めた。俺は警察と顔なじみになっていた。ブラウンズヴィルでは銃で狙われるのも珍しいことじゃなかった。狭い路地で賭け事をしていると、すぐ近くで銃弾が飛び交う。別のギャングがバイクをブンブンいわせて疾走し、自分に向かって一発撃ってくることだってある。俺たちはどこの組がどこを縄張りにしているか逐一知っていたから、危険な場所には行かないようにした。

しかし、警察に銃で狙われるようになると話は別だ。ある日、何人かでアンボイ通りの貴金属店を通り過ぎようとしていると、宝石商が箱を運んでいるのが見えた。俺がその箱をひったくって、みんなで逃げた。うちのブロックの近くまで来たとき、タイヤがキキーッと音をさせ、車から私服警官が何人か駆け出してきて、俺たちめがけてパン、パンと発砲し始めた。俺は日ごろから根城にしている廃墟に逃げ込み、難を逃れた。

警官が何人か建物に入ってきた。

「ちきしょう、あのガキども、頭にくるぜ、こんな建物に誘い込みやがって」と、そいつは言った。

「殺してやるからな、ろくでなしども」

白人の警官たちが話すのを聞いて、心の中で笑っていた。ここは俺の庭なんだ。

奪った宝石箱の中には、高級腕時計や金貨のペンダントヘッド、ブレスレット、ダイヤモンド、ルビーがどっさり入っていた。二週間かけてそれを売りさばいた。ある場所で一部を売り、町の別の場所に行ってほかの品々を売った。

こういう路上強盗はうまくやってのけたのに、初めて逮捕されたのがクレジットカードの窃盗だったのは皮肉な話だ。俺は十歳だった。こんな子どもがクレジットカードを持っているわけないから、年上のやつを店に行かせ、俺が指示してあれやこれや買ってもらい、そいつにも何か買わせてやった。あとで、別の年上のやつにそのカードを売りつけるつもりだった。

あるとき、ベルモント・アヴェニューの小売店に入ってカードを使おうとした。俺たちはこぎれいな格好をしていたが、クレジットカードを持てる年齢には見えない。洋服やスニーカーをどっさり選んでカウンターに持っていき、レジの女にカードを渡した。女はちょっと失礼と言って席を外し、電話をかけた。あっと思ったときには、おまわりがやってきて、俺たちは逮捕された。

俺は地元の警察署に連行された。おふくろは電話を持っていなかったから、警察が迎えにいって署へ連れてきた。彼女は俺を見るなり怒鳴りつけ、その場で死ぬほどぶちのめされた。十二歳になるころには、こんなことが日常茶飯事になり始めていたんだ。逮捕されるたびに裁判所へ行ったが、未成年だったから刑務所には行かずにすんだ。

おふくろが署に来てぶっ叩かれるのがいやでならなかった。そのあと彼女は友達と酒を飲んで、俺をぶちのめした話をする。隅で体を丸めて身を守ろうとしても、かまわず攻撃された。あれはちょっとした心の傷になっている。今でも、部屋の隅にちらっと目が行くと、おふくろに叩かれたときのことが頭に甦り、思わず目をそむけてしまう。食料雑貨店でも、外の通りでも、学校の友達の前でも、法廷でも、おふくろは平気で俺を叩いた。

ときには、俺が正しいときでもぶちのめされた。十一歳のとき、町角でサイコロばくちをやっていた。相手は十八歳くらいだった。その日の俺は絶好調で、仲間たちも俺が勝つ側に賭けていた。俺は二百ドル賭け、六回連続で自分の数字を出していた。もう相手から六百ドルむしり取っていた。

「もう一回だ。腕時計を賭ける」と、相手は言った。

ドカーン、俺は〝四・五・六〟を出した。

「まあ、よくあることさ」俺は言った「よこせよ、腕時計」

「いいや、何もやる気はない」と相手は言い、俺の勝ち分をひっつかもうとした。俺はそいつに噛みついて、石で殴りつけた。おふくろの友達が騒動を見かけ、アパートに駆け込んだ。

「あんたの息子が大人と喧嘩しているよ！」と、一人が言った。

おふくろが怒って駆けつけた。俺に飛びかかって両手をつかみ、平手打ちして、投げ飛ばす。

彼女は怒鳴った。「この人に何をしたんだ？　本当にすみません」と、彼女は男に謝った。

「こいつは負けたくせに、カネを取り返そうとしたんだ」と、俺は主張した。

おふくろは俺のカネを取り上げて、男に渡し、俺の顔を平手打ちした。

「本当にすみません」と、彼女は謝った。

「殺してやる、この野郎！」おふくろに引き離されながらも、俺は叫んだ。

問題児が集まる学校

そのころには、もうおふくろは完全に俺を見放していた。上の二人には周囲とうまくやっていく要領を身につける力があったが、俺だけが例外だった。読み書きができないのも俺だけだ。

「どうして、こんなことができないんだい？」おふくろは言った。「どこが悪いんだろうね？」

おふくろは俺のことを知恵遅れと思っていたにちがいない。小さいころ、リー・アヴェニューにあるいろんな場所で精神鑑定を受けさせられた。大きな声でよく独り言を言っていたからだ。

いったん法廷制度に引っかかると、裁判所の指示で特殊教育学校に行かされた。特殊教育学校は刑務所みたいなもんだ。帰宅時間までずっと鍵をかけられた。反社会的な子どもと問題児がみんなバスに詰め込まれる。俺は反抗して戦い、相手の顔に唾を吐いた。学校の行き帰りのためにトークン［バス乗車用のコイン］をもらったが、俺は子どもたちからトークンを奪って、賭け事に使った。先生たちからも現金を盗み、翌朝、そのカネで買った新品のシャツを着て学校へ行く。

多動性障害と診断され、ソラジンを渡されるようになった。七〇年代に、手に負えない黒人の悪ガキたちに渡されていた精神安定剤だ。ソラジンには幻覚作用があった。何もかもぶっ飛んで見えた。いろんな音が聞こえ、意識は飛んで、ゾンビみたいな状態だ。食欲もなく、いつトイレに行くべきかさえわからなくなった。

特殊教育学校には、魂の抜けたゾンビのようなやつらや、いかれた子どもたちのほかに、犯罪者も送られてきた。おかげで、犯罪者の知り合いが一気に増える。タイムズ・スクエアに行くと学校のやつらを見かけたが、みんな羊皮の派手なコートを着て、ポケットにカネを入れて、同じことをしていた。

一九七七年にタイムズ・スクエアをぶらついていると、むかし住んでいたベッド‐スタイ出身のやつらに会った。話をしているうちに、気がついたら一人が売春婦からハンドバッグをひったくっていた。女が激怒して俺の顔にカップの熱いコーヒーをぶっかける。おまわりたちが近づいてきたから、仲間のバブと急いでずらかった。ハードコア・ポルノの映画館に逃げ込んで隠れたが、すぐに売春婦がおまわりたちとやってきた。

「こいつらよ」彼女はバブと俺を指差した。

「俺？　俺はやってない」と言い返したが、おまわりたちは客に見せつけるように俺たちを外に連れ出し、パトカーの後部座席に押し込んだ。

パトカーはミッドタウンの警察署に向かった。タイムズ・スクエアをあとにしたとき、ベッド‐スタイの友人たち、つまりこの悪さをしでかした張本人たちが通りからじっと見ていた。俺は何度も逮捕されていたから、手続きには慣れっこだ。それでも、警察が前科記録を見たところ、あんまり逮捕歴が多かったから、まっすぐ〈スポッフォード〉に送られることになった。ブロンクスのハンツ・ポイント地区にある少年拘置所だ。

偉大な男になりたい

スポッフォードについては、前から恐ろしい噂を聞いていた。ほかの収容者や職員に制裁を受けるって。だから、さすがの俺も身震いした。服を支給され、独房を与えられて、眠りについた。朝になって怖くなった。どんな目に遭うか見当もつかない。ところが、カフェテリアへ朝食を食べに行ったら、まるで同窓会だった。すぐに友達のカーティスの姿が見えた。いっしょに民家に盗みに入って、住人にボコボコにされたやつだ。その後もかつての相棒たちが次々見つかった。

「なんだ」俺は一人つぶやいた。「知り合いだらけじゃないか」

それ以来、平気でスポッフォードに出入りするようになった。俺にとってはタイム・シェア施設みたいなものだった。収容中、みんなで集会室に集まって『アリ／ザ・グレーテスト』というモハメド・アリの映画を観た。それが終わるとみんなで拍手をしたが、アリがゆっくりリングに上がってくる場面は衝撃的だった。実物以上に大きく見えた。そのときに思ったんだ、〝この人みたいになりたい〟って。

彼は俺たちに語りかけ、その言葉に俺は心を揺さぶられた。自分の将来なんて、てんで見当がつかなかったが、アリには惹かれた。彼のすばらしい戦いを見て「ボクサーになりたい」と思う人はいるかもしれない。だが、「彼みたいになりたい」とは誰も言わない。アリみたいな人間はそうそういるもんじゃないからな。でも俺はアリを見て、彼みたいな偉大な人物になりたい、と強く思ったんだ。何をするかはわからないが、アリみたいな影響力のある人物になりたかった。

そんな夢を見ながらも、俺はまだドブネズミだった。逮捕に特殊学校に薬物療法と、おふくろは俺に対する希望を完全に捨てていた。まあ、小さいころから、おふくろに期待されたことなんて一度もなかったけどな。

俺のしたことでおふくろが喜んだり誇りに思ったりしたところは一度も見たことがない。おふくろと話す機会も、彼女のことを理解する機会もなかった。友達といると、そいつが母親からキスされるところを見ることがあった。俺にはそんな経験がない。十五歳までおふくろのベッドに寝かせてもらったくらいだから、愛情はあったんだろうが、彼女はいつも酔っ払っていた。

矯正制度に組み込まれると、当局は更生をうながすために、俺をグループホームに送った。政府が世話人たちの費用を負担して、このホームに落ちこぼれや被虐待児、悪ガキや精神障害児をまとめて投げ込もうってわけだ。何もかもいかさまだった。絶対、二日以上我慢できない。脱走するしかない。いちど、ロングアイランドのブレントウッドのホームに入った。家に電話して、そこにはマリファナ煙草がないとおふくろに愚痴った。すると、おふくろは兄貴のロドニーに買いに行かせて、届けてくれた。彼女はいつも優秀な世話役だった。

結局、スタッテン・アイランドの〈マウント・ロレット〉という施設に送られるんだが、何があっても俺は変わらなかった。性懲りもなく、スタッテン・アイランド行きのフェリーで客たちにスリをはたらいていた。あのころの自分がどんな人生を送っていたか、今は考えただけでぞっとするよ。

一九七八年の初め、スタッテン・アイランドの施設から釈放されてブラウンズヴィルに戻った。大勢の知り合いが宝飾類や二百ドルくらいのはした金のために殺されていると聞いた。少し不安になったが、強盗や窃盗はやめなかった。尊敬している年上のやつらの生き様を観察した。のし上がっているのもいたが、挫折も目にした。誰もがスリから抜けられない。それが日常になっていたんだ。

近所はいっそう殺伐としてきて、俺もますます嫌われ者になった。十一歳になったころ、考えごとをしながら近所を歩いていると、店の店主たちが、俺が通っていくのを見て、石を拾って投げつけてきた。

「ちびの盗っ人野郎」と、彼らは怒鳴った。

俺の着ている立派な服を見て、自分たちから盗んだ金で手に入れたと思ったんだ。あるとき、とある建物の前を通りかかって、友達にあいさつしようと足を止めたら、ニッキーというやつが散弾銃を持って出てきた。そいつの仲間も拳銃を持っていた。仲間のほうが拳銃を抜き、ニッキーは散弾銃の銃口を俺の股間に当てた。

「いいか、ちびの黒ん坊《ニッガ》。こんどこの辺りで見かけたら、金玉吹き飛ばしてやるからな」

そいつが誰なのかさえ知らなかったが、向こうが俺のことを知っているのは明らかだ。もはやそんな状況には慣れっこになっていた。

十三歳になる何カ月か前、盗品所持でまた逮捕された。ニューヨーク市近辺にもう俺の受け入れ先はなくなっていた。俺は〈トライオン少年院〉に送られることになった。州都オールバニから北西へ一時間くらいのところにある、少年犯罪者のための施設だ。

俺が北部《アップステイト》［マンハッタンとロングアイランド以外の州域を指す］へ行くことを、おふくろは喜んだ。そのころには、大勢の大人が俺を捜しに家に来るようになっていたからだ。

「お前の弟は汚いろくでなしだ。ぶっ殺してやる」と、そいつらは姉貴に言った。

「まだ子どもなんです」と、姉貴はかばってくれた。「奥さんを寝盗ったりしたわけじゃないでしょう？」

想像してくれ。大人が俺を、十二歳の子どもを探しに家まで乗り込んでくるんだ。まともな話じゃないよな。おふくろに愛想を尽かされるのも無理はないか。

伝説的名トレーナー

CHAPTER

2

少年院に送られたのは体裁のいい話じゃなかった。収容されているのは〈スポッフォード〉以上の、筋金入りのワルたちだ。それでも、〈トライオン〉は悪いところじゃなかった。コテージがたくさんあって、外を散歩したり、バスケットボールをしたり、ジムまで歩いたりできた。ただ、平穏は長続きしなかった。俺はそんなワルたちに対しても挑戦的な態度で、誰かれなしに毒づいていたからだ。

ある日、教室に向かっていると、廊下で男がそばを通りかかった。自分は殺人鬼だといきがっているいかれた野郎だ。すれ違うとき、俺が手に持っていた帽子をやつはぐいっと引っ張って、そのまま知らん顔で離れていった。俺のことをなめているんだ。教室での四十五分の講義中ずっと、帽子を引っ張ったあいつをどうやって懲らしめてやろうか、それればかり考えていた。授業が終わって教室を出ると、うまい具合にドアのところでそいつが友達とだべっていた。

〝いたぞ、マイク〟俺は心の中でつぶやいた。歩み寄ると、そいつはポケットに手を突っ込んだまま俺をにらみつけた。俺の帽子を無断でつかんだらどんな目に遭うか。二度と忘れないよう、徹底的に教育してやった。

その出来事によって俺は手錠を掛けられて、エルムウッドに送られた。手に負えない悪ガキを閉じ込める厳重警備の懲罰小屋だ。エルムウッドは不気味だった。職員はやたらと筋肉質な、図体のでかいやつらだった。小屋から出てくる者は、決まって手錠を掛けられ、二人の男に付き添われていた。

週末になると、優等の単位をもらったエルムウッドの子どもたちが何時間か外へ出ていった。それが、戻ってきたときは鼻が折れたり、歯が欠けていたり、口が腫れたり、あばら骨を痛めたりしていた。俺はてっきり、職員に殴られたものと思っていた。当時は少年院の職員が子どもに怪我をさせても、保健機関や社会福祉機関に通報するやつなんていなかったからな。ところが、怪我をしたやつらの話を聞くと、意外なことに彼らはその状況を楽しんでいた。

「ちきしょう、もう少しだったんだ、もうちょっとであいつをぶっ倒せたのに」と、みんな笑っていた。いったいなんのことだ？　あとで真相がわかった。カウンセラーのスチュワート教官とボクシングをしていたんだ。

ボクシングとの出会い

ボビー・スチュワートは屈強なアイルランド系で、体重百七十ポンドくらいの元プロボクサーだった。全米アマチュア王者にもなったほどの腕前だ。懲罰房に入っているときに職員から、仲間にボクシングの元チャンピオンがいて、子どもたちにボクシングを教えているという話は聞いていた。あそこの職員は不思議なことに、みんな俺によくしてくれた。彼らの仲間というその元ボクサーも、もしかしたらアリみたいなすごい男なんじゃないかと思い、会ってみたくなった。

ある晩、自分の部屋にいたら、ドアにぎょっとするような大きなノックの音が響いた。ドアを開けると巨漢が立っていて、ボビー・スチュワートと名乗った。

「おい、お前、俺と話がしたいんだって？」と、どら声で言う。

「ボクサーになりたいんだ」と、俺は言った。

「みんなそう言うんだよ。だが、本気でボクサーになろうなんて根性のあるやつは一人もいなかった」と、彼は言った。「お前が態度を改めて、周囲に敬意を払えるような男になったら、相手をしてやってもいいぞ」

こうして、俺は本腰を入れ始めた。こと勉強にかけてはこの世でいちばん適性がないだろう俺が、模範的な優等生を目指したんだ。言葉づかいも「はい、わかりました」とか「いいえ、先生」と改めて、模範的な行動を心がけた。一カ月かかったが、ついにスチュワート教官に認めてもらえるだけの優等単位が取れた。なんとしても挑戦したかったんだ。ボビー・スチュワートを叩きのめせるという絶対の自信があった。そうすれば少年院じゅうの連中が俺に従うはずだ。

収監されている少年たちが興味津々で集まってきた。これだ、この感覚だ。みんなの前でこの男を倒して、拍手喝采を浴びてやる。

スチュワートと向き合うと、すぐに腕を振り回して連打した。教官はガードに徹した。打って、打って、打ちまくったがパンチがかする気配さえない。おかしいな、そう思った瞬間、彼は突然するりと俺のわきをすり抜け、胃袋に鋭いパンチをめり込ませた。

「うっ。うえっ、おえーっ」過去二年間で食ったものをすべて吐き出したような感じだった。〝いったいなんだ、この感覚は?〟当時はボクシングのことを何も知らなかった。腹を殴られると人間はしばらく息ができなくなるが、それは一瞬のことだ。今はそれを知っているが、あのときは知らなかった。このまま息ができず、死んでしまうんじゃないかと本気で思った。呼吸困難に陥ったまま、ただ胃袋の中身を吐き出すことしかできなかった。身の毛のよだつ体験だったよ。

「起きろ、終わりだ」ボビー・スチュワートがどら声で言った。

みんながいなくなると、恐るおそる教官に近寄った。「あの、すみません、今のやりかたを教えてもらえませんか?」低姿勢で言ったが、腹の中で考えていたのは、ブラウンズヴィルに戻ったらこの技は使えるぞ! だった。当時の俺の考えることと言ったら、それくらいのものだった。だが、ボビーは見どころがあると思ったらしい。「お前、本気でボクシングをやってみる気はあるか?」と言ってくれた。

こうして、俺はボクシングの世界に足を踏み入れた。日中は猛練習、部屋に戻ってもひと晩じゅうシャドーボクシング。おかげでめきめき上達した。当時は気がつかなかったが、スパーリングの最中、ジャブ一発でボビーの鼻を折ってしまったことがあったらしい。次の週、ボビーは休みを取ったが、じつは自宅で療養していたんだ。

練習開始から数カ月後、おふくろに電話をかけ、ボビーに替わってもらった。「言ってくれ、おふくろに」と、うながした。俺がどんなに優れたボクサーか、ボビーから伝えてもらいたかった。こんな俺にもできることがあるとおふくろに知ってほしかった。白人から話を聞けば信じてくれるかもしれないと思ったんだ。だがおふくろは、俺が生まれ変わったことを信じようとしなかった。もう手遅れと思っていたんだな。

伝説のトレーナー

それからほどなく、ボビーから提案があった。「お前を伝説のボクシング・トレーナーのところに連れていってやる。彼の名前はカス・ダマト。そこで訓練すれば、お前は違った世界を見られるはずだ」

「どういうこと?」と訊いた。あのころはボビー・スチュワートだけが頼りだった。ほかの誰も信用できない。なのに、俺を投げ出すのか?

「いいから、とにかくその人を信じろ。カス・ダマトを」と、彼は言った。

そして一九八〇年三月のある週末、ボビーと俺はニューヨークのキャッツキルへ車で向かった。カス・ダマトのジムは町の警察署の上にある集会所を改修したものだった。窓がなく、古めかしいランプが天井から吊り下がって光を灯していた。壁を見るとたくさんポスターが貼ってある。活躍している地元の少年を取り上げた記事の切り抜きだった。

カスの見かけは、冷徹非情なボクシング・トレーナーそのものだった。背は低く、頭は禿げていて、がっちりした体で、いかにも屈強だった。話しかたも強気で、顔に笑いじわなんてひと筋もない。「やあ、俺がカスだ」と、彼は自己紹介した。きついブロンクス訛りだった。テディ・アトラスという若いトレーナーもいっしょにいた。

ボビーと俺はリングに上がって、スパーリングを開始した。俺は最初から力強く、リング狭しと動き回ってボビーを打ちまくった。ふだんは三ラウンドまでやっていたが、このときは二ラウンドの中ごろ、ボビーの右が何度か俺の鼻に当たり、鼻血が出始めた。痛みはなかったが、顔じゅう血だらけになった。

「そこまで」と、アトラスが言った。

「いや、このラウンドは続けさせてください。もう一ラウンド残ってるじゃないですか」と、懇願した。なんとかカスにいいところを見せたかったんだ。

だが、カスにはすでにわかっていた。俺たちがリングを下りると、カスは開口一番、ボビーにこう言ったそうだ。「未来の世界へビー級チャンピオンだな」

お前はすばらしい

スパーリングのあと、すぐに俺たちはカスの自宅へ昼飯に向かった。カスは十エーカーの土地に立つヴィクトリア様式の白い大邸宅に住んでいた。ベランダからはハドソン川を望める。家のかたわらには高くそびえる楓の木々やバラ園もあった。こんな家がこの世にあるなんて、生まれて初めて知った。

腰を下ろすと、カスは俺に歳を聞いた。十三と答えると、信じられないというポーズを取った。そして、俺の将来について語り始めた。スパーリングを見たのはたった六分たらずだったというのに。「お前はすばらしい」彼は言った。「最高のボクサーだ」賛辞に次ぐ賛辞だ。「俺の言うことを素直に聞けば、史上最年少の世界ヘビー級チャンピオンにしてやる」

おいおい、こいつ、やばいやつじゃないか？　俺の育った世界じゃ、変態行為をしようとするやつがこういう甘い言葉を口にするんだ。なんて答えたらいいかわからなかった。それまで、誰かから褒められたことなんて一度もなかったからだ。しかし、もうほかにすがるものもない。この爺さんについていくしかない。それに、やっぱり人に認められるのはいい気分だ。これはカスの心理作戦だったのだと、あとになってわかった。弱っているやつをちょっといい気持ちにしてやると、癖になるんだ。

〈トライオン〉少年院に戻る車中、俺は興奮していた。膝の上にはカスがくれたバラの花束。それまで、バラなんてテレビでしか見たことがなかった。庭のバラがあんまりきれいだったから、少し欲しくなってカスに頼んだんだ。バラの香りと耳にこだまするカスの言葉に包まれて、最高の気分だった。俺の世界はこの日を境に変わった。あの瞬間、俺は自分が何者かになれることを確信した。「気に入ってもらえたみたいだな」と、ボビーが言った。「ばかな真似をしでかして、チャンスを逃すなよ」ボビーも喜んでくれた。

部屋に戻ると、バラが枯れないようすぐ水に生けた。その夜はカスがくれたボクシングの百科事典を一睡もせずに読破した。ベニー・レナードに、ハリー・グレブに、ジャック・ジョンソン。夢中で読んだ。彼らに憧れた。彼らにはルールなんかないみたいだった。猛練習はするが、練習以外の時間は派手に遊んで暮らす。強ければ、神を崇めるみたいに周囲に人が群がってくる。

毎週、週末になるとカスの家へ練習に行くようになった。ジムでテディ・アトラスと練習し、カスの家に泊まっていった。ほかにも何人かのボクサーが、カスと連れ合いのカミール・イーワルドという可愛いウクライナ系の女性と寝食を共にしていた。最初のころ、カスの家に行くと、まずやったのはテディの財布からカネをくすめることだ。ちょっとツキが回ってきたからって、身についた癖はやめられるもんじゃない。マリファナを買うカネが必要だったんだ。テディはよくカスに、「マイクにちがいない」と訴えていた。

「やつじゃない」と、カスはかばってくれた。

ボクシング漬けの毎日だったが、命を懸けたいとまで思ったのは、ある週末、カスの家で二人の男の対決を見てからだ。レイ・レナード対ロベルト・デュラン戦。すげえ！　全然次元が違う。心底わくわくした。二人とも颯爽としていて、危険な感じで、パンチがおそろしく速かった。まるで試合に振り付け師がいて、それを二人が演じているかのようだった。あれほどの衝撃はそれまでなかったし、これからもないだろう。

カス・ダマトの教え

気持ちははやったが、カスの家に通い始めた当初はまったくボクシングをさせてもらえなかった。テディとの練習が終わると、カスが横に座って、二人で話し合う。彼は俺の気持ちや感情、ボクシングの心理面について語った。俺の心の奥まで知りたがった。このスポーツの精神面について、いろんな話をしてくれた。「自分の中に崇高な戦士がいないと、絶対にいいボクサーにはなれない。体がどれだけ大きくて、どれだけ強かろうと関係ないんだ」と、カスは言った。かなり抽象的な概念だったが、言いたいことはわかった。カスは俺の言葉を理解するすべを知っていた。彼自身も子供のころ、過酷な環境で育ったストリート・ファイターだったからだ。

まずカスは、恐怖心と、それを乗り越える方法について語った。

「恐怖心はボクシングを学ぶうえで最大の障害だ。しかし、恐怖心は一番の友達でもある。恐怖心は火のようなものだ。管理する方法を学べば、自分のために利用することができる。コントロールできないと、火はお前と周囲のあらゆるものを破壊する。山上の雪玉のように、転がる前なら対処できるが、いちど転がりだしたらどんどん大きくなって押しつぶされる。だから、恐怖心を肥大させてはならない。

野原を横切っているシカを思い浮かべろ。森に近づいたとき、突然、本能が告げる。危険なものがいる、ピューマかもしれない。ひとたびそうなると、おのずと生存本能が起動して、副腎髄質から血液にアドレナリンが放出され心臓の鼓動が速まって、並外れた敏捷性と力強さを発揮できるようになる。通常そのシカが十五フィート跳べるところを、アドレナリンによって最初の跳躍が四十フィートにも五十フィートにも延びる。人間も同じだ。傷つけられたり脅されたりといった状況に直面すると、アドレナリンが心臓の鼓動を速める。副腎髄質の作用で、ふだんは眠っている力を発揮できるんだ。

勇者と臆病者の違いがわかるか、マイク？　何を感じるかという点では、勇者と臆病者に違いはない。両者の違いは、何をするかにある。勇者がすることを真似、臆病者がすることをしないよう、自制心を手に入れるんだ。

自分の心は友達じゃないぞ、マイク。それを知ってほしい。自分の心と戦い、心を支配するんだ。感情を制御しなくてはならない。リングで感じる疲れは肉体的なものじゃない。実は九十パーセントは精神的なものなんだ。試合の前の夜は眠れなくなる。心配するな、対戦相手も眠れてやしない。

計量に行くと、相手が自分よりずっと大きく、氷のように落ち着いて見えるだろうが、相手も心の中は恐怖に焼き焦がされている。想像力があるせいで、強くもない相手が強く見えてしまうんだ。覚えておけよ。動けば緊張は和らぐ。ゴングが鳴って、相手と接触した瞬間、急に相手が別人に見えてくる。想像力が消えてなくなったからだ。現実の戦い以外のことは問題でなくなる。その現実に自分の意志を定め、制御することを学ばなければならない」

カスの話には何時間でも耳を傾けることができた。そんな相手には今まで出会ったことがない。カスが教えてくれたのは、本能のままリラックスして動くことの大切さだった。気持ちや感情に動きを邪魔されてはならない。カスはかつて、こんな話を文豪ノーマン・メイラーとしたことがあったという。

「カス、君は知らないうちに禅《ぜん》を実践しているんだよ」とメイラーは言い、オイゲン・ヘリゲルの『弓と禅』という本をカスにくれた。カスはよく、その本を読んでくれた。

カスは自分の初めての試合で、感情の超越という究極の状態を経験したそうだ。彼はプロボクサーになりたくて、街のジムでトレーニングをしていた。サンドバッグを一、二週間打ったころ、マネジャーから、誰かと試合してみないかと言われた。リングに上がると心臓がドラムのように激しく打った。ゴングが鳴ると、突進してきた相手に打ちまくられた。鼻は腫れ、目がふさがり、血まみれ。第二ラウンドもやるかと訊かれ、うなずいた。第二ラウンドに入ると、ふっと、心が体から切り離され、自分自身を離れたところから見ている自分がいた。相手のパンチが遠くから来るみたいに感じられた。いや、感じたというより、それに気がついたのだという。

「偉大なボクサーになるには考えることをやめる必要がある」とカスは言った。俺を座らせて、「超越しろ。集中しろ。自分が自分を見ているのがわかるくらいリラックスしろ。その境地に達したら、俺に教えろ」と言った。

この教えは俺にとってはきわめて重要な意味があった。俺には感情をむきだしにするところがあるからだ。あとからわかったことだが、リング上では感情を切り離せないと撃沈の憂き目に遭う。強いパンチを当てても相手が倒れないと、恐怖心が忍び込んでくる。

カスはこの離脱体験をさらに発展させた。心を体から切り離し、そのうえで未来を描き出す。「すべてが穏やかで、自分は外にいて自分自身を見つめている」彼は言った。「それは俺であって俺でない。心と体がつながっていないようでつながっている。心に絵が浮かぶ。今から起ころうとしていることが心の目に浮かぶ。その絵を実際に見ることができる。映画のスクリーンのように。たとえば、駆け出しのボクサーを見ると、そいつが次にどう反応するか正確にわかる。そいつの戦う様が見え、そいつについて知るべきことがすべてわかり、そいつの考えていることがわかる。俺がそいつであるかのように。そいつの中にいるかのように」

念の力で物事をコントロールできるとまで、カスは主張した。ロッキー・グラジアノのアマチュア時代、カスが彼を教えていた。ある試合でのことだ。カスがセコンドについたが、ロッキーは敗色濃厚だった。二度のダウンを食らい、コーナーに戻ってきて試合を投げたいと言ってきた。しかし、カスは無理やりロッキーを送り出し、彼の腕に念を込めた。するとパンチが当たって相手が倒れ、レフェリーが試合を止めたという。

こういうとんでもない男に俺は鍛えられていたんだ。

自信を得る方法

頭の中に自分のなりたい自分を住まわせなければいけないと、カスは強く信じていた。世界ヘビー級王者になりたかったら、ヘビー級王者らしい暮らしを始めなければいけない。わずか十四歳にして、俺はカスの心理学の狂信者になった。つねに練習を欠かさず、古代ローマの剣闘士《グラディエイター》のように考え、心の中はつねに戦争状態だが、外面は穏やかでリラックスしていた。

カスは自己暗示《アファーメーション》にも凝っていた。薬剤師で心理学者のエミール・クーエというフランス人が書いた『暗示で心と体を癒しなさい!』という本が愛読書だ。クーエは患者たちに、「毎日すべての面で、私はどんどん良くなっていく」という言葉を心の中で何度も唱えるよう指示した。カスは片目がひどい白内障だったが、その言葉を繰り返すうちに目が良くなったと言っていた。

カスは指導する相手の状況に合わせて自己暗示の内容を変える。俺には、「世界最高のボクサー。誰も俺には勝てない。世界最高のボクサー。誰も俺には勝てない」という言葉を朝から晩まで何度も繰り返し唱えさせた。これをやるのは大好きだった。次第に自信が漲ってくるように感じたからだ。

こういう技法の最終目標はボクサーに自信を植えつけることだった。自信がすべてだ。しかし、その自信を得るには、自分をぎりぎりまで追い込む必要があった。自信はじっくり育つものじゃなく、どこからともなくふっと湧いてくるものだ。たえず心に描き出し、養っていくことで生まれてくるものなんだ。

カスはいっしょに暮らした最初の何週間かで、こういうことを全部説明し、計画の全貌を見せてくれた。そして俺に使命を与えた。「史上最年少の世界ヘビー級チャンピオンになる」ことだ。あとから知ったことだが、カスはカミールに、「あいつこそ、俺が生涯待っていた男だ」と嬉しそうに話していたそうだ。

仮釈放されてブルックリンに戻る日が近づいてきたある日、ボビー・スチュワートが訪ねてきた。「ブルックリンには戻らないほうがいい。また昔のお前に戻って、犯罪に巻き込まれるのが心配だ。

カスのところに引っ越さないか？」

俺ももうあの場所には戻りたくなかった。自分の人生を変えたい。カスの周囲にいる人たちの話し方、俺への接し方。あれが嬉しかった。俺もまっとうな社会の一員になれたみたいな気にさせてくれた。だから、カスのところにいたいとおふくろに伝えた。

「母ちゃん、俺はボクサーになりたい。俺は世界一のボクサーになれるんだ」

俺が家を出ていくことを、おふくろは快く思っていなかったが、同意書にサインしてくれた。もう母親として自分にできることはないと思っていたのかもしれない。

価値あるものは金では買えない

こうして俺はカスとカミール、ほかのボクサーたちと暮らし始めた。練習のあと例の長話をし、カスのことをますます理解するようになった。これまでの苦労話を聞かせると、カスはすごく喜んだ。クリスマス・ツリーみたいに顔を輝かせて、「もっと聞かせてくれ」と言う。

俺は彼の使命に最適の男だった——崩壊した家庭、愛の欠乏、赤貧の暮らし。強情で小ずるい人間だが、それでもまっさらな黒板だ。カスは俺に、自分の短所も受け入れるべきだと言った。俺の育ちが悪いからといって、恥ずかしい思いをさせたり、劣等感をいだかせるようなことをしなかった。俺の情熱の強さを大いに買ってくれた。「情熱」——この言葉はカスから教わったんだ。

カス自身もつらい人生を送ってきたから、俺と心を通わせることができたんだ。カスの母親は若くして亡くなった。カスも子どものころ、路上の喧嘩で片目の視力を失った。父親はカスがまだ若いころ、彼の腕に抱かれて死に、大好きだった兄は警察に殺されたという。

カスがまっとうな仕事をしたのは、一生のうちたった一年間だけ。結局、同僚と喧嘩して辞めたそうだ。だが彼は近所の人たちを助け、彼らが抱えるさまざまな問題の解決に手を貸した。ラ・ガーディアが改革者としてニューヨーク市長選に立候補したとき、カスは近隣の政治腐敗を一掃する手伝いをし、腐った役人に立ち向かった。怖いもの知らずだった。
手厳しい人間でもあった。

「俺は生まれてからずっと、弱いやつらの味方に立ってきた」と、カスは言った。「負け犬たちの側に立って戦ったせいで、いろんなトラブルに巻き込まれた。力を貸してやった人間の中には、それに値しないやつもいた。救う価値のあったのは、ほんのひと握りだ」

カスは皮膚の色でまったく差別をしなかった。彼の父親の親友は黒人だった。カスは軍隊にいたころ、南部に配属され、ボクシング・チームのコーチになった。遠征にあたって黒人ボクサーを泊めてくれるホテルがひとつもなかったから、黒人たちといっしょに公園で寝起きしたそうだ。

大の社会主義者でもあった。チェ・ゲバラやフィデル・カストロ、ローゼンバーグ夫妻に心酔していた。彼がローゼンバーグ事件について語ったとき、俺が揚げ足を取った。

「やだなあ、カス。それは違うだろ。彼らは有罪になったんだ」

「ああ、たしかに」彼は大声で言った。「しかし、有罪になったから本当に罪を犯したとはかぎらないぞ。今だからそんなことも言えるが、奴隷制度が復活してみろ、誰が有罪で誰が無罪だったなんてことも言えやしない。いいか、権力は奴隷制度を復活させようとしているんだ」

カスの最大の敵はロナルド・レーガンだった。レーガンがテレビに出てくると、カスは声を限りに、「嘘だ、嘘っぱちだ、嘘つき、嘘つき野郎！！！」と叫ぶ。カスは執念深かった。いつも、死ぬべきなのは誰かを話していた。「人の死に方は生き方で決まる」と、よく言っていた。

ある日、カスは、「カネをどっさり稼げば、価値ある人を助けることができる。黒人教会を援助することもできる」と言った。黒人教会を黒人にとって最高の草の根ソーシャル・ネットと考えていて、マーティン・ルーサー・キング牧師の大ファンだった。カスはいつも人助けに没頭し、そこに財産を投げうっていた。

「カネなんて電車の後ろに投げ捨てるもんだ。カネは安心を意味するが、俺にとって安心は死だ。だからカネのことなんて気にしたことがない。俺にとって価値のあるものは、カネでは買えない。カネに心を動かされたことはない。カネをたくさん持っている間違ったやつが多すぎるから、そんなのとつながるとろくなことがない。正直言えば、カネに無頓着だったわけじゃない。困っている人たちにやったんだ。無駄使いしたとは思ってないぞ」

右翼政権に税金を払うこともよしとせず、国税庁に二十万ドルの支払い義務を負わされたときは破産宣告した。

はめられたカス

カスがどういう経緯でボクシングにのめり込むようになったのか、その肝心な部分は謎だった。カスはどこからともなく現れて、「俺はボクシング・トレーナーだ」と名乗ったそうだ。誰も彼の名前を聞いたことがなかった。契約のこともボクサーたちのことも何も知らなかったのに、マネジャーになると宣言した。そしてついに、俺と同じくブルックリン育ちの貧しい子どもだったフロイド・パターソンという将来有望な若いヘビー級ボクサーをマネジメントし、鍛え上げた。

当時、ボクシングは国際ボクシング・クラブ（ＩＢＣ）という団体に牛耳られていた。オーナーは裕福な企業家たちで、タイトルマッチの興行を締めつける力を持っている。しかし、カスはフロイドを王位に就けると、ＩＢＣの身辺を嗅ぎまわった。それはギャングに立ち向かうのも同然だった。フランキー・カルボというルッケーゼ一家の手下がIBCとツーカーの仲だったからだ。カスはIBCの後ろ盾を突き崩すのに尽力し、結局カルボは、共謀、恐喝、無認可経営の罪で投獄の憂き目に遭った。

しかし、右派弁護士のロイ・コーンにパターソンを奪われたときは胸の張り裂ける思いを味わわされた。コーンはニューヨークの有名なカトリック聖職者、スペルマン枢機卿と引き合わせるという手を使って、カトリックに改宗していたパターソンを口説き、カスから強奪したんだ。以来、カスは二度とカトリック教会に足を踏み入れなかった。

その後、カスの被害妄想が激しくなった。誰かが地下鉄の列車の前に自分を突き飛ばそうとしたと訴え、誰かが飲み物に何か混ぜるのではないかと恐れ、酒場にも行かなくなった。麻薬を入れられてはめられないようにと、コートのポケットを縫い合わせてしまう。最後には北部の山地キャッツキルに引っ越した。

家にいても被害妄想に陥った。誰も自分の部屋に入れず、ドアにマッチ棒を立てて、留守中に誰かが中に入ったらわかるようにした。自分の部屋の近くで俺を見かけると、「こんなところで何をしているんだ?」と言う。

「俺はここに住んでいるんだろ、カス。ここに住んでいるんだよ」

いちど、トム・パティとフランキーという同居していた二人のボクサーと外出したことがあった。カスは誰も信用せず、鍵を渡さなかった。俺たちが鍵をなくして、知らない人間が家に入ってくるかもしれないからだ。俺たちは家に戻ってドアをノックしたが、返事がない。窓から中をのぞくと、カスはテレビを大音量にして、お気に入りの豪華な椅子で眠っていた。半分耳が聞こえなかったからだ。番組がCMに変わり、一瞬音が途切れたときにドアをノックしてはどうか、とトムが提案した。

その瞬間、俺たちみんなで窓をバンバン叩いて叫んだ。「カス！　カス！」次の瞬間、カスはくるっと百八十度回転して椅子から飛び降り、体を低く折って、左手で防御姿勢を取り、右手で侵入者を打ち倒そうとした。三人で転げ回って大笑いしたよ。

またあるとき、カスの家に泊まっていたスパーリング・パートナーの一人が、夜こっそり抜け出し、街へ繰り出したことがあった。トムと俺は翌朝早くに目を覚まし、下へ朝食に向かった。リビングをのぞくと、カスが床に腹這いになって、ライフルを手に匍匐《ほふく》前進していた。そいつが帰ってきて窓をノックしたんだが、たぶんカスは、ＩＢＣの誰かが追ってきたと思ったんだろう。トムと俺は彼をまたいで、台所へシリアルを取りに行った。

カスの話なら、いくらでも続けられるぜ。こういうユニークな興味深い男だった。しかし、これまで聞いた中でカスにいちばんぴったりな表現は、カスに関する本の調査をしていたポール・ザッカーマンという若い男のインタビューに、著名なジャーナリスト、ゲイ・タリーズが答えたときのものだ。

「彼は二千年遅れて生まれてきたローマ戦士なんだ。戦士は戦争が好きで、戦争が必要で、それがいちばん心の休まる環境だ。平和な時代じゃ生きられない。カスはパットン［第二次世界大戦時の米国の将軍］みたいに、混乱や陰謀、差し迫った戦闘の気配があると生き生きする。末端神経も知力も活性化し、騒然とした状態の中で最高の充実感に満たされる。整然とした状態では、みずから騒ぎを創り出す必要がある。今にも爆発しそうな状態でこそ、彼は生きていることを実感でき、気分が高揚する。彼は闘士で、戦いが必要なんだ」

カスが将軍で、俺は兵士。さあ、戦争に行く準備は整った。

〝できない〟という言葉は使うな

俺は知恵遅れと診断されて精神治療薬のソラジン漬けにされたような無能な黒ん坊《ニッガ》だったが、この白人の爺さんは俺に自尊心を与えてくれた。カスからかつて、「マイク、もしお前が精神科医に『頭の中で声が聞こえますか？』と訊かれたら、お前は聞こえないと答えるだろうが、じつは、その声がお前に聞こえないと言えと囁いているんじゃないか？」と言われたことがある。カスはこういう奥深い男だった。

彼以上に、黒人であることを俺に意識させた人間はいなかった。冷徹非情に、黒人であることを意識させた。白人に対するコンプレックスを乗り越えさせるために。フィアットやロールスロイスに乗った白人を見かけると、カスは俺を見つめて、こう言った。「お前はあれを手に入れることができる。金持ちになるのは、それほど難しいことじゃない。お前はあんなやつらより断然有能だ。あいつらには一生かかってもできないことが、お前にはできるんだ。お前には能力がある。そうでなきゃ、俺がこんなに入れ込むわけがない」

心から感動した。自分はどうしようもない人間だといつも思っていた。おふくろからも見放され、俺のことをよく言ってくれる人は一人もいなかった。ところが、目の前の男はこう言うんだ。「その気になれば、アカデミー賞だって獲れるんだぞ。いいボクサーになるだろうが、同じくらい、いい役者にもなれる。カーレースのドライバーになりたいか？　きっと世界一のレーサーになる。お前はほかのやつらより賢くてタフだからな。どんな世界だって征服できるさ。だから〝できない〟という言葉は使うな。〝できない〟なんて絶対言うな」

落ち込むことはよくあったが、カスはすばらしい宝物が詰まった数々の思想を語って俺の心を揉みほぐしてくれた。どれも耳慣れない話ばかりだったが、耳に心地よく響いた。

「お前はただ、俺の言うことを聞いていればいい」と、カスは言った。「お前の名前は王族にまで知れ渡るだろう。俺の言っていることがわかるか？　お前の存在が世界中に知れ渡るんだ。お前の名がこの世に君臨する。お前の母親や家族や子どもは敬意を払われる。お前が部屋に入ると、みんな立ち上がって拍手で迎えるだろう」

カスは俺をくじけさせなかった。俺がやめたいと思ったときや落ち込んだときは、ひたすら励まし続けてくれる。カスはつねづね、「俺の仕事はお前の真の能力の妨げになっている何層ものかさぶたをはがして、その下に眠っている能力を発揮させることだ」と言っていた。

たしかに俺のかさぶたを剥《は》いでくれたが、それが痛いのなんのって！「ほっといてくれ。うああっ！」とよく叫んだものだ。カスは俺の心を攻め立てた。年上のボクサーとのスパーリングで俺が疲れて、もう打ち返したくないと思いやられっぱなしでいると、カスは声に出してそのことを指摘し、弱い心に立ち向かわせる。彼は完璧主義者だった。俺がサンドバッグでコンビネーションを打っていると、カスはそばに立って、じっと見ていた。

「いいぞ。いい。しかし、完璧《ポイフェクト》じゃない」と、きついブロンクス訛りで言った。

達成すべき使命

カスが求めていたのは神が創造した中でいちばん凶暴なボクサーだった。リングに入る前からみんなを震え上がらせるようなボクサーだ。リングの中でも外でも凶暴そのものであるよう訓練された。当時の俺にはそれが必要だった。臆病で怖がりだったからだ。幼いころいじめられた経験が大きな心の傷《トラウマ》になっていたんだな。あの感情は一生つきまとう。それくらい厭わしい、絶望的な気持ちなんだ。だからいつも、凶悪で凶暴な人間だと虚勢を張っていた。でも、カスが自信を与えてくれたから、二度とそんな心配をせずにすむようになった。肉体的には、俺にちょっかいを出してくるやつはもういなかった。

カスはボクシング・トレーナーをはるかに超えた存在だった。数多くの価値を植えつけてくれた。教祖のような存在だった。彼は言う。

「誰が何を言おうと、どんな言い訳や弁解をしようと、最終的にやった行為が、その人間が望んでいたことだ」

「俺は創造者《クリエーター》じゃない。俺にできるのは発見して世に出すことだ。俺の仕事は火種を見つけてあおり立てることだ。ごうごうと燃えさかるまで薪をくべてやることだ」

ごく日常的なことにでも知恵を伝授してくれた。カミールは子どもたちに家まわりの雑用をさせるのが好きだった。俺は家事が大嫌いだった。ボクシングのことしか頭になかったから。ある日、カスが俺のところへやってきた。「いいか、カミールはお前に家事をやってもらいたいと思っている。お前がやるかどうかは俺の知ったことじゃないが、ちゃんとやったほうがいい。それがお前を強いボクサーにするからだ」

「ゴミ捨てをすりゃ、強いボクサーになれるっていうのか?」俺は小ばかにしたように言った。

「やりたくないことを進んでやるのは、偉大な人間を目指す者にとっていい訓練になるからだ」

以後、カミールが俺に家事を催促する必要はなくなった。

ある日、カスに呼ばれて部屋に行くと、彼は座って待っていた。

「お前、白人が怖いか?」彼は唐突に切り出した。「口髭やあご髭が怖いか? 俺のまわりには、白人が怖くて殴れない黒人のボクサーたちがいた。そんなふうにはなるな」

カスはいつも大真面目で、にこりともしなかったが、俺のことを子どもあつかいしなかった。いつも、俺たちには全うすべき使命があるという気持ちにさせた。来る日も来る日も練習し、考えることはひとつだけ。カスは俺に目標を与えてくれた。それまでの俺には、いかに上手に盗むかという以外に、目標なんてひとつもなかったのに。

あるとき、ウィルフレド・ベニテス［史上最年少の十七才六ヶ月で世界チャンピオンになったボクサー］がキャッツキルにトレーニングに来た。その練習ぶりに圧倒された。彼の大ファンだったからだ。テレビで試合を観たことがあって、目を奪われた。レーダーがついているみたいに、目をつむったままでも相手にパンチを当てた。まさしく達人だ。彼はチャンピオンベルトを持ってきていた。カスの家に居候しているボクサーの一人、トム・パティもそこにいた。ベニテスが小さな箱を取り出し、中のベルトを俺に触らせてくれた。聖杯を見ているような心地だったよ。

「おい、トミー、見ろよ、ベルトだ、すげえ」と、俺は言った。「俺も手に入れなくちゃな。猛練習するぞ。ベルトを獲ったら、絶対渡さない」

ベニテスはすばらしい男だった。ベニテスに感化され、ますますボクシングにのめり込んだ。

モハメド・アリの電話

カスのおかげで、なんとモハメド・アリとも話す機会を得た。一九八〇年十月、みんなで車に乗ってオールバニイに行き、アリがラリー・ホームズからタイトル奪還を目指した試合を劇場中継《クローズドサーキット》で観戦した。アリはぶちのめされ、カスは人目もはばからず激怒した。あんな怒り狂ったカスを見たのは初めてだった。試合後はインタビューに答えたり人と握手したりしなくちゃならなかったから無表情を装っていたが、車に乗り込んだとたん最悪の雰囲気だ。家までの四十五分間、彼はひと言も話さなかった。

翌朝、アリの側近のジーン・キルロイがカスに電話をよこして、アリに代わった。

「なんであんな下手くそにやられたんだ？　あいつは下手くそだ、モハメド、あいつは下手くそだ。……いいや、あいつは下手くそだ。……そうじゃない、あいつは本当に下手くそだ。なんであんなやつに打たれた？」

カスの話に聞き耳を立てていたが、彼が「下手くそ」と口にするたび、身を切られる思いがした。俺は泣きだした。

そのあと、カスは俺を仰天させる行動を取った。

「うちに居候している若い黒人がいる。まだほんの子どもだが、いずれヘビー級チャンピオンになる男だ。マイク・タイソンというんだ。こいつと話してやってくれないかな、モハメド。俺の言うことをよく聞けと言ってくれ」

カスは俺に受話器を渡した。

「昨日は残念でした」と、俺は言った。突然のことでなんて言ったらいいのかわからなかったんだ。

「体調を崩していた」と、アリは言った。「薬を飲んだら、逆に体がいうことをきかなくなった。だからホームズにやられたんだ。よくなったら、カムバックして、必ずホームズを倒すさ」

「心配いらないよ、チャンプ」俺は言った。「俺が大きくなったら仕返ししてやるから」

俺が最も敬愛するボクサーはアリだと、多くの人が思っていることだろう。だが、じつはロベルト・デュランなんだ。アリはいつ見てもハンサムで歯切れがよく、いかしていた。それに比べて俺は背が低くて、醜くて、吃音《きつおん》の障害もある。デュランの試合を観たら、リングにいたのはいかにもストリートで見かけそうなやつだった。対戦相手に、「このくそばか野郎、ふざけやがって。次は死体安置所に送ってやるからな」なんて吼《ほ》えている。初めて観たその試合で、デュランはシュガー・

レイ・レナードに勝つと、ウィルフレド・ベニテスが座っているところへ行って、「この野郎。俺と戦う勇気も度胸もねえんだろ」と言った。

〝へえ、こいつ俺みたいだ〟と思った。俺もあんなふうに振る舞ってみたかった。出世するにつれて、デュランはありのままの自分であることを恥じていない。そこに人間として共感した。出世するにつれて、みんなが俺の獰猛さを称え始め、野獣と呼ばれることが俺にとって周囲から受けられる最大の賛辞になった。マンハッタンに戻ると、決まって〈ヴィクターズ・カフェ〉に行った。デュランの行きつけの店と聞いたからだ。カフェに行って、一人座って、壁に貼ってあるデュランの写真を見た。俺は自分の夢に向かって突き進んでいた。

レナードとの再戦、デュランが「ノー・マス［もうたくさんだ］」と言って、途中で試合を投げたときは本当に悲しかった。カスとオールバニイであの試合を観ていたが、俺は半狂乱になって泣きだした。だが、カスは予言していた。「二度は勝てないよ」と。

すべてをボクシングに捧ぐ

カスの家に引っ越したときには、すでにびっしり練習メニューが組まれていた。毎日徹底的にしごかれた。ボクシングをスポーツや娯楽として楽しむ余裕はいっさいない。カスは度外れた人間だったが、俺も負けてはいなかった。当時はギリシャ神話のアキレスになりたいと本気で思っていた。「黒ん坊《ニッガ》に縄を渡すな。カウボーイになりたがるぞ」と言われ、俺はいつも物笑いの種だった。なんの希望もないガキだった。ただし、ほんの少しでも希望をもらったら厄介なことになる。俺はその希望を月まで持っていくからな。

朝、カスはボクサーたちを起こして回っていたが、その時間、もう俺はロードワークから戻っていた。ふだんはカスがテーブルに朝食を並べていたが、ロードワークを終えた俺がそれをやり始めた。彼は腹を立て、「俺のテーブルを勝手にセットしたのは誰だ?」と吼えた。俺が自分以上のやる気を見せたことに動転したんだな。

そのあと、カスは俺に朝食を作ってくれた。フライパンに二十切れ分くらいの分厚いベーコンを丸ごと入れて、その脂で卵を焼いてくれ、俺はコーヒーを飲まないから紅茶を淹れてくれた。俺に腹を立てているときでも、カスは毎朝そうしてくれた。

二人ともわかっていた、時間との戦いだと。カスは七十代で、もう自分に残された時間は少ないことを自覚していた。だから、自分の持てる知識を全部俺に叩き込もうとした。押し込んで、叩き込んで、詰め込みまくった。詰め込み続けりゃ覚えるもんだ。俺みたいな人間でも。

俺はボクシングの腕前こそ名人級になったが、人間としての成熟度や思考力はボクシングの能力に追いついていなかった。よき社会人になれるよう教育されていたわけじゃない。世界ヘビー級チャンピオンになるために頑張っていたんだ。

カスはよく言っていた。「お前といっしょにいられる時間がもっとあったらなあ」と。しかし、そのあと、「六十年ボクシングの世界に関わってきたが、お前くらいボクシングに興味を持ったやつは一人もいなかった。お前は四六時中ボクシングのことを考えている」と言ってくれた。

猛烈に頑張った。雪が降ると、カスは家の中で俺を鍛えてくれた。夜は自分の部屋で何時間もシャドーボクシングに励んだ。人生のすべてが懸かっているんだ。失敗したら、ただの無能な役立たずだ。カスへの恩返しでもあった。カスは何度も挫折して、つらい人生を歩んできた。だから、俺がこのイタリア系の爺さんの自尊心と誇りを守ってみせる。自分を何様だと思っていたんだろう?

練習していないときは、一日十時間以上、昔のボクシングのビデオを観ていた。週末の楽しみだ。

ひと晩じゅう、二階で一人で観た。音量を上げると、古い家に音が響き渡る。するとカスが上がってくる。「いったい何をやってるんだ?」

「ビデオ観てるだけだよ」と、答えた。

「さっさと寝ろ。みんな朝が早いんだぞ」と、カスは言った。そのあと彼が階段を下りながらつぶやいているのが聞こえた。「あんな子は初めてだ。夜通しビデオを観て、家のみんなを起こしちまうなんて」

だが、その口調に怒気は含まれていなかった。

ときにはいっしょにビデオを観ることもあって、カスはどうやったらジャック・デンプシーやジェイムズ・ジェフリーズやジョー・ルイスを倒せるか、助言をくれた。

熱中しすぎて、グラブをはめたまま眠ることもあったくらいだ。俺は「マイク・タイソン」という超一流のボクサーの誕生だけを夢見ていた。その目標のためにすべてを犠牲にした。女も、食い物も。じつは俺は過食症だった。アイスクリームが食いたくてたまらなかったが、目標を見失うわけにはいかない。思春期にも突入していた。あるとき、俺はふて腐れて言った。

「カス、これじゃ彼女なんてできっこない」

するとカスは練習生の一人にミニチュアの野球のバットを持ってこさせ、俺にそのバットをくれた。

「いずれ女なんてどっさり手に入る。これで追っ払わないといけないくらいにな」

だから、ひたすらマスをかいては練習し、マスをかいては練習した。チャンピオンになればすべてが手に入る。カネも女も、いくらだって。

独特の練習スタイル

ジムでのカスは独特の変則的なテクニックを教えていた。彼の教えるスタイルを笑うやつもいたが、それはちゃんと理解していなかったからだ。その戦法は防御に適した「のぞき見スタイル《ピーカーブー》」と呼ばれていた。顔の前を両手でがっちりガードする。亀になったみたいに。両手、両肘を体といっしょに動かし、前進しながら相手のパンチをブロックして、カウンターを取る。

カスの攻撃は固い防御から始まった。ボクサーにとっては打たれないことが何より大事と考えていた。パンチをかわす《スリップ》ことを学ぶため、カスはスリップバッグを使った。砂を詰めた麻袋に縄を巻きつけたものだ。頭を動かし上体を傾けて、バッグをかわさなくちゃならない。かなりうまくやれるようになった。

次にカスはウィリー・バッグと呼ばれる道具を使った。ウィリー・パストラーノというボクサーから名づけられたもので、マットレスを麻袋で覆いフレームに巻きつけ、表面に上半身の絵が描かれている。体は異なる部位に分かれていて、各部位に番号が振られていた。奇数は左のパンチ、偶数は右のパンチだ。カスはさまざまな番号の羅列を読み上げて録音し、そのカセットテープを流した。「五・四」と言ったら、すかさず左フックでボディを打ち、右アッパーであごを打つ。数字に反応する動きを繰り返せば、無意識にロボットのように動けるようになり、意識して考える必要がなくなるという発想だった。しばらくすると目をつむっていてもパンチが打てるようになる。

ボクサーが相手の右をもらってしまうのは、動きが止まって手の位置が下がっているからだと、カスは言う。そこで、単に体を上下に動かすだけじゃなく、Uの字を描くように動かすウィービングを教え込んだ。たえずこの動きをやらされた。

左・右、右・左と体を振りながら前に出る。パンチを打つにあたっては、ふたつのパンチの音がひとつに聞こえるようになったときに最大の効果を発揮するというのが、カスの持論だった。その音に近づくほど、連打がKOにつながる可能性が高くなる。

カスは防御に重きを置いたが、ディフェンシブなスタイルが退屈なことも知っていた。「プロボクシングはエンターテインメントなんだ。成功するには試合に勝つだけでなく、観る人がわくわくするような勝ち方をしなければならない。悪意を持ってパンチを叩き込め」と、いつもカスは言っていた。

俺には、相手が打つか逃げるかしかなくなるような、攻撃的なカウンターパンチャーになってほしいと望んだ。カスはいつも相手の心理を巧みに操ろうとした。パンチをかわし続ければ、相手は焦って自信を失う。そして最後に撃沈する。パンチをかわして、カウンターを打て。動くと同時に打て。圧力をかけろ。短いパンチは長いパンチより強い、とカスは信じていた。強いパンチは体に関係なく、気持ちから生まれるものと考えていた。気持ちをコントロールしろ。

俺のためにカスは最高のスパーリング・パートナーを雇ってくれた。俺のお気に入りはマーヴィン・スティンソンだった。たしか、オリンピック代表だったはずだ。ラリー・ホームズの一番のスパーリング・パートナーだったが、俺のために連れてきてくれたんだ。俺にとっては最高のパートナーだった。動き方やパンチの出し方を教わった。最初のスパーリングが終わったとき、彼は俺を隅に呼んでロードワーク用の手袋をくれた。朝、走るときは、おそろしく寒かったからだ。そんな心遣いができる人だった。

スパーリングは全面戦争みたいな感じになった。始める前、カスに隅へ呼ばれる。「油断するな。リングに出たら全力を尽くせ」と、彼は言った。「練習してきたことを全部出しきれ、フルスピードで。やつらのあばらを折ってこい」

あばらを折る？　スパーリングで？　この先試合で戦うときに備え、カスは実戦形式では本気で相手のあばら骨を折らせようとした。いいスパーリング・パートナーが見つかると、カスは特別待遇にした。いつもスパーリング・パートナーには高い報酬を払った。それでも、長続きするとは限らなかった。三週間の契約でやってきても、一回目のスパーのあと俺たちが家に戻ると姿がない。ボコボコにされるのにうんざりして、荷物も持たずに帰っちまったんだ。そんなときは、トムといっしょにその部屋に直行して、服や靴や装身具をあさった。運がいいと隠したマリファナが見つかることもあったし、悪くても、自分にぴったりの靴くらいは見つかった。

ときには、バリバリの現役を連れてきてスパーさせることもあった。俺が十六歳のときには、キャッツキルにフランク・ブルーノ［後の世界ヘビー級チャンピオン］を連れてきた。当時、ブルーノは二十二歳だった。二ラウンドやった。バリバリの現役とスパーするときは、カスがその前に彼らをわきへ呼ぶ。

「いいか、あいつはまだほんの子どもだが、甘く見るな。先に言っておくぞ。全力を尽くせ」

「了解、カス」と、彼らは言った。「この子と練習するんだろ」

「おい、人の話を聞いていないのか？　練習じゃない。全力を尽くすんだ」

俺たちは相手を痛めつけるために戦った。ただ勝つために戦ったんじゃない。相手を痛めつけることについて、カスと何時間も話し合った。カスは俺にこう吹き込んだ。「チャンピオンにメッセージを送るんだ、マイク。チャンプがお前を見ているぞ」

いずれ天下を取ると言う将来の躍進ののろしをトレーナー、マネジャー、プロモーター、そしてボクシング界全体に対してあげていたのだ。俺を率いて、カスはボクシングの一線に戻ってきた。

悪魔になるためのトレーニング

俺は昔の試合のビデオを観るだけじゃなく、偉大なボクサーについて書かれたものを全部読みあさった。カスの家に引っ越した直後、ボクシングの百科事典を読んでいると、一年しかタイトルを保持できなかったチャンピオンの話が出てきて、俺は笑いだした。カスは冷たい刺すような目で俺を見て、「一年間王者でいるのは一生無名でいるよりはるかに価値がある」と諭した。

昔の偉大なボクサーたちの人生について学び始めると、カスが説いていることといろんな共通点があることに気がついた。みんな凶暴性を秘めていた。ジャック・デンプシー、ミッキー・ウォーカー、あの内向的なジョー・ルイスでさえ凶暴だった。俺は悪魔のような邪悪な存在になるためにトレーニングした。学校までの道すがら、よくそこらじゅうの人間に突っかかった。そんなふうにしなくちゃいけないと心から信じていたんだ。さもないとカスに追い出されて飢え死にしてしまう。『このコーナーで……！　四十二人の世界チャンピオンが語る』という本をカスに渡され、読むように言われて、一気に読みきった。チャンプたちが自分の感情とどう向き合ったか、試合にどう備えたかがすごくよくわかった。あの本のおかげで人間の心理について、深い洞察力を得ることができた。

印象的だったのは、昔のボクサーが厳しい練習を積み、ハングリー精神に満ちていたことだ。ジョン・L・サリヴァンは五マイル走り、その五マイルを歩いて戻ったあと二十ラウンドのスパーリングという殺人的な練習メニューをこなしたそうだ。エザード・チャールズは一日三、四マイルしか走らず、スパーは六ラウンドだった。〝ちきしょう、一八八〇年代のサリヴァンが一九五〇年代のやつより激しいトレーニングをしていたのか〟。だから、俺も見習って、ジムまでの四マイルを歩き、スパーリングをして、それからまた家まで歩くことにした。昔のやつらと張り合い始めた。彼らは筋金入りのボクサーだったからだ。そういう鍛錬のおかげで選手生命も長かった。

しょっちゅう昔のボクサーのことを質問して、カスを閉口させることもあった。カスがボクシングの話をしたがっていたのは確かだが、俺は度を過ぎることがあったと思う。カスの持っているボクシングの本は全部読破したから、食卓についたカスがほかのやつらにボクシングの歴史を解説し始めて、人の名前や日付に詰まったときは、俺が話を継いでやった。

「こいつはなんでも知っている」と、カスは言った。「まるでその場で見てきたみたいだな」

強くなるにはどうしたらいいか、真剣に考えた。こんなふうになるにはどうしたらいい？　こいつらはどんな規律を自分に課していたんだ？　カスによれば、彼らはリングの外ではとても獰猛で凶暴だったが、リングに上がるとリラックスして落ち着いていたという。カスが彼らについて話すのを聞くと、胸が熱くなった。彼らのことをものすごく尊敬しているのがわかったからだ。俺もいつか誰かに、自分のことをそんなふうに語ってもらえるんだろうか。そんな世界の一人になりたかった。テレビで試合を観ると、ボクサーたちは険しい顔と筋肉隆々の体でパンチを放っていた。自分もあんな顔や体になりたい、と思った。

なかでもジャック・ジョンソン［黒人初の世界ヘビー級チャンピオン］に惚れ込んだ。なんて勇敢な男なんだ。黒人の誇りを初めて体現した男だった。その傲慢さにも惚れた。スピード違反で捕まり、十ドルの罰金を科せられたが、おまわりに二十ドル渡して言った。「釣りはいらないよ。帰りも行きと同じことをするからな」。

心理操作の達人でもあった。練習中はタイツを穿く前、ペニスに布を巻いて大きく見せ、白人たちに劣等感を与えたそうだ。試合中は相手を侮辱した。見下したような言葉を浴びせて相手を挑発する、元祖〝トラッシュ・トーカー〟だ。「俺の唇を切ることができたら一万ドルくれてやる」なんて具合だ。

ラウンドのあいだじゅう、面と向かって相手をあざ笑ったり、戦っている相手をさんざん痛めつけながら、自分の白人の妻をどんなに愛しているか切々と訴えたりもした。同じ時代に生きていたら絶対仲良くなりたいタイプだな。何カ国語も話すことができ、ロシアやイギリスの王室とも親交があった。ジャック・デンプシーはひとつの試合の総入場料が初めて百万ドルを超えた、ミリオンダラー・チャンピオンだ。彼はボクシングにショービジネスと華やかさを持ち込んだ。だが俺が本当に共感できたのは、彼が心底臆病な男だったとわかったからだ。いつも恐怖におびえていたが、かならずその恐怖を克服して目標を達成した。

カスが惚れ込んでいたのはヘンリー・アームストロング［三階級の世界タイトルを同時に保持した名ボクサー］だ。この男は相手を執拗に攻撃し、根負けさせた。「たえず攻撃して、決して休まなかった」と、カスは話していた。「たえず頭を動かす巧みなディフェンス、それがアームストロングだ。相手の闘志をくじき、意気阻喪させ、敵の狙いをことごとく欺いた」

〝狙いをことごとく欺く？　すげえ！〟と思った。そこでカスは俺を凝視した。

「俺の言うことを聞けば、お前は神々とともにこの世に君臨できる。お前は昔のボクサーに興味を持って、彼らのことを話しているだろう？　俺の言うことを聞けば、お前がチャンプになるころには、みんなが彼らのことを知っているのはお前が語るからだ、という状況になる。お前が彼らみんなに取って代わるんだ。お前は偉大な過去をすべて忘れさせる。俺は子どものころジャック・デンプシーの試合を観た。伝説になっているボクサーたちと会って、握手もした。しかし、どいつもお前とは違う。お前は巨人だ。本物の巨人だ」

この言葉は俺に確信を与えてくれた。ところが、これだけボクシングに打ち込み、自分に厳しい規律を課して、猛練習に明け暮れながらも、ブルックリンに戻るとスリや盗みをはたらくのをやめられない。同じコインの裏と表なんだ。北部のキャッツキルでは聖歌隊の少年、南のブルックリンでは悪魔になる。さいわい、一度も逮捕はされなかった。そんなことになったら、カスをどれだけ傷つけてしまっただろう。

いかに感情をコントロールするか

世界を制覇できる――そう思わせるすべをカスは心得ていた。しかし、最悪の気分にさせる方法も知っていた。ときどき彼に「頭に支配されやがって」と言われ、これを聞くたび、〝お前は弱虫の役立たずだ。偉大なボクサーの一人に名を連ねるには訓練が足りない〟と言われた気がした。

子どもを誘拐されても、母親を殺されたばかりでも、偉大なボクサーは人生最高の試合ができる。偉大なボクサーは感情に惑わされない。ボクサーだけじゃない、表現者《パフォーマー》も同じだ。伝説になるようなアーティストは、酔って前後不覚に陥っていても、ステージに上がれば記録破りのパフォーマンスができた。歩くことさえままならない状態でも、強い克己心と固い決意でそれを乗り越えた。アリーナからまっすぐ病院に向かうこともあった。俺もそんなボクサーや表現者になりたかった。

カスの家に引っ越したその日の夜から、カスは俺の心を萎えさせ、理由もなくしつこく俺をいじり回した。俺の部屋に来て、「今日、学校で何をした？　何をしたんだ？　何かしたはずだろう、一日じゅう学校にいたんだから。何を勉強した？　今日は宿題あるのか？」と言う。いっしょに住んでいたほかのやつらはいつも、カスは俺を特別あつかいしているとやっかんだが、俺が何を言われていたか、あいつらは知らなかったんだ。

俺はつねに体重と格闘していた。傍目にはわからなかっただろうが、自分を太った豚だと思っていた。練習のときは、汗をかいて体重を落とせるよう発汗促進剤のアルボリンを毛穴に塗りたくり、ビニールスーツを一、二週間着続ける。夜、風呂に入るときだけ脱いで、ベッドに入り、翌朝起きたらまたスーツを着て走って、そのまま一日じゅう着ていた。

体重もカスの攻撃材料だった。「太ったんじゃないか?」と言う。「気を抜いているんじゃないか? もうあきらめたのか、マイク? 所詮、お前には無理ってことか? ここでお遊びをしていると思っていたのか? ブラウンズヴィルに逃げ帰って、気楽に遊んで過ごしたいと思っているんじゃないか?」こんなことをしょっちゅう聞かされてみろ。週末だけの楽しみと決めているアイスクリームを食いにいこうと思っていた矢先に、こういう言葉が飛んでくる。「これをやれる人間なんてそうはいない。だから特別なんだ。なんてこった、お前ならできると思ったのにな」

ときどきカスに突然叱り飛ばされることがあった。その理由がさっぱりわからなかった。俺を激しく非難し、人格まで否定するんだ。「お前がその幼稚な態度や行動を改めないかぎり、俺たちが目指している頂点には絶対立てない」とくる。ときどき、俺の心はズタズタにされた。

カスの前向きな言葉に倣《なら》って、「勝つためならなんでもする。チャンピオンになるために命を捧げるよ、カス」と言うと、彼は「お前ならなれる、マイク」とは言わず、顔を近づけて、「願いを持つときは気をつけろ。そのとおりになるかもしれないんだからな」なんて言った。正しい願望を持てってことだ。

カスは俺の服装にまでケチをつけた。休日にはカミールの姉妹やら誰やら、客が来ることもあった。俺はいかしたスラックスにシャツとベストを合わせ、カミールにネクタイを締めてもらった。俺がすまして座っていると、ご婦人たちも、「まあ、すてきよ、マイク」なんて言ってくれた。そこへカスが入ってくる。

「いったい、なんだってそんな格好をしてるんだ？　ズボンがぴっちりしすぎて、タマもケツも出っ張っているじゃないか。いかれちまったのか？」

カミールがかばってくれたが、カスは取り合わなかった。

カスは俺に「このくそったれ」みたいな汚い言葉は使わなかった。「ヘボ選手」と呼ぶだけだった。ボクシングの世界じゃ、能無しの役立たずと同義語だ。その言葉を聞くと、俺は赤ん坊のように泣いた。それで俺の気がくじけるのをカスは知っていたんだ。

チャンピオンの素養

明暗入り混じったメッセージをどっさり受け取っていたせいで、カスがボクサーとしての俺を本当はどう思っているのか不安になってきた。そこで、ちょっと試してみようと思った。一度、トム・パティと俺が先にジムを出て、カスがちょっと遅れてきたことがあった。そこで、車の後部座席に乗り込んで、身をかがめた。

「カスには、俺は歩いて帰ったと言ってくれ。で、カスが乗ったら、俺のことを本当はどう思っているか訊いてほしいんだ」トムは引き受けてくれた。カスが乗ってきた。

「マイクはどこだ？」

「町をぶらついているんじゃないですか」と、トムが答えた。

「なら、行くか。マイクなら一人で帰ってこられるだろう」車が走りだすと、俺は後部座席に伏せたままトムにささやいた。カスは半分耳が聞こえないからばれる心配はない。

「おい、トム。俺のパンチは強烈か、カスに訊いてくれ」

「ねえ、カス、マイクのパンチは強烈ですか？」

「当たり前だろう！　いいか、あいつのパンチは煉瓦塀を砕けるくらい強烈だ。あいつのパンチは強烈なだけじゃなくて、実に効果的だ。右でも左でも相手をKOできる」と、カスは言った。

「俺が将来、本当にモノになるかどうか訊いてくれ」と、俺はささやいた。

トムが俺の質問をそのまま伝えた。

「トミー、もしマイクがわき目も振らず、正しい目標に集中したら、偉大なボクサーの一人になるだろう。ボクシング史上最高とは言わないまでも」

これを聞いてぞくぞくした。そうこうするうち、家に着いた。車を降りると、後部座席に伏せていたのをカスに見つかってしまった。

「お前、あいつが後ろにいるのを知ってたんだろう？」カスがトムに言った。

トムは知らなかったと言い張った。

「嘘をつけ。お前はあいつが後ろにいるのを知っていた。賢いやつらだ、まったく」

カスは憮然としていたが、俺たちは面白かった。

面白いことに、カスも感情を抑えられない人間だった。とにかくカスは、復讐に燃える冷酷で残忍で辛辣な男だった。自分からフロイド・パターソンを奪ったロイ・コーンとスペルマン枢機卿、ああいうやつらがいつまでも夢に出てきたらしい。J・エドガー・フーヴァー［FBI初代長官］にいたっては、「あいつの頭に弾丸をぶちこんでやれたらなあ」とまで言っていた。たえず人を殺す話をしていた。すでにあの世にいるやつらのことまで。そこまで憎くてたまらなかったんだ。あるとき、俺がラリー・ホームズのことをちょっと褒めたら、カスは怒り狂った。

「どういう意味だ？　あんなやつ、屁でもない。あんなやつ、ボコボコにしてやれ。あの男をボコボコにしてチャンピオンの座から引きずり下ろす。それが俺たちの目標だ」

テレビに映っている人に向かって獣のように吼えることもあった。世間の人は、カスが獰猛な爺さんなんて思いもしなかっただろうが、じつはこれが真実だ。自分の思いどおりにならないやつは心底嫌った。いつも挑発的だった。一日の大半は歩きまわってぶつぶつ言っていた。「ちきしょう、あの野郎。ああ、誰が信用するか。あいつだ、あいつ、あれもこれも気に入らん。なんて野郎だ」

気の毒に、カミールはよく、「カス、カスったら、落ち着いて、ほら落ち着いて。血圧が上がるわよ」と心配していた。

カスはあの家を鉄の拳で支配していたが、おかしなことに、あそこはじつはカミールの家だった。カスには全然カネがなかった。カネに無頓着で、ほとんど人にやってしまったからだ。維持費が高いから、カミールはあの家を売りたかったんだが、カスが売らないよう説得した。強いボクサーが集まれば風向きは良くなると言って。そんなところに俺が現れたわけだ。

カスは未来のチャンピオンを見つけたいと願っていたが、千年たっても見つからないとあきらめかけていた。あそこに来る男たちの大半はすでに一人前のボクサーだったが、女や街の誘惑から逃れるために来ていたにすぎない。そのうえ当時、カスのスタイルは時代遅れと見なされていた。

そこへ、なんにも知らないまっさらな男が現れた。カスは喜んだ。なんでこの白人が俺のことをそんなに歓迎するのか、俺には理解できなかったけどな。カスは俺を見て、ひたすら高笑いした。みんなに電話をかけて、「二度目の光が射してきた。またヘビー級チャンピオンを手に入れたぞ」と言った。俺はまだアマチュアで戦ったことさえなかったというのに。なんでそう思えたのかはわからないが、とにかくカスには未来が見えていたんだろう。

最高のボクサーになるための教え

CHAPTER 3

アマチュアでの初めての試合は絶対忘れない。場所は、カスが以前面倒を見ていたネルソン・クエバスというボクサーが所有する、ブロンクスの小さなジムだった。ひどい場所だった。地下鉄高架線の真横にある建物の二階だ。線路が近すぎて、窓から手を出したら電車に触れそうなくらいだった。こういう試合は〝スモーカー〟と呼ばれていた。煙草の煙で空気がよどんで、目の前に立っているやつもろくに見えなかったからだ。

スモーカーは無認可試合だ。基本的には非合法ってことになる。救急隊員や救急車が外で待機しているわけじゃない。ボクサーの戦いぶりが気に入らないと、客はブーイングを飛ばすんじゃなく、客どうしで格闘して選手に手本を示した。ギャングでも、麻薬の売人でも、みんなめかし込んでやってきて、試合に賭けるんだ。今でも覚えているが、俺は客の一人に、「俺が勝ったら、毛布にくるんだ子豚を買ってくれるかい？」と訊いた。賭けに勝った者は勝った選手に食い物を奢るのがならわしだった。

試合の直前になると、恐怖心が湧いてきて逃げ出したくなった。あれだけのスパーリングをこなしてきたのに、リングの上で戦うことにすっかり怖じ気づいていた。しくじって負けたらどうする？ブルックリンの路上じゃ数えきれないくらい戦ってきたが、それとはまるで心持ちが違った。対戦相手のことは何も知らない。相手に恨みがあるわけじゃない。

トレーナーのテディ・アトラスに、ちょっと下の店に行ってくると言って下に降りて、高架線に続く階段のそばの縁石に座った。一瞬、あの電車に乗ってブラウンズヴィルに帰っちまおうか、と思った。だが、そこでカスが教えてくれたいろんなことが頭に流れ込んできて、気分が落ち着いてきた。誇りと自尊心がふっと湧き上がってきたんだ。俺は立ち上がり、ジムの中へ戻った。スイッチ・オンだ。

相手はでっかいアフロヘアをした、大柄なプエルトリコ人だった。十八歳で、俺より四つ年上だ。最初の二ラウンドは激戦だったが、第三ラウンド、相手がよろけて下のロープにもたれたところで、さらに一発フォローすると、マウスピースが六列後ろの席まで吹っ飛んでいった。相手は気を失っていた。

興奮に我を忘れた。初めての試合で快感にしびれた。どうやって勝利を祝えばいいかさえわからない。だから相手を踏みつけた。両手を突き上げ、うつ伏せに倒れているくそったれを踏みつけた。「足をどけろ！　相手は気を失ってるんだぞ」と、レフェリーに怒鳴られたよ。カスはキャッツキルにいて、電話のそばで報告を待っていた。テディがカスに電話して試合の内容を伝えると、カスは大喜びして、俺たちといっしょに来ていた彼の友達のダンに、翌朝もういちど説明させた。

それから俺は毎週スモーカーに向かった。控え室に行くと大勢の子どもが互いに比べ合っている。体重とこれまでの試合数を言うんだ。俺は自分の年齢を十四歳より上にしておいた。体重二百ポンドの十四歳なんてそうはいなかったからな。いつも年上のやつらと戦った。

ああいうスモーカーの試合は、俺には大きな意味があった。ほかの子たちにとってよりも、はるかに。こんなふうに考えて試合に臨んだからだ。自分は地獄で生まれ、試合に勝つたびにそこから一歩抜け出せるんだと。ほかの選手は俺ほど惨めじゃなかった。スモーカーがなかったら、俺はどこかでのたれ死んでいたかもしれない。

テディもこういう場では熱くなった。ある晩、ネルソンのジムにいたとき、誰かがテディを押し、テディがそいつの顔をぶん殴って、ネルソンがあわてて止めに入った。テディはそこにあったトロフィーのひとつ、大理石の台の上に錫でできたボクサーが載っている硬いのをつかんで、相手の頭をぶん殴った。警察が来ていたら、殺人未遂容疑で連行されただろう。テディはしょっちゅう喧嘩をしていた。俺を守ろうとしていたのか、ジム一番のボクサーについていることでほかの連中から妬まれていたのかは知らないが。

驀進する英雄

スモーカーの試合で北東部のあちこちへ車で行った。乗り込む前、カスが見送りに来てくれた。

「知り合いたちに試合を観てもらうからな。俺はやつらの電話を待っている。きっとお前のことを褒めちぎるぞ」

あの言葉は忘れられない。〝褒めちぎる〟。あの言葉が俺に火をつけ、六時間の移動中ずっとやる気満々。リングに入って相手をぶちのめすときが待ちきれなかった。ある対戦相手は女房と赤ん坊連れで試合に来ていたが、そいつを家族の目の前で完膚なきまで叩きのめした。

俺の五戦目、スクラントンで行われたスモーカーをカスが観に来た。会場は〈カトリック青少年センター〉で、相手はビリー・オルークという男だ。プロ・アマ混合戦で、ビリーは十七歳だったから、こっちも十七歳と申告した。試合前、カスがオルークのところへ向かった。

「うちの選手は壊し屋だ。怪我しないようにな」

それまででいちばん過酷な試合だった。第一ラウンドでそいつを何度か倒したが、あのいかれた白人はそのたび立ち上がってきた。立ち上がるだけじゃなく、立ち向かってきた。何回倒しても立ち上がって、食らいついてきた。第一ラウンドはこっちが攻めまくったが、次のラウンドは激戦になった。第三ラウンドにもつれ込んだが、判定になったら結果はどう転ぶかわからない、とテディは思った。

「いいか、お前、偉大な選手になりたいんだろ。伝説の男たちみたいに。偉大なボクサーになりたいなら、今がそのときだ。さあ、行け。休まずジャブを出せ。頭を動かすのを忘れるな」

スツールから立ち上がり、出ていって、第三ラウンドではオルークを二度倒した。オルークはそこらじゅうに血を飛び散らしていた。ラウンド終盤、俺はロープに詰められたが、そこでバン、バン、バンと打ち返すと、やつはぶっ倒れ、観客は熱狂した。その夜最高の試合だった。

カスは俺の戦いぶりを喜んだが、「次のラウンドがあったら根負けしていたな」と言った。

一九八一年の五月と六月、俺は初めての優勝を狙っていた――ジュニア・オリンピック［五輪代表育成のため若年層を対象に行われる国内大会］だ。その時点でたぶん十試合ほど戦っていた。まず地元の大会を勝ち抜いたら、次が地域大会、それを勝ち抜くとコロラド州の全国大会へ進む。

地域大会を全勝して、テディと飛行機でコロラド州へ向かった。カスは飛行機が怖いから、列車を使った。控え室に入ると、自分の英雄たちがどんな振る舞いをしていたか思い出した。ほかの出場選手たちが俺のところに来て、握手を求めて手を差し出してきても、冷笑を浮かべて背を向けた。役割を演じたんだ。誰かが話しかけてきても、ただにらみつけた。

相手をとまどわせ混乱させて心を乱し、こっちはあくまで冷静でいるというのが、カスの教えの真髄だった。俺がそう演じると、選手の中にはたちまち戦意を喪失するやつもいた。俺はすべての試合に勝った。それも、全部一ラウンドKOで。ジョー・コルテスを八秒でノックアウトして、金メダルを勝ち取った。あの記録は今も破られていないはずだ。俺は自分の道を驀進《ばくしん》していた。

ジュニア・オリンピックの金メダル獲得後、俺は地元の英雄になった。俺が注目を浴びるのをカスは喜んでいた。スポットライトが大好きだったからだ。しかし、自分はまだ現実とは思えないでいた。十五歳になるかならないかなのに、ブラウンズヴィルの友達の半分は死んだり、失踪したり、破滅したりしていたんだ。キャッツキルにはあまり友達がいなかった。学校にも興味がなかった。

カスと俺にはもう目標が定まっていたから、学校はその妨げになる気がした。何を教えてくれようと関係ない。それでも、何かを学びたいという意欲はあったから、カスの勧めにしたがって、彼の本棚にあった本を片っ端から読んだ。オスカー・ワイルド、チャールズ・ダーウィン、マキアヴェリ、トルストイ、デュマ、アダム・スミス。アレクサンダー大王に関する本も。歴史が好きだった。歴史を読んで人間の性質を学んだ。人間の心を。

殺せと言われれば殺っていただろう

学校で大きなトラブルは起こさなかった。生徒を二人殴って謹慎を食らったことくらいだ。ただ、居心地が悪くてしかたがなかった。俺をからかう生徒はいたが、手を出すやつはいなかった。カスが中学校のボルディック校長に、俺は特別だから「大目に見てやってくれ」と、あらかじめ伝えてくれていた。

ボルディック校長はすごくいい人で、問題を起こしても、カスが学校へ出向くと、俺は学校に戻ることができた。帰宅後は、毎日五時から二時間ジム。夜はボクシングの本を読んだり、ビデオを観たり、カスと話したりした。週末は、朝五時に起きて、何マイルか走り、食事をして、昼寝をして、正午にはジムに戻る。俺にはボクシングがすべてだった。

カスは監視魔だった。ある日のこと、学校のダンスパーティがあり、夜十時にお開きの予定だから、カスには十一時ごろ家に着くと言ってあった。ところが、ダンスのあともみんなが居残っていたから、カスに電話して、タクシーを待っているから帰りが少し遅くなりそうだと伝えた。

「だめだ。今すぐ家まで走ってこい。お前のために起きているなんて、ごめんだからな」と、カスは怒鳴った。カスは絶対、家の鍵を他人には渡さない。せっかくツーピースのスーツとよそ行きの靴で来てたのに、カスは今すぐ帰ってこいと言う。

「悪い、帰らないと」と、友人たちに告げた。カスが帰ってこいと言うなら従うしかない。だから、しぶしぶ帰った。

ある日、何人かの友達と集まって、酒を飲んで、ドンチャン騒ぎをして、家まで車で送ってもらうと、窓越しにカスの姿が見えた。椅子でうたた寝しながら、俺の帰りを待っていた。

「引き返してくれ。お前のうちに連れていってくれ」と、友達に頼んだ。帰りが遅くなるたび、カスにこっぴどく叱られた。階段をこっそり上がろうとしたが、古くてガタガタだったから、〝くそっ、見つかった〟となるのがオチだ。カスの許可をもらって映画を観に行って、帰ってきたときも、カスが待っていて質問攻めに遭った。

「何をしていたんだ？　誰といっしょにいた？　どんなやつらだ？　そいつらの家族の出身は？　名字は？　明日からまたボクシングに身を入れろよ」

カスは中学三年生の俺を結婚させようとまでした。俺はアンジーという地元の女の子と付き合い始めていた。カスはその子がお気に入りだった。練習の妨げになると言って交際に反対するかと思いきや、彼女と所帯を持つのが俺のためにいいと考えたんだ。たしかに俺は前より穏やかになって、かえってボクシングに集中できるようになった。だが、アンジーに真剣だったわけじゃない。自分の英雄ミッキー・ウォーカーやハリー・グレブみたいな派手な暮らしがしたかった。彼らは酒を飲み、大勢の女をはべらせて、人生を謳歌していた。カミールはわかってくれていた。

「誰と結婚するかまで、カスに従うことないわ。好きなだけ、いろんな女の子とデートして、一番と思う子を選びなさい」

ある日、俺は学校で喧嘩をして、事を収めにカスが出向くはめになった。戻ってきたカスは俺を座らせ、こう言った。「こういう態度を改めないなら、出ていってもらうしかない」

俺は動転して泣きだした。「お願いだから、追い出さないでくれ」と、泣きじゃくった。「ここにいたいんだ」

カスが与えてくれた家庭的な環境が本当に好きだった。カスにも心底惚れ込んでいた。俺を差別しないだけじゃなく、俺のことで無礼なことを言うやつがいると、とっちめてくれようとしてくれる。そんな白人は初めてだった。

カスに心酔していたんだ。カスと話し終わると、毎回シャドーボクシングをしたり腹筋をしたりしてエネルギーを発散しなくちゃならなかった。それくらい情熱をかき立てられたんだ。カスに機嫌を直してもらいたくて、俺は泣きながら走り始めた。

あの日、追い出すと脅して泣かせてしまったのを悪く思ったらしく、カスは俺をよく抱き締めるようになった。カスが初めて見せた、身体的な愛情表現だった。それまでは一度もしたことがなかった。しかし、俺が泣いたあの瞬間、カスは俺が自分のものになったと確信したにちがいない。

あの瞬間から俺はカスの奴隷になったんだ。カスに誰かを殺せと言われたら、殺《や》っていただろう。俺はカスの兵士でいられるのがうれしかったんだ。それが生き甲斐を与えてくれた。使命を与えられた人間であることがうれしかった。

復讐のとき

それ以降、いっそう激しく練習に励んだ。限界まで。実際、ジムから帰ると、階段を這って上がらなくちゃならないほどだった。息も絶え絶え、三階の浴室にたどり着いた。カスは小さな陶器の浴槽に信じられないくらい熱いお湯をため、エプソムソルトという入浴用の硫酸マグネシウムを入れてくれた。

「できるだけ長く浸かっていろ」と、カスは言った。

中に座ると火傷しそうだったが、次の朝にはすごく体が楽になって、また練習できた。生まれてこのかた、こんなに充実した日々はなかった。わき目も振らず使命に燃え、何があっても決してひるまない。人には説明しようのない、すばらしい気分だった。

ほかの選手がみんなジムから帰って、ガールフレンドとデートして、気ままに過ごしているあいだ、カスと俺は家に戻って計画を練った。世界のあちこちに家を持つ話をした。「〝できない〟という言葉は、お前にとっては外国語みたいになる。〝できない〟という概念を、お前は理解できなくなる」と、カスは言った。

王座をつかもうと努力しているほかの選手には不公平な話だ、と思った。俺は万全の準備を整えてくれる天才に育てられていたからだ。ほかのやつらはカネを稼いで、家族の暮らしを楽にしたいと思っていた。いっぽう、カスに感化された俺は栄光を手に入れようとしていた。考えていることの次元が違う。栄光をつかみ、有名になって、世界中から称賛されたかった。

WBCの緑色と金色のベルトには命を懸ける価値があると、カスは俺にすり込んだ。カネには命を懸ける値打ちはない。よくカスに、「空前絶後の偉大なボクサーになるって、どういう意味だい？偉大なボクサーたちのほとんどは死んでるじゃないか？」と訊いた。

「いいか。彼らは死んだが、俺たちは今も彼らのことを話している。これが不滅ってことだ。この世の終わりまで、お前の名前は世に知られるということだ」

カスは劇的だった。『三銃士』の登場人物のように。

「しかるべきときが来るまで待たなくちゃいけない。泥の中のワニのように。いつ旱魃《かんばつ》が起きて、動物たちがサハラ砂漠を横切らなくてはならなくなるかはわからない。しかし、待つんだ。何カ月でも、何年でも。そのときはかならず来る。ガゼルやヌーが川を渡る。やつらが来たら、咬みつく。わかるか？　やつらに咬みついて、やつらが叫び声をあげたときには、世界中がその声を耳にするだろう」

カスは大真面目だったから、俺も大真面目に受け止めた。カスは俺を使って、ボクシング界の重鎮たちに復讐しようとしていたんだ。俺もぜひともそれに加担したかった。まるで『巌窟王』だ。俺たちは虎視眈々と復讐のときを待っていた。

俺と一心同体とわかって、カスは喜んだ。だが、そのあとちょっと被害妄想に陥った。俺がリビングで本を読んでいると、カスはバスローブのままうろうろして、俺に近づいてきた。

「きっと、お前も俺を捨てていく。やつらがお前を奪っていく。お前もほかのみんなと同じように、俺を捨てていくんだろう」などと、だしぬけに言いだした。

俺の心を試していたのか、本気で不安だったのかはわからない。

「正気か、カス？　いったいなんの話だ？」

カスにそんな言い方をしたことはなかった。カスの正気を疑うようなことを言ったのは、たぶん、あれが最初で最後だ。

「なんの話か、お前は知っている。誰かにカネを積まれたら、ここを出ていくに決まっている。今まで、ずっとそうだった。丹精込めて選手を育てても、みんな俺の手から奪われた」

出ていく？　俺をカスから引き離そうとするやつがいたら、俺が殺しにいっただろう。フロイド・パターソンはカスの元を去ったが、あいつといっしょにするな。とにかく、カスとカミール、彼らは俺の新しい家族なんだ。つらい暮らしは二度とごめんだ。

「気を確かに持ってくれ、カス」と言うと、カスは黙って立ち去った。

俺は超人だ

一九八一年十一月、テディと俺とあと二人のボクサーで車に乗り込み、スモーカーのためにロードアイランド州へ向かった。俺は道中ずっと、現地に着いたらくそったれどもをどんな目に遭わせてやろうか考えていた。ニーチェを読んでいたから、自分は超人だと思っていた。自分の名前もろくに綴れなくても、俺は超人だ。相手をぶちのめしたとき会場が興奮の坩堝《るつぼ》と化して、観客が俺に拍手喝采を送るところを思い浮かべた。観客が俺の足元に花束を投げるところまで妄想した。まだ十五歳だったが、アーニー・ベネットという二十一歳の地方王者と対戦することになっていた。ベネットにとって、俺との対戦はプロ転向前の最後のアマチュア戦だった。

会場に入ると、たちの悪そうなやつらが大勢、壁ぎわまでぎっしり詰め込まれていた。ブラウンズヴィルのスラムに戻ったのかと錯覚に陥るような人混みだ。しかし、屁とも思わなかった。やつらのエネルギーを全部俺の栄養にしてやる。テディが「体重計に乗れ」と言うから、シャツとズボンを脱いで、下着だけになった。筋肉隆々だった。体重計に乗ると、みんなが駆け寄ってきて、俺を取り囲んだ。

「あいつだ。あいつがタイソンだ」みんながそう言うのが聞こえた。

体重計に乗っているうち、不安になってきた。こいつらはギャングで、正真正銘の悪党で、俺はよそ者だ。しかしそこで、それまで観てきたいろんな映画を思い出した。ジャック・ジョンソンは群衆に囲まれて体重計に乗っていた。そうなった自分をずっと頭に描いていた。そのあと、周囲からささやき声と口笛が聞こえてきた。「あいつだ。ジュニア・オリンピックで全試合一ラウンドK

〇勝ちしたやつだ」

カス流の思考回路が働きだした。ほかのやつらとは格が違う。俺は戦いに臨もうとしている偉大な剣闘士なんだ。

「よう、チャンプ！」そいつらが笑顔を向けてきた。俺は軽蔑のまなざしでそいつらを見た。「野郎、何見てやがる？」って感じで。俺の体重は約百九十ポンドだった。

「おやおや、重すぎるな」ベネットのトレーナーが言った。そいつは耳と口が不自由だったが、なんて言ったかはわかった。

「しかし、俺たちは戦う。どんなやつとでも」と、そいつは言った。

「そこらのやつといっしょにするな」俺はあざ笑った。

会場は満員だった。少なくとも三千人はいた。俺たちはリングに入り、九分間ぶっ通しの大熱戦になった。あの試合は今でも語り草になっている。観客の声援はやまず、ラウンド間の一分の休憩中にも観客の喝采が鳴りやまなかった。俺たちは二頭の闘犬《ピットブル》のようだった。相手は動きがなめらかで、とらえどころがなく、経験も豊富だったが、バンと、ロープのあいだに吹き飛ばした。最後の最後まで必死に戦った。人生最高の戦いぶりだった。

なのに、相手の判定勝ちになった。追いはぎに遭った気分だった。錯乱状態に陥って、おいおい泣きだした。それまで一度も負けたことはなかったからだ。控え室にいると、向こうのトレーナーが近づいてきた。俺はまだ泣いていた。

「お前はまだひよっこだ」彼は言った。「うちのやつはいろいろ場数を踏んでいる。俺たちは全力を尽くしてお前と戦った。だが……おそらくお前はうちのより強い。あきらめるな。お前はいつかチャンピオンになる」

そう言われても慰めにはならなかった。帰りもずっと泣いていた。あいつに勝ちたくてたまらなかった。家に帰ったら、シャワーを浴びて、学校に行くことになっていた。しかし、カスが待っていたところをみると、テディが電話しておいたにちがいない。がっかりして俺に腹を立てているだろうと思った。ところが、カスは満面の笑みを浮かべている。

「頑張ったそうだな。経験豊富な強い相手だったと、テディから聞いた」カスは言った。「おい、一日休め。学校には行かなくていいから」

何がなんでも学校には行きたかった。目のまわりが青あざになっていたから、勇気の証を見せびらかしたかったんだ。

だが、いつまでも落ち込んではいられない。スモーカーで戦い続け、対戦相手を一人また一人とKOしていった。カスが俺の試合をよく観に来るようになった。俺が傲慢な振る舞いを見せたり横柄な態度を取ったりすると、カスは大喜びした。カス自身、相当傲慢な人間だった。あるとき、十六歳からずっと地域王者だった二十四歳の選手と戦った。それまで負け知らずの男だ。

試合前、地元ボクシング協会の役員が一人、俺たちのところにやってきた。

「カス、お前たちの相手は大きくて強くておっかないぞ」と、彼は言った。

カスは顔色ひとつ変えなかった。

「俺の息子の役目は、その大きくて強くておっかないやつに身の程を知らせてやることだ」

その言葉を聞いて心臓がかっと熱くなり、青い炎と化した。興奮のあまり、リングに入る前から戦いたくなった。

九割は精神の戦い

いちど、試合までの三日間、風呂に入らなかったことがあった。敵をぶちのめすことしか頭になくてシャワーも忘れていたんだ。スモーカーじゃ、対戦相手のことは何もわからなかった。ビデオもなかったし、テレビで観たこともなかった。だから、いつも想像した。戦う相手は、幼いころ俺をいじめたやつらだと。今こそ復讐のときだ。もう二度と誰からもばかにされやしない。試合で少しでも情けを見せるとカスに一喝された。正々堂々とやろうと、試合前に握手を求めてくるやつがいて、それに応じようものなら、カスは激怒した。

相手をKOしたあと起こしてやったときだけは、カスも文句を言わなかった。デンプシーがいつもそうしていたんだ。負かした対戦相手を起こして、コーナーへ連れていって、抱き締めて、キスしていた。相手をズタボロにしようとした直後なのに。だから、俺も相手を起き上がらせて、キスしてやった。「だいじょうぶか？　愛してるぜ、兄弟《ブラザー》」相手にとっちゃ屈辱だったろうが。

KO勝ちしてはしゃいだりすると、カスに戒められた。ハイタッチはするな、勝利のステップも踏むなと。

「このために二年も練習してきたんだぞ、結果に驚いたようなそぶりを見せるんじゃない」

カスにとって、俺の対戦相手は食料だった。栄養だ。生きるために食わなきゃいけないものだった。いい試合をすると褒美をくれた。上等な服や靴を。ジュニア戦のひとつで優勝したときは金歯を買ってくれた。八〇年代には金歯なんかしていたら、「うわっ、金歯なんか入れてやがる、犯罪者だぞ。気をつけろ」と思われるのがオチだった。しかし、カスはあれが大好きだった。昔のボクサーはみんな、勝利を祝って金歯を入れたからだ。

さすがのカスも、KO勝ちやジュニア・オリンピックの優勝には文句をつけないだろうと思っていたら、大間違いだった。人前ではいつも俺をプリマドンナみたいに扱っていたが、閉ざされたドアの奥では違った。家で二人だけになると、俺に座れと言う。

「手の位置が低かったぞ。こう言っちゃなんだが、向こうがもう少しずる賢くて、もう少し冷静だったら、パンチを食らっていたぞ」

　相手をノックアウトしたあとなのに、これだ！　右でＫＯ勝ちを収めたのを、みんなが褒め称えてくれていた。カスも、ひとつ間違えたらＫＯされていたぞ、とまでは言わなかった。しかし、いいのを食らっていたぞ、とは言った。パンチを食らった可能性を、カスはその日が終わるまで俺の頭に刷り込んだ。何日かしてからも、またいやな話を蒸し返してきた。

「覚えているな、あの試合のあと、パンチをもらっていたかもしれないと言っただろう……」

　やめてくれええ！

　カスは心理操作に長けていた。ボクシングの九割は身体じゃなく精神の戦いと信じていた。意志であって技術じゃないと。だから俺は、十五歳のときジョン・ハルピンという催眠療法士のところに連れていかれるようになった。診療所はセントラル・パークの西側にあった。診察室の床に寝そべると、ジョンは俺を段階的にリラックスさせた。頭、目、腕、脚、みんなだんだん重くなる……。俺が催眠状態に陥ると、ジョンはカスから頼まれたことを実施した。カスが紙に暗示の内容を書き、ジョンがそれを大きな声で復唱する。

「君は世界最高のボクサーだ。偽りの君を信じさせるために、こんなことを言っているのではない。本当にそうなれるからだ。本当に君はそうなるべく生まれてきたのだ」

　ハルピンは好きなときに自己催眠をかけられるよう、その方法を教えてくれた。キャッツキルに戻ると、床や寝室に寝そべり、カスが横に座った。俺がリラックスして催眠状態に入っていくと、カスが語りかけた。お前は世界最高のボクサーだ、と漠然とした内容を語りかけることもあれば、具体的な指示をすることもあった。

「お前のジャブは凶器のようだ。お前は悪意を込めて強烈なパンチを放つ。お前にはすばらしい右がある。まだ心の底から信じてはいないようだが、今から信じるんだ。お前は神の鞭。お前の名前は今から未来永劫、世界に知られるだろう」

突拍子もない話だったが、俺は信じた。

真夜中に起こされて暗示をかけられることもあった。ときには話しかける必要すらなかった。言わず語らずで、言葉が心に浸透してきた。

俺は催眠術に夢中になった。自分を助けてくれる秘法だと思ったんだ。ばかばかしいと思うかもしれないが、カスの言うことは全部信じた。宗教の教義のように受け入れた。カスは俺の神様だった。お前は頂点に立つ。この白人の爺さんはそう言い聞かせた。なんで俺は史上最強にならなくちゃいけなかったんだ？


剣闘士となり、人類を統べる神となった今、高校へ行くのが面倒くさくなってきた。そんな一九八一年の秋、キャッツキル高校で問題を起こした。教師の一人が本当に無知な赤首野郎で、俺と口論になって本を投げつけてきたんだ。立ち上がって、ほかの生徒たちの前でびんたを食らわしてやった。停学処分だ。カスは俺をつかんで、学校にずかずか入っていき、校長のスティックラー氏と問題の教師に向き合った。俺を弁護するカスときたら、伝説の弁護士クラレンス・ダロウさながらだった。

「つまり、あんたは本を落としただけで、それがたまたまマイクに当たったわけか」カスは教師を問い詰めた。「しかし、あんたが言うように本を落としただけなら、いったいどうやってその本はマイクの体まで宙を飛んできたのかな？　誰も傷つけることなく、床に落ちるはずだろう」

カスは部屋をゆっくり行きつ戻りつしていたが、突然立ち止まって、犯人はお前だと言わんばかりに芝居がかったしぐさで教師を指差した。

ついに学校側は妥協し、家庭教師をつけるなら学校に来なくてもいいってことになった。カスは俺の退学に心を痛めた。俺のために盛大な卒業記念パーティを企画していたんだ。高校の面談の帰り、俺はカスを見て、「元気出してよ。ジムに行く気は満々だから」と言った。

カスはただ俺を振り返って、「行こう」とだけ言った。

試合前のプレッシャー

一九八二年の六月が近づいてきた。ジュニア・オリンピックのタイトル防衛の時期だ。このころには確実に評判のほうが先行していた。親たちは俺が出ると知るや、慌てて自分の子どものエントリーを取り消した。

二度目のジュニア・オリンピックの立ち上がりは上々だった。今回もコロラド州に乗り込んで、予選は全員ノックアウト。いよいよタイトル防衛の決勝だ。そこにきて、重圧がのしかかってきた。おびただしい数のカメラが目に入り、急に不安になってきた。ボクシング界の重鎮が大勢来て、俺のことを絶賛していた。すばらしいことだが、そんなことを言ってくれるのも今のうちだけじゃないか。ブラウンズヴィルのみんなをがっかりさせられない。カスは何度も言っていた。「お前のお母さんがブラウンズヴィルの通りを歩くと、みんなが買い物袋を持ってくれるようになるんだぞ」と。

そんな重圧には耐えられなかった。決勝の前、カスは俺をわきへ引っ張った。

「マイク、これは現実の世界だ。あの顔ぶれが見えるだろう」と、アリーナの大会役員や報道陣、ボクシング界の役員たちを指差した。「負けたら、彼らはもうお前のことなど見向きもしない。目覚ましい活躍ができなかったら、もう誰もお前のことを好いてくれなくなる。俺もかつてはみんなに好かれていた。冗談じゃなく、五十代のころはどこへ行っても、若くてきれいな女たちに追いかけ回されたものだ。今は老いぼれて、誰も寄ってきやしないがな」

試合の十分前、たまらず外へ、新鮮な空気を吸いに出た。テディもついてきた。

「落ち着くんだ、マイク。とにかく落ち着け」と、彼は言った。

パニックに陥っていた。ヒステリックに泣きだした。テディが俺の肩に手を回した。

「ほかの試合と変わりはない。あいつより強いボクサーたちとジムでやってきたじゃないか」と言って、彼は励まそうとした。

「俺はマイク・タイソンだ……」すすり泣いた。「みんな、俺のことが好きなのに」

言葉が続かなかった。負けたら、もう誰も二度と好きになってくれないんじゃないか、と言おうとしていたんだが。テディは俺を励まし、自分の気持ちに押しつぶされるな、と言った。

リングに上がると、相手が待っていた。ケルトン・ブラウンという身長六フィート六インチの白人だ。気を落ち着かせ、勇気を奮い起こした。レフェリーの注意を聞くためリング中央へ進み出ると、相手に顔を寄せ、悪意を込めてにらみつけたが、レフェリーに押しのけられ、早くも警告を受けた。ゴングが鳴ると同時に相手に突進。次々パンチを決めて打ちのめすと、一分と経たず相手コーナーからタオルが投げ込まれた。こうして俺はジュニア・オリンピックを連覇した。

俺の手が上げられたあと、テレビ解説者からリングでインタビューを受けた。

「マイク、順調にキャリアを築いてきて、うれしいでしょうね？」

「まあね。子どもの大会だし、同じ年頃のやつらじゃ相手にならないよ。心の鍛錬が違うからね。ボクシング以前に気持ちの持ち方を叩き込まれた。精神面で相手に勝っているのが強みかな」

「ブラウン選手を破ったあと、どんな気持ちでした？」

「自分の仕事をしただけだ。相手に言いたいことは別にない。向こうも頑張った。ちょっと相手が悪かっただけだ。彼の努力は称えたい」と答えた。

東部へ戻って、ブラウンズヴィルの家に帰った。ケルトン・ブラウンにＫＯ勝ちしたのを、近所のみんながテレビで観ていた。以前俺をいじめていたやつらも大勢、通りで近づいてきた。

「おい、マイク、何か必要なものはないか？　俺にできることがあったらなんでも言ってくれ」なんて、そいつらが言うんだ。

おいおい、昔のことは忘れたって言うのかい？

だが、俺が心から求めていた観客はおふくろだった。俺の情熱を彼女と分かち合いたかった。

「母ちゃん、俺は世界一のボクサーだ。俺を倒せるやつはどこにもいない」と、俺は言ったおふくろは、じめじめしたおんぼろの傾いたアパートで、自分を神様にたとえて話す俺をじっと見ていた。

「ジョー・ルイスを覚えているだろう？　いつの時代にも自分より上の人間はいるもんだよ」

俺はおふくろを見つめ返した。

「俺に限っては、絶対そんなことはない」と、静かに言った。「俺は誰より優れているんだ」

大真面目だった。カスにそう信じるよう洗脳されていたからだ。おふくろはそれまで俺をそんなふうに見たことはなかった。以前の俺はいつも、ぞっとするような悪いことばかり企んでいた。今の俺には尊厳と誇りがある。以前の俺はマリファナや酒の臭いがした。今は鍛え上げられて、汚れがない。世界を制覇する準備はできていた。

「俺を倒せるやつなんて、この世にいないんだ、母ちゃん。見ていろ。あんたの息子は世界チャンピオンになる」と豪語した。

「謙虚にならなくちゃ、お前。謙虚さが足りないよ、謙虚さが……」おふくろは首を横に振った。

持っていた小さなカバンから、金メダルを獲ったときの新聞の切り抜きを取り出して、渡した。

「ほら、俺のことが出ているから、読んでくれよ」

「あとで読むよ」と、おふくろは言った。

その夜は、それ以上話してくれなかった。ただ「うーん」となって、「白人たちに騙されているんじゃないのかい？」と言いたげに、心配そうに俺を見ていた。

つらすぎる現実

キャッツキルに戻ると、世界の頂点に立った気分になった。あそこにいれば、俺は甘やかされた裕福な家庭の子どもだ。それから何カ月かして、おふくろが病気だとカスから聞かされた。詳しいことは教えてくれなかったが、末期がんと診断されたことを俺の民生委員が知っていた。カスから話を聞いたその日、姉貴から電話が来た。

「お母さんを見舞ってあげて。つらそうなの」

おふくろとは、その二、三週間前に会っていた。顔が麻痺した感じで、片目が垂れ下がっていたが、がんとは知らなかった。俺の知っているがん《キャンサー》といったら、星座の蟹座《キャンサー》だけだった。いいことじゃなさそうだとは思ったが、命に関わるものとは知らなかった。

しかし、病院に行って衝撃を受けた。おふくろはベッドでうめき声をあげていて、意識朦朧《もうろう》としていた。痛々しいありさまだった。目が落ちくぼんで、頭蓋骨に皮膚がぴたりと張りつき痩せさらばえている。シーツが剥がれ、胸元が露わになっていた。だから、おふくろにキスして、シーツを直してやった。どうしたらいいのかわからなかった。がんの患者を見るのは初めてだ。映画はよく観ていたから、「愛しているわ、でももうだめみたい、ジョニー」みたいなやり取りがあるのかと思った。死ぬ前に言葉を交わし、お別れを言う機会があるんじゃないかって。だが、おふくろは意識さえなかった。だから、俺は病室を出て二度と戻らなかった。

毎晩アパートに戻って、見舞いに行ったが元気そうだったと、姉貴に報告した。病院での現実に向き合うことができなかった。あまりにつらすぎて。だから盗みにふけった。バーキムや近所の顔見知りのワルたちに出くわして、いっしょに民家へ盗みに入った。

ある晩、強盗に入る前、キャッツキルから持ってきたアルバムをバーキムに見せた。カスとカミールと写っている写真や、学校で白人の子どもたちと写っている写真があった。

バーキムには信じられない光景だった。

「目ん玉飛び出しそうだぜ。こいつら、お前をひどい目に遭わせたりしないのか？　お前のことを〝黒ん坊《ニッガ》〟って呼ばないのか？」

「いや、これは俺の家族だ。そんなこと言ったら、カスに殺されるぞ」

バーキムは信じられないとばかりに首を振った。

「お前、こんなところで何してるんだ、マイク？」バーキムは言った。「この白人たちのところに戻れよ。おい、この白人たちはお前を気に入っているんだろ？　わかってねえのか、兄弟《ニッガ》？　ちきしょう、俺のことを好いてくれる白人がいてほしいぜ。さっさと戻りな。こんなところにいたって、なんにもいいことないぞ」

バーキムが言ったことを考えた。全米チャンピオンに二度なってもまだ俺は人の家に盗みに入っていた。本当の自分に戻ってしまうんだ。毎晩、酒を飲んで、エンジェルダスト［合成麻薬のフェンサイクリジン］を吸い、コカインを鼻から吸い込んで、地元のダンスパーティに行った。おふくろのことを忘れさせてくれることならなんでもした。

姉貴はしょっちゅう、「お母さんのお見舞いに来たんでしょう。はめを外してないでよ、遊びに来たんじゃないんだから」と言っていた。

ある晩、バーキムが自分の彼女を迎えにいって、俺たち三人でブラウンズヴィルにある公営住宅を通り抜けようとしたら、昔の友達が何人かでサイコロばくちをしていた。バーキムもそいつらとは友達だったが、声をかけることなくそのまま歩き続けていく。俺が近づいてあいさつすると、そいつらも、「元気か、マイク?」と言ったが、どことなくよそよそしい感じがした。「またな」と言われた。

あとで知ったことだが、あの界隈で勢力争いが起こっていて、それが一段落したときはバーキムがトップにのし上がっていた。あいつは車と女、宝石、銃を大量に手に入れた。あの界隈の麻薬取引を握ったからだ。あの通りは、俺がいたころとはがらっと変わっていた。麻薬が入り込んで、住民は死にかけていた。よくいっしょにつるんでいたやつらが縄張りとカネをめぐって殺し合っていた。

そんなある日、姉貴が家にやってきた。俺は二日酔いだったが、ドアに鍵を差す音が聞こえたから開けてやると、バシッ、顔をひっぱたかれた。

「何すんだよ?」

「お母さんが死んだこと、どうして知らせてくれなかったの?」と、彼女は叫んだ。

さすがに、「病院には行ってなかった。死人同然の母ちゃんを見るのがつらくて」とは言えなかった。そんなこと言ったら姉貴に殺されかねないから、「姉ちゃんを悲しませたくなかったんだ」と言った。意気地がなくて、現実に向き合えなかっただけなんだが。家族の中では姉貴がいちばん強かった。悲劇にも向き合うことができた。俺は姉貴といっしょに遺体と対面しにいくことさえできず、いとこのエリックに行ってもらった。

葬儀は哀れなものだった。おふくろが少しカネを貯めていて、それでニュージャージー州リンデンの墓地を一区画買った。参列者は八人だけ。俺に兄貴と姉貴、親父のジミー、おふくろのボーイフレンドのエディ、そして、おふくろの友人が三人。

俺は盗んだカネで買ったスーツを着ていた。おふくろは薄っぺらな段ボールの棺に入れるしかなく、墓石を買うカネもなかった。墓地を離れる前に、俺は、「母ちゃん、真人間になるって約束するよ。史上最高のボクサーになって、みんなに名を知られるようになる。タイソンと言ったら、食品メーカーのタイソン・フーズや女優のシシリー・タイソンじゃなく、みんながマイク・タイソンを思い浮かべるように」と言った。そう言ったのは、タイソンという名前についてカスからずっと言われていたからだ。あのころまで、シシリー・タイソンと同じ名字なのが、うちの家族唯一の自慢だった。おふくろもシシリーの大ファンだったんだ。

恩人の死

葬儀のあと何週間かブラウンズヴィルに残って、麻薬でハイになっていた。ある晩、前にサイコロばくちをやっていたやつらに会った。やつらから、バーキムが殺されたと聞いた。「そうだ、殺《や》られちまったんだ、あいつ」と、一人が言った。「お前も殺られたんじゃないかと思ってた。この前、俺たちがサイコロやってたとき、あいつといっしょに消えて、それっきり見かけなかったから」

バーキムの死には大きな衝撃を受けた。俺を初めて盗みに引き込んで、ストリートにデビューさせてくれた男だ。こんなところは出て、白人の家族のところへ帰れと言ってくれたばかりだった。バーキムだけじゃない。近所の友達はみんな、俺とカスに大きな期待をかけていた。カスなら俺を大物にしてくれると。

「その白人のところにいろ、マイク。俺たちはくず同然だ、マイク、ここへは戻ってくるな、マイク。お前は俺たちのたったひとつの希望の星なんだ。俺たちはどこにも行くところがない。一生このブラウンズヴィルを出ていくことはないだろう。だからせめて死ぬ前には、お前とダチだったって自慢したいんだ」

ブラウンズヴィルは文字どおりの地獄だった。みんな、俺みたいに抜け出すチャンスがあれば、と思っていた。なんで俺が戻ってきたがるのか、みんなには理解できなかったが、俺が戻ってきたのは本当の自分を知りたかったからだ。ふたつの暮らしは全然違ったが、俺にとっては、どっちの世界もくつろげる場所だった。

ある日、ドアがノックされた。俺の民生委員、ミセス・コールマンだった。俺が強盗と窃盗で捕まったせいで、北部へ連れ戻さなくちゃならなくなったんだ。もともと、おふくろの葬儀の三日後にはカスの家に戻ることになっていた。ミセス・コールマンはいい人で、キャッツキルからわざわざ車で二時間かけて迎えにきてくれた。

彼女はカスに協力してくれていた。ボクシングは俺にとってプラスになると考えて。まだ気持ちの整理がついていないからキャッツキルには戻らない、と俺は言った。すると彼女は、ブルックリンに残りたいなら少し事務処理が必要になる、それをすると警察が迎えにきて、ニューヨークのどこかへ送られることになると言う。このときはもう十六歳だったし、彼女の言っているのはでたらめとわかった。だが、彼女が俺のことを考えてくれているのはわかったから北部へ戻ることにした。アパートを見て、おふくろがどんなに貧しい混沌とした暮らしをしていたか、彼女がどんなふうに死んだかを考えた。あれは俺自身がこの先どう生きていくかという展望をがらりと変えた。短い人生かもしれないが、それを輝かしいものにしよう。

キャッツキルに戻ると、俺がおふくろの死を乗り越えられるよう、カスが手を尽くしてくれた。自分の父親が死んだ日のことを話してくれた。カスは父親といっしょに家にいて、父親は痛みでずっと叫んでいた。しかし、助けてやれなかった。どうすればいいかわからなかったそうだ。

カスはまた俺を鍛えてくれた。そのころ、ジュニアミドル級一位のチャーリー・ウィアーという南アフリカの白人ボクサーがいた。その彼がカスのところでキャンプを張ろうと、チームといっしょにキャッツキルへやってきた。アパルトヘイトの時代だったから、カスが彼らに、「うちに黒人の子がいる。俺の家族の一員だ。敬意を払ってくれ。俺とカミールに接するように、彼にも接してもらいたい」と、念を押してくれた。

感動したよ。それまで、そんなふうに俺のために戦ってくれる人は一人もいなかった。カスは家でも同じことを言った。

「いいか、お前はもう、うちの家族だ、いいな？　お前はもう、うちの息子だ。この家族に大きな誇りをもたらせ。誇りと栄光を」

三人で食卓を囲んだときなんか、カスはよく、「カミール、お前の黒い息子を見てくれ。どう思う？」と言った。

カミールは席を立って、俺のところへ来て、キスしてくれた。

取り返しのつかない出来事

ところが一カ月後、こういうのどかな光景は崩壊した。俺が台無しにしちまったんだ。カスは俺のトレーナーのテディ・アトラスともめていた。カネのことで。テディは少し前に結婚して婿養子になったんだが、カスはその話を胡散臭く思っていて、テディにカネが必要だったとき、あまり給料をやらなかった。テディは四苦八苦していたから、俺をプロに転向させ、俺の収入の一部を手に入れたいと考えた。しかし、カスの計画にその時期のプロ転向はなかった。だから、テディはカスの元を去って、俺をいっしょに連れていこうとするだろう、というのが周囲のおおかたの見方だった。俺がカスの元を去るなんてありえない話なのに。

しかしあのときは、俺のせいでカスがテディを追い払うことになったんだ。テディの義理の姉妹とは、テディより前から知り合いだった。いっしょに学校に通った友達どうしだ。姉妹はいつも俺の気を引こうとしていたが、性的な関係を持ったことは一度もなかった。それがある日、テディの十二歳の義妹と遊んでいるとき、彼女の尻をつかんでしまった。

まったく、軽はずみなことをしたもんだ。ジムで練習漬けだったから、女の子と接する技術なんて持ち合わせていなかった。すぐに後悔したよ。彼女は何も言わなかったが、不愉快だったにちがいない。

その日の夜、テディとの練習に、スパーリングの相手がジムまで車で送ってくれた。車を降りると、テディが外で俺を待っていた。凄い形相で。

「マイク、こっちに来い。話がある」と言う。

俺が近づくと、テディは銃を抜いて、俺の頭に突きつけた。

「この野郎、こんど俺の義理の妹に触ったら……」

テディは空に向けて発砲した。俺の耳元で。耳をつんざく轟音に、本当に耳を吹き飛ばされたかと思った。そこでテディは走り去った。追いかけられなかった。ジムは警察署の上だったから。テディはこの事件を回想するとき、脅しただけだ、みたいな言い方をする。俺も頭に銃を突きつけられたのは初めてじゃなかったが、正直、あのときは、「撃てるもんなら撃ってみろ、くそったれ」とか言える雰囲気じゃなかった。怖かった。ちなみに、耳が正常に戻るのにしばらくかかった。

しかし、本当に悪いことをしたと思っていた。テディのことが心配でならなかった。それでも腹は立っていたから、仕返ししてやると周囲に口走ったりはしたが、テディを傷つけるようなことをするつもりは絶対なかった。俺に戦い方を教えてくれ、駆け出しのころからずっとそばにいてくれた人だ。

カミールはテディに激怒した。訴えて逮捕させてほしいと言ったが、カスは応じなかった。テディは別件で保護観察中だったから、刑務所にブチ込まれるのがわかっていたからだ。結局、テディとその家族はニューヨーク市内へ引っ越していった。

全部俺のせいだ。あんなことになって、本当に申し訳なかった。テディが去ったあとは、ケヴィン・ルーニーと練習することになった。現役選手だったのをカスがトレーナーに転向させたんだ。ルーニーとテディは幼なじみで、カスに紹介したのもテディだった。

大切なのは敗北の後

ルーニーと組むころには、自分なりにかなり成長を感じていた。大会で優勝したりすれば対戦相手を選ぶようになるのがふつうだ。俺は違った。誰とでも、どこででも戦った。相手の地元だろうと、相手の裏庭だろうと。カスはよく俺に、「相手の家のリビングで戦って、相手の家族がジャッジでもかまわない」と言った。とにかく戦いたかったし、恐れるものは何もなかった。シカゴ、ロードアイランド州、ボストン、どこでも戦った。「あいつがタイソンだ、ジュニア・オリンピックで二回優勝したやつだ」と、みんなが言うようになった。

一九八二年十二月、大会で初めて負けた。インディアナポリスで行われた全米アマチュア選手権で決勝に進出し、アル・エヴァンズと対戦した。当時、俺は十六歳で、相手は二十七歳。ハードパンチャーで、経験豊富だった。

第一ラウンド、俺は突進して、山ほどパンチを打った。第二ラウンドも同様、次から次へと打ちまくった。第三ラウンド、少し攻めが粗くなり、カウンターの左フックをもらってダウンした。すぐ立ち上がって、また突進したが、こんどは右でダウンを奪われた。立ち上がって突進しようとしたが、足がすべった。そこでレフェリーが試合を止めた。そんなに効いちゃいなかった。まだ続けられたのに。カスもコーナーからレフェリーに怒鳴っていた。

がっくり落ち込んだ。すべての大会で優勝したかったからだ。優勝したあとチャンピオンが受ける待遇が好きだった。あの気分が病みつきになっていた。

この負けで自信と欲望が揺らいだとカスは思ったのかもしれない。キャッツキルに戻ると少し説教された。

「いろんな本で読んできたチャンピオンたちを思い出せ。彼らの多くが駆け出しのころ、どこかでKO負けを喫している。だが、彼らは決してあきらめなかった。敗北に耐えた。そこだ、大事なのは。負けてやめてしまったら墓場まで悪霊につきまとわれる。立ち向かうチャンスがあったのに、立ち向かわなかったからだ。お前も自分の悪霊と対峙しないと、生涯つきまとわれるぞ、マイク。いいか、戦い方にはくれぐれも注意しろ。試合の戦い方が人生の生き方になるんだ」

その後の六試合は勝って、ゴールデン・グラブ全国大会の決勝でクレイグ・ペインというやつと対戦した。三ラウンドにわたってほとんどなんの抵抗も許さず、リング狭しと追い詰めては打ちまくった。だから、大きなトロフィーを持った役員が俺の前を通ってリングに入ってきたときは自信があった。クレイグと俺はレフェリーの両わきに立ち、レフェリーが俺たちの手を握って判定を待っていた。勝利を確信してもう片方の手を上げかけたとき、トロフィーを持った役員がクレイグに向かって親指を立ててるしぐさをした。

「スーパーヘビー級の勝者は……クレイグ・ペイン」

唖然とした。観客からもブーイングが起こった。このときの試合をＹｏｕＴｕｂｅで観てくれ。勝利を剥奪されたんだ。試合後、ペインを指導していたエマニュエル・スチュワードというデトロイトの名トレーナーが、絶対に俺の勝ちだったと言ってきた。カスも判定には怒っていたが、俺があいうタイプの相手にも対応できたのを見て喜んでいた。間違いなく俺の勝ちだったとカスはわかってくれていたが、それでも気持ちは晴れなかった。試合のあと、俺は長いこと、赤ん坊みたいに泣いていた。

世界最高のボクサーになるために

ふて腐れている暇はない。すぐジムに戻って、ほかの大会に向けてトレーニングを開始した。一九八三年八月、北中米カリブ海アマチュア連盟の十九歳以下の大会で金メダルを獲った。一九八四年にも優勝した。同じ年のゴールデン・グラブ全国大会でジョナサン・リトルズを一ラウンドKOで下し、金メダルを獲得した。リトルズとは一九八二年のジュニア・オリンピック予選で戦っていて、俺と二ラウンドまで戦ったのはあいつだけだった。そしてついに、オリンピック予選の準備を始めるときが来た。

オリンピックに向けてのトレーニング中、ボクシング解説者のアレックス・ワラウがカスと俺の特集を組むためにキャッツキルへやってきた。途中、カスとリビングに座って語り合うコーナーがあった。カスは地味な灰色のスーツに格子縞のスポーツシャツ。俺はスラックスとシャツに身を包み、カンゴールの粋な白い帽子をかぶっていた。

アレックスから俺の練習について質問されると、カスは立て板に水で、滔々と興味深い話をまくしたて始めた。

「完璧なボクサーを育てたいと、ずっと思っていた。そうなれる男がいる。将来チャンピオンになれる素質があるとわかった。空手みたいな動きを教えると、試合中に体が自然と適応する。相手にそれを使う必要がなくてもだ。電光石火のスピードで一撃を加え、対戦相手を仰天させる。ものすごいスピードに、動きを連係させる能力、直観的にタイミングを見極める力があった。ふつう、そういう感覚はボクシングを始めて十年経たないと身につかないものなのに。

指導にかかる前に、どんな人間かわかるまで徹底的に話をする。今日の俺たちは過去の行動と振る舞いが積み重なってできている。マイクの場合、本人から話を聞いて、こいつの中にどんなつらい体験や被ってきた不利益が蓄積されているか、そのせいで積み重なったかさぶたを何枚剥いでやらなくてはいけないかを徹底的に見極める。本当のこいつにたどり着けるまで。俺だけでなくこいつにも見えるように、それをさらけ出してやる。そこから飛躍的な進歩が始まるんだ」

「マイク・タイソンのかさぶたを剥いだのはいつですか？　そこにどんなものが見つかりました？」

と、アレックスが尋ねた。

カスは一瞬言いよどんだ。「見つかると思っていたものが見つかった。基本的に素直な性格で、偉大なボクサーや世界チャンピオンになるための資質を備えている。そこがわかったら、次の仕事は、そういう能力を本人に自覚させることだ。俺だけでなく本人もそれに気づかないと、うまく才能を伸ばしてやれない。訓練に適応する能力、必要なことをやってのける能力、それが真のプロフェッショナルの定義だと、俺は思っている。マイクは世界最高のボクサーになるために通過しなくてはならない重要な地点に、ぐんぐん近づいている。俺たちの知るかぎり、突発的な事故が起こらず、どこからもじゃまが入らずに、この状態が続けば、こいつは史上最高とは言わないまでも、最高のボクサーの一人として歴史に名を刻むだろう」

カスが俺のことを話してくれるのがうれしくてたまらなかった。次にアレックスは、カスくらいの年齢で俺みたいな若いボクサーを鍛えるのは大変ではないかと質問した。

「こいつによく言うんだよ。俺の言いたいことが理解できないのを承知で、いま伝えたいことを言うぞって。なぜって、こいつがいなかったら、たぶん俺はいま生きていないからだ。こいつがここにいて、今みたいに上達している事実が、俺に生きる気力と興味を与えてくれるんだ。人は生きたいと思わなくなったらその瞬間に死んでしまうからな。自然は俺たちが思っているより賢い。俺たちは大切な友人を少しずつ失い、少しずつ興味を失い、最後に、〝いったい俺はこんなところで何をやっているんだ？　これ以上生きていてもしかたがない〟と思うようになる。しかし俺にはこのマイクという生き甲斐がある。こいつが気力を与えてくれるから、俺は生き続けて、こいつが成功するのを見届けるつもりだ。それまでは絶対この世とおさらばしない。この世を去るのは、こいつが戦い方を知り、独り立ちするすべも身につけたときだ」

やれやれ。またプレッシャーをかけてきやがった。

そのあと、アレックスは俺に、将来や夢について質問した。

「夢は何かを始めるときに見るもんだ。やる気をかき立てるために夢を持つ。俺は十年後も生きていられたらそれでいい。みんなが俺は百万ドルのボクサーになるって言う。でも、自分のことはよくわかっているし、それが何より大事なんだ。俺がどんな状況をくぐり抜けてきたか、みんなは知らないから。みんなは俺がこうなる星の下に生まれてきたと思っている。ここまでの道のりがどんなに大変だったか知らないから」

「どんな大変なことをくぐり抜けているんですか?」と、アレックスは訊いた。

「練習だよ。試合なんて楽な部類だ。リングに上がって戦うなんて休暇みたいなもんだ。でも、ジムに入ったら、体じゅう痛くなって、〝もうやりたくない〟と心底思うくらい、同じことを何度も何度も繰り返さなくちゃいけない。その思いを頭から追い払う。今はアマチュアで、トロフィーやメダルをもらって喜んでいるけど、プロになったら、俺もみんなみたいにカネを稼ぎたい。しゃれた髪形をして、しゃれた服を着て、金《きん》や宝飾類やいろんなものを身に着けたい。そんな生活を続けるには、まっとうに稼がなくちゃいけない。銃を持って銀行に押し入っていちゃだめなんだ。自分の好きなことをして、正しいと思える方法で稼がなくちゃ」

奪われた勝利

たしかに猛練習はつらかった。経験したことがないくらい消耗したが、次の日にも、あらゆるメニューを繰り返さなければならない。オリンピックのために猛練習を積んだ。

アメリカ・チームの役員たちは俺を通常の体重で戦わせてくれなかった。カスとオリンピックのボクシング関係者に確執があったからだ。発端は、俺をアメリカ・チームの一員としてドミニカ共和国で戦わせようとしたことだ。カスはドミニカに行かせようとしなかった。ケヴィン・ルーニーをトレーナーとして使わせてくれなかったからだ。行くならアメリカ・チームのトレーナーを使わなければならない。カスが行かせたくなかったもうひとつの理由は、ドミニカの革命家たちが俺を誘拐しようとするかもしれないと心配だったからだ。

役員たちはカスへの仕返しに、俺は二百一ポンド［約九十キロ］で戦わなければならないと言ってきた。当時の俺は二百十五ポンド［約九十七キロ］くらいで試合をしていたから、絶食を始めた。また例のビニールスーツに袖を通し、一日じゅう着ているはめになった。でもじつはあれが好きだったんだ。真のボクサーになった気分を味わえたからな。妄想をふくらませ、俺は尊い犠牲を払っているんだと考えた。

オリンピック予選の準備のため、厳しいスケジュールを組んだ。一九八三年八月十二日、オハイオ州産業見本市《ステートフェア》で開催されたトーナメントに出場した。初日は四十二秒でＫＯ勝ち。二日目は相手の前歯を二本折って、十秒間失神させた。そして三日目、前回優勝者が棄権した。

翌日、全米選手権のためコロラドスプリングスへ向かった。到着すると、ほかの六人のうち四人が棄権していた。残った二人に一ラウンドＫＯ勝ちを収めた。

一九八四年六月十日、ついにオリンピック出場を賭けた一戦がやってきた。相手はヘンリー・ティルマン。俺より年上で、経験も豊富だった。

第一ラウンド、俺の攻撃で相手がロープのあいだから外へ飛び出しそうになった。それでも立ってきたが、二ラウンドと三ラウンドでやつを追い詰めた。しかし、アマチュアでは積極的な攻撃が評価されず、ダウンを奪った一発もへなちょこジャブひとつと同等と見なされる。判定で勝者が告げられたときは耳を疑った。呼ばれたのはティルマンの名前だった。ここでも観客は俺に同情してブーイングを始めた。

これだからアマチュア戦はいやなんだ。「これがボクシングだ」と、気取ったやつらが言った。「だったら、俺はファイターだ。俺の目的は戦うこと《ファイト》だ」と、俺は応じた。

アマチュア界の重鎮たちは、みんな俺のことを毛嫌いしていた。ブラウンズヴィル流の生意気な態度が気に入らなかったんだ。

俺が嫌われると、カスも軽蔑された。彼の態度は度が過ぎることがあって、俺もときどきとまどった。気づかれないよう、お偉いさんに対してのカスの言葉をよく立ち聞きしたが、あの話しぶりにはハラハラした。カスはすごく執念深く、かならず仕返しをしようとした。敵がいないと生きていけないタイプだから、あえて敵をつくり出したんだ。ときどき、〝やれやれ、なんでこんな衝突好きの白人と組んじまったんだ？〟と思うこともあった。人が声を張り上げて叫ぶような騒々しい人生とは縁を切ろうかとも思った。しかし、カスといっしょじゃ、これもしかたがない。

一カ月後、オリンピック代表最終選考会で、ティルマンに復讐を果たすチャンスを得た。また三ラウンドにわたってティルマンを苦しめた。こんどのティルマンは最初に戦ったときより冴えなかった。最初の試合ではティルマンのほうがポイントを稼いだと見ていたＡＢＣのアナウンサー、ハワード・コーセルも、こんどは俺のほうがずっと有利と認めた。

勝ちを確信していたが、レフェリーはまたしてもティルマンの手を上げ、唖然とした。二度もでたらめな判定を下すなんて、信じられない。またしても観客がブーイングを始めた。カスは怒り狂っていた。罵詈雑言を浴びせ、オリンピック国内委員会の一人に殴りかかろうとした。ケヴィン・ルーニーとほかの役員で押しとどめなくちゃならなかった。当時の俺は、カスがあんな目に遭うのはみんな自分のせいだと思っていた。しかし、大人になるにつれ、じつは三十年前にさかのぼる遺恨話だったことがわかった。やつらはカスの仇敵で、俺のことなんてほとんど眼中になかったんだ。

すべてはカスを出し抜き、カスから栄誉を奪うためだった。カスがＦＢＩにいたマークという友人をオールバニの連邦検事事務所に送り込んで、ティルマン戦の判定を調査してもらったことも、俺はつい最近になって知ったんだ。

二度までも勝利を剥奪されて、俺は癇癪《かんしゃく》を起こし、準優勝のトロフィーをつかんで地面に投げつけて破壊した。それでもカスは俺をオリンピックに送り出し、補欠としてチームに同行させた。あの年のオリンピックはロサンジェルスで開催された。とにかくオリンピックに行って雰囲気を楽しんでこい、とカスが言う。

試合ごとにチケットを二枚買ってくれたが、通行証で自由に出入りできたから、チケットは売り払った。オリンピックは丸損ってわけでもなかった。国内委員会で働いていたすごくかわいい実習生がいたんだ。ボクシングの選手もコーチもこぞって口説こうとしていたが、射止めたのは俺だった。彼女は俺のことを好きになってくれた。悪運続きの時期だったが、最後にセックスできていい気分だったよ。しかし、セックスしても、オリンピックの夢を奪われた失望と痛みは拭いきれない。オリンピックが終わると飛行機でニューヨークに戻ったが、キャッツキルには直行せず、街をぶらついた。心底落ち込んでいた。ある日の午後、カラテ映画を観に四十二丁目に行き、映画が始まる直前、マリファナを吸った。

ハイになってきたところで、カスにマリファナを見つかったときのことを思い出した。ジュニア・オリンピックで二度目の優勝を果たした直後のことだ。選手の一人が俺を妬んで告げ口したんだ。証拠の品を捨てる前に、カスはルースというドイツ系の清掃婦を俺の部屋に送り込み、彼女がマリファナを発見した。俺が帰ると、カスはかんかんだった。

「さぞかしいいものなんだろうな、マイク。さぞかしいいものにちがいない、四百年にわたる奴隷と小作人の期待を裏切ってまで吸うくらいだ」

あの日はカスに心をズタズタにされた。おかげで『アンクル・トムの小屋』に出てくる、白人に媚びへつらう黒ん坊《ニッガ》みたいな気分になった。カスはあの手の人間が大嫌いだったんだ。どうすれば俺をどん底に突き落とせるか、カスにはちゃんとわかっていた。

映画館に座ってそのことを思い出すと、気分がどん底まで落ち込んで、とうとう最後に俺は泣きだした。映画が終わるとまっすぐ駅に向かい、キャッツキルへ向かった。帰りの電車のなかでプロで戦う決意を固めた。プロになったら、みんなをあっと言わせてやる。そして独りごとを言った。

「タイソンみたいな男は二度と現れない。彼はボクシングを超越した存在になる。ジョン・L・サリヴァン、ジョー・ルイス、ベニー・レナード、ジョー・ガンズのような偉大なボクサーたちと肩を並べて、名誉の殿堂に入るだろう。タイソンは最高だ」

電車から降りたときには、高揚した気分でタクシーに乗り、カスの家に向かった。世界はいまだかつて見たことのないボクサーを見ようとしている。俺はボクシングを超越しようとしていた。決して自惚《うぬぼ》れじゃなく、このころには、将来ボクサーとして大成することを自覚していた。俺を止められるものはどこにもない。木曜日の次に金曜日が来るのと同じくらい確実にチャンピオンになると思っていた。このあと六年間、俺は一試合も負けなかった。

世界チャンピオンへの道

CHAPTER

4

ティルマンに二度負けた俺は、ボクシング界の一番人気ってわけじゃなかった。カスはオリンピックで金メダルを獲らせたあと、テレビ局と高額の契約を結んでプロのキャリアをスタートさせる心づもりだったが、思いどおりにはいかなかった。プロのプロモーターは誰も俺に興味を示さない。ボクシング界の人間は誰もカスの「のぞき見スタイル」を信じていなかったからだ。俺は背が低すぎてヘビー級には向かないと思っている人も多かった。

そういう話は全部、カスの耳にも入っていたんだろうな。ある晩、俺はごみを出していて、カスはキッチンの掃除をしていた。

「ちきしょう、お前にマイク・ウィーヴァーやケン・ノートンくらいの体があったらなあ」と、カスは憂鬱そうに言った。「あの体格があれば、見かけだけで相手を震え上がらせることができるのに」

俺は絶句した。今でもこの話を思い出すと言葉に詰まる。腹が立ったし、傷ついたが、カスには言えなかった。そんなことをしたら、「なんだ、お前、泣いているのか？　赤ん坊か、お前は？　そんな程度の精神力で、どうやってここ一番を乗り切れるんだ？」と言われるに決まっていた。

感情をさらけ出すたび、軽蔑された。だから、ぐっと涙をこらえた。

「心配するな、カス」傲慢を装って言った。「いまに見てろ。今に世界中が俺を恐れるようになる。俺の名前を口にするのも憚《はばか》られるようにな」

その日から俺は鉄人《アイアン》マイクになった。百パーセント、そいつになりきった。それまでも、ほとんどの試合で観客を沸かす勝ち方をしていたが、気持ちの上では、カスが望んでいたような獰猛なタイプになりきれていなかった。だが、「背が低い」と言われて変わった。リングで本当に誰かを殺したら、本物になれるんじゃないかとまで夢想したほどだ。カスは社会のルールなど鼻にもかけない傍若無人なチャンピオンを望んでいたから、ジャック・パランスやリチャード・ウィドマークみたいな映画の悪役を参考にした。傲慢で反社会的な人間の役柄に徹したんだ。

その頃、キャデラックを手に入れた。まだこれからキャリアを築き上げていく段階で、カスにも支払いをする余裕がなかったから、彼の友人のジミー・ジェイコブズとそのパートナーのビル・ケイトンに出してもらった。ジミーはすばらしい男だった。ハンドボール界のベーブ・ルースと呼ばれ、巡業で世界を旅するかたわら、ボクシングの貴重な映像を収集していた。そうするうち、やはりフィルム・コレクターだったビル・ケイトンと出会い、二人でビッグ・ファイト社を立ち上げたんだ。彼らは試合の映像市場を独占し、ケイトンはのちにその映像をＥＳＰＮに売却して、ひと財産築いた。

すばらしいチーム

カスはニューヨーク時代に十年間ジミーと同居していたから、仲がよかった。それどころかカスは、ジミーをボクサーとして鍛え、デビュー戦でライトヘビー級のタイトルを懸けてアーチー・ムーアと戦わせようとひそかに計画していたらしい。ジミーはカスと半年かけて猛練習を積んだが、アーチーが引退したため試合は実現しなかった。

逆に、ジミーのパートナーだったケイトンのことを、カスは嫌っていた。カネに執着が強すぎると言って。俺もケイトンは好かなかった。ジミーはすごく友好的だったが、ケイトンは鼻持ちならないやつだった。それでもジミーとケイトンは長年ボクサーのマネジメントをして、ウィルフレド・ベニテスやエドウィン・ロサリオを抱えていたから、カスはケイトンが気に入らなくても、俺がプロに転向したときは面倒を見てもらう約束をしていたんだ。

カスにとってジミーとケイトンは、俺の成長を妨げることなく、自分に全面的に育成を任せてくれる出資者だった。この時点ですでに二人は俺に二十万ドル投資していた。俺がオリンピックから帰ってくると、ジミーは新しい車を買ってやろうかとカスに申し出た。俺がカスの元を去って誰か別のやつと組み、自分たちと縁を切るんじゃないかと心配していたんだろうな。もちろん、そんなつもりは毛頭なかったが。

カスは怒った。俺がまだそんな身分じゃないと思っていたからだ。金メダルを持ち帰ったわけでもない。それどころかまだプロデビューもしていない段階だ。それでも、とりあえず地元の販売店には連れていってくれた。オールズモビル・カトラスにしておけと、カスは勧めた。分相応だと。

「いやだ、俺はキャデラックがいいんだ」

「マイク、よく聞け……」

「キャデラックじゃなかったら、車なんていらない」俺は頑として譲らなかった。

カスは根負けし、俺はキャデラックを手に入れた。免許は持ってなかったし、運転のしかたも知らなかったのに。車のキーを手に入れるとそれを握り締めて車庫に向かい、シートにもたれて音楽をかけた。

一九八四年九月、二通の契約書にサインした。一通はビル・ケイトン、もう一通はジミー・ジェイコブズとのものだ。ケイトンは広告代理店を持っていて、コマーシャルの出演やテレビでの商品宣伝で俺の代理人を務める七年間のマネジメント契約を結んだ。通常の手数料が十~十五パーセントのところを、ケイトンは三十三・三パーセント取る。それでも、俺にはそれがいい条件か悪い条件かさっぱりわからなかったから、言われるままサインした。それから何週間かしてジミーとの契約書にもサインし、ジミーが俺のマネジャーになった。標準的な四年契約で、取り分は俺が三分の二、ジミーが三分の一だった。

カスも俺のマネジメント契約にサインした。サインの下には、「カス・ダマト、マイケル・タイソンに関するあらゆる決定の最終承認権を有する、マイケル・タイソンの相談役」と書かれていた。

こうして、俺の正式なマネジメント・チームが発足した。ケイトンとジミーはマスコミに精通していて、どんなときどう対処すればいいかをよく知っていた。ボクシングについてはカスがすべての判断を下し、対戦相手も選んでくれるから、プロのキャリアを始める準備は万端だった。

トレーニング始めてから一週間くらい経つと、俺は四日ほど姿を消した。トム・パティがようやく俺の居場所を突き止めた。俺はキャデラックの中で膝を丸めていたんだ。

「マイク、どういうつもりだ?」

「ボクシングなんてもうごめんだ」俺はぶちまけた。「ガールフレンドのアンジーの父さんはJ・J・ニューベリー百貨店のマネジャーだ。十万ドル稼げる安全な仕事を紹介してくれるってさ。もうキャデラックも手に入った。こんな世界とはおさらばだ」

本当は、プロとして戦うことに怖じ気づいていただけだった。

「マイク、お前にまっとうな仕事ができるとは思えないし、年に十万ドルなんてありえない」と、トムは言った。

「俺は、もうなんだってできる」と反論した。

「いや、お前の使命は決まっている。ジムに戻って、リングの中で出世しろ」

翌日、ジムに戻った。いったん臆病風を克服すると、十八歳でプロのボクサーになるのは誇らしかった。コーナーにはすばらしいチームもついている。ケヴィン・ルーニーだけじゃなく、マット・バランスキーもいた。マットは念入りに戦術を立ててくれる腕利きだった。ケヴィンは顔を突き出して「うおー!」と気合を入れる役割だ。

俺にニックネームをつけてはどうかという話が持ち上がった。ジミーとケイトンは乗り気でなかったが、カスは〝褐色の爆撃機〟と呼ばれたジョー・ルイスに敬意を表し〝なめし皮色の恐怖《タン・テラー》〟はどうかと言う。俺も心が動いたが、幸いにもそれは採用されなかった。

ジョー・ルイスだけじゃなく、俺はほかの英雄たちにも敬意を払っていた。だから、電気シェーバーでジャック・デンプシーの髪形にしてもらった。英雄たちにならって、靴下を履かずガウンをまとわない、質実剛健のスタイルでいくことにした。オールドスタイルをボクシング界の主流に復活させたかったんだ。

華々しいデビュー

デビュー戦は一九八五年三月六日、オールバニイで行われた。相手はヘクター・メルセデスといった。何も情報がなかったから、カスが試合当日の朝、プエルトリコのトレーナーやボクシングジムのオーナーたちに電話をかけて、ハードパンチャーかどうか確かめた。試合の夜は緊張したが、リングで相手を見たとたん、いけると直感した。カスは俺に自信をつけさせるため、最初の何試合かは弱い相手と組んだにちがいない。

思ったとおりだった。第一ラウンド、ヘクターをさんざん打ちのめしてコーナーで膝をつかせると、レフェリーが試合を止めた。俺は初戦の勝利に有頂天だったが、控え室に戻るとカスの説教が待っていた。

「もっとしっかり両手を上げておかないと。何度も下がっていたぞ」

二試合もオールバニイだった。俺にとっては地元同然だ。メルセデス戦の一カ月後、トレント・シングルトンと戦った。リングに上がり、アリーナの四方全部に頭を下げ、剣闘士のように観衆に向かって両手を持ち上げた。瞬く間に三度ダウンを奪い、そこでレフェリーが試合を止めた。俺は相手のコーナーにゆっくり向かい、キスして、頭を撫でてやった。

次の試合は一カ月後。俺はひたすら走って、練習し、リングで打ち合った。カスが望んだことだ。打って、守って、動いて、スパー、スパー、またスパー。

五月二十三日にドン・ハルピンと対戦したが、それまでの相手よりずっと経験豊富だった。三ラウンド持ちこたえ、そのあいだに俺は通常の右構え《オーソドックス》から左構え《サウスポー》にスイッチしたり、あれこれ試して、リングでの経験を積んだ。第四ラウンド、左右を連打して右のフックにつなげると相手は倒れた。カスは、ボディへの攻撃が少ない、横の動きが必要だと注文をつけたが、ジミーとケイトンは俺の戦いぶりに胸躍らせていた。

こういう試合を重ねるうちにファンがつき始めた。彼らが野球の試合みたいに小さなボードを持ってきて掲げ始める。〝グッデン［NYメッツの投手］はドクターK［奪三振王］、マイク・タイソンはドクターKO〟なんてのもあった。親衛隊もつき始めたが、言い寄られても、自分のことに夢中で、それにのる余裕はなかった。カスが、少し入れ込みすぎだ、息抜きも必要だ、と言う。だからオールバニイに行って、地元の友人たちとはめを外してきた。

駆け出しのころの試合はほとんどカネにならなかった。デビュー戦はプロモーターへの支払いもあって赤字だったが、ジミーは五百ドル払ってくれた。彼はそこから五十ドルを差し引いてケヴィンに支払いし、三百五十ドルを銀行に貯金してくれた。手元に残ったのは百ドルだ。こういう初期の試合では、彼らは稼ぐことより俺の名前を広めることに心を砕いていた。ジミーとケイトンはボクシングのマネジャーとして初めて俺のKOシーンをまとめたハイライト映像を制作し、国内のあらゆるボクシング記者に送った。当時としては革新的な試みだった。

俺は華々しい活躍を見せていたが、カスは反対にどんどん気難しくなっていく。俺のことを白人にへこへこするアンクル・トムと思っているんじゃないかと思ったりした。初めて会う人には礼儀正しくしようと、「はい奥様《イエス・マム》」「いいえ旦那様《ノー・サー》」なんて受け答えしていると、カスはうるさく口を挟んできた。

「どうしてそんなまともな話し方をしている？　あんなやつらはみんな偽物だぞ」と。それじゃあと、神様みたいに尊大に振る舞ってみたら、「仰ぎ見られるのが好きなのか？　お前のことをおだててくれるケイトンみたいなやつらから？」とくる。

カスはただ難癖をつけたかっただけなんだ。俺の一日は彼のご機嫌次第だった。

十九歳の誕生日の直前、六月二十日にアトランティック・シティでリッキー・スペインと戦った。プロになってからオールバニイ以外で戦うのは初めてだったが、カスは事前に国内各都市の大試合を俺に観に行かせ、大会場《アリーナ》に慣れさせていた。

「マイク、ここはお前の地元だ、このアリーナのことはよく知っているし、この土地のことは目をつむっていてもわかる」と、カスは言い聞かせた。「お前はここに住んで長いんだ、リラックスしていけ」カスは大物ボクサーたちとの付き合いにも俺を同行させた。彼らといっしょに夕食の席に着いて、その威圧的な雰囲気に慣れたおかげで、どんな対戦相手にも怖じ気づかずにすんだ。

アトランティック・シティの試合はＥＳＰＮで放映されることになり、本当にわくわくした。対戦相手も七戦全勝五ＫＯという強敵だ。俺は〝小型の倒し屋《ベイビー》〟と紹介された。なんで〝ベイビー〟なのかわからないが、第一ラウンドでスペインから二度ダウンを奪うと、そこでレフェリーが試合を止めた。

成功者の特権

ジミーとケイトンは俺をESPNの常連にしようとしていたが、あそこの試合をプロモートしていたボブ・アラムは、マッチメーカーたちが俺の才能をあまり評価していないと言った。それを聞いたカスは激怒して、アラムのマッチメーカーたちを憎悪し、次の試合以降二度とアラムとは組まなかった。

しかし俺は、こういう政治的な話には全然興味がなかった。次の戦いを待ち望むだけだ。七月十一日、今回もアトランティック・シティで行われた。相手はジョン・アンダーソン。ウェストヴァージニア州出身の大柄な田舎者で、四戦全勝。この試合はESPNで放映され、俺が第二ラウンドでアンダーソンを何度かダウンさせると、そこでドクターストップがかかった。

記録を六戦全勝に伸ばし、次のラリー・シムズ戦に挑んだが、この試合にカスはおかんむりだった。シムズはじつに老獪で、やりにくい相手だった。クレバーなボクサーだ。そこで第三ラウンド、左構え《サウスポー》に切り替えて、場内に音が響き渡るような強烈なパンチでノックアウトした。試合後、控え室でカスが立ちはだかった。

「誰がサウスポースタイルを使えと言った？　試合を組みづらくなるかもしれないぞ」と、彼は言った。「みんな、サウスポーとは戦いたがらないからな。お前は俺が築いたものをみんなぶち壊しにしようとしているんだ」カスはサウスポーが大嫌いだった。

「ごめんよ、カス」まったく、やってられないぜ。頭を使って華々しいKO勝ちを決めたのに、謝らなくちゃいけないなんて。

一カ月後、リングに戻った俺はロレンゾ・キャナディを一ラウンドで沈めた。その三週間後、アトランティック・シティでのマイク・ジョンソン戦。試合前、中央に出てレフェリーの注意を聞いているとき、ジョンソンは俺のことが心底憎いと言わんばかりに傲慢なそぶりを見せた。開始数秒で腎臓《キドニー》あたりに左フックを決めてダウンさせたが、立ち上がってきたから、強烈な右で前歯を二本マウスピースにめり込ませてやった。意識が戻るまでさぞ時間がかかっただろう。ケヴィンがリングに飛び込んできて、生意気な二人の悪ガキみたいに、いっしょに高笑いしてハイタッチした。俺は「あっはは。見ろよ、ケヴィン、この野郎のびちまったぜ」って感じだった。

これで八戦全勝八KOとなり、ジミーとカスはあらゆるコネを頼ってマスコミに俺を認知させた。俺はニューヨークに行って、ジミーと彼の友人の新聞記者たちと昼食をとった。マスコミの気を引こうと必死だった。ゴシップ欄にも取り上げられるようになった。アッパーウェスト・サイドのレストラン〈コロンバス〉みたいな、ニューヨークの最新流行スポットに出入りするようになったからだ。

偉大な写真家のブライアン・ハミルと仲良くなり、彼の弟で世界的に有名なジャーナリストのピートがいろんな有名人に俺を紹介してくれた。ピートにバーへ連れていかれ、オーナーの一人ポーリー・ハーマンと同席した。ポーリーは当時のニューヨークの大立者で、有名人たちからも一目置かれていた。みんなが自分を引き立ててもらおうとポーリーのまわりに集まってくる。俺はそれを見て、彼はマフィアのボスか何かなんだろうと思っていた。

〈コロンバス〉にいると、誰に会うかわからない。ピートが俺をポーリーの席に残して帰っていくこともあった。すると、こんな小僧がデヴィッド・ボウイやミハイル・バリシニコフやドリュー・バリモアと同じテーブルを囲むことになった。心の中で〝気を確かに持て〟と自分に言い聞かせた。そこへさらに、ロバート・デ・ニーロとジョー・ペシがやってくる。俺たちは座って話をしていたが、とつぜんポーリーが、「おい、マイク、そろそろ場所を移すぞ」と言った。すると、あれよあれよという間に、五分後には、ライザ・ミネリの自宅のソファに座ってラウル・ジュリアとくつろいでいた。

いつしか、ニューヨークで脚光を浴びているあらゆる人種に出会っていた。スーパースターたちと出会っても、不思議なことに、成功しているという実感は湧いてこなかった。ただし、プロレスラーのブルーノ・サンマルチノに会ったときは別だ。

子どものころ、俺はプロレスの大ファンだった。サンマルチノやゴリラ・モンスーンやビリー・グラハムが大好きだった。ある晩、パーティに行って、そこでまだ駆け出しのころのトム・クルーズに会った。その会場にブルーノ・サンマルチノがいたんだ。あの大スターを見て、ぼーっとなった。ただひたすら彼を見つめていた。誰かが紹介してくれ、彼は俺のことを知らなかったが、俺は自分が観た彼のすばらしい試合の数々について熱く語った。キラー・コワルスキー、ニコライ・ボルコフ、〝狂獣《ジ・アニマル》〟ことジョージ・スティール。〝これは俺が偉大な人間になるというお告げだ。自分の英雄といっしょにいるなんて。俺も彼みたいに偉大になって、チャンピオンになってみせる〟と頭の中で妄想を膨らませたよ。

様々な誘惑

マンハッタンで過ごす時間がどんどん長くなっていくことを、カスはあまり喜んでいなかった。街へ出たときは、ジミー・ジェイコブズの片腕のスティーヴ・ロットによく世話になった。スティーヴはモデルマニアで、〈ノーティラス・クラブ〉みたいな、きれいな女の子が集まる場所へよく連れていかれたな。当時の俺はベルトを獲ることしか考えていなかったから、女の子たちと本気で遊びまわりはしなかった。あまり深入りせず、紳士的に振るまった。むしろ、俺の弱みは食い物にあった。スティーヴは料理上手で、俺がナイトクラブから帰ってくると、食べ残しの中華料理を温め直して夜食を作ってくれる。何日かしてキャッツキルに戻ると、カスに怒られた。

「鏡を見ろ。なんだその体は！」

次の試合は初めての、文字どおりの試金石だった。十月九日、アトランティック・シティでドニー・ロングと対戦した。ヘビー級の強豪ジェイムズ・ブロードや元WBAヘビー級チャンピオンのジョン・テートと最終ラウンドまで戦い抜いた男だ。こいつを片づけたら、ボクシング界での注目度は格段に高まる。

試合前、ロングは自信満々で、ESPNのアル・バーンスタインに自分のパンチのほうが俺より強いと豪語していた。ロングは〝破壊者《マスター・オブ・ディザスター》〟の異名を取っていたが、彼の夜は試合開始のゴングとともにまさしく惨事となった。俺はゴングとともに猛然と襲いかかり、開始数秒、左のストレートでダウンを奪った。すぐまた右のアッパーでダウンを奪い、右アッパーと左フックのコンビネーションで仕留めた。わずか一分半での勝利だ。

試合後、アル・バーンスタインからインタビューを受けた。

「ついさっきまでは、正直、ドニー・ロングはかなりの強敵だと思っていましたが、問題にしませんでしたね！」

「ああ、だから初めに言っただろう。俺が一ラウンドか二ラウンドで彼をノックアウトしても、強敵と思うかいって」

「どうやら違ったようですね」と、アルは言った。

俺は高笑いした。

「俺には最初からわかっていたことだ。今日は大勢の人が集まってくれた。ジェシー・ファーガソンも、フレージャーたちも観に来てくれた。お前ら、みんなかかってこいよ。マイク・タイソンがここでお前らを待っている。みんなかかってこい」

そのあとは、いやってほど注目を受けた。現実とは思えないくらい。「スポーツ・イラストレイテッド」誌のインタビューを受け、「パーティなんかやって浮かれ騒いでいる人たちといっしょいるのが、いちばん面倒だな。やわになっちまう。楽しむことしか興味のない人間は何も達成できやしない」と言った。自分はパーティ三昧の軟弱なやつらとは違うと思っていた。セレブの世界に身を置きたいという欲望はたしかにあったが、その誘惑と戦っていたんだ。

セックスもまだ断っていた。オリンピックで例の研修生と寝たきり、ご無沙汰だった。もちろんセックスに興味がないわけじゃない。不器用だったんだ。どう言い寄ったらいいかわからない。「やあ、どうも、セックスしないか?」って言えばいいのかい? ちょうどこのころ、〈マディソン・スクエア・ガーデン〉の前座試合で戦うことになっていた。俺の評判に恐れをなして、対戦相手が会場に来なかった。だから、〈ガーデン〉を出て、四十二丁目の売春宿に行った。〈タイムズ・スクエア〉をぶらついていた子どものころから、知っていた店だ。

入って、待合室で椅子に腰かけた。ポルノ映画を映し出す大画面のテレビがあった。女たちがやってきて、横に座って、「私にしない?」と尋ねる。一人断ると、別の一人がやってくる。俺は客の中でいちばん若かったから、女たちにかわいいと思われたようだ。すてきなキューバ人の女の子を選んで、奥の部屋に入った。

この展開じゃ、フロイトだってはめを外しただろう。闘争心を集めてリングで相手をぶちのめす気だったのに、試合が中止になったんだ。猛る気持ちはセックスにぶつけるしかない。実際、興奮した。ところが、激しさのあまり途中で女が腰を痛めた。「ねえ、もう無理。筋をちがえたみたい」

と言う。まだフィニッシュしていなかったから、カネを返せと言った。女は俺の着ていたエドウィン・ロサリオ［元世界二階級王者］のTシャツをねだって、話をそらした。「少し話をしましょうよ」と言う。だから、しばらく話をして、Tシャツを置いて帰った。

あのあと、カスは試合のペースを加速し始めた。ロング戦の十六日後、ロバート・コーリーと戦い、左フックを二発放った。一発目は外れたが、二発目でノックアウトした。三十七秒KO勝ちだ。一週間後、ニューヨーク州レイサムでスターリング・ベンジャミンと戦った。左ショートフックでダウンを奪い、八カウントで立ち上がった相手に襲いかかって、ボディとアッパーを浴びせた。相手はキャンバスにくずれおち、レフェリーが試合を止めた。北部の観衆は大興奮で、俺は彼らのほうを向いて、上二段のロープのあいだからグラブを突き出し、剣闘士流のあいさつをした。

しかし、頭の中にはプロ十一勝目より大事なことがあった。カスの体調が悪くなり始めたんだ。

嫌な予感

俺がキャッツキルの家に移り住んだころから、カスは病気をかかえていて、慢性的に咳をしていた。このところ俺の試合に同行しないことが続いたから、病状の悪化は察していた。ロングやコーリーとの試合のときは家にいたが、ベンジャミン戦はレイサムの会場へ観に来ていた。

病気なのはわかっていたが、俺がチャンピオンになる瞬間は必ず見届けてくれると信じていた。ずっと二人でこの夢を追ってきたんだ。だが、カスは次第に気弱になってきた。「俺はそばにいられないかもしれないから、よく聞いておけ」なんて言うこともあった。俺を矯正するための脅しとばかり思っていた。いつも俺の自覚をうながすようなことばかり言ってたからな。

カスはオールバニイの病院に入院したが、ジミー・ジェイコブズがニューヨーク市内のマウント・

サイナイ病院に転院させた。俺はスティーヴ・ロットと見舞いに行った。カスはベッドに座ってアイスクリームを食べていた。三人で少し話をしたあと、カスがスティーヴに、俺と二人きりにさせて欲しいと頼んだ。

嫌な予感がした。カスは、自分は肺炎でもう長くはもたないと言った。そう言われても信じられなかった。そんな重病人には見えなかったからだ。たしかに顔色は悪かった。しかし、まだまだ元気も熱意も感じられた。目の前でアイスクリームも食べているじゃないか。カスは冷静だったが、俺はパニックに陥り始めた。

「あんたなしで、こんな苦しいことには耐えられない」俺は涙をこらえながら言った。「そんなこと、できっこない」

「おいおい、真面目に戦わなかったら、化けて出て、お前に一生に取り憑いてやるからな」

カスには珍しいジョークだった。彼の病状は本物だと悟った。

「わかったよ……」

やっとの思いでそれだけ口にすると、カスは俺の手を強く握り締めてきた。

「世界がお前を待っているぞ、マイク！　お前は世界チャンピオンになる。いちばん強い男に」

カスの目から涙があふれてきた。彼が泣くのを初めて見た。俺が世界ヘビー級チャンピオンになるのを見届けられないのが、彼にとってどれだけ悔しいことか。だが、彼の涙は俺だけのものじゃなかった。カスはカミールのことも気に病んでいた。彼には俺よりずっと大事なパートナーがもう一人いることを、すっかり忘れていた。税金の問題があって、カスはカミールとは結婚していなかった。彼はそのことをとても後悔していると語った。

「マイク、ひとつだけ頼みがある」彼は言った。「カミールの面倒を見てやってくれ」

俺はただうなずいて、手を握り返すことしかできなかった。

翌日、俺は前の何試合かで入ったファイトマネー十二万ドルの小切手をジミー・ジェイコブズに預けに行った。銀行に入る直前、ジミーが立ち止まった。

「カスは今晩、持ちこたえられないだろう。あと数時間の命だそうだ」

この世の終わりが来たみたいに、俺は泣きだした。実際、俺の世界は終わったも同然だった。銀行の女の子たちがびっくりして俺を見つめていた。

「どうしました?」店長が近寄ってきた。

「私たちの大切な知人が危篤と知って、マイクはショックを受けているんです」と、ジミーは言った。ジミーは冷静だった。みごとなまでに感情を見せなかった。俺がカスにそうなるよう仕込まれたみたいに。いっぽう俺ときたら、任務中に将軍を失って敵地に放り出された兵士みたいに、ただおいおい泣くだけだった。


カスの葬儀は北部で執り行われた。俺は棺のそばに付き添った。ボクシング界の関係者がこぞって参列した。おかしくなりそうな頭の中で考えていたのは、彼のために成功することだけだった。カスの遺産の正しさを証明するためなら、どんなことでもしただろう。カミールは落ち着きはらって見えたが、家に帰ると二人して号泣した。

葬儀からすぐ、ジミー・ジェイコブズがニューヨーク市にある〈グラマシー・ジム〉というカスの昔のジムで、追悼式を企画した。有名人がこぞってやってきた。ノーマン・メイラーは、カスがボクシングの世界に与えた影響はヘミングウェイがアメリカの若い作家たちに与えた影響に勝るとも劣らない、と述べた。ゲイ・タリーズは、カスと知り合えたことを誇りに思うと語った。

「彼から多くのことを学びました。ボクシングのことばかりでなく、生き方や人生についても」と、ピート・ハミルは言った。

ジミー・ジェイコブズが語ったカスの人物評は、じつに的を射ていた。「カス・ダマトはボクシング界の無知や腐敗と真っ向から対決した。敵には屈しなかったが、友人には理解があって、情け深く、信じられないくらい寛容でした」

亡霊の影

カスの死後、俺は心を閉ざした。さぞ扱いにくい人間だったろう。意味もなく自分を誇示するようになった。俺は子どもじゃない、大人の男だと。カスの葬儀から一週間後、エディ・リチャードソンと戦うためテキサス州に飛んだ。ジミーとケイトンは喪に服すことさえ許してくれない。だから、カスの写真を携行した。カスと話すという毎晩の儀式はまだ続けていた。

「明日、このリチャードソンってやつと戦うんだ、カス」俺は言った。「どうしたらいいと思う?」

体こそちゃんと動いていたが、気落ちしていたし、自信も失っていた。じつを言うと、今でもカスの死を乗り越えられたとは思っていない。腹も立てていた。もうちょっと早く医者に行っていれば、死なずに俺を守れたかもしれないんだ。なのにカスは我を通し、治療を受けずに死んで、ボクシング界の獣たちのあいだに俺を一人で置き去りにした。

カスの死後はもう、何もかもがどうでもよくなった。戦ったのは、たんにカネのためだ。夢なんてなかった。タイトルを獲ることよりも、ただワインを飲んで、騒いで、我を忘れたかった。

それでも、リチャードソン戦では相手をボコボコにした。最初に放った右でダウンを奪った。一分過ぎ、跳び上がるようにして左を叩き込むと、相手はリングの反対側まで吹き飛んだ。

次の相手はコンロイ・ネルソン。何年か前にトレヴァー・バービック［後の世界ヘビー級チャンピオン］に敗れて、カナダ国内のタイトルを失っていた。それでもまだカナダのヘビー級二位だ。アドニス［女神アフロディーテの愛を受けた美青年］のような大きな体を持つ、タフで経験豊富な選手だった。

アナウンサーはみんな、この男なら俺の化けの皮をはぐだろうと思っていたらしい。しかし、第一ラウンド、俺はやつのボディを痛めつけた。ボディブローで何度かダウン寸前に追い込む。第二ラウンドが始まると、ドスッ、ドスッ、ドスッとボディを打ち、頭上から打ち下ろすような右で鼻骨を折り、左フックをあごに決めてキャンバスに沈めた。レフェリーが試合を止め、俺はリングをぐるぐる回って両手を広げ、地元［ニューヨーク州レイサム］のファンから称賛の言葉を浴びた。

次の試合は十二月六日、〈マディソン・スクエア・ガーデン（ＭＳＧ）〉のフェルト・フォーラムで行われた。ブラウンズヴィルの友達がみんな観に来てくれた。しかし街で楽しみたいなんて気持ちはなかった。とにかく戦い抜いて、カスにタイトルを捧げるだけだ。

その夜の対戦相手はサミー・スカフ。試合前のインタビューのほうが試合そのものより長かった。スカフはケンタッキー州出身のベテランだったが、体重が二百五十ポンドあって動きが鈍く、会心の左フックを二発決めて顔を血みどろにした。鼻は整形が必要になるくらいひん曲がっていたよ。

試合後、〈ＭＳＧ〉のボクシング方面のトップで解説を務めていたジョン・コンドンが、マイク・タイソンは普段どんな一日を過ごしているのかと質問した。

「マイク・タイソンはただの練習熱心なボクサーで、私生活では退屈な暮らしを送っている。『お前みたいになりたい』と言う人もいるけど、みんな十分の一も理解していない。俺と同じことをするはめになったら、赤ん坊みたいに泣くだろうさ。耐えられっこない」

次の試合はレイサムに戻った。その日のメイン・イベントで、アリーナは俺のファンで埋め尽くされていた。相手はマーク・ヤング。見るからにタフそうなやつだった。リングの中央でレフェリーの注意を聞いているときも気迫が伝わってきた。このときに相手をにらみ倒そうとするやつもいるが、そんなことしても意味はない。単なるまやかしだ。気迫は相手の心から、魂から伝わってくるものなんだ。それを感じたあと、自分のコーナーに戻って、「ちきしょう、やばい」とか「ちょろいぜ」という思いが頭をよぎる。その夜は、「ちきしょう、やる気満々だぜ」って感じだった。ケヴィン・ルーニーも同じことを感じたらしい。

「強いジャブを当てて、頭を動かせ」と、ケヴィンは言った。「頭を振るのを忘れるな。相手はやる気満々だぞ」

ゴングが鳴ると、ヤングは飛び出してきた。しかし動きは粗く、俺は強いジャブを突いては頭を振っていった。一分過ぎ、ヤングが大振りの右を打ってきたところを、体をひねってかわし、見えない角度から必殺の右アッパーを放った。ガシッ。ヤングは宙に飛び、ロープに跳ね返って顔からくずれおちた。テレビ解説のレイ・マンシーニは俺の技術を絶賛したが、そろそろ俺のマネジメント・チームはまともにやりあえる相手をあてがうべきだとも述べた。

だが、ジミーは自分の計画にこだわった。二週間後、俺はオールバニイでデイヴ・ジャコと戦った。戦績は十九勝五敗、レーザー・ラドック［後にタイソンと二度に渡る死闘をしたヘビー級ボクサー］戦のTKO勝ちを含めて十四のKO勝ちを収めている。長身で痩せた白人だ。手ごわそうには見えなかったが、じつにタフだった。倒しても倒しても起き上がってくる。第一ラウンド、三度目のダウンを奪ったところでレフェリーが試合を止めた。

その夜、何人かの友達と勝利を祝った。次の朝の八時ごろ、カミールの家のドアを叩いた。彼女がドアを開けてくれ、中に入って、座った。俺は何も言わなかった。

「どうだったの?」と、カミールが訊いた。

「うまくいったさ。だけど、俺はあそこにいない人を探していた」そう言うと、涙が頬を伝い始めた。

「カスはあそこにいなかった。みんなが褒めてくれる。たしかに俺は今、うまくやってるかもしれない。でも、へまをしていても、それを指摘してくれる人は一人もいないんだ。称賛はもういい。たぶんカスなら、どこが悪かったか教えてくれただろうに」

同じ週に「スポーツ・イラストレイテッド」の取材を受けたとき、思いの丈を述べた。

「カスが恋しくてたまらない。彼は俺を支える背骨のような存在だった。いっしょに取り組んだことが、やっと実を結び始めたんだ。なのに、いざというとき気にかけてくれる人は、どこにもいやしない。ボクシングは好きだけど、勝っても喜べないんだ。力のかぎり戦い抜いて、全力を尽くしても、試合が終わったとき、俺がどうだったか教えてくれるカスはいない。記事の切り抜きを見せて喜ばせたい母親もいない」

悪意に満ちた発言

それでも感情を押し殺して、自分の仕事に没頭した。一九八六年一月二十四日、マイク・ジェイムソンと対戦した。大柄なアイルランド系で、テックス・コッブとマイケル・ドークスを相手に判定まで持ち込んだ男だ。こいつは仕留めるのに五ラウンドかかった。老獪なベテランで、ホールドのタイミングを心得ていたからだ。おかげでピリッとしない試合になった。

次の対戦相手はこういう戦法をさらに強化してきた。二月十六日、オールバニイの北にあるニューヨーク州トロイで激突したジェシー・ファーガソンだ。試合はABCで放映され、全国ネットのテレビに初登場。ファーガソンは九カ月前にバスター・ダグラス［後の世界ヘビー級チャンピオン］を判定で破り、ＥＳＰＮトーナメントの王者になっていた。王者決定戦に勝ってアリーナを歩き回るところを、俺もテレビで観ていたから、あのベルトに挑戦したくてたまらなかった。

厳しい戦いになるのはわかっていた。レフェリーの注意を聞いているあいだ、ファーガソンは俺と目を合わさなかった。そういう謙虚で慎ましい姿勢の持ち主だった。だが、伝わってくる気迫からは、恐れやおびえは微塵も感じられない。謙虚さはポーズに過ぎなかった。仮面の下のファーガソンは俺をぶちのめしたくてうずうずしていたにちがいない。

地元という点ではこっちが有利だ。初めて全国ネットに登場することでもあり、ジミーは事前に裏工作を仕掛けていた。通常より軽い八オンスのグラブを俺たちにはめさせたんだ。リングも通常より狭かった。そして、地元のジャッジたちはこちら寄りだ。

試合が始まると、容赦なくボディを攻めた。しかし、ファーガソンは抜け目なくホールドしてくる。最初の四ラウンドはそんな攻防が続いた。だが第五ラウンド、コーナーに追い詰め、右のアッパーで鼻を折ってやった。ファーガソンはどうにかそのラウンドをしのいだが、第六ラウンド、再び窮地に陥った。露骨にホールドしてきて、レフェリーのブレイクの指示にも全然したがおうとしない。あまりにひどかったため、レフェリーが試合を止めた。皮肉なことに、この失格で俺の連続ＫＯ記録はストップした。しかし翌日、地元のボクシング・コミッションが結果をＴＫＯに訂正してくれた。

試合後、記者たちと会ったときの発言が物議を醸した。アッパーを決めたあとファーガソンに止《とど》めを刺しにいったことについて質問が飛んだから、俺は、「もういちど鼻を殴ってやりたかった。鼻の骨が脳にめり込むように……俺はいつも医者の話に耳を傾けている。鼻が脳にめり込むと、すぐ立ち上がることはできないそうだ」と言った。

記者たちは笑ったが、その目には怯えの色があった。カスがよく言っていたことを、そっくりそのまま伝えただけなんだけどな。間違ったことを言ったとは思っていなかった。カスと俺はいつも人を痛めつけるコツについて話していた。俺は気難しくて悪意に満ちたチャンピオンになりたかったんだ。昔、テレビで『X-メン』というアニメをよく観ていて、アポカリプスという登場人物がお気に入りだった。アポカリプスはよく、「俺は邪悪なんかじゃない、アポカリプスにすぎないのさ」と言っていた。ジミーとケイトンは俺に誰にでも愛想よく振る舞ってほしがったが、人に愛想よくしたら自分の力を出せないことを、俺は知っていた。

翌日、あの発言が面倒を引き起こした。ニューヨーク各紙が「これがタイソンの本性、〝悪党〟か？」と大きな見出しを掲げたんだ。ある記者はかつての民生委員ミセス・コールマンにまで電話をかけて、「獣ではなく人間でありなさい」という彼女の助言を載せた。だが、俺は気にしなかった。果たすべき仕事があった。紳士でいれば世界ヘビー級王者になれるのか？　カスの名を上げるためにああいう振る舞いをしていたんだ。俺に挑むには命や健康の代償を払う覚悟が必要だと思わせるために。

この騒動のあとジミーとケイトンは俺の口を封じようとした。試合後にどんな話をすべきかを、スティーヴ・ロットに教育させた。広報担当のクビまで飛んだ。例の発言を広めたからだ。あの試合から間もなく、ジミーは厳選した記者たちを俺たちとの晩餐に招待した。AP通信のエド・スカイラーもその席にいたが、俺が深刻なトラブルに巻き込まれる前になんとしてもタイトルを獲らせようと、ジミーとケイトンが躍起になっているのがわかったそうだ。だが、本当はそうじゃなかった。あの二人は儲けられるうちに儲けたかったんだ。

ジミーとケイトンは俺からブルックリン育ちの過去を剥ぎ取って、明るいイメージを植え付けたいと思っていた。カスがいたら、ばかげたことだと一蹴しただろう。あの二人は俺を抑え込んで自分たちの基準にはめ込もうとしていた。しかし俺は、俺の中の内なる野性味を見てほしかった。

誰にもじゃまはさせない

ファーガソン戦のあと、パーティが開かれた。俺は酒をかっ食らっていた。キャンプ中は飲まなかったが、試合が終われば自己破壊の時間だ。ただし、ニューヨーク市のマスコミの目がないところで飲むようにした。オールバニイの〈セプテンバーズ〉という友人のバーでパーティを開き、そこでドンチャン騒ぎをしていた。

次の相手はスティーヴ・ゾウスキー。ロングアイランドの〈ナッソー・コロシアム〉で三月十日に行われた。それまで一度もダウンしたことのない選手だったが、第三ラウンドで何発かアッパーを決めてKOした。それでも、自分の動きに満足できなかった。ひとつは、カミールの家の屋根に作った鳩舎の梯子を踏み外して、耳を切ったせいだ。試合中、耳を何度か打たれて傷が開き、平衡感覚が狂った。試合後のインタビュー中、俺はもうひとつの問題をほのめかした。

「自分の動きに納得していない」と、試合後のインタビューでランディ・ゴードン［著名なジャーナリストで元「リング」誌編集長］に言った。「乗り越えなくちゃいけない個人的な問題がいろいろあるんだ」

ケイトンがあとで報道陣に、ガールフレンドといろいろあってと説明したが、笑止千万だ。あの当時、彼女なんていなかった。ブラウンズヴィルの友人が大勢殺されて落ち込んでいたんだ。酷い事件だった。カネをめぐるトラブルで、友人たちが別の友人たちを殺した。

試合後、耳が大きく腫れていることに、コミッションの役員の一人が気づいた。翌日、ジミーが専門家に頼んで診てもらったところ、軟骨が重度の感染に侵されていることが判明し、ただちにアッパーウェスト・サイドのマウント・サイナイ病院に送り込まれた。治療しないと耳を失う恐れがあるという。十日間の入院を余儀なくされ、一日二回、高圧室で治療を受け、抗生物質を軟骨に注入された。

マウント・サイナイの医者たちが、外に出て気分転換したほうがいいと言ってくれた。そこで毎日、午後三時の二度目の治療が終わると、トム・パティと幼なじみのデュランがリムジンで迎えに来てくれ、みんなでタイムズ・スクエアをぶらついた。売春婦や、観光客の首にニシキヘビを巻きつけて写真を売りつけているやつらと写真を撮る。夜通しパーティをやって楽しんだ。朝四時に病院に戻ると、看護婦がびっくり仰天した。「ここはホテルではありません、病院ですよ」売春婦や写真屋と撮った写真を見せたときも、医者たちに仰天された。「乱痴気騒ぎをしろなんて言いましたか？外に出て、セントラル・パークでくつろいで、鳥やリスをながめて、気分転換すればと言ったんですよ」

約二カ月後、ニューヨーク州北部でジェイムズ・ティリスと対戦した。いざ試合というとき、俺は体調が悪かった。耳の疾患のせいもあったが、飲酒とバカ騒ぎがちょっと度を過ぎたんだ。試合は十ラウンドまでもつれ込んだが、判定勝ちできてほっとした。一度ダウンを奪って、それが決め手になったが、相手はそれまで対戦した中でいちばん手ごわかった。ボディをしたたかに打たれ、試合後は歩くのもままならなかったほどだ。その日は家まで運転することもできず、ホテルに泊まるはめになった。あの夜、試合とはどういうものかを思い知らされた。試合中何度か、倒れて休みたくてしかたなかったが、相手をつかんだり腕を押さえたりして息を整えた。

翌日、ジミー・ジェイコブズはこの試合を、都合よく売り込んだ。「昨日の試合は小さな難関でしたが、おかげでタイソンに最終ラウンドまで戦い抜くスタミナがあることがわかりましたよ」と、報道陣相手に解説したんだ。ジミーはマスコミ対策の達人だった。世論操作も上手かった。

三週間と経たないうちに、〈マディソン・スクエア・ガーデン〉でミッチ・グリーンと対戦した。あいつは正真正銘のとんちき野郎だった。十九歳の俺を四十歳に見えるなんて「デイリー・ニューズ」紙に語り、試合前に俺を逆上させようとした。スポーツキャスターのマーヴ・アルバートから、頭に来たかと質問され、「ミッチ・グリーンはいい選手だが、あの程度の弁舌じゃ、俺の気持ちをかき乱すことはできない。全然気にならないな」と答えた。

ジミーとケイトンが交渉して新たに契約を結んできたＨＢＯ［米国のケーブルテレビ］で放映される初めての試合だった。〈マディソン・スクエア・ガーデン〉のスポーツアリーナという大会場で行う初めての試合で、その点でもわくわくしたな。

グリーンはかなり評価が高かった。〈ニューヨーク・ゴールデン・グローブ大会〉で四度優勝し、一九八五年に全米ボクシング協会（ＵＳＢＡ）の地域タイトルマッチでトレヴァー・バービックに判定負けするまでは無敗だった。それでも、俺はリングに上がってすぐに勝ちを確信した。なんの威圧感も伝わってこなかったからだ。

試合は最終ラウンドまで行ったが、試合内容は悪くなかった。パンチを食う心配はなかったから、スタミナ温存に徹した。すべてのラウンドを取ったし、途中でグリーンのマウスピースとブリッジが口から飛び出し、そこには歯が二本くっついていた。グリーンは何発も苦痛に耐えた。俺が手を抜いているのにケヴィンが業を煮やし、八ラウンドと九ラウンドのあいだに文字どおり顔をくっつけて早口でまくしたて、もっとパンチを出せと言うから、俺は軽くキスしてやった。

試合後は、いつもの傲慢な自分に戻った。

「自惚《うぬぼ》れるわけじゃないが、この試合は楽勝だった。俺は負けることを断固拒否する。誰にも絶対じゃまさせはしない」と、報道陣に語った。

レジー・グロスが次の標的だった。バート・クーパーやオリンピック代表のジミー・クラークをはじめ、優れたボクサーを何人か負かして〝大物食い〟と言われていた強豪だ。この試合はあやうく流れそうになった。その前週、俺が重い気管支炎を発症したからだ。試合当日、病院に連れていかれ、診察を受けた。

「残念ですが、今回の試合は見送らざるをえません。かなりの重症です」

「先生、ちょっとご相談したいことが」と、ジミーが言った。目の表情で何かやる気だとわかった。気がつくと俺はリングで戦っていた。第一ラウンド、パンチの雨あられを浴びせると、グロスは防戦一方。突然、意を決したように打ち返してきたが、そいつはむしろ歓迎だ。激しいパンチをまとめて打ってきたが、それをかわして強烈な左フックでダウンを奪い、連打で再度倒した。グロスのうつろな目を見てレフェリーが試合を止めたが、グロスはクレームをつけた。「歩けもしないのに戦うのか？」と、レフェリーにたしなめられていたよ。

次の二人は力不足の感じだった。判定勝ちが二回あったあとだから、ジミーとケイトンはまた早いラウンドでKOさせたかったんだろう。ウィリアム・ホーシーは彼らの思惑どおり一ラウンドで片づけたが、ロレンゾ・ボイドはKOするのに二ラウンドかかった。それでも、電光石火の右をあばらに突き刺し、間髪入れず必殺の右アッパーにつないで観衆を沸かせた。

二週間後には、ジョー・フレージャーの息子マーヴィスを三十秒で葬り去って大きな注目を浴びた。コーナーに追い詰め、ジャブでお膳立てをして、得意の右アッパーで仕留めた。ひどいダメージを負ったようだったから、急いで助け起こしに駆け寄った。俺はマーヴィスのことが大好きだったから。本当にいいやつなんだ、あいつは。

チャンピオンへの道

この一カ月くらい前に二十歳になっていた。年内に史上最年少の世界ヘビー級チャンピオンになるつもりだった。ジミーとケイトンはその計画を進めつつ、八月十七日、アトランティック・シティで俺をホセ・リバルタと対戦させた。

グリーンやティリスと違って、リバルタは試合運びがうまく、実際、手を焼いた。ノックアウトされまいという強い意志が感じられる。二ラウンドでダウンを奪い、八ラウンドで再度ダウンを奪ったが、リバルタは立ち上がった。第十ラウンドでまたダウンさせたが、それでも起き上がってきたから、ロープ際で猛攻撃を加えると、レフェリーが試合を止めた。

リバルタの闘志は観衆と解説者から絶賛され、そのうえあいつは俺の夜の営みを台無しにしてくれた。試合後、俺は、自由の女神百周年祭で出会ったペンシルヴェニア州立大学のかわいい女子学生とデートした。この子は俺の部屋までついてきて、俺の体を触りだしたが、俺は痛みに飛び上がった。

「うわっ！　頼むから触らないでくれ。悪いけど、帰ってくれないか。ちょっとゆっくり休ませてくれ」と、俺は言った。聞き分けよく帰ってくれ、次に会ったとき埋め合わせをしたよ。

あんな目に遭ったのは初めてだ。試合から何時間か経っても、ボディブローのダメージで吐き気をもよおした。当時の俺にあんな思いをさせたのはリバルタとティリスの二人だけだった。だが、それまでに読んだ本や記事に、ほかの偉大なボクサーたちも試合後に頭が半分なくなった気がしたと書かれていたから、これも偉大なボクサーになる道への通過点なんだと考えた。

タイトル戦の交渉は大詰めを迎えていた。年内にラスヴェガスでタイトルを奪取するため、場慣れさせておこうと、ジミーは俺をヴェガスで戦わせることにした。俺たちはジミーの友人ブルース・ハンデルマン博士宅に滞在した。ジョニー・トッコのジムで練習開始。みごとなくらいお粗末な昔ながらのジムで、なんの設備もなく、空調さえついていなかった。トッコはすばらしい男で、故ソニー・リストン［かつての世界ヘビー級チャンピオン］とも友達だった。壁にはジョニーや往年の名選手たちの写真が飾られていた。

ある日、ロッカールームにいて、これからスパーリングというとき、たまらなくなった。ケヴィンに、ラスヴェガスは好きじゃないから家に帰りたいと言った。本当は、試合が怖くなってきただけだ。アルフォンソ・ラトリフとの試合に勝てなかったらトレヴァー・バービックと戦う資格を失うかもしれない。

ケヴィンはスティーヴ・ロットに相談に行った。スティーヴは〝WWCD?〟と自問自答した。〝カスならどうしただろう？（What Would Cus Do?）〟の省略形だ。スティーヴはロッカールームに来て、楽観を装い、自信を植えつけてくれた。「お前はこのショーの主役だ。二ラウンドでノックアウトだ。華々しい勝利を飾る。逃げたら、ここへは二度と戻ってこられないぞ。それでもいいのか？」

スティーヴはいつもすばらしい手腕で状況に対処してくれた。もちろん、どこにも行く気はなかった。気持ちをはき出したかっただけだ。しかしスティーヴも、カスならどうしたかはわかっていなかった。カスだったら俺をじっと見て、こう言っただろう。「なんだって？　あんなやつが怖いのか？あいつは下手くそだ。俺がかわりに戦ってやる」

こうして九月六日、元世界クルーザー級王者のアルフォンソ・ラトリフとリング上でまみえた。リバルタより上手いとは思わなかったが、強敵なのは間違いない。

ラスヴェガスの賭け屋《オッズメーカー》はそうは思ってないようだった。試合の勝ち負けそのものじゃなく、五ラウンドかかるかどうかを賭けの対象にしていたからだ。何ラウンドもつかという賭けが導入されたのは、俺の功績だろうな。俺が現れる以前、そんな賭けは存在しなかったんだから。

試合開始のゴングが鳴ると、ラトリフはひたすら逃げ回った。ミッチ・グリーンが競歩の選手に思えるくらいの逃げ足で。あんまりひどかったからHBOのアナウンサーたちまで冗談を飛ばしていた。「第二ラウンドは十二段変速の自転車を使ってくるでしょうか?」と、解説者のラリー・マーチャントは言った。

それでも第二ラウンドは打ち合う意志を見せてきたが、長続きはしなかった。左フックで倒し、起き上がってきたところへ何発かまとめ打ちしてケリをつけた。

「タイヤがパンクしたもようです」と、マーチャントは冗談を言った。試合後リングに入ってきたジミーも、ラトリフの逃げ足についてコメントした。俺は、「車の風圧を感じたよ」と言った。

この試合の後に正式発表があった。一九八六年十一月二十二日、ついにWBC王者のトレヴァー・バービックと戦うことになった。

この瞬間のために

試合まで二カ月以上あったから、ジミーとケイトンは俺にあちこちのトーク番組に出演させて、試合と戦歴を宣伝することにした。その皮切りにデイヴィッド・ブレナーの『ナイト・ライフ』に出演した。デイヴィッドはすばらしい男で、俺に最大級の敬意を表して接してくれた。彼は俺が次のヘビー級チャンピオンになると予想してくれたが、俺にとってそれ以上に意味があったのは、もう一人のゲスト、偉大な元チャンピオンのジェイク・ラモッタ［映画『レイジング・ブル』のモデルになった元世界ミドル級チャンピオン」が同じ予想をしたことだ。

「間違いないよ、次の世界ヘビー級チャンピオンだ」ジェイクは近づいて俺を抱き締めながら言った。「ぶざまな試合を見せたら、ただじゃおかないぞ。しっかり頑張れ。お前はジョー・ルイスやロッキー・マルシアノみたいになる。いや、それ以上かもしれない」

これを聞いて天にも昇る心地がした。

そのあとブレナーからジェイクに質問があったが、ジェイクの答えはじつに予言的だった。

「マイクがチャンピオンになるとして、彼にどんなアドバイスを送りますか?」

「最適なアドバイスは、つねに忙しくして、二年くらい刑務所に入ったつもりになることだ」と、ジェイクは言った。「外野が騒ぎ立てるクズみたいな話には関わるな」

「どうしてクズみたいな話が出回るんですか?」と、俺は尋ねた。

「悲しいことに、お前や俺みたいなやつは、クズみたいな話の格好のネタになるからだ」

『ジョーン・リヴァース・ショー』にも出演した。俺はジョーンと旦那のエドガーのファンだった。二人とも俺を気持ちよく迎えてくれた。この二人の活力は本物だ、と感じた。人生最高の時間のひとつだった。インタビューの最中、ジョーンから、映画〈ロッキー〉のエイドリアンみたいな相手はいるのかと質問された。

「彼女はいない」と答えた。

「練習を始めるとセックスは断つの?」と、彼女は尋ねた。

「そうだ」

「そうよね。うちの夫ときたら、いつもトレーニング中だって断るのよ」と、ジョーンは冗談を飛ばした。

『ディック・キャヴェット・ショー』にも出た。ディックは俺を相手に合気道のデモンストレーションをやった。

「合気道の始祖は八十七歳のとき、世界一の力持ちの手からも逃れることができたんです」と言って、俺に手首を握らせ、そこからするりと逃れてみせた。

「でも、こんな握り方をする強盗はいないだろ」と、俺は文句を言った。

こういう番組に出た俺は、ジミーとケイトンが望んだとおり、好感度たっぷりだった。しかし、そうしたかったわけじゃない。本当は悪役でいたかった。アメフトのジム・ブラウンを手本にしたかった。ニューヨーク市の酒場に出入りし始めたころ、ジム・ブラウンとプレイしたことのある年配のプロフットボーラーたちに会ったんだ。彼らはジムのことを、まるで神話のように語っていた。

「あいつがここに入ってきて、何かちょっとでも気に入らないことがあったら――たとえば店のにおいとか、かかっている音楽とか、客の話し声の大きさとかが――店をぶっ壊しにかかったな」

その話を聞きながら、〝ちきしょう、俺もそんなふうに噂されたい。ジムが店をぶっ壊すなら、俺はここに来る胸くそ悪い野郎を殺さなくちゃ〟と思った。

十一月二十二日が近づくにつれ、トレーニングにも熱がこもった。キャッツキルで一カ月練習したあと、ラスヴェガスに移動。まずジミーとケイトンから、バービック対ピンクロン・トーマス戦のビデオテープを渡された。バービックが勝ってチャンピオンになった試合だ。それを観て、ジミーに言ってやった。

「あのテープはスローモーションか?」

妄想に取り憑かれた頭の中では、往年の名ボクサーが降りてきて俺を祝福していた。〝これで君も名ボクサーたちの仲間入りだ〟。さらに、頭の中にカスの声が聞こえてきた。

〝この瞬間のために、俺たちは戦ってきたんだ。俺たちは何度も何度も困難を乗り越えてきた。もう目をつむっていても栄光をつかめるぞ〟

バービックが荒々しく強靭な強敵なのはわかっていた。ラリー・ホームズの防衛戦で初めて十五ラウンドまで粘った男だから。ラリーは彼以外の挑戦者はすべてKOで退けていた。とにかくバービックを叩きのめしたかった。そうすればみんな、俺は本物だと思うだろう。当時はみんなから、かませ犬やろくでもない選手ばかりと戦って戦績を稼いでいると思われていたからな。大事なのはバービックに文句なしのKO勝ちを収めることだ。できたら一ラウンドで。

ケヴィン・ルーニーとマット・バランスキーも俺と同じくらい自信を持っていた。さあ、エンジン全開だ。俺はぐんぐん調子を上げていた。だが試合の前日、下着を見たら、膿がついていた。淋病にかかっていたんだ。売春婦からもらったのか、身持ちの悪い街の女からなのか。今回もハンデルマン博士の家に滞在していたから、抗生物質の注射を打ってもらった。

後刻、スティーヴ・ロットとビデオテープを借りに出かけた。

「マイク、このバービックってやつのことを、カスならなんて言うだろうな?」と、彼は言った。スティーヴなりに俺のことを思って質問してくれたんだろう。だが、カスのように考える必要なんてなかった。俺の頭の中にはいつもカスがいたからだ。

「あんなやつ、ヘボだって言っただろうな」と、俺は答えた。「あいつは下手くそだってね」

計量のとき、俺は徹底して〝いやなやつ〟を演じた。バービックが目に入るたび、にらみつけた。握手を求めてきたが、差し出された手に背を向けた。俺のほうを見ているのに気がつくと、「何見てやがる?」と吼えた。そして、二ラウンドでノックアウトしてやると言った。バービックがベルトを巻いてポーズを取っていると、「ベルトを巻いて喜んでいられるのも今のうちだ。そいつは真のチャンピオンの腰に渡るからな」と叫んだ。無礼きわまりない態度だ。当時はなぜか、バービックのことが好きになれなかったんだ。そして、何よりもあいつのベルトが欲しかった。WBCの、あの緑のベルトが。

バービックのトレーナーのアンジェロ・ダンディが、バービックが俺を倒すと吹聴していることにもむかついていた。モハメド・アリのトレーナーを務めたダンディに、カスはずっと嫉妬心を抱いていた。アリがマスコミの注目を一身に集めていたからだ。なぜそのトレーナーがダンディで、自分ではないのかと。

「バービックはタイソンを破るスタイルを持っている」と、ダンディはマスコミに語った。「バービックは今回の試合のことを考えて舌なめずりしている。追いかける必要はない。タイソンは目の前にやってくるからだ。バービックはボディを打つのがうまく、二十三度のKO勝ちを誇っている。彼は自信満々だし、俺も自信を持っている。終盤にタイソンの息の根を止めるだろう」

試合の前夜は眠れなかった。だから起き上がって、部屋でシャドーボクシングを始めた。いろいろな思いが胸を去来した。

運命の日

試合当日、午後一時にパスタをつまむ。四時にステーキ。五時にまたパスタをつまんだ。控え室で〈スニッカーズ〉を食って、オレンジジュースを飲んだ。

いよいよケヴィンが俺の両手にバンデージを巻いて、グラブをはめてくれた。入場のときが来た。アリーナは肌寒かったから、ケヴィンがタオルを切って首を覆ってくれた。俺は黒のトランクスを穿いていた。何試合か前から黒に変えていたんだ。バービックも黒だったから五千ドルの罰金を払うはめになったが、べつにかまいやしない。とにかく相手に不吉な予感をいだかせたかったんだ。

挑戦者の俺が先に入場した。TOTOの歌が流れていたが、頭の中にはフィル・コリンズの『夜の囁き』だけが聞こえていた。〝今夜、願いがかなう。そんな気がする、おお、神よ。この瞬間をずっと待っていたんだ、おお、神よ〟。

ロープをくぐってリングをゆっくり回った。客席を見ると、カーク・ダグラスやエディ・マーフィやシルヴェスター・スタローンの姿が見えた。しばらくしてバービックが入場してきた。黒いフードのついた黒いガウンをまとっている。自惚れと自信を発散していたが、俺には見かけ倒しの幻のように感じられた。やつには命を捨ててまでもベルトを守る気骨はない。

モハメド・アリが観衆に紹介され、俺に近づいてきた。

「俺のかわりにぶちのめしてくれ」と、アリは言った。

五年前、アリはバービックに敗れ、試合後引退した。だから俺は喜び勇んで応じた。

「楽勝だ」と、モハメドに請け負った。

ついに戦いのときが来た。ゴングが鳴り、レフェリーのミルズ・レーンが開始の合図をした。

バービックに突進し、強打を浴びせた。信じられないことに、向こうは動こうとせず、ジャブも突いてこなかった。目の前に突っ立っていた。俺は開始早々、左耳に右を当てて鼓膜を破ろうとした。ラウンド中盤、強烈な右でよろめかせ、猛攻を加えると、終盤、バービックは朦朧《もうろう》とした感じになった。強烈なパンチが何発か入っていた。

コーナーに戻って座った。抗生物質の注射のせいで、七月のアイスクリームみたいに汗が滴っていたが、気にしなかった。バービックを仕留めることに集中だ。俺の英雄の一人、キッド・チョコレート［キューバ出身の初代世界王者］もずっと梅毒と戦っていた。

「頭を動かせ、ジャブを忘れるな」と、ケヴィンが言った。「頭に攻撃が集中しているぞ。ボディから入れ」

第二ラウンド開始十秒、右を当てるとバービックはダウンした。すぐ飛び起きて打ち返してきた。反撃しようと努力はしていたが、もうパンチに威力はない。ラウンドの残り三十秒くらいで右のボディブローを決め、そのままアッパーを放ったが、これはとらえそこなった。しかし、左フックがテンプルをとらえた。少し反応が遅れる感じで、バービックは倒れていった。拳に打った感触さえなかったが、効いたんだ。バービックは立ち上がろうとしたが、後ろによろけ、足首がぐんにゃり曲がっていた。

〝立てっこない〟すぐにわかった。

思ったとおりだった。もういちど立ち上がろうとしたが、キャンバスにのめるようにまた倒れた。なんとか立ち上がることはできたが、レフェリーのミルズ・レーンがバービックを抱きかかえ、手を振るしぐさで試合を止めた。

俺はついにボクシング史上最年少の世界ヘビー級チャンピオンになった。

「試合終了です。ボクシングに新たな時代が到来しました！」ＨＢＯのアナウンサー、バリー・ワトキンスが叫んだ。

「マイク・タイソンはマイク・タイソンがいつもやっていることをやった。これぞ戦い《ファイト》だ」と、シュガー・レイ・レナードが言い添えた。

「頭に大文字のＦがつく正真正銘のFight《ファイト》だ」と、ワトキンスが応じた。

感覚が麻痺していた。何も感じられなかった。まわりで起こっていることは意識できたが、とにかく感覚が麻痺していた。ケヴィンが俺を抱き締めた。ホセ・トーレスが近づいてきた。

「信じられない、ちきしょう。二十歳でチャンピオンになっちまった」と、俺は彼に言った。「嘘みたいだ。二十歳で世界チャンピオンだ。こんなくそガキが」

ジミー・ジェイコブズもリングに入ってきて俺にキスした。

「カスもこうしてくれたかな?」と、俺は言った。ジミーはにっこりした。

息子がバービックのマネジメントをしているプロモーターのドン・キングが祝福にやってきた。俺は観衆を振り返って、〝やったぜ〟と思った。〝俺とカスはやったんだ〟。そのあとカスに話しかけた。「やっとみんなが間違っていたことを証明できたな。バービックは絶対、俺の背が低すぎるなんて思ってやしないよな?」とつぶやくと、カスの言葉が聞こえてきた。

「フィニッシュまでの戦い方は、まるで駄目だが、最後は圧巻だった。お前は歴史を作ったんだよ」

彼は天国から見ている

試合後のインタビュー。俺はこんなふうにカスを称えた。「世界一のボクサーになったけど、俺はカスの創造物だ。彼にここにいてほしかった。きっと、自分のことを変人と書きたてたやつらをこき下ろしただろうな。〝ここにいる俺の息子を見たか。こいつを倒せるやつはこの世にいない。わずか二十歳だが、世界の誰もこいつを負かすことはできない〟って」

「ボクシングを始めたときからずっと、この瞬間を待ちわびていた」記者会見が始まると、俺は言った。「バービックはとても強かった。自分と同じくらい強いとは全然思っていなかったけど……俺の打ったすべてのパンチには相手を破壊しようとする悪意が込められていた。この最年少記録は永遠不滅、決して破られることはないだろう。永遠に王者でい続けたい。負けるくらいなら死んだほうがましだ。俺は相手を破壊するために、世界へビー級選手権を奪い取るためにやってきて、それを成し遂げた。この試合を偉大な守護者カス・ダマトに捧げたい。きっと彼は天国から見ていて、過去のいろんな名ボクサーたちと話をして、自分の息子を自慢しているだろう。変わり者だったけど……間違いなく天才だった。彼がこうなるとずっと言い続けてきたことが現実になったんだ」

　どこからか、次の対戦相手は誰になるかと質問が飛んだ。

「誰でもかまわない」と、俺は言った。「偉大な選手になるには誰とでも戦わなくちゃいけない。誰とでも戦ってやる」

　アンジェロ・ダンディまでが試合後、俺を褒め称えた。

「タイソンは今まで見たこともないようなコンビネーションを放った。いや、驚いたよ。俺はアリやシュガー・レイ・レナードのトレーナーも務めたが、タイソンの三発のコンビネーションは、ほかに並ぶ者がない。あんたたちも見たか？　右をわき腹にぶち込み、そのままアッパーを突き上げ、そのあと左フックを放ったんだ」

　その晩はずっとベルトを外さなかった。腰に巻いたままホテルのロビーを歩きまわった。祝勝会でも、カスの家でルームメイトだったジェイ・ブライトやボビー・スチュワートの息子やボクサーのマシュー・ヒルトンと外へ飲みに出かけたときも、腰に巻いていた。

　俺たちはラスヴェガスの〈ヒルトンホテル〉の向かいにある〈ランドマーク〉という場末のバーに行った。店には誰もいなかったが、俺たちは座ってひと晩じゅう飲み明かした。俺はウォッカを生《き》で飲《や》って、したたかに酔った。夜更けにマシューが酔いつぶれてしまったから、いろんな女の子たちの家を回ってチャンピオンベルトを見せてやった。セックスはしていない。しばらくいっしょに過ごして、出ていって、ほかの女の子に電話して、その子の家に行っていっしょに過ごした。

　どうかしてるって？　俺がまだ二十歳だったことを理解してほしいな。それだけじゃなく、友達の多くは十五、六歳だったことも。あの年頃はみんな子どもで、大差はない。ところが世界チャンピオンになったら、タイトルとその威光を守ろうと、急に周囲が人格者になることを期待し始めた。どうしたらいいかわからなかった。自分を導いてくれる人間はもういない。ベルトを獲ったのもカスのためだ。世界獲りに失敗したらいっしょに死ぬつもりだった。ベルトなしでリングを出るなんてありえなかった。あれだけの献身と犠牲と苦痛を経てきたんだ。毎日毎日、考えられるかぎりの手を尽くして。

早朝になってようやくホテルの部屋に戻ったとき、ベルトを巻いた自分の姿を鏡で見て、俺たちの使命を達成したことを実感した。これで晴れて自由の身だ。

しかしそのとき、カスの蔵書の一冊で読んだレーニンの言葉を思い出した。「自由はとても危険なものだ。我々は細心の注意を払ってそれを分配する」――この後の人生で、俺はこの一節を頭に入れておくべきだったんだ。

悪魔の仮面

CHAPTER

5

「俺の名前はマイク・タイソン、プロボクサーだ。ボクシングは孤独なスポーツだ。スパーリングに、トレーニング。ロードワークのときは、考える時間がたっぷりある。よく考えるのは、麻薬がどんなに危険で、どんなに人に害を与えるかということだ。俺たち一人ひとりが『ノー』と言おうと心に決めれば、麻薬を一掃することができる。『ノー』は短い言葉だが、そこには大きな意味がある。こう言うんだ。『麻薬にノーと言おう!』」

一九八七年の初防衛戦直前、麻薬取締局のためにやった公共放送の台詞だ。ニューヨーク州の公共広告（PSA）にも出演した。ヘビーバッグを打っていて、そのあとカメラのほうを向く。「そのとおり、クラック［高純度コカイン。強烈なパンチの意味がある］を避けるんだ。そうすれば勝てる」

皮肉なことに、こういうCMを撮影しているあいだも、俺はブラウンズヴィルでクラックを売っている友人のアルバートにカネを融通してやっていた。あいつがほかのやつの下で仕事をせずにすむように。商売の片棒を担いでいたわけじゃないし、投資の見返りを求めたこともない。あいつの身を案じていただけだ。

アルバートは幼なじみで、いっしょに盗みをした仲だった。上の売人から「俺の分け前はどこだ?」と脅される心配がないようにしてやりたかった。八〇年代のブラウンズヴィルの麻薬稼業ときたら、一八二〇年代の奴隷制度のようだったからな。こういうやつらのために働くようになると、お先真っ暗だ。いちど片棒を担ぐと、やめたくなってもやめられない。いったん手を染めちまったら、あとは相手の言いなりだ。

アルバートを俺のところで働かせようかと思った。ところが、ああいうやつらはみんな傍若無人だ。俺がチャンピオンだからって、カバンを運んだり、へいこらしたり、おべっかを使ったりなんてできやしない。ブラウンズヴィルでは暴力的な関係しか知らなかった。俺の取り巻きに加えるには、アルバートは過激すぎた。俺のように「はい、奥様、ご機嫌いかがですか？　何かご用はありませんか？」なんて真似はできないんだ。ああいうやつらは怒ると抑えが利かなくなるから、「このカネを取っておけ」と渡してしまうほうが楽だったんだ。

しかし、俺の計画はうまくいかなかった。一九八九年、アルバートと俺の友達の何人かが撃たれた。当時あいつらはまだ二十歳で、中には十六歳もいた。それがベンツや女や地位のために殺されたんだ。人が大勢死に、俺はたくさんの葬儀代を払った。

俺はヒールになりたかった

タイトルを獲ってニューヨークに戻ると、すぐにふたつのことを実行した。まず、キャッツキルに行って、いろんなところでベルトを見せびらかした。三週間、ベルトを巻いて外出し、巻いたまま眠ることもあった。ある日、キッチンに行って、ジェイ・ブライトに車の運転を頼んだ。どうしてもベルトを見せたい相手がもう一人いたんだ。

酒屋で停めてもらい、カネを渡して、ドン・ペリニヨンのマグナムボトルを一本買ってこさせた。それから、カスの墓に向かった。墓石に着くと、二人で泣いた。いっしょに短い祈りを捧げたあと、俺がコルクを抜いて、二人でガブ飲みし、残りを墓にそそぐ。それから草の上に空き瓶を置いて立ち去った。

次にやったのは、ニュージャージー州にあるおふくろの墓の手入れだ。彼女のボーイフレンドのエディはバービック戦の直前に車にはねられて命を落とし、おふくろの隣に埋葬されていた。だから、両方掘り起こして、それぞれ立派な青銅の棺に入れ、おふくろには高さ七フィートの大きな墓石を買ってやった。人が墓地に来るたび、あのマイク・タイソンの母親の墓だってわかるように。

このころには、ジミー・ジェイコブズとスティーヴ・ロットが所有する建物の一室に引っ越していた。俺はカネの成る木だったから、やつらは見張れるようにしたかったんだろう。一方、俺はチャンピオンの座を堪能したかった。血と汗と涙を流して頑張り通し、やっと目標を達成したんだ。

これで俺もジョー・ルイスやモハメド・アリと並び称されることができる。だが、喜びだけに浸ってはいられなかった。いっしょに喜んでくれ、方向性を示してくれるはずだったカスが、そこにはいなかった。チャンピオンにはなったが、俺は目標や意欲を失っていた。連れ合いや子どもがいたら違っていただろう。このころには、友達にはみんな子どもがいた。だが、俺はボクシングに忙しすぎてそれどころじゃなかった。

ジミーとケイトンはブラウンズヴィルがらみのあらゆるものを俺から剥ぎ取って、クリーンなイメージを演出しようとしていたが、あそこは俺が本当の俺でいられる場所で、俺の指標でもある。カスが捨てるなと言った大事な本質だ。麻薬反対のメッセージを言わされ、ニューヨーク市警のポスターでポーズを取らされていたが、俺が犯罪者なのは誰もが知っていた。少年拘置所の出身だ。なのに、急に真人間になれと言われたって、できるわけがない。俺はアンクル・トムを演じる真っ赤な偽物だった。

そのころの俺は、まるで訓練された猿のようだった。すべてに口を出され、何もかもがお膳立てされる。トーク番組に出演するときは派手な装身具を外すよう言われた。こんな制約つきの暮らしなんてごめんだ。みんなの模範になるために世界ヘビー級チャンピオンになったんじゃない。

ジミーとケイトンは俺に、ソニー・リストンじゃなくジョー・ルイスの再来になってほしかったんだ。つまりヒーローになってほしかったわけだが、俺はヒールになりたかった。悪役は輝きこそ英雄に劣るが、ずっと人々の記憶に残る。悪役がいるからこそ英雄は英雄になれるんだ。それに、ジョー・ルイスのイメージは作り込まれたものだと知っていた。実生活じゃ好んでコカインを吸ったし、大勢の女とやっていた。

俺はみんなを足元にひざまずかせたかった。追い払わなくちゃいけないくらい女に追いかけ回されたかった。カスはそうなると言っていたが、いっこうにそうならない。リングの中では俺の時代のはずだ。なのに、まだ俺は観覧席にいた。女たちのリングには入れてもらっていなかった。

引っ越したとき、スティーヴは一万二千ドルする立派なステレオを設置してくれ、俺に散財させてジミーに叱られた。年末、スティーヴとラスヴェガスの〈シーザース・パレス〉にある〈フォーラムショップス〉に行って、腕時計を物色した。

「あんたのカードでこの時計を買ってくれ」と、俺は頼んだ。

「だめだ」と、スティーヴは言う。

「どうして？　あとでちゃんと返すよ」と、俺は文句を言った。

「だめだって。ジミーにぶっ殺される」

そのとき俺の中で悪魔の声がこうささやいた。「この白人たちはカスみたいに心底お前を思っているわけじゃない」

ジミーのことは大好きだったが、いつも俺を束縛しようとした。

「マイク、これはしなくちゃだめなんだ。さもないと、うちがあの大企業から訴えられる」だから、この試合をやって、あのＣＭに出なくちゃならないんだと。俺はまだ子どもだった。ＣＭ撮影の最中に「こんなことやりたくない。ブラウンズヴィルに行って、友達と遊びたい」と言うこともあった。

いかれた二重生活

練習のない夜は毎日のようにブラウンズヴィルへ帰っていた。あそこじゃ王様あつかいだ。ジャマイカ系の友人たちは俺がリムジンで乗りつけると、銃を取り出した。

「マイク、お前のために空砲を撃つぞ。二十一発の礼砲だ［外国高官を迎える際の最大級の儀礼］！」と、彼らの一人が言う。

そして二十一発、礼砲を放った。パン、パン、パン。

友人たちと通りを歩いていると、むかし俺をいじめたやつを見かけることもあった。そいつに恨みがあることを友人たちは知らなかったが、そいつが俺を見ている様子からすぐに敵と察した。

「お前を見ているあの野郎、知り合いか？　何者だ？」友人の一人が尋ねる。

俺が答えるまでもなかった。

「おい、何見てんだよ、この野郎」と、友人が言った。それがゴングで、友人たちはそいつをボコボコにした。さすがに見かねて、もう放してやれと言った。

ボクシングで大金を稼ぎ始めると、地元ではロビン・フッドと評判になった。ブラウンズヴィルに帰ると、俺のことを知らない人間までが大歓迎して、俺にたかってくる。といっても、たかられたという自覚はなかった。俺の出身地では友達をもてなす義理堅い風習があったからだ。たとえ、会うのが二十年ぶりであっても。だから俺も、暮らし向きのよくない友人たちにいくらか都合してやるのは当然と思っていた。

ケイトンの事務所から現金をかっさらって、百ドル札で千ドルの束を作る。たいてい二万五千ドルくらい現金を持ち歩き、友達に会うとそれを分けてやった。「上等のスーツを買ってこい」、そして、その晩いっしょに出かけるんだ。

どこの誰か知らなくても、カネをやった。車を停めて浮浪者やホームレスに百ドル札を何枚か渡した。通りの腕白小僧たちを集めて、スポーツ用品店の〈レスター〉に連れていって、全員に新しいスニーカーを買ってやることもあった。あとで知ったことだが、ハリー・フーディーニ［二十世紀初頭に一世を風靡した米国の奇術師］も成功したてのころ、同じことをしたそうだ。貧しい人間が金持ちになると、真っ先にそういうことをするらしい。分不相応だと思うんだな。俺もときどき、そう感じることがあった。キャリアを築くのにどれだけ一生懸命練習したか忘れていたからだ。

あそこの住民は本当に虐げられていた。不潔極まりない暮らしを送っていた。俺はそういう掃き溜めの出身だ。カネをやって力を貸してやったところで問題が解決するわけじゃないが、喜んでもらうことはできた。

カネをばらまくときは、おふくろの友達をかならず探し当てるようにした。友達を車に乗せて、ある婆さんが住んでいる公営住宅へ車で向かい、友達を車に待たせて、いくばくか渡してくる。その後も繰り返し同じことをした。立派な行いなんて思っていなかった。当然のことだったんだ。そうすれば罪を清めて天国に潜り込めると信じていたのかもしれない。贖罪《しょくざい》を求めていたんだろうな。

ブラウンズヴィルにはいつも励ましてくれる友人たちがいた。あそこに座って人生のつらさに不満を漏らすと、友人は俺のことをじっと見た。

「つらいって？　最近誰か殺したのか？　どこかの家に入り込んで全員縛り上げでもしたのか？」

俺が自分を否定するようなことを言うと、そいつは、「お前は何も悪くない、マイク。お前はいいやつだ。金持ちになったからって、この街を避けたりしない。思い上がった野郎なら、みんなでトランクに閉じ込めてやるさ」

ブラウンズヴィルの友達の多くが、キャッツキルからさほど遠くないコクサッキーに投獄されていた。あの刑務所で働いているやつらの大半は同じ学校に通っていたから、収監されている友人の面会に行くと、面会室で会うんじゃなく、独房でいっしょに過ごしてきた。看守や守衛もみんな知り合いだったからだ。

靴を脱ぎ、首から宝飾類を外して、友人に渡したが、守衛は見て見ぬふりをしてくれた。あるとき、独房のある区域を歩いていると、〈スポッフォード〉でいっしょだったブロンクス出身のリトル・スパイクがいた。もうリトルじゃなく、怪物みたいにでかかったが。

「よう、マイク。元気か、おい？　こんなところで何をしてるんだ？」と、スパイクは大声で言った。今の俺のことを知らなくて、また逮捕されてぶち込まれたのかと思ったんだな。

俺はこういういかれた二重生活を送っていた。ある日、刑務所の独房に入っている友人の面会に行ったかと思えば、次の日にはファンクミュージシャンのリック・ジェームスと遊んでいた。リックとはそれまでにも何度か会っていたが、初めてちゃんと話をしたのは新作映画の試写会の打ち上げのときだ。会場は大きなクラブで、千人くらい人がいたが、リック・ジェイムズは目立っていた。リックが遠くから俺を呼んだ。

「マイク、俺たちと写真を撮ろうぜ」

リックはエディ・マーフィやシルヴェスター・スタローンとポーズを取っていた。ちょうどあのころ、ＭＣハマーが『ユー・キャント・タッチ・ディス』でリックの曲をサンプリングしたおかげで、がっぽり儲けて勢いを取り戻していたんだ。

次に彼に会ったのは、サンセット大通りにあるホテルのロビーだった。俺はテレビのコメディ番組『ベルエアのフレッシュ・プリンス』に出演していたリッキー・シュローダー、アルフォンソ・リベイロと庭でくつろいでいた。たぶん当時のリッキーは十七歳で、アルフォンソは十六歳。それでも、あそこで酒を飲んでいたが、ふと見上げると、コンバーティブルのロールスロイス・コーニッシュが停まって、リック・ジェイムズが降りてきた。派手なシャツとネクタイをしていたが、ネクタイはゆるんでいて、シャツのボタンも外している。近づいてきて、俺と握手して、アルフォンソをじっと見たと思うと、胸をドンと突いた。

「よこせ、そのビール」と言って、アルフォンソのビールをひったくる。

「リック、こいつはまだ子どもだ。そんなふうに叩いちゃだめだ」と、俺は怒った。

あいつは知らん顔でビール瓶を傾け、ぐいっと飲み干した。

そして、「元気か、兄弟《ニッガ》？」と言った。

とにかく傍若無人な男だった。エディ・マーフィと弟のチャールズからリック・ジェームスの逸話を聞かされた。リックは以前エディといっしょに曲を作ったことがあって、エディの家に入り浸っていたんだ。俺が入っていくと、エディが出迎えてくれた。

「マイク、あの野郎ときたら、俺の椅了に足をのせていたんだぜ」と、エディがぼやく。エディは染みひとつない家に住んでいて、どこもかも整然としていた。なのにリックは臭い足を椅子にのせて、やめろと言われても聞く耳を持たなかったらしい。

「うるせえな。俺はやりたいようにやるんだ」と、あいつは言った。

そこでエディの弟のチャーリーがリックに迫った。

「この野郎、ふざけるのもたいがいにしろ」と言い、首を絞めてやめさせようとした。

リックには効き目がなかった。立ち上がって、自分から埃を払い、チャーリーが背を向けたところで呼びかけた。

「おい、チャーリー」

チャーリーが振り返ると、ボカッ！　リックは強烈なパンチを叩き込み、額には大きなダイヤの指輪に刻印された〝ＲＪ〟の跡がついていたそうだ。

禁欲生活は終わった

有名人の作法について師と仰いだのはアンソニー・マイケル・ホールだった。俺がチャンピオンになる前、名前が売れだしたころ、よくいっしょに遊んだ。男の中の男だった。俺が初めて知り合った有名人の金持ちでもあった。金離れがよくて、どこへ行くにもリムジンを使う。じつに気前がよかった。俺がキャデラックをぶつけたときリムジンを買いにいったのは、以前マイケルのに乗せてもらって、なんてカッコいいんだと感嘆したからだ。

一九八七年の大みそか、ニュージャージー州にあるエディ・マーフィの豪邸で開かれたパーティに行ったときも、そのリムジンを使った。アル・Ｂ・シュアをはじめ、スターが勢ぞろいだ。ボビー・ブラウン、ＲＵＮ　ＤＭＣ、ヘビー・Ｄもいた。俺は生意気だったが、まだちょっとシャイだった。それでも、三人の女をリムジンの後部座席に詰め込んで、マンハッタンのアパートメントに連れ帰るくらいはできた。

俺の禁欲生活は終わりを告げた。セックスを含めて、やることなすこと過激に徹した。堰を切ったように女とやり始めた。背の低い女、背の高い女、上品な女、下品な女、上流階級の女、路上の女、見境なしだ。しかし、まだ口説き文句がなくて、たいていの場合はどうアプローチしたらいいかわからなかった。

ブラウンズヴィルに行ったとき、ポン引きになった幼なじみを訪ねた。そいつの新車のリムジンに乗って話し込んでいると、やつは急に車を停めて降りた。

「さっさと仕事してこい！」彼は通りにたむろしている少女たちの一人に怒鳴った。「あの角にいる野郎が見えるだろう？ むだ話をしてる場合か！」

そう言って車に戻ってきた。

「ああいうやつらには指導が必要なんだ。まったく、すぐ気を抜きやがるから。あいつらを導く盲導犬でも飼わないと」

いちど、朝の四時にそいつに会いにいったことがあった。

「どうした、マイク？」と、そいつは言った。

あいつの女たちとやりたいと言ったわけではないが、口に出すまでもなかった。

「さっさと帰れ、マイク。いいか、お前はマイク・タイソンだ。こんな病気持ちの汚い売女たちとはやるな」

かつて銃を手にいっしょに強盗をはたらいた友人たちとつるむこともあった。そのころには、やつらはメルセデスを持って、俺に引けを取らないくらい羽振りがよさそうだった。愉快にクラブで遊んでいると、きれいな女が男といっしょにそばを通った。俺が声をかけると、仲間たちが男をぐるりと取り囲んで排除した。まったく、俺ってやつは。愚かで無知で、ゴリラとの違いは銃を持っていることとくらいだったな。別の仲間が女に、「俺のダチにつれないことしたら、お前の旦那を殺すからな」と言う。それが八〇年代だった。当時のブラウンズヴィルのやつらがいかに堕落していたかを物語るエピソードだ。

子どものころの俺は本当に荒れていて、物騒なことばかりしていたから、ブラウンズヴィルの女たちには怖がられていた。近所の女たちはいつも俺を見て見ぬふりをした。こっちも、声をかける度胸がなかった。だから、友達に先を越されたよ。「こっち来いよ、ベイビー、話をしようぜ」って。

白人社会の女の方が簡単だった。写真の撮影会で出会ったり、女性のインタビュアーだったり、撮影会のモデルだったり。チャンピオンになって、少しばかり女に自信がついたが、女のほうもぐっと積極的になってきた。だから、手を出していいんだと思うようになったんだ。女が抱きついてきたら、尻をつかんだりキスしたりしていいんだと。

二十歳の俺は、それ以外の付き合い方を知らなかった。近づいてくる女はみんな俺とセックスしたがっているんだと、本気で信じていた。〝マイク・タイソン〟になる前は、誰も俺と関わろうとしなかった。まだ女たちの意図を読み解くツールを持っていなかったから、きれいな女が言い寄ってきても、世間知らずのまぬけ《スマック》［六五三ページの語彙注釈参照］だった。「車に乗っていかないか？」とか「俺のアパートメントで一杯飲《や》らないか？」と言うかわりに、明日映画に行こうなんて提案した。家に帰って、そいつのことを思いながらマスをかく。その気になれば部屋に連れ込むことだってできたのに。ただこう言えばよかったんだ。「ちょっと寄っていかないか？」

年上の有名人たちと〈コロンバス〉でまったりしていると、女たちが俺に気があると見て、彼らは「彼女を誘って、いっしょに夕飯を食わないか？」なんて言ってくれた。俺が女に不器用なのがわかったんだろう。〈コロンバス〉で女たちが寄ってき始めると、トイレのある地下に連れ込んだ。女店は満員で、俺たちが下りていくのをみんなが見ている。しばらくして俺たちが戻ってくると、女の背中にはトイレの床の汚れがついていた。ポーリーに「よう、マイク。みんな汚れて上がってくるな」と茶化された。

いちど始めると止まらない。もう、やりたい放題やった。ヴェガスのホテルの部屋に女を十人はべらせたこともあった。記者会見に出るときに一人だけ連れていって、残りは会見が終わったときのために部屋に置いてくる。裸になってチャンピオンベルトを巻いてセックスしたこともあった。その気のある相手がいるかぎりはやりたかった。滑稽な話だが、全員を満足させようとしたんだ。そんなことは不可能なのに。相手は頭のネジがぶっ飛んだやつらだしな。しばらくすると、アメリカ中の女で住所録が埋まった。ヴェガスの女、ロサンジェルスの女、フロリダの女、デトロイトの女。まったく、何をやってたんだ。

昼も夜も忙しかった。昼は練習に励み、夜になると練習に負けず劣らずパーティに励んだ——酒を飲み、大騒ぎして、女たちとひと晩じゅう格闘する。若造がカネを握ると、こんなろくでもないことしかやらないものさ。

ナオミ・キャンベルとの交際

このころ、俺の身に余る女と出会った。ジェット機で世界を飛びまわって王族との晩餐会に出るようなファッション界の重鎮たちの集まりでのことだ。当時はあるモデルと付き合っていたんだが、友人のQはカネをめぐってその女に腹を立てていた。「マイク、あいつのことは忘れろ。たぶん世界でいちばんきれいな女と付き合わせてやるから。まだ十代だが、すぐにトップモデルになる。今のうちに唾をつけておけ。二、三年はこっそり付き合えるぞ」

そのとびきりの女が出席するパーティにQが招待してくれた。会場は五番街の豪奢なマンションだ。手持ち無沙汰にしていると、Qがそのモデルを連れてきて、俺と引き合わせた。Qの言っていたとおりの女で、そのうえ、びっくりするほど綺麗なイギリス英語を話すんだ。業界のトップに立つであろうことは、ひと目見ればわかった。話を始めると、彼女は俺のことを知っていて、興味があるみたいだった。

電話番号を交換し、翌日、彼女のくれたメモを見た。電話番号といっしょに〝ナオミ・キャンベル〟という名前が書き添えられていた。

驚くべきことに、俺たちは付き合い始めたんだ。彼女は情熱的で、性的な好奇心も旺盛だった。二人にはいろんな共通点があった。彼女も片親に育てられていた。彼女の母親は必死に働いて、娘をイギリスの私立学校に通わせられるだけカネを貯めたそうだ。少女時代、ナオミはずっと特別あつかいされていた。

ナオミとは喧嘩もよくやった。俺はしょっちゅうほかの女たちと遊び、彼女はそれが気に入らなかったんだ。たがいに夢中ってわけじゃなかったが、彼女とはいっしょにいてすごく居心地がよかった。また彼女はすごく仕事熱心で、意志の固い人間だった。俺が喧嘩に巻き込まれたときも、彼女は俺のそばを離れず、戦うことを恐れない。俺のことで誰にもとやかく言わせなかった。若くして自力で道を切り開こうとしていた二人だ。あのころの俺たちは人生について何も知らなかった。少なくとも、俺は知らなかった。しかし、彼女は数年で世界のトップに立ち、誰も太刀打ちできなくなった。地球上のどんな男でも手に入っただろう。彼女の存在は強烈すぎた。男は屈するしかない。

ところが、俺は一人の女に落ち着く気がなかった。だから、気軽にセックスできる女たちを抱えたうえに、シュゼット・チャールズとも付き合い始めたんだ。シュゼットは準ミス・アメリカだったが、ミスに選ばれたヴァネッサ・ウィリアムスが「ペントハウス」誌にヌード写真を掲載されてタイトルを返上し、繰り上がりでミス・アメリカと認められていた。すごくいい子だったよ。大人だったし、俺より二、三歳年上だった。

これだけの女と付き合えたというのに、どうして俺は女をとっかえひっかえしていたんだろう？今じゃ想像もできない。誰かの家に行って、飽きてくると別の女の家に向かった。一、三人ハシゴした挙げ句、夜更けに部屋に帰って、また別の女を電話で呼び出して、いっしょに夜を過ごす。常軌を逸した生活だったが、当時俺のまわりにいた連中はみんな、これがふつうだと言っていた。有名人たちは、だいたい同じような生活をしていたからだ。

最悪の出会い

こうして、女に飢えていた野獣がたちまち相手に事欠かなくなった。ロビン・ギヴンズに出会ったのはこのころだ。イギリスでイギリス人の可愛い子ちゃんとベッドにいて、テレビをつけっぱなしにしていた。『ソウル・トレイン』［米国のダンス音楽番組］をやっていて、ひょいと見るときれいな若い黒人が出ていた。

「誰だい、あの子?」と、相手に訊いた。

知らないと言うから、画面に近づいてよく見ると、ゲストは『ヘッド・オブ・ザ・クラス』というテレビの連続コメディの出演者たちと紹介されていた。そこで、ロサンジェルスの友人ジョン・ホーンに電話して、ロビンの事務所に電話をかけてもらい、アメリカに帰ったときロサンジェルスでディナーの段取りをつけた。いっしょにキャッツキル時代からの昔なじみ、ローリー・ホロウェイを連れていき、サンセット大通りの〈ル・ドーム〉という瀟洒なレストランで待ち合わせた。当時の俺はいつも遅刻していった。相手を待たせるのが当然と思っていたからだ。レストランに入ったとき、どうも様子がおかしいと気がつくべきだった。ロビンは妹と母親と広報担当者といっしょに座っていた。

ロビンと母親のルースが、ずっと黒人の大物セレブを物色していたことも知らなかった。会うなりロビンには強い欲望を感じた。一種、化学反応を起こしたみたいに。夜、二人きりで会いましょうと彼女は言い、俺は彼女の膝枕でよだれを垂らした。女の心をつかむ方法なんだな、よだれを垂らすのは。

母親がやり手のステージママで娘が大物になれるよう――少なくとも大物と結婚できるよう――娘に投資してきたことを知ったのは、あとになってからだ。ロビンはビル・コスビーのホームコメディ『コスビー・ショー』にうまいこと出演し、コスビーと少しずつ距離を縮めて、ロサンジェルスの彼の家に泊まり込むまでになっていた。

そんなところへ、俺がまぬけ面で登場したわけだ。あの親子はきっと、「いいカモだわ。あいつをつかまえましょう。そのために私は何年もかけてあなたを仕込んできたのよ。エディ・マーフィやマイケル・ジョーダンはうまくいかなかったけど、あの金の成る木を試してみましょうよ」と話していたんだろう。

ロビンは著書の中で、俺といっしょに寝たことはなかったとほのめかしているが、実際は、俺のホテルにやってきた初日か二日目の夜に寝た。何時間かショッピングモールをぶらついて、ペットショップの子犬と遊んだだけだと、彼女は言い張る。世界ヘビー級チャンピオンのこの俺が、ペットショップで子犬と遊んでいるわけないだろう?

目的はカネ

俺は三カ月間も戦っていなかった。プロになってからいちばん長いブランクだった。しかし、ようやく別のベルトを奪うときが来た。一九八七年三月七日にWBA王者のジェイムズ・〝ボーンクラッシャー〟・スミスとラスヴェガスで対戦した。

百パーセントの状態でリングに上がったわけじゃない。何年か前に見舞われた首の神経圧迫が完治せず、少し痛みがあった。それでも、我がもの顔でリングに入った。リングは俺の家、俺の住み処だと思っていたし、リングの周囲にいると本当に心が落ち着くんだ。

リング入場は俺が先だった。ボーンクラッシャーが入ってきたときは顔を合わせなかった。なんの脅威も感じなかった。打たれっこないとわかっていたからだ。たしかにあいつは上手くて強いボクサーで、数多くの相手をKOしていた。それでも、俺と渡り合うのは難しかった。

試合が始まり、一ラウンドが終わるころには、相手の戦略は明白だった。ホールドしたり、下がって距離を取ろうとしたりした。第二ラウンドに入ると早くも観衆からブーイングの声があがり、ラウンド終了時にレフェリーのミルズ・レーンがホールディングに対し一点減点した。

俺としては、ホールドしてくるのは歓迎だった。神経の圧迫痛がひどかったからだ。リラックスできず、試合のあいだずっと痛みにピクッとしていた。あいつのおかげでずいぶん楽な試合になった。打ってきたのは、試合終了前の十秒くらいだけだったからだ。俺はすべてのラウンドを制していた。

ボーンクラッシャー戦のあと批判を受けたが、俺のせいじゃない。相手が戦いたがらなかっただけだ。試合から間もなくBBCに出演したとき、俺は弁解せずにいられなかった。

「ボーンクラッシャー戦はみんながっかりでしたが、あなたもそうじゃないですか」と、司会者が言った。

「相手はとても強い男だったが、全然戦いにこなかった。ホールドがきつくて振りほどけないくらいだった。信じられなかったよ。世界ヘビー級タイトルマッチだぞ。全力を尽くして、戦うべきときだっていうのに」

「あなたはリングの中でも外でも堂々としていました。ただ、ラウンドの合間に一、二度、ちょっとカッとしましたよね」と、司会者は言った。ラウンドの合間に押し合ったことだ。

「いや、いや、逆だ。相手を試合に引っ張りこもうとしていたんだ。なんとかしたかった。リングの真ん中でタップダンスしてやってでも。『来い、戦え』と言ったんだ。みんな、リングサイド席に千ドルも払って来ているんだ。楽しませて、元を取らせてやらないと」

試合後、任天堂から、『マイクタイソン・パンチアウト‼』というファミリーコンピュータのボクシング・ゲームの肖像権料として七十五万ドルの前金を受け取った。ゲーム小僧じゃなかったから、そんなに興奮はしなかった。リングで戦えればそれでよかった。ボクシング以外は門外漢だ。

有名人のばか騒ぎからも疎外感をおぼえ始めた。カスが死んで以来、相談できる相手がいなかった。ABCの『ワイド・ワールド・オブ・スポーツ』で、アレックス・ワラウのインタビューを受けて、「もともと、いろんなことを内に秘めるタイプで、そういうことはカスに相談していた。今は悩みがあっても心の内にしまっておくしかない」と答えている。自制を失いかけている兆候だった。

女性関係に質問が飛んだとき、俺ははぐらかしていたが、ワラウはそれを許さなかった。

「教えてくださいよ。世界ヘビー級チャンピオンともなると、女の子が山ほど追いかけてくるんでしょう?」

「みんな俺じゃなくて、カネが目当てなんだ。毎日鏡を見ていれば、自分がクラーク・ゲイブルじゃないのはわかる。俺が無一文でも俺のことをわかってくれて、いい人だと思ってくれるような子が見つかるといいんだけどな。カスはこんなことは言っていなかった。大金を稼げば、たくさんの女の子からもてて幸せになれると言っていた。人生がこういうものだなんて話は全然していなかった」

恋は盲目

しかし、しばらくするとブラウンズヴィルとも釣り合わなくなり、急にちやほやされたりおだてられたりするようになった。異常なくらい。さらに、いっそういかれたことになろうとしていた。ロビン・ギヴンズと恋に落ちたんだ。その瞬間のことは、今もはっきり覚えている。

二人でウェストウッドのウィルシャー大通りを歩いていた。ロビンがちょっとふざけて、俺を叩いて逃げ出した。追いかけたが、追いつきかけたところで、彼女がさっと横によけ、俺は勢いあまって転倒し、ホームベースにスライディングする野球選手みたいに通りを横すべりしていった。何台か車が向かってきたが、ぱちんこで射ち出されたみたいにすごい勢いですべっていく。それが止まったところで、ブレイクダンサーみたいなポーズを決めた。

ばか高い服を着ていたのに、すべってボロボロになった。きまりが悪かったが、ポーズを取り続けた。そのままの姿勢で彼女に話しかけて、ごまかした。何事もなかったかのように。ロビンはそこに立って笑っていた。それまで見たなかでいちばん愉快なことだったそうだ。このときだ、彼女と恋に落ちたのは。後日、この小さな出来事が俺たちの関係全体を暗示していたことに思い当たった。ロビンは俺をからかって、のらりくらりと手を逃れ、俺は彼女の手のひらで転がされているだけだった。あれはチェスで、俺は彼女の手の平の駒だったんだ。

しかし、恋は心の問題だ。俺みたいに不器用な人間が如才なく立ち回れたはずもない。ロビンは初めて本気になった相手だった。ナオミを除いての話だが。ちなみに、ナオミはロビンのことを知って怒っていたよ。ロビンの前は女をとっかえひっかえしてやりまくり、嘘をつきまくっていた。今はもう嘘はつかない。あのころはずいぶん嘘がうまかった。大物であることに耐えられず、みんなにいい人だと言われることにも耐えられなかった。自分はそんな人間じゃないと思っていたから、居心地が悪かったんだ。

過剰に自分を抑え込んで、自分を叱咤しているうち、精神的に参ってきた。俺は聖人君子なんかじゃない。人を狙って発砲していたような人間だ。この社会で使える技能は相手を失神させることだった。そうすると美味いパスタにありつけたんだ。カスからそんなふうにプログラムされていた。戦って勝つたびに褒美がもらえると。

　だから、ロビンは必要な処方箋だったのかもしれない。俺を服従させることができる、手八丁口八丁のじゃじゃ馬だ。彼女の手にかかると、俺は飼いならされた子犬みたいだった。「わかった、いいよ、頼むから、カネは持っていっていいから、おあずけはなしにしてくれ、頼むよ、頼むから」

　誤解しないでくれ。欲しかったのはセックスだけじゃない。女との触れ合いに渇望していたんだ。恋に落ちたごくふつうの若者に過ぎなかった。あんな気持ちになったのは初めてだった。

　五月、リングに戻った。次の相手はピンクロン・トーマスで、強敵だった。試合の前の記者会見。ステージに立つと、ロビンが連続ホームコメディで共演している女優仲間を何人か連れてきているのが見え、俺は有頂天になった。糸楊枝で歯を掃除し、写真撮影のためにポーズを取って、浮かれていた。俺にとっては新たな一ページだった。こういう記者会見でうれしい気持ちになったことなんてなかったからだ。俺はいつも仏頂面をしていたから、記者団は面食らった。

「どうしたんだ、タイソンは？」と、記者の一人が言った。振り返って、ロビンがいるのを見て、彼らは合点がいった。

「道理でうれしそうなはずだ」と、ほかの誰かが言った。

　彼らがそう言ったところで会見が始まった。ピンクロンが握手しにやってくると、俺は〝アイアン・マイク〟モードに入った。「俺のチンポをしゃぶりな」と、やつに言った。

「調子に乗りやがって。笑わせるな」と、彼は言った。

「まぬけで無知な黒ん坊《ニッガ》め。知らないのか、俺が神だってことを？　俺と戦う機会を恵んでもらった感謝に、今すぐひざまずいて俺のをしゃぶるべきだ」と、俺は言い返した。今となっちゃお恥ずかしいかぎりだ。仮にも一流の相手に、そんなことを言うなんて。

ロビンが部屋に入ってくるなり、喧嘩腰の姿勢はパッと消え失せた。ステージを飛び降りて、彼女に近づくと、落ち着いたお利口でおだやかな黒人の男が顔をのぞかせた。

「やあ、みなさん。ごきげんよう」

カスが言ってたまやかしだ。俺は思い上がった男と恋に骨抜きにされた男のあいだを行き来した。自分自身、混乱していた。ひとつの場所でいちどきに二人のばかを演じていたんだから。

「殺してやるぞ、てめえ」「やあ、元気かい、愛しい人?」

その夜は二本のベルトを防衛することになっていたから興奮していたが、自信過剰には陥っていなかった。ピンクロンは元世界王者で、負けたのもトレヴァー・バービック戦の一度だけだったし、あれはたまたましくじっただけだ。この日の俺は出だし好調で、一ラウンドでKOしそうになった。しかし二、三、四、五ラウンドは向こうが盛り返してきた。たぶん何ラウンドかは取られていただろう。巧みな戦いぶりで、ジャブも鋭く、とにかくコツコツ当ててポイントを稼いでくる。

五ラウンドと六ラウンドの合間に、コーナーでケヴィンから喝を入れられた。

「戦う気があるのか、それとも、言い訳して帰る気か? 戦うか帰るかしろ」

五ラウンドの終わり、ピンクロンに疲れが見えてきた、とケヴィンに言った。

六ラウンド、強烈な左フックをあごに炸裂させた。だが、相手は訓練された冷静なボクサーで、動揺を顔に出さない。それでも俺はシュガー・レイ・ロビンソンやロッキー・マルシアノみたいな偉大なボクサーたちを見てきていたし、俺のパンチがまともに当たればダメージがないはずないのもわかっていた。どんなにポーカーフェイスを決め込んでいても関係ない。だから、持てる力を全部そそぎ込んだ。たぶん十五発くらい打ち続け、目の覚めるようなダウンを奪った。

キャンバスにどっと倒れ込んだピンクロンはすごい根性で立ち上がろうとした。それでも、苦痛の表情からとても無理だとわかった。俺のボクシング人生でいちばん凄惨なKO劇だったかもしれない。ヘビーバッグを叩いているみたいな感じで、勝負についてはなんの心配もしていなかった。あいつの肖像権料はいくらだろう、と心配してやっていただけだ。苦痛に顔をゆがめながらも立ち上がろうとしたときは、〝ちきしょう、まだ殴られたいのか？〟と思ったよ。

鮮やかなKO勝ちを収めたものの、試合全般の動きには満足していなかったし、ジミーとケイトンが俺のために用意している先々の試合にも疑問をいだき始めた。カスは生前、俺といっしょに一定の目標を定めて物事に取り組んでくれた。ところが、あの二人は物事を深く考えず、俺に誰かをあてがうだけだ。カスだったらピンクロン戦は時期尚早と判断して、ほかの選手と対戦させていたかもしれない。派手なKO劇にはなったが、あの試合の俺は決してよくなかった。カスがいたら叱られていただろう。だが、もう叱ってくれる人間はどこにもいない。誰の言うことも聞く必要はない。気にしないでいいと思うと、簡単に気はゆるんじまう。

果てしない重圧

ピンクロン戦のあと、ロビンと過ごす時間はいっそう長くなった。セックスはしたが、情熱的なものじゃなかった。彼女は足の指から何から舐めまわすタイプじゃない。それでも魅力的な女だと思っていた。浮気に気づかれるまでは。俺は彼女に隠れてたえず浮気をし、たえず見つかっていた。スウェットパンツの股のところに口紅がついている。

そこでゴングが鳴る。

「ちょっと、どういうこと?」ロビンは金切り声をあげて突進し、パンチを浴びせ、急所を蹴ろうとした。容赦なかった。俺はいらだって彼女をひっぱたき、これで終わるだろうと高をくくった。しかし、そうはいかなかった。いっそう激しくやり返してくるんだ。ブラウンズヴィルの女じゃないが、侮っちゃいけない。俺の喧嘩にも何度か参戦したことがあった。そんな瞬間を見るたび、おふくろと男たちの悲惨な関係を思い出した。

じつを言うと、戦いにはうんざりしていた。ロビンと戦うことも、リングで戦うこともいやになってきた。世界チャンピオンとして何度も繰り返し強さを証明しなければならない重圧がのしかかっていた。十三歳からずっとそんなことをやってきたんだ。それもリングの中だけじゃない。試合でも、合宿のスパーリング中でも、つねに自分より経験豊富なやつらと戦ってきた。

チャンピオンのスパーリング相手には、簡単にあしらうことができる力の劣ったやつをあてがうものだ。ところが、俺のスパーリング・パートナーはかならず俺に本気で挑んできた。そういう指示を受けていたからだ。そうしないとお払い箱になった。トレーニングが始まるときは、怖くてしかたなかった。とてもじゃないが、外に出かけて角のバーに入ったり、女のところを訪ねたりする気にはなれない。帰って、風呂に浸かり、翌日そいつとどう戦うかに気持ちを集中した。それが俺の人生で、さすがに疲れてきたんだな。

もともとふさぎ込みやすい性質《たち》だったが、それが重圧でいっそうひどくなった。八月一日にまたリングに上がることになっていたから、ほとんど休みを取らないまま練習を始めなくちゃならない。ラスヴェガスでキャンプを張ったが、ホームシックにかかった。オールバニイでローリーたちとばか騒ぎをしたくてたまらなかった。そんな思いに駆られたのは、IBF王者のトニー・タッカー戦まであと一カ月ちょっとの時期だった。ボクシングを始めて最大の試合、三大タイトル統一戦だ。

ある日、ジムでスティーヴ・ロットをわきへ呼び寄せた。

「引退する」と、俺は言った。

重圧で脱毛症になり、髪の毛がひと塊ごっそり抜けて、情緒不安定に陥っていた。三本目のベルトのことさえどうでもよかった。ロビンも俺の気持ちを安定させる錨にはなってくれなかった。喧嘩が絶えず、いっときは別れていたくらいだ。通りを歩くだけでストレスを受けた。男たちが寄ってきて、全財産を賭けているから勝ってくれないと困ると言ってくる。さもないと家を失い妻が出ていってしまうと言うんだ。こういう人たちをがっかりさせたくなかった。

この仕事が向いていると思ったことは、ただの一度もなかった気がする。支配的な人間でいるには精神的に不安定すぎた。試合と試合の合間にフロリダ州の物騒な界隈へ足を運んだ。肩をそびやかして歩いていると、悪党どもがいっせいに銃を構える。俺は難くせをつけて喧嘩を始めた。ありったけのダイヤを身に着けてきたから、ぶちのめされたら奪われていただろう。

殺される可能性もあったはずだが、アッラーのご加護か、そんな事態には至らなかった。どんな都会に行っても、どんな田舎に行っても、最悪の掃き溜めに引き寄せられた。護衛なしで単身乗り込むこともあった。しかし、いちども撃たれなかったし、刺されることもなかった。そういう界隈にいるときがいちばん心が安らいだ。「マイク、お前、こんなところにいて怖くないのか?」と、いつも訊かれた。「ばか言え。恐ろしいのはヴェガスの大通りだ」と答えた。ああいう界隈にいると本当に居心地がよかった。凍えるような寒さの中、夜遅い時間に女とその子どもたちが外にいるのを見ると、昔のおふくろと俺のような気がしたよ。

だからタッカー戦の一カ月くらい前にキャンプから姿を消し、オールバニイに行って、ドンチャン騒ぎをした。二週間ぶっ通しでパーティだ。ナイトクラブで友人たちに、引退するつもりだと話した。ところが、ジミーが電話をかけてきて俺を脅し始めた。試合に出なかったらみんなに訴えられるぞと。あのとき引退しておくべきだったんだ。だが、自分の人生なのに自由にならなかった。やつらに俺の人生の何がわかる？　ジミーはロビンが俺にとっていい相手で、彼女といると俺が落ち着くものと思っていた。ロビンのほうがジミーより一枚上手だったらしい。

こっけいな戴冠式

練習に戻ったのは試合の二週間前だった。オールバニイでパーティに明け暮れていたため、万全の体調には持っていけなかった。一ラウンド、タッカーのアッパーカットを食らって後退した。みんなは泡を食ったが、どうってことはない。単なるこっちのミスだ。第四ラウンドで試合の主導権を握り、その後はほとんどすべてのラウンドを取った。試合は判定にもつれ込んだ。俺たちが判定を待っているあいだにタッカーがルーニーと俺のところへやってきた。

「お前はすごくいいボクサーだ。心配するな。もう一回、俺と戦うチャンスをやるから」と、あいつは言った。

「お前、自分が勝ったと思っているのか？」ルーニーが言った。「とっとと帰れ」

するとタッカーは神に祈りだした。しかし、効果はなかった。俺はジャッジ全員一致の判定勝ちを収めたが、勝ってもあまりうれしくなかった。あのころは何をやっても冴えない気分だった。ラリー・マーチャントは試合後のＨＢＯのインタビューで、そのことに気づいたにちがいない。

「真の世界一を決める戦いに勝ったのですから、もう少しうれしそうにしたらどうですか？」

「ミスを犯したのに、うれしそうになんてできるわけがない」と、俺は言った。「俺は完璧主義者だし、完璧でありたいんだ」

試合後、統一タイトル戦の勝利を祝って、ドン・キングが芝居がかった〝戴冠式〟を催した。そんなもの、行くのも億劫だったが、ジミーから仕事の一部だと言われて出席した。見世物にされている気がした。リングアナウンサーのチャック・ハルは中世イギリスの衣装に着替えていた。ビーフィーター［ロンドン塔護衛兵］のトランペット奏者六人をしたがえ、彼らはエリザベス朝風の青いビロードの衣装を着て、羽飾りつきの帽子をかぶっていた。俺の二人の〝生贄〟「ボーンクラッシャー卿」と「ピンキー卿」が赤い絨毯の上を行進する。そこでハルがあいさつした。

「聞け、皆の者。心して聞け！　ボクシング界の人々の命《めい》により、この一九八七年という輝かしい年に、地上の隅々の中で誰より卓越した一人の男が四角い戦いのリングに意気揚々と立つことを、今ここに宣言する。トランペットの音《ね》とともに、究極の世界へビー級チャンピオンが君臨する！」

そしてドン・キングが、例によって大げさなスピーチをした。あいつは選手より目立ちたかっただけだ。そのあとHBOの重鎮たちがそろって赤い絨毯の上を行進した。子どもたちの合唱が響き渡る。デニス・ホッパーやフィリップ・マイケルのような有名人たちから、名もない職員みんなの手にトロフィーが渡された。俺の友達エディ・マーフィがトロフィーを渡す段になって、即興で、「あいつがみんなを打ち負かしたのに、あいつはトロフィーをもらってない。白人たちはみんなトロフィーをもらっている。どうなってるんだ?」と言った。

最高の場面は最後に取ってあった。〈ル・ノーベル〉の毛皮商たちがチンチラのガウンを俺にかけ、モハメド・アリが俺の頭に宝石細工の王冠を載せた。ドン・キングいわく、「飾り玉とルビーとすばらしい飾り物」をちりばめたやつを。宝石をあしらったネックレスと笏《セプター》［王権を象徴する権威の棒］が、〈フェリックス宝石〉から授与された。

「ヘビー級王者の長寿を祈って」と、ドン・キングが声を張り上げる。サーカスの王様になった気分だったな。そのあと、ひと言お願いしますと言われた。何を言えっていうんだ?「そしたら収入アップしてくれるのか?」と、俺は皮肉を言った。「この場にいられて光栄だ。長い道のりだった。できるだけ長くタイトルを防衛したい」白々しい気分だった。

因縁の相手

次の試合には特別なモチベーションがあった。十月十六日にアトランティック・シティでタイレル・ビッグスと戦うことになっていた。俺が締め出されたオリンピックで金メダルを獲ったあいつを、いまだに羨んでいたからだ。にわかにボクシング記者たちが俺を攻撃し始めた。ビッグスなら俺を打ち負かせるなんてふざけたことを書きたてて。「ニューズデイ」紙のウォリー・マシューズは、「マイク・タイソンの今の実力がどれほどのものかについては疑問がある」と書いた。リング外の課外活動で成長が妨げられている可能性が指摘されていた。

試合の一週間前、その点についてインタビューを受けた。

「本気で誰かを憎んだことはない。だが、タイレル・ビッグスは別だ」と、俺は言った。「いい教訓を与えてやる、徹底的に痛めつけて」アメリカの希望の星をひどい目に遭わせてやるというのが真意だった。

オリンピックは苦い思い出だ。ビッグスには一度、空港でばかにされたことがあった。いっしょに飛行機でロサンジェルス・オリンピックに向かっていたときだ。あいつには試合があったが、俺は見学して楽しんでくるだけだった。ファンらしきやつが寄ってきて、「オリンピック頑張ってください」と、俺たち二人に言った。

「ええっ? ああ、いっしょに乗ってるからか。こいつの試合はないよ。オリンピックには出ないんだ」と、ビッグスは言った。

そういう因縁を、まだ引きずっていた。猛練習に励んだ。やつを叩きのめしたいというモチベーションがあった。試合については、話すのもいやなくらいだ。七ラウンドにわたり容赦なく懲らしめてやった。肘やローブローを使い、七ラウンドの終了後にもパンチを入れた。俺の暗く愚かで無知な一面が表れ出た試合だった。七ラウンドにわたって延々と打ちのめした。

「その気になれば三ラウンドでノックアウトできたが、わざとゆっくりやった。この恐怖を永遠に忘れられないように」と試合後、記者たちに語った。「ボディを打ってやると、やつは女みたいな悲鳴をあげていた」

つまらない嘘だった。苦痛の声はたしかに聞いたが、悲鳴まではあげていない。

ホームズの予言

その次の試合にも個人的な思い入れがあった。俺が十四歳のときから、カスと俺は打倒ラリー・ホームズの作戦を練っていた。カスが青写真を示してくれた——ジャブを放ちざま、右を当てるんだ。ホームズと戦ってアリの敵を討てば、ボクシング史上に名を残すだろう。シュガー・レイ・ロビンソンがフリッツィー・ジヴィックを倒してヘンリー・アームストロングの敵を討ったように。

試合の三週間前、ケヴィンから警告を受けた。

「ホームズはビッグスよりいいボクサーだ。なのに、お前はビッグス戦のときほど一生懸命練習していない」と、彼は言った。「もう一段、練習の質を上げろ」

だからそうした。

試合前の記者会見に出たが、退屈だった。前からああいうのは大嫌いだった。会見の最中、居眠りしてしまうこともあった。聞きたいことなんか何もない。ただ戦いたいだけだ。ドン・キングが訳のわからないごたくを並べ、でたらめな言葉を吐きまくった。「拳と拳が交じり合い、絢爛豪華な光に照らされる、カタルシスと解放のとき」——こんなたわごと、誰が聞きたいっていうんだよ？

しかし今回の記者会見では、ホームズの出鼻をくじいてやろうと決意していた。俺があんまり攻撃的だったから、ホームズも傲慢になった。

「歴史に名を残すのはマイク・タイソンではなく、この俺だ。こいつはろくでなしとして歴史に名を残すだろう。たまたま試合に勝ったとしても、いずれ身を滅ぼす」今にして思えば、あの時代のノストラダムスだったな、ホームズは。

チケットの売り上げは記録破りだった。有名人がこぞって観戦に来た——ジャック・ニコルソン、バーブラ・ストライザンド、ドン・ジョンソン、カーク・ダグラス。

控え室でウォーミングアップのあいだに興奮しすぎて、文字どおり壁に穴を開けちまった。俺はときおり、猛獣と化すことがあった。コンマ一秒で理性的な人間から野獣に戻る。子どものころにいじめられたこと、カネを奪われたことが甦ってきたときとかに。壁をぶち抜くつもりはなかったんだが、つい力がこもっちまった。軽く叩いていたつもりが、気がついたら手が壁を突き破っていたんだ。

試合にはかなりの数の女友達が来ていた。ロビンも来ていたし、シュゼット・チャールズも来ていた。ほかにもごっそり女たちを呼んでいた。マネジメント・チームにも気づかれることなく。ある御仁のためにチケットを二枚確保したが、その娘は俺の女だった。もう一人は兄弟と来ていた。俺は小細工がうまかった。

入場時には音楽をかけなかった。試合に全神経を集中させたかったからだ。モハメド・アリがリングに上がって観衆に手を振った。それから俺のコーナーに来て、「やっつけろ」と言った。

ゴングが鳴る。すべてのラウンドでホームズを打ちのめした。ホームズは練習不足で、怖々パンチを打っていた。第四ラウンドで俺がロープを背負うと、レフェリーが「ブレイク」と言った。それを聞くやいなや、昔カスと話し合ったとおり、二発のコンビネーション・ブローを放った。バシバシッ。ホームズはダウンした。

起き上がってきたが、効いているのは明らかだ。あとは、手が触れさえすれば倒れるだろう。あごにパンチを入れるまでもない。猛然と突進したが、ほとんどのパンチがかわされた。ホームズに当てるのは難しい。腕がやたら長くて、相手のパンチをキャッチできるからだ。ところが向こうからアッパーを打つというミスを犯してくれ、ロープ際でつかまえて、バシッ。ノックアウトだ。俺は助け起こそうとしたが、向こうのセコンド陣に割って入られた。

だから前かがみになって、「あんたは偉大なボクサーだ。ありがとう」と言った。

「お前も偉大なボクサーだが、くたばりやがれ」と、彼は返した。

「そっちもな、くそ野郎」と、俺は言った。

試合後の記者会見で俺はとても謙虚だった。

「全盛期の彼だったら勝てる見込みはなかっただろう」謙虚な姿勢を貫いた偉大なチャンピオン、フリッツィー・ジヴィックがヘンリー・アームストロングを負かしたあと言った言葉を引用した。

そのころはいつも自分の英雄たちの言葉を引用していて、自分の言葉でしゃべってはいなかった。

望むものはすべて手に入る

光栄なことに、試合後、バーブラ・ストライザンドとドン・ジョンソンが控え室を訪ねてくれた。

俺はバーブラの大ファンだったんだ。彼女もブルックリンの出身だった。

「鼻がすごくセクシーだね、バーブラ」と、俺は言った。

「ありがとう、マイク」と、彼女は言った。

想像できるか、二十一歳の若造にこんな夢のようなことが起きるなんて？　あのバーブラ・ストライザンドが控え室に会いにきてくれるなんて？　テレビで見たことがあるものはなんでも手に入るようになると、カスはいつも言っていた。女も含めてだ。テレビを通じて出会った女はロビンだけじゃなかった。珍しい車が欲しけりゃ、世界中のどこにでも電話がつながって、そこが特注の車を造って船で送ってくれた。

服を手に入れ始めたときも同じだった。昔の偉大なボクサーだけじゃなく、ユダヤ系ギャングも手本にした。自分を持たない俺みたいな人間は、他人の生き方を真似ようとする。ジョー・ルイスはシャンパンが大好きだったと何かで読めば、シャンパンを飲み始めた。

有名人の特権を堪能していた。きれいな女に会うと、「やあ、こっちへ来て、話をしようぜ。この車、どうだい？」メルセデスだったかもしれない。すると相手は、「あら、すてきな車ね」なんて言った。

「本当にすてきだと思うか？」

「もちろん。私もこんな車が欲しいわ」

「俺は君が欲しいな。フェアな交換じゃないか？　いっしょに来いよ」

この手はかならず成功した。

トレーニング期間じゃないときは、起きるとシャンパンのボトルを開けて、キャビアやサケの燻製や卵白を注文した。きれいな女を一人か二人ベッドにはべらせて、ステレオでビリー・ホリデイをかける。まさに夢のような世界だ。レストランやクラブに入るのに並んで待たされることもいっさいない。きれいなモデルとデートして、プライベートジェットを持っているようなやつらと付き合った。カスは俺をこういう世界の一員にしたかったんだ。それと同時に、その世界の人間を憎んでほしいとも彼は思っていた。俺が混乱したのも無理ないな。

しばらくすると、有名人の特権に慣れ、名声の大きさが負担になってきた。プロになりたてで、まだほんの駆け出しだった時代のことは絶対に忘れない。俺はピート・ハミルやホセ・トーレスと交流していた。ピートが「散歩に行こう」と言った。

アイスクリームを買って、コロンバス・アヴェニューを歩いた。

「今のうちに、こういうことを楽しんでおけよ、マイク」と、ピートが言った。「すぐに、こんなことはできなくなるからな」

もう外出すると、かならず群衆に取り囲まれるようになった。ある試合の前、こっそりキャンプを抜け出してあるクラブに行くと、クラブにいた人たちにたちまち追い払われた。

「こんなところでいったい何してるんだ、マイク?」と、彼らは言った。「俺たち、来週の試合を観にいくことになってるんだぞ、この野郎。勝たないとひどいからな。練習せずにこんなところにいるなんて、信じられない」

そこでかわいい女の子を見かけ、まわりのやつに、「誰だい、あの子?」と訊く。

「女を見ている場合か、マイク」と、相手は言った。「誰かは知らないが、試合に連れていってやる。さっさと帰ってトレーニングしろ」

ブラウンズヴィルの路上になるともっとひどかった。あそこのやつらの多くは感情の抑えが利かない。仲間と立っていると、知らない人間が近づいてくる。

「よう、調子はどうだい?」そいつは馴れなれしく声をかけてきた。

白人の決まり文句で「やあ、元気か？」と返すと、仲間の一人が血相を変えた。

「おい、マイク、こいつ知り合いか？」

「いや」

「だったら、なんで声をかけてるんだ？」

彼らはご機嫌を取りにくる人間を嫌った。近づいてくるやつがいると、「こいつに近づくな。そっとしておいてやれ」と言ってくれた。

機嫌が悪いときは面倒なことにもなった。熱烈なファンから付きまとわれることも一度ならずあった。

「大ファンなんです、タイソン。サインをもらえませんか？」

「失せろ、この変態野郎！」と言って、ケツを蹴っ飛ばす。正直、有名人という自覚はなかった。

心の中は幸せじゃなかった

こういう話を思い出すにつけ、あのころの自分はなんて無礼で物知らずな怪物だったのかと、恥ずかしくなってくる。名声なんか得たところで、地に足がついていなけりゃ虚しいだけだ。そこに大酒と女たちが加わって、ボクシングの動きに支障をきたし始めた。

一ラウンドでKOできたはずの相手に五、六ラウンドかかり、下手をすると判定まで行くこともあった。性欲のティラノサウルスと世界チャンピオンは両立できっこない。どっちかひとつを明け渡す必要がある。セックスは何歳になってもできるが、ずっと世界レベルのアスリートではいられない。なのに、俺はセックスから手を引かなかった。

当時の俺はひどい人間だった。なぜ人々が俺といっしょにいたがるのか、理解できなかった。俺自身だって自分といっしょにいたくないのに。きっと、おふくろの鬱病を受け継いでいたんだな。チャンピオンになってしまった後は、もう何をしたらいいのかわからなかった。ただ、自分の昔の英雄たちみたいになりたかっただけだ。明日死んでもかまわなかった。

若いころ、アレクサンダー大王の本を読んだことがある。彼は無名の生涯ではなく、数年の栄光を選んだ。だったら、俺も死んだってかまわないだろう？　人生ろくなことはなかった。この先もいいことなんかありっこない。

欲しいものはすべて手に入れたが、心の中は幸せじゃなかった。外の世界はもうこれ以上俺を幸せにしてくれない。あとになってわかった、幸せは心の内側にあるってことを。だから、この絶望的な状態で最後の手段に出た。結婚したんだ。

ロビンと結婚したのは、彼女が妊娠して、父親になれるとわくわくしたからだ。それが唯一の理由だった。問題は、ロビンが俺に妊娠したと言わなかったことだ。話はジミー・ジェイコブズから聞いた。ジミーも、電話をかけてきたロビンの母親のルースから聞いて知ったんだ。

その時点で俺はもちろん知らなかったが、この話は全部でたらめだった。ロビンは妊娠なんてしていなかった。いっしょに寝ていたのに自分から打ち明けさえしなかったのは、あとから思えばそういうことだったんだ。あの親娘はやることなすこと滅茶苦茶だった。

ロビンは、女優の仕事を追求するためハーヴァード医学大学院《メディカルスクール》を中退したと公言していたが、何人かの記者が確かめにいったところ、あそこの記録に彼女の名前はなかった。嘘をついたらかならず自分に返ってきて、後々までそれに付きまとわれる。ロビンとその母親がそうだった。信用詐欺師、ペテン師、売春婦もどき。母親のルースもヘルペスを感染《うつ》されたと言って、ヤンキースの名選手デイヴ・ウィンフィールドを訴えていた。大学の卒業式で起立したロビンが百二十九人のクラスメイト全員からブーイングを受けたのも、彼女がまともじゃなかったからだ。妊娠したという嘘について、俺は何ひとつ知らなかった。そんな企みが進んでいるなんて。俺はとんだまぬけだった。ほかの黒人の男みたいに、無責任にやり過ごせばよかったんだろう。結婚なんてまっぴらごめんだと言って。

だが、俺はそういうやつじゃなかった。彼女の枕の下にダイヤを置くような人間だった。それでも彼女は満足しない。だから、一九八八年二月、NBAのオールスター・ゲームを観にシカゴへ行ったとき、知り合いの神父の家に彼女を連れていって、その場で結婚に立ち会ってもらった。彼女に結婚したいかどうかさえ訊かず、ただ衝動的にそうしたんだ。彼女が迷っているふりをしたから、少々脅しも使った。最後に彼女は同意し、クレメンツ神父が自宅の廊下で式を執り行ってくれ、俺たちは友人のクラブに行って結婚を祝った。

ニューヨークに戻ると、ルースがすでにジミーに電話をして、二人に今すぐニューヨークで正式な結婚の手続きを取らせないと、ラスヴェガスに飛ばせて結婚させると脅していた。ジミーは結婚を遅らせたがっていた。婚前契約にサインさせたかったからだが、俺は有頂天になっていて、婚前契約なんかどうでもよかった。だから市庁舎に行って、結婚許可証を取得し、正式に結婚した。

すぐにルースは三人で住むのにふさわしい豪邸を探そうと言いだした。ロビンはいつも、自分と母は二人で一人と言っていたが、あの親子の関係はずっとどこかしらおかしかった。フロイトの研究者たちが考え込むくらいに。ロビンは女だからエディプス・コンプレックスという言葉は当たらない。きっと、女版のマザコンだったんだ。

仕組まれた陰謀

CHAPTER 6

このころ、世界的に有名な伝説のヒモで作家のアイスバーグ・スリムと出会った。できることならロビンと結婚する前に会いたかったな。きっと俺の性根を正してくれただろう。ロサンジェルスのクラブで、ある晩、俳優のレオン・アイザック・ケネディと話をしていると、レオンがひょいと、アイスバーグの名前を出した。

「ちょっと待った、それって作家のアイスバーグ・スリムのことか?」

友達だよとレオンは言ったが、信じられなかった。アイスバーグは架空の人物と思っていたからだ。アイスバーグという名前がついた由来が面白い。彼が行きつけのバーでコカインをやっているとき、店の客が隣の男に発砲し、弾はその男をかすめて、スリムの帽子を突き抜けた。だが、スリムはたじろぎもせずに帽子を脱いで、穴の入口と出口を検分していたからだ。その肝の据わりに感じ入って、友達が氷山《アイスバーグ》と呼ぶことにしたという。

ぜひ会いたいとレオンに言うと、翌日車で迎えに来てくれて、アイスバーグのアパートへ向かった。アイスバーグは物騒な区域の小さなぼろい建物に住んでいた。七十代で、一人暮らしだった。俺は七時間ぶっ通しで話をした。彼の人生や著書について。路上の人間みたいながさつな話し方をするものと思っていたら、学者みたいな気品のある話しぶりだった。音節をひとつひとつ明瞭に発音する。刑務所にいるあいだに独学で学んだんだろう、難しい言葉は辞書から学習したんだろうと、そのときは思っていた。

しかし、世間に出る前には大学に通っていたことをあとから知った。赤ん坊のころや子どものころの写真を見せてくれたが、本当に愛らしくて、あどけなかったな。バーグはきわめて興味深い人物だった。悪徳の世界にどっぷり浸かった人間には、とても思えなかった。

真っ先に質問したのは、彼が世界最高のヒモかどうかだった。

「いや、最高のヒモにはほど遠いな。ただ教育を受けて、読み書きを覚えて、ああいう話をまとめただけだ。たぶん自分がしたのはそれくらいのことだ。ほかのやつらのほうがよほど怪物《モンスター》だったよ」と、彼は言った。

はめを外した話をいろいろ語ってくれたが、バーグはもうそれを誇りには思えない人生の時期にさしかかっていた。年を取って、娘たちもできたし、もう大っぴらにヒモはしていなかった。ただし、ヒモ時代には女たちに容赦なかったようだ。あとから知った話だが、彼の師匠が発明したピンプ・スティックという棒を使っていたらしい。洋服のハンガーを折り曲げて、熱いストーブにかざし、それで自分の売春婦を叩くんだ。外で雨が降っていても、「雨をよけて歩け！ とにかくカネを稼いでこい。濡れるんじゃないぞ」と言うような男だった。

愛想のいいタイプじゃなかったから、俺が会いに行っても歓迎はされなかった。だが、あの男こそまさにミスター・ヒモだった。かかとの高い靴を履いて奇抜な色のスーツを着た彼の自信は天井知らずだ。女をどう操っているのか知らないが、とにかく自信に満ちている。人々はああいう人種を見て軽蔑するが、本当はちょっと羨ましくも思っているはずだ。どうやってああいう支配力を身につけ、女に貢がせるのか？

俺はアイスバーグに会うために長旅を繰り返した。試合にも招いたが、当時の彼には負担が大きすぎたようだ。彼は常に一分の隙もない着こなしをしていた。人に先駆けてアスコット・タイを着用した一人だ。フレンチ・カフスを初めて使った黒ん坊《ニッガ》だった。俺の試合を観に来るとなると、古いレザーのスーツを引っぱり出す必要があるし、そんな面倒なことはしたくない、とバーグは言った。自分のイメージを貫いていたんだ。どんな服でも用意するからと慎んで申し出たが、昔かたぎの彼は断った。

ヒモ道の極み

いちど、ドン・キングとローリー・ホロウェイとジョン・ホーンをアイスバーグのところへ連れていったことがあった。アイスバーグはパジャマ姿でベッドにいて、俺たちは小学生みたいに、彼の足元にある古いぼろカウチに座った。バーグに敬意を払って、話したいときは挙手した。「すみません、ミスター・バーグ」と言ってから質問するんだ。手を挙げて指されなくちゃならないなんて、あの傲慢なドン・キングは死ぬほど悔しかったことだろう。

俺が手を挙げた。

「ミスター・バーグ、例の〝ヒモの道〟ってのはどういうものですか？　女を支配して思い通りにさせることですか？」

「いや、そうじゃない」バーグはゆっくり返事をした。「ヒモの道というのは、自分を取り巻く要素を完全に制御できている状態のことだ。ちょうど今みたいに。今ここで何が起きているか、俺はすべて把握している。ヒモの道に吸い寄せられて、その虜《とりこ》になった女は、何をすればいいのかおのずとわかる。磁力で引き寄せられるんだ。女を自分の思い通りにするんじゃなく、女のほうが何をすべきか察する。女たちは自分からその世界に入ってくるのさ。それだけだ。女たちはカネを運んできて、すべてがうまく回りだす。若い者たちは何をしたらうまくいくか、誰をカモにしたらいいか、そんなことばかり考えているようだが、それは間違いだ。女が選ぶんだ。女が進んでそうするんだ。強制じゃなく」

パジャマ姿であっても、彼にはカリスマ性が感じられた。俺たちが自分に敬意を払い、教えを請うために来ていることを、バーグは知っていた。俺たちは何千ドルもするあつらえの服を着て、最高級の革製バッグを持っていたが、彼にとってみたら、ただそこにいる人間に過ぎなかった。

クラブに出かける前に、よくバーグのところへ行って幸運を祈ってもらった。

「元気ですか、バーグ？ 俺たち、今晩出かけるんです」

「そうか、気をつけろよ、若いの。女たちに手を触れさせるな。お前が有名で大変なのは知っているし、たぶん女たちに触れさせてやるだろう。だが、それはしてはならない。女たちにはこう言ってやれ。『おっと、手は離してくれ。どんな育ちをしているんだ、ベイビー？ 彼氏はどこにいるんだ？頼むから、そんなにいじり回さないでくれ』と。女に触られて、にやけているんだろう、マイク？お前のいるのが華やかな世界なのはわかっているが、そういう女たちにいいようにされてはならない。しっかりしろ。お前は見世物なのか？ 女たちにはこう言ってやれ。『お前らの中から選んでもいいが、その前に、まず彼氏に会いたいな』と。そいつらの男は上等か？ 女の育ちを見定める必要がある。男が二ドルのスニーカーを履いたまぬけ野郎だったら、その女には手を出すな」

バーグは自分の状況に満足しているようだった。バーグは資産価値五万ドルくらいのくたびれた共同住宅に住んでいて、俺は億万長者だ。バーグが暮らしている建物をポンと買える以上の現金をカバンに持ち歩いていた。なのに俺たちは彼を崇めたんだ。あの日は、帰る前に、バーグにカネを包むようドンに言った。あいつは一万ドルくらい手放した。

別の日、アイスバーグは講釈を垂れ始めた。

「マイク、お前はとても危険な種類の男だ。生涯、女性問題に悩まされるだろう。手当たり次第にやってしまうからだ。そのうえ、全力でそいつらに貢ぎたがる。問題が絶えないのも無理はない。女をみんな満足させようとして、いつも失敗しているんだろう。そいつらに心を許している。女に情をかけすぎる。これはとても危険なことだ。お前自身にとって危険なことだ。お前はそういう重圧を自分に課す。気が重いし、女も満足させられない。これはお前が母親とのあいだに抱えていた問題なんだ」

まさにバーグの言うとおりだった。そのうち、バーグは体のぐあいが悪くなってきて、死を覚悟するようになった。壁に埋め込んでくれ、と彼は言う。

「なあ、マイク、俺は土に埋められたくない。壁の中に葬ってくれ。魚や虫に食われるのはいやだ。俺は美しいんだ。目を食われたくない。この世には貢献しすぎるくらい貢献してきたはずだ」

まったく、ヒモってのは傲慢だ。ヒモという人種は、できることなら自分の葬儀に行って、誰が参列するか見たいとさえ思っている。自分が死んでいることなんて気にしない。世界じゅうの人が参列しているかどうか確かめたいだけだ。

だから、カバンから二万五千ドルの現金を出して、「バーグ、遠慮はいりませんから。壁に使ってください」と、丁重に差し出した。アイスバーグはそれを受け取り、「おお、そうかい」と言った。だが、決して「ありがとう」とは言わなかった。彼のそういうところが大好きだった。最後までそういう態度を貫いた。むしろ、カネを受け取ってやったことに俺が「ありがとうございます」と言うのを期待していたんじゃないか。

ビジネスパートナーとの別離

ロビンと結婚して一週間くらい経ったころ、俺はキャッツキルで眠っていた。目を覚ますと、地面に雪が積もっていたから、ビル・ケイトンに電話をして、マンハッタンに出られないと伝えた。新しいマネジメント契約にサインしてほしいと求められていたんだ。ジミー・ジェイコブズかビル・ケイトンが死んだ場合、収益の取り分が妻たちに行くよう、内容を変更するものだ。特に問題はないような気がしたが、ケイトンがわざわざオールバニイの警察本部長に頼んでパトカーで俺をマンハッタンまで送らせたときには、頭の中で小さな警報が鳴った。何がなんでもサインさせたいってことだからな。

次の試合は日本でのトニー・タッブス戦だった。アメリカ国内でもセレブ扱いはされていたが、日本の待遇は破格だった。俺の乗った飛行機が着陸すると、集団ヒステリーみたいな興奮が巻き起こり、何千人もの絶叫するファンに取り囲まれた。俺たちの試合は東京ドームのこけら落としで、この新しいスタジアムは六万五千人を収容できたが、発売一時間でチケットの八割が売れた。

興行主の本田明彦が俺の対戦相手にトニー・タッブスを指名したのは、タッブスが全力を尽くせば後半まで持ちこたえて観衆を満足させてくれるだろうと考えたからだ。ドン・キングは二百三十五ポンド以下の体重で試合に臨めば五万ドルのボーナスを出すと、トニーに約束した。ところがどうしたことか、トニーはうまく体重を調整できなかった。

ロビンも東京に合流し、試合直前にボクシング解説者のラリー・マーチャントからインタビューを受けた。

「余計なお世話とは思いますが。サラ・ローレンス大学とハーヴァード医科大学院《メディカルスクール》に通った女性が、なぜ苦境という名の学校の卒業生と恋に落ちることになったんでしょう？」と、彼は尋ねた。

「私も知りたいくらいだわ。でも共通点はたくさんあるんです。伝統的な家庭とか。いわゆるひと目惚れのたぐいね。最初は大変だったけど、それを乗り越えて結婚したの」

伝統的？　まあ、アイスバーグ・スリムから見たら伝統的だっただろうが。とにかく、ロビンは注目を浴びるのが大好きだった。

試合は長くは続かなかった。第一ラウンドでタッブスに探りを入れると、クリンチしてこないのがわかってうれしくなった。あの体重じゃ足も使えないだろう。二ラウンドに入ってパンチを交換するうち、俺の左がテンプルをとらえ、タッブスは棒立ちになった。そのあと強烈なボディを何発か入れ、ロープから離れてきたところを左フックで仕留めた。

試合後、ラリー・マーチャントからインタビューを受けたとき、俺はいつもの誇大妄想狂に戻っていた。

「痛めつけられたり倒されたりはごめんだ。俺は負けることを断固拒否する！」

ニューヨークに戻る飛行機の中でロビンが威張り散らし始めた。ビル・ケイトンに詰め寄り、「私はマイク・タイソンの妻よ、あとは私が引き継ぐわ」と言ったらしい。ケイトンやジミーと交わした契約書全部に目を通すという。彼女が見たいというなら、べつにかまいやしなかった。あそこにジミーがいたら、事はもっと穏やかにすんでいたにちがいない。ケイトンよりずっと人当たりがよかったからな。だが、ジミーはニューヨークで入院していて、あの試合には来られなかったんだ。俺には、一九〇〇年前後の黒人ボクサーの貴重なフィルム映像を探していて同行できないなんて嘘をついていたが。

ジミーが重体だなんて、誰からも聞いていなかった。だから、ニューヨークに帰って二、三日経ったころ、リムジンの中でロビンから電話を受けたときは愕然とした。

「マイケル、ジミーが亡くなったの」と、彼女は言った。

頭が混乱した。ジミーとは長い付き合いだった。彼はカスとも親密だった。俺にとってカスが父親みたいな存在だとしたら、ジミーは兄貴みたいな存在だった。だから、九年のあいだ慢性リンパ性白血病に苦しんでいたのに、俺には病状を隠していたと知ったとき、どんな複雑な悲しみに見舞われたか、心中を察してくれ。もっとひどいのは、みんなが俺に嘘をついて、ジミーの病気はたいしたことないと言ってたことだ。タッブス戦に旅立つ前、ケイトンが強引に契約書にサインさせようとしたのは、ジミーの死が迫っているのを知っていたからなんだろう。

次の日、俺はジミーの葬儀のためにロサンジェルスへ飛んだ。ジミーがいなくなるとハゲタカたちが新鮮な肉、つまり俺を求めて周囲を回っていた。そこにはドン・キングもいた。ジミーの棺の付き添い人は俺とドンで務めることになった。ビル・ケイトンがドンを選んだのにはびっくりしたよ。それまでケイトンは俺の試合のプロモートからドンを遠ざけようとしていたんだからな。ドンが言葉巧みに騙して、俺の操縦に力を貸すと言ったにちがいない。俺とケイトンはそんなに親しくなかったからな。葬式の最中、ドンとホセ・トーレスが礼拝堂の後ろのほうにいたが、たぶん取引していたんだろう。ホセは俺のマネジメントに加わろうとあれこれ画策していた。

ロビン親子の陰謀

俺が葬儀に参列しているあいだに、俺の財務を担当していたニューヨークのメリル・リンチでロビン親子がひと騒動起こしていた。ボクシングの名記者バート・シュガーがたまたまそのオフィスに居合わせ、ロビン親子がメリル・リンチの人たちに怒鳴り散らすところを目撃している。「私のお金を出して」と、ロビンは要求した。俺の担当者が断ると、ロビンは「ろくでなし」と罵倒した。二人はロビンの母親ルースが俺たちの住まいに選んだニュージャージー州の豪邸を買うために、五百万ドルの現金を引き出そうとしていたんだ。

俺はロサンジェルスに飛ぶ前に、ルースに言われて、ロビンに代理権を与える書類にサインさせられていたから、ロビンは現金を引き出せるはずだった。葬儀の朝、ロビンはメリル・リンチのオフィスから電話をかけてきて、担当者を電話に出した。俺のカネは三重非課税で短期投資されていて、四月十四日に満期をむかえると、担当者は説明した。その利子で一九八八年の税金の大半がまかなえるだろうから、現金を引き出すことに難色を示していたんだ。俺は話を聞いて、カネを渡してやってくれと指示した。恋は盲目だ。まったく、大まぬけだったよ。

ルースはすてきな家を見つけてくれた。場所はニューヨークの西三十マイル、ニュージャージー州のバーナーズヴィルだったが、交通の便が悪く、三十マイルどころか三百マイル離れているような気がした。かつてフランクリン・ルーズヴェルトの国務次官が所有していた、だだっ広い石造りの家だ。俺はスペイン系の女性に装飾の相談をして、最高級の豪華な家具を選んだ。それぞれの部屋に異なるテーマがあった――ある部屋は地中海式、ある部屋はヴィクトリア朝様式と。当時、俺は知らなかったが、ルースは俺の友人たちに、二人にウェディング・プレゼントをくれるつもりなら家具がいいと言って回っていた。これだけ見ても、あいつらがどんなにやり手だったかわかるだろう?

俺はあんまりあの家で過ごさなかった。ロビンが仕事をしているときはロサンジェルスに行って、彼女の家に泊まった。しかし、ときどきパーティを企画した。ルースとロビン親子は俺のブラウンズヴィルの友人たちを嫌っていた。あの地域の連中と付き合って格を下げたくなかったんだ。俺たちがパーティをするとき、ロビンが移動式トイレを頼んだこともあった。俺の友人たちに家のトイレを使わせないために!

メリル・リンチのオフィスに押しかけた日、ロビン親子はケイトンの事務所に連絡を取り、俺に関係する財務記録を全部見せるよう要求した。結婚したとたんスイッチが入ったらしい。ロビンは注文が厳しくなった。彼女と母親は俺への支配をいっそう強めようとした。俺はもううんざりで、以前にも増してほかの女たちとやりまくるようになった。

ある日、ロビンとルースと三人で、ソウルフードを出すマンハッタンのダウンタウンのレストランにいた。ロビンが支払いのために俺のポケットに手を入れたら、コンドームが出てきた。ロビンはかんかんになって怒ったが、ルースはそれほど気分を害したそぶりを見せなかった。「やめなさい、ロビン、だいじょうぶだから。結婚したてのころには、こういう行き違いはよくあるのよ」と言って。

金《きん》の卵を産むガチョウを逃がしたくなかったんだな。店を出たが、ロビンはまだ怒っていて、運転席に座るとヴァリック通りを走って、ホランド・トンネルからニュージャージー州へ戻り始めた。もともと運転は上手なほうじゃなかったが、憤慨していたせいか、ベントレーを前の車に追突させた。

運転手が出てきて手を痛めたと騒ぐから、現金で二万ドルを渡してやった。手を痛めているはずの男は急いで走り去った。港湾局の警官が二人、現場にやってきた。ロビンを面倒に巻き込みたくなかったから、俺が責任をかぶって、運転していたのは自分だと言った。あのころは、そこまで彼女を愛していたんだ。警官の一人は俺を見て本当にうれしそうだった。そいつの目には盗っ人の色が浮かんでいた。いい車だとあんまりお世辞を言いたてるから、俺も頭が働き始め、それとなく賄賂を要求しているのだとピンときた。だから、事故を報告せずにいてくれたらその車をやろうと申し出た。

「そんなことはできません」と、そいつは言った。

「いや、できるさ」俺は言った。「あんたは働き者だ。毎日、命を危険にさらしている。この車を受け取る資格は充分にある」

「ベントレーなんかもらって、どうしろというんです?」

「部品を売ったらどうだ」と、俺は勧めた。

「今のは聞かなかったことに」と、そいつは言った。その線はすでに検討ずみだったかのように。

このときにはもう、ロビン親子はタクシーで現場を離れていた。

あの二人と二、三カ月暮らしたあたりで、はっきりと本性が見えてきた。モハメド・アリの右腕のジーン・キルロイに電話し、

「あいつらのおかげで頭がおかしくなりそうだ。俺のことを奴隷あつかいしているんだ。母親ときたら、自分の夫みたいに俺に話しかけてくるし」と、俺は嘆いた。

ロビンと母親だけじゃなかった。ジミーがいなくなったら、みんなが俺を支配しようと争っていた。ロビン親子は財務記録を全部入手したが、さっぱり理解できなかったから、ドン・キングにその記録を見せてしまった。ここぞとばかりドンは俺たちのチームに楔《くさび》を打ち込んできた。ロビンとルースに、ケイトンに対する偏見をいだかせ始めた。ケイトンが俺の将来の興行からドンを締め出そうとしていたからだ。

信用できるのは誰だ

じつを言うと、このころは自分を取り巻くこういう陰謀に全然気がついていなかった。プロになって最大級の試合を六月に控えていたからだ。マイケル・スピンクスとの世紀の一戦。彼こそがヘビー級チャンピオンだと世間は思っていた。やつはベルト統一トーナメントから手を引いてＩＢＦのベルトを剥奪されていたからだ。俺は試合に向けてトレーニングに入っていた。つまらない契約書に一行一行目を通す気にはなれなかったんだ。いま考えるとまったく、大まぬけだったよ。

みんなでメリル・リンチのオフィスに行って、別の銀行に一千万ドル移したから、ロビン親子は全額分の小切手を切れる特権を手に入れた。この時点ですでに俺は、宝石やら服やら毛皮やら、二人のために五十万ドル以上使っていたし、ロビンには八万五千ドルのＢＭＷを買ってやっていた。ダイエットペプシのＣＭ撮影が始まろうとしていた直前、ルースがカメラを止めさせ、ケイトン

に恐喝まがいのことをした。ケイトンはやむなく収益の取り分を三分の一から二十五パーセントに引き下げることに同意した。それはいいことだった。マネジャーの取り分は十パーセントから十五パーセントが相場なのに、ケイトンは俺のCMから上がった収益の三分の一を握っていたからな。

五月の終わり、ルースはケイトンを訴えて、俺のマネジメントから外そうとした。そのとき俺は反対しなかった。ジミーの病状のことでみんなに嘘をつかれてからというもの、あいつらを心から信用できなくなっていたからだ。心機一転、仕切り直す必要を感じていた。家財道具か何かみたいにジミーからケイトンへ俺を引き継げるという考えにも抵抗があった。どっちを向けばいいかわからない。まだ戦うことにも葛藤があった。試合があるたび引退を考えていた。そのくせ、戦わないでいると戦いたくなる。頭のネジが狂っていたんだな。

ロビンが流産したと言ってきた。結婚したとき、あいつは妊娠三カ月のはずだった。もう六月だというのに、いっこうに体重は増えず、おかしいと思っていたら、ベッドに入ってくるなり流産したと言った。今にして思えば、あいつとの子どもなんてゾッとするが、当時の俺は心のどこかで子どもが欲しいと思っていた。いずれにしても、向こうは俺の子なんて欲しくなかったろうが。俺みたいなまぬけな黒い赤ん坊を授かるくらいなら、死んだほうがましだったただろう。

こういう数々の圧力に少しずつ精神が侵されてきた。ボクシング記者たちと話をしていたとき、支離滅裂になった。

「お前らは人の生活をぶち壊す人間だ。お前らに話をしてやるなんて、俺もおめでたい人間だ。そのうち面《つら》の皮を剥いでやるからな。女房も義理の母親も、ズタズタに切り刻んでやる。リングに上がれば問題は消えてなくなる。パンチを頭にもらっていれば、簡単に問題を忘れられるからな。ボクシングの世界の連中は性《たち》が悪い。俺の出てきた土地の人間は犯罪者ばかりだったが、ボクシング界のやつらはあの界隈のどんなやつよりずっと悪党だ。俺のためを思ってない。『お前のためにこうした、ああした』と言うが、そいつは嘘だ。何もかも自分のためにしたことだ。俺が何か手に入れるたび、俺よりたくさん分け前を持っていく」

そのころ、俺はシェリー・フィンケルに電話をかけた。ボクシングの世界には珍しい、人間味あふれる男だった。

「シェリー、このままじゃロビンかケイトンか、どっちか殺してしまいそうな気がする」

シェリーはすぐケイトンに電話をかけて、俺とロビンと話し合うよう勧めたが、ケイトンは俺のほうが出向くべきだと返答した。あいつは俺が必要としているときに友達でさえいてくれなかった。ロビンと母親は最初から俺をはめる気だったんだ。すでに俺を陥れることには成功していたが、さらに粘って結婚生活を長続きさせることはできなかった。たぶん、あいつらにとって俺は横暴すぎたんだろう。〝もうちょっと粘ればお金は手に入るけど、もうこいつは手に負えないわ〟と思ったんだ。

そこで二人は次善の策を実行に移し始めた。

仕組まれた計画

六月十三日、スピンクスとの大一番の二週間前、「ニューズデイ」紙のウォリー・マシューズの元にオルガから電話が来た。オルガというのはルースの助手で、奴隷みたいにこき使われてルースの怪しげな会社の副社長をしていた。そこに出資していたのは、ルースの会社の筆頭株主だった元ヤンキースのデイヴ・ウィンフィールドだ。ルースはヘルペスを感染《うつ》されたとデイヴを訴えていたが、その前にそれだけのカネをせしめていたんだ。オルガはマシューズに、俺がルースとロビンに肉体的虐待を加えていると告発し、でもそれはマイクのせいじゃない、と付け加えた。ただ彼が社会に適応していないだけなんだと。

ウォリー・マシューズはまともな記者だったから、第三者の証言が必要だと答えた。オルガは折り返し電話をすると言った。翌日、オルガから電話があり、ポルトガルでテニスのトーナメントに出場していたロビンの妹、ステファニーの連絡先を教えてきた。マシューズが電話すると、ステファニーは全部本当だと証言した。ロサンジェルスでロビンが出演している連続ホームコメディのセットに俺が酔っ払って現れ、照明を壊して、罵声を浴びせ、ロビンの頭を拳で殴ったと言ったらしい。「姉をどうやって殴り、どこを殴れば、深刻なダメージを与えずにすむか、あの男は知っているんです」と。いやはや、まるでカンフーの達人だな。だが、ステファニーはこうも付け加えた。それはマイクのせいじゃない。社会に適応していないだけなんだと。

これでウォリーは陰謀に気がついた。オルガとステファニーはまるで示し合わせているかのようだった。こんどは鬼婆《ルースレス》ルースがウォリーを自分の〝オフィス〟に招いた。ルイス親子の弁護士ウィンストンも同席していて、ウォリーに録音しないように釘をさした。だが、彼は抜け目がなかった。ポケットに手を入れ、隠し持っていたテープレコーダーのスイッチを入れていた。ルースはケイトンを訴えるために何もかも公にするつもりだと語った。ロビンと俺と俺たちの子どもが何不自由なく暮らしていけるようにするため、俺にビジネスのイロハを理解させたい、とも。

「私は義理の息子のマイクを心からかわいいと思うようになりました」ルースはウォリーに言った。

「彼がロビンを愛し、私を慕っているのも明らかです」

ところが、ケイトンがマスコミに根回しして自分に対する偏見を植えつけたせいで、自分のもとに脅しや卑猥な電話がかかってくるようになったのだ、と彼女は訴えた。一時間話し続けたところにロビンがタイミングよく現れた。

「あら、ママ、取り込み中だったのね」彼女は大げさに驚いて見せた。「新聞記者の方がいらっしゃるなんて！」

そこでいきなりロビンは泣きだした。マイクに殴られたと言って。

「それは本当ですか？」と、ウォリーが尋ねた。

「発言を使わないでね、くれぐれもオフレコで」と、ロビンは言った。

だが、そこであいつはこう言った。「知り合ってからの一年五カ月でマイクはすっかり変わってしまった。しみじみ感じるわ。マイケルは社会に適応していないって。彼はまだ二十一歳だし、二十一にしては子どもだから」

翌日、トレーニングしていた場所へウォリーから電話がかかってきた。ロビン親子の話をどう思うか聞くためだ。留守番メッセージが入っていたから、俺が折り返し電話した。

「何かあったのか？　まずいことになりそうなのか？」

話に耳を傾けていると、ルースとロビンが俺から肉体的虐待を受けたと主張しているという。もちろん、そんなばかな話は完全に否定した。

ロビンはニューヨーク・ローカル局の五時のニュースにも出演し、俺の口座から二千万ドルが消えていると主張した。さらに、私立探偵が彼女の母親を尾行していて、ケイトンが俺たちの離婚に手を貸してもらうためクレメンツ神父に五万ドルを渡したとも主張した。そのあと、信じられないことに、ロビンは「これは全部マイケルが画策したことです」と言ったんだ。

いったい俺が何をしたんだ？　あいつらは卑劣な悪党だった。俺のカネにたかることしか頭になく、そのうえ、実物以上に自分をよく見せようとした。

ウォリーの記事は日曜の新聞に載る予定だったから、ロビン親子は土曜日、俺のトレーニング・キャンプへやってきた。俺がその記事を読む前に準備をしておきたかったんだ。自分たちの話は誤って解釈されたのだとあいつらは主張した。大まぬけ野郎の俺はそれを信じてしまった。

「ケイトンは十年後にはもうこの世にいないだろうが、俺はその先も妻といっしょにいる」と、俺は報道陣に語った。「あの男は二人がカネ目当ての人間であるかのように見せようとしている」ロビンも同席して、求められてもいないのに自分の考えをしゃべった。「彼らは私たちの仲を引き裂こうとしているの。今日という今日は、ケイトンについて心を決めました」

「あいつは蛇だ、冷酷漢だ」と、俺は言った。

「ケイトンとはもうおしまい」と、ロビンは言い切った。

別の記事には鬼婆《ルースレス》ルースの発言が載った。「私は彼の母親代わりであって、マネジャーではありません。私は家族を束ねる接着剤なんです。私がいなくなったら家族はバラバラになってしまいます」

あの二人は誇大妄想的なくそ女《ビッチ》だった。いっぽう、ドンは舞台裏に潜んで、ケイトンのクビを切るという女たちの大仕事を見守り、襲いかかるチャンスをうかがっていた。

リングの上だけが居場所

こんなあれこれが進行しているあいだ、ホセ・トーレスはなおも俺のマネジメントに加わろうと画策していた。たしかに俺は金《きん》の卵を産むガチョウだった。HBOのマイケル・ファックスなんか、俺のことを「トランクスをはいたキャッシュレジスター」と呼んでいたからな。俺が「ニューヨーク・ポスト」でホセがマネジャーになるという噂を一蹴すると、あいつはあきらめて、前金三十五万ドルでタイムワーナー社と出版契約を交わした。当時としては破格の金額で。この四年前に、ホセは俺のチャンピオンへの道のりを本にするとカスに約束して、印税をカミールと分けることになっていたんだが、ここへきて、あいつはその本を俺の伝記として勝手に出版社に売りつけたんだ。

つまり、俺は大事なスピンクス戦をむかえる前に、こんなクソみたいな状況に取り巻かれていたわけだ。試合前日、俺はまわりで起こっている大騒ぎについて訊かれた。

「あいつらみんな大嫌いだ。記者、プロモーター、マネジャー、有線放送のやつら、どいつもこいつもだ。あいつらは俺のことを屁とも思っていない。俺の妻を屁とも思っていない。俺のトレーナーや俺の義理の母や俺の鳩のことを屁とも思っていない。カネにしか関心がない。だからもう何も聞きたくない。俺たちは友達だなんて、心にもないこと言いやがって。友達なんているか！　管理《マネージ》してくれる人間なんか必要ない。俺は大人だ。俺に必要なのはトレーナーだ。通りに出て、路上の戦い《ストリートファイト》で百万ドル稼いでやる」

ああ、もう頭の中はぐちゃぐちゃだった。そんな折、ニューアーク［ニュージャージー州］の「スター・レッジャー」紙のベテラン記者、ジェリー・アイゼンバーグからインタビューを受けた。俺がどんなに苦しんでいるか、ジェリーはわかってくれた。朝のロードワーク中、どんなことを考えているのか、と彼が尋ねる。

「カスのこと、カスが話してくれたこと、カスの目がどんなに正しかったかだ。そのカスはもうそばにいて助けちゃくれない。いろいろ考えていると、昔はもっと楽しかったなと、ふと思うんだ。あのころはカネのことなんて、あんまり考えなかった。みんなが家族みたいだった。みんなで力を合わせていたのに、カスが死んでからというもの、何から何までカネ、カネ、カネ。信用できる人間は一人もいない」

そこで俺はアイゼンバーグにすがり、胸に顔を埋めて、身も世もなく泣きだした。あんまり泣いたから、アイゼンバーグは自分の部屋に戻ってシャツを替えてくるはめになった。

だが、こういう狂騒的な状況だからこそ、かえってリングに集中できた。あそこにいるときだけは、こういうばかげた現実から逃れられる。スパーリング中も、片っ端から相手をノックアウトした。試合の直前にはいつもの自分に戻っていた。

「ボストン・グローブ」紙の記者にはこう語った。「俺はスピンクスを叩きのめす。みんな叩きのめしてやる。戦うときは相手の心を折ってやりたい。闘志を奪ってやりたい。相手の心臓をつかみ出して、相手に見せてやりたい。俺は野獣だ。それを見たいからみんな五百ドル払うんだろう。俺は戦士だ。ボクシングに打ち込んでいなかったら、法を犯しているだろう。それが俺の本質なんだ」

こんな虚勢を張りまくってスピンクス戦に挑もうとしていた。

「少々怖いものがあったほうが人生は面白い」試合前の最後の記者会見で、スピンクスは報道陣に語った。

スピンクス戦には自信満々だった。しかし、巷《ちまた》の人たちからは、まだ相応の尊敬を得られていなかった。みんな、スピンクスがボクシングの世界で果たした業績を俺の業績より長いこと見守ってきたからだ。試合前にニューヨークやロサンジェルスをぶらついていると、そいつらが寄ってきた。

「スピンクスはお前をノックアウトする。お前を叩きのめす」

「クスリでもやってるのか?」と、俺は言った。「そんなことを信じるなんて、宇宙人にちがいない」

あいつらはただ俺が憎らしかったんだ。

ロベルト・デュランが試合を観に来たがっていると聞いて、大いに興奮した。俺の控え室に来てくれるなら会いたいから、チケットを一枚送っておいてくれ、とドンに言っておいた。だが、デュランのほうが上手だった。試合当日、俺のホテルの部屋を訪ねてきたんだ。大ファンだった男に会えたのがうれしくて、絶対試合に勝てる気がした。彼の友達のルイス・デ・クバスもいっしょだった。デ・クバスが俺に、「試合開始のゴングと同時に飛び出して、ぶちのめせ」みたいなアドバイスをしてきた。

「黙ってろ」と、デュランは言った。「ゆっくり時間をかけろ、坊や。ジャブを使え。ジャブから次につなげるんだ」

試合の夜、スピンクス陣営が攪乱戦法に出た。マネジャーのブッチ・ルイスが近づいてきて、俺のグラブにテープが巻かれているところを見ていた。

「だめだ、だめだ、グラブを外してテープを巻き直せ」ケヴィンが巻き終えたところでルイスが言った。「テープがこぶになっているじゃないか」

「言いがかりつけるんじゃない、出てけ」と、俺は言った。

「脅してもむだだ」と、ルイスは言った。「テープを巻き直せ」

「俺は神だ、何もする必要はない」と、せせら笑った。

「いいや、そうしてもらわないと困るよ、神様」と、ブッチは言った。

「出てけ！」と、ルーニーが怒鳴った。

結局、ニュージャージー州ボクシング・コミッショナーのラリー・ハザードと、スピンクスのトレーナーのエディ・ファッチを呼び入れ、彼らがテープの巻きぐあいに問題はないと判断した。

だが、俺は頭にきていた。

スピンクスが先にリングに入った。ちょっと脅かしてやろうと考えて、俺は葬送曲を流し、それに合わせてアリーナに入っていった。ゆっくり歩いてリングに近づいた。殺気に満ちたギラギラした目で観衆を見た。とにかく、恐怖に満ちた不穏な雰囲気をつくり出したかったんだ。入場のあいだ、観衆の視線を百パーセント感じていた。

毎回、殺人鬼《キラー》のイメージを投影することを考えていた。そのいっぽうで、観衆と一体になりたいという思いもあった。危険なオーラを放ち始めると、リングに入って両腕を持ち上げただけで観客が熱狂した。逆に相手の精気はゆっくり抜け落ちていく。

ロビンは襟ぐりの深い目の覚めるような赤いドレスで、ドンの横にいた。ノーマン・メイラーも来ていた。彼がのちに興味深いことを記している。「タイソンはやつれて見えた。恐れや不安は見受けられなかったが、どこか疲れていた。解決できない問題がまだ存在しているかのように」と。ノーマンの目に狂いはなかったが、俺のかかえていた問題はひとつじゃなかった。

リングに入ると同時に、俺はスピンクスを見やり、ぶちのめしてやらなくちゃなと思った。リングの中央でレフェリーが注意を与えているあいだ、スピンクスは俺を見ようとしなかった。ゴングを待つあいだにケヴィン・ルーニーが、俺の一ラウンドKO勝ちにこの試合の報酬を賭けているぞと発破をかけた。

試合開始。俺はまっすぐ相手に向かった。しばらく追い回したあとパンチの応酬になったが、やられる心配はないと確信した。相手のパンチには痛みすら感じない。開始一分くらいでロープ際に追い込んで左のアッパーを当て、右のボディでダウンを奪った。

デビュー以来、スピンクスがキャンバスに倒れたのはこれが初めてだった。これで勝ったと思った。この一週間、ずっとスパーリング・パートナーをボディで沈めていたからだ。俺にはそんなに強いとは思えないパンチで向こうはダウンした。スピンクスが立ち上がり、八カウントが数えられたあと、試合再開。三秒後、向こうが大きな右をぶん回したところへ右のアッパーを放つと、そこで試合は終わった。俺は手のひらを上に両手を広げてコーナーに戻った。昔の偉大なボクサーたちがみんなそうしていたからだ。謙虚さを示す身ぶりだが、心の中ではまだ自分が最高だと思っていた。試合後の記者会見で、世界の誰にでも勝てると言い、自分の知るかぎり今回が最後の試合かもしれないとも言った。どっちも本気だった。私生活のごたごたが落ち着くまで、二度と試合はしたくない。このころには、ロビン親子やマネジメント・チームを放り出す必要を感じていた。心機一転、新たなスタートを切ろう。

タイソンをあごで使う女

打ち上げパーティが開かれ、有名人がこぞってやってきた——シルヴェスター・スタローン、ブルース・ウィリス、ブリジット・ニールセン。会場をめぐっていると、ひとつの席で姉貴のデニスがみんなに取り囲まれてちやほやされていた。〝うわ、なんてこった。ここは退散したほうがよさそうだ〟と思った。そっと離れて出ていこうとすると、「マイク！」と、よく響く太い声が呼びかけた。聞こえないふりをして歩き続けた。「マイク！　マイク、何やってるの、早く、ここに来なさい」俺はその席に戻った。「マイク、ダイエット・コークを持ってきて。早く！」と、姉貴は言う。

「わかったよ、姉ちゃん」と、俺は言った。

姉貴は大人物だった。いつも俺のことを心配してくれた。どれだけ栄誉を得ても決して変わらない関係もあるんだ。てやりたいと思っていただろう。姉貴は単純な人間だった。たぶん、ロビンとルースをぶちのめしてやりたいと思っていただろう。姉貴は単純な人間だった。オプラ・ウィンフリーやナタリー・コールみたいな有名人に会えて大喜びだった。彼らの目の前で俺にダイエット・コークを取ってこいと命令したり、あごで使ってみせてご満悦だった。まわりの人間が、「おい、あそこにいるのはアイアン・マイクだ」と言っている中、姉貴は俺に命令する。

ロサンジェルスにいると、姉貴から電話がかかってくることがあった。「もしもし、マイク、マットレスが必要なんだけど」

「わかった、誰かに持っていかせよう」

「知らない人たちじゃ困るわよ。マイク、あなたが持ってきてちょうだい」

俺の友達のショーティ・ブラックはニューヨークのクイーンズ地区に小さな安酒場を一軒持っていたが、姉貴はそこが世界でいちばん大きな店みたいに言っていた。「今夜はショーティの店に行くのよ」と、よく言っていた。マンハッタンで〈ベントレー〉や〈チャイナ・クラブ〉やハプニング・クラブに連れていってやろうとしても、ショーティの店でいいと言うんだ。

ドン・キングの影

俺はスピンクス戦をジミー・ジェイコブズに捧げた。そのあと、いつものようにカスの墓参りに行った。タイトルを防衛するたび、シャンパンの大瓶を持ってあそこへ行き、カスと祝杯をあげた。カスはシャンパンが大好きだったからな。

スピンクス戦のあと、俺の状況はますますおかしなことになってきた。ビル・ケイトンはロビン親子に訴えられて憤慨していたが、ひとつの財産みたいに俺がジミーからケイトンへ譲り渡されるなんておかしいと考える報道関係者は一人もいなかった。ジミーがいなくなったからって、ケイトンにマネジメントを任せたいなんて俺が思うわけないだろう。カスが健在だったら、ケイトンはとっくの昔に切られていたはずだ。カスはケイトンが好きじゃなかった。カスの天敵のＩＢＣと仕事をしたことのある人間だったから。

ロビン親子はドナルド・トランプをアドバイザーとして陣営に引き入れたが、あれは失敗だった。トランプはボクシングの世界を知らなかった。ファイトマネーの取り分の交渉も、付随的権利や海外の権利やテレビとの契約のことも、何ひとつ。俺でひと儲けしようとする人間が多すぎて、この争いは長引いた。七月、ビル・ケイトンは契約を見直してマネジメント料を二十パーセントに下げ、広告やCMについても十六パーセントに下げた。みんなが合意に達したのは、スピンクス戦での取り分が訴訟のせいで棚上げになっていたからでもあった。これで俺には一千万ドルの小切手が手に入り、ケイトンは五百万ドルを手にした。

みんなからリングに戻るよう圧力をかけられたが、俺は急がなかった。ロンドンでフランク・ブルーノと戦うことになっていたが、ケイトンとの和解を発表する記者会見で俺はみんなを唖然とさせた。

「ブルーノ戦はパスして、六週間から八週間くらい休養を取って、ゆっくりしようと思う。今は戦う気分じゃない」

このころから、ドン・キングと過ごす時間がだんだん長くなっていた。五月にクリーヴランドに行って、あいつの家に何日か滞在した。ドンからプロモーション契約にサインさせられていたが、スピンクス戦が終わるまでそのことは口外しないことになっていた。俺たちみんなが、あいつに完璧に操られていた。

あの年のいつだったか、ドンに連れられてマイケル・ジャクソンのステージを観にいった。ドンはマイケルと父親のジョセフのプロモーションを手がけたことがあって、いっしょに楽屋を訪ねた。ジョセフには試合のとき何度か会ったことがあった。俺たちが楽屋に入ると、マイケルが一人で車を待っていた。誰も彼には近づけない。しかし彼は、俺がサインをねだる人たちに囲まれているところを見ていた。マイケルが車に乗る前に握手したかったから、彼のところへ歩み寄った。

「ミスター・ジャクソン。会えてうれしいです」と、俺は言った。

マイケルは一瞬黙り込み、俺を見た。

「どこかでお会いしましたっけ？」

あの夜、俺は踏みつけにされた。マイケルは俺が誰か知っていたはずなのに。それでも怒るわけにはいかなかったし、あれはなかなか気の利いた台詞だなと思った。今度、別の誰かに使ってやろう。

八月十六日、ドン・キングはニューヨークにやってきて、俺がすでに自分との独占プロモーション契約にサインしているという爆弾情報を投げた。ビル・ケイトンは激怒して、訴えると脅した。ロビン親子はほとんど蚊帳の外。俺のビジネスを引き継ぐ試みは失敗に終わっていた。だから次善の計画に切り替えた——俺をある種の怪物《モンスター》に仕立てて、離婚で大きな財産分与を手に入れようと考えたんだ。

夏のあいだ、ずっとロビンはインタビューに答えて、俺に暴力を振るわれたと訴え続けた。しかし記者たちから証拠を求められると、主張を裏づけることはできなかった。あの二人も今は変わっているのかもしれないが、俺の知るかぎり、当時は銀河系最悪の性悪だったよ。

ロビン親子の次の計画は、俺の財産を管理できるよう俺を精神科病棟に入れることだった。鬼婆《ルースレス》ルースは知り合いのヘンリー・マッカーティス博士という精神科医に診察させようとした。俺が相手にしないと、女たちは医師に電話をかけて、リチウム［精神安定剤］とソラジンの処方箋を書かせた。俺は躁鬱病だとマッカーティスから二人に報告が行く。ルースは弟のマイケルに協力させて俺に薬を飲ませようとした。しかしマイケルは、おかしいと思ったようだ。まず俺に、「マイク、この薬を飲みたいのか？」と訊いた。そして最後に、「こんなもの飲まなくていい」と言った。

次にルースは俺の友人のローリーを使って薬を飲ませようとした。薬を飲んだか確かめるため、毎日ローリーに電話をかけてきた。ローリーはどうでもいいと思って、薬は飲みきったと返事し、俺にはフェデックスで追加分が届くぞと教えてくれた。

路上でのバトル

ミッチ・グリーンと路上で乱闘になったときは、薬ではなく酒を飲んでいた。俺に負けて以来、あいつは落ち目になっていた。麻薬所持容疑で逮捕され、通行料を払わずに橋を突っ切り、ガソリンスタンドに強盗に入って逮捕されてもいた。店員を縛り上げてレジの下に押し込め、スタンドに来た人たちのカネを巻き上げたらしい。

八月の終わりのある晩、俺はクラブで遊んでいたが、〈ダッパー・ダン〉に立ち寄って、仕立ててもらっていた服を引き取ってくることにした。白いレザージャケットで、背中に〝ドント・ビリーヴ・ザ・ハイプ〟というパブリック・エナミーの歌のタイトルをあしらったものだ。ジャケットに合わせて、デイジー・デューク風の白い革の短パンも頼んでいた。当時は鍛え抜かれた体だったから、筋肉もりもりの太股を見せつけたかったんだな。

当時、ヒップホップ歌手と麻薬の売人を兼ねているようなやつらはみんな〈ダッパー〉で服を調達していて、店はそんな客相手に遅い時間まで営業していた。午前四時ごろ、俺はヒップホップ歌手でも麻薬の売人でもなかったが、〈ダッパー・ダン〉で楽しく過ごしていた。

買い物はいつ行っても楽しいから、俺は上機嫌だった。ところが、あのミッチ・グリーンが上半身裸で店に飛び込んできて、気分を台無しにしてくれた。

「ここで何してるんだ、ホモ野郎。俺の人生はお前とドン・キングにあの試合でぶち壊されたんだ！」と、あいつはわめきだした。「話し方を見りゃわかる！　お前はホモだ！」

当時はおだやかな白人社会で生きていたし、テレビのCM契約もあったから我慢していたが、俺は心の底は血に飢えた殺人鬼だ。それでも、ジミー・ジェイコブズみたいなビジネスマンたちに倣って、口のうまいユダヤ人にスイッチを切り替えた。

「なあ、ミッチ、自分が何をしているかよく考えろ。こういう生活が先々の健康にいいとは思えない。俺にリングで痛い目に遭わされたのを思い出せ」と、俺は言った。「今すぐ出ていくのが身のためだぞ」

「俺はお前にやられたんじゃない！」ミッチは叫んだ。「食い物がなかったんだ。ドン・キングの野郎が俺に食わせなかったせいだ」

いつまでも言い争っているのはごめんだ。だから服を引き取って、外へ歩きだした。歩道に出たが、いかれた黒ん坊《ニッガ》はなおも怒鳴り散らしながら追ってくる。そこで突然、頭の中でささやく声がした。〝俺はマイク・タイソンで、誰もが認める世界へビー級チャンピオンだ。こんなくそ野郎に我慢している必要がどこにある？〟

ミッチは俺の前に立ちはだかって顔をかきむしろうとし、シャツのポケットを引き裂いた。もう許さない。目のあたりをガツンと強打した。俺も酔っていたから、あいつはエンジェルダスト［合成ヘロイン］で舞い上がっているだけなんてわからなかった。十歳の子どもと喧嘩しているみたいだった。通りをずっと引きずり回し、あいつは悲鳴をあげていた。あの晩よりリング上で戦ったときのほうがましだったな。

何発も殴ってボコボコにし、ミッチは右へ左へよろめいていたが、倒れそうで倒れない。そこで、『燃えよドラゴン』のブルース・リーばりの廻し蹴りをケツに食らわしてやったら、やっと倒れた。俺が酔ったときよく車の運転をしてくれていた友人のトムが引き離しにかかった。

「おい、マイク、死んじまうぞ、こいつ」

「俺に手を出したのが運の尽きだ」と、俺は言った。車に戻りかけたとき、『ナイト・オブ・ザ・

リビングデッド』のゾンビと化したミッチが、『13日の金曜日』のジェイソンみたいにがばっと起き上がって、俺の股間を蹴ってきた。

「死ね、ホモ野郎！」

これにはキレた。俺はミッチの首に飛びかかり、パンチを入れて引きずり倒すと、失神するまで歩道に頭を打ちつけた。疲れたから､車に戻った。俺は明るい黄色のロールスロイス・コーニッシュで来ていた。一九九八年当時で三十五万ドルした代物だ。車に乗り込んでトムを待った。トムが運転席に乗り込む。

「早く車を出せ。ずらかろう」

「だめだ。車の下にあのいかれた黒ん坊《ニッガ》がいる」とトムが言う。

窓の外を見ると、またミッチがパッと起き上がった。金切り声をあげ、叫び声を発して、窓をガンガン叩いてくる。さらにバキッとサイドミラーを引き剥がした。さすがの俺も、あいつに負けず劣らず怒り狂った。

ドアを開けて頭をつかみ、得意のパンチ、右アッパーを放つ。ガシッ！　ミッチは宙に浮いて、ぬいぐるみみたいに頭からどさりと落ちた。ストリートファイトの体験者なら誰でも知っているが、頭を二度地面で打つと、一度目で気を失い、二度目で正気に返る。ミッチは一度しか打たず、口から白いものが漏れ出した。そのころにはポン引きと売春婦とクラック常用者の人だかりができていて、いっせいに「うわーっ」と悲鳴があがった。

さすがにびびった。本当に死んじまったかもしれない。眼窩《がんか》が陥没し、鼻が折れ、肋骨の何本かにひびが入り、片目はしばらくふさがりそうだ。それでも、まだ気はすんでいなかった。まわりに群衆がいてよかったよ。いなかったら、本当に殺していたかもしれないからな。

〝これでもうミッチにわずらわされることはない〟と思った。だが、それは間違いだった。数日後、俺は異国の香りがする魅力的なアフリカ娘とデートしていた。名前はエジプトだったかソマリアだったか、あの辺の国名だ。ターバンを巻いてゆったりした服を着ていた。歩道のカフェでランチと洒落こんでいて、パリの黒人みたいな気分に浸っていたんだ。通りをながめていたら、十段変速の自転車に乗った大男が目に入った。

〝ミッチ・グリーンのはずはない。あの野郎はゾンビだから、日中は現れっこない〟と、胸の中でつぶやいた。角を曲がろうとしたところでその男が振り返り、俺と目が合った。おお、なんてこった！　そいつは自転車を方向転換させ、映画の『ジャングル・フィーバー』に出てくるクイーン・ラティファみたいな店員のところへ向かった。

「あそこにいるのはマイク・タイソンか？」と、ミッチは尋ねた。

「ええ、マイク・タイソンですよ」彼女は言った。「チャンプ！」と大声で俺を呼び、ミッチを指差した。〝なんとかしてください〟と言いたげに。

あの女はなぜあんなことをしたんだ？　ミッチは猛然と俺の席へ突進してきた。

「このホモ野郎。お前にやられちゃいないぞ。一発、不意打ちを食らっただけだ」と、あいつは言った。

「へえ、一発食らっただけで、気を失って、顔半分がぐしゃぐしゃになって、歯が折れて、あばらが折れたのか？　たった一発で？」

俺たちが再び臨戦態勢に入ると、エジプトだかソマリアの君が俺の腕に手を置いた。ステーキ・ナイフを握っていたほうの腕に。当時はまだ菜食主義者じゃなかった。

「落ち着いて。挑発に乗らないで、ブラザー。あなたは私たちにとってかけがえのない人なのよ」

もしもう彼女と寝ていたら、飛びかかって、やつをナイフで切り刻んでいただろう。しかしまだだったから、手を引っこめて、ミッチに背を向けた。あいつは自転車に戻ったが、あっという間に話が広まっていて、あの近所にいた俺の友達があいつを追って銃で撃って追い払った。結局、エジプトだかソマリアとは何もできなかった。

しかし、この喧嘩は大々的に報道された。翌日、単純暴行、軽犯罪容疑で出頭命令が出され、裁判所に出向くはめになった。そのうえ、あの強烈なアッパーカットで拳を骨折してしまい、フランク・ブルーノとの次の試合は延期。マスコミから一斉攻撃を受けた。最初は持ち上げておいて、そのあとこきおろす。お決まりのコースだ。俺が手に負えないエンジェルダスト服用者に襲撃されて挑発されたなんてことは、みんなどうでもよかった。みんなが知りたがったのは、俺がハーレムにいた理由だった。マスコミは過去にさかのぼってキャッツキル時代の話を掘り起こし、俺の暴力沙汰がどうもみ消されてきたかという話をいろいろでっち上げた。頼りにしていたウォリー・マシューズにまで「ニューズデイ」紙で苦言を呈された。

「誰もが認める世界ヘビー級チャンピオンであり、億万長者であり、有能なアスリートであるマイク・タイソンは、若者の――特に恵まれない黒人の若者の――手本として、もう少し自覚を持つべきでしょう。汚れが広がりつつあるタイソンのイメージに、またひとつ大きな汚点がつくことになりました」

でっち上げられたイメージ

乱暴。怪物。反社会的人間。次は何だ？　精神病者か？　それこそ、人でなしのロビン親子がでっち上げたイメージだった。九月四日、俺はカミールとキャッツキルにいた。ロビンとルースにはあまり会っていなかったが、マッカーティスが処方したあのいまいましい薬はときどき飲んでいた。カミールはあれを飲むのに反対した。女たちに薬漬けにされて、社会から隔離されるのではないかと心配したんだ。俺はあの薬の麻薬みたいな感覚が気に入っていたが、カミールからセカンド・オピニオンを受けるよう促されていた。

キャッツキルにいるあいだ、ロビンからしょっちゅう電話がかかってきた。「なぜそんなところにいるの？　どうして私たちといっしょにいないの？」

「うるさい。もうお前とは口を利きたくない。離婚したい。自殺してやる」ある日、俺はそう答えて電話を切った。本当に頭にきていて、車に乗り込んだ。土砂降りの雨で、未舗装の私道はすっかりぬかるんでいた。大通りに出るには傾斜が十度くらいある上り坂を五十フィートくらい走らなければならない。ＢＭＷのエンジンをかけてアクセルを踏んだが、タイヤはぬかるみで空回りし、さらにアクセルを踏むと車は横すべりして大きな木に向かった。絶対、自殺を試みたわけじゃない。頭がハンドルにぶつかり、気づくとカミールがそばに立って俺の頬を叩き、意識を回復させるために口移しの人工呼吸を試みようとしていた。

なんてこった。俺の見せかけの「自殺未遂」は裏目に出た。死ぬ気も怪我する気もなかった。気を引きたかっただけだ。まだロビンを愛していたから、俺に与えた痛みを全部後悔してほしかった。恨みつらみをいだくのは、自分で飲んだ毒が敵を殺してくれると期待するようなもの、というネルソン・マンデラの言葉を思い出したよ。人を呪わば穴ふたつってことだ。

しばらく意識を失っていたから、カミールが救急車を呼んで、俺はキャッツキルの病院に運ばれた。誰かがロビンに連絡したにちがいない。俺が病室に落ち着いて、ジェイ・ブライトが差し入れてくれた持ち帰り用の中華料理を食っていると、ロビンがカメラ・クルーと別の救急車を引き連れて飛び込んできた。彼女はぎりぎり間に合った――五時のニュースに間に合う時間だ。

「お前のおかげでこんな目に遭ったんだ!」と、俺は怒鳴った。

医者たちによれば、俺は胸を強打して鈍的頭部外傷とやらを負っていたから、市内のニューヨーク・プレスビテリアン病院に移ることにした。もちろんロビンは俺の移動式担架にぴったり付き添い、カメラマンたちを追い払おうと大げさな芝居をしていたが、ちゃんとカメラフレームのど真ん中に収まっていた。

ニューヨーク市に着くと、ロビンと母親は面会を許可する人間のリストを病院に渡した。そこに記されていたのはドナルドとイヴァナのトランプ夫妻と、広報担当のハワード・ルーベンスタインと、彼女たちの弁護士の名前だけだった。俺の友達は一人もいない。

だが、招かれざる客だけはやってきた。窓の外から騒ぎは聞こえた。外を見て、目を疑った。ミッチ・グリーンがマスコミに取り囲まれていたんだ。ミッチはシャツを脱いでシャドーボクシングをやりながら叫んでいた。「タイソンはホモ野郎だ! ぶちのめしてやる!」フランケンシュタインが実在するとしたら、それはミッチ・グリーンだ。

翌朝の「デイリー・ニューズ」紙を手に取ると、マッカラリーという特集記事担当記者の記事がでかでかと、俺の事故は本気で自殺を図ったものと書いていた。

俺がロビンに「車をぶつけて自殺するつもりだった」と語ったという。さらにその一週間前にはロビンを殺すと脅したことになっていた。俺の匿名の〝友人たち〟から、俺が自殺するためにキャッツキルでショットガンを二丁購入したという証言も得ていた。

俺が「やると言っただろう。ここを出たらすぐまた命を絶つ」と言っているあいだ、悲しみに暮れたロビンはベッドのそばから心配そうに見守っていた、と記事にはあった。ロビン親子はマッカーティス博士に診てもらうよう懇願していたとこの記者は書き、さらに、「複数の情報源によれば、マッカーティスはタイソンを精神鑑定に委ねたいと願っていた」と書いた。

やっぱりそうか。俺が手のつけられない精神異常者で、俺の財産は彼女たちの管轄下に置かれるべきという状況をあの二人が作ろうとしているのは、明白だった。

記事を読むほどに、血も涙もない《ルースレス》二人の指紋がついているのは明らかだった。たぶん、虐待を理由に離婚届を突きつけようとしていたんだろう。

マッカーティスはカミールの自宅に電話をかけて、俺が薬を飲んでいるか執拗に確かめようとした。数日後、俺はロビン親子と広報担当といっしょに飛行機でモスクワへ発った。そこでロビンが出ている連続ホームコメディの撮影があったからだ。俺は前からずっとロシアの歴史に心魅かれていたから、同行することにした。かつてカスとノーマン・メイラーがトルストイについて話しているのを聞いたことがあって、ロシア文化とあそこのプロボクサーの大ファンになったんだ。

飛び立つ前に記者の質問に答えることになった。俺は自殺未遂の話を笑い飛ばした。

「妻を愛しているし、妻を殴ったりしないし、俺が妻と別れようとしたことも、妻が俺と別れようとしたこともない」俺は大まぬけモードに入っていた。

「誰にも、絶対に、私たちの結婚を壊させはしない」と、ロビンは言った。「別れたりしません。私はマイケルを愛しているし、彼に尽くすつもりよ。こんなに私を愛しているマイケルが自殺して私を一人にするわけないわ。私たちは別れません」

そう、カネが手に入るまでは。

モスクワから帰国すると、俺が手に負えないという話がロビンによって報道関係者に漏れ伝わった。ホテルのまわりを走りながら叫んでいたとか、建物の出っ張りにぶら下がって自殺すると脅していたとか。俺がいたのがロシアだってことを記者たちは忘れていたんだな。そんなことをしたら、ロシアの警察からこっぴどい目に遭わされていただろう。

アメリカの記者たちがロビンのでたらめ話の裏を取ろうとして、ホームコメディ番組のプロデューサーにインタビューしたら、「ロシアでは、マイクは完璧な紳士だったよ」という答えだった。

番組のメイク担当者も友達に、俺がロビンを殴ったなんてお笑い草だと語っていた。

「彼に叩かれたり殴られたりしたとロビンが話しているのを、いろんな新聞で読んだわ。私はロビンのメイクを担当しているから、彼女をよく見ているの。あの子にはあざひとつなかったもの」

ロシアから帰国した数日後、ルースとロビンはついに俺をマッカーティス博士のところへ引きずっていった。どんなに自分が病んでいるか、一時間かけて説明されると、俺は話を信じ始めた。壁には学位証書が掛かっていた。人は専門家の話を信じるものだ。こうしてやつらは俺に躁鬱病と思い込ませた。繰り返しそう吹き込んで。やつらは俺に薬を飲むよう説き伏せ、そのあとカメラの前に引き連れていった。

「俺の病気は生まれつきで、自分じゃどうしようもない。そのおかげで今みたいに成功できたのかもしれないが。昆虫の変態《メタモルフォーゼ》みたいなもので、どっぷり落ち込んでいたかと思えば、次にはおそろしく神経の張り詰めた状態がおとずれ、その張り詰めた期間は並大抵じゃない。麻薬反対の俺がこう言うとなんだが、麻薬でハイになって三、四日眠れずに走り続けているみたいな感じになる。被害妄想に駆られた、異常な状態だ」と、俺は言った。

「彼は何年もこんな感じだったのに、周囲はそれを無視してきたの」と、ロビンが割り込んだ。「マイケルには大きな保護が必要なの。バンドエイドを貼ってすむことじゃないわ。もう戦わなくても、誰も文句はないでしょう。この人は残りの人生を生きていかなくちゃいけないの。私たちはいっしょに治療と向き合います」

俺はあの薬を飲んでまたゾンビになり、血も涙もない二人《ルースレス》は今度はカミールを排除しようと企んだ。ジミーが他界したあと、俺は当然のようにカミールのいろんな費用を払っていた。ところがルースとロビンはカミールに、俺に家の維持費を払わせるのなら家を俺名義にすべきだと言ったんだ。

二人からその話を聞いたとき、俺は激高した。「お前、頭がおかしいんじゃないか、くそ女《ビッチ》？」と、ロビンを怒鳴りつけた。その翌日、ロビンはまたカミールに電話をかけて、俺の人生に口を挟むなと命じた。あの当時、俺はそのことを全然知らなかった。

究極の裏切り

あの悪名高い『20／20』という報道番組のことを、みんなから訊かれる。司会のバーバラ・ウォルターズは最近まで、自分が俺たちの結婚を壊したのではないかと気に病んでいた。だとしたら、もっと早くインタビューしてくれりゃよかったんだ。最近になって知ったことだが、最初はロビンが出演する予定なんてなかったらしい。ケイトンを彼の事務所で撮影したフィルムがひとコマあった。そのあと撮影クルーが俺の家に来て、俺と鬼婆《ルースレス》を別々に撮影した。クルーが荷物をまとめて帰りかけたところを見計らって、ロビンがバーバラをわきへ呼び、まだあなたの知らない事実がある、とささやいた。

バーバラは餌に食いついてくるという確信がロビンにはあったんだろう。

後ろのカウチにいた俺は、ロビンが何を話そうとしているのか見当もつかなかった。再びカメラが回り始めた。当たりさわりのない話から始まった。

「あなたは大卒の高等教育を受けた女優です。こちらは高校を中退して、少年院に入った男性です。お二人にはかなりの隔たりがありますね、少なくとも表面上は。あなたはなぜ彼を愛しているんですか？」と、バーバラはロビンに尋ねた。

「彼は頭がよくて、紳士的で、信じられないくらい優しい一面を持ち合わせているからです。マイケルは世界の何より私のことを愛しているからよ。彼には私が必要なんだわと感じられるところ、そういうところが、たまらなく好きなの」あいつは滔々と語った。

「だから俺も彼女を愛しているんだ。彼女は俺を守れると、本気で思ってくれている」と、俺が言い添える。

「婚前契約は交わしてないんですか？」と、バーバラが尋ねた。

「なぜ必要なの？」と、ロビンが言った。「いつまでもいっしょにいるために結婚したのよ。離婚を考慮に入れる必要なんてないでしょう」

するとバーバラが、今の話をどう思うかと俺に質問を振った。

「誰かと結婚するときは、相手を信じていっしょになる。それが結婚というものだ。残りの人生をいっしょに過ごすってことだ。俺は大金持ちで、妻は求めるだけで俺のものが全部手に入る。今すぐ欲しけりゃ、はいどうぞ。今すぐ出ていくことだってできるし、全部持って出ていくこともできるんだ。それでもここにいて、俺のばかな振る舞いを大目に見てくれる。だから愛しているんだ」

このあと、一気にその熱が冷めた。

「ロビン、私たちが読んだものの中には、彼はあなたに暴力を振るってきて、ロシアではあなたとお母様を追いかけまわしたというのもありました。マイクはすごい癇癪持ちだと。本当ですか？」

と、バーバラは質問した。

「恐ろしい癇癪持ちですよ。ぞっとするような一面があります。マイケルに人をおびえさせるところがあるのは確かです。癇癪を抑えられなくなったときは、私や母やまわりの人は恐怖を感じます」

あのころクスリはやってなかったが、幻覚を見ているみたいな気がした。ロビンの話に耳を疑った。

「そうすると、どうなるの？」と、バーバラがうながした。

「抑えが利かなくなって、物を投げたり、怒鳴ったり……」

「殴ったり？」

「体を震わせて、人を突いたり、振り回したり。そんなことが何度かあって、うまく対処できるはずだと思う半面、最近はちょっと怖くなってきて。つまり、もう、本当に、ものすごく怖いの。マイケルは躁鬱病なんです。悲しいけど、それが事実なの」

何百万人もの視聴者が番組を見ているとわかっていながら妻がこんな話をしているのを、その場に座って聞いているなんて、想像できるか？ 俺たちの結婚を「拷問でした。本当に地獄でした。想像がつかないくらい悲惨なものでした」と言ったんだ。はらわたが煮えくり返っていたが、平静を保とうとした。これは究極の裏切りだった。

「私の母がいなかったら、マイク・タイソンはどうなっていたことか。母が私たちをつなぎ止める接着剤の役割を果たしてくれたんです」と、ロビンは続けた。「私たちが彼のもとを去ったら、彼は間違いなく独りぼっちになってしまうでしょう。私はそんなことはしたくない。そうなったら、彼の病状はもっと悪化して、いつか思い詰めて自殺したり他人を傷つけたりしてしまうと思うの。まちがいないわ」

俺は言葉を失った。こんなにショックを受けたことはかつてなかった。今から思えば、あそこに黙って座っていたのが信じられないくらいだ。だが、カメラの前であいつの顔をひっぱたいて怒り狂ったら、向こうの思う壺だっただろう。俺がテレビで怒り狂ってわめき散らし始めるのを、やつらが期待していたのはわかっている。そういう計画だったんだろう。しかし、あれは裏目に出た。

俺の友人たちはあの番組でのロビンの態度に憤慨した。抗議の電話が何百本と殺到した。二、三日しても、俺は怒りがおさまらなかった。ロビン親子とニュージャージー州の家に戻っていたが、怒りのあまり窓ガラスや皿を割って、シャンパンの空き瓶を投げつけて粉々にし始めた。居合わせたオルガが警察に通報、おまわりがやってきて、俺は玄関で出迎えた。礼儀正しく、何も問題はありませんよと伝えた。警察は二手に分かれ、一人が俺につき、もう一人がロビンから事情を聞いた。彼女から家の被害を見せられた俺の担当が、キッチンに当たり散らした俺をロビンが心配している、と言う。

「この家と家の中のものはみんな俺のものだ」と、俺は怒鳴りだした。「自分の所有物に何をしようが俺の勝手だ。俺が何を壊そうと、関係ないだろ！」そう言うと、大きな真鍮製の暖炉の装飾を引っこ抜いて、玄関ドアの隣のガラス窓に投げつけた。ちょうどそこへ、マッカーティス医師から電話がかかってきた。

「お医者さんと話さないか？」と、警官がうながす。

俺は無視して、そのまま隣の部屋へ向かった。医者は警察に助言した。ロビンとスタッフを家から出し、俺には精神鑑定を受けさせるべきだと。そこで警官は女たちを集めて、私道に移し、車に乗せた。ロビンが警察署に行って報告書を提出できるように。俺は猛然と私道へ駆け出した。

「みんな、くたばりやがれ。お前らはくずだ。俺の敷地から出ていけ！」と怒鳴った。それから自分のロールスロイスに乗り込み、敷地の鬱蒼とした森を走り抜けた。ただもう、あいつら全員から離れたかった。

翌日、ロビンと母親はロサンジェルスへ向かった。俺の友達でボクサーのマーク・ブリーランドがビル・ケイトンの使いでやってきた。躁鬱病のレッテルを貼られたことをケイトンが心配して、俺のために、ポートチェスターにあるニューヨーク総合医療センターの精神科部長で世界トップクラスの精神科医、エイブラハム・ハルパーン博士の予約を取ってくれたらしい。ハルパーンは一時間かけて俺を診てくれた。そのあとカミールとスティーヴ・ロットとビル・ケイトンにそれぞれ電話をして、話をしてくれた。俺は躁鬱病ではないと、彼は診断した。ルース親子にも電話をしたが、やつらは電話を切ったそうだ。ハルパーンがマッカーティスに電話をし、なぜ俺を躁鬱病と診断したのか確かめようとすると、マッカーティスは診断を撤回し始めた。俺は完全な躁鬱病ではなく、単なる気分障害、彼いわく「ボクサー症候群」にすぎない、と。フロイトも聞いたことのない病名だ。

高名な精神科医に躁鬱病の疑いを晴らしてもらって、ほっと胸をなで下ろした。こうして埃は払われ、あとに残ったのはドン・キングだった。あいつにはなんの幻想もいだいていなかった。

以前、ドンについてロビンに訊かれたとき、「いいか、俺は蛇の扱い方を知っている。こいつは蛇だってことは承知だが、俺ならうまく操れる」と言ったことがある。

ただ、ドンにもいいところがなかったわけじゃない。女たちが西海岸へ発った二日後、ドンは俺を連れて、銀行と証券取引所を全部回った。それぞれの口座からロビンの名前を消して、俺に戻させた。それだけで一千五百万ドルになった。ロビンが〈ロビン・ギヴンズ・プロダクション〉宛てに切ったばかりの、五十八万一千八百十二ドル六十セントの小切手も、寸前で支払い停止にできた。

銀行の人たちはあの二人の横柄な態度が腹に据えかねていたから、大喜びで俺たちに協力してくれたよ。そこで銀行の頭取や行員たちみんなとパーティをやった。ピザを注文し、シャンパンの栓を抜く。「ざまあみやがれ、くそ女ども！」とみんなで叫び、シャンパンで乾杯した。

堕ちてゆく王者

CHAPTER 7

ロビン親子にとって『20／20』への出演は完全に裏目に出た。あのあと俺がシカゴで開催されたプロレスの興行に出かけ、会場に入って着席すると、観衆からスタンディング・オベーションを受けた。いろんな人が近づいてきて、バーバラ・ウォルターズの番組で俺が受けた仕打ちはひどいと憤慨していった。同情したプッシーたちもごまんとやってきた。「もう、まったく、あのひどい女たち、あんなことするなんて信じられない。あなたを抱き締めさせて、あなたのチンポをしゃぶらせて、あなたのお世話をさせて」と言ってくる。「いや、だいじょうぶ、けっこうだ。わかった、ならちょっとだけ……」

ロビン親子のせいで、俺は心に大きな傷を負った。愛は心に黒い焼け跡を残す。大きな傷跡を。それでも、逆境をバネに成長を続けなくちゃならない。大事なのはそこだ。それに、俺にはいつも新聞というはけ口があった。「シカゴ・サンタイムズ」紙の記者から、ロビンと母親について訊かれた。「あいつらは黒人であることを利用するが、黒人を好きでもないし、黒人に敬意を払ってもいない。黒人について話すことといったら……クー・クラックス・クラン（ＫＫＫ）と暮らしているのかと思ったくらいだ」と、俺は言った。「あいつらは自分たちを王族と思ってるんだ。あの親子は白人になりたくてしかたがないのさ。恥ずべきことだ。俺を仲間から引き離して、自分たちのハイソな世界に引きずり込もうとしていたんだ」

いろんな面で俺にとっては変化の時期だった。厳密にいえば俺をマネジメントしているのはまだビル・ケイトンだったが、実質的な権限はないに等しかった。ジミー・ジェイコブズが生きていたら状況は違ったかもしれないが、ジミーが死んだあとは、自分の好きにしようとする俺を誰も止められなかった。

いま振り返ってみれば、ジミーとケイトンは悪いやつらじゃなかった気もする。彼らは実業家で、俺より経験が豊富だったんだ。だが、俺にはちょっと話が難しすぎて理解できず、そこに二人はつけ込んでもいた。あの二人は何から何まで管理しようとした。年を重ねるにつれて、俺は管理の手から解放されたくなった。失敗しても成功してもかまわないから、とにかく自分の思い通りにしたかった。

そんなとき近づいてきたのが、あの悪魔だった。ドン・キング。俺と同じだったのは肌の色だけだ。もっともらしく助言者になりすましていたが、欲しかったのはカネだけだ。根っから欲深い男だった。俺もあるていど、やつの魂胆はわかっていたし、ああいう手合いはうまくあしらえると思っていたんだ。しかし、あいつのほうが一枚上手だったらしい。

俺はカネの成る木で、みんながやりたくなる、とびきりセクシーな美女みたいなものだった。たまたま近づいてきたのはドンだったが、ドンがいなかったとしても、ボブ・アラムとかほかのやつが代わりに言い寄ってきただろう。

カスとジミーがいなくなると、俺は誰のことも信用しなくなった。入札に最高額を付けるやつ、欲しいものをくれるやつと組むぜって感じで。結局みんな、自分のことしか考えていないんだ。俺が自分のことを考えて何が悪い。近所でいっしょに育ってきた友人たちはみんな、死にかけていたり、実際死んじまったりしている。俺の人生もいつまで続くかわからない。だから、せめて面白おかしく過ごそう。国から国へ移動しては美女たちと交わるという、現実離れした暮らしを送っていた。

ドンは好きにする自由をくれた。俺を守って世間と戦っているという考えを、巧みに植えつけながら。「黒人、白人、黒人、白人」――常日頃から、白人のやつらはよくない、俺たちみんなをぶっつぶそうとしていると、でたらめをまくしたてて洗脳しようとした。実際、そうかもしれないと思い始めた。術中にはまったってやつだ。俺の判断基準《バロメーター》全体があいつに汚染されちまった。

あの髪と大口と成金趣味の派手な格好を見れば、誰だって怪しいとわかったはずだ。だが、当時の俺は頭が混乱していた。それに、現実的な話、カスが生きていたとしてもキングと組んで俺をプロモートしていただろう。カスはキングのライバル、ボブ・アラムを毛嫌いしていた。理由は知らない。アラムがドンよりひどいとは思えなかったが、カスは、「アラムより悪いやつなんているわけがない」と言っていた。

成功への原動力

俺はドンと組んだことでいろいろ批判を浴びるようになった。ある晩、友人のブライアン・ハミルと〈コロンバス〉にいた。ロバート・デ・ニーロも席にいた。ブライアンは俺がキングと契約したことに怒り心頭だった。

「ドン・キングと組むなんて、いったい何を考えているんだ?」と、怒鳴り声で言った。「あいつが何人の黒人ボクサーから搾取してきたか知らないのか? 話は聞いているだろう」

「ブライアン、カネならうなるほどあるし、どうでもいいんだ」と、俺は言った。

当時は本当にカネなんて気にしなかった。その日一日を生きていただけだ。しかし、チャンプの座は愛していたし、俺以上にあの仕事をうまくやれるやつはいないと思っていた。俺の前に立つ者はすべて破壊してみせる。相手が同じ職業で、体重が同じなら、生きて返さない。俺の仕事は相手を痛めつけることだけだ。ジミーとケイトンはそのイメージを和らげようとしたが、ドンはその線で行った。おかげで、ドンとつるみ始めたとたん、世間の認識は完全に固まった。俺はもう極悪人だった。

一九八八年十月にWBAの総会があって、ドンとヴェネズエラへ行った。そのあと、フリオ・セサール・チャベスの息子が洗礼を受けるというからメキシコに行った。あの旅には驚くべき発見があった。

一日かけてピラミッドを巡っていると、小さな子どもが物乞いに寄ってきた。いっしょにいたガイドたちが、「だめだ、マイク、カネはやらないでくれ」と言う。しかし、なぜだめなんだ？　俺は百ドルくらい屁でもないが、あの子にとっちゃ大金だ。だから少しやったら、すごく感謝していた。へっ、いい子じゃないかと思って、そいつの髪に触れたら、石みたいに硬かった。何年も髪を洗ったことがないかのように。あの髪なら相手を痛めつける武器になっただろう。

そのあと北西部のクリアカンに行くと、また子どもたちが物乞いをしていた。一人に服を買ってやると、そいつは友達を三人連れてきて、その次はいとこが二十人、服を求めて群がってきた。それでそいつを気に入った。独り占めにしなかったからだ。友達や親戚を連れてくるたび、俺はあれこれ買ってやった。

ブルックリンのストリートにいる子どもたちにスニーカーを買ってやったときも、そんな感じだった。あのメキシコの子たちはクリアカンを出たことがなかった。服を着せてやって、みんなで遊んだ。俺はどっさりカネを持っていたし、そこで売っている服はものすごく安い。あの子たちにカネを使わなかったら地獄に落ちるだろう。帰るころには　めかし込んだ子どもは五十人以上になっていた。

メキシコに行く前の俺は肩を怒らせ、喧嘩腰だった。自分より貧しい人間なんて知らなかった。昔の俺より貧しい人間がこの世にいるなんて、想像ができなかった。メキシコの貧しさには心底たまげたよ。それどころか、昔の俺より貧しいあいつらに腹が立った。もう自分がかわいそうに思えないだろう。俺が成功を収めた原動力は、貧しさを恥じる気持ちだった。俺の人生で、貧乏を恥じる気持ちくらい痛いものはなかった。

俺がかかえる問題の多くは、ガキのころあんな極貧にあえいでいたんだから、どんなことでも許されるはずだという考えに端を発していた。カスはいつも、自分を乗り越えさせよう、俺を慢心から切り離そうとしていた。だが、それは難しかった。俺にはあの車を手にする資格がある、あの豪邸を持つ資格がある、身持ちの悪い女を手に入れる資格がある。最高のランボルギーニや、サウジアラビアの王子が持っていた防弾仕様のハマーを手に入れた。ブリストルのロールスロイス工場へ行くと、特注のを設計してくれた。

カスがいたら、こんな状況は許さなかっただろう。誰かがコンバーティブルを持っていると、カスはそいつのことを身勝手な豚とさげすんだ。すてきな車を見かけて、俺が、「あの車、カッコいいな、カス」と言う。

「いいや、あいつは身勝手なやつだ」と、カスは言った。

「なんであいつが身勝手なんだ?」と、俺は訊いた。

「二人乗りに乗っているということは、仲間を大勢乗せなくてもすむってことだ」

カスは十二人を乗せられる、くたびれた古いバンに乗っていた。それがカスの生き方だった。

驚くべき散財

一九八八年には、さぞかしすばらしいのぞき見番組《リアリティ・ショー》ができただろう。控えめに言うなら、俺は特注のストレッチリムジンとロールスロイスとランボルギーニをコレクションし、派手なアクセサリーや宝飾類を着けて高級車を乗り回してみせる、いわゆるブリンブリンの先駆けとなった。

P・ディディ［ヒップホップ系のプロデューサー、ラッパー］たちが懸命に同じようなことをやろうとしていたが、あの風潮を決定づけたのは俺たちだ。俺が流行に火をつけて、それに現在のヒップホップの大御所たちが追随したんだ。

ロールスロイスとフェラーリを買ったのは俺が最初だった。一九八五年にこういう車を——合法的に——買った二十代の黒人なんて、どこにもいなかった。それに、俺が持っていたのは一台じゃない。自動車艦隊だ。ヒップホップのスターたちはよく俺たちの試合の二次会を開いていた。ベントレーが何かも知らなかった。ああいうのは親父たちの車だと思っていた。八〇年代、俺はそのスタイルを貫き通し、車の中にグッチと冷蔵庫を持ち込んだ。リムジンの一台には、浴槽まで。車にファクスを置いたのも俺が最初だ。

「契約が取れたって？　わかった、いま車の中なんだ、ファクスしてくれ」

よく二百万ドルとか三百万ドル分の宝飾類を平気で買った。ガールフレンドに百五十万ドルの宝飾類を買ってやったこともある。試合が終わるたび、俺は仲間と毛皮のコートを着てロールスロイスのストレッチリムジンで繰り出した。ニュージャージー州バーナーズヴィルに例の家を買ったときは、みんなからEBと呼ばれていた友達のエリック・ブラウンを招待して、「誰もこんなもの食ってないぜ」と自慢した。裕福さを見せつけるもんだから、みんなずっと俺を妬んでいた。ちゃんと人にも分け与えていたんだけどな。俺が食えば、まわりのみんなも食う。それでも俺は妬まれた。家の中は、家具から壁の装飾、掛け布団、シーツ、タオル、灰皿、眼鏡、皿まで、全部ヴェルサーチだった。

キャッツキルにインタビューに来たイタリアの女性ジャーナリストを介してジャンニ・ヴェルサーチ本人にも会った。ジャーナリストは俺より二、三歳上のすごく魅力的な女で、二階へ連れていってセックスしたら、ヴェルサーチの下着をつけていた。

「彼のモデルをしているの」と、彼女は言った。「欲しい服があったらみんな手に入れてあげる。彼に紹介するわ」

ジャンニは最高にカッコよかった。服を送ろうと申し出てくれたが、俺は待っていられなかった。

「ちょっと待っていてくれたら、全部無料で送る」と、彼が言う。

「とりあえず送れるものを送ってくれないか。あとは自分で買うから」と、俺は答えた。

ほんとうに現実離れした暮らしだった。俺が服を買いにロンドンやパリに行くと、店から在庫が全部消えてなくなるんだ。

店員たちが「チャンピオン！　チャンピオン！」と叫んで、俺を自分の店に入れようとする。コンコルドで女に会いにいって、二人で通りを歩いていると、街じゅうが動きを止めた。何がなんでも俺たちを店に引きずり込まなくてはと、騒然となった。

ラスヴェガスではもっとすごかった。〈シーザース・パレス〉のヴェルサーチに行くと、モール全体が営業停止になった。注目を一身に浴び、肩で風を切って歩く。店では試着室に入ることさえしなかった。店のまんなかで服を脱ぐんだ。俺が試着しているところを、店の窓から何百人もが見ていた。群衆の中にいい女を見つけると、店員に「彼女を入れてくれないか」と頼んだ。

女が入ってくる。

「服を選ぶのを手伝ってくれないか？　それと、君にも何か必要なものはないかな？」と訊く。買い物が終わると、現金で三十万ドル払った。ヴェルサーチはご立腹だった。

「あの男はカネを粗末にする」と、共通の知り合いにこぼしていた。しかし、人をとやかく言える立場じゃない。彼は俺よりたくさんカネを使っていたんだから。

自分の女に着飾らせるカニエ・ウェスト［ヒップホップ系のミュージシャン］のことを世間はあれ

これ言うが、あれはおかしな話だ。俺も同じことをやっていた。前から、自分の女に着飾らせるのが好きだった。原体験は子ども時代だろうな。うちにやってくる売春婦たちにおふくろが服を着せるところをよく見ていた。つまり、俺は同じことをやっていたんだ。ドンにまで、どんな服を着るべきか指南していた。あいつは映画の『スーパーフライ』から抜け出てきたような服装をしていたからな。

「そのなりじゃ俺たちといっしょにいられないぜ。俺たちにもイメージってものがあるからな、ドン。俺たちはお洒落な黒ん坊《ニッガ》だ。お前はダサい」と、俺は言った。「大物ならもっと違う服装をすべきだろう。これからはヴェルサーチの時代だぞ」

ギャングスタ・ラップのイメージが出来上がってきた。あのスタイルを世界じゅうに持ち込んだ。俺はあの時代の象徴だった。俺があの時代に描き出していたイメージには、ドン・キングでさえ及び腰だった。一九八八年の終わり、ドンはシカゴでジェシー・ジャクソン［バプティスト教会派の牧師で、公民権運動の活動家］に俺を洗礼してもらうことで、イメージを和らげようとした。あんなのはただのごまかしだ。洗礼を受けたあと、俺は女子聖歌隊の一人をホテルに連れ込んでやった。

おびえるウェズリー・スナイプス

八〇年代の後半はよくロサンジェルスで過ごした。ウィルシャーに近いセンチュリー・シティにアパートメントがあったんだ。友達の船降ろしの儀式があって、そのパーティでホープという美しい女に出会った。女友達何人かと、食べるものがなくなったパーティ終了間際にやってきたんだ。

俺の席に食べ物の大皿があるのを見て、ホープはつかつか近づいてきた。

「ねえ、それ分けてくれたら、友達がキスしてあげるって。私も友達もお腹ぺこぺこなの」

浮ついた女だと思ったが、席へ招いて食い物を分けてやった。俺とねんごろになる気はなさそうだったから、兄妹みたいな関係になった。ホープには女の友達がたくさんいて、俺が、「ホープ、あの女気に入った」と言うと、仲を取り持ってくれるんだ。あいつはいつも男関係の問題をかかえていた。俺は男を見て、「ホープ、あいつはゲイだ」とか「あいつは絶対、お前を大事にしない」とかアドバイスしたものさ。嘘を見抜くのは得意だったからな。女の嘘は別にして。

ホープは大学に通っていて、あまりカネがなかったから、俺のアパートメントの予備寝室を使わせてやった。それでも二人はただのプラトニックな友人だった。すごくセクシーだったから、誰も信じてくれなかったけどな。

「マイク、お前、あいつとやってるだろ。わかってるぞ」と、友達みんなから言われたよ。

俺たちの気に入りの場所に〈ＲｎＢライブ〉というクラブがあった。そこでホープは俳優のウェズリー・スナイプスに出会った。俺がいないあいだにあの男と付き合いだした。俺がロサンジェルスに戻ってくると、彼女が泣きながらやってきた。ウェズリーに振られたんだ。もう会いたくないと言われたらしい。

「まあ、ホープ、ああいう人種と付き合ってるときにはよくあることだ。お前はまっとうな世界の人間と付き合ったほうがいい」と俺は助言した。

しかし、ホープが聞きたいのはそんな言葉じゃなかった。「ホープ。おまえを泣かしたそいつをとっちめてやる」と言ってほしかったんだ。

思いどおりにならず、ホープは俺に言った。「だけどウェズリーは、私がどうしてあなたといるか理解できないって言うのよ。『タイソンみたいなやつと何しているんだ?』って言ったのよ」

見え見えだよ、焚きつけようとしてるのは。

何日かして、〈RnB〉でホープと会った。隣に座って、学校はどうだなんて訊いていたら、なんとウェズリー・スナイプスが店に入ってきた。俺はいったん席を外してから、ゆっくりとあいつのところへ歩み寄った。目を上げて俺の姿を見ると、ウェズリーはひどくうろたえた。

「マイク、頼むから顔だけは殴らないでくれ。これは商売道具なんだ」と、彼は言った。

「おいおい、ホープとのことなら心配するな。色恋のことでとやかく言う気はないよ」二人でその話をして大いに笑った。

しかし、あの夜はシャンパンをしこたま飲んでいたから、キーネン・アイヴォリー・ウェイアンズ『アメリカの俳優、コメディアン』を見たときにはひとこと言いたくなった。『イン・リヴィング・カラー』というテレビのコメディ番組で俺の物真似をしていたからだ。

「よお、キーネン、ちょっといいか?」俺は声をかけた。やつはあきらかに怯えていた。

「ああ……マ、マイク、どうしたんだ?」

「俺はあんたかあんたの家族に何かしたっけな?」

「もちろん、何も……」

「むかつくから、俺を茶化すジョークはやめてもらいたい」

あいつは平身低頭、謝った。あれで俺をネタにしたジョークはやんだ。

常軌を逸する享楽的セックス

ホープと遊んでいたころ、俺はケヴィン・ソーヤーというとんでもない男とつるみ始めた。ロサンジェルスでポケットベルの会社を経営していて、その販売店が遊び人やペテン師やポン引きたちみんなのたまり場になっていたんだ。ふつうの人はポケベルを買いにいくが、俺はあそこでヴェルサーチを着て、大きなダイヤ入りの腕時計をはめて、ロールスロイスを外に停めて、サイコロを振っていた。

ケヴィンは無類の女好きだった。カリスマ的なところがあって、吃音《きつおん》はあったが女たちはあいつにぞっこんだった。俺とケヴィンと俺の友人のクレイグ・ブーギーで、一日に何人女を手に入れられるか、よく競争したもんだ。当時のセックス環境は常軌を逸していた。通りで女に会って、「来いよ、行こうぜ」と言っては事に及んでいた。クラブでは女に触ったり、背中に舌を当てたり這わせたりしていた。相手の名前すら知らずにだ。家に持ち帰ると、友人たちに抱かせてやったりした。評判が広がりだした。俺は買い物に連れていってくれるかもしれないが、その支払いはセックスだと。いちど、ブーギーの運転でフィラデルフィアを走り回ったことがあった。バスター・マシス・ジュニア戦に備えてそこでトレーニングしていたからだ。きれいな女が通りを歩いているのが見えた。俺が何も言わないうちに、女は車の後ろに飛び乗っていた。

ニューヨークでは、出会った女とタクシーに乗っていた。女が車内で服を脱いで俺とやり始めた。リムジンなんかじゃない、ごくふつうのイエロー・キャブの中でだ。

頭の中じゃ、これが運命だと思っていた。俺の英雄たちにはみんなこういう女たちがいた。誰かが「いずれ面倒なことになるぞ」と忠告してくれるべきだったんだ。なのに、誰もしてくれなかった。しまいには自宅でセックス・ビデオを撮り始めた。ブーギーが監督で、しかるべき場所にカメラを設置し、クロゼットに隠れて見ている。俺はみんなから〝子宮揺らし〟とか〝骨盤砕き〟とか呼ばれるようになった。友人たちにテープを見せては壊していった。いや、あれが一本でも流出していたら、キム・カーダシアン［米国のTVパーソナリティ、女優。恋人とのセックス・テープ流出で世間を騒がせた］の流出テープなんか、PG‐13［十三歳以下は保護者同伴が必要な作品］になっていたぜ。

当時は事あるごとに大酒を飲んでドンチャン騒ぎをしていた。シカゴにカーメンというガールフレンドがいた。良識のある家庭で育ったカトリックの上品な娘だ――俺たちのまわりにいるには上品すぎるくらい。ある晩、彼女や、EBとエリック・ブラウンと、シカゴのナイトクラブにいた。店内でセクシーレディ・コンテストが開かれていて、その最中、どこかの野郎がカーメンに失礼なことをぬかした。そのときは何も言わなかったが、頭にきた。そいつがトイレに行くときこっそり尾けていった。

「おい、この俺にふざけたまねして、ただですむと思うな。王座なんかどうなってもいいんだ。今ここで戦《や》ってもいいんだぜ」

そいつは恐怖に顔をゆがめた。EBとクラブの警備員がトイレに飛び込んできて、俺をそいつから引き離す。かなり酔っていたから、俺はクラブを飛び出して、自分の車に戻った。その夜は、後部に浴槽がついたストレッチリムジンで来ていた。運転手にサウスサイドへ行けと命じた。危険なことで悪名高いエリアだ。俺がいなくなったのに気がついてEBはあわてふためき、リムジンの運転手の自動車電話にかけてきた。

「いまどこだ?」

「六十七丁目の……」と、運転手が応答した。

「なんだって! 俺だってそんな南までは行かないぞ」EBは心配になった。

「どうしましょう?」と、運転手が尋ねる。

「〈リッツカールトン〉で落ち合おう」

俺たちはホテルに戻った。全然知らなかったが、俺たちのリムジンを車が三十台くらい追っていて、どの車にも女がぎっしりだった。俺がクラブを出てからずっとついてきていたんだ。〈リッツ〉の前でリムジンを降りると、ＥＢが待っていた。とりあえず、ついてきた車一台一台に近づいて、丸めた札束を抜き出し、何枚か百ドル札を投げてやった。

「いったい何をしてるんだ、マイク？」と、ＥＢが言った。

「あいつらが欲しいのはカネだけだ」と、俺は言った。

ＥＢをわきにしたがえてホテルに入った。

「ここで何をするんだ？」と、あいつに訊いた。

「お前の世話を焼くのさ」と、ＥＢは答えた。

「世話を焼く人間なんか必要ない。俺はこの世には一人で出てきたし、さよならするときも一人だよ」

「いや、とにかく今夜はいっしょにいるから、腹を立てるなら俺に立ててくれ」と、ＥＢは言った。

エレベーターに乗って上の部屋へ向かった。

腹が減ったのに気がついて、エレベーターを降り、レストランに行った。白人のちびがやってきて、「すみません、ミスター・タイソン、もう閉店でして」と言う。

そいつの首をむんずとつかみ、持ち上げて、「何か食わせろ、俺を黒ん坊《ニッガ》あつかいするんじゃない」と言った。

驚いたことに、十五分後には俺たちの前にテーブル一杯のごちそうが並んでいた。自分の分を全部平らげ、ＥＢの分にも手をつけ始めた。そこで突然、俺は泣き崩れた。

「なあ、なんで彼女は俺にあんな仕打ちをするんだ？」

まだロビンのことを乗り越えていなかったんだ。

「まあ、落ち着け」と、ＥＢは言った。

「あのくそ女《ビッチ》。愛してたのに。なんであんなことを……」俺はうめくように言った。

気分がどっと落ち込んだ。ＥＢが電話を取り出してプロバスケのアイザイア・トーマスの母親、メアリーにかけてくれた。彼女はすばらしい女性だった。メアリーが慰めてくれて、しばらくすると少し気分が持ち直した。

自分のなかにいるおびえた子ども

長生きできないと思っていた理由のひとつは、アリーナでもストリートでも最強の男と思っていたからだ。そんなとんでもない自惚れにアルコールが加わったら、何が起こってもおかしくない。世の中にずっと怒っていた。心にずっとぽっかり穴が開いていた。メキシコを経験したあとも、貧しさやおふくろの死や家庭生活の欠如に怒っていた。世界チャンピオンの座もその感情に拍車をかけるだけだった。

その後、例の怪物〝アイアン・マイク〟のペルソナが創り出されると、マスコミが飛びついて、世界のみんながあいつを恐れた。残忍な悪党というイメージには陶酔もおぼえたが、心の中の俺はまだ小さな弱虫に過ぎなかった――いじめられるのを恐れている、おびえた子どもだ。

それでも、役割を演じる必要があった。ほかにどうしたらいいかわからなかったんだ。

ドンと組み始めたとき、ローリー・ホロウェイとジョン・ホーンというオールバニイ出身の友人二人をスタッフに加えた。あの二人はいつも俺をギャングスタ・ラップの群衆から遠ざけようとしたが、俺はあのラッパーたちを愛していた。あの当時、俺の力になってくれたし、俺の痛みを理解してくれたから。

ジョン・ホーンは、いつも俺が助けてやるはめになった。そのくせ横柄なやつだった。ある夜、シカゴでアメフトのブルズの試合に行った。ＮＦＬのウォルター・ペイトンがいっしょに来て、Ｅ

Bとジョンも同行した。後部に浴槽のある長いリムジンで乗りつけ、俺たちは白いミンクのコートを着ていた。ジョンと俺がトイレに行くと、小柄な男が近づいてきて握手したいと言う。ジョンが素っ気なく「どけ」と言って、押しのけた。相手をなめていたんだ。男の表情が変わった。

「今すぐ謝れば、なかったことにしてやる。でないと後悔することになるぞ」

すぐさま状況を理解した。小男がこういう対決姿勢に出てくるってことは、ギャングの一員にちがいない。

ジョンも遅まきながらそれに気がついて、謝罪し、相手と握手をした。

「ありがとよ」と、小男は言った。それから俺と握手をし、俺にキスした。トイレを出たとき、そいつのまわりには五十人くらいの男がいた。

「愛してるぜ、チャンプ!」やつらは俺に叫んだ。

当初は、自分の身は自分で守っていた。しかし、あまりいいことじゃない。サインを求められたとき、たまたま虫の居所が悪かったからといって、相手を殴りつけるわけにはいかないだろ。だから、ちゃんとしたボディガードを探した。俺を一般市民から守るためじゃない。一般市民を俺から守るためだ。

アンソニー・ピッツという友人がいた。ロサンジェルスでよくいっしょに遊んだ仲だ。アンソニーならいいボディガードになると思っていた。というのも、ある晩、俺たちがプロバスケットのレイカーズの試合でコートサイド席にいたら、いかれた礼儀知らずのファンがよろめいてアンソニーにぶつかったのに謝らず、アンソニーが立ち上がって殴り飛ばしたらそいつはコートの中へ吹っ飛んだ。「すげえ!」と、俺は感嘆した。試合中なのに、そいつはコートの中でのびていた。警察が駆けつけてきたが、俺たちは知らんふりで通した。

ある晩、ロサンジェルスのダウンタウンにあるクラブに行ったとき、俺にはちゃんとしたボディガードが必要だとアンソニーも思った。そこにはアンソニーのほかに、ジョニーという白人の友達もいた。俺たちは外で何人かの女に話しかけていた。魅力的な若い女がどっさりまわりに集まってきたとき、「マイク・タイソンがどうした！」と誰かが叫んだ。店の人間と客がいっせいに入口へ逃げ出してくる。だから、俺も話をしていた女をつかんで、いっしょにリムジンへ駆け出したら、バーンと轟音がした。

男が手に持った銃で俺を狙って撃ったんだ。弾は俺には当たらず、女の脚に当たった。彼女の友達が叫んでいた。「あなたのせいで彼女は撃たれたのよ、マイク！　あなたを撃とうとして！」早くずらかりたかったが、運転席に運転手がいない。後ろを見ると、運転手が体を丸めて隠れていた。あのときだ、アンソニーが俺のボディガードになろうと決めたのは。俺たちは女を置き去りにして車を発進させた。彼女が撃たれたことは申し訳ないと思っていたよ。もちろん二度と口を利いてもらえなかった。

交差する裁判

こんなふうに酒を飲んではドンチャン騒ぎをしていたおかげで、十二月には体重は二百五十五ポンドまで激太りしていた。次はフランク・ブルーノ戦と決まっていたが、試合は一九八九年二月の終わりで、まだ間があった。そこで、自分にトレーナーがいないことに気がついた。ケヴィン・ルーニーとは険悪になっていた。彼は完全に反ドン・キングで、親ケイトンだった。ドンを憎むあまり分別をなくしていたんだろうな。ケヴィンは自分で自分のクビを切ったようなものだ。俺はケイトンのチームを取り戻したいと思っていた。だからこれまでと同じ条件でもういちど雇おうとしたが、あいつは応じなかった。

で、新しいトレーナーにキャッツキル時代のルームメイト、ジェイ・ブライトを雇った。カス・ファミリーの一員だったから、少し稼がせてやりたかったのもある。ティム・ウィザースプーンのトレーナーをやったことがあるというアーロン・スノーウェルも雇った。あとでティムから、スノーウェルはロードワークの相方に過ぎず、リングにバケツを運ぶ係だったと聞いたが、べつにかまわなかった。俺はボクシングの神様だ。俺と戦うと思っただけで、相手は恐怖のあまり心臓が止まる。トレーナーは誰だってかまやしない。

トレーニングを始める前に解決すべき法律問題がいくつかあった。一月、マンハッタンのアパートメントからほんの数ブロックの〈ベントレー〉というクラブで俺に尻をつかまれたと言って、ある女が百万ドルの訴訟を起こしたんだ。あのときはアンソニーがいっしょにいて、「尻をつかもうとしたんじゃない、転びそうになって転倒を免れようとしたんだと説明しろ」と助言をくれた。アンソニーは毎度毎度、説得力のある言い訳をひねり出してくれた。身代わりになってくれることもよくあった。これも〈ベントレー〉での話だが、俺がある女のケツをつかみ、女が振り向いたところでアンソニーが割って入った。

「いや、ちがう、今のは俺だ、ベイビー。すまなかった。昔の彼女と間違えてさ」と、アンソニーは女に言った。おかげで事なきを得たよ。

しかし、最初の女は俺を訴えていたし、いっしょにいた友達に俺に不利な証言をしてもらう気でいた。証言の前日に裁判所でその友達を探していると、驚いたことに、その夜、彼女は俺の友達といっしょにいた。

「やあ、訴訟の関係者だな」俺は彼女に近づいた。

「近づかないで」と、彼女は言った。

「おっと、あんたをどうこうするつもりはない」と、俺は穏やかに言った。「あんたに怒っているわけじゃない。あんたの友達には腹を立てているけどな。あいつには何ひとつしていないんだから」

この女とやったら、俺に不利な証言はしないんじゃないかと考えた。

そこで「心配することはない。どうだ、ロールスロイスでいっしょにドライブしないか?」と言った。作戦は当たり、女は証言しなかった。

これも一月だったが、ビル・ケイトンがドン・キングを相手取って起こした訴訟で、出廷して宣誓証言することになった。ケイトンの代理人はトーマス・プッチオという有名な弁護士だった。スピンクス戦のファイトマネーの支払いについてこのプッチオから質問された俺は、支払われていたとしても思い出せないと答えた。千二百万ドルが満額支払われている証拠をプッチオが見せてきたが、そのカネで自分が何をしたかさっぱり思い出せない。当時の俺は、銀行口座さえ持っていなかった。ドンの口座を使っていただけだ。どうやって我が身を守ればいいか、誰も教えてくれなかった。

プッチオは追及の手をゆるめなかった。キングと結んだ具体的な契約内容について矢継ぎ早に質問してきた。俺は契約内容なんて何ひとつ知らなかった。あんなつまらないものを読むと思うか?

「もう、あんたのおかげでくたくただ」と、俺はプッチオに言った。

じつを言うと、裁判よりプッチオの補佐をしていたジョアンナ・クリスピという若くて色っぽい女弁護士を口説くことのほうに興味は傾いていた。いいケツしてると言って、なんとか気を引こうとしていた。何を考えていたんだろう、俺は? ふつうの人間ならあんなばかなことはできない。なのに、俺ときたら。

間男はブラッド・ピット

ロビンとの離婚協議は続いていたが、そんな状態でもロビンとは会っていた。ロサンジェルスにいるときは、セックスだけが目的で訪ねていった。いちど、ランボルギーニ・カウンタックであいつの家に乗りつけたことがあった。ドアをノックしたが返事がない。妙だな。車に戻っていくと、見覚えのある白いBMWのコンバーティブルが見えた。見覚えがあってあたりまえだ、俺がロビンに買ってやったんだから。

〝ありがたい、まだ急げばやっていける〟と思ったら、助手席にブロンドの髪をなびかせた白いシルエットが見えた。ちきしょう、たぶん、『ヘッド・オブ・ザ・クラス』に出演している仲間だろう。ところが、よく見ると男だった。フェラチオしていたのかもしれない。二人が車を停めて降りてくると、男はブラッド・ピットだった。

家の前に立っている俺を見たブラッドの顔ったら、見せてやりたかったな。まるでいまわの際のようだった。そのうえ、酔ってフラフラだった。俺の顔を見たとたん、腰が砕けそうになった。「おい、殴るな、殴らないでくれ。ちょっと台詞の読み合わせをしていただけだ。彼女はずっとあんたのことを話していた」

「お願い、マイケル、お願いだから、何もしないで」と、ロビンが叫んでいた。死ぬほどおびえた表情で。だが、誰もぶちのめす気なんかなかった。あいつのために刑務所へ行く気はなかったし、離婚する前にちょっと一回と思っただけだ。

「あとにして、マイク」彼女は言った。「家にはいるから、またにして」

これが現実だ。あの日はブラッドに先を越されたから、次の日にした。

ロビンに会ったのはあれが最後じゃなかった。ブルーノ戦に向けてトレーニング中、ロビンはヴァンクーヴァーでB級映画の撮影に入っていた。あいつからひっきりなしに、ストーカーに遭っている、助けてと電話が入っていた。そばにいて守ってやりたい。身辺警護チームを置き去りにして、急いで現地へ飛んだ。なんだかんだで練習にうんざりしていたから、出ていけてありがたかったというのが本音だ。

すっかりナイト気取りで、ドン・ペリニヨンの大きなボトルをかかえてホテルへ向かったら、いきなり記者とカメラの群れに取り囲まれた。はめられたんだ。ロビンは俺に尾け回されているとマスコミに話していた。報道陣がどっと群がってきて、なぜ彼女を尾け回したりするのかと質問してきたから、俺は本能のおもむくままに行動した。

シャンパンのボトルを棍棒に変えて、それを振り回して逃げ出したんだ。もちろん、そのあいだに記者が何人か肝を冷やし、高価なカメラが一台壊れて、いくらか弁償しなくちゃならなかった。あれで二人の関係は完全に終わりを告げた。

離婚が成立したのは二月十四日だ。皮肉な話だろ? ロビンはそれなりの現金を手に入れ、俺が買ってやったひと財産分の宝飾類も全部そのままあいつのものになった。〝鬼婆ルース《ルースレス》〟はロビンの戦利品の一部でニューヨークに〈ネヴァー・ブルー・プロダクションズ〉というインディ映画の製作会社を立ち上げた。

ハリウッドのプロデューサーで友人のジェフ・ウォルドが、俺の代理人にハワード・ワイツマンを薦めてくれた。こいつは凄腕だった。離婚協議中、ロビンは自分に振り出された高額の小切手は有効と主張した。下の線に〝マイク・タイソンからの贈り物〟と書かれていたからだ。しかしあいつは、銀行が小切手を全部マイクロフィルムに記録していることを知らなかった。ハワードはマイクロフィルム化された元の小切手を拡大して、厚紙に貼りつけ、書かれていた内容は小切手が現金化されたあとロビンが書き足したものであることを立証してのけた。

ロビンは俺のランボルギーニも手元に残そうとした。自分のガレージに入れて、俺に持ち出されないよう扉の前にセメントブロックを置いたんだ。だがそのくらい、ハワードにはどうってことなかった。元モサド［イスラエルの諜報機関］の私立探偵を何人か雇うと、彼らは誰も起こさずに二十分で車を出してきた。

晴れてロビンから解放されたが、気分は高揚するどころか、どっぷり落ち込んでいた。あいつとはもう夫婦でいたくなかったが、これまでの経緯に屈辱を感じていた。自分が半分に縮んでしまった気がした。裏切られただけでなく、衆人の目に一部始終がさらされたのが惨めでならなかった。あそこまで他人にいいようにされたのは初めてだ。あいつのためなら死んでもいいと思っていたのに、もうあいつが死のうが全然かまわない。愛はなぜこんなふうに変わってしまうんだ？　冷静になって当時を振り返るにつけ、ロビンと母親のルースは本当に嘆かわしい人間だった。カネのためには手段を選ばなかった。あの二人にとってカネは紙の血液だったんだな。

薄れていく戦意

いずれにしても、ボクシングに戻るときがやってきた。ボクシング業界全体が俺の次の試合を待っていた。俺たちはあのスポーツにエンターテインメントの土台を回復させたんだ。試合のチケットは発売と同時に売り切れ。〈ＭＧＭグランド〉で楽しもうと、みんながラスヴェガスへやってきた。俺たちがいると、あそこはイワシの群れみたいに人でぎっしりになった。

俺が試合の前夜に〈ＭＧＭグランド〉のモールに行って二十五万ドル使うという噂が流れると、マイク・タイソンのまねをするやつらがどっさりやってきた。俺が部屋で寝ているあいだもタイソン現象は起こっていたんだ。世界じゅうのハイローラー［カジノで大金を賭ける人］がいた。億万長者、俳優、女優、ペテン師がみんな集まっていた。リングサイドじゃ、連邦上院議員の隣に売春婦が座っていた。

だが、俺は全然戦える状態になかった。特に気持ちの面で。ブルーノに痛い目に遭わされたらよかったんだ。もう気持ちが乗っていなかった。頭の中からカスのシステムは消えていた。それでも、平静を装って、試合前の最初の記者会見では陽気な口ぶりに努めた。

「戻ってこられてうれしいよ。最近、いろいろ気の散ることはあったが、ああいう経験をするのは悪くないことだと思っている」と、俺は言った。「いい教訓を得たし、逆境への対応を迫られた。今の大きな目標はトップでいることだ」

だが記者たちが聞きたかったのは、ロビンとの恋物語とその顚末だった。俺はちょっと虚勢を張った。

「世間は俺を見て〝かわいそうに〟と言う。そいつは侮辱だ。同情なんて願い下げだね。しくじったのは事実だが、〝かわいそう〟なんて、まるで何かの犠牲者じゃないか。俺にはかわいそうなことなんてひとつもない」

試合の二、三週間前、ローリー・ホロウェイとジョン・ホーンを〈ヒルトン〉に呼び寄せた。二、三日後、二人はホテルの店で買った金《きん》の時計と装身具を着けていて、その請求書が俺に回ってきた。二人はホテルからタオルまでくすねていったそうだ。

試合のために特別ハードな練習はしなかった。ブルーノとは十六歳のときにカスのところでスパーリングをやって負かしていた。あいつとの一戦にはなんの戦略も立てていなかった。ジャブさえかわせば、強いパンチももらわずにすむ。計量のとき、ブルーノが俺をにらみ倒そうとしたから、こっちはトランクスを下げて陰毛を見せてやった。

試合が始まったとき、ボクサーとして少し錆びついた気もしたが、パンチの威力は衰えていないと感じた。最初の一発でダウンを奪ったが、そのあと仕留めようとして、雑に攻撃を仕掛けちまった。ブルーノは思ったよりスピードがあって、左のフックと右のショートも食らった。俺がぐらついたのを見て観客は騒然となった。しかし、くらっとしただけだ。すぐに立ち直った。

第二ラウンドの終了直前、もう少しで仕留められるところまでいった。その後、向こうは、俺が痛烈なパンチを打つたびホールドした。第五ラウンド、残り一分でブルーノをぐらつかせ、さらに四十秒間追い回す。あいつはダウン寸前になり、俺がロープに追い詰めて強烈な右のアッパーを浴びせたところで、レフェリーのリチャード・スティールが試合を止めた。もうブルーノはふらふらだった。

試合後のインタビューで対戦相手たちを見下す発言をした。

「あんな未熟な技術でよく俺に挑めるもんだ」と、あざ笑った。

『Ｘ-メン』に出てくる悪のミュータント、アポカリプスの台詞だ。漫画の台詞を引用するなんて、まったく、子どもだったな。

次の試合は七月に予定されていたが、ＨＢＯが終身契約を求めてきた。俺はいつでも奴隷の黒ん坊《ニッガ》だった。俺が必要とされるのは、大農園に奴隷長が必要とされるのに似ていた。まあ、想像してみてくれ。スーツを着た重役たちが俺を奪い合って、その結果俺の魂がもぎ取られるところを。

オハイオ州で試合に向けてトレーニングを開始。ドンの家のすぐ近くに家を買っていた。五月三十一日、ＨＢＯの連中が契約案を詰めるためにドンの家にやってきた。俺は顔を出さなかった。前の晩にドンチャン騒ぎをやっていたからだ。

ドン・キングは会見を開き、バラ色の関係を語ってみせた。

「家族のようなものだね。連帯感があり、団結があり、結束がある。マイクが成長する必要を私は理解している。私の仕事は彼と正直に向き合うことだ。マイクは男らしく自分の過ちを認めている」と、あいつは言った。「ほかのみんなと同じように彼も成長しなければならない。大事なのはマイクが成長することだ。彼が私から独り立ちするときが楽しみでならない」

あいつはカスの台詞をそっくり真似していただけだ。

「何が正しく何が間違っているかを彼の代わりに判断するつもりはない。判断するのはマイク本人だ。私は彼の父親じゃない。もちろん、父親的な愛情はそそいでいるよ。マイク・タイソンがどんな苦しみを味わっているか、私には手に取るようにわかるからね」

まったく、開いた口がふさがらない。ただ、厄介なことに、いくらか納得できる部分はあったんだ。

契約のためのミーティングに、俺は昼時まで顔を出さなかったから、会議は俺抜きで始まった。俺は午後四時ごろ、〈ダッパー・ダン〉が作ってくれた白黒縞模様のレーダーボーゼン［独バイエルン地方伝統の半ズボン］を穿いてやってきた。

会議なんて、なんの関心もなかった。オハイオ州で退屈しきっていた。ときどき銃を持ち出して、ドンの車を狙い撃ちした。オハイオにいた理由のひとつは、マンハッタンのクラブの多くで出入禁止になったからだ。俺のせいでポーリー・ハーマンなんか、自分の経営するクラブから追い出されるはめになった。ポーリーは〈チャイナ・クラブ〉の出資者だったが、ある日その店で、俺が女ともめた。ウェイトレスがシャンパンを運んでくるのが遅かったんで、激怒したんだな。そいつがボスに報告すると、ボスがやってきて追い出された。しかたなく〈コロンバス〉に行って、ポーリーと二人で飲んだ。

オハイオ州では女友達のホープと過ごすことが多かった。女たちが出たり入ったりしていたが、そいつらが帰ったあとは、ホープみたいな面倒見のいい女がいてくれるとありがたい。真夜中に起こしても、俺たちにサンドイッチを作ってくれ、みんなでとりとめのない話をした。「多くの人間は知らないが、俺は自分でサンドイッチひとつ作れないんだ」とホープに話したっけな。俺はいつもみんなの世話になっていた。俺にとっては孤独な鬱々とした時期だった。

その後、友人と思っていた人間から中傷を受けることになった。ホセ・トーレスが俺を題材にした本をついに出版したんだ。最初は公認の伝記になる予定だったが、ドンと組んだ段階で協力を取りやめた。気がつけば、スキャンダルと嘘とこじつけ満載の暴露本になっていた。本の中に、俺とホセが歩きながら女とセックスについて話している場面があって、俺が、「あいつらが痛みに悲鳴をあげたり、血を流したりするのが好きなんだ。そういうときは興奮する」と言ったという。女についてそんな発言をしたことは一度もない。あれはリング上の相手についての話だ。トーレスはまったく下衆《ゲス》野郎だった。あの本にはそんな嘘がぎっしり詰まっていた。

本が出た時点で、わざわざ話を否定はしなかったが、トーレスの裏切りについてはコメントした。「友達で、いつも抱き締めてくれて、愛している、お前のためなら死んでもいいと言ってた相手が、俺がちょっと稼ぐようになったら喉をかき切って出血死させようとしてきた。そんな感じだ」と。

エイズの恐怖

血の話が出たからついでに言うと、俺はこの時期、エイズの不安で頭がいっぱいだった。次の試合はアトランティック・シティで七月二十一日だった。準備段階のひとつにエイズ検査があった。ボクサーは流血することが多いから、レフェリーやセコンド、対戦相手を守ろうってことになったんだ。検査を受けるのが怖かった。ふだんから身持ちの悪い女たちと寝ていたから、エイズにかかっていると思い込んでいたんだ。主催者が検査に来たが、断固拒否した。

「検査を受けてくれ、マイク」と、ドンが嘆願する。「かかってやしない」

「なんでわかる？　どういう兆候があれば、かかってないとわかるんだ？」

ドンは知らなかったが、幼なじみが一人、エイズで死んでいた。俺もそいつも、同じ女とゴムなしでセックスしていたし、その後、その女もエイズで死んだ。俺たちはみんな、とあるクラブに入り浸っていた。俺がその女と仲がいいのを店の用心棒が知っていて、店に行くと、いつも俺の顔を見て言う。

「よお、マイク。元気か？　ちょっと痩せたみたいだな」

俺はエイズ持ちだとそいつが陰で吹聴しているのも知っていた。

当時、エイズは俺たちにとって日常だった。子どものころ、俺のお手本だった人物があれに感染した。ポップと呼ばれていた男で、俺たちは本名さえ知らなかった。ど派手なゲイで、俺より五歳くらい年上で、金儲けがうまかった。しみひとつない大きな毛皮を着て指輪やダイヤを身に着けていたから、店の人間は盗っ人なんて思わない。くさくさするとポップは女たちを連れて遊び歩いていた。俺たちを連れ回しはしなかった。騒々しくなるからだ。それでも、いつも気前がよくて、よくおごってくれた。

次の試合の相手はカール・〝トゥルース〟・ウィリアムスになった。戦績は十二勝一敗だが、俺を脅かせるとは思えなかった。試合の興味をかき立て、手っ取り早く現金を稼ごうと、ドンは９００の有料ダイヤルを設置した。電話をかけると、俺に関する特別な情報が得られるってわけだ。実際には、ドンが俺にインタビューしたものを録音したテープに過ぎなかったんだが。

「カール・ウィリアムスを倒したら、次は誰と戦いたい？」

「わからない」と、俺は答えた。

みんな、料金を払ってそんなしょうもない情報を聞かされたんだ。試合そのものは有料ダイヤルの話より短かった。

ウィリアムスは左のジャブをどんどん突いてきたが、俺がダッキングと同時に左のフックを放つと、あごにまともに命中した。ダウンして、立ち上がり、バランスを取ろうとロープにもたれたあいつにレフェリーが確認し、返事を聞いて試合を止めた。試合時間はスピンクス戦より二秒長かっただけだ。レフェリーが試合を止めたのにはびっくりしたよ。そんなにダメージがあるとは思わなかったからな。しかし試合のあと解説者のラリー・マーチャントに訊いてみたら、続けても結果は同じだったそうだ。相手を痛めつけることに関して、俺はいつもいちばん危険な男だった。

マーチャントが次に誰と戦いたいかと質問し、ホリフィールド、ダグラス、ドークスといった候補者の一覧表を見せた。

「誰でもいい、みんなかかってこい。誰も俺には近づけない。俺は世界最高のボクサーだ」

試合のあと、ドン・キングからKO勝ちのボーナス十万ドルを現金で受け取って、カバンに詰め、クレイグ・ブーギーと〈マウント・ヴァーノン・クラブ〉へ出かけて、ヘビー・Dやアル・B・シュアと盛り上がった。ヘビー・Dの家であいつの両親と何時間か過ごしたあと、マンハッタンへ繰り出し、〈コロンバス〉や〈ハーレム〉、ダウンタウンに至るいろんなクラブで散財した。

もちろん、ブラウンズヴィルにもまっすぐ戻って、現金の一部を近所にばら撒いた。たまにはブラウンズヴィルからアップタウン［マンハッタンの北側］へ乗り込むこともあった。昔なじみのゴーディとリムジンでマディソン街を走っていて、窓の外を見たら、高価そうな毛皮のロングコートを着た男と女が通りを急ぎ足で歩いていて、そのあとをマディソン街の高級服飾店の店長が追いかけていた。

「おい、戻れ！　戻ってこい！」と、店長が叫んでいる。

よく見ると、ポップとその仲間のカレンだった。毛皮のコートを盗んできたんだ。ゴーディと腹の皮がよじれるくらい笑いころげた。エイズにかかっていようといまいと、やっぱりポップはポップだった。

野蛮なチャンピオン

チーム・タイソンができて何年かは、はめを外しすぎるほど外した。自分は野蛮なチャンピオンだと心から思っていた。「俺の言うことが気に食わないなら、お前を滅ぼして魂をもぎ取ってやる」俺はフランク王クロヴィス一世だった。カール大帝だった。恥知らずな最低のやつだった。ボディガードの一人なんか、自分の名前は〝マザーファッカー「くそ野郎」〟だと思い始めた。言われるのは、「マザーファッカー、これ持ってこい」とか「行くぞ、マザーファッカー」だけだったからだ。

オハイオ州のキャンプは殺伐としていた。みんなが俺にケツを蹴りまくられた。俺はそうやって支配していた。誰もクビは切られなかったが、ケツを蹴られていた。ドン・キングの頭を思いきり蹴飛ばしたときはアフロヘアから埃が舞ったとEBが言っていた。

ある日曜日、俺はドンに、「おい、俺はまだ百万ドルを現金で見たことがない。今ここに百万ドル持ってこい」と言った。

「そうは言っても、銀行が開いてない」と、ドンが返す。

「おまえならコネがあるだろう。銀行を開けて、今すぐ持ってこい！」と命じた。まったく、いかれていた。たんに、ドンの頭を蹴る口実を作っていただけなんだ。

「おい、やめとけ、マイク。いつかドンに殺されるぞ、あいつは何人も始末しているんだ」と、みんなが諭す。

だが俺は「みんな、こんなやつが怖いのか?」と言っては、あいつの頭を蹴ってみせた。

ある日、モハメド・アリのほか何人かとラスヴェガスのドンの家にいた。アリやラリー・ホームズはじめ、多くのボクサーがドンを恐れているという話を聞いていた。ドンを怒らせたら、手を回して殺されると思っていたらしい。俺は彼らを尊敬していたし、ドンは恐れるような人間じゃないことを知ってほしかった。あいつがどんなに無価値な人間かを証明する、ただそれだけのために、みんなの前であいつにまつわる嘆かわしい話をしたものだ。それがあいつを蹴飛ばした真の理由だったかはよくわからない。当時の俺は未熟な若造で、そういう気分だったんだろう。

ローリーとジョンが俺のところへやってきた。「なあ、マイク、あいつは六十代だ。いつまでもやってると、脳が傷つくぞ。彼から電話があって、頼まれたんだ。乱暴を続けるならもうそばに近づかないと言ってくれと。だから、とにかく暴力は控えてくれ」

みんな、俺の頭はいかれていると思っていた。パーティ三昧でろくに練習もしていなかった。それでも、いざ試合となると無敵だった。あの時期の俺は本当にまともじゃなかったなと思う。

俺は悪党の中の悪党になりきっていた。ジョン・ゴッティ［ニューヨークのマフィアの親玉］みたいにドンのケツを蹴って。ドンはよく俺に、医者の診察を受けさせようとした。「マイク、いちど精神科医に診てもらえ」実際、アルヴィ・プーセイントという医者に俺を診せた。コメディアンのビル・コスビーの知り合いで、ハーヴァード医科大学院で精神医学を教えている著名な教授だ。やたらと博学で説教好きなやつだった。プーセイントから何が問題なのかと訊かれ、「知るかよ。生きていようと死んじまおうと関係ない。くそ食らえだ」なんて答えた。あいつはおそろしくブルジョワで居丈高だったから、死ぬほどむかついた。結局あいつは逃げ出して、二度と戻ってこなかった。

あのころは、誰になんて思われようと気にせずに、好きなように生きていた。「ボクシング・イラストレイテッド」誌に〝マイク・タイソンは史上もっとも嫌われたヘビー級ボクサーになるか？〟という記事が載った。「ニューヨーク・タイムズ」のデイヴ・アンダーソンは〝タイソンを止めるのは誰か？〟と題するコラムを書いた。マスコミに叩かれていたが、大歓迎だ。俺は戦う相手がいると燃えるんだ。

セレブとの日々

次の試合のため、九月にラスヴェガスでトレーニングを始めたが、身が入らなかった。もう戦う気力が失せていた。十月の中ごろにキャンプをエドモントンに移したが、ろくろく練習していなかった。女と寝ることには熱心だったが、それ以外は、部屋から出るのさえ億劫だった。友人たちに手当たり次第に女を手に入れてもらい、部屋に送り込んでもらった。女の見かけも名前もどうだっていい。挙げ句、理由をつけて試合を延ばせとドンに命じた。持病の気管支炎を利用して。発症していても問題なく戦えただろうが、レントゲンを見れば医者はあれっと思うだろう。十月二十六日に試合の中止を発表し、空路ヴェガスに戻った。ドンがどこかの医者を見つけて、胸膜炎と証言させた。胸膜炎？　いったいどんな病気だ？　性病じゃないかと心配したぜ。

ドンはもっと楽な相手を探し始めた。その結果、楽勝と踏んだバスター・ダグラスと二月に日本で戦うことになった。そのあと、イヴェンダー・ホリフィールド陣営と契約合意に至り、一九九〇年六月に〈トランプ・プラザ〉で戦うことになった。俺のファイトマネーは二千五百万ドル。まだ書類上のマネジャーだったケイトンはこの話を聞いて喜んだ。

というわけで、またパーティ三昧の日々が戻ってきた。十一月に、想像できるかぎり最高の名士たちに会った。サミー・デイヴィス・ジュニアの芸能生活六十周年のお祝いに参加したときのことだ。すばらしい時間だった。ジョージ・バーンズやミルトン・バールと、ファニー・ブライスやビー・キーラーやアル・ジョンソンら昔の俳優について話をした。ジョージはかなりの高齢で、ファニー・ブライスと仕事をしたことがあった。〈ザ・ラット・パック〉[フランク・シナトラ軍団]の面々とも話ができた。

だが、こういう男たちとの出会いも、ボクシングの神様たちとの出会いとは比べものにならない。あのころ会った有名人で最高に畏敬の念をおぼえたのは、マックス・シュメリングだ。会ったときは八十代の中ごろだった。彼と交わすボクシング談義はすばらしく刺激的だった。デンプシーやミッキー・ウォーカーについて話を聞いた。ジョー・ルイスは最高のボクサーで、最高の人間でもあったと、シュメリングは語っていた。

ジョー・ルイスが無一文になったとき、彼はジョーを探しにドイツを発ってハーレムへ向かった。想像できるか？　年上の白人がハーレムのクラブを全部回ってジョー・ルイスを探していたなんて？　俺が会ったときには、シュメリングは億万長者になっていて、ドイツにおけるペプシの権利を握っていた。しかしいちばん刺激を受けたのは、いまだにボクシングを愛していたことだ。どこへ行くにも、自分の昔の試合を収めた映像を持参しているんだ。

俺は昔のボクサーが大好きだった。世界ライト《グリーター》ヘビー級王者だったジョーイ・マキシムがラスヴェガスのホテルで客を迎える接客係の仕事をしていると知ったとき、一週間おきに訪ねて、彼のキャリアについて話を聞いた。〈ヒルトン〉のビッグ・マッチで一度もリングサイドに招かれたことがないと憤っていたから、その後はそうなるよう計らってきた。マキシムくらいツキに見放された男は見たことがない。俺は自分より彼のほうが偉大だと思っていた。便宜を図ってやるなんておこがましい気がしたよ。マキシムといるあいだ俺は恐れ畏《かしこ》まっていた。彼と会って彼に触れただけで夢のようだった。初めて彼に会った夜、家に帰って泣いたくらいだ。

東京での悲劇

一九九〇年一月八日、空路東京へ向かった。文句を垂れて、わめき散らしながら。試合なんかしたくなかった。あのころ興味があったのはドンチャン騒ぎをして女と寝ることだけだった。出発の時点で体重が三十ポンド増えていた。ドン・キングはその点を心配して、一カ月後の試合でいつもの体重に戻っていたらボーナスを出すと申し出た。

バスター・ダグラスは大した相手じゃないと侮っていた。ビデオで試合を観ることさえしなかった。あいつをKOしてきたボクサー全員に楽勝していたからだ。俺がまだ前座だったころ、ESPNトーナメント王座を懸けた試合を観たが、俺がABCで初めて全国放送された試合でKOしたジェシー・ファーガソンに負けていた。

自分の英雄のミッキー・ウォーカーやハリー・グレブになった気でいたんだな。グレブが対戦相手に「お前なんか汗をかく値打ちもないから練習してこなかった」と言った話を読んでいた。だから俺もそれに倣った。アンソニー・ピッツが早起きして、俺のスパーリング・パートナーのグレッグ・ペイジと走っていた。だが、俺はやる気になれなかった。アーミー・ブーツに防寒マスクで走り込んでいるバスターをよく見かけるとアンソニーが言っていた。

まだ体が絞れてなかったし、体重を落としてドンからボーナスをせしめたかったから、脂肪を燃焼するスープを飲んだ。そのあとのメインコースは女だ。日本の女はとてもシャイで内向的だったが、運よく、奔放な女たちに出会うことができた。

カネは有り余っていたから、女たちにはチップをはずんだ。感謝してくれたにちがいない。帰ってから友達を連れてきたのもいたからな。

「友達があなたに会いたいって言ってるの、ミスター・タイソン。いっしょに来たいって」

前回トニー・タッブス戦で来たとき知り合った若い日本人ともデートしていた。ロビンが買い物に出かけたすきに、彼女と部屋に向かったもんだ。

今回も同じ要領でやった。俺のフロアには人が多すぎたし、ドンにもローリーにもジョンにもアンソニーにも干渉させたくなかった。知られたら、あいつらは彼女を脅したかもしれない。彼女は人前ではすごくシャイだった。初めて会ってからの二年間で、すごく大人になっていた。

つまり、それがダグラス戦の練習だったんだ。あとはときどきトレーニング場に顔を見せて、運動したりスパーリングしたりする程度。試合の十日前にグレッグ・ペイジとスパーリングをやり、うっかり右のフックをもらってダウンした。

「何やってるんだ?」と、あとからグレッグに言われたよ。

二、三日後、ドンが一人六十ドルの有料公開スパーを開いた。あのときは有料だってことさえ知らなかった。二ラウンドの予定だったが、俺の調子が悪いと見てアーロン・スノーウェルとジェイが一ラウンドで止め、公開スパーを打ち切った。ドンはかんかんだった。ひと儲けしたかったんだ。俺の状態があんなに悪いなんて知らなくて。ボクシングにはズブの素人だったからな。調子の良し悪しの区別もつかなかった。

試合前日、俺の体重は二百二十ポンド二分の一［約百キロ］。デビュー以来いちばん重い数字だった。それでもボーナスをせしめた。そして、試合の前の晩だというのに、何人もの女と楽しんだ。

俺は知らなかったが、ダグラスにはこの試合に懸ける理由があった。一九八九年の七月、あいつは信仰を新たにした。その後、妻に捨てられ、産みの母親は病気の末期状態に陥り、キャンプ中の一月上旬に亡くなった。その話は全然知らなかったし、関心もなかった。ＨＢＯは母親のために戦うダグラスを大きく取り上げていたが、当時の俺の傲慢さを考えると、その話を聞いていたら、試合の夜は母親のところに送り込んでやるとか言っていただろう。

アメリカとの時差の関係で、前座試合の開始は午前九時になった。アリーナ六万三千席の半分は空席だった。ドンはお粗末なプロモーターだった。あいつと組んだとたん何もかも沈んでいった気がする。あいつは人の先行きに影を落とす暗雲だった。

リングに入場するときも、いつものタイソンじゃなかった。誰が見ても、俺があそこにいたくないのはわかっただろう。試合開始のゴングが鳴ったが、お粗末な戦い方だった。一発決まれば起きてこないと考え、相手の体格を無視して、力まかせにパンチを振るっていった。しかし、さっぱり当たらない。ダグラスはジャブとリーチの長さを生かして俺にペースを握らせず、ボディを攻めようとすると、ひたすらホールドで逃げた。あの夜のあいつはすばらしかった。しかしそれは、俺が楽な標的だったからだ。俺は全然頭を振っていなかった。

あいつは俺を恐れていなかった。それどころか、ラウンド終了後やブレイクの離れ際にパンチを打っていたのはあいつのほうだった。汚い戦法だが、それもボクシングのうちだ。みんながやっていたことだ。三ラウンドが終了してコーナーに戻ったとき、アーロンとジェイは目に見えて慌てていた。

「しっかり踏み込め」と、アーロンが言う。「相手の懐に飛び込むんだ。足が動いてない」

言われなくてもわかってる。飛び込もうとしているんだ。相手のリーチは俺より十二インチ長かった。

「いつものお前を思い出せ」と、ジェイが言った。「いいな。さあいこう」

パンチを浴びていないときそれを言うのは簡単だ。俺はマットを見つめ続けた。

四ラウンド、五ラウンドと、ダグラスは俺をぐらつかせた。五ラウンドの途中から目が腫れてきたが、コーナーに戻ったときはエンスウェル［金属の腫れ止め器具］も使ってもらえなかった。信じられるか？　特大のコンドームらしきものに氷水を詰めて、目に押し当てていたんだ。

六ラウンドを迎えたときは疲れきっていた。左目は完全にふさがっていた。しかし、バスターも疲れているようだった。特に七ラウンドの開始時は。だが、そのチャンスをものにできなかった。八ラウンド、やつのパンチにぐらつかされ、残り二十秒でロープを背負わされた。このころにはもう一発狙いだった。相変わらず相手のパンチにぐらつかされ、なかなか焦点が定まらなかったが、やっとすきが見えた。序盤からずっと、すきを見つけてもことごとくかわされ、突き通すことができなかったが、向こうも疲れて動きが鈍っていた。そこで得意の右アッパーを放ったら、ダグラスはダウンした。

このときだ、とんでもないことが起こったのは。計時係《タイムキーパー》は日本人、レフェリーはメキシコ人で、別々の言葉で話していたため、カウントが連係していなかった。レフェリーが「五《ファイヴ》」と言ったとき、ダグラスは八秒間キャンバスに倒れていた。つまり、いわゆるロングカウントに救われたんだ。俺は貧乏くじを引かされた。それもボクシングのうちだが、まったくひどい目に遭ったと思っている。本来、WBAは俺たちの側につくはずだった。ドンは関係者にかならずカネを握らせていたからだ。少なくとも当人はそう言っていた。あの日はレフェリーに渡すのを忘れたのかもしれないな。

しかし、バスターの名誉を傷つけるつもりはない。あの日のあいつは勇気も根性もすばらしかった。こっちの強いパンチも入っていた。ほかのやつらだったらスペースシャトルまで吹き飛んだだろう。俺は疲れきっていて、次のラウンドに追い打ちをかけられなかった。逆に向こうはダメージから回復した。十ラウンド開始直後、右のストレートをあごに決めたが、向こうは右のアッパーを皮切りに、首から上へ連打を浴びせてきた。パンチを感じないくらい感覚が麻痺していたが、パンチの音は聞こえていた。平衡感覚を失い、気がつくとダウンしていた。

キャンバスに倒れ、レフェリーがカウントを取っているあいだに口からこぼれたマウスピースをつかみ、よろめく足で立ち上がろうとした。純粋な本能で動いていた。ふらふらだった。レフェリーが十を数え、俺を抱きかかえた。朦朧《もうろう》としたままコーナーへ戻る。マウスピースを噛んでいたが、それが何かもわかっていなかった。

「何があったんだ?」と、セコンドに訊いた。

「レフェリーがカウントアウトしたよ、チャンプ」と、アーロンが言った。

当然か、と思った。序盤からボロボロだった。まだ頭がじんじんして、HBOの試合後のインタビューにも応じなかった。少なくとも一回は脳震盪《のうしんとう》を起こしていたにちがいない。

ドンはすぐさまWBC、WBAの関係者に呼びかけて話し合った。そのあと独自に記者会見を開いた。

「本当は最初のダウンで決まっていたんだから、あとのダウンは無効だ」とまくしたてた。WBCのホセ・スライマン会長はレフェリーがタイムキーパーからカウントを引き継がなかったとして、王者認定を一時保留にした。レフェリーもミスを認めた。スライマンはただちに再戦を求めた。そのころには、俺も記者会見に加われるくらい意識を回復していた。ふさがった目を隠すためにサングラスをかけ、腫れた顔を白い圧定布で押さえていた。

「前から俺のことは知っているだろう。結果に不平を言ったり、文句を垂れたりはしない。だが俺はKOされる前に相手をKOしていた。世界チャンピオンでいたい。若い子たちはみんなそれを求めている」と言った。

ホテルの部屋に戻った。女はいなかった。もう世界ヘビー級チャンピオンでなくなった――奇妙な感覚だった。それでも頭の中では、あれはたまたまだと思っていた。神様は小動物を選ばない、神の稲妻が撃つのは最大の動物だけで、神様を手こずらせるのは彼らだけだ。神様は小動物に狼狽したりしない。神様は大きな動物が王座に君臨しないよう食い止めようとする。ベッドに横たわったまま、大きくなりすぎた俺に神様が嫉妬したんだと思った。

レイプ事件の真実

CHAPTER 8

東京からは長い空の旅だった。目はまだ大きく腫れていて、アンソニー・ピッツがくれた大きなサングラスでごまかしていた。機内でアンソニーに問いかけた。

「もう、俺を見捨てるつもりだろう?」被害妄想の俺が、「俺の運は尽きた。もう終わりだ」と言っていた。

「マイク、俺がそんなことすると思うか」と、彼は言った。「あんたは俺を解雇できないし、俺が辞めることもないから、二人が離れ離れになることはない。その腫れさえ引けば元どおり、なんの問題もない」

アメリカに着くと、まっすぐカミールの家へ向かった。何かあるたび、俺は原点へ帰っていく。おふくろたちのいる家へ。翌朝、七時に起きたアンソニーが階段を下りていくと、俺はもう腹筋と腕立て伏せをやっていた。

「おい、もう練習したくなったのか? あんな試合をしたばかりなのに」彼は驚いた。

「くそっ、気持ちを切らしたくないからな」と、俺は答えた。

あとでカミールと話をした。彼女は最前列で観戦していて、俺は心ここにあらずのようだったという。

「いつもの容赦ないパンチが見られなかったわね」と、彼女は言った。「まるで負けたがっているみたいだった。あなたはもう疲れてしまったのかしらね」

カスがいつも言っていた。戦いは人生の暗喩《メタファー》だと。問題は、負けることじゃない。負けたあとどうするかだ。落ち込んで終わってしまうか、そこから立ち上がるか。俺は、自分のベスト・ファイトはダグラス戦だ、と後々語るようになる。男らしく負けを認め、そこから立ち直れることを証明できたからだ。

キャッツキルで鳩たちと戯れ、自分の英雄たちについて書かれたものを改めて読み返した。トニー・ゼールはロッキー・グラジアノ戦からどうやって立ち直ったのか。ジョー・ルイスはどうやって奮起し、マックス・シュメリングを粉砕したのか。アリはライセンスの剥奪からどうやってカムバックを果たしたのか。シュガー・レイ・ロビンソンは自分の肩書につく〝元〟という字を見て、いかにまなじりを決したのか。

自己陶酔《ナルシシズム》が再び機能し始めた。俺にはこの英雄たちの血が流れている。ベルトの奪還は必然だ。この地を離れ、荒野に赴いて腕を磨き、大きくなって帰ってこよう。ショウ・ブラザーズの傑作カンフー映画みたいに。

いっぽうで、ボクシング界は揺れていた。試合の翌日、ダグラスの新チャンピオン認定が保留になったことを主要な新聞がこぞって批判し、WBCのホセ・スライマン会長はアメリカに戻るとすぐこの措置を取り消した。再戦のために頭を下げるしかなくなったドンは、指名挑戦者のイヴェンダー・ホリフィールドに試合を譲らせようと、カネに物を言わせてあれこれ画策していた。だがホリフィールド陣営はその手に乗らなかった。

俺の負けに喜びを隠せない記者たちもいた。「ニューヨーク・デイリー・ニューズ」紙の卑屈な腰抜けマイク・ルピカは、俺のことを悪魔だと記す。

「女性を乱暴に扱い、友人たちに暴言を浴びせ、チャンピオンになるのに力を貸してくれた人々に背を向ける。犬にも劣る不実ぶり……タイソンは野蛮人だ。現代文化を拒絶し、獣のように本能で生きる。こんな男は死ぬまで直らない」

ウオーッ！　気に入ったぜ、このセンテンス。

ESPNからインタビューを受けたとき、気がついた。なぜみんな、あなたの人生にそんなに魅かれるのでしょうと質問されたときだ。

「俺が自滅するところを見たいやつが大勢いるんだろうな。ある日俺が手錠をかけられてパトカーに押し込められたり刑務所に投げ込まれたりするところを見たいんだ。マーロン・ブランドの息子みたいになるところを。〝だから言っただろう、あいつはあそこに向かってまっしぐらだって〟と言いたくて仕方ないんだ。しかし、俺は刑務所にいないし、もうブラウンズヴィルにもいない。残念だったな」

敗戦の痛手

ドンは俺に何度か記者会見をやらせ、俺は可能なかぎり平静を装った。

「無敵の人間なんてどこにもいない」と、俺は言った。「誰かに高慢の鼻を折られることもある。バスターには痛い目に遭わされた。俺はあの試合のために練習しなかった。あの試合を真剣に受け止めていなかった。お気楽に日本の女と楽しんでいたのさ。日本にいる俺を見たら、カリギュラかと思っただろうな」

戻ってきて試合の録画をどう見たか、ロサンジェルスで語ったときには、記者たちを爆笑させた。「そこに座って〝おい、ダッキングしろ、お前〟と一人つぶやく。しかし、画面の俺はダッキングしない。〝ダッキングだ、このまぬけ!〟と叫ぶ。しかし、あのまぬけは聞く耳を持ちゃしない」

ベルトを失ったあと自殺したくなったかと、ある記者が訊いた。

「おいおい。自殺する前に使わなくちゃならないカネがどっさりあるんだ。泣いたかって? 泣けたらどんなにいいか。最後に泣いたのは離婚を勝ち取ったときだ」

離婚の件は相当こたえていたんだな。あんな話、持ち出す必要なかったのに、自分から触れちまったんだから。

俺が負けたことに世間はいろいろ理由をつけようとしてくれたが、それには賛成しかねた。いつもは俺に敬意を払わないラリー・マーチャントまでが、試合の一週間後にＨＢＯの特別番組で俺にインタビューしたときは、目がふさがったことに敗因を求めようとした。

「片方つぶれたって、もう片方ある。そっちを使えばいい。最後まで戦えるさ」と、俺は言った。「心臓はまだ動いていたからな」

ロサンジェルスから戻ると、まっすぐキャッツキルの安息地へ向かった。ところが、世界各地からマスコミの人間があそこへ来て、俺にインタビューしようとしていた。ブラジル、イギリス、スカンジナヴィア半島、そして日本。記者たちがキャッツキルとオールバニイをうろついて、〈セプテンバーズ〉みたいななじみの店へやってきた。やつらはカミールの玄関の呼び鈴を鳴らして、彼女を怒らせた。

「もうここには来ないでちょうだい。そっとしておいて。あの子はただの小さな赤ん坊なんだから！」と、彼女は叫んだ。

バスター・ダグラスは俺に勝ったが、誰も彼に注目していなかった。みんな、俺を探していた。俺が倒れてマウスピースを拾っているダンス・ビデオまで作られた。皮肉な話だ。重圧から逃れたくて、無意識に負けようとしていたのに、負けてもそれは和らいでくれなかった。

「こうなったら、あとへは引けない。ボクシングの世界に食らいついてやる」と、ある記者に言った。「本当の力を見せてやらなくちゃな」

この騒ぎの最中、姉貴が死んだ。彼女は俺に意見することを恐れないたった一人の人間だった。ずっと変わらず俺の保護者だった、死の直前に至るまで。彼女は太りすぎで、死の前夜はコカインをやっていたと旦那が教えてくれた。俺のことを悲観して薬物に走ったんじゃなければいいがと、心から願っている。亡くなる前の晩、俺は彼女と長電話をしていた。

「お父さんと話をして」と、彼女は言った。「それと、ちゃんと目を診てもらうのよ」

姉貴は前から実父のジミーと仲がよくて、俺たちが交流を始めるよう願っていた。姉貴は大人物だった。渡そうとしても、俺からのカネは受け取ろうとしない。スラム街の暮らしに心から満足していたんだ。俺を利用しようとしたことは一度もない。

彼女が死んだときは悲しかったが、あのころにはもう人が死ぬのに慣れていたし、死は暗黙の了解だった。葬儀はブルックリンで行われ、アル・シャープトン師が執り行った。俺たちはよく、アル師をおちょくったり、太っていることや髪形をからかったりしたが、彼は俺たちの共同体の大英雄だった。彼のことを誇りに思っていた。彼の出自を知っていたからだ。

必ず返り咲く

王座陥落後、ブラウンズヴィルの友人たちを訪ねた。負けてしょげ返った状態で戻るのは気が進まなかったが、友達というのは本当にありがたいものだ。無償の愛をそそいでくれた。女友達のジャッキー・ロウは特によくしてくれた。ガキのころ、彼女とはいっしょに悪さをした仲だ。俺と仲間は強盗をはたらいては、ジャッキーの家に行って現金を分けたものさ。ジャッキーは大柄で、生意気で、大胆不敵だった。ちょっと、俺の姉貴に似ていたんだ。彼女はいつも陽気だった。

「あんた、頭がいかれたの？」と、彼女は怒鳴った。「自分が何者かわかっているの？　たった一回じゃない、マイク。あんたが負けた。それだけで世間は大騒ぎ。気持ちを切り替えようよ。あんたは一番なんだから」

「そう思うか?」

「あたりまえでしょ。あんたは、やるべきことをやらなかっただけよ」

「そうだな、あんたの言うとおりだ」

ジャッキーの部屋でくつろいでいるあいだ、彼女は出かけていって俺の好きな食い物を買ってきてくれた。俺が彼女の部屋の窓から身をのりだして、女たちに声をかけると、そいつらは上を見てびっくりして、もういちど見直した。

「まさかマイク・タイソンじゃないわよね。あれ、マイク・タイソン? マイク! マイク!」

ときどき、ジャッキーに連れられてハーレムに行くと、住民が熱狂した。

「あんたは今でも最強だ、チャンプ」彼らは声を限りに叫んだ。「取り返せ!」

こういう人たちのそばにいると、まだ自分が愛されているのがわかって、本当に元気をもらえた。

ドンが一九九〇年六月十六日のラスヴェガスでの復帰戦を決めてきた。相手はヘンリー・ティルマン。ヴェガスに赴く前にニューヨークでトレーニングを開始した。尻つかみ事件の訴訟が終息に向かい、裁判所に出向いては、また練習に戻る日々だった。トレーニングしていたジムでは元世界チャンピオンのエミール・グリフィスが何人かの選手についていたんだが、ある日、彼が俺の心を揺さぶるひと言を言ってくれ、俺はようやくダグラス戦の負けを吹っ切ることができた。

ダグラス戦について彼と話していたときのことだ。

「いや、本当にあの試合はまずかったよな」と、俺は言った。

「偉大なるマイク・タイソンは、あれしきのことでくじけやしない」と、ミスター・グリフィスは言った。

おお、そのとおりだ。あのひと言で、俺の自己評価と復活に対する考えは一変した。必ずチャンピオンに返り咲ける。心からそう思えた。グリフィスの言葉で俺は甦ったんだ。

チーム・タイソンに新たに二人が加わった。ドンが俺の新しいヘッド・トレーナーにリッチー・ジャケティを起用した。それから、ナタリー・フィアーズという女とのあいだに初めての子ができ、男の子だったからダマトと名づけた。

四月の中旬、トレーニングの場所をラスヴェガスに移し、積極的に練習に取り組んだ。午前四時に起きて、走って、ジムで汗を流し、午後はスパーリングをこなし、そのあと〈ラスヴェガス・アスレティック・クラブ〉で二時間自転車を漕ぐ。ジョージ・フォアマンが前座で試合をすることになっていて、彼がタイトルを失ったときの心情について興味深いことを語った。

「みんなに合わせる顔がない。特に、空港の手荷物運搬人やタクシー運転手たちに。みんなから何か言われそうな気がする。だから車にスーツにと、自分を最高に見せられるよう湯水のようにカネを使い始める。マイク・タイソンはもう一度タイトルマッチを戦うチャンスを得て、それに勝つまで、二度と安眠できないだろう。あいつみたいな若い男が同じ思いを味わうところは見るに忍びないが、まあ、そういうものだ」

あのときは、かならずしもそのとおりとは思わなかった。誇大妄想狂の俺は、ベルトの奪還は定められた運命と思っていた。練習さえすれば問題ない。

ティルマン戦の夜は準備万端だった。アマチュア時代に負けた相手と戦う。よくできたカムバックの物語《ストーリー》だ。あいつがマットに沈んで、俺は甦る。

ティルマンはオリンピックの金メダリストで戦績も二十勝四敗とまずまずだったが、俺の一ラウンドKO勝ちの賭け率は一・五倍だった。

オッズメーカーの目は確かだった。試合開始から間もなく重い右をもらったが、全然あわてはしなかった。強烈な右のボディで動きを止めると、最後は残り二十四秒、右のオーバーハンドブロー［肩越しに打ち下ろすパンチ］がテンプルをとらえた。相手は仰向けに倒れた。痛めつけたい気持ちはなかったが、早く終わらせたかった。ティルマンのことはすごく気に入っていたから、いいファイトマネーを持ち帰ってくれて、とにかくよかった。ティルマンはお世辞抜きですばらしい選手だったが、ただ、自信が足りなかった。もっと自分を信じていたら、伝説的なボクサーになっていただろう。殿堂入りさえ可能だったはずだ。

試合後の記者会見のドンは、いかにも彼らしかった。

「彼は戻ってきた。彼はもう〝マイティ・マイク・タイソン〟だ」と、ドンは叫んだ。

俺はドンの腕を引っぱって、黙れと言った。

「お前は復活したんだぞ」と、ドンは言った。

俺は試合について少し語って、ティルマンに敬意を表したが、生まれた息子のことを話したかった。

「もうぴっかぴかなんだ。生まれて六週間で十二ポンドある。もうお座りできるんだぞ！　俺は息子のために生きる」

カネのために戦う人間は伝説になれない

試合から二、三カ月経ったころ、尻つかみ事件の訴訟がようやく決着した。俺は暴行罪で有罪となり、被害評価のため、女の代理人たちは俺の資産目録の提出を求めた。ドンの代理人がそれを提出し、そこで俺たちは、東京の試合でドンはまだ俺に二百万ドルの支払い義務が残っていることを知った。

提出書類によると、俺の資産は現金が二百三十万ドルに、六百二十万ドル相当のニュージャージー州の家、オハイオ州の家、およそ百五十万ドル相当の車と宝飾類。資産合計は一千五百万ドルだったが、財布の中身を全部合わせればもっとあっただろう。裁判のために粉飾決済がなされているかどうかも、自分が食い物にされているかどうかも俺は知らなかった。いずれにせよ、陪審があの女に認めた被害額は、請求していた数百万ドルにはちょっと足りなかった。陪審があいつに与えたのは百ドルだった。あの評決を聞いたとき、俺は法廷で立ち上がって、ポケットから百ドル札を一枚取り出し、舌で舐めて自分の額に貼りつけてやった。

復帰第二戦は九月二十二日にアトランティック・シティで行われる予定だった。相手はアレックス・スチュワート。ジャマイカのオリンピック代表で、プロではデビューから二十四連勝を続けていた。イヴェンダー・ホリフィールドに八回TKO負けで唯一の敗戦を喫したが、その試合も右目の上をカットしてホリフィールドにそこを攻められるまでは優勢だった。俺はキャンプ中に目の上をカットして、傷をふさぐために四十八針縫うはめになり、試合は十二月八日に延期された。

そのあいだにHBOが再契約を求めてきた。HBOのセス・エイブラハムはドンと八千五百万ドルで十試合契約延長の合意に至ったつもりでいたんだが、その後ドンが契約を取り消してきた。ラリー・マーチャントに俺の試合を担当させたくない、と主張して。マーチャントは毎回のように俺をくさしていたからな。スチュワート戦のあと、ドンは同じ理由をつけて契約先を〈ショウタイム〉［米国CBS系のテレビ局］に変えた。〈ショウタイム〉の契約はHBOよりいいと思ったが、後日、それは俺にとってじゃなくドンにとっていい契約だったことが判明する。

俺がスチュワート戦を待つあいだに、バスター・ダグラスはイヴェンダー・ホリフィールドとの防衛戦に臨んだ。ホリフィールドが勝つのはわかっていた。ダグラスはかなり重めの体で出てきたし、ホリフィールドのほうがボクサーとして優れていた。ダグラスはちょっと打たれただけでマットに寝ころび、引退を表明した。あいつは千七百万ドル目当ての売春婦だった。王者としての尊厳も誇りもなく試合に臨んだんだ。大金は支払われたが、名誉を失った。

名誉は勝ち取れるものじゃない。できるのは失うことだけだ。ダグラスのようなカネのためだけに戦う人間は、決して伝説にはなれない。あれはダグラスの評価に今日まで影を落としている。数年後、サイン会でばったり再会した。二人とも同じ会に出ていたんだ。あいつのサインは誰も欲しがらなかった。俺を破って歴史を作ったというのに。その遺産はあっというまに無に帰していた。

ホリフィールドは試合に勝ったあと、ジョージ・フォアマンと防衛戦をすると発表し、俺は激怒した。みんな俺をおとしめて汚したがっていたが、そうはいくか。俺はまだボクシング界最大のスターで、ベルトはなくてもほかの誰より大物だった。

十二月八日、スチュワートと俺はようやくアトランティック・シティでまみえた。俺との再契約に躍起になっていたHBOは、俺をなだめるためだけにスパイク・リーを雇って、試合前の短い紹介映像を作らせた。俺はそのフィルムでスパイクとつまらない話をして、大きな批判を浴びた。

「俺たちにはいろんな逆風が吹いている」と、俺は言った。「ドンと俺はスラム街出身の黒人二人組で、俺たちがしゃかりきに頑張ると、必ず難くせがつけられる。俺たちは偏見を持った反白人《アンチ・ホワイト》じゃなくて、ただの親黒人《プロ・ブラック》なのに」

本気で言ってたわけじゃない。ばかなことを言って楽しんでいただけだ。

「黒人が成功するとかならずルールを変えてくる、黒人の成功は受け入れてもらえないんだ」と、ドンは発言した。HBOが記者向けにその映像を上映すると、彼らはむかついた。任務完了だ。

そのいっぽうで、俺はドンと組んだ代償を払っていた。スコットランドの有名なスポーツライター、ヒュー・マッキルヴァニーは、俺がダグラスに負けたのはキングと組んだせいだと書いている。

「タイソンの王座陥落をもたらしたさまざまな要素の中でいちばん有害だったのは、手を結んだほとんどすべてのボクサーに衰退をもたらしてきたドン・キングとの同盟かもしれない」

まったくそのとおり。ドンはきわめて有毒だった。存在自体が神経に障った。意図的にああしていたんだろうが。あいつと組んだら、みんなが敵に回っちまった。

アトランティック・シティにあるドナルド・トランプのカジノとは、よほど水が合っていたらしい。あそこで戦うのは今度が三度目で、すべて一ラウンドKO勝ちになった。試合開始四秒で右が当たって、アレックス・スチュワートがダウンした。そのあとやつを追い回して、また右でダウンを奪った。がむしゃらに大振りのパンチを振るってしまい、いちど空振りで自分からバランスを崩して倒れるへまをやらかしたが、最後にコーナーに詰めて、残り三十三秒、左でダウンを取った。スリー・ノックダウン・ルールが適用されていたため、そこで試合は終わった。

スチュワートの検査がすむと、俺は歩み寄って抱き締めた。

「がっかりするな。お前はいい選手だ。しっかり練習するんだぞ」

リングを下りる前、HBOの実況アナウンサー、ジム・ランプリーから二、三質問を受けた。HBO最後の二試合、俺が試合後にラリー・マーチャントと話すのを拒否していたからだ。

「長いあいだHBOを観て俺を支えてくれたファンの皆さんに感謝したい」と、謝意を差し挟んだ。

「これがHBOで最後の試合になる。彼らは俺よりホリフィールドを観たいようだから」

ヘビー級の最強争い

ヘビー級戦線に新たな旋風を巻き起こしていたのは、レーザー・ラドックというカナダ人ボクサーだった。一九九〇年四月にマイケル・ドークスと戦い、そのKO勝ちを収めたテープがボクシング界を席巻していた。その試合をようやく観たのは、ＡＢＣスポーツのアレックス・ワラウが見せてくれた録画によってだ。

ドークスは序盤、試合を優勢に進めていたが、そのあとドカーン、ラドックはワン・パンチでドークスを眠らせた。背すじが凍りつきそうな、息をのむ衝撃的なＫＯ劇だった。

「どうだ？」と、アレックスが訊く。

ごまかしの下手な俺はふんぞり返って、平静を装った。

「それがどうした？　俺はマイケル・ドークスじゃない。あっという間に眠らせてやるさ。どうってことない」

ホリフィールドがフォアマン戦にサインしたため、俺もゆっくりしてはいられなかった。ドンが一九九一年三月十八日にラスヴェガスでこのラドックと戦う契約を結んできて、俺にサインさせた。〝ちきしょう、こいつら、俺をこの世界から抹殺する気か。俺を仕留めるために大砲を送り込んできやがった〟と思ったよ。

一月上旬、猛練習を開始。カスのところで同居していたトム・パティをキャンプに招いた。ある夜、いっしょにテレビを見ていると、ラドックの試合のひとつが流れ、そこでラドックの欠点に気がついた。

「ぶち殺すぜ」と、トムに宣言した。

ラドックが危険なパンチの持ち主なのはわかったが、俺をとらえるのは難しいこともわかった。まともなパンチを当てることはできないだろう。

試合の二、三日前、ロサンジェルスの〈センチュリー・プラザ・ホテル〉で開かれた試合前の記者会見で、いきなり戦いが始まりそうになった。カメラマンのためのにらみ合いをやっているとき、俺はレーザー・ラドックに、お前を俺の女《ビッチ》にしてやるぜと言った。ラドックが与太者みたいに俺に迫ろうとし、アンソニー・ピッツが押し返す。俺は、「いい、かまわん。もっと近づかせて、やりたいことをやらせてやれ」と言った。ストリートの喧嘩でもあいつには勝てる自信があった。ラドックのボディガードたちが近づこうとしたが、押しつぶされた。

ラスヴェガスに戻るため、俺たちは空港に向かった。ラドックとそのスタッフも同じ飛行機に乗ることがわかった。空港に着いたとき、ローリーが車内に電話を忘れてきたのに気づいて、アンソニーが運転手のイザドアから受け取りにいき、車から戻ってきて階段を下り始めたら、ラドックのスタッフが階段を上がってきて行く手を遮った。

ラドックには双子のボディガードがいて、その一人ケヴィン・アリがアンソニーの足を踏みつけ、アンソニーが殴りかかった。喧嘩が始まったのを見たイザドアが階段を駆け上がって、アンソニーをつかむ。

「イザドア、なんで俺をつかんでいるんだ?」と、アンソニーは言った。「つかむなら、やつらの方だろ」

そのころには空港の警備員たちが割って入っていた。

試合の夜、〈ミラージュ・リゾート&カジノ〉に着くと、主催者から向かい合わせの控え室に案内され、ケヴィン・アリがアンソニーに見下したような言葉を浴びせ始めた。

「おい、ひとつ言っておくぞ」と、アンソニーが言った。「俺は煙草《スモーク》は吸わないが、お前の家族全員、お前も、お前の兄弟も、お前のおふくろも、みんな始末してやる。お前らろくでなし全員を葬り去ってやる。俺はどうなってもかまわないからな」

アンソニーが大声で怒鳴るのを聞いて、ジョン・ホーンがわきへ連れ出した。

「おい、今夜はお前、リングに入るな」ホーンは言った。「リングの外にいろ。マイクが勝ったら、あいつらは何かおっぱじめるに決まっているから、そのときに備えろ」

試合の夜のヴェガスは肌寒く、試合は屋外で、一万六千人の大観衆の前で行われた。俺は緑と白の縞模様のスウェットスーツにスキー帽でリングに上がった。都会風の服を着てリングインしたのは俺が初めてだ。

ラドックはピリピリした感じで、過呼吸気味だった。もうリングに入っていて、図体のでかいやつらがそばについていた。すぐ突っかけてくるだろう。相当、気が高ぶっている。試合開始のゴングから数秒、俺は右のパンチでやつをぐらつかせた。強烈なパンチをいくつか打ち返してきたが、俺をとらえるのは難しかった。

第二ラウンド、ラドックは俺の左でダウンしたが、斜めにそれた会心とは言えないパンチだったし、向こうの脚と俺の脚が交錯する感じになった。それでも、俺の容赦ないボディ攻撃で向こうの動きは止まっていた。ラドックは強いパンチを当てられず、三ラウンドを迎えるころには必死にホールドを繰り返した。ラウンド終了数秒前にカウンターで強烈な左フックを浴びせると、あいつはダウンした。

どのラウンドも俺が取っていた。六ラウンド、ラドックは突然目が覚めたみたいに、強いパンチをまとめ打ちしてきたが、俺は効いていないと首を横に振ってみせた。あごに右をもらったが、あごを軽くたたいて、もういちど打ってみろと挑発した。あれだけのパンチを受けて平気な俺を見て、ラドックは気がくじけたにちがいない。七ラウンドに左のフックをあごに当てると、朦朧《もうろう》となった。さらに四発打つと、よろめいてロープにもたれた。ところが、ラドックがダウンしたわけでもないのにレフェリーのリチャード・スティールが飛び込んで試合を止めた。まだ早いと思ったが、あと一発入ったら倒れていたのは間違いない。

気がつくと、暴動のさなかにいた。ラドックのマネジャー、ムラド・ムハマドが俺のトレーナーのリッチーを床に倒して頭を蹴っていた。ジェイ・ブライトが俺をコーナーに引っぱり、二人で乱闘を見守った。そのころにはアンソニー・ピッツがリングに上がっていた。ケヴィン・アリが反対側から突進してくるのを見て、アンソニーが右のパンチを見舞う。ラドックの兄貴のデルロイがアンソニーに殴りかかったが、アンソニーは相手をつかみ、ロープ越しに投げ出そうとしたところで警備員に腕をつかまれた。騒ぎのあいだに、俺の友達のグレッグはケヴィン・アリのロレックスをひったくり、ポケットに収めていた。大混乱だ。

窮屈なチャンピオン

試合を早く終了させたことで議論が巻き起こり、俺たちはラドックに再戦のチャンスを与えることにした。

再戦は六月二十八日に決まった。キャンプに入る前に少し休養の時間があったから、自分の黒いランボルギーニ・ディアブロを駆ってニューヨークからオハイオ州まで走り、少し観光した。そのあとラスヴェガスに戻って練習開始。朝五時からのロードワークに備えて体を休めるため、トレーナーのリッチー・ジャケティから午後七時の門限をはじめ、厳しい規則を課されていた。退屈でしかたがない。練習していない時間の大半はアニメを観て過ごした。するとドンが部屋に駆け込んでくる。

「こら、マイク、こんなくそ漫画じゃなく、ほかのものを観ろ」と彼は言い、ナチスのドキュメンタリーにチャンネルを変えた。ドンはナチスに心酔していた。ヒトラーがこう、ヒトラーがどうといつも言っていた。ユダヤ人はドイツの黒ん坊《ニッガ》で、この国でもファシズムは起こり得るから、俺たちは歴史から学ぶべきだ、とも言っていた。

キャンプに新しいシェフが来た。長いあいだシェフを務めていたアーリー料理長が裏口から肉をこっそり持ち出したとかでドンに解雇されたんだ。その話には裏がある気がした。数年後、俺のボディガードの一人ルディ・ゴンザレスがアーリー料理長の甥とばったり出くわして聞くと、アーリー料理長がドンに解雇されたのは、俺の食事に〝マジック・パウダー〟を入れようとしなかったからだったという。

甥の話では、アーリー料理長はジョン・ホーンから、俺が摂取を拒絶していた〝持続ビタミン〟とかいう粉を渡された。アーリー料理長がその粉を見ると、オレンジ色のカプセルの小さな断片があって、そこに文字が見えた。〝5〟か〝S〟か。ルディが医師用卓上参考書（PDR）で調べたところ、ソラジンのたぐいだった。ドンは俺を恐れるあまり、俺の知らないところで薬物治療しようとしていたんだろう。

あまりに規則に縛られて気が変になりかけた。ついにある晩、八時にルディを起こしてフェラーリでこっそり抜け出し、ロサンジェルスへ向かった。セックスが目的の誘いの電話、いわゆるブーティ・コールをかけるためだ。ルディは時速百九十マイルですっ飛ばし、二時間半でロサンジェルスに着いた。これを機に定期的にやり始め、ジムでその影響が出始めた。睡眠時間をこの行為に費やしていたからだ。どうしてこんなに動きに精彩がないのか、ジャケティは不思議がっていたが、フェラーリのマフラーが焼けたマシュマロみたいになっていることに気がついた。

俺が夜こっそり抜け出すことができないよう、ジャケティはルディに命じて全部のドアに警報装置を取り付けさせた。

ロサンジェルスへの夜の高速ドライブが終わりを告げると、俺はルディに頼んで車をオハイオ州の自宅へ運んでもらった。娯楽室の外壁に穴を開けてもらい、部屋のまんなかに設置した台に車を取り付けて、友人たちとくつろげるようにした。

試合の前にもラドックを攻めた。俺たちは〈ショウタイム〉用の映像を作っていて、俺はサングラスをかけて不機嫌そうな顔をしていた。

「お前を俺の女にしてやる」と、俺はラドックに言った。

「俺はホモじゃない」と、ラドックが言う。

「お前の大きな唇でかならず俺にキスさせてやる」と、俺が返す。

鼻持ちならないやりかただが、あいつが男性ホルモンの充満したマッチョなのはわかっていた。こういうやりかたが効果的だと踏んだんだ。カスの洗脳術だ。敵の頭を混乱させてやれ。

ロサンジェルスに行き続けたもうひとつの理由は、ポケットベルの販売店を持っている友人のケヴィン・ソーヤーから呼び出され、女を用意すると言われたからだ。あいつが女を五、六人手に入れ、俺たちはひと部屋取って乱痴気パーティを楽しんだ。

ケヴィンとつるむのは本当に楽しかった。当時の俺は女に対して礼儀知らずでわいせつだった。だから俺が着く前にケヴィンが、「本当はいいやつなんだ。ただ、育った境遇がひどかったからな。子どものころに捨てられたもんだから人間不信に陥っていてね」と言っておいてくれた。そんな嘘が魔法のように効いたんだ。俺がビッチとか尻軽と呼ぶと、女たちは、「あなたの事情は理解しているわ。私も両親に見捨てられたのよ」なんて言う。ケヴィンは俺に、「いいからこの嘘に合わせていけ。いいな?」と言った。俺のポケベルが鳴ると、ドンとジョンとローリーは激怒した。最後に彼らはポケベルを取り上げて冷凍庫にしまい、そのあと、殺すぞとケヴィンを脅した。

ラドックとの再戦は激闘になった。向こうは前回より十ポンド増量してきた。俺は一ポンド減で臨んだが、一カ月たらずで三十五ポンド落とした影響は隠せない。試合前に節制できず、酒を飲んで、腹いっぱいメシを食って、女とやっていたんだ。夜、起き出して、こっそり抜け出し、フライドチキンを求めてロサンジェルスの〈ロスコー〉へ行ったりした。だから、脂肪の燃焼をうながす利尿剤を飲み、日が落ちてからは絶食した。朝、昼、晩と汗を流しながら。

二ラウンドと四ラウンドにダウンを奪い、何度もラドックを窮地に立たせたが、とどめを刺せなかった。ひとえに体が弱っていたからだ。向こうも粘り強く、強いパンチを見舞ってきたが、俺は集中力を切らさなかった。二人ともゴングが鳴ってからの攻撃で減点を受けた。俺はローブローで二点減点された。まさに戦争だ。それでも、ジャッジ全員一致の判定勝ちを収めることができた。

レイプ事件の真相

七月、ワシントンDCで遊んでいると、ニューヨークの友人ウーイから電話があった。DCで共通の昔なじみが撃たれ、俺も狙われるかもしれないと心配してくれたんだ。その界隈に近づくのは危険だったから、その夜はホイットニー・ヒューストンの公演を観にいって、コンサートのあと楽屋で彼女と過ごした。

ニューヨークに戻る途中、フィラデルフィアを通りかかると、〈スペクトラム〉でバドワイザー・スーパーフェストが開催されていた。あのショーにはクレイグ・ブーギーが携わっていて、あいつと楽屋でわいわいやっていると、出演していたMCハマーのバックシンガー、B・アンジー・Bがやってきた。盛り上がって、その夜はいっしょに寝た。彼女は〈ブラック・エキスポ〉に出演するためインディアナポリスに行くという。あの日、〈ブラック・エキスポ〉の運営に携わっているチャールズ・ウィリアムズ師から電話をもらい、出演しないかと誘われたばかりだったから、行って、インディアナ州でアンジーに合流することにした。

インディアナポリスで出迎えてくれたのはデール・エドワーズという、ドンの甥だか義理の甥だかで、クリーヴランドの警察官をしていた。こいつが俺のボディガードを務めるという。デールとホテルにチェックインしたあと、リムジンでB・アンジー・Bの伯母の家に乗りつけた。夜はナイトクラブでくつろいで、ドン・ペリニヨンを三本。午前二時半ごろ、ホテルに戻った。それからアンジーとセックスし、次の夜もまた二、三回やった。そのあとアンジーは出演に備えるために帰っていった。

このあとだ。俺の人生に暗い影を落とす、一大事件が起こるのは。

ウィリアムズ師が迎えにきてくれて、〈エキスポ〉に向かった。〈ミス・ブラック・アメリカ〉コンテストの出場者に挨拶しないかと言う。〈オムニ・ホテル〉の舞踏室《ボールルーム》に入っていくと、女の子たちが熱狂した。

「見て――マイク・タイソンよ!」と、みんなが叫んだ。

彼女たちに向かって歩いていくと、取り囲まれて、抱き締められたりキスされたりした。プロモーション・ビデオの撮影中で、コンテストの出場者がくるくる回ったり踊ったりしているあいだに俺は品定めし、へんてこなダンスや即興の歌も披露した。「夢のようだな、来る日も来る日も、こんな美女たちがずらりと並んでいたら」さぞかしまぬけ顔だったにちがいない。

女の子たちに囲まれながら、「よお、今夜デートしたいな。会えないか？　なんだよ、俺の部屋に来てくれたら面白いことになるのに」なんて、ふざけたことを言っていた。ビデオの撮影中に、俺はコンテストに出ていたディズィリー・ワシントンという女を抱き締めて、あとで会いたいと口説いた。俺に気のあるそぶりを見せていたからだ。俺は友人たちとコンサートに行く予定で、そのあと夜に会わないかと誘った。

コンサートが終わり、デールと車に戻ってディズィリーに電話をすると、彼女は自分のホテルの部屋にいた。ゆったりした服を着てこいと言ったら、驚いたことに、車に乗り込んできた彼女はゆるやかなビュスティエに短いパジャマパンツという服装だった。いつでもOKって感じだ。俺たちは車の後部でいちゃいちゃし始めた。彼女のホテルから俺のホテルまでは、ほんの一ブロックだ。リムジンを降りると、いっしょに俺のスイートに上がり、デールは自分の部屋へ行った。

俺が女と、特に見ず知らずの女とベッドにいるときは、ボディガードがスイートのリビングにいるのが決まりになっていた。セックスしたあとドアを開けると、そこにアンソニーが座っていることが何度もあった。万一、何かあった場合のため、そこに座って隣で起こっていることに耳を傾けていたんだ。今回、それをデールは怠った。

部屋に入ると、二人でまっすぐ俺の寝室へ行った。彼女は仏陀みたいに胡坐《あぐら》をかき、二人でしばらく話をした。彼女は俺に鳩の趣味があることもちゃんと知っていた。実家はロードアイランド州だという。俺が東に戻ったとき、また会おうかという話までした。

めったなことで生々しい描写はしないことにしているが、今回ばかりは事の経緯をはっきりさせておきたいから、細かく説明する必要がある。

しばらく話をしたあと、俺は彼女にキスをし始めた。彼女は立ち上がって、バスルームに行った。あとで知ったことだが、あそこに行ったのは、生理パッドを剥がして捨てるためだった。そのあと彼女が寝室に戻ってきたところで、クンニリングスを開始した。セックスでは相手を満足させるのを旨としていたから、たいていあれをした。生理と聞いてなかったから、血でうがいをすることになるとは思ってなかったけどな。

オーラル・セックスは二十分くらい続いたはずで、そのあと本番に突入。彼女は好奇心旺盛のようだった。途中、大きすぎると苦しそうに言うから、上になるかと訊くと、彼女はそうした。コンドームは付けてなかったから、発射前に引き抜いて外に射精した。

もう夜も更けてきて、一時間後には起きなければならなかった。さもないと朝一番のニューヨーク行きに乗れない。彼女は〈オムニ〉の部屋が小さいうえ、ほかの女の子たちと共用しなければならないとこぼしていたから、このまま部屋で寝てもいいと言ってやったが、〈オムニ〉に送ってほしいと言う。

ここからだ、話がこじれるのは。疲れているから、空港へ向かうときホテルに降ろしてしてやると言った。

「だめよ、いま送ってよ」彼女は怒ったように言った。

「疲れているって言っただろ！」と、俺は言った。そして最後に「出てけ！」と怒鳴った。

彼女は立ち上がって、服を着て、部屋から出ていった。スイートにいるはずだったボディガードのデールは、隣にある自分の部屋から外へ出て、ルームサービスのハンバーガーを受け取っていた。ディズィリーはあいつの前を通って出ていった。そのあと俺のリムジンに乗り込んで、ホテルへ送り返してほしいと運転手に言った。

ホテルに戻る途中、彼女がリムジンの運転手に言ったのは、「信じられないわ、あの人。まったく、何様のつもり？」だけだった。

一週間後、俺は車に乗っていて、友達のウーイが運転していた。ウーイに電話が入り、あいつの顔色が変わった。

「ちきしょう、マイク！　なんてこった。誰かがお前にレイプされたと言ってるぞ」

「なんだって？　いったい俺が誰をレイプしたんだ？」ストリートのガールフレンドの一人を怒らせたのかもしれないな、そいつのいたずらだろう、と高をくくっていた。

「どこでのことだ？」と訊いた。

「インディアナ州だ」と、ウーイが言う。「インディアナ州でいったい何があったんだ？」

ディズィリーという女が午前二時に部屋に来て、険悪になった話をした。ウーイによると、女は次の日オハイオ州の俺の自宅に電話したが、応答がなかったという。

深刻なトラブル

この翌日、この話はあらゆる新聞の一面を飾った。さっそく、才能に恵まれないコメディアンたちがこぞって「レイプ犯、マイク・タイソン」をネタにジョークをかましていた。ドンに会ったとき、あいつは動転していた。

「ここは俺の出番だ。お前のチンポが災いを招いたからには。ちきしょう、マイク、俺がなんとかしないと」

ドンが落ち着いたところで、何があったか説明した。俺がレイプしていないことはわかってくれた。午前二時にホテルの部屋へやってくる人間をレイプする必要がどこにある？　そいつらは股を開きに来るんだからな。

ドンの最初の戦略は、カネをちらつかせることだった。

「その女《ビッチ》に払ってもいい」と、あいつは言った。

実際、あとでドンはT・J・ジェミソン師という友達に頼んで彼女の家族と話をしてもらい、告訴を取り下げてもらうために支払いを申し出てもらったが、この聖職者も訴えられるはめになった。

ドンがそんなことをしていたのを俺は知らなかったが、ドンが聖職者にカネを払って便宜を図ってもらったのはあれが初めてじゃなかった。

深刻な問題に直面しているとわかり、ドンは弁護士を探した。弁護士の選定についても、弁護全般についても、俺は何ひとつ聞いていなかった。少年裁判所であれ、カスであれ、ジミーであれ、ドンであれ、ほかの人間に運命を決められるのに慣れっこだったからだ。

結局、ドンが雇ったのはヴィンス・フラーだった。フラーはドンの税務弁護士で、脱税容疑を免れさせた実績があった。ジョン・ヒンクリーがレーガン大統領の暗殺を試みたときに、ヒンクリーの代理人も務め、精神異常の申し立てで無罪判決を勝ち取っていた。あとで知ったところでは、フラーは、ドンがビル・ケイトンを相手取って起こしていた訴訟にも同時に取り組んでいた。まあドンなら、フラーに金を借りて請求書を俺に回し、俺の訴訟とドンの訴訟両方の支払いをさせるくらいのことはやりかねない。俺が知っているのは、俺の弁護でフラーが百万ドル以上稼いだことだけだ。

フラーとは最初からそりが合わなかった。フラーはドンから、俺は無知な黒ん坊《ニッガ》だと吹き込まれていた。いかにもWASP《ワスプ》らしい横柄なやつで、全然俺のタイプじゃなかった。誰が見たって冷血漢とわかっただろう。郡裁判所の刑事訴訟を請け負ったことなんてなかったし、インディアナポリスの陪審団をうまく味方につけられるはずなんてなかった。それだけじゃない。あいつが率いる弁護団には、連邦裁判所以外で刑事訴訟を請け負ったことのある人間が一人もいなかった。なぜあの裁判で地元出身のジム・ヴォイルズにもっと仕事を任せなかったのか、いまだに俺はわからない。あの男が中心になって取り組んでいたら無罪判決を勝ち取れたと、本気で思っている。

特にレイプのような凶悪犯罪では、有罪判決を受けただけで、その人間は本当に罪を犯したと世間は考える。これだけは言っておこう。罪を犯していないという俺の主張が受け入れられないというなら、俺の投獄後に出版された二冊の本を読むといい。

ひとつは、CNNとUSAトゥデイとESPNで俺の裁判を法的に分析した、作家で元刑事弁護士のマーク・ショーが書いたもの。もうひとつは、俺の訴訟の検察官グレゴリー・ギャリソンが書いた、〝マスコミに大きく取り上げられるための自己満足本〟だ。

裁判中、俺は自分の裁判にあまり注意を払っていなかった。傲慢な若造だったから、ああいう手続きに構っていられなかった。重要性を全然理解していなかったんだ。その代償は大きなものだった。しかし、この二冊を読んだら、一九九二年のインディアナポリスで正義が果たされていなかった点には同意してもらえるだろう。

ギャリソンの本を読むと、検察側の主張について興味深い指摘が数多く出てくる。そもそも、評決にたどり着くまで検察チームの主要メンバーは、俺を起訴できるとさえ思っていなかった。マリオン郡選出のジェフ・モディセット検事は有効投票十八万票のうちわずか二百八十五票で公職を勝ち取っていた。獲得できたのは黒人選挙区の票だけだ。黒人との関係を良好に保ちたかったから、俺を起訴する気なんてなかった。だから、俺の事件は大陪審に送り、罪が犯されたかどうかは〝国民〟の判断に委ねたんだ。俺が起訴されなくても、痛くもかゆくもなかっただろう。彼は同僚の何人かに、「できれば取り下げになってほしい」とまで言っていた。

警察の性犯罪捜査官トミー・クズミックは、物的証拠はなかったと、モディセットに言った。そのいっぽうで、「ディズィリー・ワシントンは知的で、はきはきしていて、感じがいい」から、本人の証言には大きな説得力があるとも言った。俺みたいながさつな物の言い方をする人種じゃないから、信用できるってことか。

俺は無実だ

一九九一年八月十三日、起訴するかどうかの判断を下す特別大陪審が選任された。モディセットは大陪審に証拠を提出する仕事を次席検事のデイヴィッド・ドライアーに割り当てた。

このドライアーは興味深い人物だった。ギャリソンの著書によれば、ドライアーは最初からディズィリーの言動に少しうんざりしていた。八月十六日に彼女が大陪審の前で証言したとき、ドライアーは、彼女のおもな問題は「感情の欠如にある」と思った。「いかにも美人コンテストの優勝者《クイーン》といった感じで、超然としすぎている。ちょっと冷たい感じまでする」と。

大陪審が起訴相当と考える可能性はよくて五分五分だと、ドライアーは思っていた。実際、ドライアーはディズィリーに関する判断を数多く保留し、「じつを言うと、陪審の評議が始まった時点で、レイプがあったかどうかについて、私には確信がなかった」と語ったと、ギャリソンは書いている。これが次席検事の感想だ。こういうのを〝合理的な疑い〟と呼ぶんじゃないのか。

八月三十日、俺は大陪審の前で証言することになった。そんな必要はなかったのに。じつは、ジム・ヴォイルズはヴィンス・フラーに、俺には証言させないでほしいと願い出ていた。俺が証言してもいいことはひとつもない。裁判中、検察側に追及の弾を与えるだけだ。ところがなぜかフラーとドンは、俺は大陪審の前に出たほうがいいと思い込んでいた。

「この男は無実だ。マイク・タイソンは、自分は無実だと言っている。彼が証言するのは、それが我々のすべきことだからだ」ドンはその日、あらゆるメディアを前に、法廷の階段で吼えた。「私は正当な法の裁きにまかせるつもりだ。私は弁護士じゃなく、世界最高のボクサーのプロモーターに過ぎないからね。彼は秋にはベルトを獲るだろう」

俺が長期投獄の危機に直面していたのに、ドンは十一月に予定されていたホリフィールド戦の宣伝をしていた。

俺はやたら保守的な紺のダブルのスーツを着せられた。窓に騒々しい空調がついた小さな部屋へ連れていかれ、そこには六人の陪審員がいた。うち五人は白人。質問には穏やかに答えたが、法廷速記者は書き写す際、百カ所以上の間違いをやらかした。

途中、デール・エドワーズはスイートの隣にいたのかどうか質問を受けた。いた、と答えた。デール本人もいたと証言した。そうすることになっていたからだ。寝室のドアは閉まっていたから、俺には確かめようがない。

九月九日、大陪審が評議に入った。俺を起訴するには六人中五人の票が必要だ。結果は五対一。レイプ罪で起訴された。訴因はレイプが一件に、倒錯行為が二件（指と舌を使ったこと）、もう一件は監禁だった。禁錮六十年の危機だ。裁判は一月九日に開かれることになった。

陪審員が投票を終えて戻ってきたあと、俺たちは記者会見を開いた。ドンは窮地に陥った有名人たち――エルヴィス、ジェイムズ・ディーン、マリリン、ジュディ・ガーランド――を例に挙げて、まくしたてた。そのあと俺が発言した。

「何があったかは自分が知っている。自分が無実なのはわかっている。俺は誰も傷つけていない。何もしていない。俺は女性を大事にしている――母親は女だからな。女性に敬意も払っている」

九月から裁判が始まるまで、食欲が止まらなかった。不安だったんだ。ホリフィールド戦に向けてトレーニングはしていたが、気もそぞろだった。練習開始から二、三週間で肋軟骨を損傷した。医師から試合の延期を勧められた。ふつうなら戦えただろうが、延期になればありがたい。心配事が多すぎた。

俺がストレスに負けてドカ食いしているあいだに、検察がチームを編成した。共和党員の独立特別検察官が事件に当たることになった。グレッグ・ギャリソンは元次席検事で、少し前にＲＩＣＯ法［組織犯罪者による恐喝や詐欺行為などを厳しく処罰する法律］違反容疑で麻薬の売人たちを起訴し、売人たちから押収したものでひと儲けした疑いが指摘されていた。その件について内部調査まで行われていた。つまり、下衆野郎なわけだ。

この事件でギャリソンの報酬は二万ドルにすぎなかったが、カネの問題じゃない――ギャリソンは名を上げるために引き受けたんだ。当人の著書によれば、ギャリソンが事件を引き受けたのは、土地を踏みにじる野蛮人からインディアナ州を守るためだそうだ。「私は保守的な共和党員と勤勉で礼儀正しい人々の土地、インディアナ州の田園地帯が生んだ人間です……。タイソンは罪を犯すにはまずい土地を選んだ。インディアナ州はパームビーチ［フロリダ州］やＤＣやロサンジェルスではない」

ギャリソンは事件の捜査を開始した。最初に調べたのはディズィリーのショーツだった。ディズィリーに怪我をした痕跡がない点を懸念していたギャリソンは大陪審室に行って、あの夜彼女が着ていた服を調べた。「テーブルに置かれていたそれを見るかぎり、猥褻な装いと思われた」と、ギャリソンは書いている。まさしくそのとおり。なのにギャリソンは、そのショーツが「元世界チャンピオンの名声と財産に食らいつこうと考えて股を開きにやってくる悪賢い女のイメージに一致する」とは思わなかったんだ。ブーティ・コールという概念も全然理解していなかった。

「私はショーツを開き、それを着けるところを想像した」――こりゃ、変態だな。やつはショーツの血痕を見て、セックスのあとディズィリーが急いでショーツを穿き、俺が負わせた傷から出た血で汚れたものと判断した。そこで、やつの頭の中ではすべて辻褄が合った。彼女は真実を語っていて、俺は彼女をレイプしたんだと。あいつの動かぬ証拠とは彼女のショーツだったんだ。

二十分くらいオーラル・セックスに及んでいた点も、ギャリソンには信じられなかった。「ここでも、あの出来事について彼がした説明は、私の知るセックスから大きく逸脱していた」法律書ばっかりじゃなく、少しはキンゼイ博士の本も読んでおくべきだったな。合意の上でのセックスで、ディズィリーのあそこがちゃんと濡れていたら、膣内の小さな擦り傷ふたつはできていないはずだと、あいつは考えたんだ。だが、あれは濡れる濡れないの問題じゃなかった。サイズと激しさの問題だったんだ。セックス中には誰にだって起こり得ることだ。

もちろん、裁判中にもこの論点は持ち上がった。ヴォイルズは俺のサイズの問題を指摘して、あの大きさなら膣内に擦り傷ができておかしくないと医者に証言させようとしたんだが、フラーは聞く耳を持たなかった。

ショーツの検証が終わったあとも、ギャリソンはまだ、レイプの動機については途方に暮れていた。「いくらでも女性を手に入れられたはずのタイソンがなぜディズィリーをレイプしたのかはわからない。その点は私も認めた」と、著書にはあった。俺が有罪判決を受けたあとも、まだその点を自問していたんだ。

このあと十一月、ギャリソンはディズィリーとその家族に会うためロードアイランド州へ赴いた。そして、彼女の家族が「礼儀正しく上品な」ことに感銘を受けた。もちろん、見かけは当てにならない。それ以前にディズィリーと母親は彼女の父親を虐待で告発して、父親を家から追い出したことがあったんだからな。

ディズィリーと家族はこの時点でエドワード・ガースタインという男と会っていた。ガースタインはこの事件に重要な役割を果たす、じつに興味深い人物だった。

レイプの捜査が行われて間もなく、ウォルター・ストーンというロードアイランド州の弁護士がワシントン家に接近した。この男は国際ボクシング連盟（ＩＢＦ）で法律顧問を務めていたから、自分がディズィリーの代理人を務めるのは利害の衝突にあたるが、自分のパートナーのエドワード・ガースタインなら務められると売り込んだ。結果、ガースタインはディズィリーの民事弁護士になった。民事上の損害で俺を訴え、大金を生む映画や書籍の権利の交渉に当たらせるため、ワシントン家はこの男を雇ったんだ。ガースタインのワシントン家への関与を知って、ギャリソンはうろたえた。「ワシントン家が民事訴訟の準備をしていたことが知れたらまずいことになる。財産と利権目当ての女という疑いを払拭できなくなる」

で、検察はどうしたか？　この情報を俺の弁護団から隠したんだ。裁判終了後、当時ＮＢＣの法務担当だったスター・ジョーンズが、ディズィリーが民事弁護士に弁護を依頼していた事実を明らかにしなかったと検察を批判している。「あのやりかたは汚いですね。検察官にはすべての証拠を開示する義務があるんですから」

嘘だらけの証言

ギャリソンと次席検事はディズィリーに質問を開始した。ディズィリーが俺の部屋のバスルームに行って生理パッドを剥がした場面が、あの男にはちょっと引っかかっていたらしい。ディズィリーは俺が突然凶暴になり、欲望むきだしになったため、パニックに陥ったと主張した。で、バスルームに行って、生理パッドを剥がして、寝室に戻った。ギャリソンがバスルームに行ったわけを尋ねたとき、彼女は、「彼が凶暴になったとき、とりあえず思いついたのがそれだったんです」と答えた。

それが真実なら、そのまま部屋から外へ逃げ出すことを考えそうなものだろう。危険を感じたのなら、そのまま逃げ出せたはずだ。ヴォイルズはそれを実証するため、六千ドルかけてホテルの部屋の模型を再現までした。ところが、例によってフラーから待ったがかかり、裁判中にそれが使われることはなかった。

検察が直面した生理パッドのジレンマを、ギャリソンは重視しなかった。汚れたシートを捨て、つけ直さずに寝室へ戻ってきたことに疑問をいだかなかった。彼女がセックスするつもりだったのが明らかな状況に。

ビル・ケイトンの訴訟で宣誓証言中に俺がトーマス・プッチオの補佐をしていたジョアンナ・クリスピを口説いた話も、ギャリソンの耳には入っていた。俺がクリスピに「あんたとやりたい」と言ったことも、あいつは知っていた。なのに、同じことをディズィリー・ワシントンに言ったのはなぜか信じようとしなかった。当時の俺が露骨な口説き方をしていたことは、クリスピの件でも証明されていたのに。

ギャリソンはフラーの弱みを握ろうと、DCに飛んで連邦検事に会った。連邦検事はギャリソンに、なぜフラーがあの事件を引き受けたのかワシントン法曹界のみんながとまどっていると言った。名門法律事務所の経歴にそぐわなかったからだ。「あそこはストリートの犯罪なんて取り扱わない。絶対に。DC地域でさえ」

DC滞在中にギャリソンは、〈ミス・ブラック・アメリカ〉コンテストでアナウンスを担当したチャーリー・ニールから話を聞くため、〈ブラック・エンターテインメント・テレビ（BET）〉のスタジオに立ち寄った。レイプ疑惑のあともディズィリーに変わった様子はなかったと、チャーリーは語った。その話がギャリソンは気に入らなかったんだろう。

「つまり、〝何も見ていない〟〝何も聞いていない〟〝何も知らない〟ということだ。黒人に不利な情報を白人に渡してなるものかと考えていたのは明らかだった」と、あいつは著書に記している。

人種差別野郎め。

しかし、あの本の中でいちばん憤慨したのは、ホセ・トーレスに会って話を聞いたところだ。ボクシングの人間は生活のために嘘をつく、最高のボクサーは最高の嘘つきだというものでたらめをトーレスは並べ始め、俺くらいひどい嘘つきはいないと言った。さらに、自分の本に書いた俺と女とセックスについてのでたらめを繰り返した。トーレスは、俺がロビンをぶん殴って、彼女を「部屋のすべての壁に激突させた」と自慢していたと話した。それは今まで放った中で最高のパンチだったと、俺が言ったという。

トーレスは、自分はタイソンと仲違いしているから話の大半は割引が必要だと断ってはいる。最大の背信は、俺がレイプをしかねない人間かどうか、ギャリソンに訊かれたときだ。

「ああ、やりかねない。やつならな」とあいつは言い、そのあと、俺はイド［本能的衝動］が強すぎてリビドー［性的衝動］を抑えられないとかいう、フロイトまがいのごたくを並べ始めた。「あいつは自分の欲しいものを強奪する。ずっとそうだった」と、トーレスは言った。自分の読んでいることが信じられなかった。あの恥知らず。ギャリソンは聞き取りの最後に、証言台に立ったら俺はどうすると思うかと訊いた。

「裏をかいて、陪審に彼らの欲しい情報を与えようとするだろう。忘れるな、ボクサーは嘘つきだ。中でもタイソンは最悪だ」

一九九二年一月二十七日、裁判が始まった。裁判官はパトリシア・ギフォードという女性だった。大陪審の監督を務めていたから、自動的にこの事件を割り当てられたんだ。かつて郡検察局で次席検事を務めていて、レイプ事件が専門だった。被害者の過去の性的経験にまつわる証拠を排除する、強姦被害者保護法《レイプ・シールド》の導入に尽力した人物だ。

のちに、この点が俺の訴訟を大きく左右することになる。彼女は先祖の代までさかのぼる正真正銘の共和党員で、〈アメリカ革命の娘〉というアメリカ独立戦争当時の精神を継承する婦人団体の一員でもあった。父親は陸軍大佐だった。つまり、頭のてっぺんから足の爪先まで保守的な考えに凝り固まった人間だったんだ。

陪審員の選任にも問題があった。当時のインディアナ州は陪審員候補者団の選任に選挙人名簿を使っていた。黒人の多くは選挙で投票していなかったから、陪審員候補に入れることができない。候補に挙がった百七十九人中、百六十人が白人だった。連邦裁判所では裁判官が陪審員を選ぶからな。フラーの弁護団は陪審員選任手続きの経験がなかった。連邦裁判所では裁判官が陪審員を選ぶからな。ギャリソンは手慣れたものだった。陪審員候補に面談をして、他愛のない話をして、お住まいは州間高速道路のそばの大きな〈ウォルマート〉のそばですか、なんて訊くことができた。フラーのほうは中西部の陪審員と心を通わせる糸口さえ見つけられなかった。

フラーは意地を張って、陪審員選任の専門家を雇うことさえしなかった。結果、ティムという元海兵隊員が陪審に入ることになった。のちに陪審員の一人はティムを、「ほかの誰よりずっと保守的な、頑固一徹の守旧派」と評している。この男が陪審長になって、俺の有罪判決にほかの誰より大きな役割を果たすことになった。

先行きは真っ暗

訴訟の九割は冒頭陳述で決まるという通説どおりなら、この法廷で俺たちの先行きは真っ暗だった。ギャリソンの冒頭陳述は四十五分間続いた。まるで『灰色の五十の階調』［英国作家E・L・ジェイムズの官能小説］を読んでいるかのようだった。

「彼は彼女を見てにやりと笑っている。それまでと違って声は低い。彼女の脚を開き、あそこに指を突っ込む。彼女は痛みに泣き叫ぶ。性的に興奮した女性器は濡れるという、医学的、解剖学的、生理学的奇跡は機能せず、彼女はおびえている。だから、入ってきた大きな指は苦痛をもたらし、彼女は『やめて！』と叫ぶ。

彼女はベッドから飛び起き、急いで服を着け、服といっしょに威厳を見つける努力をし、『リムジンはまだ下にいる？』と尋ねる。彼は『ああ、よかったら泊まっていけ』と言う。彼女は『どうして？　いまのをもう一回繰り返せるように？』と言う」

検察側は〝素直で清らかな世間知らずのお嬢様〟というディズィリー像を提示した。

フラーは、ディズィリーが友人たちに話している内容には重大な矛盾があると指摘した。ある者には、自分は叫んだと話し、ある者には叫ばなかったと話していた。ある者には、ベッドで攻撃されたと話し、別の人間には床でセックスしたと話していた。話をあとから作り上げているように見えると。

ところがフラーは冒頭陳述中に大きな間違いをやらかした。俺に話をさせると陪審に約束したんだ。こういう大きな事件では、それをしないのが通例だ。検察側の論拠は弱く、証人が一人も呼ばれない可能性もあったし、何もしないでも無罪判決を勝ち取れたかもしれないんだ。ところが、あいつが約束しちまったから俺は証言しなければならなくなった。それ以上にまずかったのは、冒頭陳述のあいだフラーが一度も俺に近づかなかったことだ。肩をポンと叩くことも、俺のほうをちらっと見ることもせず、被告側弁護士とその依頼人との信頼関係を何ひとつ見せつけなかった。こんなことは、法科大学院の初歩の初歩だろう。

ディズィリーのルームメイトを証言台に呼んだあと、ギャリソンはディズィリー本人を招いた。

検察側は彼女を、教会の日曜学校で先生と案内係を務めている恥ずかしがり屋で世間知らずな大学生に仕立て上げた。ディズィリーは、俺からリムジンに誘われたときは気が進まなかったが、「観光に行こう」と言われたから、と主張した。はいはい、午前二時のインディアナポリスにはいっぱい見るものがあるものな。俺は最近、あの街でワンマンショーをやっていたが、〈カンタベリー・ホテル〉地域の周辺で見えるものといったら、あちこち歩き回っている統合失調症の人間やホームレス、運がよけりゃくたびれた売春婦くらいのものだ。

俺たちはキスすることも手を握ることもせず、俺はなんの愛情も示さず、ベッドに上がると豹変した、とディズィリーは繰り返した。そのあとバスルームで生理パッドを剥がして捨てて戻ってきたら、俺に押さえつけられ、上の服をむしり取られ、短パンを脱がされ、ショーツをずり下ろされ、膣に指を二本入れられた、と彼女は主張した。そのあと貫通された。翌日の夜、何があったか母親に話し、そのあと警察に通報したのだと。

彼女は立派に証言してのけた、とギャリソンは思った。それはどうかな、と思う人々もいた。彼女は〝冷静〟すぎると勘ぐる記者たちもいた。裁判を前にギャリソンはハマール・フィンリーという別の弁護士を呼び寄せ、彼女がプレッシャーにどんな反応を示すか確かめるため、模擬反対尋問を敢行している。

ハマールはあの事件の疑わしい点について質問を始めた。

「いいですか、あなたはマイク・タイソンに会い、彼が女の子たちにあれこれちょっかいを出しているのを見た……そのあと、自分から水着姿の写真を見せて、それでも、彼の頭の中にセックスがあるとは思わなかったんですか？」

「はい」と、彼女は答えた。

「彼は真夜中にあなたに電話をかけ、あなたが彼のリムジンに乗り込んだとき、彼はあなたにキスしたのに、それでも彼の頭の中にセックスがあるとは思わなかったんですか？」

「はい」

「そのあとあなたはホテルに行き、彼の部屋に行き、彼のベッドに腰かけ、それでも、彼はあなたとセックスしたがっているという考えが頭をよぎらなかったんですか？」

「はい」

「そのあと彼は『もうたまらない』と言ったのに、彼の頭の中にセックスがあるとは思わなかったんですか？」

「はい」

ハマールはさらに尋問を続け、生理パッドについても質問した。

「合点はいかなかった」と、ハマールはギャリソンに言った。「しかし、彼女はああやって話し、ああ言って譲らなかった。十八歳のうぶな女性と聞いていたが、全体的には、私に攻撃されても易々と動じたりしない、もっとしたたかな人物という印象を受けた」

ハマールは生理パッドの件を自分の妻に話した。男とホテルの部屋で二人きりでいて、バスルームで生理パッドを剥がしてきたのなら、セックスするつもりだったに決まっている、というのが彼の妻の見解だった。彼も同感だった。翌日、ハマールが〈シティ・カウンティ・ビル〉でギャリソンに出くわしたとき、彼は、「わが友よ、君は嘘まみれの世界にいる！」と言った。

ハマールが俺の代理人だったらよかったのにな。フラーがディズィリーに反対尋問するときが来たが、あいつは尋問する気さえ見せなかった。

ハマールが模擬反対尋問でやったような矢継ぎ早の質問を、フラーは浴びせなかった。彼女をまったく守勢に立たせなかった。厳しく追及していたら、ディズィリーの嘘に陪審も気がついたかもしれないのに。

生理パッドを剥がして捨てた点についても、質問すらしなかった。俺が口で奉仕しながらどうやって彼女をベッドに押さえつけたりできたのか、疑問に思わなかったのか？　暴行を加えたのなら、どこに傷があったんだ？　彼女が叫んだのなら、なぜホテルの誰もその声を聞いていない？　冗談じゃないぞ。真夜中のホテルは静かで、壁に音が反響するはずだ。F・リー・ベイリー［無罪請負人の異名を取った弁護士。O・J・シンプソン事件など］じゃなくたって、彼女のでたらめは見抜けたはずだ。

もう一人、不利な証言で俺を痛めつけたのは、スティーヴン・リチャードソンという緊急救命室の医者だった。暴行疑惑後の夜にディズィリーを診察したと、こいつは証言した。腕にも脚にも打撲や擦り傷は見つからず、殴られたり圧力をかけられたりしたしるしはどこにもなかった。大陰唇にも小陰唇にも外傷はなかった。ところが、こいつはちっぽけな擦り傷をふたつ見つけた。彼女の入口に、幅八分の一インチ、長さ八分の三インチのを。レイプ被害者の一割から二割はそこが傷ついていると、あいつは言った。さらに、開業二十年の経験から、合意に基づくセックスでこの傷を見たことは二度しかないと言いやがった。

話を聞くかぎり、この傷はちっぽけなものだったが、ギャリソンはディズィリーの陰部の写真を大きく引き伸ばして法廷で開示した。あれを見たら、木槌で叩かれたのかと思っただろう。

フラーはこの医師の証言にも何ひとつ反論をしなかった。ヴォイルズは俺のペニスの大きさを測って、貫通だけであのような小さな擦り傷が生じた可能性は充分あると証言させるために泌尿器科医を用意していたのに、フラーはそれをやろうとしなかった。

検察側が論拠の提示を終える前に、俺の弁護士たちは三人の証人を付け足そうとした。裁判中、俺の弁護団にはいかれた電話がたくさんかかってきていたから、俺とディズィリーがリムジンの後部で抱きあってキスしていて、手をつないでホテルに入っていくところを友達二人といっしょに見たという女の子から電話を受けたとき、彼らは少し懐疑的だった。これが本当なら重大な証言だし、ディズィリーが世慣れた嘘つきなのが明らかになる。ヴォイルズが許可を得て、証拠品の中からリムジンを外へ持ち出した。夜間にホテルの前に置いてみると、薄い色のついた窓越しに、昼間みたいにはっきり中が見えた。

女の子たちを確認すると、みんな信用の置ける子たちだったから、この子たちを証人として認めてもらおうとしたが、ギフォード裁判官はなぜか、かんかんに怒った。証人については前もって検察に通知する義務があると言って。すぐ検察に伝えなかったのは、まともなやつらかどうか確かめる必要があったからだが、ギフォードは聞く耳を持たなかった。

「この人たちを証拠から除外しなかったら、インディアナ州は大きな偏見の目を向けられることになる。インディアナ州には公正な裁判を行う権利があると信じています」と彼女は言い、俺の最重要証人になったはずの者たちを証拠から除外した。

このあと検察側は陳述の仕上げをした。彼らがディズィリーの母親のミセス・ワシントンを証言台に呼ぶと、彼女はお涙頂戴に打って出た。

「純粋だったディズィリーは消えてなくなり、もう戻ってきません。私たちの娘を返してください」

陪審員の何人かがもらい泣きしたほどだ。

そのあと彼らは編集された警察への通報テープを再生した。

「あの晩、私がその人物とデートに出かけると、その人物は中に入ってボディガードを連れてくる必要があるから、ちょっとだけ入らないかと言い、私は『そう、わかった、いいわ』と言いました。いい人だと思って。私がバスルームから出てくると、この人物は下着になっていて、『俺に逆らうな、俺に逆らうな』と言い続けました。それで私は、『だめ、だめよ、離して、お願いだから離して』と抵抗しました。でもこの人物はわたしよりずっと力が強く、私は『やめて、お願いだから、やめて』と言い続けたのに、彼はやめようとしませんでした」

テープのあとのほうで警察の通信指令係はディズィリーに、あなたは被害者と繰り返し言い、そのあとディズィリーはじつに興味深いやり取りを加えている。

「強制するわけじゃないけど、勇気を出して」と、通信指令係がレイプの通報を促した。

そこでディズィリーはだしぬけに、「でも、全国的に有名な人と私みたいな一般人では、その、世間は私がお金か何か目当てでやっていると思うのがふつうじゃないかしら」と言ったんだ。

あのテープが証拠として認められたのは、大きな痛手だった。

結論は決まっていた

俺たちが論拠を示すときが来た。この時点でヴォイルズと俺はすっかり落胆していた。俺の裁判が始まる一カ月前、レイプ容疑をかけられたケネディ家の人間がフロリダ州パームビーチで無罪になっていたが、俺は自分に有罪判決が下されることを知っていた。この国の司法制度はそういうふうに働くんだ。

俺は奴隷の子孫だ。一人の人間としての俺に世間が敬意を払ってくれるのか、今もってその点は疑わしい。俺は黒ん坊《ニッガ》で、あの悪徳検察官は拍車付きのカウボーイブーツで俺の顔を蹴りつける気でいた。起訴された時点で逃れようがなかったんだ。やつらは何がなんでも俺を仕留める気だった。

フラーたちは頼りにならなかった。タイソンは横暴でがさつなセックス・アニマルなんだからディズィリーは自分がどうなるかわかっていたはずだ、というのが天才フラーの主張だった。俺は弁護士にそんな人間と思われていたんだ。

自分で墓穴も掘った。証言台に呼ばれたときにすごく傲慢な態度を見せてしまった。それまでにも災いの前兆はあった。陪審員の泊まっているホテルが火事になり、黒人陪審員の一人が動揺が激しくて続けられないと訴えたんだ。裁判官はこの男の離脱を認め、ギャリソンは欣喜雀躍した。あの男がいたら投票は割れると思っていたんだ。これで陪審団の黒人は二人だけになった。

俺たちはディズィリーの創られたイメージを否定する証人を大勢連れてきた。コンテスト出場者の一人は、「お金が欲しいの、ロビン・ギヴンズみたいになりたいわ」とディズィリー・ワシントンが言っていたと証言した。

キャロライン・ジョーンズは、リハーサルで俺を見たディズィリーが、「あそこに二千万ドルがいる」と言ったと証言している。

二月七日、俺は証言台に立った。基本的にはここまで書いてきたのと同じ話をした。ただ、ディズィリーに「あんたとやりたいと言った」と俺が証言したとき、陪審団は稲妻に打たれた感じだった。まるで、fで始まるその言葉を一度も聞いたことがなかったかのように。証言が終わると、ギフォード裁判官は翌日までの休廷を宣言し、検察側が俺の証言を洗いなおして罠を用意する時間をまる一夜つくり出した。

ギャリソンはかなりの時間をかけて、俺がリング上で収めた成功はずる賢さとフェイントをかける能力のおかげだと俺の口から言わせた。もちろん、俺は人を騙す嘘つきという意味だ。

俺の証言が終わったあとジョニー・ギルが呼ばれ、彼は、俺がやりたいと言ったときディズィリーはたじろぎもしなかったと証言した。フラーはさらに何人かコンテストの出場者を呼び、彼女たちは、ディズィリーが俺のことを「あの体、ほれぼれするわ」「あのお尻、しがみついて離れたくない」と言ったと証言した。フラーの弁護は最初から最後まで場当たり的で、俺でさえあいつの積み上げている論拠に一貫性がないのはわかった。最大の失敗は、上品ぶって性行為の核心に踏み込まなかったことだ。

最終弁論のフラーは退屈きわまり、陪審員の一人が途中で遮ってトイレに行かせてくれと言ったほどだった。俺がディズィリーにもうたまらないと言ったとき、彼女が寝室から逃げ出さず、バスルームに行って生理パッドを剥がして捨て、そのあと部屋に戻ってきた、あの肝心な場面に、いったいフラーはいつたどり着くんだ？　俺は待っていたが、結局その件は触れられなかった。

次にギャリソンが最終弁論を始めた。これまでの主張の繰り返しだったが、あいつは陪審に向かって、フラーには絶対まねができそうにない野暮なごたくを並べた。「世界の目が私たちにそそがれています。マリオン郡に難しい判断を下す勇気があるかどうかを見ているのです。私がこの男を有罪にしたいのは、世界が注目しているからではない。彼を有罪にしたいのは、この美しい正直な女の子が町に来て、相手を欺くことを生業《なりわい》にしている人物に欺かれ、嘘をつかれ、甘い言葉で口説かれ、強姦されたことを、これまでの証拠が示しているからです。みなさんは正しい判断をくだすべきです」

評決

二月十日午後一時十五分、八人の男と四人の女から成る陪審団は俺の事件について評議を開始した。十五分の評議ののち、証拠を論議せずに投票が行われた。票は六対六と割れた。それから九時間たらずで、彼らは全員一致の評決にたどり着いた。

全員が法廷に戻った。陪審団が列になって入ってきたとき、彼らは被告席を見ることさえしなかった。そういうことか。第一の訴因に「有罪」が告げられたときはパンチを食らった心地がした。「なんてこった」と、つぶやいた。しかし、驚きはしなかった。

外で報道陣と向き合わなければならなかった。俺は保釈金を払って、量刑手続きまで拘束を解かれることになった。

「公正な裁判だったとはとうてい思えない」と、俺は言った。「自分が無実なのはわかっていたが、法廷の空気と検察の精神構造を考えれば、すぐにあの評決が出るのもわかった。検察官は人種差別主義者で、世間の注目がうれしくてしかたない、卑屈な野郎だった。こういう結果になったら愛する人たちから引き離されるのは知っていたから不安だったが、覚悟はしていたよ」

マーク・ショーの著書は的を射ていた。「元検察官の裁判官と、重大な証拠を隠していた検察、無能と言って過言でない被告側弁護人（あの弁護人のまぬけな弁護は、ほかのすべてを合わせたよりも大きな有罪評決の原因だったかもしれない）、立件できるだけの事実がないことよりも悪童という一般的なイメージを重視した陪審団によって、（刑事司法制度は）タイソンをぶちのめしたのだ。あの裁判におけるギャリソンの最大の勝因は、ディズィリー・ワシントンを恥ずかしがり屋のうぶで世間知らずの上品な大学生として（本当はそうではないのを知りながら）演出するという戦略だった。

検察側は強姦被害者保護法を余すところなく活用し、ワシントンがタイソンを訴えて映画の権利と出版の権利を握れるように民事弁護士を雇っていたこと、ワシントンの過去に性的な疑惑があったこと、ワシントンに心理学的治療の必要があったことを知りながら、教会に通ういい子というイメージしか陪審団の目に触れないようにした」

裁判中、ギャリソンは報いを受けた。あいつは妻を失った。赤ん坊を産んだばかりの妻が、裁判中彼女を護衛していた警察官と駆け落ちしたんだ。

刑務所内での破天荒な生活

CHAPTER 9

有罪判決から量刑手続きまでのあいだ、しばらくニューヨークのアパートメントで過ごした。ある日、女の家から歩いて帰ってきて、建物に入ろうとすると、外に男が立っていた。通り過ぎようとすると、そいつが口を開いた。

「おい、元気か、息子よ？」

顔を見て、すぐ親父とわかった。おふくろの葬儀があった十年前から一度も会っていなかったにもかかわらず。

「そっちこそ、元気なのか？」と、俺は返した。親父は妙におどおどした様子だった。俺についての悪い噂がいろいろ耳に入っていたんだろう。しかし、近づいて笑顔でハグしてやった。

「上がれよ」と言い、ロビーに連れていった。

「こんにちは、タイソンさん」ドアマンも駐車係も俺に挨拶する。

「おお、偉くなったんだな、ええ？」と、親父は言った。

「いいや、こんなのただの幻想だよ」と、答えた。

親父はもっと早く会いに来たかったそうだ。一九八八年の十月、「ニューヨーク・ポスト」紙がブルックリンにある親父の公営住宅に記者を送り込んで、インタビューしている。

「マイクのところに行って、無心したりなどしないよ」親父は記者に語った。「マイクのカネが欲しいわけじゃない。受け取るとしたらマイクが自分から言ってきた場合だけだ」

当時はボクシングに集中していて、親父に手を差し伸べる余裕がなかった。それでも、親父の話はブルックリンの人たちからいろいろ聞かされていた。ストリートの親父は目端の利く男だった。詐欺師で、ばくち打ちで、ポン引きと同時に教会の助祭もやっていた。出身はノースカロライナ州のシャーロット。キリスト教篤信地帯、いわゆる〈バイブル・ベルト〉の真っ只中だ。

若いころはゴスペル・グループで歌っていたらしい。生まれてからずっとイエス・キリストとともに生きていたが、汚いこともやっていた。粋な身なりで、助言を求めて教会にやってきた女はみんな籠絡された。俺が子どもだったころ、ブルックリンの路上で女たちに呼び止められて、「あんたの父親とその兄さんはポン引きで、あたしたちは二人のところで働いていたんだよ」なんて言われたもんだ。

したたかさでは、とてもじゃないが親父にはかなわない。自分が親父くらいしたたかだったらよく思ったものさ。親父は白人ともめてノースカロライナ州を離れざるをえなくなった。親父の叔父が仲裁に入り、町を出ていかせると約束して親父の命を救ったんだ。それで親父はニューヨークへやって来た。街に着くとバーに寄って、きれいな女に話しかけると、大きい立派な帽子をかぶった男が入ってきた。よくいる〝めかし込んだ黒人〟だ。そいつは親父をひっぱたいてバーの高椅子からどかせ、女と話し始めた。

「このくそったれは田舎の黒ん坊《ニッガ》だ」と、そいつは女に言った。「いっしょにいても時間の無駄だぞ」

親父はバスで遠路シャーロットへ引き返し、ライフルを手にニューヨークへ戻ってくると、その男を見つけて撃った。ブルックリンで警察ともめると、親父とその兄貴は決着がつくまで警察と撃ち合う。その件で親父はブルックリンの地域社会で大きな尊敬を受けていた。

おふくろと親父はシャーロットで知り合った。おふくろはウィンストン・セーラムの学校で親父の姉と出会っていた。その姉がまあ、親父の手引きをしていたわけだ。親父のために麻薬を手に入れてきたり、かわいい女を見つけてきたりしていたんだ。それで、おふくろを連れてきて、引き合わせた。俺が子どもだったころの親父は影が薄かったが、定期的にやってきた。おふくろは親父に手厳しく、俺もあんまり信用しちゃいなかったが、あれでも自分なりに精一杯のことをしていたんだろう。家族持ちの黒人にとって、あのころは生易しい時代じゃなかったんだ。

家に上げると、親父は俺の部屋を気に入ったようだ。食い物を注文し、とりとめのない話を始めた。俺の友好的な態度に、親父は驚いているみたいだった。少しカネが必要だとわかったから、渡してやったよ。親父のことをもっと知りたくなったから、オハイオ州の家に来ないかと誘い、そこで乗る車が必要だろうと、メルセデス・ベンツはどうだと訊いた。

「いやいや、とんでもない、息子よ、そいつは勘弁してくれ」と、彼は返した。「運転できるのはキャデラックだけだ」

何週間かあと、親父は姉貴の子ども二人といっしょに車でオハイオ州へやってきた。あの年齢《とし》にして、じつに興味深い男だった。日がな一日、教会にいるんだ。朝の九時から夕方五時まで教会にいて、家に帰ってきて、何か食って、また教会に戻って、十一時までそこにいる。

親父は俺の生活スタイルがなぜか気に入った。何日かすると環境になじんだのか、説教師仲間の一人を家に招いた——この男もきちんとした身なりをしていた。二人でテーブルを囲み、とりとめのない話をしている。俺は親父をながめて、ひたすらその人となりを観察していた。キャンディに目がないのがわかった。六十八歳の男が、キャンディに目がないんだ。〝そうか！　俺のキャンディ好きは父親譲りだったんだ！〟と、心の中でつぶやいたね。

女たちといい関係でいられる親父が、ちょっと羨ましかった。俺の女関係は哀れなものだったが、親父は女を追い払わなくちゃいけないくらいだった。親父はやり手のポン引きだが、俺は二匹の犬をつがわせることもできない。親父には子どもが十七人いたが、みんな立派な人間になっている。

後日、俺はその何人かに会ったが、俺みたいにいかれたやつは一人もいなかった。

あるとき横に座って、こう言った。「ちょっと訊きたいことがある。あんたは人生についてどんなことを知っている？　俺に何を受け渡すことができる？　息子として訊いているんだ」

「お前に教えることは何もない、息子よ」と、親父は言った。「知っているのは聖書とポン引き稼業だけだ。お前には向いてない。そりゃわかるさ、お前が女たちとどう接しているか見たからな。お前は騙されやすい世間知らずだ。べつに悪いことじゃない。いつまでたっても女とうまく付き合えない男もいる。お前はその一人にすぎない。女とどう話したらいいかわかっていない。まったく、お前がいないときに、あいつらが何をしているか知っているのか？　俺のチンポをしゃぶったり、誰かの小便を口で受けているやつまでいるんだ。なのに、お前はあいつらとキスして、舌まで入れているんだぞ」

最初のころ親父は控えめだった。だが、俺が心を開いていてカネをくれるとわかったら横柄になってきた。

「お前が本当に自分の息子なのか、正直よくわからない。お前のママと暮らしていたとき、家に女が五、六人いたからな」

俺はこういう話を聞き流せるほど強い人間じゃなかった。

「おい、やめてくれ、まったく」と言った。「俺はおふくろを愛している。あんたは俺の父親で、あんたも愛している。あんたとおふくろの話はやめとこう」

刑務所での暮らし

量刑手続きに戻る前に、すませておくべきことがいくつかあった。投獄されるに決まっているから、息子のダマトの母親、ナタリーに電話した。

「いいか、今から十万ドル送る。収監されたら、刑務所に頼んで、毎月なにがしか送ってもらえるように手配するよ」

ところがカネを受け取ったとたん、ナタリーは弁護士を通じて、何百万ドルかの損害賠償請求訴訟を起こした。あれは傑作だった。なぜって、何年かして訴訟が進展したとき、俺の弁護士は裁判所に実父確定検査を命じさせ、ダマトは俺の子ではないことがわかったからだ。

まあ、身から出た錆だな。身持ちの悪い女とやっていたらそういうこともある。この裏切りもきつかった。最初の検査結果が出たとき、俺は落ち込んだ。ダマトは自分の子だと信じていたからな。いっしょに長い時間を過ごしていた。「ジェット」誌の表紙であいつといっしょに誇らしげにポーズを取ったことまであったんだ。ナタリーは実父確定検査のあと、俺を尾けまわして困らせた。あいつの人生にはいいことなんてひとつもないだろう。あいつと関係を持った誰かが家かどこかでくたばっているのが発見されても、俺は全然驚かないよ。

量刑判決を受け、手続きがすむと、〈インディアナ青少年センター〉に送られた。一九六〇年代、裕福な白人青少年の非暴力的犯罪者用に設計された刑務所で、警備レベルは中程度だった。一九九二年の時点で、インディアナ州の刑務所施設は過密状態に陥っていたため、大人の受刑者をそこへ送り始めた。厳しい刑務所には耐えられない、性犯罪や麻薬犯罪で有罪判決を受けた人間が大半だ。しかし、やがて殺人犯などの暴力犯罪者もあそこへ送られ始めた。俺が入ったときは千五百人くらい収監されていて、九十五パーセント以上が白人だった。

俺は新しいほうの施設のひとつ、M寮を割り当てられ、二人部屋に入れられた。鉄格子じゃなく、強化したドアに小さな窓がついていた。部屋に入ると、左に簡易寝台がふたつあって、右にトイレと収納棚がある。勉強できる机もあった。部屋の広さはわずか八×九フィート。

大人の刑務所に収監されたのは初めてで、ぶち込まれた当初は怒りがふつふつと煮えたぎっていた。少なくとも三年は出られない。訴えたのが白人の娘だったら三百年ぶち込まれていただろう。

最初の何週間かは、誰かが挑発してくるのをひたすら待っていた。まずはけだものたち全員に、俺の房に近づいたり、俺の持ち物に触れたらどうなるか教えてやる必要がある。いつでもやってやるって気持ちだった。

入所から間もないある日、俺が歩きまわっていると、一人の男が俺を見て、「おい、タイソン、このツリー・ジャンパー！」と叫んだ。なんのことかわからない。褒められたのかと思ったよ。驚異的な身体能力の持ち主、木《ツリー》でも飛《ジャン》び越《プ》えられるスーパーアスリートのことなのかって。で、そのあと誰かに訊いてみた。

「ツリー・ジャンパーというのはレイプ犯のことだ、マイク」と、訊いた相手は言った。「ほれ、木の後ろで小さな子どもが近づいてくるのを待って、パッと飛びかかって捕獲するやつのことだ」

「なんてこった」と、俺は嘆いた。

しかしその数日後、娯楽室にいたら、すごく気のいい受刑者が横に座った。美しい笑顔を絶やさず、物腰のていねいなキリスト教徒で、刑務所でもいちばん人から好かれ、尊敬されていた。

「マイク、君はレイプ犯じゃないね」そいつは俺の目をじっと見つめて言った。「私は経験を積んでいる。遊び好きで思慮の足りない大きな子どもではあるが、君は誰一人レイプしていない。自分がレイプ犯だからわかる。じつは私はレイプ犯なんだ。ある女性を暴力的に強姦し、虐待した。私を訪ねてくる白人の女性を見たことがあるかい？　あれは友達じゃない。被害者なんだ」

「なんだって？」

「主《ロード》のおかげだよ、マイク。私は彼女に手紙を書き、意思の疎通を図ってきた。そして今、彼女は私を訪ねてくれている。私はレイプ犯だから、レイプ犯がわかるんだ、マイク」

刑務所の暮らしに慣れていくあいだに、外では議論が巻き起こっていた。世論調査のほとんどで、大勢の人が俺の評決に疑問を持っているという結果が出たんだ。女性が対象の調査でも。黒人の大半は、俺が公平な審理を受けていないと思っていた。陪審員の一人までが新聞記者に、黒人陪審員はみんなびびっていて誰も評決に手を出そうとしなかったと語った。

ドン・キングとは毎日電話で話をし、あいつは俺をすぐ釈放させられるよう手を打っているという。だから、投獄から六日後の三月三十一日に上訴が却下されたとき、俺の胸中がいかばかりだったかは想像に難くないだろう。

たちまち食事がのどを通らなくなり、流動食しか受けつけなくなった。そして、いろんな違反行為が報告され始める。受刑者二人にサインしてやったら懲罰を受けた。喧嘩腰になると、刑務官や受刑者を脅したと違反に問われた。

ボブという肌の色が薄い大柄な黒人と衝突した。最初はどっちもふざけていたんだが、そのうち本気になって突っかかってきたから、頭にでっかいこぶをこしらえてやった。ウェイノという別の受刑者がやってきて、落ち着けと言った。

「こいつらに示しをつける必要なんてどこにもない。こいつらは永遠にここにいるが、あんたはシャバに戻るべき男だろう、兄弟《ブラザー》」

人間とは思えない行為

こういう場所で人間性を保つのは大変だ。人間のやることとは思えないような行為を見た。煙草一本のために人が切られるところも見た。女性刑務官をトイレに引きずり込んで強姦したやつもいた。剃刀で頭を半分切り裂かれたり、ホチキスで殴られたりして、逃げてくる刑務官たちを見た。

謝罪を拒否した減刑聴聞会のあと、弁護士のジム・ヴォイルズとともにインディアナポリスのマリオン郡裁判所を出る

ドン・キングと俺のチームにうながされ、インディアナ青少年センターの外で待つリムジンに乗り込む

前妻のモニカ・ターナーと

悪名高いイヴェンダー・ホリフィールド戦の第３ラウンド。
このあとレフェリーのミルズ・レーンに失格を宣告される

ネヴァダ州アスレティック・コミッションがボクシング・ライセンス再交付を決定したあと、モハメド・アリの祝福を受ける

©Mike Nelson/AFP/ Getti Images

2002 年のヘビー級タイトル戦の第 1 ラウンド、レノックス・ルイスに左を放つ

©Jeff Haynes/AFP/ Getti Images

ルイス戦の第 8 ラウンド、レフェリーのエディ・コットンにカウントアウトされる

©Jeff Haynes/AFP/ Getti Images

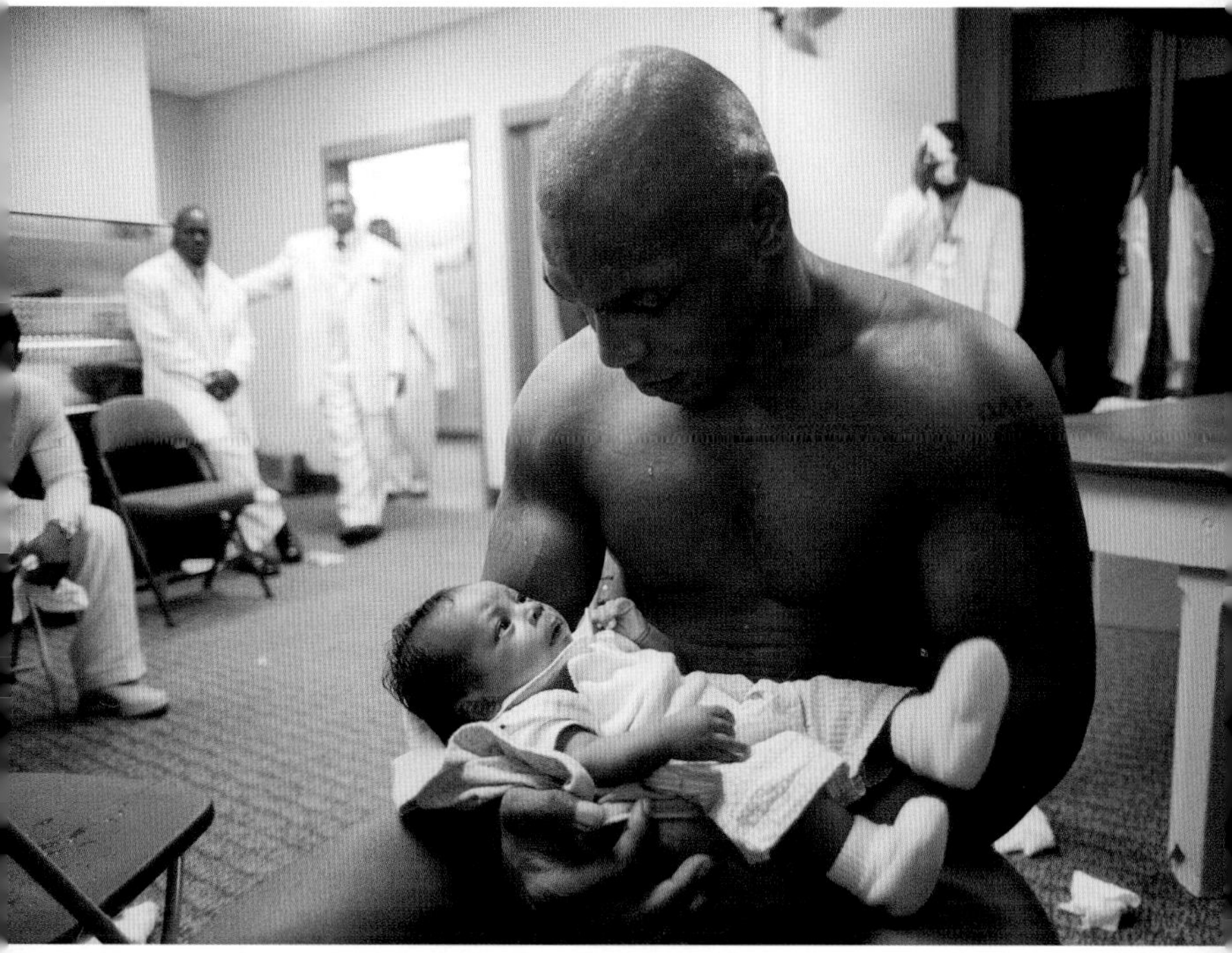

ルイス戦の前の控え室、生後 2 カ月の息子ミゲルと

2010年、息子のアミールとレッスルマニアで世話になったスタッフを再訪する。トリプルH、ミゼットレスラーのホーンスワグルと
courtesy of Mike and Kiki Tyson

兄のロドニーと甥のロレンゾ
courtesy of Mike and Kiki Tyson

上からミラン、俺、キキ、モロッコ
courtesy of Mike and Kiki Tyson

ゴールデングローブ賞の受賞後、映画〈ハングオーバー！消えた花ムコと史上最悪の２日酔い〉の俳優たちと。左からエド・ヘルムズ、ジャスティン・バーサ、ヘザー・グラハム、俺、ブラッドリー・クーパー

©Trace Patton/NBCU Photo Bank

メッカ巡礼にあたり、メディナに巡礼中、サウジアラビアの当局者を表敬訪問

俺に 12 段階のプログラムを教えてくれた療法士のマリリン・マレー

courtesy of Mike and Kiki Tyson

娘のマイキーと息子のミゲル

courtesy of Mike and Kiki Tyson

ミゲルとポーズを取るエクソダス

courtesy of Mike and Kiki Tyson

ジーナと俺とレイナ

courtesy of Mike and Kiki Tyson

娘のミランと

courtesy of Mike and Kiki Tyson

子どもたちと。後列左からミラン、アミール、マイキー。
前列左からレイナ、俺、ミゲル、ジーナ

courtesy of Mike and Kiki Tyson

美しいわが妻キキと

courtesy of Mike and Kiki Tyson

2012年、人生と家族とボクサー人生について語る

courtesy of Mike and Kiki Tyson

そういうえげつないことをやる連中はおかまいなしだった。すでに四十年、五十年、下手すると百年の刑を食らっていたからだ。ああいうやつらは刑務所じゃなく、病院に入れるべきなんだ。

最初の何カ月かは強度の被害妄想に陥っていた。受刑者や刑務官にはめられるんじゃないか、部屋に違法な薬物を置かれたり、誰かが俺を怒らせてわざと殴らせたりして刑期が付け足されるんじゃないかって。ただ生き延びたかった。だからずっと自分の部屋にいたし、誰にも会いたくなかった。ときどき、トリッグ所長の部屋を訪ねた。

「いつでも家に戻る準備はできている。そろそろ出してもらっていいと思わないか？」

「いや、今は房に戻るときだと思う」と所長は答え、刑務官に電話した。彼らに付き添われて俺は戻っていった。

あるとき、人種差別的な白人刑務官と怒鳴り合いの喧嘩になり、ほかの受刑者たちが加わろうと割り込んできた。別の四人部屋にいた白人至上主義者たちが急いで駆けつけてくる。仲間が関わっていると思ったからだ。刑務官が警察の出動を要請し、刑務所じゅうが大混乱に陥った。みんなが「やっちまえ、マイク！　あのくそ豚野郎をぶち殺せ！」と叫んでいた。文字どおりの暴動だ。寮を施錠して封鎖するはめになり、俺は懲罰房にぶち込まれた。

懲罰房は刺激的な体験だった。床のマットレスとトイレしかない六×九フィートの部屋だ。居心地を悪くするため、その日のうちにマットレスも運び出され、コンクリートの床に寝かされるはめになった。一日二十三時間照明が灯っている部屋なんて非人間的もいいところだが、そんな環境にも慣れるもんだ。自分を見つめ直せる。奇妙なことに、懲罰房では自由が手に入った。塀の外と違って、自分の行動をいちいち抑えつけようとする人間はいない。懲罰房なんて最悪の状況のはずだが、俺にはもってこいの環境だった。

刑務所一年目の俺はトラブルメーカーだった。動くのが遅い、乱暴を働いた、刑務官を脅した、と報告書に書かれ続けた。秩序を乱すあまり、あやうくP寮に移されそうになった。きわめて悪質な受刑者が入れられる施設だ。部屋を施錠したうえで一日じゅう閉じ込められ、刑務官がたえず見張っていた。

「くそ野郎、ふざけやがって、おまんこ野郎ども！」P寮の連中はよく刑務官に罵声を浴びせていた。あそこの窓には金網が入っていて、そばを歩くと俺にも罵声が浴びせられた。

「よお、チャンプ、落ち着け、チャンプ。あっちでアツくなってるそうだな。こっちに来るんじゃねえぞ、チャンプ。俺たちにちょっかい出すんじゃねえぞ、チャンプ」と、やつらは叫んだ。

「もうちょっと礼儀作法を身につけたら、みんなのところへ戻れるのにな！」と、俺は叫び返した。

「ふざけやがって、この威張りくさった鳩好き野郎！」と、男が言い返す。

そこで俺は冷静になった。そこらの獣みたいに生きたくない。やつらの行動は目に余り、刑務所はP寮の金網を外して硬いガラスを入れ、通行者に唾を吐きかけられないようにした。

俺は懲罰房に安住した。問題あるか？　どうせ昔はドブみたいな臭い場所で育ってきたんだ。

希望はついえた

十二月、ディズィリーがレイプ裁判前に民事弁護士たちと出版契約や映画契約を検討していたことが明らかにされた。陪審員の中には、誤った判断を下してしまったのではないかと思い直す者たちもいた。

「もう彼女の証言は信用できません」陪審員の一人、デイヴ・ヴァーリーはマスコミに語った。「男が女をレイプした事件と私たちは思っていました。いま考えると、女が男をレイプしたみたいな気がします」

デイヴ・ヴァーリーともう一人の陪審員ローズ・プライドはインディアナ州控訴裁判所に裁判のやり直しを要請する手紙を書いた。ディズィリーは『20／20』への出演と、「ピープル」誌のインタビューに答えることで対策を図る。さらに七月、あいつはついに俺を相手取って民事訴訟を起こした。ディズィリーの父親は、この訴訟を起こしたのは娘がドン・キングと俺の控訴担当弁護士アラン・ダーショウィッツから罵倒されるのにうんざりしたからだと説明した。

ディズィリーはディーヴァル・パトリックという新しい弁護士を手に入れた。この名前には聞き覚えがあるかもしれない。いまマサチューセッツ州の知事をしている男だ。ディズィリー・ワシントンに心身両面で苦痛を与え被害をもたらしたとして、この男が俺を告発した。さらに、俺がディズィリーに性病を感染《うつ》したと主張した——それもひとつじゃなく、ふたつ。

それからほどなく、ディズィリーが最初に雇った悪徳弁護士のエド・ガースタインが、ワシントン家と最初に交わした契約をめぐってロードアイランド州最高裁判所に起こした訴訟で、この裁判所から意見が発せられた。ディズィリーは俺の裁判の反対尋問中にこの契約をめぐって偽証をした可能性があるから、インディアナ州はこの問題を調べるべきだと公に意見を述べたんだ。ダーショウィッツはさっそくこれに食いつき、これこそ俺の有罪判決をひっくり返す「決定的証拠」だと述べた。さらにディズィリーのことを、「カネに貪欲な拝金主義者で、おまけに嘘つき」と表現した。

七月九日、インディアナポリスのダウンタウンでは俺を支持する集会に五百人が集まった。コンプトン出身の市議会議員がわざわざ足を運んで群衆に呼びかけた。

「私たちが知る中でもっとも偉大な男の一人を破滅させようとしたディズィリーには、罰を与えなくてはなりません」

しかし、約一カ月後、ギフォード裁判官はまたしても俺の希望を粉々に打ち砕いた。裁判のやり直しを拒み、民事弁護士との契約についてディズィリーに証言させることはできないという最初の決定を覆さなかった。さらに個人的意見として、「裁判所に詐欺をはたらこうとする」ダーショウィッツの試みにショックを受けたと述べた。

一九九二年十月、親父が死んだ。葬儀に出たかったが、許可してもらえなかった。やつらは本気で俺をぶち壊そうとしていたんだ。俺はいまだ小さな違反行為によって、刑期を積み増されていた。じつは、親父のために二度葬儀代を払った。葬儀はまず北で行われ、そのあと遺体はノースカロライナ州へ送られた。甥の話では、親父のかつての売春婦たちが敬意を表するために最前列にずらりと陣取って、親父の内縁の妻が激怒していたそうだ。

年が明け、訴訟に大きな進展があった。一月十二日、ディズィリーは検察が説明したような純真な人間でないことを「グローブ」誌がすっぱ抜いた。彼女の友人たちに取材をしたところ、全員が、彼女はセックスにすれていたと答えた。ディズィリーが俺とセックスしたのを父親が知って激怒し、そこで初めて彼女はレイプされたと泣いて訴えたのだと答えた友人もいた。

一月末、「ハード・コピー」［ゴシップ的な話題を掘り下げる、米国のテレビ番組］が俺の訴訟を取り上げ、〝合理的な疑い〟と題する一時間の特別番組を制作した。その前にディズィリーは『20／20』に出て、俺が謝りさえしていたら告訴を取り下げただろうとバーバラ・ウォルターズに語った。ダーショウィッツはこの発言に飛びついた。

「レイプされながら謝罪を受け入れると言う人がいるなんて、想像できますか？」と、彼は問いかけた。

二月十五日、インディアナ州控訴裁判所は俺の控訴について意見を聴いた。聴聞会に先立ち、裁判所はついに、ディズィリーと民事弁護士が交わした雇用契約について公表した。ダーショウィッツには、逆転できるかもしれないと感じていた。車内でいちゃいちゃしていたディズィリーと俺を目撃したのに証人から外された女の子たち、九一一番の録音テープが証拠として認められたこと、俺を相手取って民事訴訟を起こすためにガースタインと交わした雇用契約などがあったためだ。マーク・ショーをはじめ数多くの法律専門家が、ギフォード裁判官は裁判をやり直すべきだと考えていた。

上訴について議論が交わされたあと、また別の爆弾が落ちた。ディズィリーは前にもレイプされたと嘘をついたことがあったたんだ。ウェイン・ウォーカーという高校時代の友人は次のように断言した。ディズィリーはウェインにレイプされたと父親に言い、そのあとウェインに、「自分の身を守るためにああ言ったの……さもないと大変なことになったから」と語ったという。ディズィリーが俺にレイプされたと告発したのを聞いたとき、「最初に頭に浮かんだのは、〝またか〟だった」と、ウォーカーはESPNラジオに語った。

同月の「ニューヨーク・ポスト」紙によれば、ディズィリーの母親メアリー・ワシントンは一九八九年十月に夫のドナルドを警察に突き出し、ディズィリーに襲いかかって暴力を振るったとして告発した。ディズィリーは警察に、「父親に殴られて、流しに押しつけられました……壁と床に何度も頭をぶつけられました。振りほどいて、自分を守るためにナイフに手を伸ばしました」と話したそうだ。

いったいなんだって、父親はディズィリーを襲ったんだ? 俺の裁判の宣誓証言で母親のメアリーは、ディズィリーが処女を失ったと知ったとき「夫は我を忘れて激怒しました」と言っていた。ディズィリーが重い鬱状態に陥って自殺すると脅したため、心配になったメアリーは心理療法を受けさせる手配をしたという。

つまり母親は、ディズィリーが一九八九年十月に処女を喪失したことを正式に認めていた。それはディズィリーが友達のウェインとセックスし、ウェインにレイプされたと嘘をついたときのことだ。もちろんディズィリーは、その少年とセックスしたことは一度もないと宣誓供述書で述べている。「ウェインと私が貫通を伴う性交を行ったという主張を、私は断固として否定します。また、私がレイプされたとしてウェインを告発したという主張も否定します」と。

ひとつ問題があった。ダーショウィッツがディズィリーの友達のマーク・コルヴィンという別の少年を見つけてきたんだ。この少年はディズィリーの宣誓証言は嘘だと述べた。

「まだディズィリー・ワシントンのことは友達と思っているから、この情報を持って人前に出るのには抵抗があるんですが、彼女は一九八九年の暮れに電話をかけてきて、ウェイン・ウォーカーと肉体関係を持ったと僕に打ち明けました……。そのあとバスルームに入って泣いたとも言いました」

ディズィリーが俺と合意の上でセックスしたと言ったら、父親は彼女にどんな言葉を吐き、どんな仕打ちをしたんだろう。俺たちの相手はそれほどしっかりした家庭じゃなかったようだ。

ダーショウィッツ率いる再審請求に、俺は自信満々だった。だから八月七日、インディアナ州控訴裁判所に上訴を棄却されたときは呆然とした。二対一の採決だった。裁判官の一人は俺と同じように考えた。パトリック・サリヴァン裁判官は、「あらゆる記録を見直したところ、彼［タイソン］はわが国の刑事裁判制度に必要不可欠な〝公平な扱い〟を受けていないと結論するしかない」と書いている。要するに、はめられたってことだ。ついに俺は、この国の司法制度に対して残していたわずかばかりの信頼も捨てた。やっぱり今度もゆがんだやり口だった。だから、六週間後にインディアナ州最高裁判所が俺の不服申し立てを一顧だにしなかったときも、別に驚きはしなかった。

ここでは何を見ても驚くな

これで、すぐに刑務所を出られる見込みはなくなった。一年目はひどいものだった。刑期がどんどん積み増されていった。俺は刑務所の人間をみんな疑っていた。そんなとき、模範囚のアールという男と同じ房になった。トラブルを避けるのに最適のペアと、刑務所の上層部は考えたんだ。

同部屋になった最初の夜、俺は鉛筆をつかんで、脅すように掲げた。

「俺の物に触ったら殺すぞ。何かなくなったら承知しないからな」と言った。「それと、部屋の掃除はしないからな。とにかく、俺に話しかけるな」

アールはまじまじと俺を見た。

「何言ってるんだ？　なあ、マイク、俺はそんなやつじゃない」と、アールは言った。「お前の味方だ、兄弟《ブラザー》。お前を助けるために来たんだ。ああいうくだらんことには巻き込まれるな。余計な刑期を食らうだけだ。入ったときは一年とか三年だったのに、同じようなくだらんことで、一生ここにいるはめになったやつらもいた。お前はまだどうすればいいかわかってないだけだ、若いの。俺の言うことに耳を傾けろ。そしたら、つつがなくここから出ていける」

アールは少しずつ俺に教え込んでいった。理解するのに少し時間はかかったが、アールはいいやつだった。いっしょに寮を歩きまわって、いろいろ助言してくれた。

「あそこのろくでなしどもには近づくな、マイク。それと、あそこのおまわりたちとは口を利くな。あいつらには〝おはよう〟とも言うな。ひたすら口を閉じているんだ。いいか、俺が誰かのチンポをしゃぶっていたり、誰かのケツをファックしているところを見ても、驚くな。そんなことは絶対しないが、それを見たとしても、驚くな。ここでは何を見ても絶対驚くな。わかったか？　それから何事にも口を挟むな。ひたすら口を閉じていろ。受刑者が誰か刺しているところが見えても、そのまま通り過ぎろ。そいつらを見るな。自分が見ているところを、そいつらに見られるな。ここで何を見ても、お前は見ていない。誰かが誰かをファックしていても干渉するな。そのことで冗談や意見を口にするな」

やつの言うとおりだった。塀の中で起こっていることに外の基準を当てはめちゃいけなかったんだ。

刑務所でしばらく過ごすうち、誰にでも人間らしいところがあるのがわかってきた。人種差別をする刑務官たちにもだ。黒人の暴力団員だって、ナチ党員だって、メキシコの非行少年グループだっておんなじだ。そいつらから家族の誰かが死んだとか、女房とトラブっていると聞くと親しみが湧いてくる。

いったん刑務所のシステムを把握すると、俺は現状を利用し始めた。バックという受刑者がそのプロセスに力を貸してくれた。デトロイト出身の万引き屋で、十五年くらい服役していた男だ。俺の元には世界のあちこちから一日一トンもの手紙が届いていて、ある日バックが俺の部屋でその何通かに目を通した。

「うーん、マイク。お前、手紙の読み方を知らないな」と、彼は言った。

「どういう意味だ、兄弟《ニッガ》?」と、俺は言った。「手紙くらい読めるぜ」

「読むには読めるが、深読みのしかたをわかってない。ここにはメッセージがあるんだ。お前はちゃんと学校に通ってなかったから気がつかないんだよ」と、バックは言った。

あいつはこういう口の利きかたをしたが、喧嘩を売ってたわけじゃない。

「いいか、この娘は〝何か必要なもの、私にできることがあったら教えてください〟と言っている。

つまり、〝あなたのために何かしたい、何をしたらいいか教えてくれさえしたら〟ってことだ。必要なものがあったら手を差し伸べたいと言っているんだぞ。

これはチャンスだ。大金が転がってくる。今はお前にとっちゃ、あんまりいい状況じゃない。弁護士どもに山ほどカネを使ったんだろう。お前を訴えている例の雌犬《ビッチ》に、たぶんもうひと山使わなくちゃならない。受刑者口座にもカネが要る」

「たしかに、カネはあったほうがいい」と、認めた。

だから、バックと手を組んだ。あいつが俺宛の手紙の主たちに返事を書き始めると、カネが流れ込んできた。現金が手に入り、宝飾類が手に入り、外貨がやってきて、俺たちはカネで溺れそうになった。そのころだ、ジム・ヴォイルズの元に看守長の一人から電話がかかってきたのは。

「マイクの受刑者口座に、問題が」と、スレイヴン看守長は言った。

「何があった?」

「十万ドルもあるんです」

しかし、すぐに怖くなってきた。面会に来たのが何人かいたからだ。どうすりゃいい? バックが手紙にどんなことを書いたのか、全然俺は知らなかった。もしかしたら何人かと結婚するなんてことになっているんじゃないか?

バックの出所が近づいていたから、手紙の主たちには俺の架空の〝姉〟や〝叔母〟にあれこれ送ってもらい、バックがその送り先から受け取れるよう手配した。バックが出所すると、レッドという非行少年に手紙を書かせた。たちまちレッドは立派な新しい腕時計を着け始めた。ダイヤの指輪にチェーン。ポン引きみたいな格好だ。

ある日、イギリスから来た女の子が俺を待っていた。レッドが手紙でやり取りしていた相手だ。

レッドは懲罰房に入っていて、俺に会ってきてほしいと言う。しかし、二人のあいだにゴタゴタがあるなんて話は聞いていなかった。だから、あそこに向かったときは、ご機嫌なことになりそうだなんて思っていたくらいだ。

面会室に腰を下ろすと、女は俺をなじりだした。腕に赤ん坊を抱いていた。

「あたしのダイヤのネックレスはどこ？　あなたにあげた腕時計はどこ？　返してよ、このろくでなし！」と、金切り声で言う。

見たこともない女からこんなこと言われる筋合いはない。俺は刑務官を呼んで、「もう戻るぜ」と言って、出ていった。

女が苦情を申し立てたんだろう、刑務所は調査を開始した。担当の男がやってきて、「この子のことは知らないんだな？　装身具をもらったことはないんだな？」と言う。俺が何かしら関わっているのはわかっていたが、刑務所は州から顰蹙《ひんしゅく》を買いたくなかった。

「知りませんよ、そんな話、何ひとつ。手紙を書いたことなんて一度もない」と、俺は答えた。刑務所は州から俺の監督を委託されているわけだから、訴えられる可能性もあると気をもんでいた。彼らはさらに調査を進め、レッドを捕まえて追い出した。

塀の中の性欲処理

たぶん読者は、俺みたいな若い男盛りが獄中でどうやって性欲を処理していたのか、あれこれ思い巡らせていることだろう。じつは、ある白人受刑者のおかげで、獄中でも少々女が手に入るようになっていた。この受刑者に面会に来る女は大きな腹をしていた。ほかの誰かの子を宿して、そのことを知らせにきているものと思っていたんだが、どうもそうじゃないらしい。二人はキスしていたし、やつはあちこち舌を這わせていた。上層部が呆れて、あいつを呼んだ。

「奥さんがほかの男の子どもを身ごもっていて平気なのか?」

「これは個人的な問題だ。人にとやかく言われる筋合いはないね」と、あいつは答えた。

で、本当のところはどうなのか訊いてみた。

「あいつらは俺の赤ん坊だ、マイク。ここに来てから二人こさえた。いいか、クロッチレスの下着とボタンが前についたゆったりめのサマードレスでここへ来させるんだ。ボタンが後ろに来るよう前後ろに着させる。屋外での面会を願い出て、ピクニックテーブルがある中庭に行く。女を膝の上に乗せて、顔をそむけさせ、そこで挿入すればいい。カメラはないし、あとは受刑者を監視している刑務官一人に気をつけていれば、なんの問題もない」

無実の罪で投獄されて以来、〝罪なんて犯しちゃいないのに、なんでセックスをやめなくちゃいけないんだ?〟とずっと思っていた。その話を聞いて、ファンのくれた手紙から気に入ったのを選んで返事を書いた。「なあ、面会に来てくれないか? 航空券は送るから」って。ゆったりめの服にクロッチレスの下着で来てくれと、あいつが言ったとおりに指示をした。たぶん女たちだって、ちょっと変わったプレイをするのねと思っていただろうさ。

一人目の女が来たとき、俺はもう中庭に座っていた。待ちきれなくて臨戦態勢に入っていたから、立ち上がって迎えられなかったほどだ。女がやってきて俺にキスし、俺は女をくるりと回して、ドカーン!

相手がエイズか何か持っている可能性だってあったのにな。向こう見ずな話さ。コンドームも着けずに突き上げていたんだから。

初めて会った女と白昼堂々、外でやっていたんだぜ。

しばらくすると、完全にやりかたをマスターした。相手が膝に乗るが早いか、手をつかんで動きだすんだ。女が動いているのさえわからないように。激しくやりすぎると、トランポリンみたいに跳ね上がっちまうからな。

あるときまではうまくいっていた。その日は我を忘れ、相手を寝かせて事に及んでしまった。そしたら、持ち場を離れて見回りにきた刑務官が後ろからそっと忍び寄ってきて、すべてばれちまった。刑務官が持ち場を離れるなんてまずないことだから、たぶん誰かが密告したんだ。不意打ちを食らった感じだった。

そこで俺の無謀な性行為はおしまいになった。刑務所全体で屋外での面会が取りやめになったんだ。みんな激怒していたよ。〝タイソン・ルール〟と呼ぶやつまでいたな。

このころにはアールが出所の準備に入っていた。出ていく前に、彼は俺を隣に座らせた。

「俺が出ていったら、ウェイノと同室しろ。ここでまともなのはあいつだけだ。ほかのやつにはみんな気をつけろ。お前の刑期は短いが、あいつらは長い。死ぬまでここでお勤めだ。とにかく、ウェイノといろ。あいつといっしょなら、クソみたいな状況にはならずにすむ」

ウェイノのことは知っていたが、特に親しくはなかった。しかし、俺の房にやってくるや、たちまち意気投合した。今でも俺のところで働いているくらい仲良くなった。あいつがあの刑務所を仕切っていたと言ってもいい。コカインの売買でぶち込まれたんだが、ＩＴに詳しかったから、受刑者追跡システムの操作が仕事だった。俺たちの寮の寮長で、所内バスケットボール・チームのアシスタントコーチをしていて、所内イスラム共同体の幹部でもあった。そのうえインディアナポリスの出身だったから、刑務官の多くと同じ学校に通っていた。ちきしょう、きっとあいつらにコカインを売っていたんだ。

やりたい放題の受刑者

しばらくして娯楽部門で働けることになった。それならジムでトレーニングできると、上の連中が考えたんだろう。しかし、実際にはほとんどの時間を電話に費やしていた。いまいましい法律の問題があって、弁護士と相談しなくちゃいけないんだと、俺はいつも言い訳していたが、本当は友達や女と話していた。

「タイソン、もうお前、一時間も話しているぞ」順番待ちの受刑者から声がかかる。

「訴訟がこじれてるんだよ。看守長とでも話してろ」と、言い返した。

俺にとってあの電話は、外の世界と自分をつなぐ臍《へそ》の緒のようなものだった。だが、そこでも大きな教訓を得た。外とつながってばかりいると刑務所で過ごすのがつらくなるぞ、とウェイノも言っていた。車、金、ボクシングのグラブ、ベルト、女、指輪、携帯電話――どれもゲートはくぐれない。出所するまで、もはや存在しないも同然だ。しかし、甘やかされ放題の若造だったから、ルールに従いたくなかったんだ。

いつでも電話に出てくれる親しいパーティ仲間が国じゅうにいた。一人なんか、俺専用の回線まで持っていた。そいつはパーティに出かけると、携帯電話を取り出す。俺が電話をかけると、女を何人か出してくれた。

電話をしていないときは、部屋で本を読んだ。裁判官がGED［一般教育修了検定］を受けてほしいと言うから、俺の宗教アドバイザーになっていたムハマド・シディークとそのための勉強を始めた。今さら算数なんかやりたくなかったから、シディークが紹介してくれた先生から中国語を習った。しっかり勉強したおかげで、後年中国へ行ったときは会話に困らなかったほどだ。

本をまるまる一冊読む以上の暇つぶしはない。ウェイノと毎晩、部屋で本を読み合った。一人が本を持って、もう一人が類語辞典や国語辞典を持つ。知らない言葉に出くわしたとき調べられるように。判決内容をのみ込めるよう、判決文を題材にすることまであった。

ウィル・デュラントの『文明の物語』はじつに面白かった。毛沢東の本も、チェ・ゲバラの本も読んだ。マキアヴェリ、トルストイ、ドストエフスキー、マルクス、シェイクスピア、などなど。ヘミングウェイも読んだが、がっかりだったな。心を魅かれたのは反抗や革命の話だ。中でもお気に入りは、アレクサンドル・デュマの『モンテ・クリスト伯』だった。主人公のエドモン・ダンテスには心底共感した。彼も敵にはめられて投獄された。だが、そこでめげなかった。最終的な成功と復讐に備えていた。刑務所で途方に暮れたときは、デュマの作品を読んだ。

もともと社会に腹を立てていたし、自分のことを殉教者と考え始めた。暴君は死んだときに支配が終わるが、殉教者は死んだときに支配が始まる。だから、毛沢東やチェ・ゲバラを読んで、いっそう反体制的になった。毛沢東に入れ込むあまり、彼の顔を体に刺青してもらったくらいだ。アーサー・アッシュ［黒人テニス選手として初めてウィンブルドンに優勝］もよかった。自伝は本当に面白かったし、あんなに健全で器用な人間とは全然知らなかった。

くそ長い行進のあいだ、心の中では毛沢東の隣にいた。刑務所のシステムを自在に操れるようになるのが俺の目標だった。いちばん弱い新入りの刑務官とか、俺に好感を持っている刑務官を探すんだ。

ウェイノと同じ部屋になると、俺たち二人を止められるものはなかった。ウェイノは部屋に店をオープンした。売店の品をほかの受刑者と倍の値段で交換するんだ。ポテトチップが一袋欲しいのに受刑者口座に預金がないときは、ウェイノのところへやってくる。ウェイノは一袋渡して相手の名前を書き留め、後日、二袋で返済させる。同室になる前、俺は、「ここで必要なものがあったら持っていけ。スープなんかどうだ」と言った。

「マイク、何かくれても転売して儲けるだけだ」と、あいつは言った。あれこれ渡してやって、同じ部屋になるころには、俺たちの店はほかの部屋に在庫を預けなくちゃいけないくらい大きくなった。

売店の日用品やクッキー、煙草、ポテトチップスも売ったが、俺は有名人の立場を活用することにした。ちょうど、作家で詩人のマヤ・アンジェロウが俺を訪ねてきて、彼女といっしょに写真を撮った。ある晩、腹が減ったとき、誰かが俺の好物のドーナツを持っていた。

「おい、ブラザー、アメリカの〈知性の女王〉マヤ・アンジェロウがあるぞ。この写真を見ろ。少なくとも五十ドルはする代物だ」と声をかけた。

そいつは写真を見て、感激して泣いていた。俺の口座に十ドルずつ小分けに入れて、五十ドルを完済した。有名人が訪ねてくるたび、何度も同じことをした。

手紙を書き送ってくる女のファンの中には、自分のエッチな写真を送ってくるのもいたから、写真と手紙を別々に売った。マスをかく材料が欲しかったり、女を恋しがったりするやつらにだ。写真と手紙をセットで売ることもあった。写真にもよりけりだが、どの購買層がどの女に魅かれるかもだんだんわかるようになってきた。中西部の森を思わせる純朴な感じのがあれば、無学な労働者タイプのところへ行って、「こいつはどうだ?」と声をかける。面白いことに、そんな客の中には、女に手紙を書いて結婚することになったのもいたんだよ。

その後、エッチな写真からテレフォンセックスへ売り物が進化した。インディアナポリスの午前七時はロサンジェルスの午前四時。クラブの営業時間が終わるころだ。コレクトコールで友人に電話する。すると、そいつが自宅に女を二、三人呼ぶ。「プレイボール！」コレクトコールを受けると、あいつはそう言った。あいつと女たちがセックスするところを聴かせて、男どもからカネをふんだくる。ときには、客の名前を事前に調べて、その名前を口にするよう女たちに指示した。「おお、ジョン、たまらない。もう濡れてきちゃった」と、女が言う。そんな素人演技にジョンはいそいそとカネを払った。

外の友人たちに女を抱かせることまであった。シカゴの街でセクシー系のクラブを持っているのがいて、手紙を書き送ってきた女をそいつのクラブへ送り込んだ。そいつに調べさせて、上物かどうか確かめるんだ。あれは将来への投資だった。いい女だったら、出所したとき会いにいこうってことだ。

檻のなかの王族のような暮らし

ウェイノと二人、精力的に働いた。店は七、八室まで拡大していた。ウェイノが記録をつけ、支払いを渋るやつがいると俺が力を振るう。

ちょいと訪ねていって、「この野郎、カネ払え」と脅してくる。ほかの誰かに借りさせても払わせた。刑務所の中だってのに王族みたいな暮らしだったな。ウェイノは厨房で働く白人や受刑者のために麻薬を持ち込む腐った警備員たちとつながっていたから、アイスクリームが振る舞われているとき以外、食堂で俺の姿を見かけることはなくなった。

たいていの夜は部屋でくつろいで、ピッツァや中華料理、ケンタッキーフライドチキン、〈ホワイトキャッスル〉のハンバーガー、その他もろもろを注文して、刑務官たちに届けさせていた。ロブスターやバーベキューを食うこともある。ウェイノは初めて海老炒飯を食ったのは刑務所の中だと言ってたな。クレオパトラが題材の本をあいつが朗読し、二人でメシを食いながら大学の学生寮みたく討論した。家庭料理が恋しくなるとシディークに電話をして、あいつの女房に紅鮭のステーキとサラダをこしらえてもらった。絶品だったよ。

俺にはもっと大きな部屋が必要だった。ウェイノといっしょに共通の友人のデリックを訪ねた。そこは角部屋で、ふつうの部屋よりずっと大きかった。もう俺の部屋では、郵便物だけであふれ出そうだったんだ。

「ウェイノ、なんとかならないか?」

うちの寮のアドバイザーをしていたターナーという男と会う段取りを、ウェイノがつけてきた。ターナーの上役は全寮責任者のダルトンだ。二人で腰を下ろし、もっと大きな部屋が欲しいとウェイノが切り出した。あいつはこういう交渉事が得意だった。以前、刑務所の運営者たちとのあいだで開かれる公聴会で受刑者代表を務めていたからだ。俺たちの「もっともな理由」について、あいつは巧みに弁舌を振るい、「俺たちの丁重な要請」を上層部に検討してもらえないかと説得した。

ところが、いかにも役人らしく煮え切らないターナーに、だんだん俺はいらだってきた。

「つまり、ダルトンさんと週末に出かけるときとかまで、部屋の問題は検討してくれないってことか?」と、凄みを利かせて詰め寄った。

ターナーの青ざめた顔がいっそう青くなった。

「わかった、ミスター・タイソン、すぐ確かめよう」

もちろん、大きな部屋には移れなかった。

刑務所にはバスケットボールのコーチが雇われていた。刑務官だったが、俺たちにこっそり食い物を持ってきてくれたりした。人間には骨の髄まで欲が染みついていることを俺は知っていた。カネを渡せば、どんなことでもさせられる。はした金で人を買えるんだ。理解に苦しむところさ。俺はいつも支払うほうが多かったけどな。

ある日、「なあ、女《ビッチ》を調達してくれないか?」とそいつに言った。あいつは「何人欲しいんだ?」って感じでそこに突っ立っていた。

「いやいや、そんな難しい話じゃないんだ。あそこの女性刑務官、やれないか? 抜群だろ? あいつなら千ドル払うぜ」

そいつが考えていたのは自分の手数料のことだった。

「本気か、マイク? 本気ならすぐ話をつけにいくぞ。あの女はクラブ時代からの知り合いだ。きっとあんたの申し出を受けるさ」

相手は刑務官だし、「心配するな。あとでそれとなく伝えておくから」とか言うと思いきや、あいつはやる気満々で、ちょっと不安になった。

「ブラザー、ブラザー、それじゃ野蛮人だ」と、ウェイノがたしなめた。「部屋に行って顔を洗ってこい、ちょっとはビジネスマンみたいに振る舞え」

そう言われて、女刑務官とやる考えは捨てた。

このころには、ほかの受刑者ともうまく付き合っていた。俺は刑務所の大物だ、ひょっとしたら外の世界にいたときよりずっと大物かもしれない、と感じていた。俺の自惚《エゴ》れはそこまで狂っていたんだな。だが、刑務所の基準に照らすかぎり俺が心根のいいやつなのは、みんながわかってくれていた。白人でも黒人でも何人《なんぴと》でも、必要なものがあってそれをマイクが持っていれば手に入る。なんの見返りもなく。

ウェイノが出所していくころには、オールAの模範囚だった。塀の中にいるあいだ、酒を飲んだことは一度もなかったし、マリファナも吸わなかった。俺が欲しがっても、誰も売っちゃくれなかっただろうけどな。とにかく俺には、体を鍛えて、いいコンディションで出所して、また戦ってほしいと、みんなが願っていた。

カウンセリング教室での情事

それでも、セックスはあきらめられなかった。刑務所から麻薬のカウンセリング・プログラムを受講させられたときに、チャンスはやってきた。その試験に受かると刑期が短くなるからと、刑務所長からドンから受刑者まで、みんながみんな受講を勧めてきた。カウンセラー本人もやってきて、「刑期を六カ月縮める力になりたい」と言う。

当時は麻薬に手を出してはいなかったから気乗りはしなかったが、刑期が短くなるならと授業を受けにいったら、講師がいい女だった。ちょっと大柄だったが、えり好みできる立場じゃない。二、三日授業を受けたころ、彼女が俺の勉強ぶりを見にやってきた。なんでそうしようと思ったのかわからないが、俺は彼女の耳にささやきかけた。

「仲良くしないか」

モノにしたくてたまらなかった。ところが、彼女は俺をはねつけ、ラフな言葉遣いでしゃべり出した。

「君ね、ほかの誰かがこんなことを言ったら、ペンドルトンの矯正施設へ送還だよ。ここへセクハラしに来たの？　人殺したちだってそんなこと言いにきやしないのに」

「いや、俺は人殺しじゃないし」と、俺は言った。「自分と同じように人の助けを必要としている人間が気になっているだけさ。人の助けが必要ってことじゃ、俺もあんたも状況は同じだろう。悪かったな、あんなこと言うつもりじゃなかったんだが、ただ、先日あんたが息子といっしょに入ってくるのを見た。力になれることがあったら言ってくれよ。すまなかったな」

「あきれたろくでなしね。報告するわよ」

「いや、俺は本気で言ってるんだ」

すると彼女は、この前の嵐で屋根が壊されたという話を始めた。〝よしっ！〟。

「つまり、屋根に穴が開いたままだって？　赤ん坊がいるのに？　野犬が入ってきて、咬みつくかもしれない。どんな災難が降りかかってもおかしくない。あんたは自分の身を守れない。シングルマザーじゃな」

「ええ、それじゃ、あれを修理する人を送り込んでくれるっていうの？」と、彼女は言った。「囚人にそんなことができるわけないでしょ」

「住所を教えてくれりゃ、明日には荷物が届く」と、俺は請け合った。電話に駆けつけ、シカゴの友人に、明朝までに彼女に一万ドル届けるよう指示した。

翌日、彼女はきれいな服を着て、しっかり化粧し、満面の笑みをたたえてやってきた。

「ご機嫌いかが、ミスター・タイソン？」

荷物を受け取ったらしい。わくわくした。これからどうなるんだ？　この部屋には俺と彼女の二人きりだ。

「いつも座っている隅の席に行って。窓からは、誰にも見えないわ。私はあなたの間違いを直していて、あなたは私の後ろに立っているだけ。いい？」

「いいよ、わかった」と、俺は言った。

緊張で勃《た》たなかった。罠かもしれないという心配もあった。事に及ぼうとしているあいだ、ずっとあたりを見まわして、隠しカメラがないか確かめていた。おっかなかったよ。いつ誰がドアを蹴り開けて、レイプ！ と叫ぶかわからない。

その心配が頭から離れず、おっ勃ってくれない。卑猥なことを考えて、手で触れて、舌を這わせてみたが、思うにまかせない。やわいまま入れようとまでしたが、だめだった。

「どうもうまくいきそうにない。日を改めよう」

寮に戻ると、後刻、彼女から電話があって、今度はうまくいった。始めちまうと、いくらやってもやり足りない。向こうもだ。彼女から何度も教室に呼び戻された。

「タイソン、教室へ」と、スピーカーから呼び出しが来る。

一日三回、呼び出された。ロードワーク中にも呼び出しが来る。「走ってるときは呼び出してもらっちゃ困るよ、ベイビー。あの時間しか走れないんだ」

なぜ俺が長時間授業を受けているのか訊くやつがいると、彼女は、「試験の準備が大変なのよ」とだけ答えていた。

彼女は大きいんで、持ち上げて、壁に押しつけなくちゃならなかった。バーベルを挙げてきてよかったぜ。しばらくすると、机の上でやった。床の上でも。やりすぎでへとへとになり、ジムへトレーニングに行くこともままならない。一日じゅう房にいたよ。

そのころには、ウェイノが送り返されてきて、また同じ部屋になっていた。

「どうしてトレーニングしていないんだ、ブラザー？ いつも一日十マイル走っていただろう」と訊かれた。

「麻薬カウンセラーと出会ってな。ここにガールフレンドができたんだ」と、俺は答えた。

「ばかなことはやめろ、マイク」と、彼は言った。「面倒なことになるぞ。トレーニングしないでどうする」

ウェイノは塀の外にいたころからこの女と知り合いだった。二人の仲をウェイノに話したと知ると、彼女はちょっと狼狽したが、たちまちウェイノは教室のドアの外に立って見張り役を務めてくれた。

そんなある日、彼女が妊娠したことを知った。シカゴの友人に電話をすると、やってきて、中絶できる医院に連れていってくれた。そいつはかんかんだった。

「あのでっかい女と医院に入っていくとき、みんなにじろじろ見られるのは俺なんだぞ」と、文句を言われたよ。

二年が経ち、すっかり刑務所暮らしに慣れた。テレビでしゃくに障ることを見て気分が悪い日や、くだらない電話を受けて誰とも話をしたくないときは、二、三日懲罰房に入りたいとウェイノから上層部に話してもらう。ウェイノが荷物――眼鏡に、本を何冊か――をまとめてくれ、俺は隔離収容所へ気を落ち着けにいった。刑務官にこっそりウォークマンを持ち込ませることもあった。

いかれた受刑者がウォークマンをトランシーバーに改造して刑務所の運営者たちをひそかに見張ったりしたもんだから、受刑者がウォークマンを所有することは禁じられていた。だが、いったん懲罰房に入れれば、房を調べにきたりはしないから、ウォークマンを手に入れるとテヴィン・キャンベルを聴いた。彼のカセットテープしか持ってなかったからだ。走るかわりにその場で足踏みをし、素っ裸で腹筋をやった。たっぷり足踏みをやったおかげで、出所するときにはセメントに俺の足跡がついていた。床もガタガタになっていたな。

そのうち携帯電話まで手に入れた。午前二時になると友人たちに電話し、コレクトコールが来ないとみんな不安になったという。あそこの電波状況は上々だった。

最高の友人たち

困難に直面したときだ、本当の友達がわかるのは。婦女暴行罪で有罪判決を受けたあと、疫病を避けるみたいに多くの人間が俺から離れていった。それでも、いいときも悪いときもずっと俺を支えてくれた素晴らしい仲間がたくさんいたことは天の恵みだった。自分にとって大切な人たちが何かをくれたり訪ねてきてくれたりするたび、気分が高揚した。

おふくろ代わりのカミールは三回訪ねてきてくれた。こんな場所に来てもらうのは気が引けたが、追い払うわけにもいかない。彼女にはきつい旅だった。あのころはもう八十代だったのに。

ジェイ・ブライトが彼女に付き添ってきて、二人で漫画のヒーローの話をした。マーヴェル・コミックスの創始者スタン・リーが贈呈してくれた漫画本の一冊を見たときは、心底興奮したよ。マーヴェル・コミックスのスーパーヒーローたちといっしょにポーズを取っている俺を描いてくれたんだ。ヒーローの一人みたいに。あるときジェイと、どのキャラクターがいちばん強いかという討論に突入した。ジェイはギャラクタスを挙げ、俺はアポカリプスを選んだ。話は堂々巡りになり、最後にジェイが、「マイク、ギャラクタスは惑星を食うんだぞ。どうやってそれに太刀打ちするんだ?」と止めを刺した。

第一子のマイキーはまだ小さかったが、ママといっしょに何度か会いにきてくれた。当時はまだ三歳だったが、ニューヨークから飛行機でインディアナ州に飛び、煉瓦塀の前で俺とポーズを取って写真に収まったときのことを、今でも覚えているそうだ。

ドン・キングも何度かやってきた。もちろん、来るたびに契約書を携えていたけどな。完全に法律違反なんだが、あいつは気にしなかった。あいつが来るとうれしかったよ。金儲けの話とわかっていたから。ローリーとジョン・ホーンもいっしょに来た。あの二人はキングよりちょくちょく訪ねてきてくれた。

マルコムXの未亡人、ベティ・シャバズから訪問を受けたときは興奮した。というか、ボーッとした。彼女が会いにきてくれるなんて、あまりに畏れ多くて、人生でいちばんお行儀よくしたよ。畏敬の念をいだかせる最高の女性だった。

ソウルの帝王ジェイムズ・ブラウンも立ち寄ってくれた。ブラザー・シディークが連れてきてくれたんだ。紫色のスーツを着て、紫色の靴に赤いネクタイで、髪をしっかり整えて来た。ジャッキー・ウィルソンが髪にちょっかいを出して指を走らせようとしたから、ケツをひっぱたいてやったという。

「俺はボクサーじゃないし、ジョージア州出身だ」と、ジェイムズは言った。「みんながジャッキーのことを怖がっていた。俺は怖くなかった。ここ、触ってみな」

彼は上腕二頭筋を見せた。

「岩みたいに硬いぞ」

ジェイムズに彼の親友だったオーティス・レディングのことを訊いてみた。ジェイムズは、自分の自家用機のほうがオーティスのより性能がいい、オーティスは性能の劣る飛行機に荷物を積みすぎたから墜落死したんだと言っていた。こういう話でさえ、ジェイムズは自慢をした。ぞくぞくしたよ。あの男には戦う男の気概があった。

ジェイムズは所有するラジオ局の話を皮切りに、いろんな事業について次から次へと語った。俺をマネジメントさせてくれと売り込んできたから、シディークに連絡を取ってくれと答えたら、ほどなくシディークに手紙が送られてきた。ジェイムズの取り分が七十パーセント、俺が三十パーセントでマネジメントしたいという。ドン・キングもけっこういいやつじゃないか、と思ったものさ。

2パックことトゥパック・シャクールが刑務所に来てくれたときのことは、絶対に忘れない。有名人の友人は大勢いるが、ほかの誰よりたくさん、トゥパックのことを訊かれた。世界のあちこちでいろんな人間に会うが、みんなボクシングの話の前にかならず「トゥパックはどんなやつだった?」と訊いてくる。

トゥパックはすごいやつだった。ヒューイ・ニュートンであり、毛沢東であり、カール・マルクスであり、もうとにかく超越したやつだった。俺もマルクスやヘーゲルの言葉を引用できるが、トゥパックに革命理論を語らせると、本当にとめどがない。話をして、懇意になってみると、悪党なんかじゃなく、むしろ善悪を論じる道徳家だった。人を魅了する心の持ち主だった。

初めて会ったのは一九九〇年、ロサンジェルスのサンセット大通りにあるクラブで開かれた、業界のパーティの席上だ。パーティの主催者は俺の友人で、みんなこの催しのために粋な身なりをしていたが、小柄な黒人のストリートキッズがドアの近くでくすぶっているのが見えた。

「どうした、ちび? 調子はどうだ?」俺はその小僧に声をかけた。昔、クラブに入れなくて店の前でうろうろしていた自分を思い出したからだ。

「べつに。あんたはどうだい?」と、そいつは返した。

パーティに入りたいのがわかったから、口を利いてやった。ところが、小僧は「ちょっと待って」と言い、駆け出して、仲間を五十人連れて戻ってきた。その中の一人がトゥパックだった。

全員裏口へ連れていって、そこから入れてやった。俺はそのまま外でしばらく話をしていたんだが、中へ戻ると、小僧の一人がマイクを手にステージに上がって、パーティを盛り上げているじゃないか。信じられなかった。ステージを下りたそいつと抱きあって、いっしょに高笑いした。そいつが美しい笑顔を浮かべるとクラブじゅうが揺れた。いつか特別な人間になるだろう予感がした。

話を刑務所に戻そう。トゥパックの母親から手紙が来たんだ。トゥパックは有名人だったから名前くらい知っていたが、一九九〇年にあのクラブを揺らした小僧だとは知らなかった。手紙にはトゥパックがショーに出演するためインディアナポリスに行く、俺に会いたいと言っているとだけ書かれていた。

彼が面会室に入ってくるなり、大変な騒ぎになった。あいつの体重はたぶん六十キロに満たなかったが、実際よりずっと大きく見えた。黒人も、白人も、ヒスパニックも、火星人も、みんな熱狂している。刑務官たちまで喝采を送っていた。あいつがそこまで有名なんて全然知らなかった。その姿を見て、何年か前にロサンジェルスのパーティに入れてやった小僧だと思い出した。

二人で中庭のピクニックテーブルへ行って話し込んだ。

「あんたのためにここでコンサートを開かなくちゃな」とあいつは言い、テーブルの上に飛び上がった。そして「愛してるぜ！」と叫んだ。

俺はテーブルの前に座ったまま、「下りてくれ、頼むから。下りてくれ。俺といっしょに閉じ込められちまうぞ」と懇願した。

あいつは即興コンサートをやる気だったが、俺は心配になってきた。すべて平穏無事にいっていたのに、とつぜんトゥパックがテーブルに上がって、みんなが喝采を送っている。

おお、なんてこった、面倒なことになっちまう。

「マイク、自由になれ、ブラザー、自由になれ！」

ようやくあいつをテーブルから下ろした。俺は説教を始めた。イスラム教徒になったばかりで、高潔の男を演じていたんだ。

「お前、豚肉食うのはやめたほうがいいな」と、俺は言った。

「なんで俺が豚肉を食うってわかるんだ？」

からかっていただけなんだが、あいつは真顔で言った。

あいつが落ち着くと、話を始めた。初めて会ったときのことは絶対に忘れないと、あいつは言う。

「あのときのことを忘れたことはない。ストリートキッズの群れをあんなすてきなクラブに入れてくれたんだ。あんたは自分の心に正直だった」

「いや、いや、そいつはおかしいぜ、兄弟《ニッガ》」と、俺は言った。「俺たちみんなにこの世を楽しむ権利はあるんだ。どうってことはない、同じ人間じゃないか」

トゥパックは不動の心の持ち主だった。おびただしい痛みと困難を見てきたからだ。ときに俺たちが体験するつらい思いは、心に傷をつけて重荷を背負わせ、どこへ行くにもその重荷がついてくる。宗教にも、恋愛にも、戦いにもついてくる。たとえどれだけ成功しようとも。トゥパックは刑務所で生まれ、母親の友人たちが殺されたり終身刑を食らって投獄されたりするところを見てきた。まわりは誰も耳を貸してくれず、気にもかけてくれない。だから周囲を気にせず、信じるままに突き進み、自分にできる最善を尽くした。トゥパックこそ自由の闘士だった。

トゥパックとよくブラックパンサー党の話をした。あいつの母親があそこに関わっているのを、俺は知っていた。彼女は強い女だった。闘争に関する書物をいろいろ読んだおかげで、このころの俺はかなり急進的になっていた。

俺たちは急速に親しくなり、トゥパックは何度か訪ねてきてくれた。警官を撃ったり人と喧嘩をして新聞沙汰になったという話もよく聞いた。

「おい、気をつけないと、今度は俺が面会に行くことになるぞ」

その後、あいつは銃撃を受けたり、刑務所に収監されたりした。俺は外の友人と段取りをつけて、トゥパックとの三者間通話を打ち立てた。俺の友人に撃たれたとあいつは言ったが、事実かどうかはわからない。

カムバックの準備

刑務所の中で、俺は真剣にカムバックの計画を練り始めた。誰がヘビー級選手権に勝ったとかいうニュースを聞くと憂鬱だった。ベルトはバレーボールみたいにあちこちを回っていた。塀の外に出て王座を取り戻し、負け犬じゃないことを見せつけてやりたかった。いや、王者に返り咲いて、神になるんだ。

誇大妄想狂の頭の中じゃ、俺は古代の高潔な人物で、俺がベルトを取り返す探求の旅に失敗したら、俺たちの知る文明はおしまいになると思っていた。この探求の旅に出て、全世界に俺の存在を見せつけてやろうと、一人妄想をふくらませて悦に入っていた。

だが、そのためには展望が必要だ。達成への意欲が必要だ。それがないと刑務所で朽ち果ててしまう。だから計画を立てた。何をする必要があるかはわかっている。心身を鍛練する方法も知っていた。つねに体を鍛えてほしいと考えた刑務所の上層部から、いったんはスポーツジムの仕事をあてがわれたが、刑務所内の麻薬取引に関与していると断じられて締め出された。そんなことはしていなかったのに。麻薬でハイになりたいのは山々だったが、ベルトを取り戻す使命があったから、刑務所ではいっさいやっていなかった。

ランニングと健康体操を中心にコンディションを整えた。朝、中庭を走って、各種の有酸素運動をやり、縄跳びをして、腕立て伏せと腹筋をする。別の刑務所にいる二人の元ボクサーから手紙をもらった。〝ハリケーン〟ことルービン・カーターと、ジェイムズ・スコットだ。スコットなんか、ローウェイ州立刑務所［ニュージャージー州］に収監されているあいだに戦歴の半分以上を戦ったんだ。スコットは「一度に百回、腕立て伏せ」ができるうちはまだ捨てたものじゃないと書いていた。最初はできなかったが、練習に練習を重ね、最後に、「一度に百回できた」と書いた手紙を送った。

夜はウェイノに足を押さえてもらって一度に五百回、腹筋をやった。尻がすりむけて血が出るまで。監房にはヘッドホンを差し込んで音楽を聴ける壁掛けラジオがあったから、同室者のじゃまをせずにすむ。午前二時に起きて、短パンを穿いて、ヘッドホンをつけて、何時間も部屋をジョギングした。ウェイノが目を覚ますと、壁が湿気を帯びて湯気を立てていた。ときどき昼間に部屋でジョギングをしていると、刑務官と受刑者がみんなやってきて、小さな窓から何時間も俺をながめていた。シャドーボクシングのときはもっとひどかった。受刑者と刑務官と管理職の連中に取り囲まれ、一人ひとりがトレーナーになりやがる。

「動け、そら。ダッキング、ダッキング」と、やつらが言う。みんながみんな、何かしらこの俺に向かってアドバイスする。

「俺はチャンプだぞ、ちきしょう」と、俺は言った。「黙って見てろ！」

入所したとき二百七十二ポンドあった体重が半年で二百十六ポンドまで落ちた。小さなゴリラからアドニスの彫刻に変身だ。

イスラムの影響

刑務所にいるあいだにイスラム教を学び始めた。じつは、投獄されるかなり前からイスラム教の手ほどきは受けていた。ドン・キングのコックをしていたキャプテン・ユスフ・シャーは、マルコムXの教師とイライジャ・ムハンマドの右腕を務めたイスラム教徒だった。俺たちはキャプテン・ジョーと呼んでいたが、彼は大きな尊敬を集めていた。その後、俺のお抱え運転手になったが、ボディガードになってもらうべきだったな。あの男に解決できない問題はひとつもなかった。

ドンが彼を解雇したのは、ドンのポークチョップを踏みつけたからだ。ドンはいつもイスラム教徒のキャプテン・ジョーにポークチョップを作らせる屈辱を与えていた。現にキャプテン・ジョーは、鉄の手袋をはめてそれに対処していた。キャプテン・ジョーが泣きながらポークチョップを叩いているところも見たことがある。

ドンがキャプテン・ジョーを解雇したと聞いたとき、俺はロサンジェルスにいたんだが、ニューヨークに戻ると、キャプテン・ジョーが空港で出迎えてくれた。

「クビになったって聞いたぞ」と、俺は言った。

「いや、いや、チャンピオン、何も起こってはいないよ」と、キャプテンは言った。「あれは誤解だったんだ。ミスター・キングを怒らせてしまった。あれは私が悪いんだよ。彼の食べ物なんだから、あんなことはすべきじゃなかった。まったくばかな男だよ、私は。アッラーはミスター・キングのところでもういちど働けるという無上の幸福与えてくれた」

「キャプテン・ジョー、何があったか教えてくれないと、俺があんたのクビを切るぞ。ドンに会いにきたやつらがいたそうだな。何があったんだ？　何人来た？」

「七十五人だ。全員拳銃を持って」と、キャプテン・ジョーは慎ましく答えたが、その言葉には、依然として彼の影響力が強いことが示されていた。

聞かされたところによれば、彼がハーレムに戻って〈ネイション・オブ・イスラム〉の同胞《ブラザー》たちに解雇された話をすると、七十五人の武装した男たちがドンのオフィスに乗り込んで、二、三人痛めつけ、ドンに再雇用させたらしい。
「お前たちがキャプテン・ジョーを解雇するのではない、キャプテン・ジョーがお前たちを解雇するのだ」と、彼らはドンのスタッフに言った。

こうして彼は復帰し、ドンから俺のお抱え運転手の仕事を割り当てられた。彼にはまだいろんなコネがあった。人に害を及ぼしそうには見えない老人だったが、電話一本で必要なものが手に入る。彼が俺のために働いてくれて光栄だった。俺にとってキャプテン・ジョーは最高の指導者だった。優しくて、思いやりがあって、寛大な、比類のない男だった。二人でしょっちゅう霊性について話をした。彼は人の霊性はすべて善と考えていた。俺が正式に入信したときは、すごく喜んでくれた。儀式のあとホテルの部屋に少女聖歌隊員を連れ込んだことは、さすがに話せなかったけどな。

だから、刑務所に入ったとき、すでに俺はイスラム教を受け入れていた。俺たちはチャックと呼んでいたが、イスラム教徒として育ったデトロイト出身の受刑者がいた。そいつとはモスクで出会った。誤解しないでくれよ、人はただ祈るためにモスクに行くんじゃない。みんながあそこで取引をしていたんだ。いろんな寮に散らばっているほかの受刑者と集う場所だった。俺はお祈りを覚えている最中だったが、そこで伝言を受け取った。神に祈っていたが、四五口径も持っていた。当時はそういうものだったんだ。

で、このチャックからお祈りを教わり始めた。こいつはひどい先生だった。活力過剰で、無作法なうえに、無愛想だった。それでも、アラビア語を話すことができる。二人でお祈りを反復練習しながら、あいつが、「もう覚えたか?」と叫ぶ。
「まだ一回しか教わってないぜ、何言ってるんだ?」と、俺が言う。

あいつはヒロポン中毒者みたいにお祈りの言葉をまくしたてた。リタリン［向精神薬。気分を高揚させる働きがある］を使っていたのかもしれないな。

それで少しスピードをゆるめて祈りの言葉を反復してくれたが、そのとき、「食い物《チャウ》」という叫び声がした。つまり昼飯の時間で、あいつは飛び出していった。

お祈りの最初のところを覚えると、次はウェイノといっしょに授業を受け始めた。あいつのイスラム教徒名はファリドという。最初、俺は無礼で反抗的だった。ブラザー・シディークは俺を座らせて、イスラム教について語ってくれたが、俺はいらいらしていて話を聞こうとしなかった。それでも気心が知れてくると、シディークはほかのイスラム教徒といっしょにお祈りをしないかと誘ってくれ、俺は気持ちが落ち着いてきた。お祈りの習慣を身につけ、次はファリドといっしょにコーランを読み始めた。ただ、啓示を受ける瞬間はいっこうに訪れなかった。

イスラム教の霊的な側面を理解できていなかった。わかってきたのはずっとあとになってからだ。あのころはまだ宗教を理解できる状況じゃなかったんだ。それでもイスラム教のおかげで刑期を縮めることができ、おかげでずいぶん助かった。信じる対象はできたが、正しいことを誤った理由でやっていた。だがきっとそれも、成長し、愛と許しについて学んでいる過程だったんだ。あれのおかげで真の愛と許しに初めて遭遇できた。

自分が何者かはわかっている

釈放予定の一年前に、早期釈放の話が出た。グレタ・ヴァン・サステレンをはじめ、数多くの全国紙記者が俺の有罪判決に疑問を呈していた。俺の弁護士たちは裁判所やワシントン親子と話し合っていた。それが合意に達したらしい。俺がワシントン親子に百五十万ドルを支払ってディズィリーに謝罪したら、すぐに出所できるという。彼女をレイプしたと認める必要さえなく、ただ謝るだけでいい。ジェフ・ウォルドみたいな友人たちからは謝罪を強く勧められた。

「マイク、俺だったら、刑務所から出してもらえるならマザー・テレサをレイプしたことだって認めるぞ」と、あいつは言った。

「謝ったりしたら、自分に嘘をついて誇りを売り渡すことになる」と、俺は返した。

一九九四年六月、俺は減刑聴聞会のため、ギフォード裁判官の法廷に連れ出された。デニムのズボンに、明るい青色の作業用シャツ、作業用のブーツという服装だった。新しい検察官が俺に、何か言いたいことはあるかとうながした。

「俺はなんの罪も犯していない。墓場までそう言い続ける。俺は誰の純潔も犯しちゃいない」

これじゃ話にならない。刑務所へ送り返された。戻ってくると、みんなが俺を抱き締め、キスしてくれた。

「ろくでなしどもが！」と、みんなが憤った。

「落ち着け」と、俺は言った。「俺は冷静だ。あと一年。それだけやっちまおうぜ」

マイク・タイソンはここじゃ終わらない。まだ二十八歳で、刑期を終えればすてきな褒美が待っている。インタビューに来るマスコミが増えた。豊富な読書量で頭は切れていたし、政治的な焦点もくっきりと定まっていた。

ラリー・キングがやってきて、刑務所から二部構成のインタビューを敢行した。世界一の座から鉄格子の奥へ移るのがどんなものか知りたかったんだ。

「ロマンチックな愛が恋しくないですか？」と、彼は尋ねた。

麻薬カウンセラーのことは話せなかった。

「かもしれないが、愛とはなんだ？　愛とはゲームのようなもの、愛とは競争。男女を問わず、華やかな人間には愛が引き寄せられてくるから、彼らにとって、愛は年がら年じゅう自分のところへやってくるものだ。しかし、彼らは愛を勝ち取るために戦ったことがない。彼らは愛のためにどんな準備をしている？　愛を勝ち取ったら、戦う準備をしなければならない。大切なものを手に入れたら、ほかの誰かがそれを奪いに挑んでくる。戦う力がないと、ちょっと苦しくなっただけで手放してしまう」

「あなたはもう、ご自分のことを前よりずっとしっかり掌握しているようだ。食べ物はどうです？　恋しい食べ物はありますか？」

俺たちの部屋にロブスターや中華料理をはじめ、すべての美食がそろっていることは話せなかった。

「俺は他人《ひと》とは違う」と、はぐらかした。

「私は視聴者のみなさんに、自分が毎日持っているものを持てなくなるのがどんな感じか、お伝えしようとしているだけなんです」と、ラリーは言った。

「ひとつ教えておこう。刑務所に入ったことのある人はたくさんいるし、俺よりずっとひどい状況だった人もいるかもしれない。自分への愛着が強くなるのは確かだよ。テネシー・ウィリアムズの戯曲に〝私たちがおたがいを疑わなければならないのは、それがたがいを裏切りから守る唯一の方法だからだ〟という一節がある。この言葉には大いに共感する。俺は信じやすい人間だ。人生で関わりを持ったすべての人間を信じると、やがて裏切りを受ける。心からそう信じている。多くの人が、いや、違う、そんなことはない、と言う。しかし、俺はそう信じている」

「そう信じているとしたら、あなたは不幸せにちがいない」と、ラリーは言った。

「いや、俺は不幸せじゃない、自分の境遇を知っているだけだ」

「あなたが恋しいにちがいないものをひとつ挙げましょう。拍手喝采です」と、ラリーは言った。「あれが恋しいにちがいない」

「じゃあ、言おうか。俺は心の中で一日に十億回も自分に声援を送っている。俺にとって最大のファンは俺であり、それに勝るものはこの世にひとつもない。拍手を送ってくれる人たちは、自分が何を応援しているのかちゃんとわかっていない。俺は自分のことを隅々まで知っているし、彼らがなぜ声援を送るのかもわかっているが、彼らはわかっていない。彼らはノックアウトに対して声援を送っているんだ。拍手喝采の対象は本当の俺にじゃない。ノックアウトとパフォーマンスだけだ。俺が自分に声援を送るのは、自分が何者かを知っているからだ」

最後に訪れたピンチ

麻薬カウンセラーとの仲を誰かが密告するまで、刑務所ではすべてうまくいっていた。最後の試験に合格したら、その一週間後に出所することになっていたんだが、とつぜん州の人間がやってきた。講師と俺が何時間もいっしょに部屋にいたと密告があって、刑務所外から調査員が送り込まれてきたんだ。

「あと何週間かで出所する予定だが、罪を犯したとなると話は変わってくる」と、男は静かに言った。

なんてこった。一瞬、呼吸困難に見舞われた。

「しかし、俺は何もしていませんよ。誰に聞いたって、俺は模範囚と言うはずだ」と、俺は言った。

このちびの白人におびえるあまり、すっかり媚びへつらっていた。「はいそうです《イエス・サー》。いえ違います《ノー・サー》」と。

「君がカウンセラーと、ふつうとは思えないくらい長い時間いっしょにいたと、複数の受刑者が言っている」と、男は言った。

「全然、身に覚えのないことだ。勉強しているだけですよ。いくつかカウンセリングも受けなくちゃならない。麻薬とアルコールを過剰摂取していたし、毎日闘わなくちゃならない誘惑がたくさんあって……」口が勝手にしゃべっていた。

「いや、私も君は訴訟でひどい目に遭ったとは思っているが、マイク、これは全然別の問題だし、じつに由々しきことだよ」

男から解放されたとき、俺は死ぬほどおびえていた。あの女が訪ねてくる時間だったから、面会エリアに向かった。そしたら、いま俺を尋問した白人があのカウンセラーに話しかけにいくところだった。

「私を探しているのね、ろくでなし！」と、彼女は叫びだした。

なんてこった。信じられない。あいつ、あの白人に金切り声をあげている。

「いったい私の何を知りたいの？　私はここで十七年間、仕事をしているのよ」

彼女はこの男に詰め寄り、人種差別を盾に圧倒した。そのあと俺が座っている面接室にやってきた。彼女は俺と話し始め、ズボン越しに俺のチンポに触ると硬くなってきた。そこで彼女はその位置に指で自分の名前をなぞった。

「何をするんだ！」

彼女は微笑むだけだった。

この調査の話はそこで立ち消えになった。麻薬講座の最後に試験に合格した。合格なんてしていたはずはなかったのに。

問題のひとつに〝人が生きていくのに必要な三大要素〟は何か、というのがあった。俺はこう答えた──セックス、食べ物、水。空気は入れず、セックス、食べ物、水の順番で。

待ちわびた再会

あと何日かで釈放されることになった。ドンが交渉してくれたおかげで、〈ショウタイム〉と〈MGMグランド〉から何百万ドルかの保証金が提供されることになった。あちこちからラブコールがあったが、ドンが最良の選択肢と判断した。いちばん高い金額を申し出てくれたからな。それに、出所のときは新しい恋人も待っていた。

モニカ・ターナー、彼女は女友達のベスの友人だった。ベスはこの二人ならいい取り合わせだろうと思って、俺に、こんな子がいると教えてくれたんだ。モニカはカミールの家に、写真を同封した手紙を送ってきた。連絡を取ったのは裁判の二週間前だ。俺はDCにいて、ストレッチリムジン二台で彼女の家に乗りつけた。記憶力は写真機並みだから、番地は頭に入っていた。まだ本人と直接会ったことがなかったから、自宅に行って会おうと思ったんだ。

「どこにいるの？」と、彼女は言った。

「玄関の前だ」

ドアが開いたところで、言葉巧みに中へ入り込もうとし、いっしょに二階へ行こうと言ったが、彼女はその手に乗らなかった。俺にはクレイグ・ブーギーも同行していた。

「トイレ、お借りできますか？」と、あいつは言った。

彼女はすぐあいつを入れてやった。

「どうしてあいつは入れてやるんだ？　初めて会ったやつなのに？」と、俺は言った。

「あなたは中に入って別のことをしたがっているけど、あの人はトイレに行きたいだけだから」

俺は彼女にキスしただけで引き返し、それ以来、話をしていなかった。それが、刑務所にいたある日、モニカから手紙をもらった。

「どうか私に電話して、お願いだから」と、書かれていた。すごく思いやりのある子で、心から心配してくれていた。だから、コレクトコールで電話をかけた。

「なあ、俺の彼女にならないか?」と、すぐさま俺は訊いた。これが俺の流儀だった。単刀直入に!

「ええ、なりたいわ!」と、彼女は言った。

うれしかった。気立てがよくて頭のいい子だった。いろいろ苦労も重ねていた。虐待を受け、つらい時期を経験していた。プロバスケットのニューヨーク・ニックスの選手と付き合っていたが、彼女から振ったそうだ。

俺が航空券を送ると、すぐインディアナ州へ来てくれた。当時の彼女はつましい暮らしをしていた。医者になるために勉強している学生だった。

彼女は面会室で俺を見て、泣きだした。

「あなたがこんなところにいるなんて、信じられない」

俺たちは気が合い、彼女は機会あるごとに会いにきてくれた。ときには、週に二回も。刑務所にいるあいだは、セックスしたことはなかった。ちょっとふざけ合ったことはあったかもしれないが、訪問が禁止になるような危険は冒したくなかった。獄中では、ほかの誰よりモニカに会えるときを待ちわびていた。

刑務所に入って三年、ついに出所の日を迎えることになった。その日の朝はすごく早起きをして、自分の持ち物を全部荷造りした。ファリドは先に釈放されていて、あそこに親友と呼べるやつはいなかったが、受刑者たちに俺なりの別れの言葉を告げてきた。手続きをして、真夜中から外で待っていた何百人もの記者とカメラマンの前に出るときを待つ。準備が整って出ていく直前、小柄な白人の女性刑務官がやってきた。

「誇りに思うわ、あなたのことを」と、彼女は言った。「辛抱できると思わなかったけど、あなたは頑張り抜いた。権威に負けなかった。おめでとう」

彼女が言ったことをつかのま考えた。誇大妄想狂のスイッチが入り、〝辛抱できると思わなかった？　俺がどこから来たと思っているんだ？　俺を誰だと思っているんだ？〟と思った。

だが、彼女が言ったのはそういうことじゃない。優雅な暮らしから転落し、長期間自分がほかの誰より大きいとは思えない社会に適応したことを言っていたんだ。俺たちはみんな平等だった。この刑務官の言葉は、その場では心に染みなかった。外の世界に向かって一歩進むたび、頭は否応なしにのぼせ上がっていたからだ。

再起から耳噛み事件へ

CHAPTER 10

釈放される前の晩は眠れなかった。午前四時、ヘリコプターの音が聞こえてきた。生中継の準備をしているニュース局が飛ばしたものだ。塀の外の駐車場には、衛星放送用のパラボラアンテナと活字メディアの記者がひしめいていた。駐車場の向こうの暗いトウモロコシ畑にも大群衆が集まって、俺が出てくるのをひと目見ようと待ち受けていた。午前六時、ドン・キングとローリー・ホロウェイとジョン・ホーンが黒いストレッチリムジンで到着し、施設に入ってきた。

俺は彼らを待っていたが、本当は刑務所を去りたくなかった。塀の中の暮らしに慣れてしまっていたからだ。くつろいで有名人やテレビ・ジャーナリストの訪問を受けられるのが、とにかく楽しかった。いい骨休めになったのに、また外の世界へ出なくちゃならない。

ひとつ深呼吸して、車に向かった。リムジンまでは短い距離だったが、永遠のときのようだった。カメラがフラッシュを焚き、ヘリコプターが四機、ブンブン音をたて、トウモロコシ畑の人々が喝采を叫んでいる。眩《まばゆ》いような感覚だ。俺は質素な黒いコートを羽織り、白いリンネルのシャツを着て、頭には白いニットのクフィ［イスラム帽］をかぶっていた。謙虚に振る舞おうとしたが、それは至難の業だった。

まず、地元のモスクに立ち寄って心からの感謝を捧げたが、それさえもショーに変えられた。モスリムのシディーク師がモハメド・アリにいっしょに祈ってもらえるよう協力を取り付けていて、俺たちがモスクに着くとアリが待っていた。俺とカメラに収まることのできる場所を求めて、みんなが争っていた。

祈ったあと、オハイオ州へ飛んだ。刑務所を出てまだ数時間だというのに、早くもドンにはうんざりした。リムジンにドン・ペリニヨンを詰め込んできたんだ。自宅までの沿道には木々に黄色いリボンが結びつけられ、〈マイク、ファミリーへの帰還を歓迎します。チャンプ、あなたが恋しかった〉という大きな横断幕が掲げられている。

自宅に着くと、ドンが大々的なお帰りパーティを計画していたのがわかった。俺となんのつながりもない連中をどっさり招いて、ロブスターと小海老と豚肉とシャンパンを用意していた――イスラム教徒の食欲をそそってくれる品々を。ドンを含めた全員を家から追い出し、そのあとモニカとことに及んだ。

翌日、ドンがやってきたとき、俺はあいつを解雇した。大々的な記者会見を開いて、〈MGMグランド〉、〈ショウタイム〉と契約を結んだことを発表する予定だったんだが、どうでもいい。プレスリリースからドンの名前を消してやった。

「マイク、頼むから勘弁してくれ」ドンは懇願し始めた。「あの白い悪魔たちが俺にしている仕打ちを、お前までがするのか」と言いながら、あいつは現金百万ドルが詰まったアタッシェケースを開けて見せ、それが俺の注意を引いた。それだけの現金を持ってこられるプロモーターはほかにいない。ふたたび心変わりした。プレスリリースにやつの名前を戻し、二、三日後に記者会見を開いて新しい契約を発表した。

際限のない散財

外の世界に慣れる時間はなかった。二億ドル相当の試合が待っていて、目の前を大勢の人間が取り囲む。まわりにいる全員が、「マイクはすごい男。マイクは最高の男」と言っている。だが、俺は被害妄想に陥っていた。みんなが俺を傷つけにくる気がして、救急車のサイレンを聞くたびパニックになった。あるとき、モニカとベッドにいて、目を覚まし、彼女にしがみついた。どういうわけか、誰かがベッドに入ってきて俺を刺そうとしている錯覚に陥ったんだ。心はおびえきっていた。

もう以前の俺じゃなかった。刑務所に人生を三年間奪われたんだ。誰も信じられない。まわりに女がいると不安になる。そういう状況は危険だという思いが頭に刷り込まれてしまったんだ。今日に至るまで、いまだに悩まされている。

巨額の前払いがなされる契約にふたつサインしたおかげで、みんなが俺に多くを期待した。心は葛藤していた。おびえながらも、また傲慢になり始め、何もかもが欲しくなった。刑務所でのお勤めで我慢していたあれもこれも、全部返してもらうぜ。最高の女たちとやって、最高の車を買って、最高の家を持ちたい。俺はモンテ・クリスト伯だ。古代ローマの剣闘士《グラディエイター》だ。神様だって、俺以上のファイターは生み出せない。そのいっぽうで、救急車のサイレンにおびえている俺もいた。

リングでやれるかどうか、正直自信はなかった。まだ二十九歳だというのに、ずいぶん動きが遅くなった気がした。投獄前のようなハングリーさもない。何より、刑務所に入っていたことで肩身が狭かった。新しい都市に行くたび、性犯罪者の登録をしなくちゃならない。それをしないと、空港で警察にわきへ連れ出された。

「すみません、ちょっといいですか?」警官が声をかけてくる。「まだ登録をしてないようですね。お手数ですが、行き先の都市では登録をしていただけると助かります。いまここで逮捕することもできるわけですし、到着と同時に登録なさるのが賢明だと思いますよ」

まったく、いまいましい。こんなばかげた状況が今でも続いているんだ。

みんなが世界へビー級全団体の制覇を期待していたが、そんな簡単なもんじゃない。ボクシング史上、人生を三年間奪われて何事もなかったみたいにカムバックした人間なんて一人もいないんだ。

出所したときは善きイスラム教徒になろうと本気で思っていたが、俗世間に流されちまった。お祈りは続けていたが、いつのまにか刑務所に入る前のマイク・タイソンへと押し戻されていった。

浪費と酒と女が入り乱れる俗世界へ、ドン・キングに引き戻されたんだ。あいつは本気で心配になったのかもしれない。俺がどこかの妙なイスラム教徒に感化されて自分を排除するかもしれない、と。だが、俺はまだ最高の男であることを証明したかった。鑿《のみ》で彫刻されたような体の下には大食漢もいた。欲望にまかせていたら、一口じゅうケーキとアイスクリームを食っていただろう。だから、自分の欲を抑え込む必要があった。

性欲は別だ。モニカは家族との穏やかな生活を望んでいたが、その役目に俺は全然力不足だった。俺の考える家庭的な男とは、〝黙ってカネを稼いでくる〟人間のことだ。本当に身勝手な豚だった。カネが転がり込んできたんだ、豪勢な土地と家を買わなくちゃな。ラスヴェガスで戦うことになるから、現地に家が必要だ。ウェイン・ニュートンの豪邸の隣に六エーカーの広大な土地を買った。そこに建てた家を飾り立てて楽しんだ。トイレのペーパーホルダーから毛布や枕まで、全部ヴェルサーチでそろえた。クリスタルの取っ手がついた巨大な木の扉を通って家に入ると、左右にライオンの立像をしたがえた巨大な滝が見えてくる。静謐《せいひつ》な感じを演出するため、天井は吹き抜けのアーチ形にした。

カラテ映画を観るのが好きだったから、いくつか異なるホームシアターを設置し、俺の寝室は最新のハイテクサウンド装置で飾り立てられた。その音が気に入ったから、車の中に、車そのものより高価なサウンドシステムを設置した。上階の広間のために、十万ドルをかけて、古今東西の最高のボクサーたちを描いた二千平方フィートの壁画を発注した。

裏庭に出ると、ここはイタリアかと思っただろう。〈ベラージオ・ホテル〉も顔負けだ。巨大なプールともども、堀をしつらえた。そのプールをアレキサンダー大王、カルタゴの勇将ハンニバル、蒙古王チンギス・ハン、ハイチ独立運動の指導者ジャン゠ジャック・デサリーヌなど、高さ七フィートの勇猛果敢な戦士の彫像が取り囲む。ハンニバルの巨大な像については、〈ＭＧＭグランド〉のライオン像を造った男を呼んだ。俺の用意した絵をもとに作業にかかり、できた像をクレーンで設置した。一本三万ドルする異国風の木々が庭全体を取り巻く。この木の維持費は年間二十万ドルに及んだ。

もちろん東海岸にも豪邸が必要だったから、コネティカット州でいちばん大きな家を買った。土地の広さは五万平方フィートを超え、キッチンが十三に寝室が十九あった。三十エーカーの森林、屋内プール、屋外プール、灯台、ラケットボール・コート、そして俺が〈クラブＴＫＯ〉と名づけた本格的なクラブ。

あの家にいると、映画の『スカーフェイス』みたいだった。主寝室は五千平方フィート。ウォークインクロゼットには凝った服と靴とコロンがぎっしり詰まっていて、ヴェルサーチの店のようだ。モニカ用のウォークインクロゼットも一千平方フィート以上あった。寝室から少し離れたところに、家のメインフロアを見晴らす巨大なバルコニー。寝室にたどり着くには一対の大理石の階段を上がるか、ガラス張りのエレベーターに乗る。すばらしい家だったが、所有していた六年間で、まともに滞在した回数は両手で数えられるくらいだ。

オハイオ州の豪邸もまだ所有していたし、その後、モニカのために四軒目を買った。タイガー・ウッズがよくプレイしていたメリーランド州のゴルフ場、〈コングレッショナル・カントリークラブ〉にあった。だが、カネは家に使っていただけじゃない。また自動車に凝り始めた。塀の中にいたときは六台に減っていたが、またヴァイパー、スパイダー、フェラーリ、ランボルギーニの収集を開始した。ヴェガスの家の外で、それを使ってドラッグレースをやったりしたな。

スタッフみんなにも立派な車を支給した。ローリー、ジョン・ホーンとヴェガスのロールスロイス販売店のそばを通りかかって、ひょいとガラスの向こうを見たが、中の販売員たちはスニーカーにジーンズでガラス越しに高価な車を見ている黒人三人を相手にせず、俺たちが中に入ったときも、俺が誰かわからなかったから、下っ端従業員に応対させた。

「あそこのロールスロイスだが、駐車場に何台ある？」とそいつに訊いた。

「試乗をご希望ですか？」と、若い販売員は尋ねた。

「いや、手持ちのを全部もらいたい」

俺が店を出ていったあと、その若いのは統括マネジャーに昇格した。

一試合終わるたびにブーギーとロサンジェルスへ行って、ロデオ・ドライブで一日じゅう買い物に精を出した。そのあと洒落たディナーに舌鼓を打ち、女を何人か手に入れてクラブに向かった。〈シーザース・パレス〉のヴェルサーチに行っては、一度に十万ドル落とす。店を出るときは、みんなが品物の詰まった袋をどんどん運び出して、『星の王子ニューヨークへ行く』の一場面みたいだったな。

皮肉なことに、その服のほとんどはクロゼットに入ったままだ。ふだんの俺はスニーカーとジーンズかスウェットの上下で出歩いていた。刑務所にいるとき、ジャンニ・ヴェルサーチからいろんなパーティの招待状が送られてきた。来られないのはわかっていたが、俺のことを思っているというメッセージだ。彼なりの気遣いだったんだな。最高の男だよ。

いちばん桁外れの買い物は、虎とライオンの仔を買ったときかな。まだ塀の中にいたころ、自動車販売業者のトニーと話をしていた。どんな新車が出てくるのか知りたくて電話で話していたら、トニーが言った。虎かライオンを一頭手に入れて、フェラーリに乗せて走りまわろうかな、と。

「おい、俺も虎が欲しい」

トニーが話を広め、それをアンソニー・ピッツが聞きつけた。刑務所を出てオハイオ州の自宅に着いたら、芝生の上に幼獣が四頭いた。心をわしづかみにされた。いっしょに遊んでいるうち、家猫とは性格が違うことにすぐ気がついた。いっしょに遊びすぎると気難しくなって腹を立てる。わずか二、三年で体長は七フィートに伸び、体重は四百ポンドを超えた。前足の一撃で頭をかち割られる可能性もあったから、行動特性を学ばなくちゃならない。

いちばん仲良くなったのはケニアと名づけたホワイトタイガーだ。俺といっしょにどこへでも行き、ベッドでいっしょに寝ることもあった。野生動物に詳しい人々は俺とケニアの関係が信じられなかった。ホワイトタイガーが人間について歩くところなんて見たことがなかったんだ。ケニアは赤ん坊みたいに鳴きながら、俺を探して家じゅう歩きまわった。家に女がいるときは外の保護区域に出して鍵をかけたが、そうすると悲しそうに鳴く。さかりがつく暑い夏の夜には、俺が出ていって腹をさすってやるまで鳴いていた。

ケニアは家を自由に駆けまわった。外にいるときは、プールの縁に座って塀の上からウェイン・ニュートン邸の馬たちを見ていた。あいつなら塀を軽々飛び越せただろうに、そうしたことは一度もない。キースという調教師にまかせ、調教に週二千五百ドル払っていた。アシスタントのダリルと清掃係が育成に力を貸してくれたが、彼らはそばに行きたがらなかった。ときどき咬みつかれたところを見ると、ちゃんと彼女を信頼していなかったんだな。

猛獣の仔は始終そばに置いてやらないといけない。独りぼっちにしたあと戻ってきたら、帰ってきたのが誰かわからず、大変なことになるからだ。だからアメリカのあちこちへ運べるよう十八輪トラックを二台手に入れた。やがて虎二頭だけになった。ライオンたちは気が荒すぎる。じっさい、俺は一頭に腕をかじられ、病院で六針縫うはめになった。救急処置室で担当医たちに「いったい何があったんだ?」と訊かれ、犬に咬まれたと言っておいた。ライオンを殺してやりたくなったが、自分のせいなのはわかっていたから、念のために破傷風の予防注射を打って、そいつはおとがめなしにしたよ。

チーム・タイソン始動

社会復帰して二、三カ月で復帰戦に向けてトレーニングを開始した。チームに新しいメンバーが加わった。〝クロコダイル〟ことスティーヴ・フィッチとは、何年か前に〈マディソン・スクエア・ガーデン〉の便所で出会っていた。その夜は、対戦相手がいっこうに現れなかった。試合をするのかどうか、あいつが訊いてきたから、「ああ、相手が現れりゃな」と答えたんだ。

クロコダイルはローリーがマネジメントしてドンがプロモートしていたボクサー、オバ・カーのトレーナーで、塀の中にいたとき電話で話をした。あいつが刑務所にいたとき出会ったという俺の友人たちの話をしているうちに意気投合した。で、出所したらいっしょにやろうという話になったんだ。あいつは俺好みの人間だった。まさに下町の匂いのする男だ。

出所したあと、ドンはあまりやってこなくなった。俺があいつにキレて怒りまくるのを、まだ恐れていたんだろう。だから商売の話はジョン・ホーンにまかせ、ローリーが個人的な問題の交渉窓口になった。二人は二十パーセントのマネジメント料を折半していたが、それでも、夢にも思わなかったような大金を手に入れていた。ローリーとジョンのほかに、アンソニー・ピッツ率いる身辺警護チームもいた。二人の重罪犯が手を結んではならないと当局からお達しがあるまでは、かつての同房者ファリドもそばに置いていた。

チーム・タイソンはすでにハイテク化していた。電話を使うかわりに、一人ひとりがトランシーバーを持って、どんなことが起こっているか連絡を取り合えるようになっていた。全員にコードネームがあった。ローリーはL1でジョンはL2、アンソニーはT1。俺の友達のゴーディはグルーヴと呼ばれていた。ドン・キングはあの髪形からフレデリック・ダグラスだ。

俺のコードネームはいくつかあった。ときにはマッドマックスと呼ばれた。アーノルド・ロススタインにちなんでアーノルドと呼ばれたこともある。たいていはディーボだった。俺がいつも「これをくれ、あれをくれ」と言っては、ほかの人間の持ち物を家に収容し、彼らの食べ物を食い、彼らが見ているテレビのチャンネルを変えていたから、みんな俺を、あの『フライデー』って映画に出てくるがき大将にちなんでディーボと呼んだんだ。

本当を言うと、トランシーバーの装備はあまりありがたくなかった。俺の追跡がずっと楽になるってことだからな。キャンプでは規律を守ろうとしていたが、ときどきフライドポテトのにおいを嗅いでたまらなくなり、こっそり抜け出して食いにいったりした。ボディガードの目を盗んでしょっちゅう逢い引きにも出かけようとした。

八月十九日のピーター・マクニーリー戦が近づいてくるにつれ、俺はどんどん不機嫌になっていった。刑務所で体を鍛えてきたから、最初は自信があったんだが、オハイオ州のキャンプ地でスパーリングを始めたとき、アマチュアの小僧からいくつかパンチをもらい、それがとんでもなく痛かった。打たれ慣れていなかったからだ。五ラウンドやるはずが、二ラウンド終わったところで、「今日はもういい。また明日だ」と言って打ち切った。ちきしょう、アマチュアのちびにあんなに痛めつけられるなんて。パンチへの耐性と鍛えた体はまったくの別物なんだ。〝あんなアマチュアにやられかけたのに、本当にマクニーリーに勝てるのか?〟

八月の声を聞くころ、ようやく自分のリズムを取り戻し、臨戦態勢が整った。試合前の記者会見で相手と同席したときは、例によって不機嫌で怒りっぽい俺だった。黒のスーツに白のパナマ帽でぶらりとやってきた。ボクシングの世界にマクニーリーを対戦相手として重視する者はいなかった。俺はマクニーリー戦を「リチャード王――王の帰還」と名づけ、心の中でカスに話しかけた。「心配するな、カス。王が帰ってくる。リチャード王の凱旋帰国だ」

不安もあったが、リングに上がってマクニーリーをにらみつけたとき全部消えてなくなった。試合直前にレフェリーの注意を受けるためリング中央に集まったとき、あいつは俺を見ようとしなかった。試合の一年後、あいつは自分の頭をどんなことがよぎっていたかを記者に語っている。

「タイソンはあの殺伐とした歌といっしょにリングに入ってきたが、まだ怖くはなかった。記者会見で見ていたが、私服の彼はそんなに大きく見えなかった。コーナーで彼に背を向けて立った。リングの中央に立ったときは臍《へそ》だけ見ているようにした。しかしまあ、パンドラの箱ってやつだ、ちらっと見ずにはいられなかった。鍛え上げた体。なんて分厚い体だ！　広背筋がばかでかい。首。頭蓋。怖い顔。俺はウインクして、投げキッスしたが、おびえていた」

ゴングが鳴ると、あいつは突進してきてコーナーに俺を追い込んだ。俺は右のショートカウンターを決めてダウンを奪ったが、あいつはびっくり箱みたいにすぐ飛び起きてきた。レフェリーのミルズ・レーンがルール通り八カウントを始める間もなく、リングを跳ね回り、そのあとまた猛然と突進してきたんだ。目を疑ったよ。何をやってるんだ？　向かってきたところへ左のフックと右アッパーでまたダウン。立ち上がったし、まだ続けられたはずだが、ミルズ・レーンが俺をニュートラルコーナーへ誘導するあいだに向こうのトレーナーが試合を止めようとリングに飛び込んできた。

騒然となった。観客のブーイングが始まった。リングアナウンサーが何度も「がっかりです！」と言っていた。九十の国から来たファン、史上空前の観衆の前で戦っていたのに、マクニーリーのコーナーはあいつにそれ以上試合を許さなかった。

試合後の会見で、俺は謙虚にアッラーを称えようとした。「まだ練習すべきことがたくさんある。さらに技術を磨く必要がある」と、記者たちに語った。敵陣営が試合を止めたことについて訊かれたときは、「俺は流血を呼ぶ男だ。止めてくれてよかったよ。俺にとっての戦いは、アインシュタインにとっての理論やヘミングウェイにとっての言葉と同じだからな。戦えば攻撃的になる。それが俺の性質だ。試合について話すことはない」

あとでマクニーリーは、「フィルムを見ろ！　俺は戦いに来たんだ。言うべきことを言い、やるべきことをやった」と語った。

「倒れるべくして倒れたわけでもあった」と、「ニューヨーク・ポスト」は書いた。

ネヴァダ州アスレティック・コミッションはマクニーリーのマネジャーの取り分を保留する決定を下した。だが、このマネジャーは天才だった。マクニーリーに全国的なコマーシャルをふたつ手に入れてきた――試合の映像を再現したＡＯＬのＣＭで四万ドル、マクニーリーがピザ生地にノックアウトされるピザハットのＣＭで十一万ドルをせしめたんだ。

試合をお膳立てしたのはドンだったが、あの試合には閉口しただろうな。次の試合、俺のファンは五十ドルを惜しんで無料のテレビで観るだろうと、あいつは判断した。次は十一月四日、フォックスの放送でバスター・マシス・ジュニアと戦うことになっていた。ところが、俺が右の親指を骨折して、試合は延期。たちまちマスコミが非難を浴びせてきた。「ニューヨーク・ポスト」は、〝証明しろ、マイク〟という見出しをつけた。

まあ、もっともか。それまでにも攪乱戦術で何度か試合を延期したことがあったからな。相手が極限までふくらみきった万全の状態で試合に臨もうとしているところへ、延期してやると、絶対もういちど同じ状態には戻れない。俺は毎日ジムにいたから、猛練習しているものと相手は考えているが、実際は何もしていない。その後、俺は変更された期日に合わせてしゃかりきに仕上げ、相手はすでにピークを過ぎている。カスから教わった計略だ。

ひとつ問題があった。タイトル奪還の重圧が日増しに大きくなってきたんだ。

俺がナンバーワンだ

「タイトルに挑戦する前に名もないやつと十試合も十五試合もするなんて、世間が許さないだろう」と、俺はある記者に言った。「みんなは一流の相手と戦うマイク・タイソンを見たがっている。守らなくちゃならない独占契約もある。あの契約で莫大なカネが動くから、ゆっくり慎重にカムバックしてるわけにはいかないんだ。これはビジネスだ。ビッグ・ビジネスだ。あの連中の頭には、俺がリングに上がってカネを儲けさせてくれることしかないんだ」

試合はフィラデルフィア州で十二月十六日に変更された。オッズメーカーにはマクニーリー戦で何かが見えたらしい。マクニーリーが勝った場合の配当率は十六倍だったが、マシスには二十六倍をつけた。マシスはマクニーリーよりずっといいボクサーだったが、ちょっと太めだった。試合前の計量で、俺は〈アッラーの戦士〉と記したスウェットシャツを脱いで、割れた腹筋を披露した。「石に刻まれているようだ！　まさしくアドニスだ！」と、ドン・キングが吼える。

対照的に、マシスの番が来たとき、あいつは二百二十四ポンドという締まりのない体で、Tシャツも着たままだった。

試合が始まったとき、マシスはマクニーリーがやったことを再現しようと突進してきた。最初の二ラウンドは互角のまま。三ラウンドに入ってマシスは俺をロープに押し込もうとしたが、俺が左へのサイドステップで弾みをつけて、右のアッパーを二度浴びせると、あいつはダウンした。記者会見でなぜミスブローが多かったのかと訊かれたとき、俺はマシスを「子守唄で寝かしつけて」いたのであって、当たらなかったパンチは「次に強打を当てるためのフェイントだ。この社会と同じように」と言った。正直言うと、マシスにパンチを当てるのは大変だった。俺以外のボクサーじゃ、なかなかああはいかなかっただろう。

マシスのコメントは控えめだった。

「マイク・タイソンにダウンを喫して、見上げるとカウントは五まで来ていた。〝くそっ、一から四までどうしてたんだ？〟と胸の中でつぶやいたよ」

この時点でWBC世界ヘビー級王者だったフランク・ブルーノがリングサイドにいたから、クロコダイルと俺で揺さぶりをかけにいった。リングを下りると、クロコダイルがブルーノに叫んだ。

「いたぞ、マイク。お前の食らう肉だ。覚悟しておけよ、おい」

俺は自分の胸をつついた。

「俺がナンバーワンだ」と、ブルーノに言った。

マシスとの試合はフォックス・テレビ史上最高の視聴率二十九パーセントという数字をたたき出したが、俺は出所後の自分の動きに不満があった。

あの試合にはホワイトタイガーのケニアも連れてきていた。あの時点で、モニカがレイナと名づけた女の子を産んでいて、ニューヨークの女とのあいだにもうけた娘のマイキーのほかにジーナという継娘もいた。ケニアがそばにいるときは、モニカも子どもたちも俺に近寄れない。彼らが俺に愛情をそそぐと、ケニアは攻撃的になるんだ。試合中ホテルの部屋に置いてきて、スイートに戻ったら、部屋が滅茶苦茶になっていた。ブラインドが引き裂かれ、床にはうんこ、リビングの大きなカウチがズタズタになっていた。

試合のあと、俺がマンハッタンにあるドン・キングのテラスハウスに泊まったときも、ケニアは同じことをした。彼女を置いてクラブに出かけたら腹を立てたんだ。テラスハウスに八つ当たりし、おかげで家を閉鎖して燻蒸消毒するはめになった。オハイオ州でローリーがガレージに閉じ込めて鍵をかけたことがあった。あとで来てみたら、ケニアは俺のマセラティのルーフを文字どおり引きはがしていた。

ベルトの奪還

刑務所を出てまだ一年だというのに、ドンは早くもフランク・ブルーノとベルトを賭けて戦わせることにした。しかし、肉体的にも精神的にも、まだあのたぐいの重圧に耐えられる状態じゃなかった。「リング」誌のインタビューに苦悩がにじみ出ている。

「今は、デビュー戦やチャンピオンのころより神経が高ぶっている。ちょっと精神的に不安定かもしれないな。トレーニング中にも卒倒しそうになる。いいことか悪いことかはわからない。何をすべきかはわかっているが、人には迷いってものがある。そこにいらだちが生まれる。長年にわたって成功してきていても、自分に対する疑いの気持ちはあるものなんだ」

インタビュアーからダグラス戦の負けについて質問されたあと、俺はまくしたてた。

「俺は不当な評価を山ほど受けてきた。俺の人生をうらやましがる人間がいるなんて信じがたいな。俺が経験してきたことをくぐり抜けるはめになったら、たぶんそいつらは自殺する。俺だって死にかけたんだ。あれこれ考えていたら、髪が白くなって抜け始めた。あそこで心が折れていてもおかしくなかったが、そこを乗り越えて、朝から晩まで自分の部屋のスペースで走り込んだ。シャワーを浴びていると、またふっと不安に襲われる。今は最悪の状況も覚悟しているよ。結果がよければ、それはそれで喜ぶ。しかし、最悪の結果も覚悟する。自分が踏みつけにされる場面がいろいろ頭をよぎるんだ。とにかく、自信を取り戻さないとな。ブルーノ戦が終わって腰にベルトを巻いていたら、俺に勝てるやつは一人もいない。俺の自信は天に昇り、星に届くだろう」

心の痛みを打ち明けられる思いやり深いインタビュアーもいた。俺が全国的なマスコミ電話会議に出ているとき、「マイク、あなたが目を負傷したという噂は本当ですか？　もし本当だとしたら、長年にわたって女性から催涙スプレーを浴びてきた影響ですか？」と質問してきたやつもいたからな。

ブルーノ戦に備えて、俺たちは常識破りのキャンプを張った。クロコダイルはスパーリング・パートナーとのファイトにたえず口を挟んできた。全力を尽くさないと頭をかち割るぞとやつらに発破をかけた。リングに一人目を上げてから、俺のところに来た。

「おい、マイク、あいつらみんな、お前を痛い目に遭わせてやると言ってるぞ。お前じゃなく、自分がタイトルマッチに出たほうがいいと」

あいつは俺をそういう状況に放り込んだ。こいつらは俺を殺そうとしている。スパーリング・パートナーたちと殺《や》るか殺られるかの、とんでもない状況だ。信じられるか？

試合が近づいてきたある日、俺が縄跳びをしているとクロコダイルがやってきた。

「お前は返り咲く、チャンプ。アリはライセンスを剥奪されたとき、カムバックして世界タイトル戦を戦った」と、彼は言った。

「ああ、アリはベルトを奪えなかったが、俺はジョー・フレージャーと戦うわけじゃない。俺の相手はフランク・ブルーノだ。アリはカムバックしたとき、獰猛なやつらと戦わなくちゃならなかった。しかし、俺はやっつける。かならずあいつを倒す」

その自信をリングに持ち込んだ。黒いヴェストを着たクロコダイルに先導を受けて入場した。その背中には白地で〈誰にも愛されず、たくさんの人間に憎まれ、みんなから尊敬される〉と書かれていた。この試合のためにブルーノの過激なファンがイギリスからヴェガスへ乗り込んできて、リングに上がったとき、プロになって初めてブーイングを受けたが、気にもしなかった。

「タイソンはレイプ犯、ラ・ラ・ラ、ラ・ラ・ラ」と、やつらは唱和した。これも意に介さなかった。

ブルーノが入ってきたとき、やつから恐怖のにおいがした。あいつのプロモーターが後日、入場のためにブルーノの控え室のドアが開いたとたん、「まるで誰かにピンで突き刺されたみたいに、空気がプシューッと抜けた」と語っている。イギリス国歌が演奏されているあいだ、あいつは十回以上も十字を切ったにちがいない。おびえているのがわかり、ぐっと自信を深めた。俺との初対戦で健闘し、俺のスパーリング・パートナーのオリヴァー・マッコールを破ってチャンピオンになったやつではあったが。

ブルーノが逃げ腰だとわかれば、あとは、いいパンチを容赦なく叩き込めばショーは終わる。一ラウンドの終わり、俺の右でやつは左目の上を大きくカットし、呆然とした。第二ラウンドはやたらホールドしてきて、レフェリーのミルズ・レーンから減点を宣告された。減点なんかどうでもいい。第三ラウンド開始から三十秒くらいでブルーノは一瞬、左構え《サウスポー》にスイッチしたが、俺は左フック二発でぐらつかせた。ホールドで逃げようとするので強烈な右アッパーを二発たたき込むと、二発目でふらふらになった。ロープにもたれたところでフィニッシュにかかった。パンチを十二発。ミルズ・レーンが試合を止め、俺はＷＢＣ世界ヘビー級の新チャンピオンになった。

くるりと向き直って、得意満面で両手を掲げ、称賛の言葉を吸い込んだが、そこである種の敬意と自己尊厳の思いに駆られ、ひざまずいてキャンバスに額をつけ、アッラーに短いお祈りを捧げた。心の奥じゃ、この試合、ブルーノが最初の対決と同じくらい強い気持ちで向かってきたら勝てないかもしれないと思っていた。だから立ち上がって相手コーナーに行った。ブルーノは椅子に座って奥さんに慰められていた。頭を撫でて、頬にキスしてやった。

その夜は、俺が泊まっているホテルのスイートでパーティを開いた。友人のジップとロサンジェルスの子どもたちが連れ立ってやってきた。ジップはシャンパンが大好きだったからドン・ペリニヨンを百本注文し、みんなで夜通し飲んだ。

試合の六日後、すでに俺の中から謙虚さは消えていた。次はWBA王者のブルース・セルドンとベルトを賭けて戦うことになっていた。

「俺の値打ちは三千万ドルじゃ全然きかないと思うし、与えられるべきものを手にしてこなかった」と、俺はマスコミに語った。「面倒をみなくちゃいけない子どもたちがいる。俺の子どもたちが飢えていたり、生活保護を受けていたりしても、誰も心配してくれやしないからな。俺にカネを恵んでくれて、『あんたは偉大なチャンピオンだ、これは俺たちからの感謝の気持ちだ』なんて、誰も言ってくれやしないんだ」

カネ目当ての悪党たち

王者に返り咲くと、詐欺師やあばずれ女やずる賢い女たち、いろんな性悪たちの標的になった。金品目当てに男を誘惑する女や悪徳弁護士を近づかせないため、うちのマネジメント・チームがいくら払ったことか。ジョニー・タッコのジムに行けば、外で待っている女たちに俺が近づく前に、ローリー・ホロウェイとジョン・ホーンが外へ出た。

「何が欲しいんだ?」と、ローリーが女たちに訊く。「マイクのことを大事に思っていたら、ここへ来るわけがない」

トレーニングの妨げにならないよう、女たちにいくばくかを渡してお引き取り願った。

俺のアシスタントのラトンディアが前面に立って、カネ目当てに近づいてくるいかれた連中や詐欺師たちを排除した。ギプスや医療費の請求書を持って車椅子でオフィスにやってきて俺にやられたと主張する者たちに、片っ端からカネを払っていく。俺の家で働く者たちも梯子から〝落ちて〟訴えたりした。ミンクのコートを着た女たちがリムジンで乗りつけ、俺がオフィスに現れないかと何時間も待っていた。

キャンプインしていないときは、出かけて深酒をして、口論になることもあった。だから、カネの一部は〈酔った末の予期せぬ結果基金〉に入ったかもしれないな。

ブルーノ戦から二、三週間経ったころ、典型的な事例が発生した。俺はシカゴにいて、友人のレナードが経営するナイトクラブでくつろいでいた。VIPエリアから少し離れたレナードのオフィスでアンソニーや別の友人二人でいると、超ミニのスカートに巨乳のいかれた女が俺に会いたいと言い、店の者がオフィスに連れてきたから、二人で少しいちゃついた。

「やりたいな」と、女に言った。俺の一行メッセージ。まさしく黒いルドルフ・ヴァレンティノだ。

女が熱くなってきたから、アンソニーたちは外に出てVIPエリアへ行った。俺はちょっと首を甘噛みしたが、女がインディアナ州の出身とわかったとたん、文字どおり蹴っ飛ばした。蹴ったのはケツだったと思う。オフィスからつまみ出すと、女は帰っていった。全然、取り乱したり騒いだりしていなかった。それはアンソニーが知っている。騒いだらそれに対処するのがあいつの仕事だったから。

翌日、レナードのところに女の恋人と名乗る男から電話があった。「俺の恋人が昨晩おたくのクラブで、マイク・タイソンに声をかけられた」と、男は言った。「いま、警察に届け出てきたからな」

まずい。俺はまだインディアナ州から保護監察を受けている身だ。女のケツをつねりでもしたら、ギフォード裁判官は俺を九年以上、刑務所に投げ戻すことができる。

だからレナードが実業家の友人を連れて、女のいるインディアナ州へ車で向かった。

女は二人に、首を噛まれて陰部を触られたと訴えた。

またぞろ〝彼はこう言い、彼女はこう言っている〟という状況に陥ってはまずい。そうレナードは判断した。女の目的は大金をかすめ取ることだけだ。

「何が必要か教えてくれ、災難はごめんだからな」と、彼は言った。

「さあ、ここに一万ドルある」実業家の友人が申し出た。

「一万ドル？　私が欲しいのは一千万ドルよ」と、女は言った。

「一千万ドルだと！」レナードが吼えた。「あいつが何をした？　おまんこ《プッシー》を破り取って投げ捨てたとでもいうのか？」

レナードがシカゴへ向かう高速道路に戻ったときには、この話があちこちのニュースに乗っていた。二人が帰ると同時に女がマスコミに電話をかけたんだ。

で、二人は女の家に引き返した。そこには三文弁護士がいた。安物スーツの袖を肘までまくり、一千万ドルという額については頑として譲らない。

レナードと友人はシカゴに戻った。レナードが戦略をひねり出そうとしていると、あの女の友人から電話があった。友人はレナードの知り合いでもあった。

「彼女の身には何も起こってないわよ」と、友人は言った。「あの夜、ずっといっしょの車にいたけど、マイクがしたことに怒ってなんかいなかったもの」

だから、レナードは粘り強く事に当たった。告発の埃が払われ、口裏合わせがすむまで、俺は外出を禁じられた。

結局、あの女は警察に信じてもらえるほど信用のある人間じゃなかった。インディアナ州ゲーリー出身の二十五歳の美容師で、酒店のオーナーでもあった。その夫は何週間か前、クラック・コカインを売った嫌疑をかけられている最中に殺害されていた。一九九四年には交通事故に巻き込まれたあと対人傷害訴訟を起こしていたが、この事故の捜査に当たった警察官は怪我人は一人もいないと報告している。

警察に告訴手続きを拒まれた女は、俺に声をかけられる状況を許したとして、連邦裁判所にレナードのクラブを訴え、彼の保険会社が示談に応じた。

保護監察カウンセラーまでこの訴えにつけ込もうとした。インディアナ州の裁判所はクリーヴランドに拠点を置くキース・J・スメディ博士という心理学者を、俺の保護監察監督に任命していた。俺のすることは全部この男を通さなくちゃならなかった。こいつから許可をもらわないと、モニカと親密にもなれなかったんだ。この男はまぬけなうえに腹黒かった。短くなったロウソクくらいのIQしか持ち合わせていなかった。博士号は親戚の誰かからもらったにちがいない。

俺を監督する仕事を州から請け負いながら、この男は俺の友達みんなに、自分の父親と共同事業を立ち上げるよう俺を説得してほしいと頼んでいた。こういう男と手を握ったら、それをいいことにつけこんでくるに決まっている。

最初、こいつはやたらと厳格で、有名人の友人たちと付き合ってはならないなんて言っていたくせに、ここへきて俺を強請《ゆす》ろうとした。このシカゴの一件を、名前を売る絶好の機会と見たんだ。濡れ衣が取り払われて警察が告発を取りやめてから何週間か経ったころ、スメディから俺のオフィスに請求書が送られてきた。

四月七日、タイソン氏はシカゴに滞在中、ナイトクラブに入店し、彼の軽率な判断と宣誓釈放違反の可能性がある行動により、プログラムが目指す〝信用の回復〟と〝プラス方向への前進〟は大きな後退を見、それがスメディ博士の手で対処されました。タイソン氏の投獄からの更生も重大な後退を見たのです。タイソン氏に課金すべき点は、五つ。

1 スメディ博士には、当初要請されていたとおりタイソン氏をインディアナ州インディアナポリスに戻し、裁判官や、ナイトクラブで首を噛まれたと訴えた若い女性の告発と向き合わせる選択肢もありましたが、それをしないことにしました。

2 スメディ博士には、タイソン氏をシカゴに戻らせ、シカゴ司法当局による広範な取り調べに向き合わせる選択肢もありましたが、それをしないことにしました。

3 スメディ博士には、四月七日のこの事件について、シカゴの捜査結果が出るまでタイソン氏を即時再投獄させる選択肢もありましたが、それをしないことにしました。

4 スメディ博士には、タイソン氏の現在の仮釈放期間と犯罪者治療プログラム期間を延長させる選択肢もありましたが、それをしないことにしました。

5 スメディ博士は、違反者マイク・タイソンの思考および感受性に影響を及ぼすには金銭による大きな〝代価〟が相当と考えました。

したがってスメディ博士は、行動再発の危険と宣誓釈放違反と見なされる可能性がある今回のきわめて軽率な判断に対し、右記の選択肢を選ぶかわりに（タイソンの所得能力にもとづいた効果的な金額を考え）七百万ドルを課金することにしました。この課金は、タイソン氏に反省をうながすことを目的としています。課金を受けることでみずからの行動を見つめ直し、〝理性的な見識〟を働かせられるよう、最大限の〝痛い記憶〟を焼きつけることを目的としています。

これ以上誤った判断に基づく行為と宣誓釈放違反が見られれば仮釈放期間の延長もありえ、再投獄を（マイクのこれまでの立派な努力からみて、これはないと予想されます、このまま頑張りましょう！）勧告される可能性も出てくるでしょう。（四月七日の不幸な出来事は別にして）タイソン氏が現時点まで全般的に払ってきた積極的な努力にかんがみ、この七百万ドルを二百万ドルに減額します。課金は仮釈放期間の延長に代わるものであり、タイソン氏がインディアナ州とシカゴの司法当局に向き合わざるをえなくなった場合にマスコミから受ける厳しい否定的な報道を排除するための措置でもあります。

通期合計：一九九六年四月から八月までの出費――十八万二千八百六十二ドル

四月七日：軽率な判断により宣誓釈放違反行為と見なされる可能性を食い止めたことに対し：二百万ドル

スメディ博士の受け取り総額：二百十八万二千八百六十二ドル

一九九六年九月十五日までに全額を支払うこと

謹んで提出します　K・J・スメディ博士

やれやれ、品行方正だったおかげで五百万ドル割り引いてもらえたわけか。俺たちはこの哀れなまぬけ野郎に一銭たりと払わず、仮釈放期間が終わると同時にクビを切った。

ベルト奪還を果たすと、俺の中で傲慢さが頭をもたげてきた。コネティカット州の家で三十歳の誕生パーティを開き、アメリカじゅうから友人を飛行機で招いて、経営を引き継いだ近くのホテルにみんなを詰め込み、湯水のようにカネを使った。シェフが十三人いて、それぞれの厨房で料理している。オプラ・ウィンフリーからドナルド・トランプ、街のポン引きや彼らの娼婦まで、ありとあらゆる人種がいた。手巻きの葉巻を作る男もいた。フランキー・ビヴァリー&メイズが演奏した。家の入口には赤い絨毯が敷かれた。

俺の異常な自負心は、いっしょに寝たい女たちのために十九の寝室を用意させた。実際、クロコダイルに、「あの女たちを見たか？　みんな俺のものだ」と言った。ホープは俺にかんかんだった。あの家に滞在していたんだが、女の一人が部屋を使えるよう、彼女をホテルに移したからだ。彼女は傷ついた。ホープはすばらしく魅力的な女で、俺が寝ていた女たちは彼女の足下にも及ばない。「マイク、あなたが連れ込んでいるあの女は、たちが悪くて汚いわ。私のベッドを汚すのよ。彼女があのベッドで寝たら、マットレスを焼いてちょうだい」と、ホープは言った。

俺はモニカを招こうとさえしなかった。このころには、めったに会わなくなっていた。彼女はうまくやろうとずっと努力してくれていたが、俺は下劣な男だった。結婚向きの人間でないのは明らかだった。

同志との別れ

タイトル統一の次のステップは、ＷＢＡのベルトを手に入れることだった。ベルトはブルース・

セルドンの腰に巻かれていたが、それも長くはない。対戦相手としてのセルドンはあまり評価していなかった。たいした相手じゃない。試合のための練習はほとんどしなかった。クロコダイルと試合前の記者会見に出向いて二人でやつを怒らせたら、計量のとき、あいつは廊下の椅子のそばで腕立て伏せを始めた。おびえた表情で。セルドンのマネジャーはセルドンがどんなにすばらしいアスリートかを、得意げに語った――四百メートルを五十五秒で走り、垂直跳びは百センチを超えると。「リングの中ではどんなことができるんだ？」と、俺は言った。「そこから棒高跳びで逃げ出す気か？」

WBAのベルトは二分たらずで取り返した。セルドンの額に右が当たった。強いパンチじゃなかったが、パンチの流れで肘が当たって、あいつはダウンした。立ち上がったところで間髪入れず左のフックを繰り出すと、あいつはうつ伏せに倒れた。起き上がってきたが、足がふらついて、レフェリーのリチャード・スティールが試合を止めた。どのパンチもKOできるほどじゃなかったような気はするが、後日セルドンのトレーナーが、セルドンはおびえるあまりリングで神経をやられていたと語っていた。

「カス、ふたつ戻ったよ、あとひとつだ」試合後ボクシング評論家のファーディ・パチェコからインタビューを受けたとき、俺は言った。

刑務所を出て以来、八ラウンドで八千万ドルを稼いでいた。世間が注目したのはそこだけだ。鉄格子の奥で三年過ごしたあと出所してふたつのチャンピオン・ベルトを獲得したことは、誰も褒め称えてはくれない。なぜそこを認めてくれないんだ？　心が傷ついたよ。

セルドン戦のあと、控え室にトゥパックがやってきた。あいつに会えて、ほんとにうれしかった。トゥパックは、俺たち黒人がどういう立場に立たされているかを象徴する男だった。ユダヤ教徒の友人たちはユダヤ教徒を見て「あいつはユダヤすぎる」と言うことがある。最高の褒め言葉だ。

黒人の中にもトゥパックを見て同じ思いをいだく者たちがいた。あいつは俺たちの苦境の体現者だった。俺たちみんなの中にあるが人には知られないように隠している、あの苦々しい思いを。俺たちは冷静なふりを努めているが、実情は違う。黒人の場合は、何かにつけて戦いだ。どんなに裕福で力があっても、戦いは避けられない。トゥパックは打ちのめされるのにうんざりしている黒人や、無一文の同胞についてよく語っていた。

トゥパックは奴隷の遺産、ストリートの黒人の凄惨な暮らしをギャングスタ・ラップにのせて歌い上げた。その力強さに、多くの黒人が敬意をいだいていた。なぜ俺たちは怒るべきなのかを、あいつは教えてくれたんだ。

その日の夜、俺はデス・ロウ・レコードのオーナー、シュグ・ナイトが経営する〈クラブ662〉でトゥパックに会う予定だった。ところが、家に帰って娘のレイナといっしょに過ごしたくなって、二、三杯飲んだら寝ちまった。誰かに起こされた。

「マイク、トゥパックが撃たれた!」

信じられなかった。シュグの運転する車に乗っていて交差点で停止したら、隣の車に乗っていたやつが発砲してきたという。仕組まれた罠だったにちがいない。トゥパックは試合のあとカジノにいたギャングと口論になって、相手の顔を踏みつけていたからだ。そんな状況のあとならあいつの五感は厳戒態勢に入っていたはずだ。試合が終わってリングを下りたとき、俺の五感は研ぎ澄まされていた。観衆の中のあらゆるものが見え、あらゆるにおいが嗅ぎ分けられ、あらゆる音が聞こえた。ギャングともめたあとのトゥパックもそんな感じだっただろう。だから、あれは暗殺だったにちがいない。

ケンカ馴れした下町の男にしては危機管理が甘かったんじゃないか。トゥパックみたいなやつは取り巻きが四十人くらいいて守ってくれるのがふつうだ。路上でまわりを遮断してくれる車がなかったのか？　トゥパックが彼らの将軍で、ギャングと一戦交えたばかりだったら、まわりに盾を置くべきだった。その盾はなかったのか？　まったく厭わしい夜だった。トゥパックはまだ二十五歳だったが、固い決意と意志を備えていた。どこであんな資質を得たんだろう？　寛大な心の持ち主で、思いやり深い男でありながら、それでもなお戦士だった。きれいな心の持ち主で、あいつと過ごす時間が楽しくてしかたなかった。

ホリフィールドとの初戦

二本のベルトを奪い、巨額のカネを手にして、俺は幸せなはずだった。だが、違った。俺は常日頃から鬱々としている人間だった。ガキのころから薬物治療を受けてきて、刑務所を出たあとも、みずから治療に取り組んでいた。塀の中にいるあいだもずっとマリファナが吸いたくてたまらなかったが、抜き打ちの尿検査があったから、やるわけにはいかない。だが、今はスメディ博士というインチキ医者がいて、俺の小便がきれいなことはあいつが保証してくれる。

コカインにもまた手をつけ始めた。セルドン戦が終わってすぐのことだ。いっしょにいた友達が少し持っていて、俺はそのポリ袋をくれと言った。急に欲しくなったんだ。中毒者にはそういうことがある。あのたぐいの薬物は十五年間やっていなかったのに、ふっと、いきなり戻ってきやがった。

善きイスラム教徒はマリファナを吸ったり鼻からコカインを吸い込んだりシャンパンを飲んだりしない。それは百も承知だが、俺はとんでもない数の厄介事を抱えていた。俺の厄介事が並大抵じゃなく、俺はそれに対処できるほど強くないことを、アッラーはご存じだったにちがいない。

レノックス・ルイスがつまらない訴えを起こしたせいで、セルドン戦のあとＷＢＣのベルトは手放すはめになった。ルイスがＷＢＣの指名挑戦者だったんだが、俺はタイトルの統一を優先したかったんだ。おかげでベルトはＷＢＡだけになり、次の対戦相手はイヴェンダー・ホリフィールドに決まった。

ホリフィールド戦が最初に予定されていた一九九一年に行われていたら、間違いなくＫＯしていただろう。やつにもそれはわかっている。あいつの陣営全員が知っている。俺が刑務所に入ったのは、あいつにとって天の恵みだった。あれですべてのタイミングが狂ったんだ。俺はまだ、以前のような長いラウンドを戦えるボクサーじゃなかった。最高レベルの試合を戦える準備はまだできていないとみんなに言ったんだが、ドンが試合を急かしたし、俺はカネが欲しかった。欲に目がくらんで試合を受けたんだ。

ホリフィールドはそれまでの何試合か、あまりいい状態に見えなかった。二度ばかり負けていたが、休んだ期間はない。ライトヘビー級のボビー・チェズと対戦し、十ラウンドで勝つには勝ったが、それまでボコボコにやられていたのを観ていたから、たいして練習していかなかった。とりたてて戦略も立てず、いつもどおり飛び込んでぶちのめせばいい。賭け率は二十五対一で俺の有利だった。あとで知ったことだが、ホリフィールドは山中で十七週間しゃかりきにトレーニングを積んでいたのに、クロコダイルの耳には、好調にはほど遠いというガセネタが入っていた。

「マイク、お前はこいつをぶちのめす」クロコダイルは繰り返し俺にそう言っていた。

ホリフィールドとは長い付き合いだった。ジュニア・オリンピックでいっしょだったし、ずっと仲がよかった。あいつはいつも俺の味方で、俺が戦っているときは応援してくれたし、俺もあいつを応援した。あいつのアマチュア時代はついてないことが多かった。勝っていたはずの試合を負けにされ、オリンピックでもひどい目に遭った。若かりし日、のちに二人が戦って、あれだけの大金を稼ぎ出すことになるなんて、俺たちは夢にも思っていなかった。

正直、俺はカネのために戦っていた。ボクシングに情熱を傾けていたんじゃなく、カネが必要だったんだ。もうリングに上がるのが楽しくなかった。刑務所を出たら、あの楽しさがぷっつり消えた。だから、クロコダイルみたいな男をそばに置いていたんだ。いいやつだったし、いつも試合に対する意欲をかき立て、気合を入れてくれた。練習中毒でもあり、当時はそういう人間に背中を押してもらう必要があった。

試合の立ち上がりはよかった。一ラウンドにいいボディを入れると、ホリフィールドは悲鳴をあげた。いけると思っていた。ところが第二ラウンドからあと、俺の記憶は一時的に飛んでいた。どういうことかあのときはわからなかったが、頭突き《バッティング》で意識が飛んだんだと、あとで知った。第一戦の二ラウンド以降は純粋な本能だけで戦っていたんだ。何ひとつ覚えていなかった。第六ラウンド、あいつのバッティングで傷口が開いた。次のラウンド、バッティングで失神しそうになった。第十ラウンド、やつは強いパンチを二十三発まとめ打ちした。俺は何ひとつ感じず、頭の中でシューシューいっている音しか聞こえなかった。アドレナリンだけで持ちこたえていたんだ。ラウンドの合間にコーナーへ戻ったときも、トレーナーたちの言うことは聞こえていなかった。リングにいたことしか覚えていない。試合が終わったあともまだ記憶が飛んでいたから、セコンドたちに何ラウンドでホリフィールドをKOしたのかと訊いたくらいだ。

試合後の控え室でクロコダイルは激怒していた。

「頭を見ろ、マイク」と、彼は言った。ホリフィールドの頭突きで、頭のあちこちにこぶし大のこぶが六つできていた。それだけじゃない。ホリフィールドはステロイドを使用していたにちがいないと、クロコダイルは確信していた。ホリフィールド陣営の一人、リー・ヘイニーはかつて国際的なボディビル大会〈ミスター・オリンピア〉で何度も優勝し、ステロイド疑惑をかけられていた。ホリフィールドは計量のときはふつうだったのに、リングに上がったときは旧約聖書に出てくる巨人ゴリアテのようだった。

すぐ再戦したい。頭にきていた。ボロボロの体だったが、次の日の夜にはトレーニングを開始した。タイトルを失ったことには腹が立ったが、終わった試合を振り返ったことなんてなかったし、「知るか、そんなこと」って感じだった。起こっちまったことはしかたない、やり直しだ。負けたことに大きなショックを受ける選手もいる。

フロイド・パターソンはタイトルを失ったあと、人前に出るときは付け髭を付けてサングラスをかけた。フォアマンがアリに敗れ、そのあとジミー・ヤングに負けたとき、マスコミから、負けるのはどんな気持ちかと訊かれ、「海中のような暗く深い虚空、頭上にも足下にも何ひとつないところにいる感じだ。そこにはひどい悪臭がともなっている。忘れたことのないにおい、悲しみのにおいだ。それまでに感じてきた悲しい思いを全部掛け合わせても、あの気持ちには全然及ばない。あたりを見まわすと自分が死んでいた。自分のしてきたことが走馬灯のように頭を巡る。母親にも、子どもたちにも、金庫に隠したカネにも、まだお別れを言っていなかった。なんて言うか、手を触れると紙が燃えて、ボロボロに崩れ落ちる感じだ。それが俺の人生だった。振り返ったら、人生が崩れ落ちるところが見えた。何かの冗談みたいに」

俺はここまで落ち込んだことがない。自分がどういう人間かは知っている。一人の人間とわきまえていた。ホリフィールドなんかはボクシングに人生を賭けていた。だから、長いあいだ戦い続けたんだ。俺はカス・ダマトに育てられた。カスはいつも、ボクシングは人生じゃない、生活のための仕事だと言っていた。暮らしを立てる手段であって、人生とは違うと。カスは、「負けても、勝っても、むきになって受け止めるな」と言った。負けるたび、その事実に対処できたのは、ボクシングイコール人生じゃなかったからだ。俺はそう教わっていた。

再戦

このころ、モニカが二人目を身ごもっていた。二人はまだ結婚していなかったから、ラスヴェガスのモスクの司式僧からあれこれ言われていた。じつは、モニカにも子どもたちにもほとんど会っていなかった。トレーニングに入っていたし、練習していないときは大勢いるガールフレンドの誰かと会っていた。それどころか、モニカにプロポーズした日にもホープがうちに泊まっていた。ホープはDCの学校に通っていたからだ。俺はあいつを学校に送ってから、DCで付き合っていた新しい女のところへ向かった。

ホープから婚前契約を取り交わしたほうがいいと、うるさく忠告を受けていた。たぶんそうすべきだったんだろうが、俺は衝動的な人間だった。モニカとはしょっちゅう喧嘩になった。もちろん、その多くは俺の浮気が原因だった。

ブラザー・シディークがメリーランド州へ飛んできて、儀式を執り行い、そのあと、認証資格を持つDCの司式僧に書類を届けてくれた。結婚しても何が変わったわけじゃない。やっぱり女たちと密会していたし、ホリフィールドとの再戦に向けてトレーニングに入らなくちゃならなかった。

再戦の準備が整い始めると、マスコミには、この前の夜はしくじったが、一度目にKOしたつもりで戦うと言った。メキシコのボクサーたちから学んだ姿勢だ。アメリカのボクサーは、負けたあとの再戦では腰が引けている。ところが、メキシコのボクサーの場合、KO負けしていても、勝ったのは自分だったかのように向かっていく。怖じ気づいたりしない。なんの不安もなく戻ってきて、目標に突き進むんだ。

それでも、再戦に向けて少し修正した。昔のルームメイト、ジェイ・ブライトがずっとトレーナーを務めてきたが、ジェイの代わりにリッチー・ジャケティを起用した。ジェイを解雇するのは簡単だった。あいつはファミリーの一員で、ファミリーは真っ先に切られるのがつねだから。俺は再戦に向けて、初戦の倍練習した。

試合の三日前、レフェリーをめぐる論戦があった。一度目に続いてまたミッチ・ハルパーンが試合を裁くことになっていたが、最初のときあいつはへべれけに酔っていた。レフェリーの注意を聞くためリングの中央に出ていって、あいつがグラブに触れると同時にぷんと臭ったし、目も充血していた。俺も中毒者だから、すぐわかった。どんなレフェリーでもあんなひどい反則は許さなかったはずなのに、あいつは酩酊していたから十一ラウンドまで何もしなかったんだ。

うちの陣営の何人かが再戦からハルパーンを外そうとした。この辺の事情はよく知らないんだが、俺自身は誰にも反対しなかった。俺の仕事は戦うことで、レフェリーや計時係《タイムキーパー》の心配をすることじゃない。しかし、ジョン・ホーンがコミッションの委員たちの前で、ホリフィールドの頭突きを許したハルパーンでは問題だと主張した。

コミッションは多数決を採り、四対一でハルパーンにそのままやらせることにした。だが、この問題が持ち上がったあと、ハルパーンはみずから再戦のレフェリーを辞退した。ホリフィールド陣営が俺に好意的と考えていたジョー・コルテスとリチャード・スティールの二人を候補から締め出したため、結局コミッションはミルズ・レーンを使うことにした。

ミルズ・レーンはかつて地区検事長と地方裁判所判事を務めたことのある人物で、俺は「凶悪犯」で、ボクシングの試合を許されるべきでないと、あちこちで語っていたそうだ。そんなレフェリーから公平な扱いを受けられると思うか？　再戦の時点で俺は知らなかったが、レーンとホリフィールドは親しい間柄だった。ホリフィールドのトレーナー、トミー・ブルックスによれば、ホリフィールドがリディック・ボウに敗れた夜、ミルズ・レーンは「声をあげて泣いた」という。

最初、ホリフィールドとの再戦は一九九七年五月三日に行われる予定だったが、俺が練習中にバッティングを受けたせいで六月二十八日に延期された。試合当日、挑戦者の俺が先にリングイン。入場時にはトゥパックの歌を流した。ギャングスタ・ラップを使ったのは自分のイメージを固めるためだとみんな思っているが、そうじゃない。俺は耳に流れ込んでくるすばらしい曲にただ耳を傾けていた。

なぜ耳を嚙みちぎったのか

試合が始まり、気分は上々だった。自信があったし、コンディションも良好、動きは水のようになめらかだった。とらえどころなく動きまわり、大きいのを狙わず、無理のない戦いに徹した。そのとき、またホリフィールドが頭突きを食らわせてきた。俺が打ってくるのに合わせて頭から飛び込むのがホリフィールドの戦術なのは、誰の目にも明らかだった。つまり、頭突きは偶然の出来事ではなく戦略だったんだ。

第二ラウンドに入るとさらにひどくなった。こっちがパンチを出し始めると、また頭から飛び込んできて、ガツン！　俺は目の上を大きく切った。すぐミルズ・レーンに顔を向けた。

「頭突きだ！」

レーンは何も言わず、偶然のバッティングと判断した。

ホリフィールドがここで目の上の傷をじっとにらみ据えた。頭を下げて突進してくる気だ。俺より背が高いのに、俺より頭を低くしてどうするんだ？　いらいらが募ってきた。

第三ラウンドが始まったときは、はらわたが煮えくり返っていた。早く戦いたくてマウスピースを着けずにコーナーを出てしまい、リッチーが呼び戻して口に入れてくれた。

ラウンドの開始早々、強いパンチを二発当てた。観衆が熱狂し始めた。試合の流れが変わったのを感じ取ったんだ。そこでやつはまた頭突きを食らわしてきた。力が抜けて意識が飛びそうになったが、怒りとアドレナリンにぱっと引き戻された。殺してやる。バッティングがあからさますぎるのは誰にでもわかっただろう。俺は激怒していた。無規律な戦士と化し、冷静さを失った。そして、あいつの耳に噛みついた。

みんな、俺がマウスピースを吐き出して噛みついたと思っているが、吐き出しちゃいない。怒り狂っていて、あとのことはよく覚えていない。録画を見るかぎり、耳たぶの一部をキャンバスに吐き出したにちがいない。それを指差していたからだ。「おい、拾え」って感じで。実際、向こうは試合後にその断片を拾って縫いつけようとしたが、くっつかなかった。

ホリフィールドは痛みに飛び上がり、くるりと背を向けてコーナーに逃げようとしたが、俺は追いかけて背中を突いた。金的を蹴ってやりたかったが、突いただけだ。もう町の喧嘩だった。ドクターが調べて続行を許可し、そこで俺はミルズ・レーンから二点減点を食らったが、そんなものはどうでもいい。どのみち、全員敵なんだ。試合再開、やつはまた頭をぶつけてきた。もちろんレフェリーは何もしなかった。だからクリンチしたとき、もう一度、こんどは反対側の耳に噛みついたが、ラウンドが終わるまで試合は続行された。

そこから大混乱が始まった。俺がまた噛みついたとホリフィールドのセコンドがミルズ・レーンに訴え、レーンは試合を止めた。怒りにのみ込まれて、「マイク・タイソンはイヴェンダー・ホリフィールドの両耳に噛みついたため、レフェリーのミルズ・レーンが失格としました」というリングアナウンサーの声も耳に入らなかった。

ホリフィールドは自分のコーナーにいた。もうごめんだったろうが、俺はまだつっかかろうとしていた。あいつのコーナーにある何もかも、あそこにいる誰もかれもぶち壊したい。みんなが俺を引っぱり、前に立ちはだかった。やつはコーナーで体を丸め、みんなでやつを守っていた。おびえた顔のあいつに、なおも俺は手をかけようとした。五十人が止めに入る。俺は警官とも戦っていた。俺にはスタンガンを使うべきだった。〝あの夜はスタンガンを使うべきだった〟に、一票。

なんとか彼らは俺をリングから下ろした。控え室に戻る途中、誰かが水のボトルを投げつけ、誰かが俺に向かって中指を立てた。俺は手すりを乗り越えて、そいつらに襲いかかろうとしたが、セコンドたちに引き戻された。さらにあちこちから炭酸飲料やビールが投げつけられる。アンソニー・ピッツの二千五百ドルした特製のガウンが台無しになった。

ミルズ・レーンはリングでインタビューを受けていて、ホリフィールドのバッティングはすべて偶然のものと主張した。ホリフィールドはインタビューを受け、ミルズ・レーンを称賛した。「ミルズ・レーンのような、状況を冷静に見定め判断できるレフェリーがいてくれたことに、我々は感謝している」

俺はまだ控え室で怒り狂っていた。グラブをはめたまま壁を殴りつけていた。ジョン・ホーンが〈ショウタイム〉のアナウンサー、ジム・グレイのところへ談判に行った。

「これだけはわかる。マイクは目の上に三インチの裂傷を負い、イヴェンダーはちょっと耳を噛まれたが、あんなものなんでもない。小さな雌犬みたいにリングを飛び回りやがって。あんな長いあいだ頭突きを許すなんて、どういうことだ。いいかげんにしろ。バッティングのうち一回は偶然だったかもしれないが、あとの十五回はそうじゃない」と、ジョンは吼えた。

試合後に受けたインタビューのことはほとんど覚えていない。俺の顔はグロテスクな仮面みたいで、あちこち切れて腫れ上がっていた。怪物のようだった。ジム・グレイが控え室の外で、帰りかけた俺に追いついてきた。

「目の上をカットした第二ラウンドのバッティングですが、まずあれについて聞かせてください」

「あいつは一ラウンドに頭突きを食らわせてきて、二ラウンドにまたぶつけた。頭突きを食うなり、俺はあいつを見た。あいつはホールドして俺を見た。俺があいつを見ると、あいつはまたやり始めた。また頭をぶつけようとした。誰もあいつに警告せず、誰もあいつを減点しなかった。どうすりゃいい？　これは俺の仕事だ。あのまま頭突きを食らい続けるわけにはいかない。養わなくちゃならない子どもたちがいるのに、あいつは頭突きをやめず、裂傷を負わせて試合をストップさせようとした。やり返すしかないだろう」

「あなたはあそこですぐ動きを止めて、ミルズ・レーンのほうを向いて、何か言いました。それに対しミルズは何もしませんでしたが、あのときミルズに何を言ったんですか？」

「よく覚えてないが、頭突きだと言った。頭をぶつけられていると訴えたんだ。いいか、ホリフィールドはみんなが言うようなタフな戦士じゃない。耳をちょっと噛まれただけで尻尾を巻きやがった。俺は片目をやられたが、あいつは戦闘能力を奪われていない。耳はある。片目をやられても、まだこっちには片方あった。こっちは戦うつもりでいた。あいつは戦いたくなかった。俺は今からだって戦える」

「試合を止めたのはミルズ・レーンで、ホリフィールドではありませんでした」と、ジムは言った。

「いいや、あいつはもう戦いたくなかったんだ」

「ミルズは自分が試合を止めたと言いました。あなたはホリフィールドに噛みついた。目をやられた報復だったんですか、耳に噛みついたのは？」

「俺が何をしたかは関係ない。あいつは二度の試合で二度とも俺に頭突きを食らわせ続けたんだ」

「しかし、それなら抗議しないと……」

「抗議した！　リングで抗議した！」

「なぜ最後まで抗議しなかったんですか、マイク？　つまり、それが適切な対応だったのでは？」

いらいらしてきた。

「見ろ、俺を見ろ、これを見ろ、この顔を見ろ！」と、俺は叫んだ。「家に帰らなくちゃいけないのに。子どもたちは俺を見て怖がるだろう。この顔を見ろ、ちきしょう！」

そう言い捨てて、憤然と立ち去った。俺たちはまっすぐ車で俺の自宅に向かい、家では女たちがみんな待っていた。どういうわけか、誰も試合場には行かず、テレビで観戦していた。

門の外には怒った抗議者たちがいた。みんなクラクションを鳴らしては、「八百長だ！」とか「この近所から出ていけ！」とか叫び、うちの敷地に魚の頭を投げ込むやつまでいた。警備の誰かが群衆に向けてBB弾を発砲するまで抗議は続いた。

医者がやってきて、切れた箇所を縫ってくれた。そのあと俺はダイニング・ルームを歩きまわり始め、徐々に冷静になってきた。

「あんなことはすべきじゃなかった」と、俺は言った。後悔はしていたが、心ならずもだ。無規律な戦士になっちまった。

「ファンが俺のことを嫌いになる」と、気に病んだ。

モニカは理解を示し、慰めてくれた。誰だって誤りを犯すことはある、と。しばらくしてマリファナを吸い、少し酒を飲んで眠りについた。
〈MGMグランド〉ではカジノのあちこちで喧嘩が起こり、人が病院に搬送されていた。ゲーム台がひっくり返され、チップがひっつかまれ、営業中止を余儀なくされた。警察が監視ビデオを見て、チップを盗んだ者たちを突き止め、逮捕した。大混乱だ。

　翌日、俺は気が滅入っていた。こんな大事件になるなんて思ってもいなかった。俺の人生はずっとそんな感じだ。たいしたことないと思って何か言ったりしたりすると、世間が大騒ぎする。自分の起こした反応が自分の職業人生を左右するなんて思っていなかった。後々の自分にどんな影響を及ぼすか、考えるべきだったのかもしれないが、俺はそういう人間じゃない。

　負けると思ったから噛みついたんだ、と世間は言った。ばか言っちゃいけない。それなら最初の試合でやっていた。負けたときはかならず男らしく負けを認めたし、座り込んで抗議したことなんて一度もない。卑劣漢呼ばわりされる筋合いなんてなかった。腹が立ったんだ。怒り狂って、冷静さを失った。イヴェンダー・ホリフィールドの耳に噛みついたのは、あの瞬間、怒りにのみ込まれていたからだ。

　だが、話題を避けて通ることはできない。「スポーツ・イラストレイテッド」誌は表紙に〝狂人《マッドマン》！〟という大見出しをつけた。クリントン大統領は「怖かった」とコメントを出した。世間はデイヴィッド・レターマンとジェイ・レノを引き合いにジョークを言った。俺は〝スポーツマン・オブ・ザ・イヤー［耳］〟にノミネートされた。ペイ・パー・チュー［噛む］向きの試合だったと言われた。マスコミは永久追放を求めた。〝汚い〟〝最低〟〝むかつく〟〝けだもの〟〝ぞっとする〟〝卑劣〟〝人食い〟と、罵声を浴びせられた。しかし、何を言われても気にしなかった。どのみち自分に不利な状況は出来上がっている――そんな気が前からしていた。

謝罪は本心ではなかった

世間は事実じゃなくイメージに反応していたんだ。あの試合のビデオを見れば、ホリフィールドが汚い戦い方をしていたのは明らかなのに、あいつにはグッドガイのイメージがあった。ゴスペル・ソングを歌いながらリングに向かう男だ。後日、あいつがアラバマ州モービルの違法ステロイド販売組織への関与を取り沙汰されたときも、大きなニュースにはならなかった。

面白いことに、俺の行為を擁護する人も大勢いたんだ。海外のマスコミからも好意的な声が届いた。イギリスのトニー・シーウェル記者は〝アイアン・マイクはなぜ耳を噛みちぎるべきだったのか〟と題する記事を書いた。「キレて大暴れしたタイソンに義憤の声が高まり、彼の追放を求めているが、私はどこか偽善のにおいを感じる。タイソンはルールを破った剣闘士だった。しかし本当の野蛮人は、いま彼をライオンの餌にしたがっている観衆のほうではないか」と書いている。

俺はどんな人間の中にもある、いちばん暗い場所へ引きこもった――そこで「おお、なんてこった。こんなことはしちゃいけないんだ。でも、俺はこういう人間なんだ」と叫んでいた。二、三日して外に出たら、噛みついたことに拍手を送ってくれる群衆がいた。あれをカッコいい行為と称賛するんだ。

「そうとも、チャンプ、俺だってあの野郎に噛みついたぜ」と、彼らは叫んだ。

試合からほどなく、訴訟の波が押し寄せてきた。ある男はチケット代の返還を求めて集団代表訴訟を開始した。アリーナの仮設バーで飲み物を運んでいた女は、暴動が起こって警備員にテーブルの向こうへ投げ飛ばされて怪我をしたと訴えた。この手の訴えはすべて却下された。

ホリフィールドの妻もクロコダイルを訴えると脅しをかけていた。試合中、クロコダイルは俺に指示と激励の言葉を叫んでいた。

「噛め《バイト》、噛め《バイト》、マイク！」と、あいつは叫んでいたそうだ。

ボクシングの試合で叫ばれる〝バイト〟には〝頑張れ〟という意味しかないことを、彼女は知らなかったんだ。ドンは俺が永久追放になるんじゃないかと心配して、何か対策を講じろと言ってきた。あいつはPRの専門家のシグ・ロジックを雇って声明文を書かせ、翌月曜日、俺は〈MGMグランド〉で開かれた記者会見でそれを読み上げた。

「噛みつきの件について。土曜日は私のプロボクサー人生最悪の夜でした。今日ここへ来たのは謝罪するためです。マイク・タイソンの試合に期待してくれた方々に、リング上で自分を見失ってキレてしまったこと、今までやったことのない行為に及んだことを許してほしいとお願いし、二度とこんなことはしないとお伝えするためです」俺はホリフィールドに謝罪し、俺のために書かれた言葉をさらに読み続けた。

「目の上のカットがひどく、負けるかもしれないと、自分を見失いました。自分はまだ三十一歳で、選手としての盛りにあり、ここまで成功してきたのはほかに道がなかったからです。私はストリートで育ち、戦うことで道を切り開いてきましたが、元に戻るつもりはありません。つらい経験を通じて過去から学びました。自分にいちばん必要なときに学校に通う贅沢や手を差し伸べてくれる人たちを得られなかったからです。処罰を受けるのはわかっているし、男らしく代価は支払うつもりです。なぜあんなことをしてしまったのか、助言を求めるため医療専門家の方々に連絡を取り、力を借りるつもりですし、今後は体だけでなく心も鍛えるよう努める所存です」

こんな言葉を読み上げていたが、本意じゃなかった。あのときの俺はそんなこと思っていなかったから、きまりが悪かった。お義理でそうしていただけだ。どのみちみんな俺のことを悪く思うだろうし、正直、出場停止になってもかまわなかった。

俺の運命を決するためにネヴァダ州アスレティック・コミッションが会議を開いているとき、俺はニューヨークでフェラーリを買っていた。のちにラスヴェガス史上もっとも有名な市長になるオスカー・グッドマンが、俺の代理人になった。記者たちは永久追放を求めていた。オスカーは擁護に奮闘してくれたが、努力にも限界がある。

七月九日、コミッションは〝ボクシングの名誉を汚した〟ことに対しファイトマネーの十パーセントに当たる三百万ドルの罰金を科し、さらに一年以上の出場停止を言い渡した。あの街のために巨額のカネを生み出してきたのに。心底裏切られた気がした。俺がヴェガスに運び入れた収入に迫れる人間なんて、どこにもいなかった。

またしてもタイソン〝罰則〟ルールだ。それまで、プロスポーツ界であれだけの罰金と出場停止を食らった前例はない。一九七七年、プロバスケット、ロサンジェルス・レイカーズのカーミット・ワシントンが試合中にヒューストン・ロケッツのルディ・トムジャノヴィッチのあごと頭蓋骨を骨折させた。あのパンチでルディはあやうく死にかけ、選手生命を絶たれたのに、罰金は一万ドルだったし、出場停止は六日間だった。

デール・ハンターというホッケー選手はピエール・タージョンにパックを奪われ決勝ゴールを決められたあと、スティックを横に持って背後からタージョンに体当たり、その一撃でタージョンのシーズンは事実上終わりを告げた。ハンターは二十一試合の出場停止処分を受け、十五万ドルの報酬を失っただけですんだ。

しかし、もっとすごいのもある。一九七二年にロシアとカナダのあいだで戦われた有名なアイスホッケー・サミット・シリーズで、ボビー・クラークはスティックを手に取り、ロシア最高の選手ヴァレリー・ハルラモフの足首に激しい打撃を食らわせた。ハルラモフは足首を骨折し、カナダがシリーズを制した。クラークは罰金も出場停止も科せられず、カナダの英雄になった。

「自分が何を考えていたのか、まったくわからない。ひどいことさ」のちに彼は語った。「しかし、いい気分だったのも確かだ」

ホリフィールドもあの気持ちは知っているはずだ。十八歳のとき、あいつはジョージア州〈ゴールデン・グラブ〉の準決勝でジェイキー・ウィンターズという選手と戦っていた。ウィンターズはボディへの左フックと顔面への左でホリフィールドからダウンを奪った。ホリフィールドは立ち上がったが、朦朧としてKO負け寸前だった。

そこでウィンターズにクリンチし、マウスピースを吐き出して相手の肩に噛みつき、出血させた。ウィンターズは痛みに後ずさって悲鳴をあげ、そこでゴングが鳴った。レフェリーはホリフィールドから一点減点して試合を続行。ウィンターズがジャッジ全員一致の判定勝ちを収めた。ホリフィールドが噛みつき行為に対して受けた報いは、傷ついた自尊心と、ジャッジ全員一致の判定負けだけだった。

数々の裏切り

CHAPTER 11

出場停止中はスポットライトを避けるようにした。最初のころほとんど公の場に姿を見せなかったのは、ストリップ・クラブで多くの時間を過ごしていたからだ。新しい女と出会うたび、最初のデートでストリップ・クラブに連れていった。サインが必要な小切手をアシスタントのラトンディアがクラブへ持ってくるようになり、十フィート先のポールで女の子が踊っているあいだにそれにサインする。現実離れした暮らしだった。

一九九七年十月、ミッチ・グリーンの訴訟がようやく判決をむかえた。ミッチは補償的損害賠償三百万ドルと懲罰的損害賠償二千万ドルを求めていた。イメージが悪くなるのが心配だったし、陪審の構成も有利と思えなかったから、あやうくミッチに二十五万ドルで示談を持ちかけそうになった。しかし、やめといてよかった。陪審は俺が挑発されて喧嘩になったものと判断してくれたんだ。十万ドルの損害が認められたが、負傷の五十五パーセントは本人の責任とされ、四万五千ドル支払うだけですんだ。

だが、こんな生活を続けるうちに、次第に手持ちのカネが乏しくなってきた。一九九五年から九七年にかけて一億一千四百万ドルも稼いだのに、ほとんど使ってしまったうえ、税金の支払いが一千万ドル。そのうち約六百万ドルが未払いで、これを処理するためドン・キングが申し出てくれた四百万ドルの前払いも、子どもたちの信託財産設定に使ってしまった。あとから考えると愚かな判断だったが、当時の俺は傲慢だった。毎晩、麻薬でハイになり、酒を飲んでから、オートバイに乗って、ニューヨークからコネティカット州の自宅まで時速百三十マイルで飛ばし、それでなんの問題もないと思うくらいに。

皮肉なことに、バイクで衝突事故を起こしたときは時速十マイルしか出していなかった。その数分前、バイク仲間の何人かとスピード違反でパトカーに停止を命じられ、俺は免許証も持っていなかったが、警告だけで放免され、みんなでそのまま俺の自宅へ向かったんだ。俺はずっとまぶたが閉じかけていて、のろのろ運転になっていた。ふっと意識が途切れ、はっと思ったときには目の前に友達がいた。慌てて急ブレーキをかけたら、座席から飛び出し、ハンドルバーを越えていた。

車で病院の緊急救命室へ運ばれた。肋骨が一本折れ、肩の骨が折れて、肺の片方がつぶれているという。脚が折れていないことに看護婦たちが驚いていた。ズボンがズタズタになっていたからだ。病院はモルヒネを打ってくれたが、俺はもっと打ってくれとナースコールを鳴らし続けた。嘔吐すると、肺から粘々した白いものが出てきた。あのモルヒネは気持ちよかったけどな。

二、三日すると楽になったので、モニカと彼女の母親と娘のレイナ、ローリー、警備員たち、全員に家から出てもらい、ファリドとラトンディアの二人だけ呼び戻して少し話をした。数日後、ラトンディアの仕事部屋へ俺は向かった。

「ラトンディア、ショーニーと話をしてくれ。みんなで仲良くして、力を合わせて仕事をしてほしいんだ。状況は変わり始めている。わかるか?」

「もちろん。わかりますとも」と、彼女は言った。

彼女はあまり真剣に受け止めていなかった気がするが、俺はそのころショーニー・シムズという女性にいろいろ相談していた。クレイグ・ブーギーが見つけてきてくれた人材だ。アトランタ在住で、言葉巧みに大きな獲物を仕留めてくる腕利きだった。俺のイメージをアップさせる基金を作って、シュライヴァー家とケネディ家の人間を役員に迎えるという構想も持っていた。俺は金欠だったし、ドンはいっこうに契約を取ってくる様子がなかったから、収入を呼び込めるならどんな話にでも乗る気でいた。

一九九八年三月の「レッスルマニア14」に出演を打診され、WWFとの契約を検討しているところだった。それでショーニーをコネティカット州へ招いた。

結果、十二月の終わりにWWFとの契約がまとまった。「レッスルマニア14」のメイン・イベントでゲスト・レフェリーを務めると、〈ドン・キング・プロダクションズ〉に俺の出演料三百五十万ドルが支払われるという。六十万ドルを超えるペイ・パー・ビューの売り上げから収入の二十五パーセントも手に入る。いい話だと思ったが、ドンは別の契約にもサインしていた。俺の肖像をWWFの販売促進キャンペーンに使わせてやると、あいつの懐に三十万ドルが転がり込むというものだ。さらに、六十万ドルを超えるペイ・パー・ビューの売り上げから収入の十パーセントもあいつに入るという。いったいなんで、俺の肖像でドンが稼げるんだ?

ドン・キングへの疑惑

エンターテインメント業界の友人ジェフ・ウォルドに問い合わせてみた。ジェフには、ビル・ケイトンと手を切ろうとしていたときドンを通じて出会っていた。ロビンと離婚するとき力になってもらったし、まあいいやつだった。ジェフに敬意を払っていたのは、ドンや俺と同様、ゼロからたたき上げた男だからだ。子どものころに父親を亡くし、母親からずっと虐待を受けていたという。

一月の終わり、俺はロサンジェルスにいた。自分の事業がどう処理されているのか、疑問を感じ始めたからだ。それで、ショーニーがジェフに連絡を取ってくれた。朝の六時半、俺はジェフの自宅兼オフィスの外に立っていた。この日はジェフの誕生日だった。

「俺の肖像権は誰が所有しているんだ?」二人で腰を下ろすなり、俺は尋ねた。

俺の肖像でドンの懐に三十万ドルが転がり込む話をした。ジェフは理不尽な話だと考え、ドンに電話をかけた。

「マイクの肖像であんたにカネが入るのはおかしいのでは？」

「マイクはそこにいるのか？」と、ドンは尋ねた。

「ああ」

「わかった。写真のカネはあいつに渡すが、今後、俺抜きでマイクと会ったら許さんからな、くそ野郎！」と、ドンは吼えた。

電話を切ったジェフに、タイプされた八ページの書類を渡した。直近の財務諸表がぎっしり詰まったものだ。目を通し始めたジェフは憤激を隠さなかった。

「キャンプ中の宿泊先に、どうして週八千ドルも請求されているんだ？ タオルにまで何千ドルか請求されているぞ。いったい誰が会計をやっているんだ？」

ムハマド・カーンだと答えた。

「そいつはドンの会計士だろう」ジェフは言った。「君の弁護士は誰なんだ？」

〈シドリー・オースティン〉から送り込まれている財務担当者たちの話をした。

「あいつらはすべてドンの弁護士だ」と、ジェフは言った。

怒りが募ってきた。明日なら書類を全部調べる時間があるから、また来てくれ、とジェフは言った。俺は〈ホテル・ベルエア〉の部屋に戻った。

ドン・キングはジェフに電話をかけ、ロサンジェルスに飛んでいってケツにショットガンをぶち込むぞと脅してきた。たしかにやつはロサンジェルスには飛んできたが、〈ホテル・ベルエア〉にやってきて、俺に目を覚ましてくれと懇願した。ホテルの外に止めたリムジンに俺が乗り込もうとすると、無理やりいっしょに乗り込んでこようとする。

「マイク、話し合おう」と、ドンは言った。「白人のろくでなしどもに法廷へ呼び出されているときに、どうしてこんな仕打ちをする？」また保険金詐欺で政府から訴えられていたんだ。

俺が頭を蹴ると、あいつは車から吹っ飛んだ。外に出て何度か踏みつけてやった。車待ちの人たちはさぞかし仰天しただろう。

ジェフの事務所の会議室で彼のパートナーのアーヴィンといたところへ、ドンが駆けつけてきた。ジェフはのっけからドンを罵倒した。

「マイクにどんなことをしてきたか、これを見てみろ！」と、会計報告書を掲げた。「おかしいだろう！」

「人のことに口出しするな、この裏切り者」と、ドンは言った。「俺の食べ物を食って、俺がやった座席に座っておいて……」

二人はしばらく怒鳴りあい、そのあとドンが懐柔策に出た。

「じゃあ、ローリーとジョンを解雇しよう。そしたら、お前とアーヴィンにあいつらの取り分二十パーセントが手に入る」

「ちょっと待て」と、ジェフが言った。「それはこのマイクが手にすべき二十パーセントだ。マネジメントを誰に任せるかは、彼が判断することだ。それに、なんの二十パーセントをよこすというんだ？　彼はライセンスを剥奪されていて、あんたはそれを取り戻すためになんにもしていないじゃないか！」

また怒鳴り合いが始まった。俺は言葉の投げつけ合いにうんざりしてきた。だから、フォークをつかんでドンを追いかけた。ジェフが五フィート六インチの小さな体で割って入る。

「いいかげんにしろ！　ここはうちの事務所だぞ！」と、彼は叫んだ。廊下にいた秘書が恐れて、事務所から走って逃げ出していった。そのあいだにドンは会議室を出て、俺のオフィスへ行き、モニカに電話をして、俺を落ち着かせてくれと頼んだ。

少し頭が冷えてきたころ、ドンが部屋に戻ってきた。

「ドン、あんた、いったいいくらマイクからむしり取ったんだ！」と、ジェフは言った。

「あいつにいくら稼がせてやったと思っているんだ！」と、ドンは答えた。

「だから盗みをはたらいてもいいって言うのか。彼にいくら稼がせたかなんて、知ったことじゃない。あんたは彼を守らなかった。あんたの言う白人の悪魔どもから彼を守るべき立場にいながらだ。そもそも、あんたは黒人を一人も雇ってないだろう。この部屋にいる白い悪魔はあんただけだ」

俺はゲラゲラ笑いだした。

ドンは出ていった。

「この仕事は、あんたたち二人が引き継いでくれ」と俺がジェフとアーヴィンに言うと、ジェフはただちに仕事に取りかかった。会計士を一人呼び入れ、その男が前の会計士に全資料を要求した。さらにジェフはジョン・ブランカとその弁護士事務所を引き込み、俺の契約を全部、徹底的に調べさせた。ブランカはアメリカでも指折りの弁護士だ。

いっぽうドンは、機会あるごとにジェフを糾弾し始めた。ある試合の途中で〈ショウタイム〉のインタビューを受け、「あのジェフ・ウォルドは裏切り者の人種差別主義者だ」と言った。ジェフはニューヨークに出かける際、念のために非番の大柄な警部補をボディガードに雇った。

二月二日、マネジャーだったジョン・ホーンとローリー・ホロウェイを解雇した。ブランカが二人に雇用終了通知を送った。ローリーのことは気に入っていたが、ジョンといっしょに解雇するしかなかった。調べれば調べるほど、ドンがこういうやつらを使って俺からカネを巻き上げる契約に片っ端からサインさせていたことがわかってきたからだ。そこからあの二人は何百万、何千万ドルと手にしていた。

このころには、裏切りの数々と服用していた薬物で、頭が麻痺している感じだった。むしろ麻痺していてよかったのかもしれない。そうじゃなかったら、銃を取り出してあいつらの脳みそを吹き飛ばしていたかもしれないからな。

二月四日、ジェフ・ウォルドの事務所が俺からの正式声明を発表した。

「現時点で私マイク・タイソンは私事と商務の両面を掌握するに至りました。私に直接報告する新しい弁護士と会計士を雇いました。〈マイク・タイソン・エンタープライジズ〉を立ち上げ、人生に前向きに取り組むべく邁進しているところです。アメリカの一般市民のみなさんから常々いただいている支援に感謝し、大きな期待を胸に明るい新しい未来を待ちわびています。

現時点で私はいかなる質問にもお答えしません――しかし、引き続きご注目のほどを」

翌日、「レッスルマニア」の宣伝のため、ニューヨークの〈オールスター・カフェ〉で開かれた記者会見に出席した。記者たちはドン・キング、ジョン・ホーン、ローリー・ホロウェイとの関係について聞きたがった。ジョンとローリーを解雇したこと、ドンと手を切るつもりでいることは確かだと話した。そのあと、ローリーには休戦の申し出をしてやった。

「ローリーが解雇の一件を恨んでいないよう願っている。ローリーはまだ俺の人生の一部だ。ローリーが俺の人生にどういう役割を果たしたいかは、彼の気持ちにかかっている」

ドンとジョンとローリーがそれぞれ声明を出した。

「マイクのことは愛しているし、彼もそれはわかっているだろうが、出場停止で落胆したマイクの心につけ入ろうとする外部の力や個人が存在する」と、ドンは言った。

ジョンとローリーはそれには否定的なようだった。「最高の友情や仕事関係にも不満や誤解が生じることはあるし、我々は今回もそのたぐいと思っている」と、二人は共同声明を出した。ローリーから返事が来た。あとの二人と運命をともにするという内容だ。俺は命を捧げてもいいと思っていたやつに見放され、裏切られたわけだ。だが、裏切られたことはいくらでもあったし、先へ進むいい機会だ。ローリーとジョンとは二度と口を利かなかった。

俺たちはドンが作った糸のもつれをほぐし始めた。ひとつは〈ショウタイム〉との契約だ。俺が見たこともない巨額の支払いが〝マイク・タイソンの代理人である〟ドンに支払われていたことが判明した。契約上は俺がそのカネを支払う義務を負うことになっている、と〈ショウタイム〉は主張した。ジェフは〈ショウタイム〉の人間を呼び出して怒鳴りつけ、カリフォルニア州で開いたうちの法律チームとの会合に呼びつけた。

「あんたらはドン・キングより始末に終えない犯罪者だ」と、ジェフは彼らに言った。「腐れ幹部だよ」やつらが気にしていたのは、年末にボーナスがもらえるかどうかだけだ。この契約はどうにもならなかった。法的に有効だったからだ。

ドンと〈ショウタイム〉が共謀した企みの数々が明らかになってきた。ジェフはハワード・ワイズマンのパートナー、デール・キンセラに働きかけた。デールはすばらしく訴訟がうまかった。俺も二、三度会った。デールは俺のドキュメンタリー映画のインタビューで当時のことを回想している。「刑務所から出てくる前に、マイクの未来はドン・キングによって考え抜かれていた。マイクは多くの分野で彼に信頼を置いていて、ドンは決してマイクに弁護士や財務顧問や会計士を持たせないよう、巧みに手を打っていた。私は契約書のいくつかがどういう内容か、丁寧に解説してあげた。契約のひとつだけで、マイクのポケットからドンのポケットに四千三百五十万ドルが移ることになっていた」

それですら氷山の一角にすぎなかった。

世界の嫌われ者

十二月から精神科医にかかっていてよかったよ。モニカがジョージタウン医科大学院の精神医学部門長、リチャード・ゴールドバーグ博士に診てもらえるよう手を回してくれたんだ。中年のユダヤ教徒に自分をさらけ出すなんて、最初はちょっと気が進まなかったが、本当にすごい先生で、彼のところを訪ねることでいろんな恩恵を受けた。ゴールドバーグが下した診断は〝気分変調性障害〟。要するに、慢性的な鬱病だ。彼は正しく理解していて、抗鬱剤のゾロフトを処方してくれた。

メリーランド州の終夜営業レストランで不愉快な衝突が起こったとき、荒れ狂わずにすんだのは、ゾロフトのお陰だったにちがいない。俺はワシントンの〈DCライブ〉というクラブにたむろしては、麻薬でハイになっていた。クラブが閉まると、クラブのVIPリレーション部長だったアドリアという女とその同僚に、友人のジェフリー・ロビンソンを加えて、軽くメシを食いにいった。

朝の五時ごろレストランに着いた。そしたら、このクラブで会ったことのあるマイケル・コルヤーというコメディアンがボディガードと三十代の黒人女二人を引き連れて入ってきた。同席したいと言うから、マネジャーがメインルームの大きな席にみんなを移すと、赤いドレスの女が意見を始めた。

「有名になっていい気になっているんじゃないの」

アドリアの同僚の魅力的なヨーロッパ人が俺に腕を回してポーズを取っていた。

「姉や妹だって、こんなふうに愛情を示してくれやしない」と、俺はアドリアの同僚に言った。

赤いドレスの女がキレた。

「黒人のクイーンが二人いるのに、白人を持ち上げて黒人を見下す気?」

「そうよ、白い雌犬《ビッチ》を腕に抱いて黒人の女を見下すなんて！」と、黒いドレスのほうが言った。

無視しようとしたが、赤いドレスの女の不平は止まらなかった。

「あんたなんて屁みたいなものだわ。ちょっと稼いだスラム街の黒ん坊《ニッガ》にすぎないのよ」と、女は言った。「私は矯正官よ。うちの刑務所に入っていたら、鍵をかけて閉じ込めてやったのに」

「うるせえ、くそ女！」これ以上の暴言は許せなかった、せっかくいい気分だったのに。

アドリアが立ち上がり、コメディアンにこの女たちを追い払うよう言った。コルヤーは赤いドレスの女を帰らせようとしたが、女はなおも罵詈雑言を浴びせてくる。

「あんたなんか屁でもないわ」

「そうか？　お前みたいな黒いビッチが十人いたって、俺は飛び越えて、しおれた白い売春婦のところに行くぜ」と、俺は言った。

これで女は完全にキレた。近くのテーブルからコーヒーカップをつかんで俺に投げつけ、ゼブラ・ストライプのシャツを台無しにしやがった。立ち上がるとテーブルのひとつが横倒しになり、グラスと皿が床に落ちた。激高する俺を友人のジェフリーが押しとどめる。

俺たちはテーブルにドル札を投げて出ていった。聞いたところによると、コメディアンと二人の女は座って高笑いし、俺の悪口を言いながらあと一時間くらいメシを食っていたそうだ。隣の席の男から何があったのか訊かれると、女はこう言った。「タイソンに礼儀知らずのろくでなしって言ってやったのよ。黒人の女をばかにしているのが我慢ならなくてね。同じ席にシスターたちがいるのに、白人たちと話して笑っていたのが気に入らなかったのよ」

この話が俺の耳に入った。その夜帰宅してジェフ・ウォルドに電話をすると、彼はすぐさまレストランのオーナーに電話をして、あのときの客とスタッフを突き止め、スタッフ全員を解雇させた。

あのくそ女《ビッチ》二人は俺を怒らせて、訴訟沙汰に追い込むつもりだったんだ。

あのときはうまくいかなかったが、二人はあきらめなかった。まず、やつらの弁護士に連絡してきて、二千万ドルを要求した。九日後、あの二人は、俺がやつらの一人を口説こうとしてはねつけられ、言葉と暴力で二人を虐待したと主張して、七百五十万ドルの支払いを求める訴訟を起こした。襲撃を受けて、叩かれ、悪口を言われて、精神的苦痛を味わったと。心の傷が深かったのか、やつらは記者会見では記者たちに話をすることさえできなかった。代わりにやつらの悪徳弁護士が話した。

「この女性たちは恐ろしい苦しみを味わい、悪口雑言を浴びせられ、満員のレストランの人前で言葉による辱め《はずかし》めを受けたのです」

こっちが数々の証言を集めて突きつけてやると、そいつは少し態度を変えた。年末に二百万ドルで示談を持ちかけてきて、その後八十五万ドルに下げた。結局、俺たちは赤いドレスの女に七万五千ドル、もう一人に五万ドルを支払った。騒ぎに終止符を打つ必要があったからだ。俺の名前は泥にまみれた。俺は誰にも好かれない傲慢な黒ん坊《ニッガ》だった。特に中流以上の階層には好いてもらえなかった。つらい時期だった。誰かが俺を殺したとしても、きっと無罪放免になっただろう。

盗まれた報酬

二月の終わりには新しい経営陣が固まった。ジェフ・ウォルドとアーヴィン・アゾフに加え、かつてイヴェンダー・ホリフィールドのマネジメントをしていた古い友人シェリー・フィンケルを顧問に雇い入れた。二十パーセントというマネジャーの標準的な取り分をこの三人が等分するという取り決めで。

ドンの契約書を精査すると、あいつが俺の試合のプロモーター料に加えて俺の取り分の三十パーセントも違法に懐に入れていたことが判明した。つまり、ホリフィールド戦の俺の取り分は三千万ドルだったが、そこからドンが九百万ドル取って、ジョンとローリーが六百万ドルを取っていたんだ。おかげで俺が受け取ったのはたった千五百万ドルだった。ドンは〈ショウタイム〉と〈MGMグランド〉から出た特別賞与の三十パーセントも自分の懐に入れていた。

話はそれだけに留まらない。ドン・キングはいわゆる招致金《サイトフィー》と海外のテレビ放映料を、全部自分の懐に入れていた。マイク・タイソンに関係のないイベントのプロモートでも、俺の名前が使われるとドンに支払いがなされる仕組みになっていた。〈ショウタイム〉との契約では、帳簿を会計検査できるのは〈ショウタイム〉かドンか、どちらか一方で、俺にはできないことになっていた。

それだけの金をむしり取ってもまだ足りないとばかりに、ドンは俺に少しずつ散財させていた。あいつは俺の対戦相手に法外なカネを払っていて、そのカネは最終的に俺のポケットから出る仕組みになっていた。自分の女房にひと晩十万ドル、二人の息子にも五万ドルのコンサルタント料。ドンの娘は〈マイク・タイソン・ファンクラブ〉の会長に収まっていて、会なんて一度も開いたことがなかったのに、年五万二千ドルが支払われていた。

オハイオ州の豪邸の維持費にも莫大な料金が請求されていた。メイド・サービス、弁護士費用、ドン・キングがラスヴェガスに所有する豪邸のプールの管理費まで請求されていた。一九九一年のドノヴァン・〝レーザー〟・ラドック戦にはＷＢＣの〝タイトル認定料〟十万ドルを支払わされていた。タイトル戦ですらなかったのにだ。将来のラドック戦のプロモート権を獲得するための二百万ドルも俺に請求が回っていた。俺の移動は全部、ドンの女房が所有する旅行代理店を通じて手配と請求がなされていた。ばか高い金額を支払わされていたんだ。自分のタオル一枚にも法外な料金をぼられていた。

三月五日、俺たちは一億ドル超の支払いを求めてニューヨークの連邦地方裁判所にドンを訴えた。同日、弁護士のジョン・ブランカから叱咤激励のメモが送られてきた。「〝歴史に足跡を刻む〟チャンスだ。過去二十年間にわたって君だけでなく多くのボクサーに対し、ドン・キングが行ってきた不正行為を暴き出す旗手として。そうなれば、君はプロテニス界のアーサー・アッシュやMLBのカート・フラッドのように、ボクシングの歴史のみならず社会史と文化史にも確固たる地位を築くだろう。

私たちの努力が成功するかどうかは、ひとえに君の力と信念にかかっている。ドン・キングは君の弱点を探してそこにつけ込んでくる。これには献身と忍耐が必要だ。ドン・キングとの法廷闘争には三年かかるかもしれないが、献身的努力を続ければ君は勝利する」

ブランカとジェフ・ウォルドはアパレルラインやレコード・レーベルやポスターの販売や自伝の出版で俺の収入を押し上げる綿密な戦略を練り上げてくれた。

四日後、俺たちはジョン・ホーンとローリー・ホロウェイを相手取り、これまた一億ドルを求める訴訟を起こした。俺が刑務所に入っているあいだにドンと契約を交わすよう仕向け――そもそも、これは違法行為だ――それによってあの二人は出所後の試合でそれぞれ二千二百万ドルを手に入れていた。

やつらがまともなマネジャーだったら、ドンが俺に持ってきた契約のどれひとつ、絶対サインを許さなかっただろう。特に、俺のファイトマネーとボーナスの三十パーセントをドンに与えるなんて契約には。だが、落ちぶれたスタンドアップ・コメディアンと自分の僚友《ウイングマン》を雇って仕事の舵取りを任せたのは、俺の責任だった。以前カスからも、「なあ、この世界には人間の皮をかぶった野獣どもがいるが、お前はその違いを見破れるほど世慣れちゃいない」と言われたことがあった。

ローリーが連絡をよこすとは思っていなかったが、ジョン・ホーンを訴えたあと、あいつの言い分を読んで笑っちまった。

「マイク・タイソンは私たちの努力を全然正しく認識できなかった。マイク・タイソンは有罪判決を受けたレイプ犯であり、重罪犯であり、そんな彼を私たちはボクシング界最大の大物に育て上げた。彼が長生きすれば、それがどんなにすばらしい業績だったか理解できるかもしれない。マイク、私は君の関わってきた性悪女たちとはわけが違う。愛情と忠誠心だけで君に力を貸していたんだ」

さらにあいつは、「ドン・キングは偉大な男だ。世間は彼をさんざん叩いているが、彼らは彼と昼食をともにしたことがない。ドン・キングは私の能力に敬意を払っているし、私も彼を尊敬している」とまで言った。

際限のない訴訟

今度の顧問たちが精力的に仕事に取り組んでくれていたが、三人の女――ショーニー、ジャッキー・ロウ、そしてモニカ――も、日常業務に励んでくれていた。モニカにはボクシングの世界に関わってほしくなかった。あそこの病原菌に感染させてはならない。俺には悪党どもが引き寄せられてくるからな。

だが、ジャッキーとショーニーは別だ。二人とも大柄で気の強い女だった。ジャッキーは根っから下町風で、俺と似た者同士だった。幹部たちにも、分別くさい話はせず、「あんたたちはこの男のケツを舐めるべきよ」みたいなことを言った。ショーニーはジャッキーほどがさつじゃなかったが、情け容赦なかった。ラトンディアなんか、いじめ倒されて嫌気が差して、辞めちまった。

カネに困った俺はスポーツカーを何台かとドゥカティを六台とホンダのトラック四台を含む六十二台の車を売り払って、三百三十万ドル手に入れた。俺の新しいチームはWWFとの契約にも噛んでいたから、ドンがいなくなったところで交渉再開。三百五十万ドルだった出演料が六百万ドルにアップし、ペイ・パー・ビューの売り上げから入ってくる三十五パーセント分は百万ドルを超えた。WWFの仕事が待ち遠しくてならなかった。ガキのころはWNJU・チャンネル47のスペイン語UHF局でしょっちゅうプロレスを見ていたからだ。

「レッスルマニア」への出演はあちこちから批判を浴びたが、あれは人生のハイライトのひとつだった。あそこのプロレスはいんちきだと世間は言っていたが、六百万ドルの小切手はいんちきじゃなかった。一九九〇年に俺はWWFでハルク・ホーガンの試合のレフェリーを務めることになっていたんだが、バスター・ダグラスにKO負けしたためにダグラスが使われたんだ。

イベントのプロモーションも楽しかった。

WWFから「マッドTV!」への出演要請があり、放送作家たちが概案をまとめるところまでいった。ライフタイム・テレビの新しいチャンネルでマーサ・スチュワートみたいな番組の司会を務める案もあった。

「フラワーアレンジメントで、真冬に春の香りを」なんて、俺に言わせるんだ。「見てくれ、この美しいアヤメにスミレを添えてみた」

レスラーの一人が間違いを指摘し、アヤメとスミレを合わせるなんてもってのほかだと言い、そこでバトルが始まる。

こうした寸劇案の中には、パーティの席上で男が面白い話をしようとして失敗する偽CMもあった。みんなが離れていって男は独りぼっちになり、そこでナレーターの声が入る。

「あなたにもこんな経験がありませんか？　でも、もうだいじょうぶ。マイク・タイソンがあなたのおうちに伺って、顔にパンチをお見舞いしますから！」

そこで俺は男の顔にパンチを見舞う。場面はまたパーティ会場に戻り、男はボコボコに顔を腫らしている。顔じゅうに絆創膏が貼られ、目には青あざができて、ほとんどしゃべれない。だが、必死に話そうとすると注目の的になる。

「このように、あなたの人生が退屈でならないときは、どうぞお電話ください、マイク・タイソンが伺って、あなたの顔にパンチをお見舞いします！」

だが、番組への出演はジェフとアーヴィンとシェリーによって阻止された。あれに出ていたらボクシングのライセンスは取り戻せなかっただろう。

五月、俺は独自のレコード・レーベル〈アイアン・マイク・レコード〉の立ち上げを発表した。アーヴィン・アゾフとジョン・ブランカの力を借り、所属アーティストの作品を配給してくれるメジャー・レーベルを探した。営業面の舵取りはさしあたりジャッキー・ロウに一任。かつて雇っていた弁護士たちと〈シドリー・オースティン〉の財務担当者を訴訟担当チームに加えた。こういう訴訟からすぐ成果が上がることを願っていた。俺を訴えるいろんな訴訟から身を守るため、大枚を支払っていたからだ。メリーランド州のレストランの女二人に加えて、ホワイトタイガーの調教師や、買うのをやめたロサンジェルスの家の所有会社、ラスヴェガスの宝石商、ヴェガスの家の工事関係者、例のいんちき医者のスメディィ博士。かつてのトレーナー、ケヴィン・ルーニーからまで訴訟を起こされていた。

いちばんとんでもない訴訟は、レディ・ワウタウサとかいういかれた黒人女が起こしたものだ。ハリウッド大通りでちょくちょく、有名人とのツーショットを助手に撮らせていたらしい。俺が映画制作会社との打ち合わせを終えて出てくると、俺の前で脚を持ち上げて、助手に写真を撮らせた。気がついたら、俺が体を押しつけてきたうえに「ボディスーツを引っぱって、『この写真を撮れ』と言った」と主張し、性的暴行で訴えていた。目撃者を何人か連れていったら、告訴は取り下げられた。それでも新聞には書き立てられた。

スメディの訴訟はうまく切り抜けた。七百万ドルの貸しがあると訴えを起こしたから、逆告訴したら、向こうが五万ドルを支払うはめになった。ケヴィン・ルーニーの訴訟はそうはいかなかった。俺の〝終身トレーナー〟にするという口約束があったとルーニーは主張し、カスの多くの友人たちからカスはルーニーに幻滅してトレーナーを替えたがっていたという証言があったにもかかわらず、連邦巡回控訴裁判所は、陪審が何年か前に退けた四百四十万ドルの報酬を有効とした。

だから、そろそろリングに戻る必要があった。出場停止を食らって一年。ジェフがネヴァダ州のボクシング・コミッショナーを務めるエリアス・ガーネム博士と話し合いを重ねていた。ガーネム博士のことは大好きだった。イスラエル生まれのレバノン人で、体ひとつでアメリカへやってきて、患者の親身になる医師だったことが評判を呼び驚異的な医療実績を打ち立てた男だ。エルヴィス、マイケル・ジャクソン、ウェイン・ニュートン、アン＝マーグレット――ラスヴェガスのスターたちを軒並み治療した。ボクシング・ファンでもあった。彼がジェフに、俺の処罰は「ちょっとひどすぎたから」ライセンスを取り戻すことはできると請け合ってくれた。

ライセンスを取り戻せ

シェリー・フィンケルはニュージャージー州でライセンスを取得したほうがいいと考えていた。ジェフが動いていることをシェリーは知らなかったし、シェリーと俺は元レフェリーで当時ニュージャージー州のボクシング・コミッショナーを務めていたラリー・ハザードと仲がよかった。ジェフはニュージャージー州に反対していたが、口出しできる立場じゃない。だから七月二十九日、俺はニュージャージー州アスレティック・コントロール・ボードの聴聞会に出向いた。みんな、サダム・フセインが証言するのかと思っただろう。モニカと手をつないで建物に入り、見物人のほとんどから喝采を受けたが、俺の行く先々で抗議をしていた「全米女性連盟」の六人からはブーイングを受けた。

部屋に入ると、大規模な暴動でも阻止できるくらいの警官が並んでいた。俺にびびっていたんだな。聴聞会は最初、順調に進んでいた。モニカは、「ボクシングは彼が情熱を傾ける対象で、彼は本当に、心の底からボクシングを恋しく思っています。彼にはボクシングが必要だし、ボクシングも彼を必要としていると思います」と証言した。

その後、かつて世界ヘビー級タイトルに挑戦したこともあるチャック・ウェプナーの番が来た。彼は一九七五年にモハメド・アリと戦う前、レフェリーのトニー・ペレスから受けた注意を追想して部屋じゅうを爆笑させた。

「相手の首を絞めたりラビットパンチを打っちゃいけないと言うんだ。俺のいちばん得意なふたつだったのに」

ボビー・チェズは、リングで相手に噛みついたとしても試合の出場は許されるべきだと言った。「ストリートの血がちょっと騒いだんだ」と、チェズは言った。「俺のパンチで相手の目玉が飛び出したら、引っこむ前に食っちまうだろう。それはボクサーが持つ当たり前の習性だ。マイクはみんなが言うほど悪い男じゃない。彼は誤りを犯したことをわかっている。マイク・タイソンは回り道をしたが、邪悪な力を人生から切り離したんだ」

当時九十三歳の養母カミールが登場するキャッツキルの映像まで提示した。俺はずっと彼女を支えて「白い母親」と呼んでいると、カミールは語った。

俺自身の証言も最初は上々だった。ホリフィールドの再三のバッティングで頭がボーッとしていたと語った。

「ブチッとキレてしまった。あの時点で、もうどうでもいいと思った」声が詰まり、いったん心を静めた。「自分のしたことは愚かだったと思っている。あんなことは二度と起こらないでほしい。あのことは死ぬまで脳裏を去らないだろう」

ところが、証言が終わりにさしかかったとき、司法次官補のマイケル・ハースが激しく食い下がり、ホリフィールドに噛みついた理由に疑義を呈した。何度も繰り返し、またあんなことをやらかす可能性はないのかと質問してくる。

「この試練で俺の人生はボロボロになったんだ」俺は怒りを抑え込みながら言った。「またやりたいと思うか?」

最終弁論を読み上げることになっていたが、あの下衆野郎に頭にきて、いったん読み上げを拒否した。

「落ち着け、むきになるな」と、弁護士になだめられた。

怒りを爆発させた場面はあったが、ニューヨーク州検事総長のデニス・ヴァッコが横槍を入れてきたとしてもニュージャージー州はライセンスを与えてくれると信じていた。ヴァッコはボクシング界の浄化を目指しているジョン・マケイン上院議員らのグループの一員だった。彼らはワシントンで公聴会を開き、俺もドンを糾弾する声明を出していた。

「私の財務はやりたい放題を許されていたプロモーター兼マネジャーの手に握られていました。不正をはたらく機会はいくらでもある。ボクサーは奴隷状態になりかねないのです」と。

マケインはボクシングについて国内の規制を作る議案を提出中で、ヴァッコは、ネヴァダ州がライセンスを与えるまでニュージャージー州はライセンスを与えるべきでないと主張していた。

「ニュージャージー州が彼にライセンスを供与、もしくは、同州での試合を認めたりしたら、私は腹を立てるだろうね」と、ヴァッコはマスコミに語った。そのあと記者たちに、個人的にそのメッセージをニュージャージー州の検事総長に伝えるつもりだと言った。

こういう議論の数々がジェフたちの不安をかきたて、俺の運命を決するニュージャージー州コントロール・ボードの会議が開かれる前夜になって、顧問たちは申請を取り下げた。

まわりのものすべてが敵に思えて、いらいらが募り、事あるごとに麻薬で気分を高めた。八月の終わり、モニカと車で彼女の家の近くを走っていると、彼女のメルセデスに後ろの車が追突した。その後ろの車に追突されて玉突き状態になったんだ。男は車を降り、俺たちの運転手側に来て、モニカに荒々しい言葉をまくしたて、そのあと自分にぶつかった男に怒鳴りだした。

俺は車を降りて、二人ともぶちのめした。一人目の股間を蹴り、そのあとそいつにぶつかったやつをぶん殴った。モニカが大声で叫んでいて、俺たちの車の前に乗っていたボディガードが制止するはめになった。俺は人生の鬱期に入っていて、絶望感に包まれていたんだ。

で、やっぱり告発された。九月二日、俺たちに追突した男が股間を蹴られたと暴行罪で訴えた。その翌日、もう一人の男が顔を殴られたと訴えた。

いっしょに仕事をしているみんながこの一件を心配していた。ネヴァダ州のライセンスを取り戻そうとしているときなのに、俺が路上でキレたとなったら、コミッションの委員たちはどう思う？もっとまずいことに、俺はインディアナ州で仮釈放中の身だった。ギフォード裁判官がその気になれば、俺を〈インディアナ青少年センター〉に投げ戻して、四年間服役させることができる。

九月十九日、ネヴァダ州コミッションに出頭した。ブルージーンズに黒のTシャツでオートバイの一台を駆ってきた。スーツを着たうちの弁護士たちが全員外で待っていて、俺はバイクを降りると地面にヘルメットを投げつけてやってきた。弁護士たちは走って逃げた。心底俺にびびっていたんだな。ジェフ・ウォルドと大笑いしたよ。

議論百出の公聴会だった。俺の弁護士のデール・キンセラはコミッションが俺に科した巨額の罰金と、俺の財務状態が破壊しつくされたことを激しく糾弾していた。話は弁護士と性格証人たちに任せ、投げられた質問に答えるときはガーネム博士を見た。誤った答えをしそうになると、彼が小さく頭を振ってくれるんだ。「それは言ってはだめだ、やめなさい」って感じで。公聴会は六時間に及び、終了後、ガネム博士が記者会見した。

「タイソンは六時間、感情を爆発させなかった」と、彼は言った。それが大きな成果であるかのように。

リングに戻るとき

コミッションはその日、俺の申請に判断を下さなかった。それだけでなく、ライセンス再交付に関する投票前に詳細な精神医学的評価を受けなければならないという動議を可決した。与えられた選択肢は、メイヨー・クリニックかメニンガー・クリニックかマサチューセッツ総合病院か。考えるまでもない。アーヴィン・アゾフの友愛会仲間がマサチューセッツ総合病院の精神科医長だった。で、ロサンジェルスのガールフレンド二人を電話で呼び出し、ボストンへ飛んでもらった。ホテルに泊まりながら、毎日マサチューセッツ総合病院に通って検査を受けることになった。治療開始の前夜、空港に着いた女たちをリムジンで拾い、運転手にコカインを調達させた。あそこにいるあいだ、毎晩狂ったようにドンチャン騒ぎをした。

初日の朝は、むしゃくしゃした気分で病院に行った。どこかのリビングと見まがう、いかにも高級そうな待合室で、担当医たちに紹介を受けた。VIPの治療じゃあるまいし、と思った。

「おい、なんかの間違いじゃないか」と、俺は言った。「俺はこんなところにいる資格なんてないぞ」

部屋にいるほかのみんなは、ちょっと俺を警戒しているようだった。

そこへ三十前くらいの白人の女がやってきた。タートルネックのセーターにおかっぱ頭で、角縁眼鏡をかけている。彼女は心配そうな顔で俺の横に座った。精神科病棟に勤務する教授なんだろう。

「どうしたの？　元気がないみたいだけど」と、彼女は言った。

「相手の耳に噛みついたことをみなが非難するが、わかってない。噛みついたのは、あいつがしつこく頭突きを食らわせてきたのに、レフェリーが止めてくれず、ほかに選択肢がなかったからなんだ」

彼女はしばらく考えた。

「あなたは戦いの真っ只中だったのね」と、静かに言った。

その言葉は禅《ゼン》の古い知恵みたいに心の芯に突き刺さった。

ちきしょう、そうとも、俺は戦いの真っ只中だったんだ。たちまち癒された気がした。彼女は厳然と今の言葉を口にした。びっくりしたよ。会って何秒かで俺のことを完全に把握しているなんて。だからみんな、こういう精神科医に大枚を払うんだ、と思った。

直後、一人の看護師によって俺の陶酔は砕かれた。

「薬剤の時間よ、ナンシー」その看護師は俺と話をしていた女に言った。

「あんたのケツに突っ込みな」女は歯をむいて怒鳴り、看護師の手から薬をはたき落とした。そこへ大柄な係員が二人やってきて、女に拘束衣を着せた。

そこで俺は部屋を見まわした。隅で涎を垂らしながら独り言をつぶやいている男が一人。自分がいるのは高級待合室じゃなく精神科病棟で、さっきの女を含めて、ここにいるのは全員頭のおかしいやつなんだと気がついた。

ネヴァダ州コミッションの委員たちは俺の復権について十月十九日に決定を下すことになっていたから、うちの弁護士たちは追突事故でキレたときの被害者二人と示談を取りつけるため、時間外労働もいとわずしゃかりきに働いていた。結局、俺は示談の同意書にサインして、一人当たり二十五万ドル支払うことになり、二人は出場停止が解けたあとに行われる最初の試合のあと、〈ショウタイム〉からさらに十五万ドルずつ受け取ることになった。二人とも、〝あの日の出来事は混迷と混沌のさなかで起こったため、自分を襲ったのがタイソン氏だったかどうか断言できない〟という宣誓書にサインした。

十月十九日の公聴会を前に、コミッション委員の一人が俺の精神医学記録を公表すべきだと主張した。決まりによって、結果を発表しないかぎり投票できないらしい。おかげで世界じゅうのみんなに、俺の自己評価の低さが披露された。「慢性的な鬱状態にはあっても、「タイソン氏はボクシングに復帰してルールにしたがうことができ、一九九七年六月二十八日の出来事を繰り返すことがない健全な精神状態にあります。上記のように、衝動的に感情に駆られるところがあり、情緒面の問題、認知上の問題があるのは確かですが、どれもタイソン氏をこの件について精神的に不適格とするものではありません」と、医師たちは述べた。

要するに、俺は心を病んだろくでなしだが、まだリングに上がって誰かをぶちのめす努力はできるってことだ。

次の公聴会にはマジック・ジョンソンが来てくれた。ジョンソンはボクシングのプロモーション業への進出に色気を持っていた。だが、俺についての話は決して気持ちのいいものじゃなかった。

「マイクはお金というものを理解していない。できたら彼が理解できるよう自分が教えたい。彼はビジネスマンになる必要がある。マイクは一億ドルも二億ドルも稼ぐことのできる男だが、むしろそれを手にしないほうがいい。できれば、それは寄付すべきだ。資産運用人を雇う必要があるし、私にはそれをマイク・タイソンのチームに送り込む用意がある」

だが、短気は起こさなかった。この日、コミッションは投票を行い、四対一でライセンスの再交付を決定した。

カスからの贈り物

これで、リングに戻ってカネを稼げる。国税庁への未払い金は一千三百万ドルまでふくらんでいた。ふつうの人間なら腰を抜かすところだろうが、俺は何百万、何千万ドルと支払われるのに慣れていたから、返済は可能と思っていた。ちょうどこのころ、新しく雇った会計士たちが、俺名義のIRA［個人退職金口座］預金があることを発見した。預金額は二十五万ドルを超えていた。カスがキャッツキルに俺の口座を開設してくれていたんだ。この話を聞いて、俺は赤ん坊のように泣いた。生まれて初めて、〝大切なのは思いやり〟だと理解した。俺がカネでしくじることをカスは見抜いていたにちがいない。あれで人間に対する信頼をいくらか取り戻すことができた。

一月十六日に、南アフリカ共和国のフランソワ・ボタとの復帰第一戦が予定されていた。ボタは〝ホワイト・バッファロー〟のニックネームを持つ男で、決して楽な相手じゃなかった。実際、一九九五年にIBFのヘビー級タイトルを獲得していたが、試合後の尿検査でステロイドの陽性反応が出て、王座を剥奪されたんだ。その後、俺とホリフィールドが最初に戦った日の前座試合で、

ＩＢＦ王座をマイケル・モーラーと際どく争っていたくらいだから、侮ってはいなかった。

試合の四日前、ヴェガスで衛星テレビとラジオからひとしきりインタビューを受けた。最初のインタビュアーはニューヨークのチャンネル9から来たラス・サルツバーグだった。

「マイク、ボタとの賭け率は六対一であなたの有利となっています。何か心配なことはありますか？」

「数字のことはわからない。わかっているのは自分に何ができるかだけだ。俺はあいつをぶちのめす」

「わかりました」少しぎょっとしたように、彼は言った。「あなたはたくさんの怒りをリングに持ち込みます。それはあなたに有利に働きますか、それとも、不利に働きますか？」

「どうでもいいことだ。どっちにしろ、俺たちは戦うんだ」

「いや、つまり、例えば、イヴェンダー・ホリフィールドへの怒りはあなたに不利に働きました」

「知るか！　これは戦いだ！　だから、なるようにしかならない」

「マイク、そういう言いかたでよろしいんですか？」

「話したいように話しているだけだ。文句があるなら、テレビを消せばいい」

「でしたら、この議論はここで打ち切りにしようと思います」と、ラスは言った。

「上等だ！　くそったれ！」

「わかりました。いい試合を、マイク」

「失せろ！　くそったれ！」

かりかりしていた理由のひとつは、試合の一週間前にゾロフトの服用を止められていたからだ。

あの試合の俺は錆びついていた。ぞっとするような夜だった。ボタは頻繁に俺の腕をかかえ込んできた。第一ラウンド終了間際にコーナーでクリンチしてきたから、右腕で向こうの左肘を極《き》めて折ろうとした。俺は文字どおりのダーティ・ファイターだ。汚くて情け容赦ないやつだとみんなに言われたかった。試合後、意図的に腕を折ろうとしたのかと訊かれて、俺は「ご名答」と答えた。

最初の四ラウンドで一ラウンドしか取っていなかったし、一ラウンドにレフェリーのリチャード・スティールから一点減点を食らっていた。〈ショウタイム〉の面々——ケニー・アルバート、ファーディ・パチェコ、ボビー・チェズ——はみんな、ボタはホールディングを多用して試合をなんでもありのストリートファイトに変えようとしていると見ていた。しかし第四ラウンド終了後、俺はクロコダイルと新しいトレーナーのトミー・ブルックスに、「あいつは疲れてきた、いけるぜ」と言った。ファーディ・パチェコは真に受けていなかったようだが。

「タイソンにはスピードが感じられません。パンチは単発です。衰えたボクサーのしるしですよ。連打できません。おおっ！」

連打なんて必要なかった。ファーディがこの言葉を吐いたとたん、俺の右がボタのあごをまともにとらえ、あいつはキャンバスにくずおれた。立ち上がろうとしたが、カウント内に立てなかった。ロープに倒れ、またキャンバスにくずれ落ちていった。苦しい試合だったが、豪快なワンパンチKOで埋め合わせをした。象撃ち銃で撃たれたみたいな倒れかただった。〝ホワイト・バッファロー〟ボタをやっと仕留めた。

再度の収監

このころ、うちのチームに内紛があった。シェリーとショーニーが手を組んでジェフとアーヴィンを追い出したんだ。ジェフは外科手術からの回復途上で、ロザンヌ・バーの新番組を共同製作するためロサンジェルスに戻らなければならなかったこともあり、現場から離脱した。俺の仕事はシェリーとショーニーとジャッキー・ロウの手に委ねられた。

それと、メリーランド州の司法当局にも。メリーランドの件で、一九九九年二月五日、俺はロックヴィルの小さな法廷に出頭した。チャコールグレーのスーツに黒いヴェストという服装で。モニカが同席し、一ダース以上の弁護士と顧問に付き添われていた。俺は不抗争の申し立てをしていたし、弁護士たちが投獄を避けられるよう示談を取り付けていた。罰金を払って、保護監察処分を受け、社会奉仕活動を命じられるだけですむはずだった。ところが、そこにまた罠が待っていた。

新しい検事総長ダグ・ガンスラーと次席検事のキャロル・クロフォードは、俺をナチスの戦犯あつかいした十一ページに及ぶ文書を持って法廷に現れた。特にクロフォードは俺のことを毛嫌いしているようだった。厳格そうな短い髪でいかにも男勝りな容貌の女だった。すべての男に対する怒りを俺にぶつけようとしている感じで。あいつにとって俺は絶好の展示品だったんだ。

この二人は投げつけられるかぎりの軽蔑的な発言を並べたてた。俺が記者のマーク・クラムに「自分は一日に一度は激怒する、憎しみに満ちたろくでなしだ」と語った一九九八年の「プレイボーイ」誌をはじめ、いろんなインタビュー記事から言葉を引用してきた。さらに、俺のことをこれまで出会った中で「もっとも卑劣なスポーツマン」と書いたクラム自身の言葉も引用した。

「悪評の高い伝説のボクサーで、不審な状況で薬物過剰摂取によって死去した前科者のソニー・リストンと面識があった人物の言葉ゆえ、このコメントは注目に値する。たまたま被告はこのリストンに親近感を表明してもいる」と、ガンスラーとクロフォードは量刑手続きの覚書に書いていた。

〝気分が落ち込みやすい点を除けば俺は健康〟と証明してくれたマサチューセッツ総合病院精神科からの報告まで、やつらは無視した。

「論評者の一人で精神科医のロバート・バターワース博士の指摘こそ、法廷にとって最高の助言かもしれません。クラムのインタビューで被告が語った内容を見たバターワース氏は、『彼がこうすると公言しているのであれば、そうなる危険があるのです』と論評しています。裁判所は判決にあたり、被告の安全と同時に一般市民の安全も考える必要があります。被告は我々自身の裏庭に埋められた時限爆弾にほかなりません」

こんなばかな話、信じられるか？　なんだ、これは？　スターリン時代のロシアか？　この嘘つき二人は、俺が怒りをあらわにしたインタビューと俺を診察したこともないバターワース博士の見立てを理由に俺を鉄格子の奥に閉じ込めようとしたわけだ。

「少なくとも投獄されているあいだは、彼が暴力を振るう可能性から一般大衆を守ることができるでしょう」

ジョンソン裁判官はこれに同意した。禁錮二年（うち執行免除一年）の判決を下して五千ドルの罰金を科し、二年間の保護監察と二千時間の社会奉仕を命じた。これを不服として上訴した場合は保釈も認めないと言う。

立見席しかない法廷に驚愕のあえぎが充満した。俺は呆然としていた。モニカがヒステリックに泣きだした。俺は手錠をかけられ、まっすぐ刑務所へ連行された。

「どんな検事でも私と同じことをしたでしょう」と、ガンスラーはAP通信の記者に語った。「世間がなんと言うかは知りませんが」

俺は第二独房棟の五・五×八フィートの部屋に投げ込まれた。この州の保護拘置施設だ。この刑務所の受刑者はモンゴメリー郡の特権を持つ白人少年が大半で、彼らからも隔離されたわけだ。俺の棟はぽつんとひとつだけ切り離されていて、そこにいるのはみんなといっしょにできないくらい弱った者や攻撃的すぎる者たちだった。ほかの受刑者といっしょにしてほしいと俺は訴えた。特権を手に入れるには、みんながいるところにいて刑務所のシステムや秩序に働きかける必要がある。なのに、保護拘置で彼らと切り離されてしまった。刑務官が来ては、俺の写真を撮って新聞に売りつけていた。

二週間後、この刑務所版の懲罰房に移された。日中に娯楽室で電話をかけていたら、とりわけサディスティックな刑務官がやってきて、話の途中で電話を切りやがったんだ。

怒りが鎮まらず、金属の取り付け用具からテレビを引きはがして床に投げつけたあと、それを拾い上げて、鉄格子にぶつけた。その向こうから刑務所長と刑務官二人がそれを観察していた。小さなプラスチック片が鉄格子を通り抜け、刑務官の一人に当たった。ただちに〝管理分離〟処置が取られた。問題を起こす受刑者を一般の受刑者と別の特別な施設に移すんだ。一日十三時間留置され、売店でスナックを買うことも許されず、弁護士と医者以外は面会も電話も禁じられた。翌日の夜、ゴールドバーグ博士が訪ねてきて、ゾロフトを通常の服用量に戻してくれた。

テレビ投げつけ事件後、刑務所の運営体は治安紊乱《びんらん》、財産破壊、プラスチックの小さなかけらが当たった看守への襲撃の三つで俺を告発した。懲罰房にぶち込まれ、最悪の気分だった。投獄されて発狂するドイツ赤軍の政治犯みたいな心境だ。

二十五日の隔離刑という判決が下されたが、俺の弁護士が抗議して五日で放免された。この刑務所は本当にいやだった。ここにいるくらいなら、インディアナ州に送り返してもらったほうがましだ。いっしょに働ける者が一人もいなくて、あれこれ持ってきてくれたり女を調達してくれる人間も誰一人いなかった。

まだ保護監察中の身分だったから、インディアナ州がその気になれば簡単に俺を呼び戻せたかもしれない。ただ、ひとつ問題があった。前判決で短縮された刑期を含め、四年間の服役になる可能性があった。インディアナ州の弁護士ジム・ヴォイルズがメリーランド州とのあいだを二十回ばかり往復して、メリーランド州で余分に六十日服役すればインディアナ州は俺から永久に手を引くという取引を成立させてきた。ギフォード裁判官は大喜びでその条件を受け入れた。インディアナ州で、俺に戻ってきてほしい人間はいなかったんだ。

だが、メリーランド州の刑務所も慣れてくるとそんなに悪いものじゃないことがわかってきた。モニカが俺のために料理を作ってくれるようになり、その差し入れが許可された。どんどん太ってきて、二、三カ月後にトレッドミルとエアロバイクを持ち込ませてほしいと願い出たら許可してくれた。

あそこにいるあいだに「エスクァイア」誌の表紙にもなった。モニカが生まれたばかりのアミールという男の子を刑務所に連れてきて、記事に添える写真用に三人でポーズを取った。

保護拘置されているほかのやつらとも交流し始めた。殺人罪で入っている少年が大勢いた。俺がいるあいだに首を吊ったのも二人いた。一人は裕福なイスラエル人で、もう一人は黒人だ。黒人のほうは両親にあまりカネがなかったから、俺が葬儀代を出してやった。恵まれた家庭で育ったこういう美しい若者たちが麻薬にはまって、百ドルのために人を殺したりするのを見ると、胸が張り裂けそうになった。

あの刑務所を出たとき俺の帳簿には一万二千ドルあったから、刑務所に頼んで、いっしょに隔離されていた五人で分けてもらった。

俺は保護拘置を受けている連中の代表みたいな立場になった。ほかのやつらが刑務官を通して俺にメッセージを送り、自分たちのかかえる問題を聞いてほしいと言ってくる。俺のところへ来た刑務官から、問題を起こしそうな子どもがいると聞くと、まあ落ち着けというメッセージをそいつに送った。

メリーランド州の刑務所には、それほどたくさん人は訪ねてこなかった。モニカは来てくれたし、友人のクレイグ・ブーギーが来たし、ほかにも何人か友人が立ち寄ってくれたけどな。ジャマイカ人のガールフレンドのリサも来た。彼女が面会簿に名前を書いた二、三時間後にモニカがやってきて、彼女の名前を見て、かんかんだった。俺たちを隔てる小さなガラス窓があったのが幸いだったな。

ケネディ・ジュニアの訪問

訪問者の中で最大の注目を集めたのはジョン・F・ケネディ・ジュニアだった。ある晩、ジョンが訪ねてきた。話が伝わると、報道チームが山ほどやってきて、外で何時間も待っていた。塀の中は大混乱になった。ジョンに頼んで、いっしょに隔離されている受刑者に声をかけてもらった。「そうだ、あいつらのママを抱き締めてやってくれ。あの小僧にキスしてやってくれ」俺はあそこの大立者だった。

ジョンとはニューヨーク時代からの友人だった。ある日、路上で会ったら、彼が編集長を務めていた高級政治誌「ジョージ」の仕事場に遊びにこないかと誘われたんだ。心根の美しい、地に足の着いた男で、マンハッタンじゅう自転車で走り回り、公共交通機関を使っていた。俺に会いにきたとき、彼は開口一番、「うちの家族みんなから、君に会いにいくのはやめろと言われた。だから、うちの家族に会ったら、みんな〝やあ〟くらいしか言わないだろうが、気にしないでほしい」と言った。

ジョンが来る直前、あいつの従兄弟の一人がベビーシッターとセックスしたとかで面倒に巻き込まれた。

「ああ、従兄弟は典型的な不良少年なんだ」と、ジョンは言った。

「間違っても公の場で自分の家族のことを悪く言うな。世間はそういうのを待ち望んでいるからな。世間はあんたをぶち壊して、くず同然の人間に仕立てたがる」と、俺は言った。「身内の誰それをろくでなしと言っていいのは、内輪のときだけだ。人前では絶対言うな」

俺たちはケネディ家について、特に彼の祖父のことについて、いろいろ話をしたが、息子の誰にもビジネスについて教えなかったこと以外、祖父のことはあまり知らないようだった。「うちの家族は誰も事業の営みかたを知らない。だからみんな政治の世界に入っていったんだ。祖父は僕らに、ちやほやされる人間になってほしかったんだな」

だからジョンは雑誌の編集長をやって実業面を勉強していたんだろう。自分はまだ人生でなんの業績も収めていない一人の男に過ぎないことを自覚していたんだ。

俺の事件についても少し話をした。

「いや、わかっているさ、君がここにいる唯一の理由は黒人だからだってことは」と、彼は言った。途中、俺はズバリこう指摘した。「あんたは公職に立候補しなくちゃだめだ」

「えっ?」ジョンはちょっとびっくりしたみたいだった。「そう思うのか?」

「そうしないと、俺の天国のおふくろががっかりするし、母方の親族・友人たちもがっかりする。みんなひそかにあんたに期待していた。あんたの家族に心服していた〝失われた世代〟をがっかりさせちゃいけない。俺はがっかりさせちまうほうの人間だ。だが、あんたはみんなをがっかりさせちゃいけない。あんたの父さんと叔父さんはみんなの希望だったし、あんたはその希望と血でつながっているんだ」と、俺は言った。

ジョンは何も言わなかった。

「あんたがやらなくて誰がやる。あんたの生きている目的ってなんだ? あんたはそれをやるために生まれてきたんだ。みんなの夢があんたにかかっている。荷は重いだろうが、あの両親のあいだに生まれたのが運の尽きだ」

ジョンはすばらしい政治家になっていただろう。この後、操縦していた小型飛行機が海上に墜落して命を落としていなければ。みんなのことを本当に気にかけていた。口先だけじゃないのは、誰にだってわかった。誠意を持って人と関わり合い、初めて会った人たちの目をきちんと見る。公衆の前で姿を見られることを恐れず、外に出て人と関わろうとした。〝へえ、面白いやつだな〟と、よく思ったよ。

あの夜、ジョンは疲れた顔をしていた。あの日のうちにニューヨークに戻る必要があるから、コーヒーを手に入れてこないと、と言っていた。飛行機の操縦指導員といっしょに来ていた。

「そりゃないぜ。うちに寄っていってくれ。モニカや子どもたちといてやってくれ」と、俺は言った。「今から飛行機を操縦していくなんて、無茶もいいとこだ」

「空を飛ぶのがどんな感じか知らないからだよ。すごく自由を感じるんだ」と、彼は言った。

「ばかもほどほどにしろ、空を飛ばなくちゃいけないなら、自分一人で飛べ。頼むから、大切な人間を乗せたりしないでくれ」

ジョンは何も言わず、その夜、モニカに会いにいってくれた。モニカによれば、「飛行機を操縦するなんてばかだとマイクに言われたよ。あいつこそ、オートバイで事故を起こしたくせにね」と言っていたそうだ。

出所したらどこかへ遊びにいこうって話もした。ジョンはほかの女たちの話をしていて、奥さんとうまくいってないのがなんとなくわかった。

「外に遊びに出るときは、ちょっと時間をくれ。妻にうまく話をしなくちゃいけないから。遊びに出かけるのはそれからだ。アスペンに行こう」

「アスペン？」と、俺は言った。「アスペンに黒人はいないぜ。あそこじゃセックスも手に入らない」

「そうか。リン・スワン［ＮＦＬの元プロフットボーラー］がいるんだが」と、ジョンは言った。

「リン・スワンは俺のダチじゃない」

「まあ、たしかに」

もちろん、早く刑務所を出られるよう、あそこで売り込んだ。もう四カ月近く塀の中で過ごしていた。もう充分だ。ジョンのいとこの一人でＲＦＫ［ロバート・ケネディ］の長女のキャスリーン・ケネディ・タウンゼントは、当時メリーランド州の副知事を務めていた。

「俺をここから出してくれ」俺は懇願した。「あんたのいとこに頼んでくれよ」

「マイク、彼女のことはよく知らないんだ」と、ジョンは言った。

あの面会室で何も確約しないくらいには、世故にたけていたのかもしれない。

「よく知らない？　どういう意味だよ？　ハイアニスポート［マサチューセッツ州、ケネディ家の別荘がある］でみんな集まって、フットボールをしているんだろう」

ジョンは微笑んで、それから帰っていった。出ていくと、マスコミに囲まれていた。

「ここには友人の応援に来たんです」と、ジョンは言った。「マイクは一般的に思われているようなイメージとは全然違う男です。彼は自分の人生をちゃんと取り戻そうとしているし、近い将来そのチャンスを手にします。ひょっとして、ここに来て、みなさんに伝えられたら、それを信じていただけるようになるかもしれないと思いまして。彼は大変な人生を送ってきたんです」

ジョンはリムジンに乗り込み、俺の家に寄って、コーヒーを飲んでいった。ジョンが来たあと二カ月ほどで、俺は刑務所から釈放された。

トラブルと享楽

CHAPTER 12

刑務所を出るなり、その日のうちに家に帰って荷物をまとめ、ニューヨークへ向かった。家族といっしょに過ごすべきところを、車に乗り込みガールフレンドの一人に会いにいったんだ。とても責任ある夫や父親にはなれない。あまたのガールフレンドは、それ自体が麻薬のようなものだ。通りを歩けばそれだけで女たちが飛びついてくる。

それ以外に楽しいことなんてなかった。新しいマネジメント・チームが〈ショウタイム〉や〈MGMグランド〉と新規の契約交渉に当たっていたが、まだ巨額の債務を背負っていた。国税局に支払う税金も残っている。

次戦のトレーニングに取りかかるためアリゾナ州フェニックスへ移動し、六月の初め、フェニックスにある悪名高いジョー・アルパイオ保安官の刑務所で社会奉仕を始めた。アルパイオは俺を迎えて感激していた。俺はテント村を歩きまわって囚人たちに声をかけ、ときには助言することもあった。

いっぽうで、弁護士たちが身辺警護チームに警告を発し始めた。

「ご存じのように、マリコパ郡成人保護観察部はマイクの監視を強化しています。したがって、アンソニーにはすでに実行してもらっていますが、以下ご確認ください。マイクが午後十時以降にホテルを出たら、保護観察官のポールとその監視員チャドの両名にポケットベルで連絡すること。また、マイクがどこへ行こうとしているのか、私の留守番電話にメッセージを残していただきたい。マイクが別のクラブへ向かったら――それがレストランであっても――保護観察官両名と私に電話を入れ、全員に行動の過程を知らせること。アンソニーとも協議しましたが、大事なのは保護観察部が何をするかではなく、マイクが大人しくしていることです。万一、保護観察部ともめたり、もめそうになったときは、ただちに私に連絡願います」

俺はアル・カポネか！　悪辣な黒ん坊《ニッガ》で、この世でいちばんおっかない男ってわけだ。

相変わらず、カネ目当ての訴訟を起こそうとするやつらの標的にもなった。八月のある日、アルパイオ保安官のテントで社会奉仕にいそしんでいると、アルパイオから事務所に呼び出された。

「マイク、うちの女保安官が君を訴えている。君に殴り倒されたと言っている。この訴えを起こすのになぜ一週間もかかったのかはわからんが」

「あんた、ずっと俺といたじゃないか。でっち上げに決まっているだろう」

一九九九年十月二十三日、ついにラスヴェガスのリングに戻った。相手はオーリン・ノリス。チャンピオンだったころ、よく俺の記者会見に現れて、俺をじっと見ていた男だと気がついた。俺の前座で何度か戦っていたが、試合は記憶にない。〝この黒ん坊《ニッガ》、何者だ？　何か俺に恨みでもあるのか？〟と俺は考えていた。すごく不気味だった。

ＷＢＡクルーザー級王者だけに、戦いかたは心得ていた。第一ラウンドは探りあいに終始したが、終了のゴングと同時に俺が左アッパーでダウンを奪った。レフェリーのリチャード・スティールからラウンド終了後の攻撃と見なされ、二点減点されたが、別にかまいやしない。ノリスはコーナーに戻ったが、椅子に座ったまま立ってこなかった。ダウンしたとき右ひざを痛めたと言い、続行不可能という。観衆がブーイングとともに物を投げつけ、気がついたらリングに制服警官が五十人上がっていた。またこれだ。コンディションは上々だったし、次のラウンドにエンジン全開すればノックアウトしていただろうに、相手は椅子から立ってこなかった。

ビデオを見ると、あいつは立ち上がって自分の足でコーナーへ戻り、トレーナーの言葉に耳を傾けていた。なのに試合を投げたんだ。ラスヴェガスで俺の名前にまた傷がついた。裁定はノーコンテスト。俺がラスヴェガスのリングに上がるのはこれが最後になった。

イギリスでの熱狂

しばらく国外で試合をして、ラスヴェガスでノリス戦のほとぼりが冷めるのを待ったほうがいいかもしれないと、シェリー・フィンケルは考えた。で、二〇〇〇年一月二十九日にイギリスのマンチェスターで試合を組んだ。相手はイギリスの国内ヘビー級王者、ジュリアス・フランシス。イギリス興行は刺激的な体験だった。行く先々でもみくちゃにされた。ブリクストンのスラム街を訪ねたときは、熱烈なファンがどっと押し寄せ、いったん警察署に避難するはめになった。自分から警察署に入ったのは生まれて初めてだったかもしれないな。

試合の一週間前、スカイTVのインタビューを受けた。

「ここでは公平な扱いを受けられると思いますか?」と、インタビュアーが尋ねた。

「イギリス人はアメリカに比べりゃ優しいよ。心を踏みつけにされるのはもうごめんだ。何があっても顔を上げて、敢然とそれに立ち向かうつもりでいるけどな」

「あなたを観るために二万一千人がわれ先にとチケットを買い求め、二日で完売になりました。ボクシング・ファンはあなたの何に魅きつけられるのだと思いますか?」

「よくわからないが、チケットが手に入らなかった人が六万人いるのは知っているし、みんな、力ずくでゲートに押し入るべきだ。そう信じている」

「そんな考えを吹き込まないでください、マイク」インタビュアーが恐ろしげに言った。

「それくらいしなくちゃな。俺の試合を観ないでどうする。俺はロベルト・デュランの大ファンだったから、ストリートから大勢、人を駆り集めたぞ。『さあ、行こう! 誰も俺たちを止められない!』って。そうやってゲートを突破したんだ」

「ジュリアス・フランシスについての質問ですが、どんな試合になると思いますか？」

「さあどうかな。ぶちのめすことになるとは思うが」と、無表情で答えた。

「文字どおり、殺《キル》すという意味じゃないですね？『マイク・タイソンはジュリアス・フランシスを殺す気だ』なんて記事になってもいいんですか？」

「べつにかまわないさ。自分のことを誰からどう言われても俺は驚かない。マイケルとタイソンはまったく別の人間だ。子どもたちや妻にとってはマイケルであり、お父《ダディ》さんだ。しかし、ここにいるのはタイソンだ。タイソンは見世物の怪物、どっさりカネを稼ぎ出すな。タイソンは本当の俺じゃない。あの人格になるときもあるが、ふだんはマイケルでありお父《ダディ》さんであって、俺にはそっちのほうが大切なんだ」

「では、そのもうひとつの人格になるのはリングの中だけなんですね？」

「今もさ。今の俺はタイソンだ！　タイソンはカネを生む男だ。マイケル個人に興味を持つ人があまり多くないのは、ブロンクスのブラウンズヴィルで生まれ育ってある日たまたま成功を収めた、つまりツイていた黒ん坊《ニッガ》にすぎないからだ」

大騒ぎになるから、ロンドンの街を歩くことはできなかった。だから車に乗って買い物に行った。信号で停止したら、俺が乗っているのを見てみんなが車を揺さぶりだした。頭から飛び込んできたのもいた。ここは第三世界で、独裁者の車を群衆が取り囲もうとしているかのようだったな。だが、この人たちが示していたのは愛情だった。

「愛しているぜ、マイク！　みんなあんたを愛してる！」と、彼らは叫んでいた。

まるでビートルズみたいだった。同乗していた女は心臓発作を起こしかけたけどな。

ホテルに戻ったが、窓の下に群衆が押し寄せて、シュプレヒコールを上げ始めた。俺がバルコニーに出て親指を突き上げ、敬礼を送るまで、彼らは立ち去ろうとしなかった。

もっとも、女性団体からは総スカンを食った。イギリス議会にも招かれたが、女性議員はみんな敵対的だった。マダム・タッソー蝋人形館を訪ねたとき、ウィンストン・チャーチルの像を見て、「またイギリス人かよ」と言ったせいかもしれないな。

それでも、国際的な悪党になった気分で楽しかったよ。ギャングのデリンジャーにでもなったような感じだった。俺の評判があんまり悪いものだから、どこの国へ行ってもギャングが自分たちのクラブを開放して俺を迎え入れてくれた。

「くそ野郎どもをギャフンと言わせてやれ、マイク」と、彼らは言った。「俺たちがついてるからな！」

絶世のロシア美女

ホテルではロシア人の絶世の美女に出会った。俺が身に着けていた宝飾類を見て、世界一の高級宝石店〈グラフ・ダイヤモンド〉に勤めているから来てほしいと言う。ロシアの新興財閥が妻を連れて来店したとき通訳を務めているとかで。今回のプロモーターでヨーロッパのドン・キングことフランク・ウォーレンとその店へ出かけた。彼女が応対してくれた。子どものころの俺はどんなだったかと訊くから、「しょっちゅう強盗や盗みをはたらいていた」と答えたよ。

「冗談ばっかり」と、彼女は言った。

「いや、本当さ。家に押し入って、銃を突きつけて物を奪っていたんだ」

彼女が宝石をちりばめた腕時計をふたつ見せてくれた。どっちも四十万米ドルくらいだ。ウォーレンが大物ぶろうとした。

「私が彼にプレゼントしよう」ウォーレンは店のオーナーたちともつながりがあった。この腕時計ふたつに加えて、ダイヤのオルゴール懐中時計ふたつとダイヤのブレスレットひとつを手に入れた。総額八十六万五千ドルだ。

女も持ち帰り、試合のあるマンチェスターへ移動する前に何度か寝た。試合のことは特に心配していなかった。フランシスがまじめに練習していないのは一目瞭然だった。二百四十三ポンドでやってきた。体を絞り込もうと陸軍キャンプに乗り込んだはずが、逆に太って帰ってきたんだ。イギリスのマスコミも勝ち目があるとは思っていなかっただろう。ロンドンの「デイリー・ミラー」紙は五万ドルを出して、フランシスのシューズの裏に新聞広告を出した。その甲斐あって、フランシスは最初の四分間で五度ダウンを喫し、五度目でレフェリーが試合を止めた。

ロンドンに戻り、ロシア人の女に電話をかけた。話をしていると、後ろに「誰だ、タイソンか？」と声がする。女は電話を切ってすぐホテルへ会いにきた。不安になってきた。初めて会ったとき、この女はマイケルという中国の兵器ディーラーと付き合っていると言っていた。

やばい。殺されるかもしれない。

そいつはホテルまで尾けてきたにちがいない。女が着くなり俺は質問を浴びせた。

「マイケルが腹を立てるんじゃないか？」

「あんなやつ、くそ食らえよ」と、彼女は言った。「マイケルは嫉妬深いタイプか？」「もうどうでもいいわ。うっとうしいだけ。お金持ちには違いないし、私を大事にしてくれるけど」

部屋に女友達のジャッキー・ロウがいて、この世間知らずな女に毒づいた。息をのむほどきれいな女だが、とぼけて男の追及をかわせるような、したたかなタイプじゃない。俺は次の日、アメリカへ戻ることになっていた。連れて帰りたいのは山々だが、とうてい無理だ。

「だめ、だめ、絶対だめ！」ジャッキーが女に言った。「彼のところに戻って、何も問題はないと言ってくるのよ。頭をライオンにくわえられたら、いきなり抜かないこと。そっと引き抜かなきゃ。あなたには、あの男のお金が必要なの。マイクは帰るから。あの男を手放しちゃだめよ」

なんとか事を荒立てずにすみ、ほっとした。本当に最高の女だったけどな。

六月を迎えるころ、次の試合のトレーニングにフェニックスへ戻った。俺は虫の居所が悪くて、親切だった女の保護観察官にまで八つ当たりしていた。それでも、これまで出会った中で指折りの弁護士のおかげで、刑務所には投げ戻されずにすんだ。ダロウ・ソールという元グリーン・ベレーでユダヤ教徒の弁護士だ。俺とすごく馬が合ったんだ。すばらしく頭がよくて、アメリカ自由人権協会（ACLU）にいそうな感じかな。

本人から聞いたところでは、父親は白人至上主義者に殺されたが、依頼人がアーリアン・ネイションズ［米国のネオナチ。白人至上主義者団体］の人間であっても弁護するという。不当に死刑囚にされた黒人たちの訴訟を引き受け、すっからかんになることもしょっちゅうだったのに、弁護費用を請求することとさえしなかった。すばらしい男だ。フェニックスの法曹界にいろんなコネがあり、俺のために何年にもわたって数多くのごたごたを解決してくれた。

ギャングへの制裁

イギリスではルー・サヴァリース戦のプロモーターたちが気をもんでいた。保護観察官からの報告がかんばしくないと、イギリスに戻って試合をする許可が下りない可能性があったからだ。六月十六日に出発の予定だったが、同月十日に親友のダリル・ボームが殺されたため、俺はまたニューヨークへ行った。みんなはあいつのことを〝殺し屋《ホーミサイド》〟と呼んでいたが、俺はまだ〝おちびさん《ショーティ・ラヴ》〟という昔のストリートのあだ名で呼んでいた。

あいつはその呼びかたが大嫌いだった。ショーティ・ラヴは俺の近所の生まれで、ストリートじゃ評判が悪かった。無法者たちと近所をうろついているところを、しょっちゅう見かけた。年上の男たちが取り巻きで、小僧のあいつが首領だったらしい。

〝ホーミサイド〟と呼ばれていたのは、十二歳にしてKOアーティストだったからだ。ストリートで誰かと対決しては、パンチ一発でノックアウトし、装身具や羊革のコートを奪っていた。一九八六年、強盗罪で二年から六年の判決を受けて刑務所に入った。塀の中でも乱暴すぎて、倍の刑期を勤めるはめになった。一九九九年十二月三十一日にようやく出所。出てきたとき、俺は少しカネを渡し、ロレックスの立派な時計と鎖とメルセデス・ベンツを買ってやった。うちの警備員として仕事の世話もした。ストリートの暮らしを離れて、まっとうな生活をしてほしかった。

「俺のそばにいろ」と、俺は言った。「もうつまらないことはするな、そこそこのカネは稼げるようにしてやる」

「お前からカネを受け取れるかよ、マイク」と、あいつは言った。「お前だって、周囲のやつらにごっそりカネをむしり取られてきたんだろう」

ショーティ・ラヴは根っからのギャングだった。対立するふたつのギャングの麻薬抗争に巻き込まれ、出所から半年後に撃ち殺された。なんでこんなことになるんだ？ 古い友人はみんな、殺されたり、誰かを殺したりしていた。みんな、麻薬とセックスと殺し合いに巻き込まれはしたが、根は善良な人間だったはずだ。

ショーティの葬儀代は俺が払った。あいつに敬意を払おうと大人数が駆けつけてきたから、ブルックリンの豪奢なイタリア式の葬儀場を貸し切りにして、さらに部屋を三つ付け足した。

だから、イギリス行きの飛行機には試合のために仕方なく乗ったんだ。ロンドンに着くなりロシア人の女に電話をしたら、〈グラフ・ダイヤモンド〉から解雇されていた。フランソワ・ボタ戦でロンドンにいたとき俺にくれた宝飾類の代金を、プロモーターのフランク・ウォーレンが支払わなかったせいだ。さらにまずいことに、〈グラフ〉は俺を訴えると言っていた。トレーナーのトミー・ブルックスに頼んで、ウォーレンをホテルの部屋へ呼んでもらった。

ウォーレンには、ドン・キングと同じく、ギャングの一員という噂があった。だからヨーロッパのボクサーはみんなあの男に恐れをなしていた。そんなわけで部屋に入ってきたとき、あいつはふんぞり返っていた。

「あんたが買ってくれた例の宝飾類だが、いっこうに支払いをしないそうだな」と、俺は言った。「ドン・キングとは友達か？」

「ああ」

「俺に敬意を払わなかったときどんなことが起こったか、ドンから聞いていないのか？」

「おお、聞いているとも。ボコボコにされたそうだな」

「それを聞いてどう思った？」

「いや、何も」と、あいつは見下したように言った。

バキッ！　容赦なくお仕置きを始めた。パンチ一発であごを割った。倒れたあいつを踏んづけてあばらを折った。化粧箪笥からペーパーウェイトを手に取って、それで顔を殴りつけたら、眼窩《がんか》が折れた。それから窓へ引きずっていって、下の通りへ投げ捨てようとした。あいつは命乞いをした。

「なんだ、もう泣きを入れるのか、ええ、このくそったれ？」

床に投げ戻した。

「いい度胸じゃないか。俺にこんなふざけたまねをするなんて」と、声を張り上げた。「その服を脱げ。

裸になれ」

「勘弁してくれ」あいつは懇願した。

顔を蹴った。

「請求書の支払いをしなかったとき、こうなると思わなかったのか？　さあ、服を脱げ」

やつは必死にドアから逃げ出した。すぐに廊下を追いかけたんだが、靴を脱いで靴下だけだったから、やたらと足がすべって、そのあいだに逃げきられちまった。

人工ペニスの効能

スコットランドに着くと、気分が高揚した。試合があるのはグラスゴーで、あそこの歓迎ぶりはすさまじかった。試合の前に少しコカインをやっていたし、マリファナもちょっとやった。コカインはすぐ体から抜けるから問題なかったが、マリファナは体内に残るから、奇策に打って出るしかなかった。人工ペニスに他人のきれいな小便を入れて薬物検査をすり抜けるんだ。ジェフ・ウォルドの助手をしていたスティーヴ・トーマスが旅に同行して、細工してくれた。

試合前日も凧のように舞い上がっていた。キルトを羽織ってメルセデス・ベンツの上から観衆に敬礼。車の屋根で飛び跳ねては、「チャンピオン！　チャンピオン！」と叫ぶと、みんなが熱狂した。

ドイツ人の男が近づいてきて、これはドイツ車で、すばらしい車なんだと抗議を始めた。

「へえ、たいしたもんだな」と、俺は言った。「つまり、ユダヤ人から奪ったカネで作った車ってわけか？　お前が買ったのか？」こんなことは言うべきじゃなかった。人種の話を持ち出すなんて悪趣味もいいとこだ。

俺にとってサヴァリースは興味深い相手だった。かませ犬なんかじゃない。一九九七年にはジョージ・フォアマンと最終ラウンドまで戦い、敗れはしたものの一対二のスプリット・デシジョンに持ち込んでいた。九八年にはバスター・ダグラスを一ラウンドでKOしている。四十二戦で三十二のKO勝ち。それでも問題ないと思っていた。

ゴングが鳴り、最初に繰り出したパンチでダウンを奪った。左ロングフックが、テンプルをとらえていた。起き上がったところを容赦なく攻撃。もう一度ダウンしかけたところで、レフェリーが割って入った。試合を止めているのかどうかわからず、そのままラッシュ、ラッシュ。たまたま左フックが当たってレフェリーを倒しちまった。もちろん、殴ろうとして殴ったわけじゃない。サヴァリースを痛めつけるまで容赦なく攻め続けただけだ。

試合後に〈ショウタイム〉のジム・グレイからインタビューを受けたとき、俺は興奮していた。

「マイク、これまでで最短の試合じゃなかったですか?」

「神は一人だけである証明だ。預言者ムハンマドの祝福だ。この試合を亡くなった俺のブラザー、ダリル・ボームに捧げる。そっちに行ったら会おうぜ、心から愛している。すべての称賛は、俺の子たちに。愛してるぜ。どうだ、ちきしょう。うん?　なんだった⁉」

「これは今までで最短の試合ですか?　アマチュア時代、プロになってからを通じて?」

「あなたに神の平安《アッサラーム・アライクム》を［イスラム教徒が使うアラビア語の挨拶］。わからない。そうだ、レノックス・ルイス、レノックス、行くからな、待ってろよ」

「たくさん練習してきて、七、八秒で試合が終わってしまうと物足りなくないですか?」

「この試合のためには二週間ほどしか練習しなかった。親友を埋葬しなくちゃならなかったからな。その友人にこの試合を捧げた。あいつの心臓をぶち破るつもりで戦った。俺は史上最高、ボクシング史上もっとも残虐で、獰猛で、情け容赦ないチャンピオンだ。俺を止められる者はどこにもいない。

レノックスは征服者か？　違う！　俺がアレクサンダー大王だ。俺はソニー・リストンだ。ジャック・デンプシーだ。俺は彼らと同類だ。俺に並ぶ者はいない。攻めは強烈、防御は鉄壁、ひたすら獰猛だ。お前の心臓が欲しい。あいつの子どもたちを食らいたい。アッラーを称えよ！」

それだけ言って、さっさと引き揚げた。こんな大言壮語を吐いたのは、麻薬で高揚するあまり、頭がいかれていたからだ。台詞は〈五毒拳〉みたいなショウ・ブラザーズのカンフー映画からのパクリだ。お気に入りの漫画の登場人物、アポカリプスの台詞も使っていた。あいつは悪党のくせして、いつも高潔な話しかたをした。「俺を見て震えろ。お前の世界に混じりけのない忘却をもたらしてやる」なんて。俺はちびのころからああいう大口をたたいていた。赤ん坊を食らってやるというのは、WWFのレスラー特有の言葉遣いだ。手に負えない悪党を演じていたが、じつはショーマンだったんじゃないか。

ロンドンに戻ると、俺はまたフランク・ウォーレンを探し始めた。殺してやる気だった。眼窩と頬骨とあごを骨折したのに、それでもあいつは試合場に現れた。しかし、ロンドンに戻ると行方をくらました。「デイリー・レコード」紙がフロントページに、未払いの宝飾類代金六十三万ドルをめぐって俺がホテルの部屋であいつを襲ったという記事を掲載した。ウォーレンはその記事を「まったくのでたらめだ」と否定した。

「彼を殴ったんですか？」記者会見で質問が飛んだ。

「いや」

「窓から投げ飛ばそうとしたんですか？」

「いや。フランク・ウォーレンのことは愛してる」

アメリカへ戻ると、保護観察官がサヴァリース戦後のコメントとウォーレンへの暴行疑惑を憂慮していた。それでも、弁護士のダロウ・ソールが全部解決してくれた。

薬物による衝動

仮釈放の条件に精神科医の診察を受けることがあって、アリゾナ州テンピでバークスデール博士とその同僚に会った。気持ちのいい顔合わせとは言えなかった。だが、ここでもダロウが救援に駆けつけてくれた。

「初顔合わせは穏やかならぬものだったようですね」ダロウはバークスデールに書き送った。「しかし、昨夜マイクは別件で私に電話をかけてきて、あなたとお仲間にもういちど診てもらえないかと言いました。マイクとのこれまでの経験に基づいて申し上げれば、これはきわめて有望な展開です」

俺はラスヴェガスに戻っていた。イギリスでの二試合が絶好調だった理由のひとつに、一日三十マイル歩いていたことがあった。ときには摂氏四十度の中を歩いた。しゃべりも止まりもせず、意識朦朧で歩くんだ。いっしょに付き合って心臓発作を起こした友人もいた。

この長距離ウォーキングを始めたのは、アレクサンダー大王とその軍隊について書かれた本を読んでからだ。一日六十マイル行軍したというから、「ちきしょう、俺だってできるぜ」と宣言したんだ。一日十マイル歩くと、足に火炎噴射を浴びているような心地がした。〈ニューバランス〉なんて立派なスニーカーを履いていたのに、足に火がついたみたいな感じがするんだ。さらに本を読み進めると、この偉大な戦士たちはこういう行軍のとき、みんな薬物でハイになっていたのがわかった。戦争の歴史は薬の歴史でもある。太古から、偉大な将軍や戦士はみんな薬でハイになっていたんだ。

だから歩行トレーニングにマリファナとアルコールを組み込んだ。ハイな状態で四十度近い暑さの中を歩いていると、躁鬱病的な性質が顕著になる。酒とマリファナと暑さは相性がよくない。歩くときはシャツを頭に巻いて上半身裸で行った。体重がごっそり落ちて、ズボンがずり落ちそうになった。日射しに焦がされてタールみたいに真っ黒になった。クラック常用者みたいな見てくれだ。見ただけじゃ俺とわからなくなった。一人、サインをもらいに寄ってきたやつがいたが、ボカッとぶん殴ってやった。

日射しで脳みそが焦げて、正気をなくしていたんだな。

このウォーキングのせいで身辺警護の連中は頭がおかしくなりかけた。やつらは映画の『フォレスト・ガンプ』から、俺にガンプとあだ名をつけた。アンソニー・ピッツが少し距離を置いてついてこようとしたが、ときどき見えなくなり、近くにいるのもわからなくなった。

あるとき、自宅から友人のマックの理髪店まで遠路はるばる歩いていった。特別暑い日で、マリファナを入れた大きな袋を抱えながら。マックの家でくつろいでいたが、マックはクリーニング店へ服を受け取りにいき、俺はまた歩いて自宅へ向かった。へべれけで、独り言をつぶやきながら。何ブロックか歩いたとき、アンソニーがシボレー・サバーバンでついてくるのが見えた。酔ってたせいか、ぷつんとキレた。べつに死んだってかまやしない。そんな衝動に駆られることがよくあった。麻薬に酔った被害妄想の頭の中で、俺はアンソニーにスパイされていた。なんで俺が行くとこ行くとこついてきやがるんだ？　カネを払ってそうしてもらっていることを、すっかり忘れていた。

で、警察署に続く路地に入った。アンソニーが追いついたときは、あいつを指差して警官たちに訴えていた。アンソニーが車を降りてくる。

「あんたの面倒を見るために雇われているんだ、さあ、乗ってくれ」と、アンソニーは言った。「ほら、早く、帰るよ」

「誰が乗るか」と、俺は言った。「こいつに困ってるんだ。逮捕してくれ。ずっとあとを尾けてくるんだ」と声を張り上げていた。ばかでかいマリファナの袋をずっとかかえたまま。

警官たちがアンソニーに職務質問を始め、そのあいだに俺はずらかった。何ブロックか離れていたが、またアンソニーが追ってきた。頭にきて、溝に落ちていた煉瓦を拾い上げて投げつけたら、フロントガラスを突き破った。翌日、ガラスを取り替える費用をショーニー・シムズが送ってくれた。

八月二十二日、グラスゴーでのサヴァリース戦でレフェリーを誤って打ってしまったことに十八万七千五百ドルの罰金が科せられた。イギリス史上最大の罰金だ。消費税と考えることにした。次のアンドリュー・ゴロタ戦で二千万ドル稼げる予定があったからな。〝汚いポーランド人〟の異名を持つ巨漢のゴロタには、ダーティ・ファイターの評判があった。ローブローを繰り返して反則負けを喫したが、リディック・ボウとの二試合ではあいつがリードしていた。ボウとは同じ特殊学校に通った仲だし、あいつのためにもゴロタに勝ちたいと、待ちきれない気持ちだった。

九月十四日に試合の宣伝を兼ねてロサンジェルスで記者会見を開いたが、このときの俺は昔の俺だった。

「俺は有罪判決を受けたレイプ犯だ！　獣だ！　ボクシング史上最大の愚か者だ！　ここを出ていかないと誰か殺してしまう！」と吼えてみせた。

「俺がゾロフトを服用しているのは知っているな？　だが、あれを飲むのはみんなを殺さずにおくためだ。そのために飲んでいるんだ。なんとか自分を見失わないようにしている。俺だって、ゾロフトなんか飲みたくないが、そうでないと野獣のように暴力的になってしまう。獣になるべきなのはリング上だけだ」

とめどがなかった。

「お前らはボクシングの記事を書いているが、戦ったことも、チャンピオンになったこともないだろう？　俺たちの痛み、俺たちの汗をわかっていない。どんなに孤独かってことを。ボクシングはこの世でいちばん孤独なスポーツだ。俺の言ってることがわかるか？　妻と一年もやっていないんだ。アンドリュー・ゴロタのことなんか気にしていると思うのか？　俺はもう何カ月も子どもたちに会ってないんだ」

「なぜですか？」俺の長広舌に記者の一人が割り込んだ。

「お前の知ったことじゃない、白い坊や。とにかく、もう何カ月も会っていない。俺がお前らのことを気にかけていると思うか？　生きようが死のうが知ったこっちゃない。俺はできそこないのくそ野郎だ。アンドリュー・ゴロタを連れてこい。みんな連れてこい。あいつらのタイトルなんかもらわなくていい。剥奪してやりたいのはあいつらの健康だ。あいつらにも俺のような痛みを味わわせたい。あいつらの子にも痛みを見せてやりたい」

ラスヴェガスの自宅へ戻ったときは、密輸入した新しい二頭の幼獣と遊んでいた。このころにはホワイトタイガーのケニアを手放していた。テキサス州で飼っていたんだが、虎を扱う仕事をしているとかいう動物マニアたちに調教師があいつを見せてやっていた。何があったか知らないが、マニアの女がケニアに近づこうとして柵を乗り越え、結果、とんでもないことになった。

血の味を覚えると厄介なことになるから、可哀想だが手放すしかなかった。カリフォルニア州の動物園に寄贈した。ケニアの件ではもちろん訴えられたが勝訴した。自業自得で、一セントも払う必要なんてなかったが、怪我したのは気の毒だったから二十五万ドル渡してやったよ。

ゴロタ戦は十月十二日、デトロイトで行われた。試合の前の晩、俺はピリピリしていた。計量のとき実際のゴロタを見てびびっちまったんだ。やたらと体がでかいうえに、いかれた感じで、背中に大きな赤いこぶが盛り上がっていた。ステロイドを使っているしるしだ。疫病に取りつかれた人間みたいだった。ベッドにいるあいだずっと、〝あんなでっかい、いかれたやつと戦うなんて、どうなってるんだ？〟と考え、まんじりともしなかった。だが、マリファナに火を点けて最初の一服を吸い込んだとたん、気分はがらりと変わった。〝あんな野郎がなんだ〟と思った。いやはや、マリファナの助けが必要だったんだ。

試合当日、入場前の尿検査を拒否した。あとでスティーヴ・トーマスから例の人工ペニスを受け取ればいいと思って。P・ディディとリル・ウェイン［米国のラッパー］が来ていて、俺は〈キャッシュ・マネー・レコード〉のラッパーたちが歌うラップに乗ってリングに上がった。俺とゴロタに挟まれた小さなレフェリーが気の毒だった。どっちかに殴られるかもしれないからな。

第一ラウンド、ボディを集中して攻めたら、効いているのがわかった。なめらかな動きからジャブを放つ。顔にビシビシ打ち込み、続いてボディに何発か入れた。向こうはずっと左手のガードが低かった。力ないジャブが来たところでもぐり込んで、ガツン。俺のパンチでゴロタは左目をカットした。残り十秒くらいで右ストレートがきれいに決まると、やつはダウンした。

二ラウンドが始まると同時に追いかけた。大振りのパンチは当たらなかったが、ボディにいいのが入った。ラウンドの終了まで、ゴロタは下がっては、ときおりはたくようなパンチを打つだけだった。

三ラウンド、コーナーから立ち上がって足を踏み出そうとして、目を疑った。ゴロタとセコンドが喧嘩になっていた。あとで〈ショウタイム〉の映像を見たところ、ゴロタはもう戦意喪失していたが、セコンドの小柄なイタリア人、アル・チェルトが怒鳴りつけていた。

「右を打つんだ」と、チェルトは言った。

「もうやめる」と、ゴロタは言った。

「何言ってるんだ、ばか野郎。お前は勝てる」

「止めてくれ」

「ばか言え。さあ、行くんだ、この野郎。お前は勝つ」

「やめる」と、ゴロタは言った。立ち上がってチェルトを押しのけ、リングを右へ左へ回り始めた。

いったいこいつらは何をやっているのか。

「やめろ、こら！」と、チェルトが怒鳴った。

ゴロタがレフェリーに歩み寄る。

「やめだ」と、あいつは言った。レフェリーが手を振って試合終了を告げた。

だがチェルトはゴロタがコーナーに戻ってくると、口にマウスピースを押し込んで押し返そうとした。しかし、ゴロタはもう戦意を喪失していた。ガウンを羽織って、急いでリングを下りていく。控え室に向かう途中、観客から罵詈雑言が浴びせられ、誰かが投げたオレンジ系の炭酸飲料がゴロタに当たって全身オレンジ色になった。

あとでゴロタは、バッティングでめまいを起こしたためと言い訳したが、コーナーで戦意を失っただけだ。あいつも戦いの重圧から正常な判断ができなくなったんだ。しかし翌日、妻に連れられてゴロタがシカゴの病院に行くと、脳震盪と左頬骨の骨折が判明した。後者はダウンを奪った右が当たったところだった。

控え室に戻るなり、ミシガン州の役員が尿検査に飛び込んできた。たぶん相手がゴロタだから、すぐステロイド検査できるよう準備していたんだろう。おかげでスティーヴ・トーマスから道具を受け取る暇がなかった。自分の尿を渡すしかない。当然、体内に残留しているマリファナが検出された。マリファナは攻撃性を鈍らせるんだから、残留状態で戦った俺にはボーナスが出てもよかったと思うが、九十日間の出場停止を食らった。そのあいだに試合の予定はなかったから問題なかったが、五千ドルの罰金も科され、ミシガン州を基盤にした慈善活動や団体に二十万ドル寄付させられた。そのうえTKO勝ちを取り消され、試合はノーコンテストになった。二千万ドルのファイトマネーが入っても、会計的には大失敗だ。

トラブルを引き寄せる磁石

二〇〇一年初頭、うちの会計士たちから前年の決算報告書が送られてきた。年頭の時点で三百三十万ドルの赤字だった。前年の収入は、それまで財務管理を任せていた〈シドリー〉からの示談金二千万ドルを含めて、六千五百七十万ドル。ドンと結託してやってきたことが強盗行為なのは重々承知していたから、〈シドリー〉は喜んで示談に応じた。問題は、年間の支出が六千二百万ドルに上ったことだ――税金に八百万ドル、弁護士費用と裁判費用に五百十万ドル、モニカに五百万ドル、プロモーターの一人から借りていたカネの返済に四百十万ドル、ケヴィン・ルーニーの訴訟に三百九十万ドル、人件費が三百四十万ドル、車に二百十万ドル、〈アイアン・マイク・レコード〉への資本注入に百八十万ドル、等々。

もちろん、新しい経営陣から答えは出なかった。やつらはたがいに非難し合っていた。ショーニーに食い物にされているのだとジャッキーが主張する。

「マイク、彼女にお金を盗まれているのよ。あなたが試合をして新しい車を買うたび、同じ車を買ってるのよ」と、ジャッキー・ロウは言った。二人と三者通話で話し合いを持ったが、ショーニーは泣きだして、「だから言ったでしょ、彼女は私が嫌いなんだって」と訴えた。

ジャッキーが〈アイアン・マイク・レコード〉のためにブルックリンに七万五千平方フィートの事務所を開設すると、それを見たショーニーは、自分の住むアトランタにも同じくらい贅沢なオフィスが必要だと主張した。まぬけなことに、俺は同意した。どっちのオフィスにも、いちども足を踏み入れたことはない。

事業のことなんて考えていられなかった、というのが本当のところだ。麻薬でハイになって女とやること以外、望みなんてなかった。この世界のトップにいるのに、なんで事業のことなんか考えなくちゃいけないんだ？　悲しいことだが、結局カス以外に心底俺のためを思ってくれた人間はいなかった。カスが俺のために個人退職金口座にカネを蓄えてくれていたことが、今でも信じられない。あれを思い出すと、今でも泣けてくるんだ。

二〇〇一年六月になっても、状況は好転しなかった。さらに、カミールが亡くなった。俺はますます落ち込み、いっそう薬物を摂取した。それでも、デンマークで行われる次の試合のためにトレーニングを始めなくちゃならない。

しかし、俺はトラブルを引き寄せる磁石のような存在だった。カリフォルニア州で張ったキャンプからラスヴェガスへ戻ってきた九月、特殊部隊にまで襲撃を受けた。自宅のテレビ・ルームでESPNの『スポーツセンター』を見ていたときのことだ。シェフのドルーが厨房で昼食用にフライドチキンを作っていて、その香りが漂っていた。ラスヴェガスの朝のありふれた光景だ。そこへアシスタントのダリルが部屋に飛び込んできて、「マイク、タリバンが来た」と言う。取り乱した様子で。「うるさい、ダリル、静かにしろ」と、俺は言った。九・一一の恐ろしいテロ事件から十日くらい経ったころだ。

「いや、本当なんだ。敷地にタリバンがいるらしい」と、ダリルは真顔で言った。

「なんの話だ？」

「マイク、こっちへ来てくれ、お願いだから」と言う。それで俺たちは外に出た。

緑色の迷彩服を着たやつらが百人くらいいた。手には急襲用ライフル、ベルトに手榴弾をぶら下げている。もう片方の手で透明の大きな防御用の盾を持っていた。少しずつ敷地を前進してきて、ときおり大きな椰子の木の陰を盾にした。それだけじゃない。敷地に二カ所ある大きな鍛鉄製の門扉を、側面に〝SWAT［特別機動部隊］〟と刷り込まれた巨大な破城鎚戦車が通り抜けてきた。ブンブンいう音が聞こえ、空を見た。ヘリコプターがいる。着々と侵攻は進んでいた。

そのころには、全軍勢が玄関を突き破る準備を整えていた。透明な盾を前に掲げ、手に武器を持って、ズボンの裾をブーツの上にあげている。そのあとやつらは俺たちの前で動きを止めた。

「動くな！」と、一人が怒鳴った。

俺は微動だにしなかった。

カチ、カチ、カチ。ライフルの撃鉄を起こす音が宙を漂う。

「ビン・ラディンはここにはいない。俺たちは九・一一とはなんの関係もない」と、ダリルが言った。CNNの見すぎだったかもしれないな。やつらは砂漠で演習中の軍隊に似ていた。唯一の問題は、その砂漠がうちの敷地だったことだ。

彼らはようやく、自分たちの身分を明らかにした。タリバンじゃなくて、ラスヴェガス市警だった。ヴェガスであんな大勢の警官を一カ所で見たのは初めてだった。俺が若い女を三日間監禁してレイプしているという容疑を捜査するために来たのだと言う。うちの敷地には武装警備員が何人かいて、ダリルが警備小屋を設置していた。その若い女が敷地内に武器があると当局に伝えたんだろう。だから警察は過剰な準備をしてやってきたんだ。

部隊が侵攻してくるのを見るなり、リックは弁護士のダロウ・ソールに電話をかけた。ダロウは俺を家から脱出させて警察には何も言わせるな、ひと言もしゃべらせるなと指示をした。いい判断だ。警察は俺たちの身体検査をし、全員敷地の外に出るよう命じた。調べたい場所へ案内する人間が必要だったから、管理責任者のダリルは残された。

警察は家の中を引っかきまわしていった——部屋も箱も書類も、何ひとつ見逃さず。ベッドからボックススプリングとマットレスを取り外し、あらゆるビデオを細かく調べた。午前十一時から翌日の午前一時まで。ちきしょう、ピッツァを注文して夕食の休憩まで取りやがった。

俺の個人的なセックス・ビデオを含めた物品ひと山が差し押さえられた。俺は一日じゅうダリルに、「まだいるのか?」と電話をかけ続けた。

「ええ、マイク、家を引っかきまわしています」

俺はジムに行ったあと、ボディガードのリックにガールフレンドの家へ車で送ってもらった。なぜあいつらがうちを襲撃しているのか、わけがわからなかった。その理由が判明した。マックの理髪店で出会った女が警察に通報したんだ。その女を自宅に連れていったら、一週間くらい泊まっていった。女を残して練習に行くと、俺のTシャツ一枚で厨房に行ってシェフに食い物を作ってもらったりしていた。家と門のセキュリティ・コードは全部知っていたから、好きに出入りができた。しかし、なぜあいつが誘拐されたんだ? ようやく家を出ていったときは、リックが自宅まで送ってやった。ご機嫌で帰っていったそうだ。なのにどうして、あんな襲撃を食らうようなでたらめを言ったんだ?

ヒューストンにいるレコード・プロデューサーの友人から電話をもらって、理由がわかった。あの女は俺とは別の有名なボクサーと付き合っていた。俺の家に泊まったあと、そいつのところへ戻ると、そいつは激怒して、女をこっぴどい目に遭わせた。そのあと、警察へ行って、俺に誘拐されて監禁されたと言ってこいと命じたんだ。

心底、頭にきた。このもう一人のボクサーが糸を引いていたという証拠はなかったが、事実なら生かしちゃおかない。ただ、俺は業《カルマ》を信じてもいた。悪行は自分の身に返ってくるものだ。ぶちのめしてやろうかと思ったが、そいつも危険を感じたらしく、自宅の警備を強化した。しかし、どれだけボディガードがいても関係なかっただろう。近所に、俺を社会奉仕の場所までよく送ってくれていたギャングがいた。ひとこと言ってくれたら電話一本で銃器を持った援軍を二百人動員するという。申し出には感謝したが、さすがに断った。復讐に血道を上げたことは一度もない。そのボクサーとは何年かしていっしょに麻薬でハイになったことまであった。

自宅が襲撃を受けたあと、女が誰かが特定され、記者やリポーターが理髪店にやってきて俺にインタビューしようとした。マックが奥の部屋に俺を隠してくれた。そのうえ、わざわざ地区検事長のスチュワート・ベルに電話をかけて、自分が紹介した女だと説明してくれた。女が監禁されたことなんてないし、女は街で俺の車を乗り回していたと。タイソンはまもなく次の試合に向けてコペンハーゲンに発つ予定だから心配になったんです、とマックは言った。

「その点は心配いりません」と、ベル検事長は言った。「マイクは試合に行けますよ。我々にはもっと調査が必要ですし、何かあっても、それは試合のあとでしょう」

デンマークでの狂騒

ブライアン・ニールセン戦のためにデンマークに向かう機内で、ちょっとしたドラマがあった。クロコダイルが嘔吐し始め、気を失った。オーバードース（ＯＤ）、つまり薬物の過剰摂取だ。急いで病院へ搬送された。三日が過ぎ、本当に死ぬんじゃないかと思ったが、計量の日には何事もなかったように現れた。クロコダイルは昼夜麻薬をやっていても、いきなり麻薬を断って六週間ボクサーを訓練できるような人間だった。そのあとまた何事もなかったように麻薬でハイになる。

あの旅にはダロウが同行してくれた。現地に着いて間もなく、デンマークによくいるバイク乗りみたいな大柄な男がアンソニー・ピッツの女房に何事か言った。ダロウがくるりと体を回して、バシッ。パンチ一発でKOした。いやはや、アンソニーのお株を奪うようなパンチだった。

「これが一番だな」と、俺は言った。「弁護士とボディガードにセットでいてもらうのが」

デンマークは俺たちに熱狂した。どでかいアリーナのチケットがあっという間に売り切れた。一年ぶりの試合だったから、ブライアン・ニールセンを仕留めるのに何ラウンドかかるかもしれないと思っていた。

当時のIBC王者だが、たいした意味はない。スーパー・ブライアンと呼ばれ、戦績こそ六十二勝一敗だが、全盛期の強い選手とは戦っていなかったからだ。ボーンクラッシャー・スミス、ティム・ウィザースプーン、ラリー・ホームズを破っていたが、対戦したとき、相手はもう下り坂だった。それでも、身長六フィート四インチ、体重二百六十ポンドの巨漢だ。つまり、的も大きいわけだが。

一ラウンドで強烈なボディを食らわせ、三ラウンド終了の数秒前に必殺のコンビネーション・ブローを連ねてダウンを奪った。ニールセンはセコイアの木のようにぶっ倒れた。倒れたときロープが衝撃を吸収していなかったら、リングが真っ二つに裂けていただろう。やつの長いキャリアの中で二度目のダウンだった。

最初の六ラウンドでさんざん打ちのめした。七ラウンドのゴングが鳴ったが、相手は椅子に座ったまま立ってこない。左目の上をカットし、ずっとそこを攻められていた。ニールセンはレフェリーに目が見えないと訴えていたが、本当は精も根も尽きていたんだ。だが、あいつはいいやつだった。傲慢でふてぶてしいとみんなが嫌っていたが、俺は親しみをおぼえた。

試合が終わると一気にパーティ・モードに突入だ。俺は大きなスイートに泊まっていて、クロコダイルといっしょにマリファナと酒を手に入れ、女も何人か調達した。売春婦やダンサーじゃなく、九時〜五時で会社勤めをしているような、ごくふつうの女たちを。デンマークには性風俗店がどっさりあって、セックスに鷹揚《おうよう》な国だったが、さすがの俺もちょっと腰が引けた。あそことドイツとバルカン諸国はセックスに積極的すぎた。

クロコダイルははしゃぎまくって、プロモーターの娘ともやっていた。パレスチナ人の女と俺のスイートのバスルームにいて、そこへ俺がうっかり入っちまった。

「おい……おい、ブラザー」俺はあいつの肩をたたいて、三人プレイに突入した。部屋に戻るとほかにもたくさん女がいたから、そいつらともやり始めた。俺とクロコダイルは部屋の端と端にいたが、それでも女の一人の「愛してる、クロコダイル！」という叫び声が聞こえてくる。

「愛してるなんて、どうして言えるんだ？」俺は部屋の反対側から叫んだ。「まだ知り合って一週間くらいだろう！」

屈強な女ボディガードまでモノにした。デンマーク人のプロモーターが雇った警備チームの長だ。見るからに強そうで、髪をアップにまとめていたが、俺のTシャツ一枚で髪を下ろしてしおらしくベッドにいる女を見て、クロコダイルは仰天していたよ。彼女は俺に首っ丈だった。アメリカまで追いかけてきたが、俺は付き合おうとは思わなかった。

コペンハーゲンで二、三日ドンチャン騒ぎをやらかし、みんなは帰ったが、クロコダイルと俺はそのまま二カ月くらい、ヨーロッパ各地でばか騒ぎを続けた。もちろんアムステルダムにも行った。

滞在中、ずっとマリファナをやっていた。マリファナの巻きかたを習得したのもあそこだ。俺は麻薬で舞い上がっていたし、試合の疲れも残っていたから、ホテルの大きなスイートに女を連れ込んで、滞在中のほとんどを屋内で過ごした。アムステルダムからバルセロナへ移動してもバカ騒ぎは止まらなかった。しかし、トレーナーの一人からクロコダイルの元へ俺をアメリカに戻すよう電話が来るようになり、そこでようやく俺たちは帰国した。

しばらくニューヨークをぶらつき、クロコダイルをブラウンズヴィルへ連れていって、俺の育った界隈を見せた。俺のロールスロイスをクロコダイルが運転して、真夜中だったから、町角に車を停めた。百人くらい車に押し寄せてきたよ。みんな我を忘れていた。俺に会えて大喜びだった。カネも少し渡してやった。その夜はジャッキーの家に寝に帰り、クロコダイルにはホテルに泊まるよう指示をした。朝、目を覚まして窓の外を見たら、車のまわりに三十人くらいが立って、中で寝ているクロコダイルを見ている。

「なんで、ホテルで寝なかったんだ?」

「ああ、車の中で寝たくなっただけさ」と、彼は答えた。あとからわかったところでは、あの周辺にはドヤ街みたいな安宿しかないと思ったらしい。

天国への旅

ヘビー級王座挑戦の交渉にシェリー・フィンケルが当たっているあいだ、肩ならしに一戦交えた。十二月十六日の早朝、ブルックリンの〈シュガー・ヒル〉というディスコで幼なじみのデイヴ・マローンや大勢の女と盛り上がっていると、大柄な長身の男が入ってきた。大きなミンクのコートを着て、粋な帽子をかぶっている。ギャングにちがいない、と思った。

「マイク、いっしょに一杯やろうぜ。来いよ。ちびの連中とばっかりじゃ飽きるだろう」と、そいつは言った。

敬意を表し、シャンパンを二、三杯飲んで、マリファナを少しやった。男はミッチェル・ローズと名乗り、バタービーン［〝史上最強の四回戦ボーイ〟の異名を持つ米国のボクサー］に初めて勝った人間だと言った。

「マイク、俺とあんたが戦っていたら、あんたに攻めさせてカウンターを取っていたな」と、偉そうに言う。

「ブラザー、すまんがもう一度言ってくれないか？」と、俺は言った。「何か言ったみたいだが、よく聞こえなかった」

「俺とあんたが試合をしていたら、あんたに攻めさせて、ロープを背にカウンターを取っていただろう」マリファナ煙草に火を点けながら、あいつは言った。

「そのマリファナ、回してくれ」と、俺は言った。

受け取ると、あいつが口をつけた端を破り捨てて、一服した。

「シャンパン取ってくれ」

あいつはグラスをよこした。俺はそれを床に投げつけた。

「失せろ！」と怒鳴った。

立ち上がってにじり寄ったが、デイヴが割って入った。結局、ミッチェル・ローズは出ていった。

しばらくして、デイヴと女四人でクラブを出ると、歩道にミッチェル・ローズがいた。

「よお、マイク、やりまんども《チキンヘッド》を持ち帰りか」あいつは女たちのことをそう言った。もう勘弁できない。はじかれたように突進すると、向こうもミンクのコートを脱いだ。左右のパンチを振るったが、酔いにまかせた大振りを相手はかわして逃げていった。だから、ミンクのコートを拾い上げ、ズボンを下ろしてケツを拭いてやった。そのころには朝日が昇っていて、仕事に向かう人が大勢いたし、横をバスが通り過ぎていった。クラブにいた全員が歩道に出てきて、コートでケツを拭く俺を見ていた。いやはや、携帯電話にカメラがついている今だったら、どうなっていたろうな？

俺のばかさ加減は俺がいちばんわかっている。その点はおふくろ譲りだ。おふくろはいったん頭に血が上ると、「死ね、くそばか」とか「ふざけんな」とか怒鳴り散らしていた。二人ともあとになって、やめときゃよかったと後悔するんだ。

四カ月後、ミッチェル・ローズが俺を相手取って六千六百万ドルの訴訟を起こした。暴行未遂とミンクのコートへの暴行で俺からカネをむしり取ろうとした。懲罰的損害賠償金も五千ドル要求した。この男は今でも俺につきまとって、俺の悪評を高めようとしている。『マイク・タイソンは俺の父親を殺そうとした』という自費出版の小冊子まで作りやがった。

世界チャンピオン、レノックス・ルイス戦の交渉が大詰めを迎え、四月に対戦することになったから、トレーニングを始める前に騒ぎおさめをすることにした。ミッチェル・ローズとの路上の喧嘩から一週間も経たないうちに、街娼を二人連れてジャマイカへ休暇に向かった。二人とも遊び仲間だ。よくヴェルサーチに連れていって、服を買ってやった。

ジャマイカへ行くと聞いて、シェリー・フィンケルが仰天した。俺は高価な装身具を着けていくに決まっているし、当時はジャマイカの至るところで強盗事件や殺人事件が起きていた。せめて装身具は外させようと、シェリーは、三階級で世界チャンピオンになったジャマイカの偉大なファイター、マイク・マッカラムに俺を出迎えさせた。

「マッカラム、うれしいな」と、俺は言った。「ここで何をしているんだ？」

「あんたの荷物を持っていくよう頼まれたんだ」と、彼は言った。

「付き合えよ、ブラザー。楽しいぞ」

「いいとも。しかしその前に、その装身具は外したほうがいい。ここの人間は貧しいんだ。それを見たら奪おうとするにちがいない」

「奪おうなんてしないよ。着けている俺を見たがるだけさ。装身具なしで行ったら、敬意を払ってもらえない」

　マッカラムは渋ったが、俺は譲らなかった。ジャマイカ最悪の地域をいろいろ巡ったが、俺に手を出すようなやつはいなかった。手に入れたのは愛だけだ。ダミアン・マーリー［ボブ・マーリーの息子］の家――親父さんのものだった家――で、人生最高の高揚感《ハイ》を経験した。それはもう高く高く舞い上がった。マリファナだったが、気分を落ち着かせてくれる程度じゃない。じいんと痺れるような状態が続くんだ。ほかにはない強烈な感覚だったよ。

　ある晩、マッカラムがストリップ・クラブへ連れていってくれた。ジャマイカのすごい美女がどっさりいた。

「なあ、何人かホテルに持ち帰りたいんだ。いくらかかると思う?」と、俺は尋ねた。

「あそこのあいつはたぶん四万だな」と、彼は言った。

「四万ドル?」信じられない。

「ああ、そうじゃない、ジャマイカの通貨でだ。米ドルなら二十ドル」と、彼は説明した。

「ちきしょう、だったら全部いただこうぜ。店を閉めるよう言ってくれ」

「そいつは無理だよ、マイク」と、彼は言った。「三人選べ」

　セクシーなのを三人選び、みんなで俺の部屋に戻ってドンチャン騒ぎをした。

暮れも押し迫ったころ、女たちをジャマイカに残して、新年をキューバで過ごすことにした。ボディガードのリックがついていくと言って聞かない。俺のパスポートはあいつに握られていた。俺は知らなかったが、パスポートにキューバ政府のスタンプが押されたらアメリカに戻れなくなるんじゃないかと、シェリーが心配していたらしい。

飛行機を降りるなり、天国にいるような心地がした。キューバにいると、一九五〇年代のタイムカプセルに入った心地がした。五〇年代のアメリカの古い車を修理して使っていて、家もその時代のもののようだった。ホテルにチェックインすると、リックを置き去りにして外出した。キューバ人はどんな人たちか、知りたかったんだ。いや、その前にひとつしたことがあった。まずは少し、鼻からコカインを吸い込んだ。ジャマイカから持ち込んだものだ。

キューバ人はすばらしかった。誰からも煩わされることがない。ハグしてもいいかとか、何か必要なものはないかと訊いてくる以外、誰も何も言ってこない。みんな親切にしてくれ、守ってくれた。スコットランドやイングランドや日本みたいに、人が熱狂して押し合いへし合いするような場面はなかった。すごく放任主義だった。俺をいかれたやつと思っていたのかもしれないけどな。

ハヴァナを巡ってスラム街や狭い路地を二時間くらい歩いていたら、男が一人近づいてきた。完璧な英語を操っていた。

「ミスター・タイソン！　ミスター・タイソンですね！　信じられないよ。本当にあなただなんて！こういう通りは一人で歩いてはいけません。よかったら、ぜひ、うちに来てください」

「おお、いいとも」と快諾した。俺はそういう人間なんだ。

男に連れられて家に着いた。まずは女を確保しなくては。

「で、ここはどうなっているんだ？」と訊いた。「女を紹介してくれ。ナイトクラブへ行きたいな」

「ああ、それなら、ナイトクラブへは行かないほうがいい。ワイフが必要なんですね？　ここにいてください」

男は外に走り出ると、塀を越えて、狭い路地に入り、何分かしたらどこからかサマードレスを着た若く美しい女を連れてきた。

「ワイフをお連れしました」と、男は言った。「いかがです？」

これ以上を望めるとは思えなかった。ここでへまをして、気に入らないなんて思われたら大変だ。これ以上の女なんて連れてこられるわけがない。

「すばらしい、気に入った」と言った。

この男はポン引きのたぐいだろうと思って、ポケットに手を伸ばした。

「いくら払えばいい？　何ディネーロだ？」

「いえ、いえ、受け取れません」と、彼は言った。「もうあなたは家族です。彼女はあなたのワイフです」

この女はすばらしかった。すごく気配りがこまやかなんだ。男がディナーをごちそうしたいと言うから、女と少し散歩して、家に戻った。

男の女房が立派なロブスターを料理し、男がテーブルにワインを二本持ってきた。俺は自分の目を疑った。そのうち一本はラフィット・ロートシルトだった。一本二千ドルする代物だ。だが、この住民がそんなカネを持っているはずはない。彼らが暮らしているのは、基本的にくたびれた長屋だった。もしかしたら、男の家族の誰かがかつてマイヤー・ランスキー［キューバで賭博事業に成功したユダヤ系ロシア人］の所有するホテルで働いていて、革命が起こったときこのボトルを持って逃げ出したのかもしれない。男はいちばん立派なワインを持ち出してもてなそうとしてくれたが、俺には飲む勇気がなかった。安いほうにしようと提案したよ。

男は俺たちのためにすばらしい一夜を計画してくれた。かつてランスキーが所有していた〈ホテル・ハヴァナ・リヴィエラ〉のコパ・ルームで演じられる豪華なステージショーに、みんなで繰り出した。ひとつだけ問題があった。〈リヴィエラ〉へ向かう途中、俺はタクシーの窓から頭を突き出して胃の中身をぶちまけた。ロブスターを茹でた水が浄化されていなかったせいで、食中毒に見舞われたらしい。

ショーを最後まで楽しもうとしたが、吐き気に見舞われ無理だった。それでも性欲は抑えられない。女を連れてホテルの部屋に戻りたかった。吐き気さえおさまれば、ペニスも硬くなるだろうと思って。

だからワイフを連れ、着けていた高価なルビーのブレスレットを男にやって感謝の意を表し、タクシーをつかまえてホテルへ戻った。女は立派なホテルに入ったことが一度もないと言った。一般市民が観光客用のホテルに入るのを政府が禁じているからだ。売春婦が観光客の飲み物に薬を入れて金品を奪うのを防ぐため、と当局は主張しているが、市民が贅沢の味を覚えちゃまずいからだと俺は思っている。

部屋にたどり着く前に、ロビーにキューバのテレビカメラ班がいた。俺がいるという噂が広がったんだろう。俺は上半身裸で下着を穿いておらず、胃の中身を繰り返し吐いたせいでズボンはゆるゆる、ケツの割れ目が見えるようなありさまだったから、パパラッチに撮られるのはごめんだ。怒り狂った。機材をつかんで投げつけ、さらにクリスマス・ツリーのガラス製装飾品を三つつかんで投げつける。カメラマンの一人の顔を殴った。もう半狂乱で、パパラッチたちはカメラをつかんですたこら逃げ出した。

部屋に入り二人でベッドに行って、女が上になったが、吐き気がおさまらず、何もできなかった。

朝になると気分も良くなり、リックと早めの便でジャマイカへ戻ることにした。帰る前に女とセックスし、寂しがる女に有り金全部と、五、六万ドル相当のダイヤつきチェーンを除いた装身具の大半をやった。俺にとってはチョコレートバーを買うみたいなものだ。女は受け取るのをためらったが、無理やり押しつけた。あれを売って、家族を何年か養えるくらいのカネを手に入れてほしかった。

女をホテルの部屋に置いて、ロビーでリックと合流。空港へ行って飛行機を待った。二人とも腹ぺこだったが、リックも現金の持ち合わせがなかった。サインを求める旅行者に取り囲まれたから、こう提案した。

「なあ、よかったら、サインと交換に食べ物を買ってきてくれないか?」英語がわからない可能性も考え、食べ物の売り場を指差して、食べるしぐさをして見せた。

キューバに来たとき二百七十ポンドあった体重が、ジャマイカへ戻ったときは三十ポンドくらい減っていた。食中毒や寄生虫のせいとは思えなかった。俺の頭に初めて警報が発令されたのは、ニューヨークから連れてきた女の一人が俺を見て口を開いたときだった。

「マイク、あなた、練習もしてないのに、ずいぶん痩せたわね。いい感じよ」と、彼女は言った。

はっと気がついた。エイズにちがいない。キューバへ発つ前の晩、例のストリッパーたちを家に連れ帰り、一人とやっているとき何かの拍子にゴムが外れた。それに気がついた瞬間、女はなんとも言えない表情を浮かべていた。あいつにエイズをうつされたにちがいない。向こうは向こうで、俺にうつされたと思ったかもしれないが。

三億ドルはどこへ消えた

CHAPTER 13

ニューヨークへ戻る機内でずっと思い煩っていた。ジャマイカで最後にやったコカインの名残か、まだ少しハイにもなっていた。税関はふだんなら王様あつかいで楽々通り抜けられるのに、今回は国土安全保障省の連中に迎えられた。頑固一徹、融通の利かないやつらだ。

「キューバで何をしていたんですか?」と、一人が訊く。

俺がキューバにいたのをなんで知っているんだ? パスポートにスタンプが押されたわけでもない。そこで、ホテルのロビーでパパラッチとトラぶったのを思い出した。あれがニュースになったのか。

「新年をくつろいできただけだ」と、俺は言った。

「つまり、新年の休暇を一日過ごすために、キューバへの渡航を禁じるわが国の法律をないがしろにしたわけですか」と、役人は言った。

「ジャマイカから渡ったんだ」

「アメリカのお金を使いましたか?」

「キューバの通貨は持っていたが、誰も受け取ってくれなかった。せっかく両替したのに米ドルしか受け取らないんだ」と答えた。

同じキューバへの潜入で捕まるにも、このときは間が悪かった。大統領に選ばれたジョージ・W・ブッシュがカストロ政権との対峙を明言していたからだ。だから、宗教カードを切った。

「いま拘束されているのは、俺がイスラム教徒だからかい?」役人に尋ねた。「今回はイスラム教なんて関係ないぜ。じつを言うと、俺は快楽が大好きな俗物なのさ」

みんなが笑った。いったん笑いを取れば、あとは道化に徹すればいい。お決まりのギャグをかましたら、「もういいよ、行っても」と言ってくれた。

問題はエイズの方だ。アメリカに戻ってもまだ吐き気があって、体重も減っていたから、真っ先に診察の予約を取った。間違いなくエイズだと思っていた俺は、友達や家族に別れの電話をかけた。ヒスパニックの医者のところでエイズ検査を受けた。ところが結果は陰性だった。

「いや、先生。かかってるはずだ。ちゃんと診てくれよ。もう一回調べてくれ」と言うと、医者は笑いだした。

「マイク、君はＨＩＶには感染していない」

「誰かからカネをもらって、感染していないと言ってくれと頼まれたのか？」と、俺は疑心暗鬼で訊いた。医者の説明を聞いて、ようやくエイズでないと納得し、安堵した。

まったく、お気楽な人間だ。何カ月かあとに世界ヘビー級タイトルを懸けたレノックス・ルイスとの大一番が待っているのに、練習もしないでジャマイカとキューバをぶらつき、麻薬を燃料にいかれた暮らしを送っていたんだからな。

レノックス・ルイス戦での乱闘

帰国直後、モニカから離婚の申し立てがあった。浮気の数々に堪忍袋の緒が切れたんだろう。フェニックスのストリッパーとのあいだに男の子が生まれたことも、怒りに輪をかけたにちがいない。すべて俺のせいだ。ひと晩で五人の女とやって、妻にはカネを送るだけなんて、まともな結婚生活じゃないからな。愛情があったのかも、もうよくわからなくなっていた。

俺の子を産んだシェリーとは、フェニックスのストリップ・クラブで出会った。彼女のことはすごく気に入っていた。健康マニアだったから、ロードワークのときいっしょに走ったりした。俺が五マイルのところを、あいつは十マイル走る。いつも一枚上だった。あるとき、アシスタントのダリルと十五ポンドのメディシンボールを投げ合っていたら、シェリーも加わってきた。二百五十回やり取りしたところで俺は手が痛くなったが、あいつはさらにダリルと投げ続けた。体重九十ポンドのメキシコ人女性が五百回投げたんだ。あいつの前じゃ俺たちは形なしだった。

俺の居心地がよくなるよう、いろいろ努力もしてくれた。ホープに相談して、どうすれば俺がご機嫌でいられるか教わっていた。シェリーがミゲルを宿したときは、子どもをもう一人どうやって世話したらいいのか、途方に暮れた。このころの俺はすっかんぴんで、借金もあったから。彼女はずっと堕ろすと言っていたが、結局中絶しなかった。

四月にルイス戦が予定されていたから、コカインとマリファナを断つ時間もないまま、本格的なトレーニングに突入した。一月二十二日、ルイスとの大々的な記者会見に臨むためニューヨークへ飛んだときも、まだコカインをやっていた。〈ハドソン・シアター〉の大ステージに置かれた低い段の上で、二人は向き合った。〈ショウタイム〉のアナウンサー、ジミー・レノン・ジュニアが本番さながらに二人を紹介する。

ルイスの名前が呼ばれたとたん、俺は平常心を失った。あいつを見たら急に殴りたくなったんだ。だから段を下りて、歩み寄った。ステージの袖に森の巨木みたいな連中が十人くらい潜んでいたところを見ると、ルイス陣営はトラブルを予期していたんだろう。俺が動きだすと同時に全員飛び出てきた。俺のほうにはアンソニーとリックのボディガードが二人に、トレーナーたちしかいなかった。あとは、シェリー・フィンケルだ。でかい連中を見たら怖じ気づくと、ルイス陣営は踏んでいたんだな。

ルイスににじり寄って対峙したところで、向こうのボディガードが押し返してきたから、左のフックを放った。ルイスが俺に右を放ち、アンソニーがレノックスに打ち返して、大混乱が始まった。壇を下りたら、ルイスはすごく背が高くて、目の前にあったのは脚だった。だから太股に噛みついた。あいつの話では、噛まれた跡がしばらく残っていたそうだ。

大混乱の記者会見のあと、友達のジップとブルックリンの鳩たちに会いにいった。ジップはすごく気をもんでいた。

「いったい何をしてるんだ、マイク？ 大金をふいにしちまうぞ」と、あいつは言った。「あれじゃ、そこらにいる無法者とおんなじだ」

「俺が何をした？ 向こうが先に手を出したんだ」

「手を出したのはルイス本人じゃない。どこかの記者を殺すと脅したそうだな。脅されたやつが訴えたらどうする。頭がいかれちまったのか？」

その後、二人で鳩を何羽か飛ばして、マリファナを吸い、俺は少しコカインをやった。

「ばかなことはやめろ、マイク」さらにジップは言った。「こんなところで鳩と戯れている場合じゃないだろう？ 戻って練習しろよ。試合が近いんだろ。とにかく練習して、戦うんだ、マイク」

ルイス戦の記者会見の騒動を重く見たネヴァダ州コミッションは四対一の投票で、俺から同州のライセンスを剥奪した。なんで何もかも俺のせいなんだ？ ルイスは前回の試合前の記者会見で、ESPNのインタビュー中にハシーム・ラクマンと、もっと派手な乱闘をやらかしていたんだぞ。ネヴァダ州で試合ができなくなったから、新しい会場を探すはめになり、試合は六月に延期された。おかげでまた麻薬をやる時間ができた。

トレーニングキャンプはハワイで張った。この試合にどれだけのモチベーションがあったかわかるだろ。あそこは世界最高級のマリファナの原産地だ。脳みそが焼けつくくらい楽しんだ。もうベルトの奪還も、さして重要とは思えなかった。

いかれたインタビュー

精神的に参っていた。だからマリファナをやっていたんだ。マウイ・ワウイ［ハワイ産大麻］のおかげで興味深い記者会見が何度かあった。世界でも指折りの静謐《せいひつ》な場所で記者たちと会って、社会の偽善についてぶちまけていた。

「俺だってあんたらとどこも変わりやしない。この国の人間はみんな大嘘つきだ。マスコミはみんなに、こいつはこんなことをして、あいつはあんなことをしたと言う。俺たちもみんなと同じただの人間なんだ。マイケル・ジョーダンだって浮気する。俺たちはみんな、なんらかの形で妻を裏切っている。心や、体や、性欲で。完璧な人間なんていないんだ。俺たちはかならず浮気する。ジミー・スワッガート［著名なテレビ伝道師］も淫らな人間だし、タイソンも淫らな人間だが、犯罪的なほどに淫らなわけじゃない。ふつうの人よりちょっと好き者かもしれないけどな。でも、俺は人生の多くを犠牲にしてきたんだ。セックスくらい大目に見てくれよ。稼いだカネの大半を奪われてきたんだからな。

俺は相手をノックアウトして蹂躙《じゅうりん》して引き裂いてしまう、でかくて強い黒ん坊《ニッガ》だ。ヘビー級チャンピオンの作法なんて知らない。知っているのは戦い方だけだ。俺は黒ん坊《ニッガ》だ。ストリートの人間から脱出したいのに、本性はなかなか変えられない。俺の人生に起こったこと、人生で味わってきた悲劇が、俺をそんなふうにしちまったんだ。ポン引きやヒモ、売春婦、遊び人、見放された人間、騙された人間、濡れ衣を着せられた人間、犯してもいない罪で死刑監房にぶち込まれて殺された人間。そんなのが俺の同胞だ。耳ざわりな話だってことはわかってる。だが、俺に愛情を示してくれたのは、そんな人たちだけだった。

しかし、俺は凶悪な人間じゃない。俺は俺だ。自分の人生を生きたいだけなのに、あんたらは汚名を着せてくる。だからあんたらに、俺のことを語らせてやるんだ。あんたらの子々孫々までが俺のことを語れるように。

ときどき、自分がこの社会に向いていないのは、俺が正直者でみんなが偽善者だからじゃないかと思うこともある。みんな神様を信じていると言いながら、神の御業を毒している。イエスがここにいたら、俺に愛情を示してくれると思うか？　イスラム教徒の俺でもイエスは愛してくれると思うか？　イエスなら俺と一杯飲って、〝なぜ君はそういう振る舞いをしているのか？〟と論じ合ってくれると思うぜ。ところが、キリスト教徒からはそんなことをしてもらったことがない。やつらは俺を刑務所へ投げ込み、俺を汚す記事を書いて、日曜日になると教会に行って、イエスはすばらしいおかたで甦って我々を救済してくれると言う。しかし、みんなわかってない。戻ってきたとき、イエスは強欲な資本主義者たちにまた殺されるってことを」

なんだ、これは？　レニー・ブルース［黒人に毒舌を振るったスタンダップ・コメディアン］にでもなったつもりだったのか？　記者たちはこれを全部書き留め、一語一語を解析して俺の真意にたどり着こうとしていたが、しゃべっていたのは俺じゃなくマウイのマリファナだったんだ。

いかれたインタビューを山ほどやったが、最高だったのは『ザ・オライリー・ファクター』というFOXニュースの報道番組に出演したときだ。インタビュアーはリタ・コスビーだった。挑発的で、俺にいかれたことを言わせるのだけが目的で、ぶしつけな質問を浴びせてきた。

「あなたは獣ですか？」インタビュー中、コスビーは質問した。

「必要ならそうなることもある。獣になるかどうかは状況次第だ……あんたらの仲間や巷《ちまた》の人が新聞記事や裁判所の言い分を見て、俺を非難する権利があると考えて、しつこく俺を非難してきた場合にはそうなるだろう」俺はコスビーにこう言った。自分の子どもたちには、お前たちは黒ん坊《ニッガ》で、この社会はお前たちを一生、劣等市民と見なすから、戦わなくちゃいけないと教えるつもりだ。

「あなたは邪悪ですか？」と、コスビーは尋ねた。

「人並みに邪悪になれる力はあるだろうな」

俺の財政状態について、コスビーはうれしげに質問した。

「たしかにカネは必要だ。カネは俺たちの神様だ。俺たちはカネを崇めているし、違うと言うやつがいたらそいつは嘘つきだ。働くのをやめて、ストリートで暮らし、神様がどれだけ自分の面倒を見てくれるか、身をもって試してみるといい」

「憤激はどこからやってくるものですか？」最後にコスビーは尋ねた。

「色白のあんたには想像のつかないところだよ」と、俺は返した。

悪魔の本性

二〇〇二年六月八日、レノックス・ルイスとテネシー州メンフィスで対戦した。憤激がどこから来ていたにせよ、このときはもう消えてなくなっていた。試合当日にモニカから離婚届が送られてきたという事実があったにもかかわらず。届いたのは離婚届だけじゃない。いろんなところから情け容赦なく訴状が届いた。もう手のつけられない、ひどい状態だった。なのに、試合前の控え室はパーティみたいな雰囲気でにぎわっていた。カスがいたころは、赤ん坊にキスしたり笑ったり写真のポーズを取ったりなんて絶対しなかったが、あの夜はそういうことが起こっていた。

シェリー・フィンケルがクロコダイルとトミー・ブルックスを追い払って、新しいトレーナーにロニー・シールズを呼び入れていた。試合場に来て開始前に立ち寄ってくれたクロコダイルを、俺はぎゅっとつかんで抱き締めた。

「クロック、疲れちまった。もうくたくただ」

リング上で選手紹介が行われているあいだ、黄色いシャツを着た二十人の警備員が斜めに並んでリングを半分に仕切り、俺とルイスを隔てる壁になっていた。試合開始。一ラウンドは俺が積極的に攻めてルイスを追い回し、ルイスはホールドを繰り返してレフェリーから注意を受けた。ところがラウンド終了後、不思議なことが起こった。なぜか俺は戦うのをやめちまったんだ。心のシャッターが閉じたみたいに。トレーナーのロニー・シールズとステイシー・マッキンリーが同時に指示を叫んでいたが、どっちの言葉も耳に入ってこない。

アリーナがものすごく暑くて、脱水症状にも陥っていた。立ち上がるのも億劫だった。ラウンドが進むにつれ、相手の前に立ってはパンチを食らった。とても戦える状態じゃない。ルイス級の並外れた力量の持ち主が相手じゃなおさらだ。この五年で十九ラウンドしか戦っていなかった。長年にわたって鼻からコカインを吸い、酒を飲んで、マリファナを吸い、膨大な数の女と交わってきたツケが、とうとう回ってきた。

親友や同僚たちはみんな、試合中に薬を盛られたのかと思ったようだ。体に力が入らず、パンチを出せない。ついにボクシングの神様に見捨てられたんだ。それとも、俺が神様を見捨てちまったのか。

ルイスから一発パンチを食らうたび、〝アイアン・マイク〟というあの見せかけの人格《ペルソナ》がはがれ落ちていった。

八ラウンドに入り、右のいいのをもらってダウンした。両目の上をカットし、鼻からも出血していた。レフェリーがカウントアウト。試合後、ジム・グレイが俺たち二人に同時にインタビューした。その最中、ルイスのトレーナーのエマニュエル・スチュワードが割って入った。

「俺はいまでもマイクの大ファンだ」と、彼は言った。「ロデリック・ムーアのころまでさかのぼるが、本当にたくさんの感動を与えてくれた。俺たちみんなに数々の興奮を与えてくれた。この半世紀でいちばんわくわくさせてくれたヘビー級ボクサーだ」

「マイク、絶頂期のあなたと、レノックス、あなたももっと若かったころに、この対戦が実現しなかったことを残念に思いますか?」と、グレイが尋ねた。

レノックス・ルイスが答えようとしたところで、俺はあいつの頬から少し血を拭ってやった。

あいつは言った。「ヘビー級の選手の円熟期はそれぞれ異なる。十九のころのマイク・タイソンは生まれついての天才だった。彼の行く手に立ちふさがるものは何ひとつなかったし、あのころの彼はこの星を支配していた。それに対して、俺は上等のワインみたいなものかな。あとから追いつき、じっくり熟成の時間をかけて、いま頂点に立った」

「マイク、この試合が何年か前に実現しなかったのを残念に思いますか?」

「そういう運命じゃなかったってことだ。ルイスのことは十六歳のころから知っている。彼のことはすごく尊敬している。俺が口にした戯れ言はみんな、試合を盛り上げるためのものだ。彼とお母さんのことを俺が大好きなのは、ルイスも知っているさ」

「つまり、数々の振る舞いはチケットを売るためで、あなたの本心ではないということですか?」

グレイは驚いた様子だった。

「俺がどんな人間かを彼は知っている。無礼な人間じゃないことも。俺はこの男をブラザーとして尊敬している。本物の堂々たる名ボクサーだ」

ルイスの頬についた血を拭う小さなしぐさがボクシング記者みんなの心を打った。彼らの多くが俺の見かけの奥に潜んでいる人間に初めて気づいたらしい。

「タイソンは見下げ果てた人物だ。レイプ犯であり、自分の娘の市内局番エリア内にいてほしくない悪人だ。しかし、これで彼を嫌悪するのは少々難しくなるだろう」と、「スポーツ・イラストレイテッド」誌の天敵記者は書いた。

だが試合が終わったとたん、俺は悪徳の所業に舞い戻っていった。ルースという魅力的なドミニカ娘と出会ったんだ。ルイス戦に来ているのを見初めて、付き合い始めた。彼女はニューヨークのスパニッシュ・ハーレムに住んでいて、俺はその秋、そこへ転がり込んだ。自分に似合いの環境に戻ったわけだ。廃墟と化した建物、路上には麻薬の売人、住民は薬物を過剰摂取し、太った女が麻薬中毒の新生児を乳母車に乗せて路地を押していき、黒ん坊《ニッガ》たちがビール片手に撃ち合っていた。水を得た魚の気分だったな。

こういう環境がよくないのは重々承知しているが、そこに入ると感覚が研ぎ澄まされるんだ。被害妄想に取り憑かれて、活力が湧き上がり、サバイバル・モードに突入する。スパニッシュ・ハーレムに引っ越したら、またブラウンズヴィルのマイクになった。住民が俺を養ってくれた。麻薬もただで手に入った。そして麻薬の巣窟にたむろし始める。

そこらの人間とハイタッチして写真を撮らせてやる暮らしから、裸の女がコカインに袋を詰めている麻薬の巣窟まで、あっという間だった。コカインを鼻から吸い込んでいると、男が、「ああ、そりゃ、まぬけなやつら用だ。ほら、ここに薄い塊がある。試してみな」と言う。ためしに吸い込んだら目ん玉が凍りついた。

角のレストランへ行くと、ただでメシを食わせてくれた。ライスやら豆やらあれこれ食い、店の連中が酒をすすめてくれ、気がつくと早朝だ。ギャングの友人たちがよく訪ねてきた。たいていロールスロイスとか、高級車に乗っていた。

「こんなところでこんなあばずれたちといったい何をしてるんだ?」一人が俺に訊いた。「俺の家で暮らせよ」

「いや、今はここが居心地いいんだ」と、俺は言った。「こいつが俺の女だ、ご機嫌だぜ」

「マイク、こういう連中には気をつけろ」

「そんなことはない。みんないいやつらだ」

あそこの住民と付き合ってみて、やっぱり俺はこういう世界の人間だと思った。カネを取らずにいろいろ食わせてくれ、麻薬をくれて、世話を焼いてくれるかわりに、何かあったら俺があいつらを守る。

二十人以上、女をとっかえひっかえしていた。たまに女どうしで衝突があって、俺は矢面に立たされた。付き合っている女が、俺がほかの女といっしょにいたと聞きつけたときなんかに。女は必死にマイク・タイソンを引き留めようとすると思うだろう。しかし、頭にきたあいつらはそんなタマじゃなかった。俺を殴って、顔を引っかくんだ。やれやれ終わった、落ち着いたかと思っていると、石が飛んできて、またひとしきり荒れ狂う。

ドンから金を調達しよう

二〇〇三年一月十三日、離婚問題が決着した。モニカはコネティカット州の家とメリーランド州の家を勝ち取り、俺の将来の収入から六百五十万ドルを手に入れることになった。最終的には、ラスヴェガスの家の権利も手にすることになった。財産やカネを渡すのはなんとも思わなかった。俺はストリートの男だ。いざとなったら、あそこで金を巻き上げて暮らしていけばいい。

心はもうボクシングへの興味を失っていたが、まだカネを稼ぐ必要があった。シェリー・フィンケルが二月二十二日にクリフォード・エティエンヌ戦を決めてきて、試合の一週間前、刺青を入れにいった。あれはいちばん悪名高い刺青になった。彫り師のS・ヴィクター・ホイットミル、別名パラドックスに、顔に彫ってほしいと頼んだんだ。俺は自分の顔が大嫌いで、文字どおり描き替えてしまいたかった。小さなハートマークを全面に彫るというのはどうだ、と提案した。女の心を魅きつけるための細工じゃない。ただ顔を覆い隠したかったんだ。だが、ヴィクターは断った。お前の顔はいい顔だ、と言って。代わりに、マオリ族のデザインを思いついてくれ、俺は考えてみると答えた。考えるほどに、戦士たちが戦闘で敵を威圧するために使った刺青を顔に入れるというアイデアが気に入った。だからそれでいった。

エティエンヌ戦にはルイス戦よりしっかり練習して試合に備えた。体重はルイス戦より九ポンド軽い二百二十五ポンドだった。エティエンヌは戦績も申し分なく、WBO、IBFの両団体で世界十位以内にランクされていたが、あごが弱かった。二十六戦で十度ダウンを喫していた。

なぜルイス戦のときより集中しているのかはわからない。ゴングが鳴るとエティエンヌに突進した。ロープ際でもつれたとき、相手を引き倒すような形になった。あいつがよろけたのは、最初のパンチのいくつかが効いていたんだろう。立ち上がったあと、ダッキングでパンチをかわしざまカウンターを放ったら、あごにまともに当たってエティエンヌがダウンした。失神するほどのパンチじゃないと思ったが、クリーンヒットの感触はあった。十カウントが数えられ、相手が起き上がるのに手を貸してやって、抱き締めあった。エティエンヌが俺の耳に何事かささやいた。

ジム・グレイがインタビューのためにリングに上がってきた。

「彼はあなたの耳に何事かささやきましたが、なんて言ったんですか?」

「『つまらないことはやめて、まじめにやらなくちゃ。あんたは真剣にやっていない。だからこんなところで遊んでいるんだ』と言われた。たしかにそうだな」

「彼の言うとおりなんですね？」

「ああ、そのとおりだ。メンフィスに戻ってきて、まずまずの試合を見せられたのがうれしいし、ブラザー・クリフォードが戦ってくれてうれしい。この世界を知らない人にはわからないだろうが、俺たちはときに愛情と尊敬を示し合い、ときに戦う。そうやって自分たちの生き方を高めていくんだ」

「マイク、今週は本当に体調が悪かったんですか？　何があったんですか？」試合の何日か前に、俺が体調不良で試合を延期するという報道があったんだ。

「背骨を折った」

「どういう意味ですか、背骨を折ったとは？」

「背骨が折れているんだ」

「脊椎とか……？」

「骨だ」

「スパーリング中に痛めたんですか？」

「いや、バイク事故でやった。医者が気づいてくれたんだが、二十ポンドの重りを使って一日二千五百回腹筋をやっていたら、ある日、動けなくなった。医者に『どうだ？』と訊いたら、『信じられないかもしれないが、背骨が少し折れていますよ』と」

「今も痛いんですか？　注射か何か打ったんですか？　どうやってこの試合に間に合わせたんでしょう？」

「注射は打ってない。検査があるからな。しかし、すべてはアッラーの思し召しだ。とにかくよかった。戦えたし、ちゃんと正確にパンチも打てている」

「本当に戦える状態だったんですか、マイク？　トレーナーのフレディ・ローチは試合の四日前に中止を助言しましたよね」

「戦える状態にはなかった。しかし、俺には戦う義務がある。これまで何度も試合を中止したり延期したりしてきたし、恐れをなしたと思われたくなかった。それにカネも必要だった。ずっと金欠状態だしな。二人で試合を実現できてよかった。男としてクリフォードを大いに尊敬しているし、俺の友達の一人だ」

　グレイはルイスとの再戦に話を振った。そこは思案のしどころだった。もう一度ルイスとビッグ・ファイトをやれば、大金を稼げる。

「今はルイスと戦える状態にない。また負けるのはごめんだからな。自分がこれ以上戦いたいかどうか、考えをまとめたい。頭が混乱してるんだ。とにかく、自分の人生をもう一度ちゃんと軌道に乗せたい」

　エティエンヌ戦で五百万ドル手に入ったが、まだどっさり借金があった。ドン・キングを相手取った訴訟はまだ道半ばで、ほかの訴訟で何度か勝訴した俺にドンは神経をとがらせていた。だから、あいつは俺に働きかけてきた。シェリー・フィンケルとは長期契約を結んでいたわけじゃなく、フリーエージェントみたいなものだった。俺に言い寄ってちょっと現金を見せたら、自分のところに戻ってきて訴訟を取り下げるだろうとドンは踏んだんだ。

　俺は金策に身を焦がしていた。訴訟が最後まで行き着くには何年もかかる。そんなに待てない。すぐにもカネが必要だった。だから、ジャッキー・ロウ女史に働きかけて、ドンとの取引に手を貸してもらった。ジャッキーは闘犬《ピットブル》のようだった。俺が「ベイビー、これを手に入れてこい」と言うと、出かけていって仕留めてきた。

この年の四月、ジャッキーに話をつけてもらって、ドンにメルセデスを三台買わせた。一台はジャッキー名義、一台はルース名義、もう一台は俺の友人ジップの名義で。俺たちはドンをもてあそんでいた。現金と車を都合すれば訴訟を取り下げるかもしれないぞと言って。俺を言いくるめて新しい契約にサインさせられるかもしれないと考えたドンが会合を設定するたび、金品を巻き上げたり、ボコボコにしたりした。

いちどドンから電話があって、ヴェガスの俺の事務所に行く、十万ドル置いていくと言う。友人のジップもあの街にいたから、二人でドンが現れるのを待っていた。

ドンは現金がぎっしり詰まったカバンを持ってやってきた。

「ほかの人間にも支払いをしなくちゃいけないんだ」と言い、十万ドルを数え始めた。ジップが歩み寄って静かにカバンごと取り上げ、俺のところへ持ってきた。

「おお、すまんな。あとはドンを玄関まで見送ってくれないか」

ジップはドンの腕をつかんで玄関まで付き添った。

「俺とチャンプは今から練習があるんでね」

「おい、あのカネは必要なんだ。何件か支払ってこなくちゃならない。いま言っただろう」

「またな、ドン、会えてうれしかったよ。ずっと大ファンだったんだ」ジップはそう言って、やつの前でドアを閉めた。二人でカネを数えた。カバンには現ナマがぎっしり詰まっていた。

俺がこんなふうにドンとよく会っているという話を聞きつけ、俺の弁護士のデール・キンセラが五月末にドンの代理人に手紙を書き送った。

貴兄の事務所が関与してきたこの三十日間の状況に、私は愕然としています。

1　ジェリー・バーンスタインと私はマイクの登録弁護士です。いま起こっていることから私たちを排除しようとする危険な動きがあると知ったら、ダニエルズ裁判官のみならず訴訟関係者全員が和解案に大きな疑問をいだくでしょう。

2　ドンは今回の訴訟から何ひとつ学んでいない気がします。ドンは長期にわたってマイクを事務所やホテルの部屋に隔離し、法律や財務に中立的な助言の恩恵を受けさせず、契約文書に署名させてきました。これが今回の訴訟の根本的な問題ではありませんか。貴兄たちが何を考えているのか、私にはまったく理解できません。

3　自分が信頼し尊敬する人や、（つかのまでも）信頼できると思った人の影響を受けて、契約に署名してしまうマイクの癖は、かねて定評のあるところです。専門家の忠告や財務上の助言を受けずにモニカとの離婚問題を解決しようとした彼の最近の判断は、私が指摘している問題の典型的な一例です。

4　マイクが召喚され、ジェリーとあなたと私が法廷で証言を求められたときには、これらの問題が持ち出されるのは疑いようがありません。マイクの訴訟は彼の訴訟であって彼の弁護士の訴訟でない点には同意しますが、関係者全員のために、マイクとドンの間で結ばれる合意はすべて、マイクの代理人を務める中立的立場の人間たちが検討すべきものと考えます。

この状況にかんがみ、いったいどういうおつもりなのか、ドンもしくは貴兄の事務所からジェリーと私にご返答いただきたいと思います。

デールは知らなかったが、彼がこの手紙を送る何週間か前に、俺はジャッキーにこっそりドンと交渉させていた。アシスタントのダリルがジャッキーに電話をかけて、うちには五千ドルしか残っていないと伝えた。家に届く請求書にも、家の保守要員たちにも支払いができない。俺の財務状況がどのくらい逼迫《ひっぱく》しているのか、ジャッキーがヴェガスへ確かめにきた。

「ドンからカネを調達したい」と、俺は言った。

ジャッキーから連絡を受けて、ドンは小躍りした。来たる九月に、ついに裁判の日が確定し、和解を図ろうと必死だったんだ。友人のジェフ・ウォルドは予言していた。ドンは魔法を使ってくる、俺たちはドンのドン・キングたる所以《ゆえん》を思い知るだろうと。俺がジャッキーに直接ドンと交渉させてやつからカネをむしり取ろうとしていることを、ジェフは知らなかった。俺の試合をもう一回プロモートさせてくれたら二千万ドルの和解金を支払うと、ドンは申し出てきた。俺はジャッキーに伝えておいた。手を組んで和解する前に、ドンの手元にある俺のものを三つ返してもらいたいと。緑色のロールスロイス。イタリア首相シルヴィオ・ベルルスコーニからもらった値打ち物の絵。そしていちばん心配していたのが、スタン・リーのくれた、『X‐メン』のヒーローたちに囲まれている俺の絵だった。

ドンがジャッキーに電話をかけてきて、俺たちを飛行機でフロリダに運び、〈デラノ・ホテル〉に泊まらせて、そこで和解の条件を検討したいという。ジャッキーと彼女の息子、俺と恋人のルースが、ドンの自家用ジェット機でフロリダへ飛んだ。俺はコカインの大きな塊と、半ポンドのマリファナ煙草が入ったダッフルバッグを荷物に詰め込んだ。コカインをやりマリファナを吸いながらディスクマンで音楽に耳を傾けていると、飛行機より高く舞い上がり、そこではっと気がついた。

「これは俺の飛行機だ。この飛行機の代金は俺が払ったんだ。なのにあの野郎は俺を乗せてやっているみたいな態度だ。あの黒ん坊《ニッガ》、ふざけやがって」

俺の頭は麻薬と戯れて、わけのわからないことを言いながら妬みを募らせていた。

私設飛行場に着くと、ドンが自前のロールスロイスで俺たちを出迎え、ドンに強奪される前は俺のお抱え運転手だったイザドア・ボルトンが前の車にドンの同僚たちを乗せて先導していった。州間高速九十五号線に乗り、フォート・ローダーデールから一路マイアミへ。ジャッキーが前に乗り、俺とルースとジャッキーの息子は後部座席にいた。ドンが当たり障りのない話を口にした瞬間、機内でふくらんでいた妬みと怒りがあふれ出し、俺はあのくそ頭を蹴った。ガーン！ 嫉妬に狂ったコカイン中毒者に背を向けてはならないってことだ。

車が路肩へ脱線し、俺は後ろからドンの首を絞めにかかった。

「だめよ、やめて、放しなさい、マイク」と、ジャッキーが叫んだ。

「ジャッキー、こいつを放すな。前に回る」と、俺は言った。

彼女は、「わかった、まかせて」と答えた。

前に回り込んでケツを蹴飛ばしてやろうと外へ降りたら、ドンは動揺していたジャッキーの手を振り払って車を発進させ、路肩を離れていった。

俺は一人、高速道路の路肩に取り残された。ドンは少し走ったところで、ジャッキーと息子とルースを車から降ろした。三人が半ポンドのマリファナ煙草が入ったカバンを持って駆け戻ってくる。コカインは俺が肌身離さず持っていた。

「なんであいつを放したんだ、ジャッキー？」俺は怒鳴った。「高速道路に置いてけぼりを食っちまったぞ」

乗用車とトラックがビューッとそばを通り過ぎていく。だしぬけにイザドアの車がそばに停まった。俺たちの車を見失ってドンに電話をかけたら、引き返して拾ってこいと命じられたらしい。

イザドアは俺の横に車を停め、窓を下ろして、乗れと言う。

「この野郎、ふざけやがって！」と、俺は叫んだ。

ドアを開けて外に出たイザドアに、俺は襲いかかった。顔を二度殴って、左の眼窩を粉砕。イザドアは運転席に倒れ、俺は中に手を伸ばし、脚をつかんで噛みついた。イザドアは俺を蹴りはがしてドアを閉め、俺はドアのアウター・パネルを殴って鋼鉄をひん曲げた。窓を割ろうとしたところで、あいつは走り出すことに成功した。

道路わきに、まだあいつの靴があった。裸足で走り去ったんだ。

そのあと警察がやってきた。事情を聴かれたが、俺はコカインの塊を持っていたし、ルースは半ポンドのマリファナ煙草を詰め込んだダッフルバッグを持っていた。しかし、このおまわりたちは俺を見て感激し、高速道路の路肩で何をしていたのかも訊かなかった。あれだけのコカインだ。見つかったら終身刑を食らってもおかしくなかったところだよ。

目的地まで送ってくれると言うから、パトカーの一台に乗り込み、〈デラノ・ホテル〉があるサウス・ビーチまで乗せてもらった。ドンがフロアの半分を予約していた。思いきり楽しませてもらおう。

ボクシングより麻薬

一カ月、毎晩ドンチャン騒ぎに明け暮れ、そのあと友人の一人が観光バスでやってくると、女を二人連れて東海岸を走り回った。

六月になると父子鑑定事件に見舞われた。ワンダ・グレイヴスという嘘つき女が、一九九〇年に俺にレイプされ、生まれた男の子の父親は俺だと主張したんだ。ロビン・ギヴンズの代理人を務めたくそ弁護士のラウル・フェルダーがこの事件を引き受け、「リングでもう一度マイク・タイソンを打ち負かしてみせる」と息巻いた。DNA鑑定の結果、俺が父親である可能性はゼロとわかり、二人ともすごすご退散していった。

だが、当時の俺は天使ってわけでもなかった。同じ六月、幼なじみのデイヴ・マローンを訪ねて、ブラウンズヴィルで鳩を飛ばしていた。夜、宿泊先の〈マリオット・ホテル〉までデイヴが車で送ってくれた。ホテルの外に、部屋へ戻りかけている男が二人いた。酔っ払っていたが、俺に近づいてきてサインをせがんだ。俺はコカインでハイになっていた。ひとつ教えておくと、夜や早朝の時間帯、ハイになった俺と出会うと厄介なことになる。ちょうど虫の居所が悪く、ひと悶着起こしたい気分だった。気分は時間によって変わる。ジキルとハイドのように。

だから、サインを求めてきたプエルトリコ人二人に、「失せろ」と言った。

「大したことない、こんなやつ」と、片方が言った。「こっちは銃を持っているんだ、そっちは拳しかねえだろう」

コカインをやってなかったら何事もなかったかもしれない。しかし、やっていた俺は二人を追ってロビーに入り、エスカレーターを上がった。上にたどり着くや、一人をパンチ一発でKO。もう一人はフロントの奥に隠れていたが、引きずり出して殴った。ホテルの警備員がやってきたからそこで勘弁してやったけどな。

あの喧嘩はたしかに俺に非があった。俺は軽犯罪、二人は脅しと嫌がらせで告発された。翌日、裁判所に出向かざるをえなくなり、戻ってきたとき、友人のデイヴとジップに裁判記録の一部、分厚い逮捕記録を見せてやった。

「やつら、生まれつきのトラブルメーカーだな」と、デイヴが言った。「見ろよ、この逮捕記録の分厚さ」

「おい、それは俺のだ」と、俺は訂正した。

「なあ、俺たちがお前にくっついてるのは、有名人で面倒見がいいからだ」と、ジップが言った。「そのお前の逮捕歴が、俺たちよりひどいのかよ」

そのころ、俺はその日暮らしをしていた。もう、自分を取り巻くばかばかしい話の数々に疲れていた。自分の陣営には信頼できる人間が一人もいない気がしたし、策略まみれの権力闘争にうんざりして、経営陣を丸ごと一掃した。シェリー・フィンケルだけ残して。

レノックス・ルイスとの契約には再戦条項があり、あいつはもういちど戦って大きな報酬を手にしたかった。しかし、二度痛い目に遭うのはごめんだ。最高のコンディションさえ作れたら、間違いなくぶちのめせる自信はあった。だがもう、ボクシングに興味が持てなかった。興味の対象は麻薬だったんだ。

そこでシェリーとルイス陣営は、ルイスの次戦に俺をセミファイナルで戦わせるという案をひねり出した。二大マッチとして宣伝できる。だが、前座での試合は断った。プライドが許さなかった。ルイス側の申し出を却下すると、向こうは一転、俺とドン・キングを相手取って三億八千五百万ドルを請求する訴訟を起こした。俺の次の何試合かをプロモートしたいドン・キングが、契約を無視するよう俺をそそのかしたのだと主張して。

俺に残された実在資産はドンを相手取っての訴訟だけだった。このころには、おれとドンが会っていることをジェフ・ウォルドが知って、かんかんに怒っていた。ジェフは俺に言った。ドンは裁判が始まる前に、ぎりぎりまで訴訟を引き延ばして和解に持ち込む気だと。俺たちが請求している一億ドルに対し六千万ドルで決着する可能性もあるし、試合のフィルム・ライブラリーを取り戻せる可能性もあって、それがあれば今後何年も俺の銀行口座にカネが入ってくるのだと、ジェフとデール・キンセラに諭された。俺に必要なのは九月の開廷日までこらえることだけだ。

破産申請

だが、俺の財務は逼迫していて、まわりのみんなが毎日のように破産申請を勧めてきた。このころジャッキーと俺は、〈ザ・ゲーム〉［二〇〇〇年代のギャングスタ・ラッパー］のマネジメントを務めた実業家で〈ツァー・エンターテインメント〉のCEOでもあったジミー・ヘンチマンと付き合っていた。このヘンチマンが、トニ・ブラクストンとR・ケリーをマネジメントしたことがあるレコード・プロデューサーのバリー・ハンカーソンを呼び寄せた。みんなが破産申請を強く勧めてくる。連邦破産法第十一条を申請すべきだとヘンチマンが言うから、ジャッキーはインターネットに接続してググってみた。ジャッキーもそれなりに優秀な人間だったが、難解すぎてお手上げだった。俺たちの中に巨額融資や破産のことがわかる人間は一人もいなかった。カネを浪費するしか能のない人種だったからだ。

だからジェフ・ウォルドに電話をして、みんなから破産を勧められている話をした。

「破産申請をしてはいけない。それをしたが最後、我々はもう訴訟を統御できなくなって、倒産裁判所判事の手に委ねられてしまうからだ。訴訟は我々の手を離れてしまう」と、ウォルドは言った。

「しかし、訴訟に負けたら？」と、俺は尋ねた。

「君は負けない。それは明白だ」

俺はそれほど自信が持てなかった。

ドンがジャッキーを含めた俺の友人みんなに働きかけて、俺に破産申請させようとしているのだと、ジェフ・ウォルドはにらんでいた。ウォルドは一日に二、三度電話をかけてきては、申請しないでほしいと訴えた。まさか、友人たちが袖の下をつかまされていたとはな。

支払えない請求書の山を見て、俺は破産申請することにした。ハンカーソンが破産専門弁護士を見つけてきて、八月一日に申請した。同じ日、ハンカーソンとヘンチマンとボディガードのリックを引き連れてロデオ・ドライブへ買い物に行った。破産申請したからって、俺のカネがゼロになったわけじゃない。マスコミは俺がロデオ・ドライブで買い物をしたと仰々しく書き立てたが、やつらは俺といっしょに店に入ったわけでもない。

翌日、新聞各紙が俺の財務状況を事細かに書き立てた。約二千七百万ドルの負債をかかえ、うち一千七百万ドルはアメリカ国税庁とイギリス国税庁への滞納分だった。残り一千万ドルは個人的な出費だ。そこには離婚で発生したモニカへの支払いや、銀行の住宅ローン、莫大な裁判費用なんかが含まれていた。

状況に圧倒され、うんざりして、自宅を明け渡すことにした。

「もういい、持っていきやがれ」うちの弁護士たちに言うと、彼らは競売にかけた。俺は麻薬で舞い上がっていて、何ひとつできなかった。ただ、トレーニングだけはやっていた。試合の予定はなかったが、とにかく体だけは動かして、それからハイになった。

俺は環境になじむタイプだ。ドブの中でも暮らせるし、最高級の世界でも暮らせる。ドブの中にいたころでも、二千ドルのズボンや靴を身に着けていた。ポケットに一銭もなくても、冗談を飛ばして、若い女を口説いていた。

シェリーとしばらくフェニックスで暮らした。デイヴ・マローンがやってきて、しばらくうちでぶらぶらしていた。すっからかんだから、夕飯は〈フロステッド・フレーク〉や〈トゥイズラー〉

だ。カネがなくて何もできなかったから、二人で裏庭に座って、鳩たちが飛んでいるところをながめていた。たまにどこかでサイン会をやって、サインひとつに二十五ドルを取って急場をしのいだ。あまりの貧しさに、俺のクレジットカードの番号を盗んだやつが、俺のカードじゃ夕飯代ひとつ払えなかったとネット上でぼやいたくらいだ。

金を持たない幸せ

だが、悪いことばかりじゃなかった。東海岸に戻って、マリオ・コスタという友達とぶらぶら過ごしていたとき気がついたんだ。ジャージーシティの〈リングサイド・ラウンジ〉というレストランの裏で鳩を何羽か預かってくれていた男だ。小春日和ののどかな日、俺たちは鳩のいるレストランの裏手に座っていた。俺は眠り込んでしまい、マリオはそのまま寝かしておいてくれた。二時間後、目を覚ました俺は、「俺は豊か《リッチ》だ！　裕福《リッチ》だ！」と叫びだした。マリオが駆け戻ってきた。

「だいじょうぶか、チャンプ？」

「俺はリッチだ、マリオ。時計もカネも電話もないが、すごく気持ちがおだやかなんだ。『ここへ行け』とか『あそこへ行け』とか『これをやれ』とか、誰も言ってこない。以前は自分で乗ったこともなけりゃ、キーの在りかも知らない車を持っていた。今は何も持っていない。誰も電話をかけてこないし、誰にも煩わされず、誰も追いかけてこない。すごく心がおだやかだ。これが豊かさってもんだぜ」

友人の中には俺のためにひと肌脱いでくれたのもいた。エリック・ブラウン兄弟は〈CMXプロダクションズ〉という彼らの会社から五万ドル融通してくれた。彼らのためならどんなことでもしただろう。何かできる機会はなかったけどな。

そうこうするうち、八月、友人のクレイグ・ブーギーが打撃系総合格闘技K‐1の関係者と契約交渉に乗り出してくれた。俺は住むところがなかったから、K‐1関係者がロサンジェルスの〈ビヴァリー・ウィルシャー・ホテル〉のスイートを用意してくれ、費用を全部持ってくれた。願ってもないことだ。ラスヴェガスではもう、目抜き通りに立ち並ぶ大型ホテルすべてから見放されていたからな。お礼にK‐1の宣伝活動に出演した。

「マイク、ハワイでイベントを開くから、リングサイドに来てくれないか」

ブーン。ハワイへ飛んだ。翌月は別の場所へ行った。前者に五万ドル、後者には十万ドルが支払われた。何ひとつしていないのに、それだけ稼ぐことができたんだ。そのカネを蓄えて請求書の支払いに充てるかと思いきや、俺はアストンマーティン・ヴァンキッシュとロールスロイスのコンバーティブルを買っちまった。買ったところで、どこへも行くあてなんかなかったのに。毎日ロデオ・ドライブで買い物をした。店に入って、鏡を見て、その晩出かけるときにどんな自分でいくかを考えた。三千ドルのズボンや四千ドルのシャツや一万ドルのブレザーを身に着けていた。借金苦にあえいでいたにもかかわらず。

〈ビヴァリー・ウィルシャー〉の会議室で豪勢なディナー・パーティが開かれていると、そこに押しかけた。パレスチナ人とイスラエル人の討論会があると、そこへも出かけた。たかりの名人だな。

ホテルの部屋でパーティを開いて、ステーキとロブスターとキャビア、ドンペリのクリスタルを注文した。麻薬密売の大物や詐欺師たちを招いてはサイコロを振る。そいつらをサイコロばくちでひどい目に遭わせては挑発した。

「それっぽっちのカネしかないのか、お前《ニッガ》？　このロサンジェルスじゃ名うての遊び人だと思っていたのにな。アイアン様にちょっかい出すと、こういう目に遭うんだ。俺をただのボクサーだと思うなよ。筋金入りのギャンブラーだ。ロトでもやってたほうが身のためじゃないか」

あのスイートで二年遊び暮らした。パーティ三昧で、マリファナとコカインでハイになっては女たちを呼び出す生活だ。夜遅い時間に飲み食いしていたおかげで体重が増え、風船みたいにふくれ上がった。

その八月、K‐1と契約すると、俺がボブ・サップと戦うというプレスリリースが出された。元NFLのフットボーラーでK‐1のスター選手、身長六フィート五インチ体重三百九十ポンドの超巨漢だ。しかし、キックボクサーと戦う気なんて全然なかった。

「面白いかもな」と「ニューヨーク・タイムズ」の電話取材に俺は答えた。「ただし、クイーンズベリー・ルールでならだ。頭を蹴られるのはごめんだからな」

そのあと、八月十五日にラスヴェガスの〈ベラージオ〉で開催されたK‐1の試合で顔見せをした。ボブ・サップが試合に勝ったあと、俺にリングに上がれと言い、挑戦を表明した。

「今ここでやってやる」俺は観衆に言った。「トランクスを用意しろ、今夜クイーンズベリー・ルールでやってやる。契約書にサインしろ、でかいの」

プロレス式の大ぼらだった。こういう登場のしかたは大好きだったな。

〈ビヴァリー・ウィルシャー〉に移って何週間か経ったころ、マイケル・ジャクソンに会いに〈ネヴァーランド〉へ行った。マイケルと過ごす時間は楽しかった。昔と違いマイケルはすごく控えめだった。どうしているのかと訊くから、のんびりしていると答えた。

「休みが取れるのはいいことだ。本当にいいことだよ、マイク」と、彼は言った。「ゆっくり休むといい」

このときは、マイケルが不眠に悩まされていたことを知らなかった。

当時、マイケルが子どもたちに性的な悪戯をしていると世間が騒いでいたが、俺が訪ねたときにいたのは不良少年みたいなやつが何人かだった。ひ弱そうなのは一人もいなかった。淫らなことをしようとしたら痛い目に遭っただろう。

二〇〇四年四月、K‐1のビッグイベントでモハメド・アリといっしょに顔見せをした。〝K‐1で試合をする契約を俺が結んだ〟〝八月にデビューする〟と、また発表があった。スター選手の一人ジェロム・レ・バンナが記者会見して、俺と戦えるのを心待ちにしていると言った。

「ボクシング・ルールの試合でも受ける。しかし、リングに上がったら、やりたいようにやるぜ……ウエスタン・ボクシングだろうがなんだろうが、蹴ってやる……タイソンは耳に噛みついたか知らないが、今度は十二フィート四方のリングを舐めさせてやる」

あんな怪物どもと戦うなんて正気の沙汰じゃない。ホテルのスイートに戻ってくつろいでいたかった。

俺は独りぼっちで死ぬだろう

相変わらず破産状態は続いていた。六月、ついにドンの訴訟が和解に至った。破産裁判官があいつに払わせたのは、たった一千四百万ドルだった。またあいつに手玉に取られたんだ。映画の権利も何も手に入らなかった。示談金から最初に支払いを受けたのはモニカだった。破産専門弁護士たちに一千四百万ドルかかった。あいつらは国税庁より先に支払いを受けやがった。

お手上げ状態は続き、シェリー・フィンケルに試合を組んでもらった。シェリーはダニー・ウィリアムズというイギリスのボクサーを選んできて、七月三十日にケンタッキー州ルイヴィルで戦うことになった。ウィリアムズは前イギリス・ヘビー級王者で、カムバックの途上にあった。前二戦はKO勝ちしていたが、俺がかつて倒していたジュリアス・フランシスに負けていたから、あまり心配はしていなかった。

また記者会見に出ることになった。試合の二週間前、俺はいつもの楽観的な俺だった。「いちばん興味があるのは、マイク、あなたは人生のどこに平穏を見つけているのかということです」と、質問を受けた。

「さあな。苦境に立たされたのが俺だけじゃないのはわかっている。しかし、俺が何もかも、文字どおりすべてを失ったことは理解してもらいたい。俺が大切に思っていた人間、愛した人間、恋愛関係になった人間、そのすべてを俺は失った。カネも、家も、何もかも失った。敵意むきだしのいかれた行動を取って、自分を愛してくれる人たちを追っ払って。まあ、これも成長痛のひとつなんだろう。俺たちは新しい人生、まっさらの人生を始めるために、いちばん大事な愛する人を失うんだ」

試合直前まで麻薬をやっていた。二百三十二ポンドの体重で試合に臨んだが、体にゆるみはない。入場のときにまわりを取り巻く人間はいなかった。ボディガードだったリックをセコンドの一人にした。一ラウンドでウィリアムズをぐらつかせ、KO寸前までいったが、なかなかクレバーなボクサーで、ホールディングでラウンドを乗り切られた。残り三十秒でパンチを振るったとき、左膝にパチッと何かが切れた感じがした。あとで半月板の損傷と判明するんだが、そのせいで二ラウンド以降は片足で戦っていた。二ラウンドはまだなんとか相手をぐらつかせることができたが、動きが止まって、攻撃をかわせなくなり、ボディにいいパンチを集中された。第三ラウンド、ローブローとブレイク後の故意の攻撃でレフェリーがウィリアムズから二点減点した。

四ラウンドを迎えたときは完全にガス欠で、止まった標的と化していた。パンチの雨あられに襲われても、膝の負傷と調整不足で足が動かない。最後に右のパンチでマットに沈み、ロープにもたれてそのまま十《テン》カウントを聞いた。あの試合で完全に心が折れた。

フェニックスに戻り、シェリーの家に行って、膝の手術を受けた。しばらく車椅子の世話になり、そのあとは松葉杖。それはまた麻薬をやる口実になった。次の何カ月か、深い落胆の中で過ごした。裏庭をぶらぶらして、鳩を飛ばすだけの毎日だ。

十月、ニューヨークの〈マディソン・スクエア・ガーデン〉で行われたフェリックス・トリニダード対リカルド・マヨルガ戦を観にいくことで、引きこもり状態から抜け出した。友達のジップとブロンクス出身の新しいボディガードを連れて会場に行ったら、俺たちが座席に着くと、観衆が熱狂した。長いこと俺の姿を見ていなかったから、みんな我を忘れて大喜びしてくれ、スタンディング・オベーションを受けたんだ。ジップのことは実の兄弟みたいに愛しているが、あいつはわかっていなかった。観衆は俺に感謝の意を示していただけだってことを。あいつは大興奮していた。「戻ってきたぜ、マイク、復活だ！」と、あいつは言った。「すぐにCMの依頼が来る。映画にも呼ばれる。例のでっかい出版契約も手に入る。この状況を乗り越えるなんて、すごい男だぜ、ブラザー。復活だ‼」

俺が立派なコカイン中毒者じゃなかったらな。

試合後、ダウンタウンのクラブで開かれたパーティに行った。ジップと座って酒を飲んでいると、あいつがダンスフロアを指差した。

「警備に雇う人間のことはちゃんと調べたほうがいいぞ」と、ジップは言った。目をやると、新しいボディガードがシャンパンのボトルを手に白人娘と抱き合いながら踊っていた。しばらく店にいて、俺とジップとボディガードとその娘でホテルに戻った。

部屋でジップとマリファナを吸ってくつろいでいると、ノックの音がする。ドアを開けると、知らない男が立っていた。

「マイク、おたくの警備の人がエレベーターにいるんですが、素っ裸なんです」

「なんだって？」

ジップとエレベーターに急行すると、ボディガードがズボンを足首まで下ろしてエレベーターで眠り込んでいた。ジップがズボンを引き上げて、そいつの部屋に運んでくれた。それから自分たちの部屋に戻った。

すぐに警察がやってきた。何があったのか、監視カメラに一部始終が映っているという。ボディガードの持ち帰った女が強姦されたとあいつを訴えていたが、映像を見たら、女が薬を盛ったうえでズボンを引き下ろしていたことが判明した。陥れて、いろいろふんだくるつもりだったんだ。

一カ月後、俺自身も面倒を起こした。正規ボディガードのリックとフェニックスのホテルに泊まっていたときのこと。俺はアリゾナ州の友人たちに連れ出され、リックはホテルに留まった。スコッツデールの〈プッシーキャット・ラウンジ〉というクラブに行って、コカインと酒で酔っ払っていた。店を出たときはみんなへべれけで、通りを横断していると、車が一台、すごい勢いでやってきた。

「あの車、飛び越えてやる」と、友達の一人に言った。通りの真ん中に立ち止まったら、車も停止した。俺はボンネットに飛び上がって、手と膝をつき、咆哮《ほうこう》をあげながら車をボコボコ殴りだした。運転手が降りてきて怒鳴りつけようとしたが、俺とわかって、車の中へ駆け戻った。友人たちが俺を引き下ろす。翌日、運転手が車を見たら、ボンネットのあちこちがへこんでいて、警察に通報した。器物損壊の軽犯罪で告発されたが、ダロウ・ソールが駆けつけて男に弁償してくれた。

年が明けてもまだ一文無しだった。シェリーがまた妊娠し、三月に娘が生まれて、エクソダスと名づけた。もう一人のシェリー（・フィンケル）に電話して、手っ取り早くカネを稼ぐ必要があると伝えると、フィンケルはケヴィン・マクブライドというへぼボクサーとの試合を組んできた。六月十一日、場所はワシントンDC。へぼボクサーといっても、身長六フィート六インチ体重二百七十一ポンドの巨漢だ。

スパーリングが終わったあと、「USAトゥデイ」の記者がフェニックスの自宅へやってきて、そこで俺は思いの丈を述べた。

「俺が幸せになる日なんて来やしない。独りぼっちで死ぬだろう。それでいいと思っている。生まれてからずっと、秘密と痛みをかかえた孤独な人間だった。生まれてからずっと、俺の人生はゴミだった。なんとかして抜け出したい。自分自身と自分の人生が恥ずかしくてしかたない。伝道者になりたい。

それだったら、威厳を保ちながらやれそうな気がする。とにかく今の人生を大至急終わりにしたい。だが、聖人ぶった人間にはなりたくない。みんなを助けたいが、まだ少しプッシーも欲しい。俺は人間のくずだ。それでも、麻薬を全部捨てて、現実と向き合う必要があるのはわかっている」

これ以上ボクシングを汚したくない

リングには上がるべきじゃなかった。パンチは大きく外れ、足は止まったままで、スタミナもゼロ。ひどい試合だった。六ラウンドの終わり、マクブライドにのしかかられただけでロープに倒れ、尻餅をついた。脚を広げてぶざまに座っていた。ラウンド終了のゴングが鳴っても、なかなか立ち上がれない。

マクブライドのセコンドはバッティングで切れた傷の手当をしていた。俺はコーナーに戻ると、新しいトレーナーのジェフ・フレンチにもうやめると言った。七ラウンドが始まっても出ていかなかった。

ジム・グレイがインタビューに来た。

「マイク、まずあなたから始めましょう。続けたかったですか？」

「まあ、続けたいのは山々だった。しかし、打ちまくられるのはわかっていた。わかったんだ、もうだめだって。なぜって、その……戦う体は維持できても、気持ちが萎えてしまっていて、これ以上は無理だと思った」

「それに気づいたのはいつですか？　試合のどのあたりでしょうか？」

「どうかな。始まってすぐだったと思う。みんなをがっかりさせて、本当にすまなく思っている。ただ、自分の中にもうボクシングへの情熱がなくなってしまった」

「試合が始まったときは、まだあるような気がしていたんですか？」

「うーん、いや。基本的に、請求書をなんとかするために戦っているだけだ。これ以上続ける気はない」

「つまり、もう私たちはあなたの試合を見られないということですか？」

「そう、たぶん、もう試合はしないだろう。これ以上このスポーツを汚したくない。もう、ボクシングを愛していないんだ。一九九〇年からあと、戦うことに情熱をそそげなくなった。だが、ケヴィン、あんたのキャリアにおめでとうを言わせてくれ。幸運を祈るよ。今後の活躍を祈っている。たくさんカネを稼いでくれ」

試合後にボクシング記者たちと会うのはこれが最後になった。インタビュールームに行くと、彼らがスタンディング・オベーションしてくれた。

座ってくれと言って、ジム・グレイにしたのと同じ話を繰り返した。このスポーツに泥を塗りたくないから、これ以上戦うつもりはないと。

ボクサーとしてアリーナを出ていくのはこれが最後になった。伝道活動や社会貢献のことは忘れちまった。胸の中でこうつぶやいただけだ。「よし、これで終わった。もう外に出かけて好きなだけ楽しめるぞ」

快楽におぼれる日々

CHAPTER 14

十歳の頃のことだ。

ブーという年上のやつといっしょに強盗をはたらいたことがある。こいつは家の窓を俺にくぐらせ、金目の物を盗み出した――どでかいテレビ、立派なステレオ、銃が何丁かに、現金も少々。小さくても俺は盗みがうまいのを、ブーは知っていた。俺を餌に、小さな男の子に淫らなことをしようとするやつを誘い込んで、仲間と待ち構え、ボコボコにしてカネを奪ったこともある。

盗みがすむと、ブーは年上の黒人女の部屋に俺を連れていった。たちの悪そうな見かけだったが、気心が知れるとすごく親切で思いやりがあった。そこには人が大勢いて、寝ころがったり麻薬で陶然としたりしていた。ブーがカネを渡すと女は白い粉が入った封筒を渡す。その粉をスプーンに置いてライターで熱しているブーから目が離せなかった。粉が泡立ち始めると、あいつは注射器を取り出して針から液体を吸い込む。そのあと腕を縛って血管に針を刺そうというところで、俺のほうを向いた。

「あっち向いてろ、ちび」

ヘロインを打つところを見られたくなかったんだ。

その後、この常用者のたまり場から帰るとき、あいつは俺の頭をぱしっと叩いた。

「お前がこれをやってるって話を聞いたり、やってるところを見たりしたら、ぶち殺すからな。わかったか、ちび？」

それを聞いてますますヘロインに興味を持った。年上のヘロイン中毒者から麻薬に手を出すなと言われたときは、〝なんでだよ？　独り占めしたいからか？〟って思ったものだ。

コカインを買って鼻から吸い込み始めたのは十一歳のときだが、アルコールは赤ん坊のころから飲んでいた。飲んべえの家系だったんだ。俺を眠らせるために、おふくろはよく、くずワインの〈サンダーバード〉やジンの〈ゴードン〉を飲ませていたらしい。十歳のころには、仲間たちと〈マッドドッグ20／20〉や〈バカルディ151〉、〈ブラス・モンキー〉を瓶買いしていた。文字どおりの安酒で、内臓をやられちまう。俺たちはマリファナやハシシを吸い始め、アヘンやエンジェルダストにまで手を出していた。

「マッポだ、マッポ、おまわりが来るぞ！」笑いながら車の下に隠れたもんだ。

ある二年間と塀の中にいた時期を除いて、酒はずっと飲んでいた。俺が憧れたお手本たちはみんな大酒飲みだったからな。ミッキー・ウォーカーも、ハリー・グレブも。

酒を飲むと俺のいちばん悪いところが現れた。酔っ払うと、ほかの人間の気持ちにまったく無頓着になる。誰かれかまわず喧嘩した。おまわりとでも。俺のことを知っているやつはみんな、「マイクには飲ませるな。マリファナはやらせてもいいが、絶対酒は飲ませるな」と言っていた。マリファナで気持ちよくなったときはご機嫌で、涙もろくなって、有り金みんな人にやったりした。「あそこにある、あのすてきなポルシェ、本当に要らないのか？」てな感じだ。

コカインを大量にやり始めた理由のひとつは、ボクシングを始めてから体が多大な苦痛にさらされていたせいだろう。知り合いのホッケー選手たちが同じような話をしていた。

コカインを手に入れて、部屋で一人やっていると、女が欲しくなる。麻薬をやるのは後ろめたいから、女を抱くことでその罪悪感を打ち消すんだな。

一文無しのときでも、コカインは簡単に手に入った。大物の売人にたくさん知り合いがいたからだ。そいつらがガキのころ、親切にしてやった。もうそいつらは億万長者で、大きなクラブを何軒も持っているから、俺を見かけると丁重にもてなしてくれる。なのに、俺はまだそいつらを小さなガキあつかいしてしまう。無愛想に、「すぐに行くから、例の包みをちょっと世話しろ」と言うだけだ。

コカインを始めると、不思議なことに同類がわかるようになる。前にある有名人と飲んでたら、そいつが俺のほうを向いた。

「粉あるか？」と訊く。

「えっ?? ああ、少しならあるよ。でも、なんでわかったんだ？」と、訊いてみた。

「コカインをやってる人間はコカインをやってる人間がわかるんだ、マイク」と、そいつは言った。

「レーダーがついているのさ」

コカインを大量に摂取し始めたころは、よく塊《ブリック》の半分を持ち歩いた。ブリックと言えば、組織が売買するときの単位だ。だが、俺は気にしなかった。みんなに分けてやったらみんなが気持ちよくなれると思ったんだ。「少しどうだ？」と、あちこち訊いて回った。まさかと思うような連中があの麻薬をやっていた。面白いことに、そういうやつらは俺の麻薬を鼻から吸い込みながら俺に説教を垂れるんだ。

それまでいっしょに吸ったことのなかったやつが、いつの間にか名人になっていることもあった。ラインを何本か作って、鼻をていねいに拭い、思案にふけった顔で、「もっと上等なのを世話してもいいぞ」なんて言う。あっという間に熱烈な愛好者になっているんだ。

自分のコカインを世話したくてうずうずしているやつもいた。

「マイク、心の準備はいいか？　本当にいいな？」と、そいつが言う。「夢の世界へようこそ！」

そいつが作った何本かのラインを、俺は鼻から吸い込んだ。

「ペルー産の純正フレークだ」そいつは超高級ワインのラフィット・ロートシルトのボトルを開けたみたいに誇らしげに言った。

しかし、そいつの言うとおりだった。あまりのすばらしさに目ん玉が凍りついた。

享楽的なパーティ

ケヴィン・マクブライド戦後、さえない気分で友人たちとロサンジェルスをぶらついていたら、電話が鳴った。新しい友人のジェフ・グリーンからだった。はたから見たら、ジェフと俺が友達になるなんて不思議だっただろう。ジェフはユダヤ教徒の実業家で、不動産市場の株取引で十億ドル儲けていた。こっちはイスラム教徒のボクサーで、身持ちの悪い女と車と訴訟費用に十億ドル使ってきた人間だ。共通の友人を介して知り合い、意気投合した。ヨーロッパでの試合に駆けつけてくれるようになり、あいつのヨットで世界じゅうを巡るようになった。ユダヤ教の正月ロシュ・ハシャナ中に晩餐に招いてくれ、俺は祭りの儀式中に聖典を拾い読みするまでになった。

「やあ、マイク、サントロペの船旅に参加しないか？　君をフランスまで運ぶジェット機をチャーターするし、着いたらうちの者を迎えにやる」

ボクシングから足を洗って鬱々としている俺を心配して、世界最高級の美女たちとパーティ三昧すればいい気晴らしになるかもしれないと考えてくれたんだ。

出発前にジップに電話をして、声をかけた。

「それがだめなんだ」と、あいつは言った。「どこかの野郎《ニッガ》に撃たれた。相手を突き止める必要がある」

「何言ってんだ、ジップ。自家用ジェット機に乗って、ヨットで地中海を走り回って盛り上がれるのに……」

「ふざけるな、ちきしょう。銃で撃たれたんだぞ。どこのどいつか知らないが、やり返してやる。目には目をだ」

「史上最高のプッシーがいるところへ行こうってのに、人を撃つ話か？　行けば女とやれるんだぞ」

と、俺は言った。しかし、あいつは復讐に血道を上げていた。

だから一人で行ったんだが、いや、すごかった。ジェフの船で朝食をとって、ジェットスキーを乗り回していると、ウォール街の人間たちが気づいて自分の船に招いてくれた。「な、ジェフの船より大きいだろう」と、彼らは自慢した。「こっちに来て、うちの船でいっしょにパーティしよう」

俺たちの船はわくわくすることだらけで最高だった。船の全長は百五十フィート以上あったが、それでも充分とは言えなかった。面白いことが起こりすぎていたからだ。

最初はちょっと緊張していて、ジェフの友人たちに溶け込めなかった。

「ジェフ、ここは白人天国だ。イスラム教徒の俺が溶け込めるかな」と、俺は言った。ユダヤ教徒のパーティに出るのは初めてだった。作曲家のデニス・リッチが俺を見かけてひょいとやってきて、友達に紹介してくれ、くつろげるよう手を尽くしてくれた。すごく美しくて気品がある、洗練された淑女だった。麻薬に酔って妙なことを言ってくるやつは一人もいない。そこで、頭の中でトリップしているのは自分だけだと気がついた。腰を落ち着けて新しいユダヤ教徒の友人たちと過ごしていると、突然、無作法で不愉快なサウジアラビアのイスラム教徒がやってきた。

「あの女が君にレイプされたと言ったとき、うちの息子は千五百万ドル払って君を刑務所から救い出すと言ったんだ」と、いきなりそいつは言った。「ミスター・タイソン、あなたに会えて本当にうれしい……」とも言わず。

「ああ、それはありがとうございます」と、俺は言った。

デニス・リッチが悲しそうな顔で俺を見た。そして、「本当にごめんなさいね」と言った。

あんなこと言うなんて、どういう神経なんだ?　失礼もほどほどにしろ。俺が婦女暴行罪で刑務所にいたことを、ここにいる新しい友人たちが知らなかったらどうするんだ？　「どうして刑務所にいたんですか、マイク？　横領か何かで？　インサイダー取引とか？」なんて訊いてきたら？　その夜はそいつと口を利かなかった。

サントロペにいたときには、もっと楽しい出会いもあった。別の裕福なユダヤ教徒のヨットにいて、その男がそばに係留した船へ戻っていく別のユダヤ教徒を見送っているところをながめていた。片方が、「ハーヴァード、七九年ですよね？」と言った。

「ええ、あなたはマクロ経済学じゃなかったですか？」

「そうです。ハイアニスポート出身のシンディと付き合っていませんでしたか？　私も彼女と少しだけ付き合いましたよ」

俺の方の出会いはこんな感じだ。世界的に有名な兵器ディーラーのボディガードをしている大柄な黒人が目に入った。見覚えがある気がしてよくよく顔を見たが、誰だか思い出せない。そいつが近寄ってきた。

「〈スポッフォード〉［少年拘置所］、七八年じゃ？」と、そいつは尋ねた。

「ちきしょう、お前か、封鎖事件のとき会ったやつだ」と、俺は思い出した。

「そうだよ、食堂にいたやつと喧嘩を始めちまって」

「そうそう、あれ、お前だったのか！」

サントロペのあとも、あの船でいろんなところへ行った。海岸線を行ったり来たりして、別の国に停泊するたび、俺が乗っているのがわかると大騒ぎになった。いや、最高だった。どこで船を降りても、よその土地とは思えなかった。王様や女王様や王子様と知り合いになれる。すべて白紙委任で、みんなが門戸を開いてくれた。クラブへ行くのに列に並んで待つ必要はないし、世界最高級のレストランにいつでもテーブルが用意される。とにかくすばらしい世界だった。ひとつの大きな蜃気楼のようだった。

だが、ひとつわかったことがある。どれも俺の心に開いたでっかい穴を埋めてくれなかったことだ。俺はチャンピオンの座にちゃんと敬意を払ったことがなかったからな。簡単に手に入ったからだ。成し遂げるためにいっぱい猛練習をしたのは確かだが、王座は自分のものになって当然だと思っていた。

シチリア島の埠頭に入って、みんなであるパーティに出かけたら、船に戻る俺たちに見物客が百人くらいついてきた。みんなが俺を見たがり、いっしょに写真を撮りたがった。船が急に重くなって傾きだす。みんなが俺たちとパーティをしたがったからだ。

サルデーニャ島に停泊中にも面白いことがあった。俺は歴史マニアで、サルデーニャ島と言えばポエニ戦争とハンニバルだ。ここで大戦争が戦われた事実に思いを馳せていた。ジェフといっしょに〈億万長者《ビリオネア》クラブ〉という店に立ち寄った。その名に違わぬ店だった。シャンパンのボトル一本が十万ドルくらいした。

「今夜は、俺が飲む心配をする必要はないぜ」と、ジェフに冗談を言った。にもかかわらず、店は俺たちにどんどんボトルを運んできた。サルデーニャ島ではロベルト・カヴァリ［イタリアのファッションデザイナー］やヴィクトリア・ベッカムと過ごした。カヴァリが豪華な船に招待してくれたり、ジェフのジェットスキーに飛び乗って、船から船へ移動しては、食って飲んだ。

船はさらに何カ所か寄港し、トルコに立ち寄ったときは首相に会っていっしょに盛り上がったりもしたが、俺はモスクワに行って療法士《セラピスト》に会うときを心待ちにしていた。マリリン・マレーという七十歳の女性で、一九九九年から診てもらっている、すばらしい心理学者だ。

救世主との出会い

彼女に巡り会ったのは、その一九九九年の夏。路上で突然キレちまった事件で、裁判所からカウンセリングを受けるよう指示されたあとだ。モニカが付き添ってくれ、ついでに結婚生活の相談もしてみることにした。二人でフェニックスにある施設へ向かった。俺はアメリカ大統領みたいに颯爽と登場した。大きなストレッチリムジン二台で、シークレットサービスみたいな黒服のボディガードたちをしたがえて。高価な宝飾類とダイヤを着け、ヴェルサーチの服に六千ドルしたワニ革の靴といういでたちで、茶目っ気たっぷりに足を踏み入れた。セラピストの男と腰を下ろしていざ診察が始まると、モニカとセラピストが前もって共謀していることを確信した。二人がかりでさんざんやっつけられた。

「ふざけやがって、お前ら！　謀《はか》りやがったな！」と言い、怒って飛び出した。

半年後、俺はくたびれ果てた状態で、タクシーに乗って一人でそこを再訪した。

「もう一回診てもらいたいんですが？」と、低姿勢でお願いした。

こんどはマリリンを担当にしてくれた。彼女はじつに興味深い経歴の持ち主だった。かつてフェニックスに画廊を所有していたが、心と体のバランスが崩れてきて、子どものころに受けた虐待を乗り越えるための治療を受け始めたという。四十五歳のとき、大学に入りなおして心理学の学位を取り、心理療法士になった。アリゾナ州の刑務所で何年か無料のボランティアをし、性犯罪者や暴力的強姦犯や子どもへの性的虐待犯に取り組んだ。だから、きわめて困難な症例、つまり、それまでの人生でたくさん心の傷《トラウマ》を受けてきた人たちの治療に定評があった。

俺には彼女が適任ではないかと施設は考えたんだ。何年かでいろんな治療を受けていたが、診てくれたやつらはみんな、俺にはありきたりすぎた。彼女も俺を変える気でいる愚かな白人だろうと、最初は思っていた。だが俺は、マリリンが野獣だってことを知らなかった。ごまかしはいっさい利かない。俺が世界のあちこちでやってきた信用詐欺や、ガキのころから大勢のカウンセラーをだまくらかしてきた手口まで知っているなんて、夢にも思わなかった。

自分の中に獰猛な獣を棲まわせている人間でないと、俺の相手はできない。相手の中に獣が見えないと、俺は敬意を払えないんだ。目に宿ったかすかな表情にそれを感じ取ることもある。驚いたことに、マリリンの中にはそれが見えたんだ。

しばらくすると、マリリンが人助けに人生を懸けていることがわかった。想像がつかないと言う人もいるだろう。他人の世話に人生の全精力をそそぐ人間がいるなんて。そういう人間には不純な動機があると、俺たちは教わってきた。だが、彼女は心に使命をいだいていた。カス・ダマトは、「うちの子の仕事はでかくて強くておっかない男どもの鼻を折ってやることだ」と言ったが、マリリンの仕事は、社会から拒絶されたでかくて強くておっかない男どもを引き受け、社会に彼らをもういちど受け入れてもらい、立派な人間に仕立て上げることだった。

マリリンから〝正常基準線〟という概念を手ほどきされた。健全な人間は正常な状態の基準が高いんだろうが、俺のは相当低かった。俺の基準線はセックスと酒と麻薬と暴力による混沌状態《カオス》だった。人生でいちばんおっかなかった日は、チャンピオンになったのにそこにカスがいなかったときだと、マリリンに打ち明けた。大金は手にしたが、身の処し方を何ひとつ知らない。そこへ強欲なハゲタカやヒルみたいな連中がやってきた。

俺は自尊心のないまぬけ《スマック》だったが、世間からもてはやされると今度は、でかい自己陶酔者《ナルシシスト》になった。マリリンはこう考えた。俺の中にはまだ子ども時代の混沌状態が続いていて、何かいいことが起こるたびにそれを妨害・破壊するようなまねをしでかすのだと。だから、医者と結婚し、かわいい子どもが二人できたのに、ストリッパーたちとやりたい放題やって、麻薬をやって、酒を飲み倒しているのだと。マリリンは俺のカオスを断ち切って、基準線を健全なレベルまで押し上げたいと考えた。

彼女の話には百パーセント納得がいった。子ども時代から俺の中に棲みついている悪魔が行く先々まで追いかけてくる。だから彼女は、ボクサーになってからも俺の中にずっと居続ける、いじめや虐待を受けてきた少年時代の心の傷《トラウマ》に取り組もうとした。少年時代に受けられなかった愛情をそいつに与えてやる必要があった。

マリリンはただの療法士じゃなかった。人生の導師《メンター》だ。俺を夕食に連れていったり、映画に連れていったりしてくれた。いっしょに観光に出かけ、フェニックスのことをあれこれ教えてくれる。二人の絆は固く結ばれた。彼女の心には大きな愛と思いやりと情熱があった。俺のカネにはいっさい興味を持たなかった。俺が快方に向かうところを見たかっただけだ。いっこうに更生しない俺を彼女はどう思っていたのだろう。

九・一一後、マリリンは仕事でロシアに招かれ、二〇〇二年以降は一年のうち四カ月をモスクワで過ごしていた。ロシアにはトラウマと薬物乱用がはびこっていたから、そんな場所にマリリンは天の恵みだった。それで二〇〇二年、彼女は俺に言った。もう俺のセラピストでいられなくなると。

俺はマリリンが大好きだった。

「なんで行かなくちゃいけないんだ？　ここにいて、俺のおふくろでいてくれ」と懇願した。「俺の面倒を見てくれ。ほかのやつなんか放っといて」とにかく彼女を母親みたいに思っていた。彼女は俺のために、狂ったように戦ってくれた。ありったけの政治的な影響力を使ってくれた。俺を助けるために十字軍のように戦ってくれるんだ。奇妙なことだが、当時の俺はそこまではしてほしくなかった。自分が深く傷ついていることに気がついていなかったんだ。自分がどんなに参っているか、マリリンに説明されないとわからなかった。

ロシアへ行くことにしたとジェフ・グリーンに言ったら、バルカン半島を回ってウクライナで降ろしてくれるという。二、三日おきにマリリンに電話をかけ、会いにいくと言った。「やあ、マリリン、いまサントロペだ」「やあ、マリリン、いまサルデーニャ島だ」「いまイスタンブールだ、もうすぐ会えるぞ」

無法地帯

バルカン諸国に着くと、どこもかも無法状態だった。ギャングたちが大手を振って闊歩していた。悪党と言われ慣れた俺たちの行為でも、あそこの連中に比べたら物の数じゃない。だが、気がついたら、そういう連中と付き合っていた。彼らは俺をなかば強引に連れ去って、ワインを飲ませ、メシを食わせ、なんでも欲しいものをくれるんだ。

いっときルーマニアに滞在したが、麻薬関係者やギャングが俺を歓待してくれた。

やつらは「何をやる?」と訊いてくる。

「コカインはあるかい?」と、俺が言う。

彼らはコカインをやらなかった。しかし、電話一本かけただけで、誰かが大きな塊を持ってきてテーブルに置いた。

「好物はこれか?」

それに手をつけたあと、みんなにも吸ってみろよと勧めた。俺といっしょに二人がやったが、そいつらは自分でも信じられないくらい饒舌になった。マイク・タイソン恐るべし。ルーマニアのマフィアにコカインを教えちまうんだからな。

船でウクライナまで行った。ジェフと俺と共通の友人のムハンマドでレストランのテーブルに着いてメシを食っていると、いつの間にか何千人もの人間が俺を見に押し寄せてきた。その日の夜、ムハンマドと現地のとある〝実業家たち〟に会いにいった。自社のウォッカの宣伝をしていると言う。業務を仕切っていた男は豪邸の持ち主だった。その家はむやみやたらとでかかった。隅から隅まで大理石でできていた。悪徳資本家の世界に巣食う、文字どおりの皇帝《ツァーリ》だ。夕食の前に家の主人が俺のところへやってきた。

「ついてきてくれ。見せたいものがある」

屋敷の南側へ向かった。大きなバルコニーを通り過ぎ、廊下を進んで、別の部屋に入った。彼がそこのドアを開くと、ベッドに二人の美女が横たわっていた。

「晩餐のあとは、これをデザートに」と、彼が言う。

ムハンマドを連れてきて見せてやった。

「夕飯は飛ばして、まっすぐデザートと行こうぜ」と、俺は言った。二人でひたすらそこにこもった。ウクライナ人は呆れていた。大事な晩餐を飛ばして、女に飛びつくやつがどこにいるんだって。あいつらにとっては不思議議な話だったんだ。

ロシアに着いたのは夜遅い時間だったから、マリリンに電話をして、俺がモスクワにいることが国民に知れ渡る前に少し観光したいと言った。空港に現れたパパラッチは三人だけだ。ホテルは〈赤の広場〉からわずか二ブロックのところにあった。二〇〇五年のロシアは十九世紀開拓時代のアメリカにそっくりで、一日おきに誘拐事件や爆弾テロがあった。翌日、マリリンと〈赤の広場〉に向かう途中、〈革命広場〉近くにあるカール・マルクス像を通りかかったら、突然、大きな黒いSUV二台と車体の長いメルセデス・セダン二台がそばに停まった。ウージーの機関銃を手にした男が四人、飛び出してきた。車内には革のジャケットを着て拳銃を握っている大柄な男たち。マリリンはうろたえたが、彼らは近づいてきて、ウクライナの実業家たちから送り込まれたボディガードと名乗った。

「ウージーを持った警備員がついたのは、初めてじゃないか」と、俺はマリリンに言った。

というわけで、俺たちは列をなして歩いていった——俺、マリリン、迷彩服に身を包んだボディガードたち、そして、ホテルから俺を追ってきたパパラッチが三人。この一団を見た人々が店からいっせいに飛び出してきたり、自家用車を停めてやってきたりした。〈赤の広場〉に着いたころには、俺たちは行列を従えて行進していた。

群衆はいたが、それなりに観光はできた。トルストイの家はどうしても訪れておきたかった。あちこち案内してくれた通訳は、俺がトルストイの子どもたちの名前を全部知っていて、トルストイとその妻との力関係を知っていることにびっくりしていたよ。プーシキン美術館にも行った。ただ、あれだけの数の人間を引き連れていると、クレムリン宮殿に近づくことはできなかった。

日中はマリリンと楽しく過ごし、彼女が帰ってから本格的なお楽しみに取りかかった。モスクワでは好きなものがなんでも手に入った。ニューヨークの巨大版みたいな街だ。ある晩、巨大な邸宅を持つロシアの大物を訪ねた。屋敷の一角に、木のカウチとタオルを備えた大きな蒸し風呂があり、その横に女をぎっしり詰めこんだ部屋があった。ざっと十四人。つまり、一人選んでいっしょに蒸し風呂に入るわけだ。別の女が欲しくなったときのため、部屋には電話が置かれていた。電話一本で新しい女が送り込まれてくる。

鳩への興味を通じて本物のロシアン・マフィアにも出会った。二、三日後、ロシアの鳩が見たくなって、モスクワで一番の鳩愛好家は誰かとガイドに訊いてみた。モスクワのはずれに住むマフィアのところへ連れていってくれた。それまで見た中でいちばん豪華な家だった。鳩舎だけで、俺のラスヴェガスの家がすっぽり収まるくらいの大きさだ。見渡すかぎり、その男の所有地だった。

だが、いちばん楽しかったのは、ある晩巡り会ったカザフスタンのイスラム教徒の実業家と過ごしたときだ。この男に会ったときはセルビア人の友人といっしょだった。カザフスタンから仕事に来ている小金持ちなんだろうと思っていた。気前よく俺たちの勘定を払ってくれた。モスクに行って、いっしょにお祈りを唱え、そのあと少しマリファナを吸ったところで、「女が欲しいなら、街にダンス・クラブを所有している。行ってみないか?」と言う。

男の先導で店に入り、特別エリアに向かった。男が仕切りを下ろすと、ジャーン。若くてきれいなロシア人の女が二十人。たぶん、いちばん年上でも二十歳くらいだっただろう。彼女たちが俺たちのために踊りだすと、男が、「どれがいい?」と訊く。

「じゃあ、俺といっしょに帰りたいのがいるかどうか訊いてみてくれ。あの中なら誰でもかまわない」息をしてさえいれば、どの女でもよかった。

男は笑った。

「わかった、マイクといっしょに帰りたい者?」

あちこちから喚声があがった。

「はい、私、私、私!」

全員が俺とホテルに行きたがった。

「全員、君についていきたいようだから、やっぱり選んでもらわないと」

「わかった、じゃあ彼女は？　すごく魅力的だ。それと、髪の短いブルネットの子もいいな。最初に入ってきたときはあのブロンドがいいと思った。あと、二列目の端にいるあの子は？」

「マイク、四人は無理だ。女の子四人と何する気だ？」

「四人とも必要なんだ、ブラザー、さもないと、連れていけなかった子たちのことを考えちまう」

こうして、女の子四人とホテルに戻った。みんな、コカインと酒でハイになっていた。楽しんでいると、一人が母親に電話した。

「ママ、いまマイク・タイソンといるの！」

彼女はすごく興奮していた。私のママもすごく魅力的なのよ、と彼女は言った。さすがに、母親までは呼べなかったけどな。

ロシアの娼婦はアメリカの娼婦とレベルが違った。アメリカの娼婦は男の性欲を満たしてやるだけだ。ところが、ロシアの女はみんな四つの言語を操れた。ベルギーの友人に電話をしたときは、一人が電話に出て、オペレーターに通訳してくれた。そのあとポルトガルにかけると、流暢なポルトガル語で話してくれる。スロヴァキアにかけたときも、現地の言葉を完璧に操った。

〝なんとかこの子たちをアメリカに連れ帰れないか〟と俺は考えていた。彼女たちなら「フォーチュン500」のひとつでも経営できるだろう。全員、大学の学位を持っていた。知性では、とてもじゃないがあの娼婦たちにかなわない。彼女たちがいたら、連邦破産法第十一条なんて一分で抜け出せたんじゃないか。

彼女たちとは一夜限りだった。当時の俺は豚野郎だったから、次の夜には別の征服に取り組んでいた。

チェチェンでの歓待

ある日、〈赤の広場〉でブランチを取っていると、ショッピング・モールを丸ごと所有している男が近づいてきた。ユダヤ教徒で、ロシアの五輪チームの制服も自分が全部作ったという。

「今夜、二〇〇六年冬季五輪ロシア代表チームの新ユニフォームをお披露目する招待者限定の特別イベントが開かれ、ロシアのスポーツ関係者が一堂に会します。特別ゲストとしていらっしゃいませんか？」

ふだんなら顔見せには高額の出演料を求めるところだが、最高のアスリートたちに会えると思うとわくわくした。喜んで出席すると伝えると、男は感謝の気持ちにとショッピング・モールをあちこち案内してくれ、イタリアの最高級服飾店にあれこれ入っては、すばらしい服をどっさりくれた。

夜、その男と夕食を共にすると、そこに当時ロシア・スポーツ界のトップだった元アイスホッケー選手のヴィチェスラフ（スラヴァ）・フェティソフもやってきた。

俺が来るという発表はされていなかったから、イベントが始まり、俺が紹介されて登場すると、アスリートたちが会場を壊さんばかりに熱狂した。主催者がオリンピックの聖火に似た大きな演壇を作って俺とマリリンを座らせ、彼女はメディアの焚くフラッシュの数々で目がくらんだそうだ。イベントが終了すると、アスリートたちが俺のサインを求めてどっと押し寄せてきたから、大柄な警備員たちにマリリンを守ってもらった。そうしないと混雑の中で踏みつぶされていたからな。

また別の日、ジェフとマリリンと〈ニューヨーク・カフェ〉で昼飯を食っていた。モスクワのダウンタウンにあるレストランで、スポーツ選手のたまり場になっていた。そこに座っていたら、サントロペでいっしょにパーティを楽しんだチェチェン人の政治家が目に入った。ロシア連邦院、チェチェン選出の上院議員だ。サントロペとサルデーニャ島では控えめで感じがよく礼儀正しかった。

見かけも振る舞いも真の外交官を思わせるところがあった。だから、「やあ、ブラザー」と声をかけたんだが、モスクワの彼はサントロペのときと違って無愛想だった。

「マイク、船上のときと違って愛想がよくないな。いったいどうなってるんだ？」と、ジェフもこぼした。

ところが、この上院議員が緊張した面持ちで俺たちのテーブルへ来て、意外なことを言った。

「連れがぜひともマイクに会いたいと言っている。ちょっと特別な人物でね」

「いいとも」と言って、食事を置いてみんなで立ち上がり、上院議員のあとからレストランの片側にある個室へ行った。テーブルが用意されていて、みんなで座った。すぐにドアが開き、チェチェンの指導者ラムザン・カディロフ［当時は第一副首相］が入ってきた。一〇、一三年前から始まったチェチェンの戦争のことはよく知っていた。ラムザンの父アフマドはチェチェン最大級の権力を持つ軍閥の一人で、ロシアからの分離独立運動に指導的役割を担っていた。血で血を洗う争いだ。ロシアは反乱の鎮静化を願って、アフマドをチェチェン共和国の初代大統領に就任させた。その翌年、アフマドは暗殺され、息子のラムザンが新たな指導者になったんだ。ラムザンは大のボクシング・ファンで、何をおいても俺に会いたかったという。

ラムザンが着席して俺とまっすぐ向きあった。二十八歳くらいだったが、年齢以上に若い感じがした。少し話をしたあと、チェチェンを訪問してほしいと懇願された。このころ、ロシアに入国したアメリカ人が最初に受ける忠告は、「絶対チェチェンには行くな」だった。二〇〇五年当時、あそこはまだおそろしく暴力的で危険な場所だったからだ。

だが、ラムザンに自分の国に来てほしいと説得を続けられ、結局、彼とその随行団と出発した。大金を提示されて断るに断れなかったんだ。チェチェン共和国は驚くべき土地だった。現地に着くなり機関銃を渡され、緊張が走った。機関銃なんか撃ちたくなかったが、郷に入りては郷にしたがえか。チェチェンはイスラム教徒が多数を占めていたから、彼らは頭にかぶるクフィをよこし、俺をイスラム名のマリク・アブドゥル・アシスで呼んだ。〝万能のアッラーの王にして僕《しもべ》〟という意味だ。俺はただアブドゥルと呼ばれるのが好きだった。アブドゥルじゃなかったら、ただのマイクでいい。イスラム教徒の英雄として、俺は国じゅうで歓迎された。この俺が、イスラム教徒の英雄？ どうしようもないコカイン常習者だったのに。

チェチェンはまったくの原始状態だった。ロシアとの戦争で国土の半分が焼き払われていた。俺が行ったときは店もろくになかった。土地があるだけで、建物がない。

現地の大きなサッカー場にも顔を出した。だが、頼まれたおもな仕事は、ラムザンの父親を追悼して四日間開かれることになっていたボクシング国内トーナメントの開会式に出席することだった。「活字で読みニュースで聞いていたチェチェン共和国に来られてうれしい」と、観衆に語りかけた。「イスラム教徒の中にいられるのがうれしい。チェチェン共和国で長年にわたって公正を欠いた戦争が行われているのを、我々はテレビで見てきた。我々はアメリカで、早く終わるよう祈っていた」

その夜、遅い時間にモスクワへ戻った。チェチェンの女には巡り会うチャンスがなかったな。

強い絆

モスクワでまたしばらくマリリンと有意義な時間を過ごした。ロシアに行った目的は彼女に会って治療を受けることだった。裁判所から力を借りる必要が出てきた場合、ロシアでマリリンから治療を受けていたと言えるから、政治的に賢明な行動でもある。

ある晩、マリリンがグルジア料理のレストランで夕食を設定してくれ、そこで何人か、著名なビジネスリーダーに会った。次の日マリリンに、もう大物には会いたくないと言った。彼女個人の友人たちと交流したかった。そしたら、彼女のアパートメントへ昼食に招いてくれた。

彼女の暮らしている建物を見てびっくりしたよ。ガキのころ暮らしていた安アパートを彷彿させるお粗末な建物だった。廊下には、あのころと同じ小便のにおいまでこびりついていた。「マリリン、こんなところで何をしてるんだ？」と、訊いた。だが、彼女はみずから望んでそこに住んでいたんだ。庶民と共に。昼食後、マリリンは仲のいいロシア人の友達を七人、自宅に招いた。全員、心理学者か牧師だった。

居間で車座になり、この人たちが自分の話を語り始める。大半がアルコール依存症の家庭出身だった。こっちは世界じゅうに名を知られた有名人だし、彼らは、住む世界が違うと思っていたかもしれない。俺が話を始めるまで、俺とはなんの共通点もないと思っていたにちがいない。俺がしたのは、みんなに共通する話だった。長年にわたっていろんな施設やグループホームで過ごしていたから、こういう話をするのには慣れていた。彼らにわかるよう、詳しく話をした。子どものころの暴力、実母との間にかかえていた問題、年がら年じゅう脅しを受けいじめられていたことを。それを聞いて、みんな安心してくれたようだ。

隣に座っていた女性の父親は軍の将校だった。彼女が赤ん坊のころ家がテロリストに爆破され、父親は彼女を救おうとして命を落とした。彼女自身もひどい火傷を負って、手が切り株と化し、全身に傷跡が残っていた。今はモスクワ国立心理学・教育学大学のカウンセリング心理学部門で長を務めているという。

「こうして私は心理学者をしていますが、私自身の痛み、幾多の心の痛み、父の死にどう向き合えばいいのか、そこに手を差し伸べてくれる人はいませんでした。マリリンが来て力を貸してくれ、この痛みに対処する方法を会得できるようになるときを、私はずっと待っていた気がします」

彼女は話しながら泣きだした。俺は椅子を抜けて、彼女の足下に座り、彼女が話すあいだ、切り株のようになった手を握っていた。話が終わったときも、俺はそのまま床に座っていた。

あの部屋にいた全員が強い絆で結ばれた。会は二時間の予定だったが、終わったときは六時間が経っていた。帰るとき、参加者の一人が俺に近づいてきた。

「あなたは政治家か説教師になるべきだと私たちは思います」と、彼女は言った。「ロシアの大統領に立候補したらきっと勝てますよ」

だが、ロシアにいちゃいけないのはわかっていた。ロシアには〝中庸〟を意味する言葉さえない。ロシアに中庸はなく、あるのは極端だけだ。だから俺はあそこになじむんだ。ロシアが楽しくてしかたなかった。どんなことでも大手を振って好き放題できた。

コカインの日々

ジェフ・グリーンはアメリカに戻り、俺はポルトガルに向かった。マリオという友達がいたから、電話して、次の日会いにきてもらおうとしたが、外せない用事があるとかで来られないという。リゾート・ホテルに宿泊手続きをし、コカインを少し手に入れてやり始めると、何日か寝ないで大量のコカインをやっていたせいか、そこでこてんと意識を失った。いっしょにいた女は呼吸が止まったと思って、ホテルの医者を呼んだほどだ。医者がやってきたときは元気になっていた。病院に行って検査を受けたほうがいいと勧めてくれたが、遠慮しておいた。

ポルトガルの滞在は俺には退屈すぎた。誰もかれも真面目すぎた。男はみんなスーツでめかし込んでいて、どこへ行っても仕事中毒の人間ばかりだ。いっしょに遊ぶ人間がいない。二日目には飽き飽きして、アムステルダムへ移動した。オランダ人はばか騒ぎのやりかたを知っていた。ルーマニアで知り合った女を飛行機で呼び寄せた。すばらしい娘だったが、俺がコカインを大量にやり始め、売春婦たちを部屋に招き始めると不安になったようで、麻薬に興味はないと言って帰っていった。それでも俺は酒池肉林の宴を続けた。二週間後、さすがに限界を感じ、アシスタントのダリルに迎えにきてもらった。

コカインで神経が高ぶっていた。四カ月前にヨーロッパへ出発して以来切れ目なくやっていた。やりたいのは麻薬だけだ。あれだけの量が体に入ると、内臓がコカインまみれになってコカインの糞が出る。それでも懲りずにマイアミのオーヴァータウンやリバティ・シティ界隈に車で乗りつけ、コカインとキューバ人売春婦を手に入れた。もちろん、あそこのスラムに行くたび警察に呼び止められた。

「マイク・タイソンじゃないか！　いったい何をやっているんだ？　ここは危険だ、マイク」と、おまわりは言った。「乗ってくれ。安全なところまで送るから」

「いや、俺ならだいじょうぶだ、おまわりさん。頼むからあっちに行ってくれ。あんたがいたほうが問題になる」

「ミスター・タイソン、頼むから。あんたがチャンプだろうと、この辺の住民はおかまいなしに手を出してくる」おまわりはしつこく言った。

「あんたがこの辺をうろうろしてると、俺がいろいろ困ることになるんだ。俺ならだいじょうぶだよ」

コカインとキューバの女を手に入れようとしているのに、おまわりどもときたら。あの界隈へ行くと、住民が俺を見かけて、「どうした、チャンプ、何を探してるんだ？」と声をかけてくれた。見れば、ピンとくるんだな。麻薬を求めてることを。

マクブライド戦のリングを下りたあとから、麻薬とアルコールで途切れなくばか騒ぎを続けていた。世界を巡ったあとは、またラスヴェガスに腰を落ち着けて、麻薬の日課を打ち立てた。午後十時に起きてシャワーを浴び、きれいに身支度をして、十一時には出かける。出かける前に少しコカインをやる。迎えに来た人間とノース・ヴェガスあたりに車で乗りつけ、午前一時くらいまで酒場で飲んでいる。そのあと目抜き通りの〈ザ・ストリップ〉にあるクラブへ行く。スイートでくつろいで、女を誘い込む。四時か五時くらいまでいて、〈ドライス〉みたいな規定時間外営業の店に行く。そこで一時間くらい過ごし、それから、大勢の客でにぎわう〈シームレス〉みたいなストリップ・クラブへ行く。こういう規定時間外営業の店には、有名人から、きれいなモデルから、筋金入りのばくち打ちまで、いろんな人種がやってきた。

こういう優雅な連中はみんな麻薬に漬かっていた。日中に歯医者やショッピング・モールで見かけることは決してない。彼らは俺とそっくりの暮らしをしていた。日中に眠って、夜はパーティ三昧だ。朝、クラブを出たあとそいつらとブラブラしていたが、みんな立派な家を持っていた。麻薬の売人か、〝悪い種子〟を受け継いだ金持ちのボンボンだ。クラブにはやつらとつるむ人間が大勢いて、いつもやつらが勘定を持っていた。

クラブで過ごすうちに、どんどんコカインのやりかたが露骨になってきた。ある晩、理髪師の友人マックと〈ウイン・ホテル〉のバーで飲んでいた。サインをしたり写真撮影のポーズを取ったりする合間に、ちょくちょくトイレに入っていたら、とうとう警備員がマックのところへ来た。

「友達を連れてきてくれないか」と言う。俺はトイレでコカインをやっているところを押さえられ、ホテルから追い出された。あのころはそんな感じだった。ナイトクラブで王様あつかいされたり、トイレでコカインをやって通報されて放り出されたり、トイレで女とやっていたり。大勢のドアマンと親しかったから、また入れてはくれたが、出入り禁止になるクラブもあった。

だからいつもストリップ・クラブのほうが好きだった。

「ストリップ・クラブに行けるのに、なんでこんなダンス・クラブで過ごすんだよ?」と友人たちに言った。「ここの女は服を着ていて、そのうえ態度が高飛車だ。ストリップ・クラブの女は裸のうえに愛想がいい。問題の核心にはまっすぐ近づこうぜ」

ストリップ・クラブのオーナーはみんな俺に協力してくれた。俺専用のトイレがある店もあった。そこに何時間かこもって、出てきて、オーナーと談笑する。そういうお殿様気取りだったから、警備員が近づいてくると怒鳴りつけた。

「あっちへ行け! 俺に近づくな。誰にも迷惑はかけてない!」

ミルクセーキが入っているみたいにコカインの袋にストローを差して、大っぴらに持ち歩くようになった。友達に少し分けてやると、ちょっと吸えるだけだと思ったやつらが、あとから歓喜の悲鳴をあげた。袋にどっさり入っていたからだ。みんな咳き込んだり唾を吐いたりし始めた。

二〇〇五年の十一月を迎えるころには、もうへべれけだった。「50セント」[米国のヒップホップ歌手・MC]の初主演映画『ゲット・リッチ・オア・ダイ・トライン』のプレミア試写会で、ロサンジェルスへ行った。俺はコカインで舞い上がっていて、会場には前妻のロビンもいた。映画が始まる前、俺が走り回っては女を口説く愚かな様子を見ていたにちがいない。映画が終わって席から立ち上がると、ロビンがそばへ来た。あいつは俺を抱き締め、俺はあいつにキスをした。またやれるかなと期待したよ。ところが、あいつは「あらっ」と言って、そそくさと離れていった。さっと振り返ると、ナオミ・キャンベルが俺をつかんでハグしてくれた。

ナオミが体を引き離して、俺の目を見る。

「マイク、コカイン中毒だって噂が流れているわ。本当なの？ だとしたら、すぐにやめるべきよ！」

怒った顔で、警告してくれた。ネイ・ネイ［ナオミ・キャンベルの愛称］はいつも俺の身を案じてくれたし、逆もそうだった。彼女は本当の友達だった。

なのに、俺はその忠告に耳を傾けようとしなかった。コカインをやり続けた。女とコカイン、両方が必要なんだ。コカインを大量にやるとセックスできないんじゃないかと思うかもしれないが、そのためにシアリスとバイアグラがあるんだろ。

コカイン、マリファナ、バイアグラ

このころからまたクロコダイルとつるみ始めた。二〇〇五年の大晦日、フェニックスで開かれたパーティにあいつと出席した。デニス・ロッドマンとチャーリー・バークレーもいた。そこで美しい女が目に入った。それまで見たことがないくらいの、極上の女だった。

フェニックスに買った家へ連れ帰って、二人で手を出し始めたが、二人とも麻薬で麻痺していて、キスしたり舌を這わせたりしているのに肝心の息子がおっ勃ってくれない。で、二十四時間営業のポルノ・ショップに行って、わいせつなビデオを何本か買って帰った。それでもうまくいかない。ちきしょう。切歯扼腕《せっしやくわん》した。生まれてこのかた、こんなきれいな女は初めてなのに、何ひとつできないなんて。

クロコダイルと俺は、力がなくておもちゃの箱を開けられないクリスマスの幼児みたいだった。酔っ払っていたせいで、その夜はシアリスを仕入れておくのも忘れていた。女とこうなることを考えていなかったんだ。

フェニックスに家を買えたのは、債権者にまっすぐ届ける必要のないカネがときどき入ってきたからだ。パチンコを打ってくれたら八十万ドル払うと、日本のある会社から持ちかけられた。黒以外のトランクスに俺の肖像を入れる許諾料として、さらに十万ドル加算してくれた。

だからそのころ、俺のドンチャン騒ぎの場所はフェニックスに移っていた。シェリー・フィンケルとよく過ごしていて、現地の裕福な連中といろいろつながりができた。家を買う前は、泊まる場所が必要になると彼らがどこかしら見つけてくれた。ラスヴェガスに比べると小さなパーティ・シーンだったが、ある意味こっちのほうがずっと強烈だ。静かな街に見えて、夜になると小さな獣に変身した。ばか騒ぎの最先端だ。大きなお屋敷や高級ホテルのスイートにみんなが集まってきた。

現地のパーティ・サークルに入ったら、そこには医者が大勢、名を連ねていた。形成外科医が一人いて、俺をオフィスに呼んでは検査室でお膳立てしてくれた。右にコカイン、左にマリファナ、テーブルの上にはバイアグラだ。

ある日、「やあ、ドク、ちょっとくさくさしてるんだ。いやになっちまって」と、その医者に言った。

医者は「心配するな、用意するから」と言って、別室に入っていった。

「こいつが和らげてくれるよ」と言う。

「なんだい、そりゃ?」と訊いた。

「モルヒネの点滴だ」

いかれた医者だった。あるとき、この男がコカインをたっぷりやって、一人車を運転していたら、車が横転しちまった。窓から外へ抜け出したが、木の茂みに突っ込んでいたから顔じゅう傷だらけ。

事故の直後に、俺はこの医者の家を訪ね、玄関を開けたそいつを見て仰天した。

「おい、鏡で顔を見てみろよ」と、俺は言った。「ひどい有様だぞ」

茂みで顔の皮膚が軒並み剥がれ、血みどろのマスクと化していた。形成外科医だったのが幸いだったな。

フェニックスで酔っ払っているうち、幻覚が見えるようになってきた。あるとき車に乗っていて、アシスタントのダリルが運転していた。友人の家に向かっていたんだが、俺はダリルに、「見ろよ。家の外に人が並んで俺たちに手を振ってるぞ」と言った。人なんてどこにもいなかった。木の枝が風に揺れていただけで。

二〇〇六年七月、ＦＢＩが訪ねてきた。前の晩にドンチャン騒ぎをやっていたから、特別機動隊が玄関前の階段を上がってくるのを見て、裏口へ駆け込んだが、そこにもやつらはいた。

「ミスター・タイソンですね？　ちょっと話をうかがえますか、チャンプ」

〝ちきしょう〟と胸の中でつぶやいた。〝ゆうべ誰かのケツをつかんじまったのか？〟

「この写真の紳士とはどういうご関係でしょう？　名前はデール・ハウスナーといいます」と、捜査官の一人が言った。

写真を見た。そのデールという男と俺が仲良しみたいに握手していた。

「ご存じですか？　ボクシング記者で、カメラマンでもあるんですが」と、捜査官は言う。

「たしかに、見覚えがある。ジムで練習していたとき会いにきた男だ。メキシコのボクサーも何人かいて、そいつらがこいつと喧嘩になって、追い返そうとしたんだ。しかし、断食月《ラマダン》の時期だったから、俺がとりなして、ボクサーたちに説明してやったよ。今は平穏な時間だから、誰も追い返す気はないって。だから、インタビューにも応じてやった。不愉快な思いをしたと言ってるんなら、すまなかったな。いやな思いをさせる気はなかったんだ」

「いや、違うんです。あなたには好意を持っていたんですよ、ミスター・タイソン」と、ＦＢＩ捜査官は言った。「ただ、この男が殺害した八人と、銃撃した十九人のことは好きじゃなかったようでして」

警察は二〇〇五年の五月から〇六年の七月までアリゾナ州で走行中の車から人を銃撃した容疑で、ハウスナーとその仲間を捜査していた。メキシコの連中をなだめて、敬意を表しておいて、ほんとによかったよ。さもなけりゃ、俺を撃ち殺すためにジムの外で待っていたかもしれないからな。

八月末、ラスヴェガスの〈アラジン・ホテル&カジノ〉でボクシングの公開練習をやった。あれはおいしい仕事だった。ホテルから立派なスイートをあてがわれ、ボクシング用リングを設置した部屋で練習していると、カネを払ってくれたんだ。ホテルを通り抜けていく何千人もの人たちが、スパーリングをしたりヘビーバッグを叩いている俺を見ていった。好きな食べ物をなんでも無料でもらえたから、いろんな友達を呼んだ。

「会いに来いよ。ここに一カ月いるんだ。何を注文しても売女《ビッチ》持ちだぞ、兄弟《ニッガ》」

このときはホテルを〝ビッチ〟と呼んでいた。ホテルのヒモになった気分だったのさ。

R&B歌手のボビー・ブラウンがヴェガスにいたから、当時ボビーが付き合っていたカリン・ステファンズ（別名スーパーヘッド）といっしょに招待した。カリンとは、遊び半分に付き合ったことがある仲だ。

ボビーは彼女に本気だったらしく、父親と友人たちも呼んでいた。先に着いた彼らを、俺は手厚くもてなした。そのあとボビーがやってきたから、下のロビーで出迎え、エレベーターに乗った。俺たち二人がいっしょにいるのを客たちが見て大騒ぎになった。ある夫婦の奥さんなんか、「うわっ、すごいわ、マイク・タイソンとボビー・ブラウンよ。あの二人がいっしょにいるなんて、絶対何かあるわよ、あなた」と言っていた。俺たちがトラブルの種なのを知っていたんだな。

ボビーには、しばらくいっしょに遊んでいってほしかった。ボビーと遊ぶのは最高だった。ホイットニー・ヒューストンと結婚して以来――当然といえば当然だが――彼女は絶対、俺と遊ばせてくれなかったからな。

このころから、コカインの入手が難しくなってきた。ラスヴェガスにコカインがなかったわけじゃない。売人たちが提供を渋るようになったんだ。持ってくると言ってもかならず遅れたし、辛抱できずハンバーガー屋で手に入れることもあった。日照り状態はスラム街で始まった。まず、ウエストサイドの酒場がトイレに入れてくれなくなった。次に、売人たちが提供を断るようになった。「練習に行け、マイク、練習するんだ」と、よく言われた。ヴェガスで俺といっしょに大人になったやつらだ。俺が例の理髪店に何年も入り浸っているのを見て、破滅に手を貸したくないと思ったんだ。そいつらがガキだったころ、ただで七面鳥を分けてやったりしたし、俺に思い入れがあったんだな。

やむをえず、〈ザ・ストリップ〉の白人たちに声をかけた。カジノで客を迎え入れるグリーターやクラブのドアマンたちは、みんなコネを持っていた。

懐が寂しくなってくると、まだ売ってくれていた数少ない売人に無理強いするようになった。ある日、一人の売人が助けを求めてきた。

「なあ、マイク、助けてくれないか？　頼むから、クロコダイルにカネを払うよう言ってくれ。あいつにコカイン全部渡しちまったんだ」

この話を俺にしたのが運の尽きだ。クロコダイルが払わないなら、俺だってそうしていいはずだ。

「いいとも、クロコダイルに話してやろう。ただし、手持ちのブツを今よこせ」そいつの手からコカインをひったくった。

「まずいよ、ボスに殺されちまう。少しはカネを持ち帰らないと」

「お前のボスは別のやつから回収すりゃあいい」

「まずいよ、あんたからもらわないと」

「なら、俺のところへ相談に来いとボスに言え。おい、人を中毒にさせといて、こんどはカネを請求するのか？　俺はお前ら売人のせいでコカイン中毒になったんだぞ」


カネがなくなると、コカインを扱う大物たちが住むサマリン［ラスヴェガスの西］に車で向かった。彼らの大豪邸で会い、いっしょに写真を撮ったりコカインのラインを作って吸ったり、何時間かいっしょに過ごした。値段を言われたときは、こう切り返す。

「おい、いったいどういうことだ？　本気でこの麻薬を売りつける気か、ブラザー？　一日じゅう俺と遊んでおいて、そのうえまだカネを払わせるのか？」

「わかった、持ってけ」と、最後に彼らは言った。


コカインは悪魔だ。その点は疑いの余地がない。俺はずっと女にはフェミニストだった。金欠のときだって夕食代を払わせたことなんて一度もなかったんだ。なのに、コカイン代に事欠くようになると、女友達の落としたカネを拾ってポケットに入れた。あんなみじめな気分はなかったな。これ以上、悪魔と戯れたくなかったが、向こうはまだ戯れたがっていて、これでおしまいと言ってくれない。

深刻な禁断症状

極貧に耐えられず、とうとうオハイオ州のヤングスタウンまで出向いて、十月二十日に昔のスパーリング・パートナー、コーリー・サンダースと四ラウンドのエキシビション・マッチをやった。プロモートしたのはスターリング・マクファーソンという元ボクサーだ。スターリングは六千席の会場で二十五ドルから二百ドルのチケットを四千枚売って、ペイ・パー・ビューにも二十九ドル九十五セント課金していたのに、俺は支払いを受けた覚えがない。だが、体を動かしていれば麻薬から抜けられると思った。世界じゅうでこのエキシビション・ツアーをやれば、たんまり儲かるかもしれないとマクファーソンは言っていた。

試合は大失敗だった。コーリーは俺より五十ポンド近く重い二百九十二・五ポンドでやってきた。ヘッドギアを着用したコーリーに観衆はブーイングを浴びせた。試合開始。一ラウンドでいい一発が入って、コーリーをダウンさせた。三ラウンドと四ラウンドにも相手を窮地に立たせたが、無理に追わなかった。痛めつけたい気持ちはなかったからな。

エキシビションが終了するなりヴェガスへ戻り、それまでにも増してハイになった。ある晩、街へ出かけたら、何年か前にニューヨークの〈ベントレー〉というクラブで俺に銃を突きつけたやつにばったり出くわした。クラブで俺を見かけたが、ひどい見てくれでかわいそうになったという。「だいじょうぶか、おい?」と、そいつにまで同情されちまった。

このころにはコカインのやりすぎで鼻がボロボロになっていたから、煙にして吸い始めた。クラックじゃなく、ふつうの粉状コカインに煙草の葉を混ぜて。ブルックリンの子ども時代はよくそうやっていた。コカインを鼻から吸っているやつらはみんな、コカインの喫煙を見るといやな顔をした。コカインを燃やすと、この上なくいやな臭いがする。プラスチックと殺鼠剤をいっしょに燃やしているみたいな臭いがするんだ。友達の一人から言われたことがある。何かについて知りたいときは、火であぶってみろ、火はすべてをあぶり出す、と。どこかのろくでなしのことを知りたいときは、ケツを火であぶってみろってことだ。コカインを火であぶると、何でできているかよくわかる。あれの毒素、麻薬成分が立ちのぼって、ひどい臭いがするんだ。

麻薬をやりまくり売春婦を連れ込みまくっていたこのとんでもない時期は、毎日頭にカスの声が聞こえていた。しかし、生身のカスがいるわけじゃない。声には耳を貸さなかった。当時は生きることなんて二の次だった。今は生きていたいと真剣に願っているよ。だが、あのころの俺にはなんの意味もないことだった。二十歳でチャンピオンになったときには、友達の多くが死んだり破滅したりしていたんだからな。

このころはコカインに陶酔感なんてなく、ただ鈍い痺れに身をまかせていた。もはやコカインをやりながらセックスすることもなくなっていた。ときには女を同伴することもあったが、もうセックスのためじゃなく、くつろぐためだった。

とんでもない暮らしだった。ある日、掃き溜めみたいなところで街娼を口説いて、コンドームも着けずにセックスしようとしていたかと思えば、次の晩は、顔に楽しげな表情を貼りつけてベル・エアで裕福な友人たちとユダヤ教のロシュ・ハシャーナ［新年祭］を祝っていたりする。

「死ぬまでこれをやるぜ、ベイビー。もうこれ以上遊べないってところまで遊び倒してやる」なんて言っていた。もちろん、ただのはったりだ。ジャッキー・ロウが薬物のことで説教しようとしても、こっちは「俺を愛してるなら、こいつをやらせてくれ」の一点張りだ。

「ねえ、マイク、あなたが負け犬みたいに出ていくところなんて見たくないのよ」と、彼女は言った。それだけじゃなく、俺のズボンと上着をホテルのクリーニングに出す前にくまなく調べて、麻薬がないか調べていた。

みんなが心配してくれているのはわかっていたが、面と向かってやめろと言うやつはいなかった。誰だってわが身がかわいいからな。俺にそういう忠告をしても無事ですむような友達は一人しかいなかった。ジップだ。あいつのやりかたはじつに巧みでもあった。俺といっしょにくつろいで、少しマリファナをやったあと、急に真顔で俺を見る。

「心配するな、マイク、俺たちが立派な葬式をやってやるから。もう、そのためのカネは用意してあるんだ。俺たちはマリファナを吸って、ドンペリのクリスタルを飲みながら、お前のことを偲ぶ。馬車を一台調達して、後ろに棺を置いて、遺体が見える形で市中のあらゆる区を練り歩くんだ。美しい光景だぞ、ちきしょう」

十月の終わり、モスクワから戻ってきた療法士のマリリンとフェニックスで昼飯を食った。店に座っていたら別の席にすごくきれいな若い女がいたから、食事代を持つとウェイターに言うと、女は俺たちのテーブルにやってきて電話番号を教えてくれた。

彼女が立ち去ったあと、しばらくマリリンは無言でいた。それから口を開いた。

「賭けてもいいわ。あなたは絶対、更生施設《リハビリ》に六週間いられない」

この台詞が俺のマッチョ心に火をつけた。

「ばか言っちゃいけない。六週間くらい屁でもないさ。俺は意志が強いんだ」

じつを言うと、俺もなんとかしなくちゃいけないと真剣に思っていた。子どもたちとの関係が悪化し、子どもの母親たちとの関係が悪化し、大勢の友達とも関係が悪化していた。俺といるときビクビクしているやつらもいた。

ちょうどイギリスで六週間、懇親会《ミート&グリート》ツアーに出るところだった。スターと会って、握手や写真撮影ができる催しだ。フェニックスに戻るまでに準備を整えよう。ツアー中は麻薬を（マリファナまで）断つことに決めた。決めたからには自制した。コカインもマリファナも断ち、酒まで断った。

そのときだ、大変なことになっているのに気がついたのは。最初の二週間くらいは完全に正気を失っていた。ホテルの部屋を壊し、半狂乱になった。それでも、麻薬には手をつけない。悲惨な旅だったが、麻薬には一度も手を出さなかった。おかげでフェニックスに戻ったときは、すっかりきれい《クリーン》になって、更生施設に入る準備ができていた。深刻な禁断症状も何度かくぐっていた。

マリリンに連れられて、〈ザ・メドウズ〉と呼ばれる施設に行った。中に入ったとたん、更生施設じゃなくて刑務所じゃないかと思ったよ。厚顔無恥なうさん臭いやつらから質問攻めに遭った。

「どれくらい前から麻薬をやっていますか？」

「どんな麻薬を使ってきましたか？」

「麻薬を使用するきっかけになったのは、どういう状況でした？」

「子どものころはどんな家庭生活を送っていましたか？」

「ひょっとして、あなたは同性愛者ですか？」

ちきしょう、気に障る質問をとめどなく浴びせてきやがる。見ず知らずのやつにこんなずけずけ質問されて、答えると思っているのか。自分の本性や悪魔たちとの関係に取り組むなんて真っ平ごめんだ。

「人の頭に勝手に入り込みやがって。どいつもこいつも、いいかげんにしろ！　偉そうな口たたくんじゃねえ。白いごみ野郎が！」

そう言って、次の日には出ていった。

最悪の知らせ

CHAPTER 15

一週間後、トゥーソンにある別の更生施設に入所した。治療に戻らないとマリリンに殺されちまうからな。一見愛想のいい無邪気な白人婆さんみたいに見えるが、本性はそんなものじゃない。それはもう、こっぴどく叱られた。「この賭けは最後まで下りられないのよ」と言って。その目には炎が宿っていた。

しかし、今度の施設は気に入った。ファッションデザイナーの学校に通っていてヘロイン中毒になった、裕福な若い娘と仲良くなった。ところが、ここでもやっぱりトラブルが起きた。俺の気持ちを逆なでするやつがいたから、怒鳴りつけてやったんだ。みんな震え上がり、運営者たちは「出ていってくれ、みんなおびえている」と声をそろえた。女に迎えを頼み、俺は出ていった。

フェニックスは白人中流階級の街だ。あそこの麻薬更生プログラムを受けると、人種差別的な見下した感じが伝わってきた。

しょせん俺は黒人だ。スタッフは黒人（特に、黒人のスポーツ選手）に先入観を持っていた。所長までが、「ほかにもスポーツ選手は来たが、みんな装身具を着けていたよ。君は彼らみたいに派手じゃないんだね」なんて余計なことを言う。

「カネがないからさ」と、素っ気ない返事をしたよ。

所長の発言にどんな含みがあったかはわかった。〝君は〟の前に〝黒人の〟という言葉があったにちがいない。

その辺をマリリンも理解してくれて、引き続き、俺に合った施設を見つける努力をしてくれた。だが、その前にやることがあった。二〇〇六年のクリスマスはアリゾナ州でホワイト・クリスマスと決めていたんだ。アシスタントのダリルが別の部屋で眠っているあいだにこっそり家を抜け出して、ＢＭＷに乗り込んだ。〈プッシーキャット・ラウンジ〉に向かい、店に着くとマネジャーを探した。

ずっと心を魅かれていた東欧系の若いセクシーな女だ。

「ホワイト・ビッチ［コカインの別称］は？」と訊いた。

「持ってくるわ、ちょっと待って」

コカイン一グラムが入ったビニール袋を三つ持って戻ってきた。

そのあと彼女は意外なことを口にして、俺をぎょっとさせた。

「少しもらっていい？」

それまで、俺に興味を持っているそぶりなんて見せたことはなかったのに。二人で事務所に行って、それぞれラインを二、三本やった。

「あなた、お酒を飲んでいるわね、マイク」と、彼女は言った。「代わりに運転しましょうか？」

「いや、だいじょうぶだ」

そう言った自分が信じられなかった。何年も狙っていたプッシーをモノにできるチャンスだったのに、〝運転させてたまるか、こいつが欲しいのは俺のコカインだ。このくそ女〟と思ったんだ。正真正銘の白い雌犬《ホワイト・ビッチ》だし、二人きりになりたかったのは確かだよ。だが、コカインが絡むと俺の理性はおかしくなった。長年ねんごろになりたいと思っていた女を家に連れ込めたはずなのに、コカインを分け与えたくないという気持ちのほうが強かったんだ。

だから一人で車に乗り込んだ。さっそく袋からコカインをセンターコンソールに流し込む。マルボロを抜き出して一本から半分葉を取り出し、コカインを少量すくい上げて煙草に詰める。二、三服してから家に向かって走りだした。

しらふのときでも、俺はそれほど運転がうまくない。車のあいだを縫うようにめまぐるしく車線変更し、警察の飲酒検問所を通りかかった。検問に気がつかなかった俺を、おまわりたちが追ってきた。停止標識を勢いよく通り過ぎ、横によれて保安官の車にぶつかりかけたところで停止。おまわりが近づいてくる。コンソールから必死にコカインを払い落とそうとしたが、革には小さな穴がいくつもあって、唾をかけて拭い落とそうとしてもその穴に吸収されてしまった。

窓を下ろすと、免許証と登録証を求められた。そこでおまわりは俺と気がついた。何がコンソールに散乱しているのかも。

外に引っぱり出され、飲酒の検査を受けたが、合格なんかするはずがない。ボディチェックを受け、ズボンのポケットにあったふたつの袋も見つかった。次に麻薬犬が連れてこられ、車に残っているコカインも嗅ぎつけられた。こうして俺は連行された。

治療の第一歩

取り調べの前に待機房に放り込まれた。腹が立ってしかたがなかった。あれだけ大量のコカインだ。所持していたら重罪は免れない。

「やあ、チャンプ、何で検挙されたんだい？」白人の若い警官が訊いてきた。

「コカインの所持だ、ちきしょう」

「麻薬の逮捕歴は？」と、そいつが訊く。

「逮捕は何回もされているが、麻薬では一度もない」

そいつの顔が明るくなった。

「心配いらないよ、ブラザー。投獄されることはない。麻薬所持容疑の場合、一回目では投獄できないことになっているんだ」

ほっと小さく胸をなで下ろした。そのあと、俺を逮捕した警官に部屋へ連れていかれた。

「これまでにどういう麻薬、もしくは医薬品を服用してきましたか?」

「ゾロフト」と、答えた。

「ほかには?」

「マリファナとコカイン。一日一錠、ゾロフトを服用する」

「マリファナはどのくらい?」

「早い時間に二本」

「今回を別にして、最後にコカインを使用したのはいつですか?」

「昨日」

「コカインはどのくらいの頻度で?」

「手に入ればいつでも。今朝は九時ごろに少しやった」

「なぜマリファナとコカイン両方に手を出すんですか?」

「中毒なんだ」

「同時に使用するんですか?」

「そうだ。いっしょに使うと気分がよくなる」

「ゾロフトにはどういう効果がありますか?」

「気分を調整してくれる。頭がおかしくなっているからな」

「そんなふうには見えません」と、警官は言った。

「わかってるさ。でもいかれてるんだ」と俺は言い、映画『リーファー・マッドネス』のマリファナに火をつけた男みたいにゲラゲラ笑ってやった。

マルボロにコカインを詰めて吸ったと話すと、どうやるのか興味を示したから、全過程を見せてやった。

いっしょにいた別のおまわりが、運転中、麻薬が体に回ると気持ちがいいかと訊く。日中の早い時間だと気持ちがいい、と答えた。

「ご協力に感謝します、マイク」最初の警官が言った。

「俺は善人なんだ」

「私の町だったら、あなたを逮捕したと知れたら住民に怒鳴られてしまいますよ」

警官は録音を止め、俺をマリコパ郡保安官事務所の留置場まで送り届けた。手続きが取られ、独房に自分で入らされた。中に電話があったから、夜の大半をコレクトコールに費やした。

翌朝、保釈金を用意すると、ダリルが迎えに来てくれた。

「なあ、マイク、ゆうべはどうして黙って出かけたんだい?」と、彼は尋ねた。

「生きるのがつらいからだ、ブラザー。人生はつらい」

ダリルの運転でシェリーの家に行って、シャワーを浴び、息子のミゲルと娘のエクソダスと、いっしょにメシを食った。そのあとヴェガスの知り合いに電話を入れると、ボクシングのライセンスを取り戻すとき代理人を務めてくれたオスカー・グッドマンのパートナーで、幅広い人脈を持つデイヴィッド・チェスノフという弁護士を見つけてくれた。俺を早急に更生施設に入れて社会奉仕をやらせ、真剣に更生に向き合おうとしているところを裁判所に見せる、というのがチェスノフの戦略だった。

というわけで、フェニックスで三つ目の更生施設に入った。運営責任者の住まいを兼ねた小さな家だ。責任者はむかつくやつだったが、一人、真の友と出会った。ブルックリン出身のイタリア系で、いかした笑顔に、みなぎる活力。あの男がいなかったら、もっとずっと早くに追い出されていただろう。だが、そいつ以外はみんな俺のことを怖がっていた。薬剤の保管場所に鍵をかけ忘れたことを盾に、責任者は俺を追い出そうとした。

マリリンと俺の弁護士がいろいろ調べてくれ、シーラ・バルカン博士に協力を求めることになった。投獄に代わる治療法を考え出すのが専門の、高名な犯罪学者だ。彼女の指導で次の更生施設に入った。ロサンジェルスのハリウッド・ヒルズにある〈ワンダーランド〉という施設だ。シーラと彼女の同僚のハロルドが迎えに来てくれ、そこへ送ってくれた。こういう施設に戻り続けなくてはならないことに憤っている自分もいて、出発前にもう一回麻薬で高々と舞い上がった。だが、今度の人たちは本当に感じが良くて、決して一方的な判断をしなかった。

〈ワンダーランド〉はそれまで入った更生施設とは別世界だった。公平な扱いを受けられたんだ。とても興味深い人たちで、俺みたいな扱いにくい人間も怖がらなかった。〈ワンダーランド〉はエリートの子どもたち――映画スターや銀行家なんかの子どもたち――を対象にした、最高級の更生施設で、俺が住み慣れていたような大邸宅式の暮らしを送ることができた。料金はばか高くて、当時の俺はすっからかんだったから、ずいぶん勉強してくれたにちがいない。

たちまちこの施設に惚れ込んだ。俺の人生を救ってくれるかもしれない。自分の部屋を与えられ、物事に頓着しない気のいい若者たちに囲まれた。立地的にもマーロン・ブランドの旧宅や、ジャック・ニコルソンが何年も暮らした場所からすぐのところだ。暮らしに慣れると、アルコール中毒者更生会、通称ＡＡ「アルコホーリクス・アノニマス」の集会《ミーティング》に出始めた。自分の裁量で街へ出かけることができ、門限までに帰ってくれば問題ない。

だが、二、三週間経ったころ、それもぶち壊しになりかけた。俺は有罪判決を受けた第三級の重罪犯でもあり、警察の犯罪者記録には婦女暴行罪も記載されていたから、運営者が不安になったたんだ。何かあったら、カリフォルニア州を含めた関係者全員が訴えられるかもしれない。

あそこに入れてもらうにあたっては、シーラがいろいろ世話を焼いてくれたんだと思うが、このままいられるかどうか怪しくなってきた。それでも、あそこの患者たちがそうならないよう力を貸してくれた。俺は毎晩、みんなにフローズン・ヨーグルトを買って帰った。集会のときにはクッキーと牛乳を持っていく。みんなが家族みたいになった。やがて会議が開かれ、みんなが「マイクにいてほしい。追い出させるな」と言って投票までしてくれたんだ。

克己心の強さには前から自信があったが、コカインを断つのは厄介だった。やらないとボクシングで受けた痛みが片っ端から甦ってきた。俺にとってコカインと酒は局所麻酔薬のようなものだ。それを断ったら、あちこちが関節痛に見舞われだした。手足の自由が利かなくなり、足が激痛に襲われて歩けなくなるんだ。今でもその痛みを乗り切るため、ときどきコルチゾンを注射してもらっている。

〈ワンダーランド〉では品行方正に努めた。誘惑もあったよ。有名な若い女優もいたからな。彼女は友達と毎晩のように出かけていった。ベンツやリムジンが四、五台、彼女を迎えに来た。文字どおりの車列を組んで。ある晩、彼女のために音頭を取っている黒人が、いっしょに来ないかと誘ってくれた。

「いや、行けない。いっしょに遊んでいるところを一枚でも写真に撮られたら、まっすぐ監獄行きだからな」と答えた。

本当は行きたくてたまらなかったし、未練たらたらだったが、我慢した。

数多くの支援

しばらくすると、俺もリズムがつかめてきた。自分の参加している集会に精力的に取り組んだ。十二の段階《ステップ》［ＡＡのプログラム］に課される仕事を誰より上手にやった。俺はあの仕事の広告塔になった。みんな、一日ひとつは集会に出なければならないが、俺は三つか四つ出る。入所から三カ月後にマリリンが訪ねてきてくれて、彼女をサンセット大通りの集会に連れていった。コーヒーと紅茶代のため、かごを回して寄付を募る。集会が終わると、椅子を片づけて箒で掃き掃除をし、床をモップで磨いた。

俺は有名人で、一般の集会に行くと騒ぎになるから非公開の集会へ行ってほしいと、施設が言ってきた。その手の集会にいくつか出てみて、ショックを受けた。世界的な名士もいたからだ。

しかし、密室の集会は俺の性に合わなかった。四回くらいでやめた。密室プログラムの出席者はみんなエリート意識の持ち主だったから、自分勝手なプログラムに走るんだ。俺はＡＡの共同創設者ビル・Ｗ［ウィルソン］の作ったプログラムに取り組む必要があった。一般人といっしょに。

俺を回復《リカバリー》の世界へ連れていってくれたマリリンには、一生返すことのできないほどの恩義を感じている。中毒から立ち直ろうとする人たちの絆は固く、ひとつの巨大なファミリーのようだった。

そこには種々雑多な人間がいた。元ヘルズ・エンジェルスのメンバーや、元暴力団員。人生の目的は人に酒と麻薬をやめさせることだけ、と言い切る人間もいた。人生の大半を刑務所で過ごしてきた者が、自分の目標はできるかぎり多くの人の力になって、人間らしい暮らしを送ってもらうことだと言うんだ。マリリンも含めて、彼らは特別な人間だ。次元が違う。俺が威嚇しようと、たわごとを吐こうと、彼らにはなんの効果もない。顔に刀傷を持つ人殺しやギャングの殺し屋が相手でも、ＡＡの人間はひるまない。

誰かがマリリンに無礼をはたらこうものなら、俺がそいつを滅茶苦茶にしてやっただろう。相手が億万長者だろうと関係ない。マリリンみたいな人たちには一生頭が上がらない。彼らはカネのためにしているんじゃない。良心を遂行しているんだ。〈ワンダーランド〉の職員にユダヤ教徒の小柄な若者がいて、よく俺たちを車に乗せて走り回ってくれた。

ある日、アイスクリームを買いにいくことになって、みんなで車に乗り込んだ。患者の一人が遅れて駆けてきて、車に乗り込んだら、酒臭かった。するとこの小柄な職員が車を降りて、後部ドアを開け、この酔っ払いを車から引きずり出したんだ。「マジかよ」と、俺はつぶやいた。俺はヘビー級チャンピオンだったのに、なぜそうしなかったんだ？　あいつを大いに尊敬した。見た目は華奢なのに、やるときはやった。酒の匂いを嗅ぐまでは、「いい天気だねえ」なんて言っていたのに。

〈ワンダーランド〉にいるあいだ、数多くの支援を受けた。同じプログラムにいた大物ロック・スターは、俺が問題をかかえていると聞いて、すぐ電話をくれた。

「マイク、何か必要なことがあったら、俺のところへ来い」

俺の状態を理解してくれていたんだ。すばらしい男だった。あるイギリスの有名な俳優も〈ワンダーランド〉に俺を訪ねてきて、自分がアルコール中毒にどう取り組んだかを話してくれた。

回復の物語はハッピーエンドばかりとは限らない。家族を失くした悲しみに耐えられず、麻薬に逃避して過剰摂取に走る者もいる。生きていれば病気になることもあるし、貧乏くじを引くこともあるが、そこで生じた問題に取り組む際、この回復プログラムが大きな武器になった。回復プログラムに関わったのは人生最高の出来事と言ってもいいくらいだ。あれに携わる人たちはもっと社会から高い評価を受けていいと思う。

〈ワンダーランド〉は文字どおり人生の分岐点になった。向上心が身についた。昔はカスがそれを叩き込んでくれた。簡単だったわけじゃないが、日々の暮らしのリズムを取り戻すだけでも――体を動かし、集会に出て、仲間たちと夕食に行くだけでも――すばらしいことだ。手のつけられない中毒者と思われていた大勢の人がいろんな集会で立派にやっているのを見て、負けず嫌いのスイッチが入った。

あいつらにできるなら、絶対俺にもできる。負けてたまるか。ある男は十年間、酒にも麻薬にも手を出していなかった。この男に会ったら聖者かと思っただろう。ところが、男の両親はまだ彼と口を利こうとしなかった。人生の大半を悪逆非道な人間として生きてきたからだ。だが、彼にはもう仕事があって、自分の家族を支えていた。自分みたいなほかの人たちを回復に導くのが人生最大の目標になっていた。

リハビリ中、多くの人が中毒を再発するが、俺にはそんなこと想像もつかなかった。あそこでハイになったら世界一の負け犬だ。俺はナアリーダーにうってつけの人間だった。「おい、俺たちはしらふになるためにここにいるんだ。いっしょにやろうぜ。そうとも、さあやろう！」ところが、自分一人になると、「おい、注射器ないか？」ってことになる。

十二の段階《ステップ》のプログラムでも、ほかの患者に電話をかけて力になる仕事には大きなやりがいを感じた。〈ワンダーランド〉の子たちにも、こっそり抜け出すのがいて、俺たちで捜しにいくはめになった。一患者の俺を、施設はそういう捜索に送り出してくれたんだ。

ハリウッドやヴァインへ車を走らせた。いるのは麻薬がある場所だ。彼らはそこの通りにぽつねんと座っていた。そいつとわからないくらいひどい見てくれで。日に焼けて、白人なのに肌が浅黒く見えた。

セックス中毒

〈ワンダーランド〉ではいろんなカウンセラーにかかった。路上でキレて有罪判決を受けていたから、怒りを抑え込む授業に送り出された。授業を受け持っていたのはイアンという小柄な男だった。この小男に怒りの何がわかるんだ？　だが、しばらくして気づいた。このイアンも、いつ感情を爆発させるかわからないタイプだったんだ。あの仕事にはそういう人間が向いているのかもしれないな。初日に、イアンからユダヤの格言を教わった。

「明るい光、暗い影。光が明るいほど影は暗くなる」というものだ。いちばん大きな星はいちばん暗い星だ、だから君は私とここにいるんだよ、と彼は言った。

マリリンからセックス・カウンセラーにも診てもらうよう勧められた。アリゾナ州で一度送り込まれたことがあったが、あの仕事に強い関心を持ったのは〈ワンダーランド〉に行ってからだ。マリリンは俺といるとき、近づいてくる女に俺がどういう反応を見せるかをいつも観察していた。俺はずっと、女が俺に近づいてくるのであって、問題があるのは女のほうだと思っていた。

「いいえ、原因はあなたにあるわ」と、マリリンに戒められた。「あなたは『ありがとう』と言ってサインを渡しているだけじゃないでしょう。どこから来たのか、こっちにどのくらい住んでいるのか、独身かどうかなんて訊いているわ。ここに来てまだ三十分しか経っていないのに、もう十人から電話番号をもらっている。あなたは誰一人、拒否しないの？」

セックス中毒が専門のショーノー・マクファーランドという中毒療法士を紹介された。オフィスはカリフォルニア州のヴェニス。初診のときにはシーラ・バルカンが同行してくれた。俺はセックス中毒というものに、ちょっと疑問を持っていた。

「あんたはセックス中毒治療の専門家ってことになっている。この治療にはどういう効き目があって、どんな意味があるんだい?」と尋ねた。

ショーノーは息子と妻が写っている壁の写真を指差した。

「マイク、それはすばらしい質問だ。例えば、私が路上の娼婦とやりたくてしかたのない人間だとする。あんな美しい妻子がいるのに、私は欲望のおもむくまま行動し、『失せろ!』と彼らを怒鳴りつける。やりたいことを阻むやつらはじゃま者だからだ。こういう人間を私はセックス中毒と呼んでいる」

その場で受講を申し込んだ。二人で多くの時間を過ごした。ショーノーは〈セックス中毒者更生会〉というAAのセックス中毒版を運営していて、俺は毎週月曜日、そこへ通い始めた。俺にはこの集団がいちばん面白かった。みんないいやつだったし、家族崩壊の話をいろいろ聞けるのが興味深かった。ある日、社会的地位が高いからと偉そうにしている男がやってきた。

「ここの一員とは思ってないよ」と、そいつは言った。「路上で女を追っかけたり、その女とやりたいと言ったりはしないからね。ここにいるのは妻が冷たいからに過ぎないんだ」

「そう言ったことが、ここの一員である証拠だな」と、俺は言った。「一日で全部わかろうとしなくていい。とにかく続けて通ってこい。いいな?」

こういう集会からいろんな生活技能を学んでいった。女との関係について、見かたががらりと変わった。それまでは、自分がセックス中毒なんて一度も思ったことがなかった。大勢の女とセックスできるのはチャンピオンの特権だとばかり思っていた。俺が憧れた人間はみんな性的征服者だった。エロール・フリン、ジャック・ジョンソン、ジャック・デンプシー、こういう偉大なボクサーの話をよく読んだが、みんなに共通していたのは女を征服していたことだ。

だからずっと、偉大な人間になるためには女が必要で、たくさん征服するほど偉くなれると思っていたんだ。数えきれない女とセックスすることで、得られる以上のものが奪われていくなんて思いもしなかった。偉大な人物と思った人の話をいろいろ読んで、それを真似たんだ。子どもだったから、彼らのそこが欠点だなんてわからなかった。

女はとぎれなく手に入ったが、セックスに自堕落になりすぎた。部屋に十人はべらせて麻薬でハイになることもあったし、記者会見があると二、三人連れていって、終わったときのために残りを部屋に置いてきた。女がその気になったときはかならずやった。こっちから口説いた場合でも、向こうから言い寄ってきた場合でも。

世界各地に女がいた。俺の住所録を見せてやりたかったな。コンピュータが発明されて本当によかった。フェニックスである女と付き合っていたんだが、その女がある日、鳩と戯れている俺を見た。

「あなたの鳥はあなたの女に似ているわ。いっぱい鳥を持つ必要があるのね。一羽失ったときの用心に、あんなにたくさん持っているのよ。だから十羽や二十羽じゃなく、いつも五百羽持っているんだわ。愛着が強い人だから、一羽失ってもまだ四百九十九羽いるって思わないとやりきれないのね。女に対しても同じなんだわ」

鋭い指摘だ。俺は臆病で、失うことを恐れていた。一人になるのが怖かったんだ。ボクサー人生が終わりを迎えるころ、女のところに転がり込んでは、次々飛び移っていた。これは全部おふくろがしていたことだった。男から男へ飛び移る。巨額のカネを手にしても、まだおふくろの性質を引きずっていたんだ。

俺にとってプッシーは薬物みたいなものだった。プッシーを手に入れようとしているときの俺くらい必死な人間は、この星に一人もいなかっただろうな。

母親の愛を探していた

セックスに夢中の俺は、一九八九年にオハイオ州のセントラル州立大学から名誉博士号を受けたときも自分を抑えられなかった。

「自分がどんな博士《ドクター》かは知らないが、ここの美しいシスターたちを見てたら、婦人科医になりたくなった」と、俺はスピーチで語った。賛辞のつもりだったが、そうは取ってもらえなかった。さらに重ねて、うちの玄関前には女が長い列を作っていると言っちまった。どんなに悪い冗談だったか気がついたのは長い年月がたってからだ。

おふくろがセントラル州立大からすぐの学校に通っていたことを、つい最近知った。おふくろとその家族は、一人前の人間になるには教育が必要と考えていた。俺はとんでもないことを言ったのかもしれない。しかし、真っ先に考えるのはチンポのことだったんだ。あの日の俺は末代までの恥をかいてしまった。

幾多の性的征服を重ねて、何になったんだろう？　あばずれたちとやってるときは最低の気分だが、やめられないんだ。自分が情けないし、女にもすまないと思う。愛したことなんてない。口から出るのは大嘘ばかりで、当時はそれに気づきもしなかった。大勢と寝ても、マスターベーションに等しかった。愉快だったが、それで何かが生まれたわけじゃない。女と寝ることで精神的な満足を得られると思っていた。愛に恋していたんだ。実在の女に恋してたわけじゃない。

大勢とやるほどやるせない気持ちになった。あいつらが帰ったあと寝室で一人になって、ベッドにまだあいつらの湿り気が感じられる。いやな気分だった。魂が抜け落ちた心地がする。だから、その感覚を味わわずにすむよう、次はもっとたくさん手に入れる。抱き締めてくれる人が必要だった。当時は考えたこともなかったが、〝マイク・タイソン〟とやる女たち全員の立派な愛人であろうとする重圧は大きかった。女たちは死ぬまで俺との出会いを話題にするからな。しかし、誰とでもうまくいくわけじゃない。そのことを思い知らされた。ふつうじゃないやつらもいた。男に傷つけられたがるやつもいたし、唾を吐きかけられたがるやつもいた。「ねえ、思いきりぶって」と言ったやつもいた。さすがにそれはできなかったな。

「ワンダーランド」のプログラムでいろいろ仕事をしたあと、気がついた。つねに女を満足させようとしたのは、女が愛で満たしてくれるのを期待していたからだ。むつまじくなるためにセックスを利用していたんだ。そのむつまじさや愛情を手に入れるためにはセックスする必要があった。セックスしないと得られないが、大事なのはセックスそのものじゃない。つまり、俺はおふくろと同じふしだらな男だったんだ。だが、そこには違いもあった。このふしだら男にはカネがあった。なあ、セックスで満足できなかったんなら、このメルセデス・ベンツでどうだ？　絶頂の極みだろ、この車？

陳腐な話かもしれないが、俺は母親みたいに世話してくれる人間を探していたのかもしれない。生まれてからずっと、母親の愛を探していた。おふくろは決して男に愛を与えなかった。与えたのは頭痛と火傷と刺すような痛みだ。男にキスをするところを一度も見たことがない。男とベッドにいるところは見たが、「愛している」と言ったところも、誰かから額にキスされるところも見たことがなかった。

若くして偶像になったというのに、俺が心魅かれたのはいつもストリートの女たちだった。おふくろの影響だ。少なくともおふくろは俺を守ってくれたが、ストリートの女たちは自分の大切なベイビー以外誰も守っていなかったし、俺はあいつらのベイビーじゃなかった。いい関係を築くには最悪の、痛ましい女たちだ。おふくろと同じように。思いやりと子どもを愛する気持ちは大きいが、男はただの使い捨てだ。前からずっとそういうタイプが好きで、だから俺の人生は悲惨だった。会社の重役をしている女が付き合いたいと言っても、願い下げだ。あばずれとやりにいってしまう。

リハビリ中に『エディット・ピアフ～愛の讃歌～』というピアフの人生を描いた映画を観た。自分の人生をあれこれ思い出した。ストリートの人たちに好かれ、悪党にいろいろ教えられる。そいつが誰かに殺されても、悪党だから誰も気にしないが、自分にとっちゃいい人だ。そいつといっしょにいると得をする。カネが手に入り、服が手に入り、妹に何か買ってやれる。男にこっぴどい目に遭わされ、周囲にそいつから引き離される。

俺の人生も同じだった。ほかのみんなは彼女のためを思ってそうしたんだが、あれは彼女の人生であってみんなの人生じゃない。彼女は売春婦やポン引きたちと暮らしたかったんだ。そいつらが家族だった。無理やり引き離され、売春婦たちを求めて泣き叫ぶ場面に胸をえぐられた。身も世もなく、おいおい泣きだしちまった。幸せにはそういう側面がある。地獄にいたって、そこで幸せを感じる人間もいる。貧窮を取り除いて光の中へ連れてきたって、気持ちが参っちまう。痛みと苦しみが慰めだったからだ。誰かが愛情をそそいでくれたり、無償で手助けをしてくれたりするなんて、考えたこともなかった。

セックス中毒の治療は自助努力だ。自分は女とどうやって話しているか、どのくらいの時間何もせずに女をただ見ていられるかを、たえず分析する。俺は三秒が限界だった。

俺に限っての話だが、セックス中毒を断つ方法のひとつは文無しになることだった。カネがないと楽しめなくなる。文無しになったら、女とやることなんて考えられない。俺の妄想には豪華な装置が必要だからだ。ホテルの大きなスイートや美しい島にいる必要があった。

セックス中毒を抑えるのは本当に難しい。ほんのちょっとしたことが引き金になる。通りを歩いていて、女のハイヒールがコツ、コツ、コツと音をたてたとたん、抑えられなくなることだってある。午前三時に暗い路地を歩いていて角を曲がると、きれいな女が見えて、売春婦にちがいない、さもなけりゃこんな時間に外にいるはずはない、と考える。

再生への真剣な取り組み

いろんな法廷に出向くため、何度もフェニックスに戻ったが、いつもショーノーが同行してくれた。彼は元々、フェニックスの出だ。いっしょに旅をするには最適の男だった。俺が何を考えているかわかるんだ。俺が例のハイヒールのコツコツいう音に刺激されるのを知っていた。ハイヒールの音は部屋をノックする音に似ていた。昼飯から戻って、あいつが俺のそばへ来る。

「マイケル、どうかしたか?」

「あのレストランに入ったら、みんなが『見ろよ、あのでっかいくたびれたでぶの黒ん坊《ニッガ》』と言っているみたいな気がした」と答えた。それで、二人でいくつか合図を考案した。心底不安になったら、ショーノーの腕をそっとつかむんだ。するとあいつが、「大丈夫だ、ブラザー、何も問題ない」と言ってくれた。

初めていっしょにアリゾナ州へ戻ったとき、ショーノーは危険な状態と判断して、ホテルの部屋にいっしょに泊まると言った。

「いや、大丈夫だ」と、俺は言った。「部屋には誰も泊まらせないさ」

「だったら、飛行機で戻ろう。君が何をするかはわかっている。ここに誰かを呼び寄せ、私に隠れてそっと姿をくらますつもりだ。さあ、どうする?」

殴ってやろうかと思った。しかし、結局ホテルの部屋で横並びで寝ることにした。

ショーノーはかならず俺の憤激に気がついた。

「いま頭を何がよぎっている？　私を殴りたいんだな？」と、ショーノーは言った。

「ああ、そのアイリッシュの目で見られると、くそ面白くねえのさ」

「わかってる、ブラザー。わかっているが、途中で投げ出すわけにはいかないんだよ」

笑うしかなかった。

「あんたはくそばか野郎だよ、ショーノー」

「ああ、君と同じだ、マイケル。とにかく、じっくり話し合おう」

〈ワンダーランド〉にいたときは、本気で克服しようと努力した。AAでは一定期間断酒すると、カジノのチップみたいな記念品《トークン》をくれた。そのトークンをお守りのように持ち歩いた。俺は見栄っ張りで、自分が何かしら達成していることをつねに見せつけている必要があった。そうやって張り合いを見つけていたんだ。トークンがチャンピオン・ベルトの代わりだった。俺たちの世界じゃトークンは尊敬の証だ。この世でどれだけカネを手に入れようと、トークンがなけりゃ尊敬してもらえない。俺はあれが大好きで、もらえるのが楽しみでならなかった。

回復に全力で取り組んではいたが、規則も多少は曲げられた。プログラムを始めてまだ二、三週間のころ、ものすごくいい女に出会った。名前はポーラといい、モロッコ出身の極上の女だった。ある日、集会に行ったら、彼女がドアの前に立ってみんなを出迎えていた。〈アディダス〉のタイトなシャツに、魚雷みたいなとびきり形のいいおっぱい。集会で何度か見かけたあと、このポーラに近づいた。

「ちょっといいかい、本の中身は全部読み通したんだ。これから第八ステップに取りかかろうとしてるんだが……」

「マイク、私を覚えていないの?」と、彼女が遮った。

彼女は二、三年前にあったある事件を俺に思い出させてくれた。ロサンジェルスのサンセット大通りを車で走っていると、通りを歩いているポーラが目に入った。窓を開けスピードを落として、変質者みたいに車に乗せようとしたらしい。

だったら、もう一度トライだ。

「なあ、AAじゃ一年経たないとデートできないのは知っている。でも、俺は自分の問題に真面目に取り組んでいる。相談相手になってくれないか? あんたと親しくなりたいんだ」と言った。

ポーラは俺より四つ年上で、十八年間回復に取り組んでいた。あのプログラムの主要メンバーで、優等生タイプだった。危険を感じたらAAの教本を取り出すような。人生はAAを中心に回っていた。二人がデートしたら、あそこで言う〝第十三ステップ〟、つまり勇み足になっちまう。俺は回復に取り組んでまだ二、三週間しか経っていなかった。

だから最初は友達付き合いだったが、しばらくして男女の仲になった。〈ワンダーランド〉からポーラと夜をいっしょに過ごす許可をもらった。この関係から得たものは多かった。十八年間酒を飲んでいなくて、俺の断酒に力を貸してくれる恋人ができたんだ。彼女みたいな酒も麻薬もやらない、いわゆるストレートな女と付き合ったのは初めてと言ってもいい。ストレートな女も好きだったが、いつも長くは続かなかった。俺の中の家庭崩壊者が顔を出し、相手の純粋さをねじ曲げてしまうんだ。だが、ポーラとはそんなこともなく、すべてがうまくいっていた。

リハビリの失敗

ほかにも、ちょっと規則を曲げたことがあった。〈ワンダーランド〉にいるあいだに、俺の半生を描くドキュメンタリー映画［『マイク・タイソンTHE MOVIE』］を撮ったときだ。

映画制作者で友人のジム・トバックから話を持ちかけられた。トバックとは何年か前に『ブラック・アンド・ホワイト』という独立系映画にいっしょに取り組んでいた。前回は自分を俳優なんて思っていなかった。ジムへの好意で自分の役を演じただけで、報酬をもらったわけでもない。『ブラック・アンド・ホワイト』の撮影中はずっとマリファナでハイになっていた。酔っ払っていて台本ひとつ読めなかったから、俺の台詞は全部即興だ。

ロバート・ダウニー・ジュニアといっしょの場面があって、ジムから彼を殴るよう求められたが、酔っ払ってろくろく相手も見えなかったから空振りを繰り返した。ダウニーは床にひっくり返って俺を蹴っていた。「やめろ、ちきしょう！　やめてくれ！」なんて言いながら。

このドキュメンタリーをやる気になったのは、いいカネになったからだ。カネがぜひとも必要だった。ショーノーの同意を取りつけるときは、企画そのものを控えめに伝えた。短いインタビューが入るだけらしいって感じで。が、その後、ビヴァリーヒルズのレンタルハウスとマリブ［カリフォルニア州］の海沿いで何時間も何時間も撮影は続いた。面白いことに、今このドキュメンタリーを見ると、撮影中酒も麻薬もやっていなかったのに、それでも中毒者とわかる。要するに、俺はジャンキーのドキュメンタリーをやっていたわけだ。

リハビリは順調に進み、九月二十四日、ショーノーとアリゾナ州に飛んで裁判所に出廷し、麻薬の所持を認めた。一カ月後、また量刑判決の手続きに戻ってきた。リハビリ中、街のあちこちで中毒について話をした。麻薬裁判所に行き、近所の青年部に行き、受刑者の外部通勤プログラムや刑務所で証言をする。一定のコースを巡回し、仕事に何時間も何時間も投入した。それがせめてもの償いだった。

俺は自分のやった社会奉仕の数々を裁判官に披露した。リハビリ中にかかった医者やカウンセラーからすばらしい手紙をもらったし、シュガー・レイ・レナードや敏腕弁護士のロバート・シャピロといった友人たちは励ましの手紙をくれた。ロバートは麻薬で息子を失って基金を設立していて、資金調達のためにボクシングのエキシビションを催し、そこで俳優のダニー・ボナデュースと試合をしたとき、俺はトレーナーとしてロバートをリングに送り出した。

俺が自発的に更生施設《リハビリ》に入り、とてもうまくやってきた事実は、心の広い進歩的な女裁判官に感銘を与えた。彼女は俺を何年か投獄することもできたんだ。そのかわりに禁錮二十四時間と社会奉仕三百六十時間、三年の保護観察処分という判決を下してくれた。すべてがバラ色に見えていた。この過程でモニカは最初からずっと俺を大きく支えてくれた。彼女の助けがなかったらどうなっていたか。夫婦としては最悪だったが、友人としては最高だった。モニカは弁護士全員と俺とショーノーのためにすてきな昼食を手配してくれていて、そのあと俺はまっすぐカリフォルニア州に戻り、家を買って、回復への取り組みを続けるつもりでいた。

何もかも順調に見えていた。地方検事長が最後の見せしめに俺を懲らしめることにするまでは。〈ワンダーランド〉から一定距離内に学校があったため、俺には犯罪者登録の必要があったことに検察は気がついたんだ。で、俺が飛行機でカリフォルニア州に戻るなら、アリゾナ州は空港でロサンジェルス市警に逮捕させると通告した。俺を登録しなかったのは、実のところ、〈ワンダーランド〉の不手際だった。これがわかったとき、弁護士の一人から、〈ワンダーランド〉を訴えることも可能だと言われた。信じられるか？　あそこの人たちは自らを危険にさらして俺の人生を救ってくれたのに、その彼らを訴える？　そんなばかなことできるわけないだろう。

しかし、これでまた麻薬をやり始める条件が整った。カリフォルニア州でやり直す計画は撃墜された。やつらは俺をカリフォルニア州に送り返すべきだったのに、フェニックスに連れていったんだ。〈ワンダーランド〉の支援体制を失った俺は、六週間後には麻薬でハイになっていた。そこでポーラとの関係もおしまいになった。

人生を変える出会い

カリフォルニア州で新しい人生をスタートできなかった俺は、フェニックスの家を売ってラスヴェガスに家を買うことにした。にぎやかなところにいたかったから、ヴェガス郊外のヘンダーソンにした。一月、ガールフレンドの一人に電話をかけて、泊まりに来ないかと誘った。あとから振り返れば、あれが人生の分岐点だったな。

〝キキ〟ことラキハ・スパイサーのことは、彼女が十三歳のころから知っていた。継父のシャムスディン・アリはイスラム教の聖職者として大きな尊敬を受けている有力者だった。フィラデルフィア最大のモスクを運営していて、フィラデルフィア市長やペンシルヴェニア州知事ら、同地の民主党幹部集団とも親密な関係にあった。

母親のリタは俺の試合の多くを担当したジャーナリストだった。一九九五年にバスター・マシスと対戦するとき、アトランティック・シティの会場に問題が生じ、キキのパパが会場をフィラデルフィアへ移すのに尽力してくれたんだ。彼が試合前の記者会見にキキを連れてきて、試合後、彼女と家族は俺のホテルの部屋で過ごしていった。

人から娘を提供されることに慣れていた俺は、そうならないかと期待していた。導師《イマーム》である父親と宗教について歓談しながら、病んだ心の中では、キキか従姉妹の一人を提供してくれないかと願っていたんだ。キキに心を魅かれたのは確かだが、まだ向こうはお堅い感じだったし、結局何も起こらなかった。

彼女と接近したのは一年後。父親が仕事でピッツバーグ地域へやってきて、キキも夫妻についてきた。父親が俺に電話をくれ、オハイオ州の俺の家からほんの二十分くらいのホテルに泊まるという。娘がいっしょと聞いて、俺は飛びついた。

「いや、だめだよ、ホテルなんかに泊まらないでうちに泊まっていってくれ」と申し出た。

あの娘を手に入れるチャンスだ。一家が着くと、導師とリタには俺の主寝室をすすめた。自分は反対側にたくさんある寝室のひとつで寝るからと言って。寝室のひとつはキキが寝る部屋に近かった。彼女は眠りに就き、俺はテレビを見ていた。しばらくすると、キキが部屋から出てきて、枕に毛が付いていると言う。二人で別の枕カバーを探し、そのあと彼女が、いっしょにテレビを見ていいかと言う。しばらくいっしょに見て、そのあと何時間か話をした。最後に俺は行動を起こした。

「すごくきれいだよ。とびきりきれいだ。キスしていいか?」彼女は応じてくれた。当時、彼女は十九歳で、好印象を与えるのも簡単だった。

結局、その夜は同じベッドで眠っただけで、彼女は最後まで許さなかった。俺は彼女が気に入り、彼女は俺を笑わせてくれた。たわいない冒険をしている二人の子どものようだった。いけないことをするために親の目を盗んでこっそり抜け出すなんて。一家が滞在した四日間でセックス寸前まで行ったが、残念ながら未遂に終わった。

彼女が帰る前、〈ショパール〉のダイヤが付いたすてきな象のペンダントをプレゼントした。高価なものじゃない、六万五千ドルくらいで、ホームレスにでもやってしまうようなものだった。たくさん持っているうちのひとつだったが、キキはとても気に入ってくれ、喜んでもらえたのがうれしかった。

あの訪問以来、電話で何度か話をしたし、彼女のことを考えずにいられなかった。どうすればまた会えるんだろう。彼女は両親が行くところへかならずついていった。キキに夢中なのは、ほかのみんなにも一目瞭然だったらしく、ドン・キングが警告を発してきた。

「導師の娘には手を出すな。俺たちの手に負えない面倒なことになる。言ってることはわかるだろう？」

キキの父親相手にはったりをかますわけにはいかないと、ドンもわかっていたんだ。俺のまわりにあの手の影響力を置きたくないというのもあっただろう。だが、あいつに言われるとよけい欲しくなる。俺の三十歳の誕生パーティにキキと兄のアズヒームと従姉妹のアシアを招いたが、女がたくさんいすぎて手を出せなかった。

あのパーティにはドレスコードを設けた。ジーンズはNG。みんなはしっかりめかし込んでくる必要があった。もちろん俺はジーンズを穿き、両手首にカルティエのダイヤのブレスレットをはめて、あとから登場した。カスから教わったんだ。自分が特別になれる環境をつねに作り出せ、ルールはお前が決めろって。

結ばれた二人

キキの両親は彼女が大学三年のときイタリアに留学させ、俺は両親からそこの電話番号を聞いて彼女にかけた。住所を聞いて、訪ねていくと言ったんだが、そこで例のオートバイ事故を起こしてしまった。だから、二〇〇〇年十二月二日にラスヴェガスで行われたフェルナンド・バルガス対フェリックス・トリニダード戦まで、キキには会っていなかった。彼女はあの試合の通行証《パス》を持っていて、俺はバックステージの控え室あたりでばったり出くわした。声をかけて、抱き締めたよ。翌日、彼女は俺の家へやってきて、長いおあずけはついに五年で終わりを告げた。

「これでお前は俺のものだ」と、彼女に言った。その日のうちにフェニックスへトレーニングに出発しなければならず、彼女を同伴した。彼女は二、三日いっしょに泊まってから、当時暮らしていたニューヨークへ戻っていった。離れていたくなかったから、何日かすると電話をしてフェニックスに戻ってもらう。しばらくはそんな感じだった。当時のキキはミュージックビデオのスタイリストだったから、自由が利いた。

いっしょに楽しい時間を満喫していたが、俺が下衆なまねをやらかして台無しにしてしまった。ある夜、二人でラスヴェガスにいて、〈ブラウン・ダービー〉で夕食をとったあと『キング・オブ・コメディ』を観た。十二時半ごろ、家に戻る途中、付き合っていたストリッパーから電話がかかってきたから、家に着いてからキキに、ちょっと友達に会ってくると言って出かけちまった。そのときは顔に出さなかったが、キキの心は大きく傷ついたらしい。俺のこういう行為を彼女は受け入れてくれるものと思っていた。それまでずっとみんなが受け入れてくれたからだ。翌朝、戻ってくると、彼女の持ち物はすでに荷造りされていて、ダリルが車で空港へ送っていこうとしていた。

「どこへ行くんだ？」俺は言った。「まさか、出ていくのか？」

「そうよ」と、彼女は言った。

「たしかに、俺はろくでなしだ。それはわかってたはずだろ」

二〇〇一年、彼女に電話をかけて会いに来てくれと何度も頼んだが、口を利いてもらえなかった。だが、二〇〇二年の夏、キキをレノックス・ルイス戦に招待した。彼女は試合の一週間前にやってきて、俺が借りていた家に泊まっていった。

試合後も一週間その借家に泊まり込み、試合で受けた傷を手当てしてくれた。そのあと二人は自家用ジェット機でニューヨークへ飛び、俺はロウアー・マンハッタンにあった彼女のアパートメントに転がり込んだ。いっしょに暮らしていたが、本当の意味でいっしょに暮らしていたわけじゃない。ルームメイトみたいなものだ。夜になると俺は出かけて街をうろついた。彼女がクラブへ迎えに来て、いっしょに帰ることもあった。別の女をモノにしても、夜のうちには彼女のところへ帰ったよ。彼女は何ひとつ文句を言わなかった。すっかり角が取れていた。

同じ時期、ドミニカ娘のルースともこっそり付き合っていた。ある晩、新しいガールフレンドができたとキキに打ち明けた。少し間を置いて、彼女は答えた。

「もちろん、気に食わないけど、私はどこへも行かないわ」

だが、その気持ちはすぐに変わった。都合のいい女でいたくなかったんだろう。だから、一度電話で口論になったあと、彼女は俺の持ち物を全部梱包してフェデックスでヴェガスの家へ送り返した。ほんの数カ月のあいだにリサからキキへ、キキからルースへ、暮らす相手を変えていた。それが当時の俺のやりかただった。ただ、キキと暮らしていて、自分にもできることに初めて気がついたんだ。誰かとちゃんと暮らせるということに。

それから一年ちょっとでキキの怒りは鎮まり、再び会うようになった。誰と付き合っているときでも来てくれて、何日かいっしょに過ごしてくれた。楽しい時間を満喫したが、どうかすると何カ月か、下手をすると一年くらい会わなくなった。次に再会したのは二〇〇四年、〈マディソン・スクエア・ガーデン〉で行われたフェリックス・トリニダードとリカルド・マヨルガの試合に出かけたときだ。試合後にミートパッキング地区のクラブで開かれたパーティに誘った。キキはやってきて、俺のボックス席に座った。俺がほかの人たちと話をしていて、キキが背を向けた隙に、パーティに来ていた見ず知らずの白人女が近づいてきて、「こんにちは」も言わずに俺の膝に座った。次の瞬間、バチッ、キキに顔を殴られた。

みんなが後ろへ引いた。ジップは俺が怒り狂って彼女のケツを引っぱたくと思ったそうだが、俺は彼女を愛していた。だから、笑いだすしかなかった。ルイス戦のあと俺を看護してくれたのは彼女なのに、ルースとも付き合うなんて卑劣なまねをして、彼女を傷つけていたのもわかっていた。

そのあとまたしばらく彼女とは連絡が取れなくなった。再会したのは二〇〇五年の終わり、ラスヴェガスの〈マジック・ショー〉大会でのことだ。彼女がヴェガスにいるあいだはデートして、いつもどおり楽しく過ごした。

いっしょに生きていこう

フェニックスのコカイン事件に判決が言い渡されて、ヴェガスの新しい家へ引っ越したあと、俺は鬱々としていた。〈ワンダーランド〉の医師たちからいろいろ薬物療法を受けていて、けだるくてしかたがなかった。アシスタントのダリルは心底心配していた。

「元気がないみたいじゃないか、マイク。だいじょうぶか？」と、彼が訊く。「そうだ、キキの電話番号を突き止めたよ。彼女と話してるときはいつも楽しそうだからさ。俺からかけてみようか？」

二人で彼女に電話をし、会いに来てほしいと頼んだ。キキは男と別れたばかりで落ち込んでいた。あとから聞いた話だが、ようやく俺のことを乗り越え始めたところだったから、母親のリタに行くべきかどうか相談したという。

「何か失うものがあるの？　彼とはいつも楽しく過ごしていたじゃないの」と、リタは言った。「行って憂さを晴らしてきなさい」

二〇〇八年一月、キキが会いに来た。彼女を見た瞬間、それまでと違った女性に見えた。〝おお、なんてセクシーなんだ〟と思った。初めてしらふで見たからかもしれないな。美しい大人の女性へ変身していた。一人の女に身を委ねてうまくいくかどうか、本気で確かめてみたくなった。だが、あのときは二人ともすごく気分が落ち込んでいた。俺はリハビリを受けたあとで、酒と麻薬に手を出さないよう努力していたし、キキはこの数年、家族が危機に陥っていた。

民主党が強いフィラデルフィアの権力構造を、ブッシュ政権が弾圧しようとしたんだ。市長室や導師《イマーム》のオフィスに盗聴器が仕掛けられた。導師とリタに狙いを定め、夫妻の経営するイスラム学校がフェデラルファンド［米国の市中銀行が中央銀行に預けている預金］を不正流用してきたと告発した。キキと兄まで共謀と郵便詐欺とフェデラルファンド不正流用容疑で告発し、大陪審への虚偽申し立てを訴因に追加してキキに追い討ちをかけた。二人とも禁錮百年以上の危機に陥っていたんだ。元からでっち上げの主張だったが、キキと母と兄と継父は有罪判決を受けた。

彼女が受けたのは偽証の罪で、刑は軽く、半年の自宅監禁を言い渡されただけですんだ。だが、連邦政府の嫌がらせはそこで終わらず、判決を不服として上訴した。そして再審に勝訴し、彼女は自宅監禁で刑に服したのと同じ罪で再度判決を受けに戻らされることになった。これが新聞沙汰になり、職場から一時解雇を受けてしまった。

というわけで、二人とも日がな一日、テレビ・ドラマの『ロー&オーダー』を見て過ごしていた。俺はカウチに引きこもり、クッキーとアイスクリームで腹を満たしていた。薬物療法で大人しくなり、ふだんの肩で風を切るような歩き方も影をひそめていた。夜になるとクラブに出向いたが、ぼんやりしていて、クラブの友人たちのこともほとんど見分けがつかない。

認識が変わったのは俺だけじゃなかった。キキは長年の付き合いで俺のことはわかっているつもりでいた。ある日、俺が〈キャプテンクランチ〉［米国のシリアル・ブランド］を食いながらテレビゲームに興じていると、彼女が部屋に入ってきた。そして、「今のあなたは本当のあなたじゃないわ、マイク」と言った。

何日かいっしょに過ごしたあと、キキは更生施設の医師たちが俺に服用させていた薬を調べ始めた。これがその一覧だ。

デパコート
ニューロンチン
ジプレキサ
エビリファイ
サインバルタ
ウェルバトリンXL
トライコア
ゾコール

最後のふたつはコレステロールと中性脂肪の低下薬。だが、それ以外は頭に作用するものだ。ひとつは精神安定剤。ふたつが抗うつ剤。ふたつが双極性障害［躁鬱病］用の気分調整剤。ひとつは、俺が一度も発症したことのないてんかんの治療に使われるものだった。キキはこれらの薬の有害な副作用一覧を作成して、見せてくれた。それを見て、解毒《デトックス》したほうがいいという助言に同意した。浄化のため、彼女が漢方薬を手に入れてくれた。

その漢方薬をコカインで補った。頭に作用する薬のおかげで俺はゾンビ状態になっていたが、コカインを使うと復活した。マリファナのほうがよかったが、そうもいかない。まだ月に一回、保護観察官から検査を受けていたからだ。マリファナは半年以上体内に留まって尿検査で検出が可能だし、俺の場合は病的に太っていて、マリファナの有効成分THC［テトラヒドロカンナビノール］は脂溶性で脂肪細胞に格納されるから、なおさらだった。だが、コカインなら三日で抜ける。保護観察中の身にはこれしかない。

キキは判決を受け直すためにフィラデルフィアへ戻ったから、コカインの摂取は隠すことができた。四月ばかの日《エイプリル・フール》、キキはこけに《フール》された。裁判官が彼女に六カ月の刑罰やり直しの裁定を下し、今回はただの自宅監禁じゃなく投獄されることになった。みんながショックを受けた。半年もいなくなるなんて。彼女は即日入所する気でいたが、身辺整理に三十日の猶予を与えられたため、五月一日まで入所を免れた。

キキがいないあいだ、俺はヘンダーソンでAAの集会に出てみることにした。小ぎれいな新しい町だが、集会はぞっとするような不気味な一角で開かれていた。集会のあとは外へ出かけて麻薬でハイになった。俺は再発の名人だ。AA関連の文献を読むと、再発は回復の一過程とある。回復に再発はつきものだ。依然として戦わなければならない悪魔はいた。悪魔は年がら年じゅうちょっかいを出してくる。俺が神様にあんまり好かれていないのを知っていて、誘惑をしかけてくるんだ。

五月一日の入所前、キキは俺のところへ戻ってきて泊まっていった。出発の一週間くらい前に一階でテレビを見ていたら、キキがやってきた。

「ベイビー、ちょっとお話があるの」と、やけに芝居がかった言いかたをする。

ジョニー・デップ主演の『ブロウ』って映画で、女が主人公のところへもう長くないと言いにくる場面を思い出した。麻薬でハイになってたし、キキが深刻な顔で切り出したときはパニックに陥りかけた。病気の話にちがいない。

「おお、ベイビー、なんてこった」と、俺は言った。「重いのか、病気は?」

「違うわよ、ばかね。妊娠したの」

この世の重みがはがれ落ちていく心地がした。投げ込まれていた地獄から引き戻された心地だ。だが、警告は発しておく必要があった。

「うまくいかないかもしれないぞ。俺は結婚生活が下手くそだ。お前のことは大好きだが、俺は一夫一婦制じゃ生きられない。もう一回稼げるようになる見込みもない。今は無一文だ。お前がこれまで付き合ってきた洒落た男たちみたいにはいかないし、リムジンでお出かけってわけにもいかない。付き合った中でいちばん金欠の男だぞ」

「そうね、だけど、あなたが赤ちゃんの人生に関わる必要はないんだし」

わかってるよ、そんなわけないいってことくらい。そんなことが言えるのは、赤ん坊が生まれて、大変な時期が来て、裁判所から呼び出し状が届くまでの話だ。

「なあ」俺は言った。「俺にどうしてほしい? お前の力になる。力を合わせてやろう。俺にできるかぎり最高の努力をする」

その努力が惨憺たるものなのはわかっていた。

「結婚や子育てには、華やかな栄光なんてないのよ。カメラが回されるのは葬儀のときだけ。あるがままの現実を受け入れて、地味に生きていかなくちゃいけないのよ。その覚悟があるのなら、うまくいくかもしれないけど」と、キキは言った。

彼女が刑務所に入る直前、俺は言った。「出てきたときも、お前は俺のものだ。いっしょに生きていこう。お前が出てきたら、お前と赤ん坊のために生きる。他の誰も妊娠させたりしない。女たちにも通告する。いま俺の女は遠いところにいるが、戻ってきたらお前たちとはおしまいだと」

だから半年間、独身お別れパーティに邁進した。さいわい、エイズも何ももらわずにすんだ。キキは入所中、ほかの女たちと俺がいる写真を見ていきり立っていたけどな。

救いが欲しかった

五月十八日、カンヌ映画祭で俺のドキュメンタリーが封切られた。俺も飛行機でカンヌ入りした。ワシントンDCのある女を同伴し、向こうにいるあいだずっとお祭り騒ぎ《パーティ》を続けていた。彼女が女を調達し、みんなでいっしょに寝た。俺たちにはパーティをやる理由があった。作品がカンヌの批評家たちに絶賛されたんだ。俺はマスコミに短評を渡した。

「まるでギリシャ悲劇のようだ。俺が主題なのが唯一のネックかな」

ラスヴェガスに戻ってからも途切れなくパーティを続けた。友達のマーティンと共通の友人にパリスというのがいて、こいつが面白い爺さんだった。八十代にして麻薬密売の大物だった。ヴェガスの大通りでカジノのピット・ボスをしていたこともあり、いつもしゃれた服を着ていた。マーティンはこの男と四十年来の付き合いだったが、俺がパリスとつるみ始めると、まずいと思った。麻薬で悪影響を及ぼすと思ったんだ。あいつの持っているコカインは純正だったしな。

このパリスが死んで、葬儀で遺言状が読まれた。

「友達はマーティンとマイク・タイソンの二人だけだ。財産は二人に相続してもらいたい」麻薬密売人の財産といえば麻薬に決まっている。葬儀のあと、マーティンはパリスの麻薬を手に入れた。マーティンはいつも俺に言っていた。本当は、パリスは俺にコカインを渡したかったんだと。ところが、じゃあよこせと言うと、「マイク、お前は今、まともじゃない。道義上、今これを渡すわけにはいかない」と言う。

「そんなこと言っても、それは俺のだぞ、マーティン。俺のものを俺に渡せないって、どういうことだ？　俺の親父じゃあるまいし」

「とにかくだめだ、坊や」

麻薬があるのはマーティンの自宅と確信し、コカインが切れて苦しくなったから、俺は勝手に家へ押しかけた。

「キキは刑務所だ。お前のところに泊めてくれ」と、マーティンに言った。

マーティンが仕事に出かけたところを見計らって、家じゅう隅々まで調べ始めた。クロゼットに〈ステイシーアダムス〉のスーツが百着以上あって、麻薬を見つけるためにポケットをひとつひとつ調べていく。

〝焦るな、マイク、落ち着け〟と、自分に言い聞かせた。気が高ぶるあまり、大汗をかいていた。〝そうだ、スラム街のサバイバル戦術だ。頭の中であの界隈に戻れ。ここがスラム街なら、麻薬はどこへ隠す？〟

銃の銃身を調べた。靴をひとつひとつ調べた。ベッドの下、ベッドの上、マットレスの下。空き缶を全部調べていたら、誰かから二十年前にもらったらしい小さなコカインの塊《ロック》が見つかった。もう文字どおり岩石《ロック》と化していた。二十年を経て、表面にバクテリアと埃がこびりついていた。もう白くさえない。灰色と緑色が混じり合って、胸の悪くなりそうな色に変わっていた。

マーティンが遅くに帰ってきた。出かけたときはしらふだったが、仕事で一日じゅう飲んでいたから酔っ払っていた。

そのマーティンが寝室に入って仰天した。

「いったい何があったんだ？　俺の部屋に？」あいつは悲しそうに言った。

ベッドは俺の手でほとんど解体されていた。コカインがあるのはフレームの脚の中かもしれないと考えて、フレームも外していた。化粧箪笥の引き出しも全部引き出し、くまなく調べていた。クロゼットなんか目を覆わんばかりだった。あいつの家は俺に破壊し尽くされていた。

「いったいなんでこんなことをしたんだ、マイク？」

「コカインを探していたのさ」と答えた。

「コカインなら事務所の金庫の中だ。ここにはない」

「マーティン、それならそうとなんで教えてくれない？　そもそも、あれは俺のだぞ」

「ふざけるな！　こうなったら絶対渡さないからな」

やつは頑としてコカインをよこさなかった。

このころの俺はぶくぶく太って、体重が三百六十ポンド近くあった。まともな精神状態なら、こんな最低の状態のときは女に見向きもしないんだが、コカインが体に入ると、気が大きくなって、誰にでもアプローチできる気になる。だからコカインを手に入れては、自宅で乱痴気パーティをやった。

キキと離れ離れになった半年で、俺はコカイン地獄へ逆戻り。マリリンはたえず俺を見張っていた。俺がハイになっているとき、よく電話をかけてきた。

「ＡＡの教本はどこへ行ってしまったの、マイク？　今ここで、いっしょに読み上げましょう。五十二ページを読んで」

俺が読み上げていると、マリリンが「もっと大きな声で！　はっきりと！」と叫ぶ。電話を切るようなまねはしなかった。救いが欲しかったからだ。

教本を読んでいくうち、はっと気がついた。俺は自分をコカイン中毒と思っていたが、そうじゃない、アルコール中毒なんだ。コカインをやるのは飲んだあとに限られていた。俺が飲むと、みんなが危険にさらされた。俺自身まで。

ショービジネスの魅力

十二月、ラスヴェガスにある自分の経営するクラブに行った。いつものVIPエリアに向かい、いつものテーブルに陣取って、ヘネシーを飲み始めた。隣のテーブルで楽しそうに飲んでいるグループがいて、オルセン姉妹［米国の女優、ファッションデザイナー］の一人がいるのに気がついた。双子の姉妹の片方だ。ショービジネス界の人間たちか。そこへ喜劇俳優のザック・ガリフィアナキスが近づいてきた。

「やあ、二週間後、いっしょに映画を撮る予定だよね」と、彼は言った。

「よせやい。マジかよ？」

ザックは笑った。とぼけていると思ったんだろうが、そんな話、初耳だった。映画の話なんて全然知らなかった。懇親会《ミート&グリート》をやっては麻薬が切れない程度のカネを稼いでいただけだ。しかし、映画の話があるなら悪くない。

「こっちでいっしょに飲もうよ」と、ザックが言った。あいつはよくできた男だった。

二週間後、俺は映画『ハングオーバー！　消えた花ムコと史上最悪の二日酔い』のセットにいた。俺は太って不格好で不機嫌だった。しかし、監督のトッド・フィリップスと俳優陣はほんとにすばらしかった。俺がセットで錯乱すると思っていたのかもしれないが、トッドとプロデューサーたちがずっと気を使ってくれた。

「大丈夫か？　休憩取るか？」トッドが声をかけてくれる。「もうワンテイクいけるか？　やりたくなかったら、無理する必要はないぞ」

仕事ができて、ほんとに楽しかった。神様に、もう一回でいいからチャンスをください、もう二度と麻薬でハイにはなりませんからと祈っていたんだ。コカインはやめられなかったけどな。『ハングオーバー』の撮影中ずっとハイになっていた。セットに売春婦を一人同伴した。その後、ショーノーが撮影を見に立ち寄ってくれた。俺の女を見て、彼はやれやれと首を振った。

「このところ、君の頭には、私やブラザーたちのことがあんまり浮かんでないようだな、マイク？」と皮肉られたよ。

それでも、映画のセットにいるのが楽しくてしかたなかった。手作りの配膳台に最高のクッキーとケーキと食べ物がどっさり用意されていた。

この映画に大きな期待をしていたわけじゃない。しかしトッドはずっと言っていた。これは大ヒットする、封切られたら俺はまた脚光を浴びるって。ありがたい話だが、またみんなを楽しませられることのほうがわくわくした。ボクサー時代にも、人を楽しませるのは勝つこと以上に気持ちがよかった。カスがいつも、ショービジネスやマスコミの世界のカリスマたちのそばに連れていってくれた。俺は芸能人《アーティスト》じゃなかったが、芸当《アート》は知っていた。戦いで人を沸かせる方法なら。

天の配剤

二〇〇八年十二月二十四日、キキが娘のミランを出産した。刑務所から釈放されたばかりだったが、フィラデルフィアの病院で分娩誘導を受けた。キキから電話で報告を受けて、唖然とした。おふくろの誕生日と同じだったんだ。キキのためにヴェガスの家の近くに小さなアパートメントを手に入れ、彼女と赤ん坊のために改修した。ところが俺は、キキの出所間近に尿検査を受け、その結果、フェニックスの刑務所に投げ戻されそうになった。しかし、俺の更生には投獄よりリハビリのほうが有効と弁護士が説得してくれ、一月に〈プロミシズ〉というマリブの豪華な更生施設に入所することになった。

この〈プロミシズ〉はすごかった。豪邸にいる気分だった。患者は集会に行けるし、療法士《セラピスト》にも診てもらえる。俺が薬物がらみの刑罰を免れられるよう、あらゆる角度から親身になってくれた。四週間、何もかもうまくいっていた。そこで入所期間が終わった。出ていきたくなかったが、もう俺の部屋には別の誰かの予約が入っていた。まだ完全には回復していない。だから友人のジェフ・グリーンに電話をして、迎えに来てくれるよう頼んだ。

ジェフが迎えに来てくれて、翌日、ロサンジェルスの西部にある〈プロミシズ〉の支部まで車で送ってくれた。

「なあ、ジェフ、俺は完全に一文無しだ。カネのほうはなんとかしてくれ。俺は立ち直りたいんだ。な？」

二人で腰を下ろし、入所の手続きをしてくれる経営陣の女性と話を始めた。彼女が〝ダヴィデの星〟を着けていることに俺は気がついた。彼女が記入用紙を取りに立ったところで、すぐさまジェフに言った。

「おい、彼女はおまえと同じユダヤ教徒だ。同じしきたりを知る同胞だ。うまく話をつけてくれ」

だが、女は頑として値引きに応じなかった。治療にはオプションごとに料金がかかる。これに三千ドル、あれに四千ドル、別のあれに二万五千ドル。別の錠剤を服用すれば、さらに五千ドル。治療にいくらかかるか知って、ジェフは卒倒しそうになった。

「なんてこった、マイク。ちきしょう、ちゃんとしらふになってくれよ」

一月二十一日、サンダンス映画祭に出品されるドキュメンタリー映画のプレミア試写会に出席するため、一日外出が許された。しらふの付き人としてショーノーが同行してくれた。娘のミランとの初めての対面だ。空港でキキを出迎えた。彼女はホームレスの人間みたいに体調が悪そうだった。ミランを見て「よお」と声をかけ、俺に似てるか確かめようとした。キキは具合が悪そうだったが、俺はまだ薬物で酩酊していたから、あまり気にかけてやれなかった。ミランに会ったときは〝うーん、未婚の母の赤ん坊がまた一人か、もう一人くらいなんとかなるか〟みたいなことを思っていた。キキには、キスもしなかった気がする。とにかく、ぎくしゃくした感じだった。

映画の試写会に出て、そのあとホテルに戻った。ミランはずっと泣き続けていて、俺はいらいらした。とてもじゃないが最高のスタートとは言えなかったな。

翌朝、ロサンジェルスの更生施設に戻り、キキとミランは俺がラスヴェガスに用意したタウンハウス式のアパートメントに向かった。でたらめの有罪判決を受けたおかげでキキの母親はまだフィラデルフィアの社会復帰訓練所にいて、キキは独りぼっちだった。〈プロミシズ〉からキキと電話で話をしたが、彼女はどっぷり落ち込んでいた。

俺が養育費を工面できなかったから、キキはカネにも苦労していた。子どもを施設に入れて生活保護を申し込むと脅してくることもあった。しかし、俺は本当に無一文だった。銀行口座にあるのは七千ドルくらいなのに、ほかの子たちの養育費に月八千ドル以上の支払い義務があるんだ。リハビリの費用はジェフが払ってくれていた。現金を手に入れるため、可能なときには一万ドルのギャラであれこれ出演した。俺と贅沢な暮らしをしようとしたって無理だ、とキキには言っていた。ダリルがATMで引き出したオムツ代と食料代二百五十ドルを渡しにいったとき、キキは救済所の列に並んでいたそうだ。

二月、更生施設を出てラスヴェガスへ戻った。自宅で暮らし、近くのタウンハウスにいるキキと赤ん坊を訪ねていくつもりでいた。ところが俺はリハビリでよれよれになり、今にも倒れそうだったから、タウンハウスに行ってそのまま二週間キキと暮らした。きれいな《クリーン》ままでいられる自信がなかったから、家を出るのが心底怖かった。キキの入所前まで気持ちを戻し、そこから二人でやり直した。よく笑い、話をし、テレビを見て、ミランと遊んだ。二週間が過ぎたころ、クロコダイルが姿を見せるようになり、二人で出かけ、マックの理髪店で午後の二時間くらいを過ごした。それでも、厄介事に巻き込まれることはなかった。

薬物検査に陽性反応が出て、フェニックスへ戻されることになりかけた。ところが、フェニックスの保護観察官は大人物だった。キキとミランと俺が車でフェニックスを訪ねると、俺の苦闘をわかってくれ、新たに赤ん坊が生まれたことも知っていたから、このままヴェガスで暮らしてフェニックスには月に一度報告に来るだけでいいと言ってくれたんだ。

数日後、みんなでヴェガスに戻り、キキとミランをタウンハウスに降ろす前に自宅に立ち寄った。すると食器洗い機の配管が破裂して、家じゅう水浸しになっていた。さすがにこれじゃ、住むことができない。俺とキキの絆を堅固にしてやろうという天の配剤だったのか。俺はそのままキキのタウンハウスに移った。

金欠だったから、買い物に行くときは予算オーバーにならないよう、カートに載せた品の値段をしっかり計算した。レジできまりの悪い思いをしたくなかったんだ。そんな思いをしたのは、おふくろが生活保護を受けていたときが最後だった。持ち金が足りなくて、買いたかったものをレジ打ちによけられた。あのころの不安がどっと甦ってきた。大金を稼ぐようになってからは、買い物に行ったときには、目に入ったものをなんでも買う、それが当たり前だった。それが、たかが食料品を見ただけで怖じ気づいてしまったんだ。想像できるか？　同時代一凶暴で恐れられたボクサーが、シリアルの値段におびえているなんて。

キキとの絆は深まっていった。いっしょにトリビア・クイズをやった。何日も続けてトリビア、トリビア、またトリビア。俺はまだ、外に出て世間と向き合えるほど回復していなかった。キキは俺を独占できて、内心幸せだったかもしれないが。

キキとタウンハウスに移り住んで何週か経ったある日、午後にクロコダイルと外出した。ジムに行って、ボクサーたちの練習を見守った。ところがそのあと、俺はクロコダイルに、コカインをくれと言った。夜の十時ごろタウンハウスに戻ったが、俺には遅すぎる時間だった。キキは二階で寝ていて、俺は上機嫌で寝室に行って、興奮してはしゃいでいた。

彼女は映画『エクソシスト』のリンダ・ブレアみたいにぱっと飛び起きた。

「コカインをやったのね！」と叫んだ。

「違う、やってない、ベイビー」

「だったら、どうしてそんなに早口でしゃべっているの？　クロコダイルのやつ！　あなたに力を貸すべき立場にいながら、いっしょに麻薬をやるなんて」

「やめろ、クロコダイルは関係ない。俺がやったのを、あいつは知らないんだ」と、嘘をついた。

「私はまぬけじゃない。あいつが知らないなんて信じると思っているの？」

コカインをやった罰に、家から蹴り出された。それはむしろ歓迎だった。外に出かけられてうれしかった。あのときの俺は小さなアパートメントに閉じ込められているより、外でコカインをやりたかったんだ。

二日間やりたい放題やって戻ってきた。キキは死ぬほど心配していた。今度こそ二度と過ちは犯さないと誓ったら、なんとか許してくれた。

それも三月までだった。キキの母親のリタが社会復帰訓練所を出て、俺たちのところへ引っ越してきたんだ。狭苦しいアパートメントに四人もいたら息が詰まる。特に、その一人が恋人の母親ときては。壁がすごく薄くて、母親に聞かれる危険を冒さないとセックスもできなかった。

最悪の知らせ

そのころから何度か続けて俺の中毒は再発した。二、三週間よかったと思うと、そのあと外出して荒れた。二、三日姿を消しては、心から悔いて戻ってきた。

「俺は人間のくずだ。死んでしまいたい。こんなことして、本当にすまない」

キキは激怒すると、俺を怒鳴りつけて、ろくでなし、人間のくずと呼ぶようになった。そのあと彼女は出ていくが、俺は酩酊していて、彼女がいなくなったことにさえ気がつかない。あのころはそんな感じだった。ハイになったときは最高の気分だが、俺の愛する人たちは心を痛めた。周囲が安心しているときは、俺が気を滅入らせていた。しらふだったからだ。

再発したあと一、二週間は家に閉じこもるが、そのあとまたそわそわする。

「やりにいくの?」と、キキは言った。「そろそろだものね」

自分を抑えられない俺を見てすごく悲しそうだった。彼女から、コカインをやる必要があるなら家でやってほしいと懇願され、そうしたら、外で面倒に巻き込まれることはなくなった。それでも回復の道に再発はつきものだし、俺はしらふでいるために最大限の努力を払っていた。

そのころ、クロコダイルがラスヴェガスを出ていった。俺を愛しているから、悪影響を及ぼすのは忍びないと言って。あいつはアリゾナ州に引っ越し、筋金入りのイスラム教徒からキリスト教徒へと信仰を新たにした。俺はあいつに、イエス・キリストはすばらしいが自分の人格は失うな、と助言した。福音を説きたけりゃ、映画『ブラック・ライダー』の男みたいに、片手に聖書、片手に銃を持てと。クロックは行いを改め、二〇一〇年以降いっさい麻薬をやっていない。

麻薬中毒への取り組みに、キキも協力してくれた。あるとき彼女は家の近くに〈麻薬中毒者更生会〉の集会がないか、ネットで調べてみた。住所がわかり、二人でその集会へ行った。開始の時間に少し遅れて着き、座って、みんなの体験談に耳を傾けた。物語はどれも興味深いものだった。ほとんどがギャンブルにのめり込んで全財産を失った話だ。しばらくしてキキの耳に、「違う集会に来たらしい」とささやいた。〈賭博常習者更生会〉の集会だったんだ。

この困難な時期にもキキはつねに明るかった。元々、すごく楽観的な人間だった。俺はあちこちで麻薬を大量に摂取していたが、彼女は、二人で制作会社を立ち上げていろんな商品に俺の肖像権を売ろうと前向きな話をしていた。いつも夢をいだいていた。俺にもいくつか夢があった。毎日キキとミランに会って、彼女の希望が俺を取り巻く麻薬の霧に射し込むところを見ることだ。

ある日、俺は目を覚ましたあと、〝もう金輪際麻薬はやらない〟と胸に誓った。覚醒していたかった。人の役に立ちたい。人生というゲームのプレイヤーでいたかった。健全な精神状態で活動し、自分の最大能力に応える。そんな人生を生きたかった。

そこへ電話がかかってきた。人の親であれば絶対に受け取りたくない電話が。俺の子ども二人の母親で、フェニックスにいるシェリーからだった。

「死んじゃった、ベイビーが！　私のベイビーが！」

再生への光

CHAPTER 16

電話を切って呆然と立ち尽くしていた。訃報を聞くなりキキと母親は泣きだした。自分たちの子どもであるかのように。ダリルが急いで駆けつけ、俺と空港へ向かった。キキとリタとミランは車に乗り込み、ジップがフェニックスまで運転した。現地に着くと、俺は病院へ急行した。

何があったのか、なぜそうなったのか、今日に至るまで俺は理解していない。わかったのは、トレッドミル［ランニングマシン］の電気コードが四歳の娘エクソダスの首に巻きついたことだけだ。息子のミゲルがそれに気づいてシェリーのところへ駆け込み、彼女が九一一番にかけた。病院に着いたとき、エクソダスは回復の見込みがないまま生命維持装置の中にいた。

悲しみと怒りで錯乱しそうだった。しかし、病院で死にかけているほかの子たちの親がやってきて、慰めの声をかけてくれた。彼ら自身もさぞ苦しんでいただろうに。

エクソダスを失ったとき、生まれてこのかた味わったことのない、つらくやるせない気持ちになった。息子のミゲルの人生にも、妹を発見したときのことがずっと頭に焼きついて消えないだろう。こんな悲劇からどう立ち直れというんだ？　答えはAAの教本には書かれていない。何を読めば救われるのか教えてほしい。あれから四年が経つが、どうやったら乗り越えられるのか、いまだにわからない。俺があそこにいたら未然に防げたのだろうかと、ときどき考える。

キキたちは〈Wホテル〉にチェックインしていた。あの夜、そこへ戻ったとき、俺はくたびれ果てていた。みんなが慰めてくれようとしたが、子どもを失ったばかりの人間を救える言葉なんてない。気を確かに持とうと努力していたが、こらえきれずただ涙に暮れるばかりだった。さすがにこのときは麻薬に嫌気がさし、気持ちを落ち着かせてくれる漢方薬をキキからもらった。

翌日、エクソダスは生命維持装置を外された。葬儀の俺は途方に暮れていた。それでも、来てくれたみんなの支えには感謝しなければならない。

「足を運んでいただいて、ありがとうございます」と、なんとか声を絞り出した。その後の言葉が見つからず、それだけ言って座った。そしたら、そこで息子のアミールが立ち上がって話し始めた。妹の話を語りだしたんだ。とてもおだやかに彼女の思い出を語った。兄が妹のために最後にしてやれることだ。あいつはすばらしい仕事をしてくれた。アミールの話が終わったとき、俺の心も少し軽くなった気がした。

あのときはみんなが支えてくれた。マリリンがそばにいてくれた。彼女は軍役に就いたことがあり、人の死には何度も立ち会っている。モニカはすばらしかった。アミールとレイナがずっとミゲルとエクソダスのそばにいてくれ、俺の持ち金が尽きるとモニカが助けてくれた。長女のマイキーも継娘のジーナといっしょにあそこにいてくれた。俺は自分の子たちが誇らしくてならなかった。幼い娘をなくしたばかりのシェリーをうっかり動転させることがないよう気を遣って、キキはミランとホテルに留まった。悲劇に直面しながらも、俺たちはみんなひとつの大家族だった。

エクソダスには立派な葬儀が行われた。あの子はシェリーと家でスペイン語の音楽をよく聴いていて、好きなアーティストはパナマのレゲトン歌手のニッガだという。俺がルイス・デ・クバスに電話をかけると、ルイスがロベルト・デュランにつなげてくれた。ロベルトの息子が連絡を取ってくれ、ニッガがやってきて、すばらしい歌と演奏を披露してくれた。俺の娘に歌と演奏を捧げてほしいとニッガに働きかけてくれた恩には報いるすべがない。デュランとニッガの思いやりは一生忘れない。彼らのためならどんなことでもするだろう。みんなのくれた支えには、ひたすら感謝するしかない。医療費と葬儀代に二十万ドルかかったが、これは寄付でまかなわれた。

俺たちはフェニックスに二、三日滞在し、そのあと車でラスヴェガスに戻った。シェリーはエクソダスの死にあまりうまく対処できていなかったから、息子のミゲルをいっしょに連れ帰った。長女のマイキーもいっしょに。あのちっぽけなタウンハウスに俺とキキとリタ、そして子どもたち全員が暮らすことになった。

人生をやり直そう

よその人たちから続々と寄せられた支援には、本当に驚かされた。心を揺さぶられ、自分のことばかり気にかけている駄々っ子を卒業して、人の役に立てる人間でありたいと痛感した。どうしたら女と見境なく交わるのをやめ、一人の女に忠実になれるのか。責任ある大人になり、責任ある父親になるためにはどうすればいいのか。あれだけのカネと名声とタイトルを手に入れながら、気がつけば離婚して、大勢の父なし子を作っていた。だが、エクソダスの悲劇的な死を受けて俺は生まれ変わった。ずっと真実と思っていたことが全部嘘だと気がついたから、人生を一からやり直す必要があった。

天国のエクソダスのためになんらかの遺産を作りたかった。自分の父親が正しく身を処して、人生をやり直そうとしていることを、彼女に知ってほしい。エクソダスを失ったが、ミランがいた。年の近い姉といっしょに成長していけたらいいと思っていたんだ。エクソダスの代わりになれるわけじゃないが、ミランはこの悲劇を俺に切り抜けさせてくれる贈り物だと、心から信じていた。

これは彼女の責任ある父親になるチャンスだ。彼女の本物の父親になれたら、その次は、ほかの子たちとの関係を構築し直すんだ。何年ものあいだ、形だけだったかもしれないが、AAの集会に行って教本を読んでプログラムに取り組んでいた。いざ娘が急死したら、あそこで学んだ知識が知らないうちに蘇ってきた。あの教えは間違いなく俺の中に根づいていたんだ。マイク、お前の欲望をコントロールしろ。マイク、今の体重を落として健康になれ。マイク、三秒以上女を見るな。

カスといたところから自分の克己心が強いのは知っていたが、カスと成し遂げたことは全部、負けたくないという気持ちが原動力だった。今度はそれを異なるベクトルで使ってみよう。人に優越するためじゃなく、謙虚な気持ちから。それに、俺には例の、自分にはやれるという誇大妄想狂的な一面もある。俺の中の誇大妄想狂は、「どんなにつらくても、お前ならできる」と言っていた。生まれてからずっと、つらいのには慣れている。何より大事なのは目標を達成することだ。

だが、現実は過酷だった。エクソダスが亡くなって一週間、心の痛みがどっと押し寄せてきた。キキとリタが出かけると、娘のマイキーに玄関に鍵をかけろと命じて家を出た。麻薬でハイになる俺を誰も止められなかった。キキはやむなく懇願した。どうしてもしなくちゃいけないのなら、せめて自宅でやってほしいと。だから家でとことんやり、キキが夜通し俺に話しかけてくれた。あの夜、二人で真剣に話し合い、結婚しようと決めた。だから彼女が朝、保護観察官に会いに出かけるとき、俺はまだ感情が高ぶっていて、繰り返しキスをしては抱き締めた。そのあとバルコニーに上がって、手を振って彼女を見送った。

車に乗り込んだ彼女に「愛している」と言って、投げキッスをした。

キキは保護観察官の女性と会い、そこで最終の抜き打ち尿検査を受けた。数分後、保護観察官が部屋へ戻ってきた。

「コカインの陽性反応が出ました」と、彼女は告げた。

「まさか。麻薬なんてやってません」キキは異議を申し立てた。

「これは大問題よ、キキ。あなたは幼い娘さんに母乳を与えているでしょう。コカインの検査で陽性反応が出たとなれば、お子さんは育ての親《フォスターペアレント》に保護してもらうことになるかもしれないのよ」

「なんですって⁉ 私はコカインなんてやってない！」と、彼女は言った。「待って。常用者とキスしたら、陽性反応が出ることってありますか?」

「そんな話は聞いたことがないわね。でも、そのせいで体内にコカインが入り込んだのなら、一時間後に再検査してみましょう。その程度の微量なら、一時間すれば排出されているはずだから」と、保護観察官は言った。

ここで俺の携帯電話が鳴った。

「ろくでなし!」と、キキが叫んだ。「あなたが麻薬に溺れているせいで、私の赤ちゃんが連れ去られるかもしれないのよ! いったいどうして今朝、行ってらっしゃいのキスの前にコカインなんかやったりしたの?」

返す言葉がなかった。コカインといえば、俺はあれを舌で舐めていた。小さく折り畳まれた包みの残りをちろっと舐めているって話じゃない。コカインの瓶だ。瓶に舌を突っ込み、純正コカインを舐めていたんだ。舌の感覚がなくなるくらいの量を。

電話を切って、マイキーにまた玄関に鍵をかけるよう命じ、わき目も振らずに歩きだした。ヘンダーソンの自宅からラスヴェガス西部のスラム街までの二十マイルを。ハイになっているせいで大汗をかいていて、みんなが車を停めては乗っていかないかと声をかけてくれた。

「マイク、乗っていけよ」と、彼らは言った。

「いいから、かまうな、ちきしょう。いま大変なんだ」

「警察を呼ぼうか?」

「いい、いらん、大丈夫だ」と、返した。

かつてナポレオンは、「崇高と滑稽は紙一重」と言った。俺は十万歩あるいていた。キキは一時間待って検査を受け直し、こんどは陰性で帰ってきたが、俺はそれを知らなかった。ひたすら歩き続けた末に、結局またコカインを手に入れて家に戻り、二日間やり放題やった。

今度は俺が尿検査に引っかかった。俺の尿は汚れていた。弁護士のパートナーが保護観察官の親友だったが、さすがに今回は見逃してくれなかった。この検査にキキの保護観察官からキス事件の報告が加わったら、刑務所に送り返されるか、少なくともアリゾナ州に戻されて、これまでよりずっと厳しい観察下に置かれるかもしれない。そうなったら、キキとは離れ離れになってしまう。

「マイク、あなたが投獄されたら、恋人の私にはなんの権利もないわ。私も保護観察中の身だし」ある日、キキが言った。「二人のあいだに子どもがいても、面会に行くことさえできないかもしれないのよ。私が結婚したいのはそれもあるの。どのみち、私たちは結婚する計画を立てていたわけでしょう」

「わかった。いつしたい？」と訊いた。

「正直に言っていい？　明日にでも」と、彼女は言った。

「なんで今夜じゃないんだ？」

結婚の誓い

これは六月六日の午後六時ごろ、エクソダスが他界して十日後くらいのことだ。キキがグーグルで〝ウェディング・チャペル〟を検索して何本か電話をかけてみたら、〈ラスヴェガス・ヒルトン〉のチャペル係から、今すぐ受け付けられますと返事があった。キキはただの事務的手続きよみたいな言い方をしていたが、俺はこのちょっと素っ頓狂な女を愛していた。赤ん坊を連れて刑務所を訪ねてきてほしいから結婚したかったんじゃない。彼女なしで生きていきたくなかったからだ。

あの晩、結婚を提案した直後、神経が圧迫されたのか首に激痛が走った。〈ヒルトン〉に車で向かう途中、俺はのたうち回っていた。ひどいありさまだった。コカインのせいで口じゅうヘルペスだらけ。ぶくぶく太って、こんどは圧迫神経痛だ。

そうこうしているうちに、キキは結婚式のための雑務を全部やってくれていた。彼女は迷信深い人間で、結婚式に青いもの、古いもの、新しいもの、誰かからの借り物を身に着けると幸せになれると知って、青いショーツを着用した。借り物は母親のブレスレットだ。

二人でチャペルに行くと、結婚の立会人がプロレスのビッグ・ボスマンの黒人マネジャー、スリックにそっくりでびっくりしたよ。俺もキキもひどい見てくれだったから、写真も撮りたくなかったが、さすがにそうもいかず何枚か撮った。二人で写真に目を通していると、立会人が、「それには七十五ドル以上の寄付をいただきます」と言う。なんで寄付金の額が決まっているんだよ？　立会人は俺たちが写真を持ち逃げすると思っていたのか、すぐ通報できる用意をしていたようだった。

家に帰るとミランが泣いていたから、キキが授乳のため二階へ上がった。リタが座ってテレビを見ていた。

「ママ、俺たち、いま結婚してきたよ」と彼女に言った。

「うそっ！　誰が立ち会ったの？」

「WWFのスリックだ」と答えた。リタに本当のことを話すと、彼女は感激しきりだった。

だが、俺たちは指輪の交換もしなかったし、ハネムーンにも行かなかった。指輪を買ったのは一年後だったし、ハネムーンは二、三日ですませている。それまでキキとは喧嘩らしい喧嘩をしたことがなかった。結婚式で誓いの言葉を交わすまで、二人は冷静だったのに、その後は大喧嘩するようになった。現実を突きつけられて、〝いったいどうなってるんだ？〟と思ったよ。中毒はまだ続いていて、何度も境界線を踏み越えそうになった。外出をめぐって二人ともめることもあった。それでも、うまくやっていた。コカインを毎日やっていたのが週一回になった。そのあと、週一回から二週に一回になり、二週に一回から月一回になった。

キキとリタと小さな赤ん坊のところへ帰らなくちゃいけないから、魔が差すたびに情けない思いをした。大汗かいて戻ってきて、高熱を出した俺にリタが冷湿布をしてくれ、そのあいだにキキがあれこれ俺にまくしたてている。

「無理して私といっしょになったんじゃない？」と、彼女に訊かれることもあった。

「俺にやりたくないことをやらせるなんて、誰にもできっこないさ」と言って安心させた。

その頃、以前撮影した『ハングオーバー』が封切られ、掛け値なしの大ヒットになったというニュースが飛び込んできた。俺はそのとき麻薬でハイになっていたが、監督のトッド・フィリップスに電話した。

「第二弾はいつだよ、トッド？　なあ、また映画に出たいんだ。俺をじらさないでくれ」

『ハングオーバー』が〈ティーン・チョイス・アワード〉にノミネートされ、七月、みんなでロサンジェルスへ行った。モニカとの娘レイナを連れていったら、ジョナス・ブラザーズ［米国のポップロックバンド三兄弟］に会えて感激していた。司会の彼らのリクエストを受け、俺がサディスティックな床屋で兄弟の髪を刈るという寸劇までやってきた。

リハビリ

二、三週間後、ＥＳＰＹ賞［ＥＳＰＮが主催する、スポーツ選手対象の年間表彰式］のため、またロサンジェルスに戻った。こっちはあまりうまくいかなかった。授賞式が終わって、ホテルに戻る車中、キキと喧嘩になった。ホテルに着くと、彼女とミランとリタとダリルは部屋へ上がっていき、俺はそっと姿を消して車へ向かった。みんなに内緒でコカインを持ってきて、ときどきこっそり抜け出してはそれをやったり酒を飲んだりしていたんだ。もうすっかり出来上がっていた。車のエンジンをかけたところでベンチに携帯電話を忘れてきたのに気づき、車を出て取ってきたが、キーを閉じ込めてしまっていた。

授賞式から戻ってきた人たちが外にあふれていて、二、三年前に一夜限りの関係を持った若い白人女が見えた。同じホテルに泊まっていたんだ。

「よお、何してるんだ?」と、声をかけた。

俺の顔をひと目見るなり、彼女はおびえた。まともじゃないのがわかったんだ。

「いえ、別に、部屋に戻るところよ」と彼女は言い、大急ぎで走り去った。

まあいい、向こうにとっても一夜限りの関係だったわけだ。で、AAA［米国自動車協会。日本のJAFに当たる］に電話をすると、やってきて解錠してくれ、カネも受け取らなかった。運転席に座って出発だ。友人がビヴァリーヒルズの自宅でコカイン・パーティを開いていたから、ロサンジェルスのダウンタウンに向かおうとフラフラ運転していった。ルームミラーにライトが見え、サイレンの音が聞こえてきたと思ったら、「道路のわきに停止しなさい」と、拡声器の声に命じられた。麻薬に酔っていたせいで、縁石に乗り上げた。パトカーからおまわりが降りてきて、俺の車に近づいてくる。俺は窓を下ろした。

「えー! マイク・タイソンだ! なんてこった!」おまわりは言った。「いや、『ハングオーバー』のあなたはすばらしかった。しばらく追跡していたんですよ。ひどい運転だったから」

カスから会得した技術にちがいないが、コンマ一秒でこの男に好意を嗅ぎつけるや、愛想を全開にした。

「やあ、ふらついていたかい、すまなかったな。ちょっと道に迷っていたもんで。ビヴァリーヒルズの友人宅を探しているんだが、フリーウェイにどこから乗ればいいかわからなくて。この住所なんだが、力を貸してくれないか？」

友人の住所を渡した。おまわりは紙を受け取って、パトカーに戻った。ずいぶん時間がかかっていたから、俺の記録を調べていて免停中なのがばれるんじゃないかとハラハラしたよ。玉の汗を流しているところに、おまわりが俺の車へ戻ってきた。

「わかりましたよ、マイク。ついてきてください、そこまで誘導しますから」

よしっ！　今夜はモノポリーの刑務所釈放カードを切ることができた。まさかおまわりがパーティ会場に連れて行ってくれるとは。パトカーは会場まで誘導してくれ、それどころか玄関先まで送ってくれた！

玄関で迎えてくれた友人は俺とロサンジェルス市警を見て仰天した。

「マイク・タイソンをあなたの保護下に引き渡しますので、彼が朝、安全に自宅へ戻れるようご配慮願いますよ。彼が運転していたという話が耳に入ったら、こちらの住所を記載してありますからね」と、警官が言った。

警官を連れてコカイン・パーティの会場に現れるくらいムードをぶち壊す行為はない。おかげで、おまわりたちが立ち去るや、来ていた全員がパーティから帰っていった。だから麻薬と酒で高揚したまま車に戻り、なぜか〈ビヴァリー・ヒルトン・ホテル〉へ行き着いた。車を降り、ホテルに入って、一杯やり、さらにコカインを手に入れようと電話をかけた。戻ってきたが、駐車係がキーを渡してくれない。

「その様子では運転できませんよ。車はお預かりします」

で、キキに電話をして、迎えに来てくれと頼んだんだが、急に気が変わりタクシーを呼び止めた。サンセット大通りで友人のマークが経営しているシガー・バーに行ったんだ。

いっぽう、キキが大急ぎでホテルに来てみたら、車はあったが俺はいなかった。しかし、マイクを見たという友人たちから電話が入ってきた。結局、俺たちはサンセット大通りの〈アンダーズ・ホテル〉で落ち合って、そこにひと晩泊まってからヴェガスへ戻った。

このあとまた二、三回ぶり返しが来て、キキは俺を更生施設に送り返したほうがいいと判断した。今回、うちにはカネがなかったから、〈ワンダーランド〉や〈プロミシズ〉みたいな贅沢な施設に送り込むわけにはいかない。俺には本格的なプログラムが必要だ、とキキは考えた。だからネットで調べ、ロサンジェルスから一時間くらいのパームスプリングスに〈インパクト〉というプログラムを見つけた。

ホームページの案内文を読んで、そこの規律が俺にとってはいいと判断したんだ。有名人を甘やかすいいかげんなやりかたじゃなく、実務本位の厳しい施設だ。彼女はリハビリの経験なんてなかったから、ここが堕落しきった末期症状の人間のための更生施設ってことを知らなかった。

エイトボール［八分の一オンス＝約三・五グラムのコカイン］をふたつ手に入れてカバンに詰め、ダリルとカリフォルニア州に向かった。そのコカインで最後のひとときを楽しんでいるあいだに施設に到着。入所手続きがすむと、カウンセラーの一人が引き渡す麻薬はないかと言う。それで、残っていたエイトボールひとつ分くらいを渡した。

「よろしい」と男は言い、奥へ消えた。戻ってきたとき振る舞いが妙だった。この野郎、俺のコカインをやりやがったな。かなりの上物だったからな。ジャンキーが更生施設を運営してるのか！部屋に案内されたが、そこは移動住宅《トレーラーハウス》だった。要するに、施設というのは移動住宅駐車場《トレーラーパーク》だったんだ。

ここはひどい施設だった。メセドリンの常習者やギャングたちが、うようよいるんだ。ひと晩は我慢したが、翌朝八時に、出ていくと告げた。施設からキキに電話が入り、俺が不満で出ていきたいと言っていると伝えた。

「あのですね、相当ご不満のようで」

そのあと俺が話した。

「こんなところに入れるなんて信じられない。すぐに出るからな」

「しばらくでいいから我慢してみて」と、彼女は懇願した。

三十分後、俺は芝生用のガーデン家具みたいな椅子のひとつを壊し、施設の車で最寄りのバス停まで送られた。〈インパクト〉の施設に半日いて家に帰ったあとは、小さな過ちが一回あったのを除けば、酒は一滴も飲んでいないし、コカインもやっていない。

『ハングオーバー』の成功が俺の浄化に大きな役割を果たしてくれた。あの映画が封切られたばかりのころ、通りを歩いていると、小さな子どもとその父親がそばを通りかかった。

「見て、パパ」その子が立ち止まって、俺を指差した。「あれ、俳優のマイク・タイソンだよ」

「おい、坊主、俺は昔は世界一のボクサーだったんだぞ」と言ってやった。

同じようなことが何度もあった。子ども世代が俺をボクサーじゃなく俳優として認知し始めたんだ。コカイン漬けの負け犬人生を送っていたこの俺を。あまりの展開の速さに面食らったが、せっかくの自己改革の機会だ。ふいにしちゃいけない。

「俺は変わる、俺はこんな終わりかたはしない」と、たえず自分に言い聞かせた。カスの時代に立ち返った。誰も俺を止められない。俺の支配は揺るぎない。ボクシングに傾注した信念と推進力、渇望と飢餓感を、麻薬との戦いにも活用するんだ。

イメージチェンジ

著名な映画監督や俳優が電話をくれ、もっと映画の仕事をしろと言ってくれた。「喜劇役者を続けるべきだ」と、彼らは言った。「怖いやつ《タフガイ》のイメージは忘れろ。君はいいやつ《ナイスガイ》なんだ、マイク。悲惨な出来事がいろいろあって、それに押さえつけられてきたせいで、みんな、そのことに気づいていない。でも、君はたえずライトを浴びていなくちゃいけない。ライトの中の君はすごく輝いているんだから」

そのとおりだ。あの暗いイメージは表向きのポーズだった。カスに押しつけられた人格《ペルソナ》だった。カスは俺に、周囲を威圧してほしかったんだ。カスは俺を使って自分の遺産を完成させようとしていた。誤解しないでくれよ。あれはやり遂げる価値があるすばらしい遺産だったし、そのことに後悔はない。

こうして、希望を失っていた俺にまた目標ができた。そしたらどうなったか？　自負心に火がついた。みんなが俺に、「映画のお前はすごくいい、あれを続けなきゃ」と言ってくれる。そこで鏡を見た。

〝これが映画スターの体か？〟と思った。〝誰がこんなやつに抱かれたいと思う？　誰がカッコいいと思ってくれる？　これじゃ太っちょアルバート［米国のテレビ・ドラマの登場人物］だ。体重は三百八十ポンドあるし、スクリーンじゃさらに太って見えるぞ、六百八十ポンドくらいに。天幕造師オマー［同名の劇・映画から］にスーツを作ってもらわなくちゃならなくなる〟

まともな体に戻す必要があった。だから五週間、トマトとバジルのスープ以外何も食べなかった。ただ、妻が一週間、完全菜食主義《ヴィーガン》の食事療法に挑戦することになり、俺もいっしょにやってみた。

俺は一週間後もやめなかった。ふうん、完全菜食主義か。ようし、究極の完全菜食主義者になってやるか。

もう太った豚はうんざりだった。俺の家系には病的に太った人間が多い。それが俺の本質だ。だが、俺はすごく見栄っ張りで、それが本質を凌駕した。計画を立てなくちゃいけない。頭の中の委員会で小会議を招集し、号令を発する必要がある。「いいか、これが俺たちのやることだ。これが今回の目標を達成するために必要な具体的なステップだ」と。

肉を恋しいとは思わなかった。一回だけ禁を破って、ちっぽけな牛肉を食ったが、苦痛に見舞われて吐きそうになった。もう俺の体には毒になったようだ。あんなにどっさり肉を食っていたから、攻撃性に拍車がかかったんだ。乳製品が俺を慢心させたんだ。だから豆をたくさん食べた。キキが果物と野菜でおいしいシェイクを作ってくれた。

いちど覚悟を決めて完全菜食主義に取り組んでみたら、悪いところが全部消えてなくなった。高血圧と関節炎と高血糖がパッと消えた。豚みたいに食いまくり、〈アルカポネ〉のシガリロを吸いまくっていたころは、生ける屍だった。それが今度は、体にいいものを摂り、一日三時間、有酸素運動を含めた運動に励み始めた。とにかく極端な人間なんだ。ヨガをしているか、腕に注射を打っているか。そのどっちかさ。

ホリフィールドとの和解

十月、オプラ・ウィンフリーからテレビ出演の依頼があった。八月に俺のドキュメンタリーのDVDが発売されていたから、宣伝する絶好の機会だとみんなが言ってくれた。だが、ダイエットに本腰を入れ始めたところで、体はまだ一軒家みたいにでかかった。それでも、オプラの番組にはまだ出たことがなかったから、出演した。

このときのインタビューは、エクソダスの死やロビンとの関係をはじめ、あらゆる話題に触れた。キキと赤ん坊のミランの話まで。そして、イヴェンダー・ホリフィールドの耳噛み事件の話になったところでオプラが身をのりだした。

「謝ったときは、本心だったの？」と訊く。

「いや、心からの謝罪じゃなく、口先だけだった」

「正直に話してくれてありがとう。あれを聞いたとき、心から謝っているようには思えなかったから」と、彼女は言った。「なぜ謝ったの？　謝る必要があると思ったから？」

「かもしれない。うちのスタッフみんなにうるさく言われて、面倒臭くなったんだ。それで、『わかった、謝るよ』と言ったのさ。実際、謝ったせいでいっそう腹が立った。心にもないことを言っちまったんだから。あいつとじっくり話をして、握手をして、思いの丈を打ち明けられる場がずっと欲しかった」

「彼とは話を？」と、彼女は尋ねた。

「していない。たまにすれ違うことはあるんだが、向こうはちょっと俺を警戒しているみたいで」

放送後、オプラのところに手紙と電話が殺到した。有罪判決を受けたレイプ犯を番組に出したことへの抗議もあったが、大半は好意的だった。俺の言っていることをわかってくれ、俺が何を考えていたのか理解してくれたんだ。さらにイヴェンダーからオプラに電話で、番組で話をできる場を用意してくれないかと依頼があった。オプラはこの話に飛びつき、一週間後、俺はまたスタジオのあるシカゴへ戻った。

イヴェンダーに会えて本当にうれしかった。ドブから這い上がって、誰もが認める最高のボクサーになった二人だ。公の場で心から謝罪する機会を得られたし、俺たちがうまく和解できることを見せられたら、子どもたちのいい手本になるかもしれない。みんな、無意味な暴力で殺し合わずにいられるんだって。

オプラのところにもう一人、別の人間から反響が返ってきた。このころロビンはしばらく表舞台を離れていた。一回目の出演で彼女について論じた箇所に抗議の電話をかけてきたんだ。『20／20』でロビンが激しく俺を非難した場面をオプラは番組で流していた。

「なぜずっとあそこに座っていたの？」と、俺はオプラに訊かれた。

「わからない。ただもう唖然としていた」

「彼女がああいうことを言ってることに驚いたの？」

「ああ。あの瞬間はほんとに殴ってやりたかったが、なんとか思いとどまったよ」

そう言うと、観客がどっと笑った。

ロビンは憤慨していた。それだけでなく、オプラに頼んで番組に出してもらった。俺に反論すると同時に、あれを仕事再開のきっかけにしようと。結果として、あいつにも力を貸すことになったわけだ。

友達がみんな電話をくれ、オプラの番組はすばらしかったと言ってくれた。だが、映像を見る勇気はなかった。当時は体重のことを気にしていたから、見たらどっと落ち込んでいただろうな。それでも、完全菜食主義のダイエットと運動を続けているうち、少しずつだが着実に体重は落ちていった。

悪魔の誘惑

二〇一〇年の一月、ラスヴェガスのスラム街にあるバーに出かけたら、友達がいて、あれやこれやで気がついたら少しコカインをやっていた。半年間、誘惑に負けていなかったのに。なぜガードを下げて悪魔の侵入を許したのかわからないが、とにかくやってしまった。大量にやったわけじゃないが、それでもコカインだ。その夜、早めに帰宅すると、キキがまだ起きていて、俺が麻薬でハイになっていることにすぐ気がついた。以前のように、怒鳴ったりののしったり、赤ん坊を連れて出ていくと脅したりはしなかった。黙ってミランの部屋へ寝にいった。何度もそこへ行って話をしようとした。後ろめたかった。彼女をがっかりさせたくなかったし、特にミランには、酩酊している俺を絶対見せたくなかった。

「コカインをやってきたのね?」と、キキは言った。

「そうだ」と答えた。

「まったく、いまいましい。マイク、しっかりしてよ。リハビリに戻らなくちゃ。もう、これには幕を引かないと」

「いや、もういちどチャンスをくれ」と、俺は言った。あのトレーラーパークに戻るなんて絶対ごめんだ。

「朝になったら行くのよ」と、彼女は主張した。

「今度は本当にだいじょうぶだ。とにかく、もう一回チャンスをくれ」

彼女は許してくれた。以来、酒もコカインも一度もやってない。

依然として収入の問題があった。二月にキキとヨーロッパに発ち、イギリスでトークショーを、フランスでは懇親会を開いた。スイスでは大きなクラブに出向き、そこにいるだけで報酬が支払われた。最初に行ったのはイタリアだ。あそこでイタリア版『ダンシング・ウィズ・ザ・スターズ』に出演した。芸能人やスポーツ選手がダンスの特訓を受けて勝ち抜き戦を行うやつだ。初めは出演をためらったが、出演料が魅力だったし、俺たちにはカネが必要だった。俺のパートナーを見たとき、キキは面白くない顔をした。相手はすこぶる魅力的なイタリア娘で、ずっと俺に気のあるそぶりを見せていたんだ。一度なんか、俺がポケットの煙草に手を伸ばそうとしたら、「取ってあげる」と言って俺に触った。あのときはぎくっとしたな。セットの後ろのマジックミラーで見ている、キキの視線が感じられた。

俺は汗をかき始め、女がそれを手でぬぐおうとする。〝マジかよ〟って感じだ。俺の過去の振る舞いを思い出してキキの心がぐつぐつ煮え立っているのがわかった。しかし結局、何事もなく終わった。恥をかくこともなく、無事、一演日を踊りきった。

アメリカに戻ると、テレビ・ドラマの『アントラージュ★オレたちのハリウッド』にゲスト出演した。昔ラスヴェガスのクラブでジェイミー・フォックスと話していたとき、アリ・ゴールド役のジェレミー・ピヴェンを見かけたことがあったんだが、俺は麻薬で舞い上がっていて、近づくことも握手することもできなかった。しばらくして電話がかかってきて、出演を打診された。ハリウッドで代理人《エージェント》をしているアリ・ゴールドのクライアント役で、ちゃんと仕事を取ってこいと俺（マイク・タイソン）が文句を垂れる。楽しい顔見せ場面だ。俺の子ども二人も登場することになり、二人にとってもすてきな体験になった。

キャストもスタッフも全員すばらしかった。俺たちは脚本のダグ・エリンと仲良くなった。キキと彼女の兄で俺みたいなボクサーが登場するテレビ・ドラマの脚本を書いていて、ダグに見てもらったら、すごく気に入ってくれた。『アントラージュ』の人気がだんだん下火になってきていて、別の企画を探していたんだ。

実績のある別のテレビ脚本家を呼び入れ、みんなでHBOのパイロット番組に取り組み、スパイク・リーが監督として参画した。『ダ・ブリック』というタイトルで、いろいろ検討を重ねたが、結局この企画は没になった。

七月、カザフスタンの映画祭に有料で出演することになった。そこで俺たちは、映画祭のあとメッカへ巡礼に出る計画を立てた。ところが出発直前になってキキの妊娠が判明した。もう一人子どもをつくる相談をしていたし、前回彼女は塀の中にいて、俺は妊娠期を見守れなかったから、それができたらすてきだと思ったんだ。

だが、映画祭のときはあまりうまくいっていなかった。ワインスタイン兄弟の作品のプレミア試写会に行ったとき、赤絨毯を歩く直前にキキと大喧嘩になり、上映前のカクテル・レセプションでもまた喧嘩になった。上映が終了するなり、キキはまっすぐホテルへ戻り、母親の部屋に行ってしまった。

しばらくして、俺がその部屋に入った。

「おい、お前と夫婦でいるのはもうこりごりだ、いいか?」と、あいつに言った。

「上等じゃない。私だって」売り言葉に買い言葉だ。

キキはアメリカに戻る飛行機を探し、二、三時間後の便に乗った。現地に着いて丸一日も経っていないのに、彼女とミランとリタは帰っていった。もうだめかもしれない。

だが、巡礼の計画が待っていた。かつて獄中で同房だったファリドが戻ってきて、いっしょに仕事をしていたんだが、あいつもイスラム教徒だったから、翌日二人でメッカへ出発した。巡礼の旅に出るときを一日千秋の思いで待ちわびていたが、俺は典型的なイスラム教徒じゃない。生まれたときはカトリックだった。おふくろがそうだったからだ。親父はめったにそばにいなかったが、南部バプテスト教会の人間で、俺と兄貴と姉貴にはきちんと洗礼を受けさせた。連れていかれたのは十歳のときだ。牧師が頭に手を置いて神を称えると気を失う、というのがお約束だ。俺は気を失いたくなかった。

「気を失わなかったら、それはお前の中に悪魔がいるということだよ」と、叔母が言った。

「気を失ったりするかよ」と、俺は主張した。

「あのね、気を失わなかったら、それはあんたの中に悪魔がいるということだから、杭に縛りつけられて火あぶりの刑になっちゃうよ」と、姉貴が付け加えた。

「ええっ？」

牧師が触れたとたん、銃で撃たれたみたいにバッタリ倒れたよ。

兄貴と姉貴はカトリックの小さな学校に通っていた。俺も通っていたんだろうが、修道女たちがわめいていたこと以外、あんまり記憶にない。俺たちは熱心なカトリック教徒とは言えなかったが、基本的に、おふくろに言われたとおりにやっていた。悪いことすると地獄で業火に焼かれるよ。キリストの体［聖餐用のパン］を食べな。クールエイドを飲みな。言われるがままを信じる貧しい黒人にすぎなかった。教会は近所のガキどもにいじめられないよう神様にお祈りに行ける場所だってくらいしか知らなかった。

全部ペテンとわかるのに長い時間はかからなかった。俺の知っている説教師たちは最貧困地区でいちばん身なりがよく、派手な車を乗り回し、みんなの奥さんや姉妹や娘たちとやっていた。そんな説教師をみんなが崇拝していた。俺たちはそいつのことを話しては笑っていたが、彼の言葉には従った。汚い野郎なのはわかっていたが、そいつにはそんな力があったんだ。

神様の意図

おびただしい数の友人が殺されるのを見て信仰心が揺らがなかったかと、みんなから訊かれるが、そういうもんじゃない。だいたい、殺されたやつらも誰かを殺そうとしていたんだ。死は暗黙の了解だった。失敗したら自分が命を落とす。危険は承知のうえだ。

俺がイスラム教徒になったのは皮肉な話だ。若いころは、友達も俺も、ストリートでイスラム教徒に暴力を振るったり盗みをはたらいたりしていたんだからな。

つまり、これは天罰なんだ。人は自分の嘲るものになっちまう。そのうち俺の番だ。誰かがイスラム教徒を追いかけ、俺のケツがひっぱたかれる番が来る。

刑務所のイスラム教徒たちを見て、イスラム教に心を魅かれた。刑務所の中で成長したかったし、人の話を聞いて教育を授かるのは前から好きだった。イスラム教の本質を学んでそこに傾倒するのが楽しかったし、この世界と神様が創造したものすべてを愛していた。だからもう、タカやハヤブサを殺さない。昔はよく、俺の鳩を狙ってやってくるあいつらを銃で撃ち落としたり、罠を仕掛けたりした。だが、あとで気がついた。あいつらも神様が創造したものだって。神様の意図でやつらはあんなふうになったんだ。アッラーを愛するなら、彼が創造したものはすべて愛する必要がある。イスラム教徒の大半は豚を悪魔《サタン》の創造物と信じているんだろうが、豚だってアッラーの創造物だし、愛さなくちゃいけないと思っている。だからといって、食う必要はないけどな。

こうして、俺は少しずつイスラム教を受け入れていった。天のお告げを聞いたわけじゃない。それでも、俺の本質はイスラム教徒だと、少しずつわかってきた。自分がこうされたらうれしいと思うことをみんなにする。自分に必要なものは、自分の好きなみんなにも必要だ。

刑務所で初めてイスラム教に関わったとき、俺はやたらと敵意に満ちていて、イスラム教徒としては過激すぎた。暴力的すぎたし、その暴力を信仰に投影していた。イスラム教は戦争の教えじゃなく、思いやりの宗教だ。最初はそうは思わなかった。敵意を燃やしていた。俺が信じることを信じていないやつは敵だった。世の中がいまいましくてならなかった。だが、いろいろ研究したり勉強するようになって、それは違うと気がついたんだ。おかげでそれまでより謙虚になって、一歩引くことを知った。それがイスラム教の本質だから。イスラム教は愛と平和、服従の宗教なんだ。平和に服従しているから弱い人間かというと、そうじゃない。神様に対して謙虚なだけだ。

イスラム教から学んだことがひとつあるとしたら、俺たちはそれぞれ神様と個人的な関係を結んでいるということだ。神様は俺が間違いをしでかしたからといって、地獄に落としたりしない。俺の救済には神様がいっしょに取り組んでくれる。結局、煎じ詰めればどの宗教も同じことを言っているんだ。仲間を慈しめと。俺の子たちはクリスマスが好きだ。あれは異教の祝日だ、うちではクリスマスは祝わないって、俺は言うか？　そんなことは言わない。「おい、クリスマスのおもちゃを買いにいこう、そしたら毎日がクリスマスだ」と言う。

あいつらは俺がサンタクロースだって知っている。クリスマス・キャロルが好きなら、それも結構なことだ。俺の家族と義母を除けば、知り合いはみんなキリスト教徒かユダヤ教徒だ。町の家を十軒訪ねても、イスラム教の家族に出会えるとは思えない。しかし、お祈りに行けばみんながイスラム教徒だ。

彼らはイスラム教徒だけが天国に行けると言う。俺が天国に行って、イスラム教徒しかいなくて、知り合いや大好きな友達がいなかったら、そこへは行きたくない。どの宗教かに関係なく、友人や大切な人たちとゲラゲラ笑ったり喧嘩したりできる場所にいたい。同じ神様を信じていても、知らないやつばっかりだったら天国にいたくない。別の神様を信じていても、信用できる人たちといっしょにいたい。

この世界は俺たちの宗教より大きいんだ。俺が天国に行けたとして、そこでお祈りばかりしていたら何が楽しい？　膝がおかしくなるし、頭が変になるし、友達の誰とも会えず、年がら年じゅう羊とイチジクばっかり食うことになる。天国に二百億とか一兆人とか、イスラム教徒がいる必要があるのか？　要するに、独りぼっちになるのなら天国には行きたくないってことだ。まじめな話、友達がみんな地獄にいて、生前の知り合いや尊敬していた人たちがそこにいるんだったら、そっちへ連れていってもらいたい。

神様のことを知り抜いていると主張する人間もいるが、俺にはまだ神はわからない。俺にとっての神様は想像を超えた存在だ。俺たちは神様に似せて創られたのか？　神様と同じレベルだなんて、とてもじゃないが思えない。俺たちはセックス中毒で、麻薬中毒で、支配欲が強く、人を巧みに操り、自己陶酔的だ。これが本質なら、俺たちはひどい生き物だ。

ときどき、この世は幻想にすぎないと思ったりする。俺が子どもを亡くしたことを考えてみてくれ。あれを考えると、まるで彼女は最初から存在しなかったかのようだ。俺のベイビーは存在しなかったのか？　カスはどうだ？　しょっちゅうカスのことを考える。二人とも俺の人生に大きな部分を占めている。しょっちゅうあの二人のことを考える。こういう霊的な問題を考えるほど、自分は無知だとわかってくる。

神という概念は、俺には複雑すぎる。宗教と神様のことはまるでわかってない。わかりたいが、わかってない。「はい、そうです、あなたの心の中にある言葉を信じ、それに耳を傾けてごらんなさい」みたいなのを目指すつもりはない。

盲目的に人を導く者は盲目的に導かれてしまうからだ。煎じ詰めれば、宗教というのは、存在するかどうかわからない誰かにしたがうことだ。人が語る神の話を信じてついていくのか？「私が信じているのは組織化された宗教ではない。もっと霊的なところを追求している」と主張したところで同じことだ。

人が語る神様の概念を、俺は心に描き出すことができない。その概念で俺の張り裂けそうな心は慰めてもらえない。だが、この宇宙にはなんらかの仕組みがあるはずだ。なんらかの均衡があるはずだ。教会に通う信心深い人たちの大半は事業に利用されていると、俺は思っている。だから、人や教会とじゃなく、神様といっしょに独自の救済をつかまなければならない。アッラーを愛するという概念は大いに尊重する。それが真実かどうかはわからないが、俺が心を寄せている概念だし、すばらしいものだと思っている。

メッカとメディナに行ったときは唖然とした。信仰に近づくことはできた気がするが、同胞のはずのイスラム教徒に閉口させられることもあった。あそこに着いたら、たちまち彼らは、イスラム教がキリスト教より優れた宗教であることを誇示するために俺の訪問を放送波で流し始めた。俺が行いを改めたことを取り上げるんじゃなく、「あのマイティ・マイク・タイソンがメッカを巡礼に訪れました」って感じだった。関心は一人の人間としての俺じゃなく宣伝にあったんだ。俺は利用されているまぬけな黒ん坊《ニッガ》にすぎなかった。それならこれまでの人生でさんざん味わってきたことだ。

実際、「あなたが善きイスラム教徒であることを、私たちがアメリカに知らしめてやりますよ」と言ったやつらもいた。

心の中で〝ちきしょう、俺は善きキリスト教徒じゃなかったんだぞ。そんな俺がなんで善きイスラム教徒になれるんだ？〟とつぶやいていた。

宗教は人の中にあるもので、人は宗教の中にいられない。イスラム教の関係者はみんな、「私の預言者のほうが上だ」みたいなことを言っているが、なんて子どもじみた話だろう。

それでも、政治的な話は別にして、あそこでは平穏な気持ちになれた。あそこに行ったら誰だってそうなる。同じ服装をした人が何十万人も、崇拝の思いを捧げて謙虚になろうとして集まってくるんだ。調和の中にいたから心は円満だった。

メッカにいるとじっくり考えることができた。アメリカに戻ったとき何をしなければならないか、心を集中できた。どんな人生を送らなければいけないかという問題に。もう麻薬も劇的な事件もない、清らかな人生を送りたい。心のバッテリーが充電し直された心地だった。俺はあそこへ行く必要があったんだ。

巡礼してみて、厳密な意味で信心深い善きイスラム教徒にはなれないと思った。心の重荷をたくさんかかえてあの宗教に入ったからだ。それでも、預言者の教えに耳を傾け、同じ道を歩む努力はできる。善意にもとづいて人を判断せよ、という。俺にはそれは難しい。イスラム教を純粋に実践したら、踏みつけられっぱなしの玄関マットみたいな人間になってしまう。そんな人生は送りたくない。それでは神を敬う心を超えて、謙虚どころか卑屈になってしまう。心底謙虚になれる人間なんていない。〝謙虚〟という言葉を口にすること自体が謙虚でない証拠だ。人は謙虚にはできていない。かならず高慢の鼻を折られるようにできている。

黒い石に接吻する列の前へ押しやられたときは、謙虚でいられなかった。メッカのカアバ神殿という古代石造建築物の東角にある要石だ。世界じゅうのイスラム教徒がこのメッカに向かって祈りを捧げている。巡礼者はこの石を七度回り、可能ならそこに接吻することになっている。大群衆が訪れるため、メッカに行ったことはあっても黒い石には一度も接吻したことがないという人もいる。

俺は三十分で四回した。俺が行ったら、役人が群衆を紅海のように二つに分け、接吻できるよう誘導してくれた。コカインを舐めて汚れきった病的な口を押し当てられるよう、信心深い人々が押しのけられたんだ。気の毒だったよ。俺たちがこの宗教を愛せるように配慮してくれているのはわかる。しかし、こういうことをされると、「このすばらしい人たちの前に俺たちを行かせるのか？関わり合うのをやめたほうがいいんじゃないか」と、考えてしまう。グルーチョ・マルクスが「私のような者を会員として迎え入れるクラブに、私は入りたくありません」と言ったみたいに。

キキが来られなかったことも、なんだか申し訳ない気がした。彼女がヨーロッパを発ってから二週間話をしていなかった。このままじゃ結婚生活にピリオドが打たれるかもしれない。俺はメッカから電話をかけて平謝りし、二人で一生添い遂げることを誓った。

キキは心の底ではキリスト教徒なんだ。母親がイスラム教の導師《イマーム》と再婚したため、劇的な変化が起こってヒジャブをまとうようになった。キキは自由恋愛を旨としている。世俗を捨てたくないが、それでいてイスラム教の良心も持ち合わせている。しかし、いくらコーランで許されていてもアメリカ人だ。夫が妻を四人持つのは許せないだろうな。

叶えられた夢

十二月、ファリドとアジアへ行った。俺が中国のボクシング大使に任命されたんだ。ある男が俺のところへ来た。中国に来るスターみんなにマリファナを提供しているという。

「あんたとは友達になれない」と、俺は言った。「俺をはめようとしているにちがいない。この国でマリファナを吸ったら死刑になるんだぞ」

中国のあと、『ハングオーバー』シリーズ第二弾、『ハングオーバー!! 史上最悪の二日酔い、国境を越える』の撮影のため、タイのバンコクへ向かった。撮影前からとかく物議をかもしていた。メル・ギブソンがバンコクの刺青師役でゲスト出演契約にサインしたんだが、ザック以下の出演陣が監督のトッドに談判して、キャストから外させた。俺ならそこまでしなかっただろう。メル・ギブソンとは一度会ったことがあるが、俺には紳士的だった。もちろん、酔っ払って反ユダヤ的な暴言を吐いたのは嘆かわしいことだが、俺は誰のこともそんなにすぐは判断しない。この降板について感想を求められたときも、「俺たちみんなの中にあいつはいる——メル・ギブソンみたいな人間が」と言うにとどめた。

キキはお腹が大きくなってきて、撮影についてこられなかった。タイが大好きだったから残念がることしきりだった。どこもかしこも美しかったな。俺のシーンはある島で撮ったんだが、海の絶景が楽しめる〈フォーシーズンズ〉の部屋に宿泊できた。空港からの道すがら、いきなり、どこからともなく路上に象が現れた。あのころには体が百ポンド絞れていたから、俺が「ワン・ナイト・イン・バンコク」を歌うクライマックスシーンの撮影には本当にわくわくしたよ。

トッドや俳優たちと初めて昼夜を分かたず仕事をした。もう完全にしらふだったから、セットの一分一分を楽しめた。麻薬でハイになっていた前回は、人に駆けずり回ってもらってブツを調達していた。だが今回は、必要とされるまで自分の部屋から出なかった。トッドたちのしてくれたことには心底感謝している。本当に大きな借りができた。

ラスヴェガスに戻ると、息子の誕生を待ちながら一月の大半をキキと過ごした。難局をくぐり抜けた二人はもう運命共同体だった。三十七週目の陣痛期に入ると、キキは薬剤を処方されてベッドでの安静を指示され、あとは週に一回、胎児の心音検査を受けた。面会のチャンスがあるたび行って、ずっと彼女のお腹を撫でていた。キキといるのが心底うれしかった。いい親になりたい。俺に親としての素質があるかどうかわからないが、そうなりたいという願望は間違いなくあった。分娩誘導の必要があったから一月二十四日に入院し、翌日の正午ごろ、息子のモロッコが生まれた。夜いったん病院を出て、午前四時ごろ家に着き、運動してから着替えた。それからしっかりめかし込んで病院に戻った。

「すてきよ」と、リタが言った。

「特別な機会だからな。今日、俺の息子が生まれるんだ」

モロッコが生まれたとき、俺はその部屋にいた。俺はずっとキキの横に座っていた。脇役を演じ、彼女がこっちを見るたびおかしな顔をして見せた。信じられないくらい緊張したよ。しかし、ついに生まれた。体重は八ポンド十三オンス［約四千グラム］。生まれた瞬間から美しい赤ん坊だった。

殿堂入りの知らせ

この年、それとは別のすばらしい財産を得た。六月に世界ボクシング殿堂入りが決まったんだ。殿堂に入れるなんて思っていなかった。当時はボクシング界の誰からも好かれていなかったし、俺のあとからボクシングを始めたやつらがすでに殿堂入りを果たしていたから、あの名誉には縁がないと思っていた。年老いたボクサーたちの気持ちがわかった気がしたよ。落ちぶれ果て、一文無しになって、毎日毎日、決して来ないかもしれない電話を待っている。

ところが二月に電話が鳴って、「たった今、投票で殿堂入りが決まりました」と告げられた。受話器を置くと同時に感極まって泣きだした。ずっとボクシングに取り憑かれて生きてきた。ボクシングのグラブを抱きかかえたまま眠りに落ちることもよくあった。殿堂入りは夢だった。自分のことを偉大なボクサー、不世出のボクサー、アキレスの再来と思うなんて、いま考えたら愚かな話だ。俺の傲慢さと自負心は尋常じゃなかった。だから遮断する必要があったんだ。傲慢さと自負心のおかげでいろんなことを成し遂げられたが、俺はあれを遮断した。家族を守りたかったから。

決してうぬぼれじゃなく、俺の知るかぎりでは、ボクシングの歴史で俺くらいカネを生み出した選手はいない。今のボクサーはあのスポーツのエンターテインメントとしての性質を理解していないし、人を楽しませるすべもわかっていない。過去を研究するような学究的姿勢がない。過去のボクサーに関する事実はもちろん、彼らがどんな人間と親交があったかも研究していない。ジーン・タニーとベニー・レナードはジョージ・バーナード・ショーと親交があった。ミッキー・ウォーカーとハリー・グレブはヘミングウェイと親交があった。

「マイク・タイソンは最低だ、あいつは能無しだ」なんて言うやつもいるが、俺は昔のボクサーを背負って戦っていた。彼らがどんな選手だったか、忘れさせてはならない。ベニー・レナードやハリー・グレブから学んだパンチを相手に当てたときは、かならず彼らの名を挙げて称えた。ジョー・ガンスやレナードやジョン・L・サリヴァンみたいな男たちはこのスポーツの先駆けだ。先駆者にはかならず敬意と感謝を表したい。彼らがボクシングを芸術にしてくれたんだ。

投票で殿堂入りを果たせたのはうれしかったが、セレモニーに出るべきかどうかは迷った。それまで何度も見送られてきたから、ちょっと抵抗もあった。だが、友人のデイヴ・マローンが訪ねてきて、俺に一席ぶった。

「なあ、これはすげえ名誉なことだ。だが、これはお前だけの名誉じゃない。ブラウンズヴィルの名誉であり、近所の人間みんなの名誉でもあるんだ。すばらしい偉業だ。あの掃き溜めから名誉の殿堂まで上り詰めたんだからな。お前はあそこから這い上がって、こんなすごいことを成し遂げたんだ」

そのとおりだ。ステージで紹介を受けたとき、俺はカスのことを考えていた。十四歳のとき、しょっちゅうカスに、「殿堂入りできるかな？」と訊いた。ボクシングに打ち込む俺のひたむきな姿勢には、カスも舌を巻いていた。「こいつくらいボクシングに情熱を傾ける男は見たことがない」と、よくみんなに言っていた。

俺はボクシングの歴史を隅から隅まで知り尽くしていた。見たことのあるボクサーの大半が最後は無一文になって貧乏にあえいだり、単純な仕事に就いているのを知っていた。それでも、そういう男たちの仲間入りをしたくてならなかった。

ボクシング以上に熱いスポーツはない。応援している選手に自分が乗り移り、勝手に体が動きだす。自分は何を感じ、どんなことを考える人間か――その選手がそこを測るバロメーターになる。今現在、ボクシングより総合格闘技のほうが人気なのは、金網《ケージ》の中に熱い情熱のたぎりが見えるからだ。「神々が俺を産み落としたのは苦しませるためだけじゃない。いつか俺は神々といっしょにこの世界に君臨する」なんて言える度胸のあるボクサーは一人もいない。

今の選手はこういう大ぼらを吹かないし、吹く度胸もない。あれをやりたがらないのは、失敗して笑われるのが怖いからだ。だから今の選手は大きな尊敬を得られない。歴史に名を残そうとまで思わない。ボクシングを崇高なスポーツととらえず、小切手と考えている。欲しいのはカネと称賛だ。俺は称賛と不朽の名声が欲しかった。

観る人をわくわくさせるには、相手を痛めつける意欲と能力が必要だ。そこから名試合とスーパースターが生まれる。俺はリングに上がると獣になった。闘犬場に立つ犬のように、観客を楽しませるためにあそこにいた。相手をたくさん早く痛めつけるほど観衆の称賛は大きくなり、俺はそれを糧にした。今の選手は敵を痛めつけることを夢見ない。女々しいボクシングだ。シュガー・レイ・ロビンソンやロッキー・マルシアノ——ああいう男たちはベルトを獲るため死ぬ気で戦った。それを奪うには殺す気でいくしかなかった。

多くの人がボクシングはもう終わったと言うが、ちょっと時期尚早じゃないか。ボクシングは復活する。かならず復活する。この競技が正式に始まってから二百年にもなる。そうそう簡単に死ぬもんじゃない。歴史に名を残す次の比類なきヘビー級が現れるまでの辛抱だ。その姿を何度も繰り返し見たくなるような。

トークショーの成功

六月末、キキと誓いを新たにすることにした。俺から提案した。二人はきちんと結婚式を挙げていなかった。俺の誕生日は六月の終わりで、キキは六月の中ごろだったから、人を招いて合同の誕生祝いをやるというアイデアを思いついた。そこで結婚式をやって、みんなを驚かすんだ。招待客も最初は二十五人くらいに留めるつもりだったが、二百五十人以上にふくらんだ。ラスヴェガスで、我が家から数分の距離にある〈Mリゾート・スパ&リゾート〉のダンスホールを借り受け、キキが腕利きのウェディング・プランナーを雇った。カクテル・パーティを開き、そこに十分くらい出たあとこっそり抜け出し、結婚式用の衣装に着替えたところでリタがアナウンスした。

「今日は二人の誕生パーティのため、お集まりいただきましたが、じつはこれからマイクとキキが新たな誓いを行います」と、彼女は告げた。

次の瞬間、カーテンが分かれ、結婚式用の美しい通路がお目見えした。みんなが熱狂した。通路を歩く直前、俺たちはくだらない喧嘩に突入していた。

奥にいて、さあ出ていくぞというとき、キキが「うるさいって言ってるでしょ」と言ったんだ。俺は「ふざけやがって。お前こそ黙れ」と言った。

「あなたとなんか結婚したくない」と、彼女は言った。

「俺だってお前とは結婚したくないね」と、返した。

二人ともちょっとピリピリしていた。あれだけ大勢の前で誓いの言葉を口にするんだから、神経が高ぶるのも無理はない。俺は二度結婚していたが、正式な結婚式は初めてだった。

それでも式を強行し、そのあと披露宴を催した。終わってからまたキキと喧嘩になった。おかげで結婚式翌日の夜はキキがベッドで寝て、俺はスイートのカウチで寝るはめに。常日頃からこういう愚かな仲たがいを始めては、二人でカッカしていた。それでも翌朝には万事うまくおさまって、いっしょに家に帰った。

仲直りできてよかったよ。キキといっしょにしばらく俺の新しい事業に取り組んでいたからだ。HBOのパイロット番組が没になったあと、俺たちは別の企画に取り組むことにした。二〇〇九年十月、二人でラスヴェガスの〈ヴェネチアン〉へ、『ブロンクス物語』というチャズ・パルミンテリの一人芝居を観にいった。満場の観衆の心を一人で一時間半わしづかみにする力量に、二人ともうならされた。

帰り道にひらめいた。

「すごかったな、ヨーロッパやアジアに行ったとき、俺がステージに上がるとあんな感じだった」と、俺は言った。「観客が俺に質問して、その質問ひとつに長々答えていると、ほかの人たちが怒るんだ。自分が質問できなくなるって。これは面白いかもな。俺は自分の姿を見るのは苦手だが、自分のことを語るのは得意だ。これならやれる気がする。どうだ、ベイビー、きっと俺のステージには胸を締めつけられるぞ」

キキは大喜びだった。家に帰るや、彼女はたちまち何ページか書き始めた。ショーの導入部だ。翌日読んでみたら、すばらしい出来だった。俺が自分で書いたみたいに、俺のやりたいことが書かれていた。

しかし、いざ取りかかってみると、やはり長く困難なプロセスだった。キキは腰を据えてじっくり書きたがり、俺は人生のいろんな浮き沈みについて語るのが苦痛で、答えをはぐらかそうとしたからだ。

二人でよく〈Mリゾート〉のペア・マッサージを受けていたんだが、ある日、女のマッサージ師が、ラスヴェガスで仕事をしているニューヨーク出身のアダム・ステックという男から託されたと、名刺を渡してくれた。俺のワンマンショーをやりたいという。電話をして自宅へ来てもらうと、彼はアイデアを投げてきた。これは予期せぬ幸運だった。ひと足先にワンマンショーの企画に取り組んでいたからだ。アダム・ステックにはラスヴェガスで〈サンダー・フロム・ダウン・アンダー〉みたいな大型ホテル用のショーや〈ディーヴァズ・ラスヴェガス〉という女装ショーをプロデュースした実績があった。アダムはランディ・ジョンソンという監督を呼び寄せた。台本は全部キキが書いたが、名のあるランディを共同脚本家に付けたんだ。二〇一二年の初頭には準備が整っていた。〈MGMグランド〉で四月十三日から十八日まで一週間興行を打った。ステージはそりゃあ楽しかった。俺が全部背負い込んだわけじゃない。ジャズシンガーとロックバンドもいた。彼らのオープニングナンバーのあと俺が紹介されると、どっと観客が沸いた。俺は独白に入るが、ピアノ奏者がステージに残り、その伴奏を受けながら語っていく。バンドは「真夜中のオアシス」を演奏したが、歌詞を〝真夜中のホー［売春婦］アシス〟に変え、みんなで踊り回った。俺はステージ上のパーティ・ボーイ、黒いウェイン・ニュートンだった。

ショーは好評を博した。アメリカ各地を巡業できるんじゃないか、ひょっとしたらブロードウェイ進出もあるぞ、と夢見ていた。一週間のショーが終わった翌日、懇親会ツアーのため、キキとイギリスへ飛んだ。栄養ドリンク会社とのスポンサー契約があって、次はポーランドへ行き、そこに滞在中、スパイク・リーから電話があった。あのショーをスタッフが観て惚れ込んだという。それでスパイクがプロデューサーのジミー・ネダーランダーンに電話をかけた。スパイクの演出でブロードウェイに持ち込みたいという。六月にはリハーサルに入り、八月にブロードウェイで十日間興行を打った。

ヴェガス版は明るく楽しいステージだったが、スパイク版には重い話も盛り込まれた。スパイクは、痛い話も避けない本格的なワンマンショーにしたかったんだ。ステージに上がるのは俺だけで、後ろの大型スクリーンにスライドを映し、録音ずみの音楽を切れ目なく流していく。正直言うとヴェガス版のほうが好きだったが、観客はスパイクの演出も楽しんでいるようだった。二〇一三年、スパイク演出のショーでアメリカ各地を巡った。

心情を吐露するステージは、ボクシングのリングのようだ。上がるのが待ちきれないが、死ぬほど怖くもある。出走ゲートでこれから飛び出そうとしている競走馬のようだ。上がってしまえば抑えは利くが、抑えきれない自分もいる。早口になりすぎないよう、はやる気持ちを抑えなくちゃならない。生まれついての役者じゃないが、だんだん好きになってきた。俺の人生のほとんどすべてにおいて言えるが、このワンマンショーにもカスの影響は大きかった。語りの力はカス譲りだ。カスには遠く及ばないにせよ、その力はあった。カスが英雄物語めいた古いボクシングの話で楽しませてくれたおかげだ。冒険と裏切りに満ちた伝説の数々で。

人の偉業には最大限の尊敬を示してきた。カネを崇拝したことはないが、偉業を達成する物語にはかならず情熱をかき立てられ、気持ちを奮い立たされる。人をステージで楽しませるのはボクシングで楽しませることほど易しくない。演技は苦手だが、ステージ自体はすごく居心地がいい。人を楽しませることができるなら、最大限の努力を惜しまない。

カスから教わったボクシングへの取り組み方をワンマンショーにも応用した。ステージに上がる人物には感情移入しない。感情を移入してはならないが、それでいてありったけの情熱をそそぐ必要もある。人生でかかえてきた問題はみんな、〝俺はマイク・タイソンなんだ、どんなものでも手に入って当然だ——美しい女も、カッコいい車も〟と思ったときにやってきた。面倒が起きるのはそういうときだ。ずっと感情に溺れすぎていた。その感情はたちまち妄想に変わった。つまり、カスに出会ってからずっと、俺は自分を超越しようとしてきたんだ。

しかし、ステージでエクソダスのことを語るとき、そんな表面的な強がりはあっさりはがれ落ちた。エクソダスとは、ほかのどの子より長い時間を過ごしていた。どんな子か、よくわかっていた。本当に自由奔放な子だった。俺の天使のことを思って泣き崩れない日は一日もなかった。ステージ中、俺はイヤホンを付けていて、キキが楽屋から必要なときに指示を出してくれる。エクソダスの話をするときが来ると巨大なスクリーンに美しい写真が映し出される。キキはいつも、「振り向いて、写真を見て」と指示をした。だが、できなかった。最後までステージを務めるのが精一杯だった。

人々を楽しませたい

二〇一三年の初め、視聴率の高いふたつのテレビ・ドラマに出演した。まず二月六日に放映された『ロー&オーダー：性犯罪特捜班』。俺が演じたのはレジー・ローズという死刑囚役だ。殺した相手から子どものころ性的虐待を受けていたと心ならずも証言し、死刑に執行猶予を与えられる。あの役柄は本当に楽しみだった。あれに限っては自然な演技ができた。一時間かけてメイクで顔の刺青を消した。あのセットですばらしい俳優たちと共演できるなんて、本当に名誉なことだった。ところが、放映前にまたひと悶着あった。

ある女性視聴者がネット上で、NBCは放映を中止するか俺を外すべきだと訴え始めた。俺は有罪判決を受けたレイプ犯だからだ。これはいろんなメディアで取り上げられ、彼女の訴えは『NCIS〜ネイビー犯罪捜査班』出演のポーリー・ペレットを含めた六千人以上の抗議者から署名を集めた。で、広報に反論をうながされた。

「見解の相違がある点は残念だが、彼女には主張する権利がある。不愉快に思われている点も残念だが、俺は誰一人レイプしていないし、それに類することをしたこともない。この人は現場にいたわけじゃなく、俺がレイプしたかどうかは知らないわけだ。そこをどうこう言う気はないし、俺は金持ちや有名人になろうとしているわけでもない。家族を養っていこうとしているだけだ。どうして口を突っ込んでくるんだろう？　五年間、麻薬も酒もやっていない。法律を破っても罪を犯してもいない。ただ生きていこうとしているだけなのに」

これは俺の中のアンクル・トムの答えだった。本当はこんなことを思っていた。この十年、ずっと一文無しだった。食わせて養わなければならない家族があった。テレビに特別出演して金持ちになろうと思ってるわけじゃない。みんなどうしたいんだ？　俺に死んでほしいのか？　どうやって生計を立てろというんだ？　まっとうな仕事はするな、やるならポルノの仕事でもやれってことか？

さいわい、番組の制作者は圧力に屈しなかった。プロデューサーのディック・ウルフが声明を出した。

「NBC、二月六日水曜日夜九時からの『ロー&オーダー：性犯罪特捜班』。タイトルは『怪物の遺産』です。出演者はエド・アズナー、アンドレ・ブラウアー、マイク・タイソン（ゲスト出演）ほか。感情にまかせて刹那的に下した判断が招く今回のエピソードは、個人的に、過去五年間でもっとも強烈な物語のひとつと自負しています」

友人たちとABCのインタビュー番組『ザ・ビュー』の女性陣が、俺には仕事をする権利があると主張してくれたのもありがたかった。

もうひとつの出演は物議を醸さなかった。『ママと恋に落ちるまで』に出演した。あれは貴重な経験だった。作り手の女性たちがすばらしく、脚本家からプロデューサー、警備員、清掃員まで、みんなで一丸となって何年か作ってきた連続コメディだ。女性ならではの視点に驚かされる。大きなパズルの中で、みんながそれぞれ自分のピースを持っていて、それが完璧にはまっていく感じがするんだ。じつに楽しい時間だった。ひとつ言っておくと、俺は自分がいい俳優かどうかわからない。それでも、演じるのは大好きだし、演技を愛する気持ちからしかいいものは生まれないのもよくわかっている。

俺のワンマンショー『マイク・タイソン――紛れもない真実』の全国ツアーは二〇一三年二月十三日に始まった。不思議なことに、初日の夜はインディアナポリスだった。三年間投獄されていた土地に戻るのはすごくおっかなかった。憎しみの館に飛び込むみたいな心地がして。空港から車でホテルに向かい、チェックインするあいだ、頭の上に重いものを感じていた。はっきり言って居心地が悪かった。ショーの前日、刑務所へ行った。とにかく、行かずにいられなかった。AAの治療契約には過去への償いもあったし、あの刑務所にいたころの俺はただの獣であり愚か者だった。

スレイヴンが刑務所長を務めていると知って仰天した。俺が投獄されていたときは看守長だったが、地道に働いてトップに上り詰めたんだ。あそこで働いて四十四年。スレイヴンは前からすばらしい男だった。懲罰房に来ては、俺と何時間か話をしていった。再会したときは同志愛を感じた。ここで働いているあいだは個人的に連絡を取れなかった、近々引退するから訪ねていく、と言ってくれた。見かけはずいぶん変わっていた。頭は白髪に覆われ、少し痩せて。それでも相変わらず、すごい活力に満ちていた。真のキリスト教徒だ。彼が部屋に入ってくると、その霊性がひしひしと伝わってきた。

刑務所から帰るとき、俺はたまらず泣きだした。泣くなんて思っていなかったが、肩の荷が下りた気がした。あの街にはなんのわだかまりもないが、刑務所にはあった。スレイヴンに会ったあと、心が洗われた心地がしたんだ。

ツアーを終えてわかったことがひとつある。俺は人を楽しませる方法しか知らないということだ。相手が一万人でも五人でも関係ない、人前で演じるのが好きなんだ。基本的にシャイな人間だから、簡単じゃない。ガキのころも人前で演じたいという強い衝動はあった。だが、話そうとすると、でかいやつに蹴とばされ、「うるせえ、黙ってろ、黒ん坊《ニッガ》」とどやされるんだ。それでも、人を楽しませるという側面をカスが強化してくれた。「俺の言うことをちゃんと聞けば、お前が部屋を歩くたび、人は目を離せなくなる。部屋の空気をお前が全部吸い込むんだ」と言って。クジャクになった気がしたよ。

わかっているさ。『アクション・ニュース』を点けても「マイク・タイソンが数百万ドルの契約を結びました……」というニュースは二度と聞くことができない。ああいう時代は終わった。それでも、引き続き人を楽しませることはできる。大金を稼ぐことはできなくても、好きでたまらないことができる。大好きなことを愛情を込めてすることでしか、幸せはおとずれない。

マイク・タイソンの人生

人生を振り返って、名声の絶頂期に俺がどれくらい大きな存在だったかを思うと、信じられないような気がする。ほかの大物スターたちとも違っていた。けばけばしさが際立っていたからな。それも、今考えると若気の至りだ。ボクサーになってからの大半は見世物《フリークショー》だった気がする。その後は化物《フリーク》になった。もうあんな生き方をする必要がないことに心から感謝している。今は〝自分を作り直す作業〟にいそしんでいる。七千席のスタジアムを埋めるかわりに、もっと観客との距離が近い会場でファンと接している。今は俺の手に負えることを神様が与えてくれているのかもしれないな。

昔は華々しく派手なことばかりやりたがった。だから一文無しになったんだ。栄光、栄光、栄光。それぱっかり求めていた。名誉を勝ち取ることだけが目標だったが、時が経つにつれ、名誉は勝ち取れるものじゃなく、失うものでしかないことに気がついた。

自分が知っていることはみんな嘘で、最初からやり直す必要があるとわかった。妻に敬意を払う必要がある。もう女のことを雌犬《ビッチ》とか、男のことを野郎《ニッガ》とか呼ぶな。ガールフレンドが四十五人いて結婚なんてできるわけがない。いったいなんであんなことをしていたんだ？　四六時中、妊娠や中絶や病気の問題に迫られていた。淋病をうつしてくれたやつもいた。伝染性単核球症をくれたのもいた。西ナイルウイルスがうようよいる大きな沼で暮らしていたんだ。

何も手にしたことがない人間は、貯められるときにできるだけ貯め込もうと考えがちだ。だが、年を取るにつれ、人生は蓄積じゃなく喪失だと気がついた。年を取るほどいろんな喪失を経験する。髪の毛を失い、歯を失い、大切な人を失う。そういう喪失を味わうことで少しずつ強くなって、大事な人たちに知恵を引き渡していけたらいいと願っている。

周囲にいろいろ迷惑をかけてきた。若いころはおそろしく身勝手だった。「あのくそ野郎を撃ち殺せ」と真っ先に言う人間だった。そのあと、そいつらが床に倒れて血を流しているのを見て大笑いした。ブルックリンの昔なじみたちといるとき、「あの日、俺たちを殺そうとしたやつをボコボコにしたの、覚えているか？」と、俺が訊く。

「そんなことどうでもいいよ、マイク。今はここでこうしているんだ」と、友人たちは言った。

あいつらは昔の話をしたがらない。友達のデイヴ・マローンは、「マイク、神様の恵みで俺たちはここにいるんだ」と、いつも言っていた。

もうあのころの自分でないのがうれしくてしかたない。今はすっかり情け深くなっている。宗教的な意味でこんな話をしているんじゃない。罪を告白すれば天国に行けるなんて思ってるわけじゃない。来世も信じていない。この世がすべてだ。自分の暮らしのためにも、この世でいいことをするのは道理にかなっていると思っている。いいことをするほうが悪いことをするより気分がいい。嘘じゃない。悪いことをどっさりやってきた俺が言うんだから間違いない。悪行に喜びなんてない。喜びは善行にしかないんだ。

今は許しの境地にたどり着いた。以前と違って、誰にも怒りをおぼえない。それがどんなに時間の無駄か、以前はまったくわかっていなかった。ビル・ケイトンやジミー・ジェイコブズともいろいろあったが、なんとも思ってないよ。みんなで楽しい時間を過ごしたし、再出発のきっかけをくれた彼らに心から感謝すべきだと思う。苦々しく思っているのは、ほかでもない、自分自身のことだ。

破天荒な人生だった。いいことも、悪いことも、醜いこともあった。ドン・キングに対してはわだかまりすらない。体調があまりすぐれないと聞いて心配している。いっぽう、この俺は今、本を書いている。あいつらは、もう今時分、俺は死んでいるか頭がおかしくなっているものと思っていたんだろう。自分たちにまつわる真相を明らかにするなんて、できるわけがないと。自分の嘘を墓場まで持っていけると思っていたにちがいない。

仕事はまだたくさん残っている。自分を心から愛する努力をしなくちゃならない。自分がどんな人間なのか見極めるために。それには大量の葛藤と大量の思考と大量の治療が必要だ。俺の人生を変えるにあたって、治療が果たした役割を軽んじることはできない。いろんなリハビリでお世話になったマリリンはじめ、数多くの医師とカウンセラーに感謝の気持ちでいっぱいだ。自分ではとてい行けなかった場所へマリリンは連れていってくれた。その機会を充分に活用できたとは言えないかもしれないが、頭が混乱していた俺を、生きられる場所、生き延びられる場所へ連れていってくれた。

心の問題や感情の問題がなくなったわけじゃないが、今はこの世界で生き、この世界で幸せになる方法を学んでいる。以前は一億ドル持っていても、この世界で幸せになれなかった。それだけのカネを使っても、何ひとつ成し遂げられなかった。今はあのころの一パーセントのカネもないが、充実している。マリリンの目にも、家族があって家庭で過ごしている立派な男と映っている。昔は俺を家から出さないようにしようとしても絶対に無理だった。

若造のときにカネと女が山ほど手に入ったら、神様は最優先事項でなくなってしまう。年を取るにつれて、精神的観点から自分の人生はくずだったことに気がついた。世間一般の役に立つことなんて何ひとつしていなかった。懇親会を開いたり資金集めをするだけじゃなく、人の役に立つ必要がある。みんなが俺のところへ来て、「あなたは偉大だった。私のヒーローだった！」と言う。違う、そうじゃない。俺は汚れた浅ましい人間だった。ただ、今はその埋め合わせをして、なんらかの形でお返しをしたい。俺を崇拝していると言ってくれているのに気を悪くさせたくはないが、俺はすごく浅はかで単純な人間だった。ただ、今は人の役に立ちたいと思っている。

キキといっしょに〈マイク・タイソン・ケアズ〉という慈善事業を始めた。家庭が崩壊した子どもたちのために資金を提供しているが、まずはこういう子たちの精神面に力をそそぎたい。子どもたちに強い心を与えないと、人生でチャンスを得られない。幼いころに誤診を受けて命にかかわるような薬物治療を受けたらどうなるか、俺はよく知っている。子どもだけの話じゃない。鉄格子の奥じゃなく精神病院に入る必要があるのに、刑務所に入っている人間がどれだけいるか知っているか？ あれには改善の必要がある。

人生で後悔していることは？ と、よく訊かれる。大勢の女と寝たことは後悔している。以前はそれが自慢だったが、今は恥ずかしくてたまらない。今は一人の女性で満足している。今でも女性を見るのは楽しいが、一線を越えようとか節度に欠ける言葉をかけようとは全然思わない。俺がカネ目当てに近づいてくる女たちをナイトクラブではべらせていたなんてゴシップ記事を、もう見ることはない。

おふくろと違うタイプの女を探さなければならないことに、ようやく気がついた。おふくろの男関係はみんなおかしかった。おふくろに殴り返されるほど、男たちは彼女を好きになった。煮えたぎったお湯をかけられたり、刃物で刺されたりするほど、贈り物を持ってきた。それが我が家の権力構造だった。男と戦う女たちだ。だが、キキはそういう人間じゃない。あの悪循環を断ち切れたことがうれしくてならない。

キキは俺をドブから掘り出して拾い上げ、きれいに洗濯してくれた。まっとうな人間として花開いたのは彼女の力によるところが大きい。ボクサー人生が終わったあとも まだ有名で、生きがいのある仕事をしているなんて思ってもみなかった。のたれ死ぬか、せいぜい酒場を持っているくらいだと思っていた。コカインを断ち切る自信はあったが、アルコールを断てるとは思わなかった。一生中毒患者だと思っていた。それが今じゃ、責任のある人間になって、仕事をして、子どもたちを学校へ送っている。それもこれも、みんなキキのおかげだ。

俺は蟹座の生まれで、どんなときも女を救おうとしていた。だが、キキのことは、面倒を見なければならない〝窮地に陥った乙女〟なんて思っていない。自分と同等の人間だと思っている。俺にできて彼女にできないことはひとつもないからだ。誰かが仕事をくれたら俺は立派にやってのける。俺の心がしくじれとそそのかすのは、無聊をかこっているときだけだ。キキといっしょになってからは、逮捕されたこともない。俺たちはうまくやっている。他人の目にはそう見えなくても、俺たちにとってはうまくいっているんだ。

自分がこんなことを言うなんて、夢にも思っていなかったが、妻と結婚できて本当に幸せだ。彼女といっしょになったのは人生最高の出来事だった。ここにいれば俺は安全だ。あるインタビュアーから、どこがいちばんくつろげるかと質問された。カンヌで遊んでいるときか、それともブルックリンの路上かと。家族のみんながいるところがいちばんくつろげる、と答えた。朝、目を覚ますと、みんながそこにいる。家族を見ることができる。

ときどき、こんなことを考える。俺は麻薬とアルコールから家族との深い関わりへ、中毒のスイッチを切り替えたんだ。一服のコカインや一杯のヘネシーで彼らにどんな迷惑をかけ、恥ずかしい思いをさせかねないか、今はよくわかっている。どんな形でも彼らをがっかりさせたくない。ボクシングのときみたいに、家族との暮らしに全精力をそそぎたい。

心にぽっかり穴が開いていて、長いあいだ麻薬と酒とセックスでそれを埋めようとしていた。それもこれも、俺たちが死を免れない人間だからだ。すべてはつかのまのこと。年老いて、いずれ死ぬときが来る。明日か、十年後か、運よくあと四十年後か。だが、家族といっしょにいると、永遠に生きていられるような気がするんだ。

生きていることに感謝

この年になると、また一日無事に生かしてもらったことを神様に感謝する。神様にその一日の貸しがあったわけじゃない。だから、毎日が最後の日であるかのように生きていきたい。そして、人は個人的な責任を負わなければならない。いろんな試練があるだろうが、それを社会のせいにしてはならない。より良い人間になりたければ、心の奥をのぞき込んで問題を乗り越えなければならない。自分の最大の敵は自分だ。俺を殺したがっているただ一人の人間は俺なんだ。

説教する気は毛頭ない。人生をどう生きるかって話をするのに俺くらい不適任の人間はいないだろ？　俺は自分の人生をコントロールできていない。地図にしたがって歩いているだけだ。無理をせず、あるがままの人生を生きている。この表現は好きじゃないが、自分を戒めるために多用しているんだ。あれだけの時間をリハビリに費やし、何億ドルも溶かしておきながら、まだときどき、自分をコントロールできていると思ってしまう。それは大きな妄想だ。

ずっと鳩に癒しを求めてきた。どこで暮らすにも鳩を飼った。今は特別な品種を集めている。宙返り鳩《ローラー・ピジョン》と呼ばれる鳩だ。例のすばらしい映画『ハンニバル』。『羊たちの沈黙』の続編」でアンソニー・ホプキンス演じるハンニバル・レクターがこの鳩についてこんなことを言っていた。

「宙返り鳩を知っているかね、バーニー？　すさまじい速さで天高く舞い上がり、同じくらいすごいスピードで何度も宙返りを繰り返しながら地上に向かって下りてくる。この鳩には浅く回転するものと深く回転するものの二種類がいる。深く回転する鳩どうしをかけ合わせるのは禁物だ。生まれてくる鳩はとてつもなく大きな弧を描いて宙返りをし、地面に激突して死んでしまうから」

俺が宙返り鳩に親近感をいだくのは当然かもしれない。彼らはどの鳥より高く、雲の上まで高々と飛翔したあと、くるくる回転しながら落ちてきて、運がよければ地面に激突する前に水平飛行に移る。その光景は壮観だ。深く回転する鳩どうしをかけ合わせて生まれた鳩は激突前に水平飛行に移ることができない。回転が速すぎて吸引力が生まれ、翼を広げられずに激突の衝撃で破裂してしまうんだ。

恐ろしい光景だが、鳩の身になったとき、宙返りしながら真っ逆さまに落ちていくあの感覚に勝るものはないだろう。エンドルフィンとドーパミンとアドレナリンがいちどきに混ぜ合わされる。モルヒネの点滴を受けながら、鼻からコカインを吸い、ヘネシーを飲むようなものかもしれない。

俺の両親は二人とも深く回転するほうだった。俺は空高く飛翔して宙返りしながら落下するよう交配されたんだ。地面に激突する前に翼が見つかったことに、心から感謝している。

エピローグ

目が覚めた瞬間、いやな一日になるのがわかる。

誰にも愛してもらえないような気がする。何かしでかしてしまうかもしれない。誰かを傷つけてしまうかもしれない。どこかに隠れてしまいたいと思う。毎日をどう生きたらいいかわからない。努力はする。どんな暴力も食い止められるよう、できるかぎりのことをする。いっそやり返すことができないくらい叩きのめしてもらおうか。そんなことを考える。いらだちと苦い思いばかりが募ってくる。

愛情あふれる妻子に恵まれているというのに……。彼らのためならこの命も捨てるつもりでいる。俺が死んだとき、子どもたちにはいい人生を送ってほしいが、そうなるかどうかわからない。俺がブラウンズヴィルで送っていた暮らしよりずっといい人生を、あの子たちは手にできるのか？ 国税庁にまだ借金がある。完済前に死んでしまうかもしれない。今はそんなに収入がない。とりあえず体は動いているが、それだけじゃなんの役にも立たない。妻に見放されていないのが信じられない。

ときどき自分が憎くなる。なんの値打ちもない人間のような気がする。死ぬまでずっと刑務所にいられるよう、誰かの脳天を銃でぶち抜くところを夢想したりする。

ときどき眠れなくなる。感情的になってしまうのは、長年にわたって手を出してきたいろんな薬物のせいだろう。感情のコントロールが利かなくなる。いろんな痛みに襲われ、それをどうやり過ごしたらいいかわからない。かつて世界一強靭な男だったのに、今はほんのちょっとしたことで泣いてしまう。いったい俺はどうなってしまったのか。

俺は人間のくずだ。俺のやったことと言ったら、戦って、女とやって、子どもを作っただけだ。破滅型の典型的な中毒者だ。世界は自分を中心に回っていると思っている、ろくでなしだった。神様が創造した中で、俺くらい自己評価が低くて自惚《うぬぼ》れの強いやつはいない。「この星には何人の人間がいる？　五十億人か？　正々堂々の勝負なら一人残らずぶちのめせるぜ」なんて言ってきた。

こんなばかげたことを言うのは俺くらいのものだ。世の中に金持ちは大勢いるし、名声を得た人間もたくさんいるが、俺くらい厚かましいやつは一人もいなかった。有名人の大半は名声が独り歩きして、名声に縛られている。俺は名声を超えたどでかい人間になりたかったんだ。たびたび裏切られてきたから、人を信用できない。人に愛してもらえないと思うと、逆に人を傷つけたくなってくる。

おふくろと親父はどこから来たんだろう？　俺たちはストリートの人間だ。親たちが夢にも思っていなかったことを、俺はやってのけた。誰から見てもすばらしいってわけじゃないのはわかっているが、ドブみたいな環境にいた人間が成し遂げたから、そこには大きな意味がある。

俺の子たちも、俺がどんな人生を経てきたか知らない。彼らは掃き溜めみたいなところでネズミや犬と暮らしたことがない。誰かに殺されないよう、ばい菌だらけの汚水に隠れる方法を知らない。そんな世界から這い上がったことを誇りに思っている。自慢できることじゃないが、俺はとても誇りに思っている。子どもたちは俺より読み書きができるが、俺以上の苦境は絶対味わえない。味わう必要もない。

今でもスラム街をうろつく。俺はたんなるスラム育ちのガキだ。ときどきファリドに目をやって、「なんで俺たちはここにいるんだ、ファリド、サントロペでヨットに乗っていられるときに、なんで俺たちはこの無一文の野郎《ニッガ》どもといっしょにいるんだ？」と口にする。それは、あの無一文の連中は俺たちの同胞だからだ。彼らは日夜、苦しみもがいている。何をしでかすかわからないやつらだが、あの腐った汚いろくでなしたちが好きでたまらない。

ときどきニーチェについて考える。〝超人〟とはどういうものか。誰かを殺したくなっても我慢はできる。いつもそうしそうになっては自分を抑えているからだ。世の中には無礼な人間がいる。外に出てそんなやつに出くわすと、脳天をぶち抜いてやりたくなる。だが、そんな考え方はやめる必要がある。それを抑えて生まれ変わろうとしているんだ。

これまではずっと、女とやることばかり考えていた。なのに今は、妻以外の女とやろうとは思わない。大人になったのか？　手当たり次第やっていないのは、妻を愛しているからだと思いたい。それとも、老いさらばえて、そんな度胸もなくなっちまったのか？

生まれてからできたのは、人のためにカネを稼ぐことだけだった。俺の愛にはいつもマイク・タイソンという但し書きがついていた。マイク・タイソンじゃなかったら俺はどんな人間だったんだろう？　女とどんな関係を結んでいたんだろう？　ときどき、鏡か何かで自分の姿を見て、「女々しいぞ、マイク。いったいお前は何をしてるんだ？　お前はいずれ死ぬ。このプッシーをあきらめて、今の女と死ぬまでいっしょにいるつもりか？」と問いかける。

妻は、ときに俺が無理をしていると思っているにちがいない。ずっと彼女のそばにいるからだ。俺がそうしているのは、彼女にわかってもらいたいからだ。あまり出歩かないのは、彼女には俺がついていると態度で示したいからなんだ。しかし、家にいすぎても負担になるだろう。

俺はバランスの取れた人間じゃない。キキとの一夫一婦生活が俺を安定させてくれるんだ。でないと俺は麻薬をやり、大勢のストリッパーや売春婦とやって、病気をもらうかもしれないし、男を嫉妬させて銃で頭をぶち抜かれるかもしれない。

俺は人との関わりがうまくない。人間関係で独り立ちしていない。情けない話だ。尻に敷かれているか、さもなければ暴君になり始める。いずれかいっぽうで、中間がない。暴君にはなりたくないから、大人しくする。

男女の関係に臆病だ。無理もない。子どものころ俺が見るものと言ったら、男が女を殴ったり、女が男を火傷させたりするところばかりだった。それが俺の知る文化だったんだ。

俺の正常ラインがどんなものか、百万年経っても妻には理解できないだろう。知ったら、死ぬほどおびえるだろう。女が大勢いて、その母親だろうが姉妹だろうが関係なくやっちまうことも、俺の中では正常の範囲内だったんだ。それを全部投げ捨てた。妻と赤ん坊たちにいろんな病気や堕落が及ばないようにした。そのたびに、捨てたものをまた取り返したくなっちまう。

俺は、とてもじゃないが、いい結婚相手とは言えない。無学で、話すときには舌がもつれ、ときどき間違った発音をするが、それでも人がプッシーをくれたりそばにいたがったりするのは、俺がマイク・タイソンだからだ。しかし、パートナーとしては最悪だ。身勝手な子どもだ。俺と暮らしたがる人間なんてどこにいるんだ?

ときどき、こんなこと考える――俺が結婚したのは女にはめられないためじゃないのか。一人の女と結婚して現状に満足しているほうが、絶好のカモになったりするよりましだからじゃないのか。

俺にとって人生は、生き残りをかけた絶えざる戦いだ。妻にそう言ったら、彼女は、「違うわ。この世は明るく、すばらしい場所よ」と言う。俺の妻は世話好きだ。みんなに幸せでいてほしいと言う。満ち足りていて、怒りなんてない。だが、そんなすばらしい現実などあるのか。

「おい、だったら、世界に腕を回して抱き締めてみろ」と、俺は彼女に言う。

彼女は俺をかわいそうな完全菜食主義者と呼ぶ。だが、みんなを幸せにすることなんてできやしない。気をつけていないと、騙され、傷つけられ、利用される。俺と違って、彼女には人の中の邪悪なものが見えないんだ。俺は地獄の目で世の中を見る。

新聞にしょっちゅう名前が出たり、たえずテレビに映るようになって、また心がぐらつきだしている。名声に対処しきれないんじゃないか、また暴力を振るうようになるんじゃないかと不安に駆られている。妻はいつも、「今のあなたなら大丈夫」と言ってくれる。

脚本を書くようになった妻はまたショーに取り組むかもしれない。やがて執筆の世界に専心する。俺には妻しかいないから、彼女に過保護になる。俺が家庭に全精力をそそぐと、逆にみんなの負担が大きくなるかもしれない。いつか、あのまぬけな〝アイアン・マイク〟が顔を出すのではないか。

今の俺はエンターテイナーで、これまでと全然別の世界に入ろうとしている。ショービジネスの世界に。いつかでっかい鉱脈を掘り当てて、またすばらしい状況が訪れて、威厳を持って死ねるようになることを夢見ているが、そんな夢は実現しないだろう。

ショービジネスの世界がどんなものかは、みんなが知っている。誰かに一杯食わされたら、ドン・キングにいいようにされた記憶が甦って、相手を痛めつける昔の俺になってしまうのではないか。暴力の世界に逆戻りだ。やがて俺はいかがわしい場所へ戻り、妻は別の男と結婚し、そいつが娘たちをひどい目に遭わせるかもしれない。そうなっても全然おかしくないのがこの世界だ。

俺は自己嫌悪の塊だ。モーゼの五書、コーラン、新約聖書、バガヴァッド・ギーター［インド二大叙事詩の片方の一部］等々、戒律や倫理について書かれた偉大な書物を読んできたし、自分が地獄へ行くのもちゃんとわかっている。俺は地獄生まれだからな。のし上がるたびに地獄から一歩ずつ抜け出したんだ。湯水のようにカネを手放していたのは、俺が無知な若造で、罪を洗い流して天国への道を買い戻すにはそれしかなかったからでもある。俺が親切で、みんなに大盤振る舞いしていたのは、それまでの行いで魂が真っ黒に汚れていたからだ。

俺の人生はこれでいいのか？　人を楽しませるのは好きだが、楽しいのはステージに上がっている短い時間にすぎない。ボクシングをやっていたほんの一時期は幸せだったが、その多くはカスが死んだ瞬間に消えてなくなった。〝アイアン・マイク〟になんてなりたくなかった。あいつが大嫌いだった。生き残るためにあいつになっただけだ。

ときどき、この世にいる資格があるのかどうかもわからなくなる。俺は自然界が生み出した鬼っ子だ。俺を銃で撃とうとしたり矢で射ようとしている連中にたえず対処しなくちゃならない。人生が厭わしい、自分が厭わしい。度胸があったら自殺しただろう。それだ。それこそ今、俺が……

そんなことを考えているとき俺のかわいいミランが部屋に入ってきて、たちまち心に垂れこめた雲が払われる。

これが責任ある行動のご褒美だ。ミランが学校に行っているあいだ、俺はずっと不機嫌で、あの子が帰ってきた瞬間、人生はがらりと一変する。その瞬間、俺の身勝手な思いは消えてなくなる。

メリーランド州のストリートでの、常軌を逸した行為に思いを馳せる。自分に腹が立ってしかたがない。当時の俺にはなんの希望もなかった。あのときと同じ気分が甦っても、なぜ感情をむきだしにしたのか、今ではさっぱりわからない。ミランやモロッコを危険にさらすくらい我を忘れるなんて、できるわけがない。子どもたちのおかげで、こらえることを学んだ。

モニカとの間にできた子たちがあんないい子に育つなんて、信じられない気がする。若いころの俺なら、あいつらみたいな子どもを軽蔑しただろう。欲しいものはなんでも持っていて、立派な家と立派な車があり、小さいころからヨーロッパ旅行に行ってたようなやつらなんて。あの子たちは生まれてからずっとメイドがいた。

壁の隅を見ると、おふくろから受けた折檻を思い出す。俺の息子にはそういう恐怖はない。子どもは物を手に入れるために犠牲を払うものだとずっと思っていた。それがカスの育成法だった。この試合に勝ったらこれをやる、というのが。いいことをしてもしなくても、俺の息子には物が手に入る。

自分の子たちを見て、愛情をそそがれて育っていたら俺だってそうなっていただろうと思う。まあ、今はこうして、遅ればせながら愛情を手に入れた。イヴェンダーの耳に噛みついたりして、自分の子たちがいじめられる原因を作ったこともあったが、あの子たちが対処しなければいけないのはその程度のことだ。

俺よりひどい仕打ちを受けるなんてありえない。いきなりつかまれて通りから引きずり込まれ、殴る蹴るの仕打ちを受けるなんてことは。みんな私立学校に通っていて、品のいい友達に恵まれている。俺の友達はポン引きと人殺しと強盗と泥棒だったからな。

今日に至るまで、育児の技術は何ひとつ持ち合わせていない。妻はきっと俺のことをネアンデルタール人と思っているだろうが、これでも俺だって最善を尽くしているんだぜ。上の子たちは、俺の親父みたいなのが父親でなかったことに感謝すべきだな。親父だったら、のんびりと毎月小切手が届くのを待ちはしなかった。女たちにも、「俺から何かもらえると思うなよ。お前らのケツの下にはアレがついてるんだからな」と言っていた。俺は誰にも売春してこいと言ったことがない。

子どもといえば、今でも俺の中には傷ついた十五歳の少年がいる。今でも心に傷を負っているが、今は生きがいのある人生を送っている。すごいことだよ。三億ドル持っていたときは絶対にできなかった。

今はちゃんと子育てをしている立派な夫で、妻に性病をうつす心配もない。生まれて初めて味わう気分だ。自分が腰を落ち着けるタイプなんて思ったこともなかったが、ここにいると安心なんだ。子どもたちを育て、妻への愛が深まっていって、心底気分がいい。だからここにいるんだ。

二度と夜には出歩かない。もうそんなことはしない。家にいるかぎり平穏を保てると信じている。妻は、たまには出かけてほしいと思っているんじゃないか。ときどきそう思う。そばにいすぎると、逆に負担になりかねないからな。

たぶん、本当の俺は友達を呼んでサイコロを振って、わいわいやりたいんだろう。だが、それはもうしない。今は小さな娘といっしょに過ごして、彼女とモロッコの成長を見るのが楽しいんだ。できたらほかの子どもたちとも、もっといい関係を築きたい。長女のマイキーは今、ラスヴェガスでいっしょに暮らしている。楽しくやってきた。そのかわりもう、友達と葉巻を吸いながらフットボールの試合を観戦するといった、男だけのくつろぎ部屋はない。

この家にいるのは、外の人間に巻き込まれないためでもある。〈紛れもない真実〉の全国ツアーに出る前は、邪気を送り込んでくる妙な連中と出くわさないよう、ずっと家にこもっていた。一、二分、外へ出て、またすぐ戻ってくる。

昔、意気揚々と出かけていたころは、その日のうちにもめ事を示談にしたり、テレビで大勢の人に謝ったり、下手をすると牢屋に入っていたり、なんてはめになった。だから、もうそのルートはごめんだ。

カスにプログラムされて、俺の心にスイッチが埋め込まれた。鬱々としていたのが一瞬で豹変する。外出するとき不安になるのは、あのスイッチがいつカチッと音をたてるかわからないからだ。ストリートにいると、自分が怖くなる。思わぬことでスイッチが入ってしまうかもしれない。だが、昔よりはそれを止める力が強くなっている。若いころは四六時中攻撃するようにプログラムされていた。だから、チャンプだったときはあんなに何度もストリートで喧嘩を始めてしまったんだ。自負心《エゴ》が攻撃を受けるとそうなる。カスもエゴの強い男だった。

「そいつはお前になんて言った？」と、よく訊かれた。

俺はまだ子どもだったのに、カスは、「そう言われてお前はどうした？　やり返さなかったのか？」と言うんだ。いつ引き金が引かれるかわからない。「やあ、あんた」と、悪意のない声をかけられただけなのに、一瞬で野獣に変身してしまうかもしれないんだからな。

一日の行動は昼夜が逆転した。六時か七時には就寝する。妻に誘われていっしょにテレビを観るときは九時になるかもしれないが。真夜中の十二時から午前二時くらいに目を覚ます。起きて、エアロバイクを一時間漕ぎ、トレッドミル［ランニングマシン］をやり、そのあとはスクワットだ。今日は重りをつけて足の運動を二時間やった。

そのころにキキが起きてくる。彼女が子供たち二人を連れて出かけるのを見ると、もう帰ってこないんじゃないかと不安になる。それが今の俺の最大の心配事だ。家族がいなくて独りぼっちのときはいつも悲しい。

以前は一人で過ごすのが好きだったが、こういう家族ができる前の話だ。今は悪さをしようと考えることさえなくなった。もう刑務所には絶対入りたくない。人生でやるべき仕事は、家族を大事にして、俺たちより運に恵まれていない人の力になれるよう努力することだけだ。俺がこんなになるなんて、信じられないだろ？

これまで恐ろしいことをいろいろ見てきたせいか、人一倍用心深い。妻にはいつも、ドアに鍵をかけて、家の周囲に気を配り、雇い人に注意をしろと言っている。ある家で友人たちと話をしてから帰ったら、その二、三時間後、その家の全員が殺されたって話が飛び込んできた——そんな体験談を語って聞かせる。妻はばかげた話と考える。俺みたいな人種に会ったことがないからだ。見知らぬ人間が家に入ってくると、〝誰だこいつ？　誰が連れてきた？〟と考える。そいつが帰ったあと、ホワイトセージで家を清めろと妻に言うかもしれない。俺の常識では、人の家に遊びに行って帰ったあと、悪党たちが銃を持ってその家に侵入し、「全員、伏せろ！」と怒鳴る、そんな状況が当たり前だったんだ。

キキと子どもたちが出かけると、考える時間がたくさんできる。異様だった子ども時代に思いを馳せる。ほとんどの時間はおふくろが頼りだった。あのみすぼらしい哀れな環境からどうやって抜け出したのか？　俺みたいなやつがどうやってブラウンズヴィルを出て世界ヘビー級チャンピオンになったのか？　歴史をひもといてみると、チャンピオンの大半と俺に共通するのは貧困だけだとわかる。ジャック・デンプシーなんか、渡り労働者《ホーボー》だった。

俺をカスに紹介してくれたボビー・スチュワートとは、どうやって出会ったのか？　カスはどうやって俺にあんな前向きで情熱的な考え方を植えつけたのか？　なぜ俺の頭の中でカチッと音がして、「やってみるか？」と思ったのか？　あの考えはどこからやってきたのか？　子どものころ、人の言いなりになっていたからか？　そんな俺も、やがてボクサー気質に変わっていった。

カスはみんなに言っていた。「雷に二度打たれたよ。また一人ヘビー級チャンピオンを手に入れた！」って。しかし、俺はまだ十三歳にすぎなかった。初めてカスと会ったときはアマチュアの大会にさえ出たことがなかったんだ。

カスは死ぬとき、俺があいう人間になるってなぜわかったんだ？　俺がリングで自信と傲慢さをふくらませていくところを実際に見たわけじゃない。俺がどんな人間になると思っていたんだろう？　厳しい男だった。ほかのボクサーのことを、「こいつは意気地なしだ。放っておけば勝手にくたばる」なんて言った。リングに上がったら死ぬまで雄々しく戦うべきで、絶対逃げてはならない、とカスは信じていた。

しかし今、命より大事なものはないことに気がついた。命や愛する人たちより大事なトロフィーやベルトや栄光なんて存在しない。俺はリングで名誉の死を遂げたい口だった。今はもう違う。たぶん俺はこのスポーツに飛び込んできた中でもいちばん騙されやすいカモだった。

ベルトも獲らないうちから、世界チャンピオンになるとわかっていた。俺にはそういうところがあった。自分の中に〝マイク・タイソン〟というもう一人の男がいたんだ。みんな、本気で俺を怖がっていた。本当のところは女々しいガキにすぎないのに、俺のイメージを恐れていたんだ。

凶悪というイメージには人を酔わせるところがある。俺は自分の力を、みんなに見せつけようとした。そういう意識をカスに刷り込まれていたからだ。〝優越〟というのが、カスのお気に入りの言葉だった。

今、カスが生きていたら、「マイク、お前は戦うべきだ。頭のネジが飛んだのか？」と言われただろう。だが、俺はみじんも後悔していない。シュガー・レイ・ロビンソン、ピーター・ジャクソン、ジョー・ガンズ、トニー・カンゾネリら偉大なボクサーも、みんな最後は落ちぶれて、のたれ死んだり、どこかのホテルのロビーで掃き掃除をしたりしていた。彼らはボクシングに対する情熱が強すぎて、引き際を考えたことがなかった。だが、その後の彼らがどんな境遇をくぐったにせよ、ボクシングの王座を獲得したことには価値があった。たとえ一年でもマイク・タイソンになって王者の暮らしを送れるなら、浮浪者になってドブでネズミの小便をすすってもかまわない。そのくらい強烈な記憶なんだ。

今も世捨て人になったわけじゃない。外に出て活動もする。この本の執筆中、共著者のラッツォと四度目のパッキャオ - マルケス戦を観に行った。〈マイク・タイソン・ケアズ〉が初めて催した資金調達イベントで、〝マイク・タイソンと観戦する権利〟という項目がオークションにかけられた。感じのいいメキシコ系の青年二人が落札し、俺とラッツォと同席した。人前に出るのは久しぶりだ。そこへ、ミット・ロムニー夫妻がリングサイド席へ向かってきた。

「おい、ミット！　俺たちは四十七パーセントだ！」と、俺はロムニーに叫んだ。大統領選中、ロムニーは国民の四十七パーセントを、連邦所得税を払っていない「たかり」と呼んでいた。ＭＳＮＢＣ［ニュース専門チャンネル］を見ているリベラルな女と暮らしているおかげで、こんなことも言えたんだ。

さらに、「ミット、メキシコ系の票を取り込むのがちょっと遅れたな！」とも叫んだ。観衆はマルケス・ファンのメキシコ系が圧倒的だったからな。試合はあっと驚く結末だった。ボクシングがどんなにすばらしいスポーツかをみんなに思い出させてくれる一夜だった。

その一カ月前、キキとラッツォと俺でバーブラ・ストライサンドを観に〈ＭＧＭグランド〉へ行った。バーブラのことは前から大好きだった。自分の自負心《エゴ》の強さがアル・ジョルソン［アメリカのエンターテイナー］の自我の成長を妨げたのかもしれないと語っているのを、若いころに読んだ。カスがよく、トップに立つ人間は心に壮大な夢を描いて、その中にいる自分のことをつねに思い浮かべるものだと言っていたから、俺はいつも自負心の大きな人間に魅かれた。

バーブラと初めて会ったのは、ラリー・ホームズ戦後の控え室を訪ねてくれたときだ。まさしく俺の思い描く大スターだった。情熱あふれる魂の持ち主だった。黒人とか民族的な観点から言っているんじゃない。彼女は歌で心の奥底まで震えさせてくれる。ショーのあいだ俺はずっとうっとりしていた。終了後、楽屋を訪ね、彼女とマリー・オズモンドといっしょに写真を撮った。翌日になってもまだ興奮で夢うつつだった。目の前で彼女が歌うところを観て、本当に胸がわくわくした。おふくろはじめ、俺の人生に関わった人たちにとってもすごく大事な人だった。生きて彼女のステージを観られるだけで幸せなんだ。

しかし、コンサート会場への道のり自体は難儀だった。カジノを通って会場へ向かうとき、昔なじみのポン引きや麻薬の売人を何人か見かけた。妻がいっしょだったから、話しかけるのは遠慮してくれたけどな。俺がたえず悪魔と戦っているのを、彼らは知っている。ああいう場所を歩くときはまっすぐ目的地へ向かうことにしている。〈パームス〉でマイク・エップスがスタンダップ・コメディをやっていた。妻は後ろにいて見えていなかったが、テーブルに向かったとき、女が一人立ち上がって、俺に抱きつこうとした。

「すまんが、ハグはできない」と、彼女に言った。さいわい、どこかの男が割って入ってくれた。

「助かったな」と言って、男は片目をつぶった。

キキが見たら心臓麻痺を起こしていただろう。だからあんまり外を出歩きたくないんだ。家でくつろいでいるほうが楽しい。前よりずっと用心深くなり、妻に対する独占欲は結婚前より強くなっている。どんなときも守ってやらなくてはと思っている。ただ、彼女は男のあしらいがすばらしくうまい。ずっと昔、俺に言い寄られて陥落したのが嘘みたいに。ときどき彼女を自分の子どもみたいに思うことがある。いや、俺が彼女の子どもなんだろうな。

最高のエンターテイナーを観に行くたび、同じ業界にいることに感激する。残りの人生をこんなふうに送れて、なおかつ請求書の支払いができるなら最高だ。逮捕も投獄もされず、事件に巻き込まれずにいられるのなら。

俺は生粋の黒ん坊《ニッガ》だ。死んだら空前絶後の安い葬式をやってほしい。棺に入れる必要もない。土の中に埋めて放置してくれれば充分だ。墓参りだのなんだの、来てくれなくていい。それでも、俺が英雄たちにしたように、未来のボクサーがきっと俺の墓を探し出す。俺が英雄たちにしたのと同じことをしてくれたら、それで満足だ。彼らが迷わないように墓石くらいはあったほうがいいかもしれないな。〈安らかに眠る〉なんて墓碑つきで。

キキとのことを考えると、いまだに驚きを禁じえない。俺はいっしょに暮らすのがすごく大変な人間だ。体の奥に社会悪が巣食っている。正直な人間ではあるかもしれないが、本当に厄介な男だ。辛抱して俺を待っていてくれた妻を心から称えたい。俺の女性に対する認識を改めさせる過程は、スペイン異端審問を乗り切るくらい大変だっただろう。

妻に心から敬服している。自分の頭を銃で吹き飛ばしたくなったときも、彼女のおかげで自制を保つことができた。以前は女に夢中だったが、そのくせいつも裏切って、心も体も不義をはたらいていた。誠実な男になれるくらい、キキが俺を強くしてくれたんだ。もちろん状況は簡単じゃなかったさ。

あんたがマイク・タイソンだったら何に手を伸ばしたか想像してみてくれ。そんなやつが今度は道徳力のチャンピオンになろうとしているんだ。

キキには本当に感謝している。俺にはもったいない女だ。本気でそう思っている。彼女と結婚できたのは、俺の中にいる正直者のおかげなのかもしれない。それでも絶対、キキといっしょになる資格なんてない。彼女に比べたら、どうしようもないだめ人間だ。

俺たちは愛の何を知っている？　愛は人を支配する。人が愛を支配するんじゃない。愛の本質が無慈悲なものだとしても、愛の呼びかけを拒める者はいない。愛のなんたるかはわかっていないが、愛の症状には苦しめられる。底の知れない狂気や全面的な束縛に。

逆に、愛のおかげで潜在能力を最大限発揮できることもある。愛はただの快楽、という人もいる。愛は考える対象、つかみ取ってかなえようとする夢、という人もいるだろう。一日二十四時間お前のことを愛していると妻に言うが、俺の愛ってなんだ？　俺の愛はくたびれ果てている。ときに有毒で、情熱的で、好色で、禁欲的で、俺の愛はいろいろだ。愛すると自制を忘れてしまう。自制の放棄は破滅につながる。

ときに俺たちは、欲望のことを愛と思いたがる。すごく気持ちがよくて、これが愛にちがいないと思うからだ。愛は犠牲、愛には命を懸ける値打ちがあると、歴史が証明している。それでも、人生を旅する際にはある種の道徳的な羅針盤が必要だ。すべての喜びが清い喜びとは限らないからな。

毎日読むことを心がけている、お気に入りの本がある。『世界最高の手紙：古代ギリシャから二十世紀まで』という本だ。こういう過去と自分をつなげてくれるものが、俺は大好きだ。この人たちの手紙を読むことで彼らのことがよくわかる。自己中心的で、自分みたいな愛し方ができるのは自分だけと思っている書き手もいる。こういう輩の多くは支配欲が強く、自分の愛にすぐ答えが返ってこなくて苛立っている。

収録されている手紙はとても詩的で、自分を表現する言葉遣いに息をのまされる。手紙の受け取り手は送り手のことを歯牙にもかけていなかったりするんだが。

こういう手紙を読むと泣いてしまう。これは、かの世界的指導者ナポレオンが愛しいジョゼフィーヌに自分の元へ来てほしいと懇願している手紙だ。まあ、読んでみてくれ。

一七九六年四月四日

あなたはいかなる技術をもって私の全機能を虜にし、道徳的人間である私を夢中にさせたのでしょう？　まるで魔法にかかったようです。命果てるまで消え去ることのない私の甘い恋。ジョゼフィーヌのために生きること、それがわが人生の歴史。あなたに手を伸ばそうと努力しています。死ぬほどあなたのそばにいたい。私は自分の勇気が誇りだった。敵の悪事も悲運の最期も怖くない。前代未聞の災難にも眉ひとつひそめず、驚きさえせず、まっすぐ向き合った。しかし今、ジョゼフィーヌの体調がすぐれないのではないか、病気なのかもしれないと考えるとき、とりわけ、彼女があまり私を愛していないかもしれないという残酷かつ致命的な考えが胸に去来するとき、私の魂はしおれ、血流は止まり、悲しみに意気消沈し、怒りや絶望に駆られる気力さえ残りません。

この世に未練のない男こそ最強と自分に言い聞かせてきました。なのに、あなたに愛されずに死ぬこと、愛されていると確信できずに死ぬのは地獄の苦しみで、この身が完全に消滅してしまったような心地です。胸が苦しくてたまらない。わが唯一の伴侶。私とともに人生という苦難に満ちた旅をせよと運命が命じたあなた。あなたの心をわがものにできない日は、暖かさも植物もない乾ききった大地のようだ。あなたの目のようにあなたを愛していますが、それだけでは足りない。あなた自身のように、あなた以上に、あなたを愛しています。あなたの頭のように、あなたの心のように、あなたの視覚のように、あなたのすべてのように、あなたを愛しています。

昼も夜も、考えるのはあなたの病気のことばかり。食欲がわかず、眠ることもできず、友情や栄光や祖国のことも気にならない。あなた以外の世界は私にとっては消滅したも同然、もはや存在すらしていない。私が名誉を重んじるのはあなたが名誉を重んじるからに過ぎません。私が勝利を重んじるのは、それがあなたを喜ばせたから。さもなければ私はそのすべてを捨てて、あなたの足にすがりついたでしょう。私の愛しい人、どうかあなたの手紙に、以下のことを確信しているとかならずお記しください。想像もつかないくらい私はあなたを愛していて、私の人生のあらゆる瞬間はあなたに捧げられ、あなたのことを考えずには一時間と過ぎず、ほかの女性のことは一度たりと頭をよぎったことはないと。

いや、傑作だ！　ナポレオンのやつ、どうかしている。明々白々だろう。ジョゼフィーヌはナポレオンのことをなんとも思っていなかったんだ。ロビン・ギヴンズを思い出さずにいられない。ときどき俺はこの本を寝室に持ち込んで、手紙をキキに読んで聞かせる。

次の一通も気に入っている。ドイツの偉大な詩人であり劇作家でもあったハインリッヒ・フォン・クライストの書いた手紙だ。一八一一年の秋、彼はヘンリエッテ・フォーゲルという人妻と恋に落ちた。二人は音楽への情熱を分かち合っていた。だがヘンリエッテは子宮がんで死にかけていた。ハインリッヒは鬱々とした人間で、貧乏で、不老不死を探求していた。彼が心中を持ちかけた女はフォーゲルが初めてじゃなかったが、それに応じたのは彼女が初めてだった。二人は小さな宿でワインとラム酒入りのコーヒーを飲んでひと晩過ごした。そして翌朝、恍惚とした様子で二人湖畔に向かった。ハインリッヒはまずヘンリエッテを撃ち、そのあと自分を撃った。以下が彼女に書いた最後の手紙の一通だ。

私のジャネット、私の小さな心臓、私の愛しい人、私の敬神の心、私の愛、私のかわいい人、私の愛する人、私の命、私の光、私のあらゆる善、私の影、私の城、私の土地、私の芝生、私の葡萄畑、おお太陽、おお私の命、太陽、月、星々、天、私の過去、私の未来、私の花嫁、私の少女、私の親友、私の命の芯、私の心臓の血液、私の目の内なる星、おお最愛の人、あなたをどう呼べばいい？　私の神秘の子、私の真珠、私の宝石、私の王冠、私の女王、私の皇后。わが人生の愛しい人、私の最高の人、私の生きがい、私の洗礼、私の子ども。あなたは私の悲劇、私の死後の評価、私の無二の親友、私の良心、私の美徳、私の仲裁者、私の守護者、私の天使、私の内妻。ああ、どんなにあなたを愛しているか。

これを大きな声で読み上げて、キキといっしょに泣いた。

すごくないか？

エピローグへの追伸

今のでこの本を締めくくるつもりだった。ベッドの中、涙にかすんだ目でキキと偉人たちの恋文を読んでいる。俺の心の闇が消え、歴史上の巨人たちの心を打つ言葉の数々に魂が昇華する――そんな場面でおしまいにするつもりだった。だが本書で言ってきたように、人は現実をあるがままに受け入れなければならない。ここ何カ月かで起こったことに嘘をついて糊塗《こと》してしまったら、良心に恥じずに生きていけなくなる。

原因のひとつは、俺の人生について共著者ラッツォの質問に正直に答えようと、内省を重ねて精神のいちばん暗い片隅を探る作業をしていたせいかもしれない。今回、プロモーター兼若い才能の育成者としてボクシングの世界に戻り、再びリングに上がることになって、その重圧に負けたのかもしれない。

とにかく、あれが起こったのは事実だし、そのことをお伝えしなければならない。この本の作業をいったん完了して一カ月くらい経った二〇一三年四月、俺はうっかり道を踏み外した。二〇一〇年一月以来、初めてのことだった。ある晩、外出して、酒を一杯飲んだ。もう一杯。また一杯。言ったただろ、俺の酒癖は最悪だって。悪酔いして、もういちど心を静めようと、少しマリファナも吸った。その夜、キキと子どもたちのところに戻ったときは最悪の気分だった。そして八月、ESPNで生中継された〈アイアン・マイク・プロダクションズ〉旗揚げ興行の一週間前に、また酒に手を出した。

俺の中毒はたちが悪くて、段階を踏まないとうまく正常に戻れない。だからまたAAの集会に出ることにした。プログラムの重要な手順に「罪の償い」がある。だから、プロモーターとして初めて臨む試合の前、ESPNの解説者を務めているかつてのトレーナー、テディ・アトラスのところへ行った。手を差し出して、八〇年代のキャッツキルで起こった出来事を謝罪した。テディとは二十年近く口を利いていなかったんだ。詫びを入れてすっきりした。これはかなり注目を集めたようだ。試合中にも、試合の合間に受けたインタビューでも、真っ先にあのことを訊かれたからな。テディに会って詫びられたことで、多少なりと心が晴れた。酒とマリファナについても、このまま嘘をついて、やってないふりをしてはいけないと気がついた。だから、試合後の記者会見でテディとの再会について答えている最中、打ち明けずにいられなくなった。

「ここへ来ればテディに会う可能性があるのはわかっていたし、最初はそれを考えると気が重かった。後ろ向きな暗い人間だからな。悪いことをしたくなるかもしれない。この近所を一人でうろつきたくなるかもしれない。だから、自分の通っているAAの集会に出て、アルコール中毒や麻薬中毒の仲間たちに、あの件について償うと宣言し、あの状況からどんな気持ちを味わったかを説明してきたんだ。

俺は自分のことが大嫌いだ。自殺したくなるくらい。自分が厭わしくてしかたがないが、このときは自分を誇らしく思えた。

あれはテディにとっては許しがたいことで、まだ納得はしていないかもしれない。それでも、心からの謝罪だったことはわかってくれたはずだ。もうあんたとは喧嘩したくない。俺が悪かった。すまないと思っている。俺が悪かったんだ。そう言って謝った。とにかく、詫びておきたかった。彼が受け入れてくれてもくれなくても、これで、死んで墓場に入ったとき、自分が傷つけたみんなに詫びてきたとだけは言える。ほかのみんなにも、許してもらえるものなら、俺のしてきたことを許してもらいたい。

俺はろくでなしだ。多くの悪事をはたらいてきたが、許してもらいたい。みんなが許してくれることを願っている。人生を変えたいんだ。今は別の人生を歩んでいきたい。しらふの人生を歩みたい。死にたくない。俺は死のふちにいる。たちの悪いアルコール中毒で。まったく。ちきしょう。それに――」

胸が詰まって言葉が途切れた。そこで告白した。

「酒も麻薬もやっていないのはこの六日間で、それでも俺にとっては奇跡なんだ。酒も麻薬もやめたと信じていたみんなに嘘をついていた。違うんだ。今日でまだ六日目なんだ。しかし、二度と手は出さない」

会場の記者たちがスタンディング・オベーションで迎えてくれた。

これは八月二十三日のことだ。これを書いている今、また何日か、しらふの日数が増えている。このままクリーンな状態を続けて、どんどん日数を増やし、もらえるチップの数を増やしていけるよう願っている。支援チームやAAのファミリーから力を借りずに、この状況を切り抜けられると思った俺が傲慢だった。俺は死にたくない。プロモーターとしてボクシングの仕事を続けていきたい。またワンマンショーをやりたい。もっと映画に出たい。

俺が道を踏みはずしたあと、キキも俺もつらい思いをした。俺の中には結婚生活を続ける重圧が再発を招いたという考えもあった。そんなとき、この本の完成原稿が上がってきた。キキといっしょに読み返していくうち、魂が浄化されていった。エクソダスが出てくるところにたどり着くと、なかなか読み進められなくなった。二人で目が腫れるくらい泣いた。

そのときだ。キキと結婚した理由が明確に理解できたのは。「なぜ俺みたいな男が結婚するのか?」

という問いへの答えが突然降ってきた。キキとの結婚は単に二人がつながっただけじゃないことに気がついたんだ。

　エクソダスが残した想いを満たしていい父親になるには、キキと夫婦でいる必要がある。結婚したおかげでそれを果たし、善き父親になるための能力を強化できるんだ。俺の人生にエクソダスがいたから、俺は一人の人間として成長できた。彼女が他界した今、もっともっといい人間になることを誓う。キキとの関係を深め、子どもたちが成長して健康で幸せになるところを見たいと、心から願っている。

　しかし、自分を抑えられないとどれひとつ達成できない。俺自身が元気じゃなかったら誰の力にもなれないし、何がなんでも元気になりたい。幾多の痛みに見舞われているが、なんとしても治りたい。そのために最善を尽くすつもりだ。一日一日、着実に。

語彙注釈

本書で頻繁に使われている言葉の中で、説明しておきたいものがふたつある。ひとつは〝ニッガ（nigga）〟。この言葉はグランドマスター・フラッシュやN．W．A．やトゥパック、オール・ダーティ・バスタードみたいなヒップホップやラップの初期のミュージシャンだけでなく、ポール・ムーニーやクリス・ロックといったコメディアンも使ったことで、若い世代の黒人共同体に大きく広まった。俺の場合、この言葉を軽蔑的に使っているか親しみを込めて使っているかは文脈による。「あのくそニッガ、反吐が出るぜ」みたいな言いかたもすれば、「大好きだぜ、このニッガ。あいつのためなら死んでもいい」みたいな言いかたもする。対象も有色人種に限らない。ブラウンズヴィルでは、「ちきしょう、あのでかくて白いまぬけなイタリア系ニッガたち、俺をおもちゃにしやがって」なんて言っていた。その後、HBOや〈ショウタイム〉の重役たちに会って試合の相談をしたとき、俺が「あのニッガたち、とっちめてやれ」と言ったら、友人の一人が、「何言ってんだ？　やつらはユダヤ教徒だぞ」と言った。「いいや、あいつらはニッガだ。ニッガは気の持ちようだからな」と返した。

もうひとつの言葉は〝スマック（smuck）〟。共著者の〝ラッツォ〟ことラリー・スローマンはユダヤ系に属している。俺が何度か「スマック」と言うのを聞いて、ラッツォはすぐ、イディッシュの〝シュマック〟という言葉の言い間違いと指摘してくれた。〝シュマック〟は元々、ペニスって意味だが、その意味が拡大されてまぬけな人間を指したり、極端な場合、見下げ果てた人間とか憎まれて当然の人間を指したりする。ユダヤ教徒でも〝シュマック〟は低俗すぎるとタブー視する家庭があった。何度か間違いを指摘されたあと、ラッツォに言った。自分の作ったこの〝スマック〟という言葉、なかなかうまく使えると。俺は〝スマック〟を〝シュマック〟の半分くらいの意味で使っている。〝スマック〟のあとで〝シュマック〟を使えば、見下げ果てた人間の卑しさをより強調できるってわけだ。シュマックはそのままの意味で、スマックはその小物版。本書では以上ふたつの言葉を熟慮のうえ慎重に使っている。

謝辞

マイクから以下の方々に感謝の意を捧げたい。

師匠であり友人であり将軍でもあったカス・ダマト。あなたのおかげで俺の人生は想像もできない高みにたどり着くことができた。カス・ダマトがいなかったら、いま俺はどうなっていただろう。あなたにはどんなに感謝してもしきれない。俺が息をしているかぎり、あなたの遺産は生き続ける。この先もずっと、俺たちの名前はふたつでひとつだ。あなたの遺産に触れずに俺を語ることは誰にもできない。

〝ラッツォ〟こと共著者のラリー・スローマンには心からお礼を言いたい。いいやつ《キャット》（ラリーはこの言葉がお気に入りだ）でいてくれてありがとう。本作りのプロセスはかならずしも楽じゃなかった。人生の暗い瞬間が甦ってきて、つらい思いをすることもあった。ラリー、あんたは壁に止まったハエみたいだったよ。ときどきはたいてやりたくなったが、そのたびブンと離れていって、俺の状態がよくなったときに舞い戻ってきた。忍耐と継続的な努力に感謝している。パンチのかわしかたを本当によく知っている男だ。あんた以上の共著者がいたとは思えない。書くことについては〝この星最高の男〟だよ。俺にとってはただの作家じゃなく、家族でもある。近い将来、いろんなプロジェクトでいっしょに仕事ができるよう願っている。

仕事の調整に当たってくれた〈ヴィグリアノ・アソシエイツ〉のデイヴィッド・ヴィグリアノにも感謝したい。デイヴィッド、あんたは大人物だ。ただのブックエージェントじゃない。友達と思っているよ。

ブルー・ライダー・プレスのデイヴィッド・ローゼンタールがこのプロジェクトにそそいでくれた忍耐と情熱にも感謝の意を表したい。この本の見通しを信じてくれ、百パーセントの支援を与えてくれたことに心からありがとうと言わせてくれ。

〈グラブマン・インダースキー・シャー&ミーズラスPC〉の法律チーム、中でも、このすばらしい法律チームを束ねてくれたケニー・ミーズラスには心から感謝している。綿密に契約をチェックしてくれたジョナサン・エイリッチにも感謝している。

最初に〈ヴィグリアノ・アソシエイツ〉を紹介してくれたデイモン・ビンガムとハーラン・ワーナーにもお礼を言いたい。

この物語のために忙しい合間を縫って時間を割いてくれた友人と家族と支援者には、最大限の愛と感謝を捧げたい。

俺の子たち――マイキー、ジーナ、レイナ、アミール、ミゲル、ミラン、モロッコに深く感謝している。俺のしていることは全部、お前たちのためだ。愛しているよ、エクソダス・シエラ・タイソン。お前は俺の永遠の天使だ。お前のことを思わずに過ぎる日は一日もない。この星でお前と分かち合った四年間は俺の人生で最高の時間だった。絶対にお前のことは忘れない。

最後に、愛しい妻、キキへ――無条件の愛と支援と忍耐に、心から感謝している。かならずしも簡単じゃないのはわかっているが、お前のしてくれるすべてに心から感謝している。愛しているよ。

ラリーから以下の方々に感謝したい。

マイケル・ジェラード・タイソン。このプロジェクトを〝やりたかった 仕事〟と言ったら、それは控えめな表現だろう。一九九四年、つまりハワード・スターンとの共著『プライベート・パーツ』が出版された直後から、ずっとマイクと仕事がしたかった。私にとってマイクは同時代でもっとも興味深い文化人の一人であり、彼の人生は啓蒙的で感動的な物語になると直感していた。だからインディアナ州での投獄中にニーチェの自伝『この人を見よ』をマイクに差し入れ、いっしょに自伝に取り組まないかと提案した。

二〇〇八年、当時のエージェント、ハーラン・ワーナーとマイクの前妻モニカ・ターナー博士の推薦もあって、マイクは私を共著者に選んでくれた。本書でお読みになったとおり、この当時はマイクが自伝に取り組むのに適切な時期でなかったから、プロジェクトは一時延期されることになった。それから四年、マイクの状況が大きく改善された時点で私たちは作業に着手した。

マイクとの共同作業は有名人の自伝共著者という経歴の中でもめったに得ることができない、胸躍る経験だった。みなさんご存じのように、彼は痛いくらい正直で、信じられないくらいデリケートな人間だ。ある種の話題になると――子ども時代のこととか、心の師カス・ダマトの果たした役割が最たるものだが――マイクは心をかき乱して、こらえきれずに泣きじゃくることもあった。逆にお気に入りの話を語るときは、跳び上がったり、小さく踊り回ったり、戻ってきて私とハイタッチしたりした。たぶん私はこの惑星上の誰よりたくさんマイク・タイソンとハイタッチを交わした人間で、その痛みを生き延びて物語をお届けすることができた。マイクは自分の力の強さを全然わかっていないんだ。

マイクは椅子に座って人生を語るタイプの人間ではなく、私は交尾中の鳩たちが鳴いているガレージや、彼が入りびたるラスヴェガスの理髪店の奥や、彼が娘さんを学校へ迎えにいくエスカレードの助手席や、ラスヴェガス〈シーザース・パレス〉の〈サルヴァトーレ・フェラガモ〉で彼がシャツを試着しているときに会話を録音した。カスについてのすばらしい洞察がいつひらめくか、読む人の心を魅了する子ども時代の話をいつ思い出すかわからないから、カシオのテープレコーダーをつねに持ち歩いていた。

ラスヴェガスにあるマイクの自宅で何カ月か過ごし、二人の対話を録音し、彼の膨大な法律関連資料を読み返し、彼の親しい友人たちにインタビューした。これだけの長期間、家を留守にするのは簡単なことではなかったが、ヴェガスのふたつの家族に受け入れていただいたおかげで私の暮らしはとても楽しいものになった。

まず、マイクのすばらしい家族に感謝を述べたい。奥さんのキキはマイクにとってかけがえのない協力者で、彼女がいなかったら本書はまだ完成に至っていないだろう。マイクの義母のリタ、キキのお兄さんのアズヒームとその奥さんのジャヒラ、そしてマイクの長女マイキーには、ずっと面倒をみてもらった。彼らは食べる物を用意してくれ、マイクの関心が話より買い物にあるときには慰めの声をかけてくれた。マイクのアシスタント、デイヴィッド・バーンズ（またの名をウェイノ、もしくはファリド）にも惜しみない協力をいただいた。マイクの二人のお子さん、ミランとロッコ（モロッコ）は喜びと楽しさの源だった。

ラスヴェガスにはもうひとつの家族がいた。マイクと仕事をしているあいだ、私は親友ペン・ジレットが所有する〈スラマー〉という監獄風の家にも滞在させてもらった。ペンと奥さんのエミリー・ゾルテンと二人のお子さんはこれ以上ないくらい心優しいホストだった。夜、退屈になると、〈ペン＆テラー〉［ラスヴェガスで爆笑マジックショーを演じる二人組］を観に行った。C級映画を観たくなったとき、ホームシアターで行われる夜の映画観賞会は願ってもない気晴らしになった。

多忙なスケジュールの中、インタビューに時間を割いてくださったマイクの友人同僚諸氏には本当にお世話になった。ブライアン・ハミル、クレイグ・ブーギー、カルヴィン・ホリンズ、〝EB〟ことエリック・ブラウン、デイヴィッド・チェスノフ、〝クロコダイル〟ことスティーヴ・フィッチ、デイヴィッド・マローン、フランキー・ミンシエリ、ジェフ・グリーン、ホープ・ハンドリー、ジャッキー・ロウ、ジェイ・ブライト、ランス・シャーマン、ラトンディア・ローソン、スティーヴ・ロット、マック・スミス、マリリン・マレー、マリオ・コスタ、マーク・ダティリオ、ダリル・フランシス、アンソニー・ピッツ、マイケル・ポリッツ、リック・バワーズ、ロドニー・タイソン、ショーン・マクファーランド、ムハンマド・シディーク、トム・パティ、トニー・アンダーソン、デイモン・ビンガム、ジム・ヴォイルズ、そしてジェフ・ウォルドに感謝の意を表したい。会ったことがなく話に聞くだけの、ある男にも恩を感じている。このプロジェクトが始まったころ、カス・ダマトとカスの友人同僚諸氏がキャッツキルでポール・ザッカーマンという若いジャーナリストからインタビューを受けたときのテープを、マイクが何時間にもわたって再生してくれた。このインタビューの数々は、マイクがカスのところへ来たばかりのころカスがどんなことを考えていたかを考察する貴重な材料になった。私たちはこのザッカーマンを見つけだそうとしたが、残念ながら果たせなかった。しかし、彼のカスに関する見識と巧みなインタビューがいつか日の目を見るよう願っている。

非凡なる出版人デイヴィッド・ローゼンタールの、無限の忍耐力と冷静な判断に心から感謝している。ブルー・ライダー・プレスのみなさん――特に、編集者のヴァネッサ・ケーレン――に感謝の意を表したい。ブルー・ライダーでは、エイリーン・ボイル、サラ・ホッチマン、グレッグ・キューリック、フィービー・ピッカリング、ブライアン・ユーリッキー、ジョー・ベニンケイス、メレディス・ドロス、リンダ・ローゼンバーグ、ロブ・スターニツキー、イライザ・ローゼンバーグにお世話になった。

腕利きのエージェント、デイヴィッド・ヴィグリアノの粘り強さと助言にはつねづね感謝している。彼の同僚のマシュー・カーリーニには、本書の外国版すべての舵取りをしていただいた。

法律家たちに感謝しなくては、マイク・タイソンの本と言えないだろう。私が長年お世話になった故ローリー・ロケットには、二〇〇八年に最初の契約を開拓していただいた。エリック・レイマンは二〇一二年から参加して、プロジェクト復活の際に魔法のような手腕を振るってくれた。リンダ・コーウェンには原稿を精査するすばらしい仕事をしていただいた。ふだんから私を支えてくれる私の代理人チャールズ・デステファーノには、いつもながら大いに感謝している。

締め切りに間に合わせるため粉骨砕身してくれる最高のトランスクライバー［インタビューのテープ起こしや要約などの作業の担当者］ジル・マシスンにはいつも感謝している。誠実な調査活動に当たってくれたザッカリー・ジマーマンにも心からお礼を言いたい。ネットサーフィンで彼に解決できない難問はどこにもなかったほどだ。

最後に、私の一番の家族、クリスティ・スミス‐ソロモンとルーシーにはいつも感謝の思いでいっぱいだ。ハリケーン・サンディのときも、私が何千マイルか離れたところで仕事をしているあいだ、彼らはロウソクの炎のそばでピーナッツバターとゼリー（ルーシーの場合は、〈ニューマンズ・オウン〉の犬用おやつピーナッツバター味）を食べながら乗り切ってくれた。私の仕事と私の予測のつかない行動をふだんから支えてくれるクリスティの愛には一生感謝を忘れない。そしてあのおやつがあるかぎり、ルーシーもずっと私の味方でいてくれるだろう。

監訳者解説

タイソンとの出会い

人生でいくつか職に就いたが、二度と経験したくない職業がある。それは外国人スーパースターの日本代理人だ。というのは、私は１９８６年から3年あまりマイク・タイソンのエージェントを務め、88年の東京ドームでのタイトル防衛戦、トヨタのトラックのＣＭなどを仲介した。気まぐれなスターとクライアント（日本の顧客）との間に立って振り回され、右往左往の連続だった。

10歳からボクシングを見始め、17歳で米国の専門誌「リング」の日本通信員になった。根っからのマニアだから、古今東西の名選手の伝記や逸話を読み、「その勇姿を映像で見たい」と熱望し、「リング・クラシックス」社の8ミリ・フィルムを収集し始めた。

伝説的強豪（ジョンソン、デンプシー、ルイス、マルシアノなど）の映像を集め、「これほど面白いのなら、日本のファンにも紹介しよう」と8ミリの輸入販売を始めた。「リング・クラシック」社の親会社が「ビッグ・ファイト」社で、その共同経営者がビル・ケイトン（広告代理店経営）とジム・ジェイコブス（元ハンドボール全米王者）だ。弊社「リング・ジャパン」は同社の日本代理店のような存在だった。

この二人はボクシングの古典的映像《クラシック・フィルム》を発掘し、テレビ局にノックアウト・ハイライト番組を納入するプロダクション経営とともに、ボクサーのマネジメントを手掛けていた。当時、「ビッグ・ファイト」社はある若いアマチュアのヘビー級選手に先行投資しており、それがマイク・タイソンだった。

タイソンと初めて会ったのは、86年ニューヨーク州のマービス・フレージャー戦中継のときだ。

日本のテレビ解説者として初対面をしたが、もうケイトン社長から紹介を受けていたせいか敬意を払ってくれた。そのときから、タイソンに「ジャパニーズ・ジョー」と呼ばれるようになった。ジョーは米国にも英国にもあまたいるが、〝日本のジョー〟だからそう言われた。以後、ドン・キングなど関係者にもそう呼ばれ、私の通称となる。

来日したタイソンとの毎日

厳密にいえば、私はタイソンをマネージするビル・ケイトンの日本代理人だった。だから、ケイトンがタイソンから馘首されたとき以来、私はタイソンとの縁が切れる。

88年の東京ドームのこけら落とし興行ではマッチメーカー兼タイソンの代理人だったが、90年の再来日の際、専属プロモーターはドン・キングに替わっていた。

88年3月のトニー・タッブス戦の際、40日間、タイソンの世話をした。朝9時から夕方6時まで、連日、時間と空間を共有した。

練習、雑誌やテレビのインタビュー、CM撮影、休日の東京見物（浅草や合気道の道場）、コンサート（ティナ・ターナーのショーなど）――ずっと一緒だった。

タイソンが20歳、私が40歳で、いろんな話をした。愛すべき、素朴な若者で、ボクサーとしての素質（スピードとパワー）は桁外れだった。

「故カス・ダマトの教えを守り、礼儀正しく、練習熱心だな」と感心した。しかし、タイソンには――人間だれしもそうだろうが――二面性があった。

宿泊する日本のホテルでエレベーターに乗ったとき、目の前に髪の毛が長い若い女性がいた。その後ろにわれわれ二名だけ。タイソンは前にいる女性の髪を触ろうとした。

「ノー、マイク！」とその腕を叩き落とした。彼は「なぜいけないんだ。ちょっとぐらいいいじゃないか」といった表情で、私を睨む。以後、何度も彼と私は衝突した。①時間を守れ、②世界チャンピオンとしてのイメージ通りに行動しろ、③インタビューなど宣伝協力もファイトマネーの一部だ（契約条項に入っている）。

「口うるさい奴だ」と思われたことだろう。

練習後、タイソンと二人で成田空港までハイヤーで新妻ロビン・ギヴンズを出迎えに行ったことがある。一目見るなり、「これはしたたかな女だ」と私は感じたが、タイソンは当時べた惚れだから、後部座席でいちゃついていた。

のちに二人の間に亀裂が入るが、ロビンは上昇志向の強いインテリだから、タイソンを単なる金づると見做していたのではないか。

20歳で初来日したときと、2年後にバスター・ダグラスと対戦するため再来日したときとで、タイソンは人が変わっていた。以前はケイトン・マネジャー傘下であるスティーヴ・ロットの細かい指図に従っていたが、それから解放され自主的になっていた。言い換えれば、わがままで、気まぐれで、癇癪持ちの面が出始めていた。

新しいトレーナー二人、ジェイ・ブライトとアーロン・スノーウェルとの呼吸は合わず、練習の密度は低く、調子が上がらないのは明白だった。そして、番狂わせでダグラスに敗れた……。

モンスターの迷走

本書を読んで、「なぜタイソンはこういう人生をたどったのか」と嘆息した。なぜ周囲は、社会はタイソンをここまで甘やかし、スポイルしたのか。なぜ誰ひとりとしてタイソンを人間的、社会的に教育しきれなかったのか。そこが悲しい。

タイソンを評するとき、次の善悪二元論をよく見かける。

善：師カス・ダマト、ケヴィン・ルーニー（プロ最初のトレーナー）、ジェイコブズ、ケイトン

悪：ドン・キング

だが、事実はそう単純ではない。人間の中には善人と悪人が同居している。〝タイソン劇場〟における登場人物たちは、タイソンを反射鏡として善の光と悪の光を併せ持っていた。それを表にまとめてみた。

登場人物	善	悪
ダマト	ボクシングの基本を教授	野獣性の奨励
ジェイコブズ	兄のような親密さ	ビジネス上の搾取
ケイトン	経済的支援	人間的な冷たさ、搾取
ルーニー	ダマトゆずりのコーチ法	離反後の搾取
キング	黒人同士の親愛感	全般的搾取

従来のマイク・タイソン分析において誰もが指摘しなかったが、私の個人的な見解がある。それは、「ダマト元凶説」だ。

ダマトこそ、タイソンを誤導《ミスリード》した張本人だ。「ボクシングさえ素晴らしければ、他は何でも許される」、「勝ち続ければ、何でも手に入る」、「だからボクシングだけは精進しろ」。

リングの中に富と栄光があり、チャンピオンは金も女も社会的名誉も獲り放題《ウィナー・テイク・オール》。それはダマト

による〝野獣性奨励〟の哲学だ。

なぜダマトはそんな誤ったベクトルにタイソンを導いたのか。それはタイソンの内部に巣食う臆病《チキンハート》をダマトは察知していたからだろう。餌（金と女）で小心なタイソンを闘いへと鼓舞した、と推察する。

ダマトはタイソンをボクサーとして大成させるために、「リング外では何をしても許される」というボクシング至上主義を植えつけた。

ダマトは『ベストキッド』のミヤギではない。ボクシング界の異端者、いわば悪魔教の宣教師だった。表の中のダマトからドン・キングまですべてがタイソンという金を生み出す木、つまり打ち出の小づちを使って金を儲けた。彼らは搾取の代償として、タイソンの過度のセックス依存、麻薬・アルコール依存を助長した。あるいはその依存傾向を矯正しなかった。

——何という悲しい話だろう。

スーパースターの社会的責務

スポーツのスーパースター、あるいはセレブリティは一般人以上の社会的恩恵を受け得るのか。スターはその大金を稼ぐ能力により法を超越した自由を享受できるのか。

そうではあるまい。そんな特権、特別待遇はたとえスターであっても与えるべきではない。スターも〝法の下での平等〟の大原則に従わねばならない。一市民として法律を守らねばならない。自分の娘が街を歩き、タイソンのような野獣にレイプされたら、それを許すか——たとえ、彼がスーパースターであったとしても。本書の中でタイソンは自己弁護をしているが、あのレイプ裁判は彼の無軌道な生き方に対するお仕置きであり、世の中のセレブリティ全般に対する警報であった。

すなわち、タイソンは社会的規範を踏み外したセレブを代表する身代わり《スケイプ・ゴート》だった。

原文と翻訳を読み比べながら、特に14章で、「マイク、なぜそんな愚かしい生き方をするのだ」と、説教癖のある元日本代理人として苦言を呈したい気持ちになった。

麻薬、過度のアルコール、セックス、浪費——それによりあれほど優れた、驚異的な戦う機械《ファイティング・マシーン》が崩壊していく。何と哀れなボクシング・キャリアの終焉だろう。

タイソンの歴史的評価

ボクサーを評価するとき、ふたつの尺度がある。第一に、キャリア全般でのレコード、第二に全盛期の強さ、である。

第二の尺度から見ると、マイク・タイソンは歴史的にもトップクラスだろう。ヘビー級選手としては小柄にもかかわらず、爆発的なパンチ力、踏込みの速さ、ハンドスピード、的中率とどれをとっても一級品だった。

しかし、われわれボクシングの歴史家《ヒストリアン》は通常、第一の尺度でボクサーの業績を評価する。

私なりの序列をつけてみよう。①モハメド・アリ、②ジョー・ルイス、③ジョージ・フォアマン（2度の戴冠）、④ロッキー・マルシアノ（生涯無敗）、⑤レノックス・ルイス（ホリフィールド、タイソンへの勝利）、⑥イヴェンダー・ホリフィールド（タイソンへの連勝、ヘビー級王座の複数回獲得）、⑦ウラジミール・クリチコ（防衛継続中）、⑧ビタリ・クリチコ（王者のまま引退）、⑨ラリー・ホームズ（19連続防衛）、⑩マイク・タイソン。

タイソンはやっと10位だ。もしタイソンの前に、ジーン・タニー（65勝48ＫＯ1敗1分け）を入れるなら、タイソンはトップテンからも外れる。

なぜそんなに評価が低いのか。
それは、偉大な選手なら負けるべきではないレベルの相手に敗れたからだ。そして、その無様な負け方……。

タイソンの終身レコードは58戦50勝（44ＫＯ）６敗。６敗のうち、最後の２試合、ダニー・ウィリアムズ（４回ＫＯ負け）、ケヴィン・マクブライド（６回ＴＫＯ負け）は無残だった。ファイティング・スピリットを失い、トレーニング不足の元モンスターにもう勝ち運はなかった。この最後の対戦者たちはまさしくバム（ヘボ選手）で、それに敗れたタイソンもバムだろう。

東京でバスター・ダグラスに敗れた調整不良――それを間近に目撃したのだが――その源は、油断であり、ボクシングに対する不遜な軽視である。その代償が敗北であり、世界ヘビー級王座の喪失であった。

なまじ類いまれな素質に恵まれたため、ボクシングをなめたタイソンに天罰がくだった。勝利の女神はもう微笑まなかった。

タイソンという早咲きのモンスター、その全盛期の強さはボクシング・ファンの記憶に強く残るだろう。しかし、その記録はボクシング史の観点から見て決して傑出してはいない。

タイソンの将来

タイソンは50歳を前にして新しいキャリアを歩もうとしている。それは、ボクシング・プロモーターとしての新しい顔だ。

ビル・ケイトンの有能な助手スティーヴ・ロットがアドバイザーに就き、アイアン・マイク・プロモーションを始動した。すでにＩＢＦ世界スーパーフェザー級王者アルヘニス・メレンデス（ドミニカ共和国）などを傘下に置き、興行をしている。

スティーヴから協力を求められたから、将来、日本人選手をプロモーター、タイソンの興行に送ることがあるかもしれない。

私はタイソンの半生においてまとわりついた幾多のごますり《アップル・ポリシャー》ではない。口うるさい元日本代理人のジャパニーズ・ジョーだ。

「マイク、常識を持て。悪人に騙されるな。たやすく他人を信用するな。慎重に生きろ」

友人だったら、助言するのが当然だろう。それをせず、タイソンの浪費、無軌道を放置し、ここまでの負債を背負わした連中はみんな、タイソンにとり良き友人ではなかった。

タイソンに再会したら贈る言葉がある。

「過ちて改めざる、これを過ちという」

そして、マイク、二度と麻薬に手を出すな。

本書の読みどころ

自ら書いた（あるいは語った）伝記、すなわち自伝、自叙伝（Autobiography）と他者が書いた伝記（Biography）とは違う。このタイソンの自伝は前者だが、自分で語るため細部の正確さがある反面、ものの見方において自己中心的な好悪、曲解、勘違いも見られる――その齟齬がまた面白いのだが。

蛇足ながら、本書の読みどころを挙げてみよう。

1．ボクシングとの出会い

天賦の才に恵まれた名選手がボクシングという格闘技に遭遇し、闘いを学び始める。そこにドラマがある。「生まれついてのファイター」〝石のコブシ〟ロベルト・デュランなどはその典型だろう。千人の名ボクサーがいれば、おのおの天職のボクシングとの出会い方が異なり、千差万別のストーリーが生まれる。

マイク・タイソンは少年院で教官のボビー・スチュワートから手ほどきを受け、その才能を認められ、名伯楽カス・ダマトに引き取られる。中島敦の『名人伝』のごとく、若者が師から学び成長する発展小説《ビィルドゥングス・ロマン》が詳細に語られる。

ダマトの持論である〝のぞき見スタイル〟に適合した実験台がタイソンだった。モンスターの育成過程は実に興味深い。

2. タイソンとの距離の変化

夏目漱石の『道草』を読み返すと、主人公と登場人物たちの距離が時とともに変わり、人と人との関係が変化していく過程が読み取れる。タイソンの自伝を読んで漱石を想い出すのも奇妙だが、世界ヘビー級タイトルという頂点を目指したチームワークが、目標を達成したあと、はかなくも崩れていく。

マイク・タイソンという打ち出の小づちが独り歩きし始める。甘やかされたモンスターの暴走をもはや誰も制御できなくなる。

師カス・ダマトが逝去し、アマ時代のコーチであるテディ・アトラスと決別し、ダマトの信奉者ジミー・ジェイコブズが世を去り、ビジネスマンのビル・ケイトンが表に出てきて、最初の妻ロビン・ギヴンズが登場する。

サマセット・モームに『人間の絆』という題の小説があったが、文字通り、タイソン劇場の登場人物たちとタイソンの間の〝絆〟が失われていく。モンスターは自己嫌悪に陥り、その欲望はセックス、アルコール、ドラッグへと拡散していく。みんなタイソンが生み出す巨万の富の恩恵を受けるため、野獣を教育せず放任する。そこに悲劇の源があった。

彼ら群像の人間模様が変容する過程は、ドラマとして非常に興味深い。

3．タイソン物語は悲劇か喜劇か

太宰治の『人間失格』に喜劇名詞と悲劇名詞を分類する場面があるが、マイク・タイソンはそのどちらなのだろう。

ボクシングの世界で史上最年少チャンピオンとなったタイソンは暴走列車と化す。浪費、人間不信、セックス、ドラッグと悲劇が拡大する。レイプ事件による収監、ホリフィールド戦で相手の耳を噛みちぎりサスペンド（ボクサーとして資格停止）、自己破産宣告と悪運の地すべりは止まるどころか、加速するばかり。

ところが、どういう訳か、滑稽《コミカル》なのだ。読み進むにつれ、「タイソンって愚かだな」と落語の与太郎のしくじり話を聞いているときのような笑いが生まれる。

それが本書の最大の読みどころなのかもしれない。だから、マイク・タイソンは悲劇名詞であり、かつ喜劇名詞でもある。

ジョー小泉（国際マッチメーカー）

●著者プロフィール

マイク・タイソン……史上最強の声も多いボクシングの元統一世界ヘビー級王者。2011年、国際ボクシング名誉の殿堂入りを果たした。大ヒット映画『ハングオーバー！消えた花ムコと史上最悪の二日酔い』『ハングオーバー‼ 史上最悪の二日酔い、国境を越える』で異彩を放ち、最近では、スパイク・リー演出のワンマンショー『マイク・タイソン、紛れもない真実』でブロードウェイを席巻した。アパレル会社「マイク・タイソン・コレクション」と「ティラニック・プロダクションズ」を立ち上げ、後者では映画の企画数本が進行中。現在、ラスヴェガス在住、妻のキキと子どもたちと暮らしている。

●共著者プロフィール

ラリー・スローマン……ハワード・スターンの『プライベート・パーツ』『ミス・アメリカ』の共著者として知られる。その他の共著に、奇術（マジック）理論家ウィリアム・カルシュとの『フーディーニの知られざる人生』、マジシャンのデイヴィッド・ブレインとの『ミステリアス・ストレンジャー』、レッド・ホット・チリ・ペッパーズでリードボーカルを務めるアンソニー・キーディスの回想録『スカー・ティシュー』がある。これらの著書はすべて「ニューヨーク・タイムズ」紙のベストセラーにリストされた。

●監訳者プロフィール

ジョー小泉（じょー　こいずみ）……1947年、神戸市生まれ。年少時よりボクシング・マニアで17歳から現在まで米国「RING」誌の日本通信員。トレーナー、カットマンとして渡辺二郎、ルイシト小泉などの世界戦で貢献。国際マッチメーカーとして88年マイク・タイソンの日本での世界戦に協力。2008年、国際ボクシング名誉の殿堂入り。現在「WOWOWエキサイトマッチ」解説者。著書に『ボクシング珍談奇談』、『ボクシングは科学だ』、『世界のKOアーチスト』など。

●翻訳者プロフィール

棚橋志行（たなはし　しこう）……1960年生まれ。東京外国語大学英米語学科卒、英米語翻訳家。おもな訳書にバラク・オバマ『合衆国再生』、キース・リチャーズ『ライフ』（楓書店）、ジェフ・エドワーズ『原潜デルタⅢを撃沈せよ』（文春文庫）、カッスラー＆ブラックウッド『スパルタの黄金を探せ！』（ソフトバンク文庫）などがある。

Kaede

真相
マイク・タイソン自伝

2014年7月17日　第1刷発行
2021年1月22日　第6刷発行

著者　マイク・タイソン

監訳者　ジョー小泉

訳者　棚橋志行

装丁　重原　隆

発行者　岡田　剛

発行所　株式会社　楓書店
〒151-0053　東京都渋谷区代々木1-29-5 YKビル 4F
TEL 03-5860-4328（編集）
http://www.kaedeshoten.com

発売元　株式会社 ダイヤモンド社
〒150-8409　東京都渋谷区神宮前 6-12-17
TEL 03-5778-7240（販売）
http://www.diamond.co.jp/

印刷・製本　株式会社シナノ

ISBN978-4-478-02902-2